Lexikon der englischen Wirtschafts- und Rechtssprache

Band 2:
Deutsch-Englisch

Von

H.-Joerg Salízites

Diplom-Übersetzer (Univ.)

R. Oldenbourg Verlag München Wien

Die Deutsche Bibliothek - CIP-Einheitsaufnahme

Salízites, Hans-Joerg:
Lexikon der englischen Wirtschafts- und Rechtssprache / von
H.-Joerg Salízites. - München ; Wien : Oldenbourg.
NE : HST
Bd. 2. Deutsch-englisch. - 1994
  ISBN 3-486-22715-7

© 1994 R. Oldenbourg Verlag GmbH, München

Das Werk einschließlich aller Abbildungen ist urheberrechtlich geschützt. Jede Verwertung außerhalb der Grenzen des Urheberrechtsgesetzes ist ohne Zustimmung des Verlages unzulässig und strafbar. Das gilt insbesondere für Vervielfältigungen, Übersetzungen, Mikroverfilmungen und die Einspeicherung und Bearbeitung in elektronischen Systemen.

Gesamtherstellung: R. Oldenbourg Graphische Betriebe GmbH, München

ISBN 3-486-22715-7

Inhaltsverzeichnis

Vorwort VI

Abkürzungen .... VII - X

Lexikon (Deutsch - Englisch) .... 1 - 407

Vorwort

Das vorliegende kleine Lexikon ist in erster Linie als praktische [Übersetzungs-] Hilfe für alle gedacht, die mit englischen Texten aus der Rechts- und Wirtschaftssprache umgehen.

Der Benutzer findet in diesem zweiten Band ca. 10.000 Begriffe, die durch Hinweise und Anmerkungen aus einer Fülle von Gesetzen, Bilanzen, Fachtexten und Nachschlagewerken ergänzt wurden, deren Erfassung in einer gesonderten Bibliographie den Rahmen dieses Bandes gesprengt hätten.

Ich möchte an dieser Stelle allen Kollegen und Freunden danken, die hierfür ihre Karteikästen und Wortlisten zur Verfügung gestellt haben. Ich danke dem Verlag für die Geduld bei der Manuskripterstellung, insbesondere jedoch Roser Martínez für ihre großartige Unterstützung bei der Fertigstellung dieses Bandes.

Abkürzungen

[A]	Österreich
a.:	auch
[Abbr]	Abkürzung
[Absch]	Abschreibung
[AG]	Aktiengesellschaft
[AGB]	Allgemeine Geschäftsbedingungen
[AktienG]	Aktiengesetz
[am.]	amerikanisch
[AN]	Arbeitnehmer
[AO]	Abgabenordnung
[ArbR]	Arbeitsrecht
[arch	archaisch
[Art]	Artikel
[AStG]	Außensteuergesetz
[B.]	Berlin
[B.-W.]	Baden-Württemberg
[Bal]	Ballistik
[BankW]	Bankwesen
[Bbank]	Bundesbank
[Bergb]	Bergbau[wesen]
[BetrVG]	Betriebsverfassungsgesetz
[BGB]	Bürgerliches Gesetzbuch
[Bil]	Bilanzwesen
[Bör]	Börsenjargon
[BRD]	Bundesrepublik Deutschland
[BspW]	Bausparwesen
[Buchf]	Buchführung
[BWL]	Betriebswirtschaftslehre
[By]	Freistaat Bayern
cf.	confer!
[coll]	umgangssprachlich
[CH]	Schweiz
d.h.	das heißt
[DDR]	in der (ehemaligen) DDR gebräuchlich
[Dev]	Devisenbewirtschaftung
[dt.]	deutsch
e.g.	zum Beispiel
[EDV]	Begriffe der Soft-/Hardware
[EG]	Europäische(s) Gemeinschaft[srecht]
eig.:	eigentlich [Verweis auf präzisen Begriff]
entspr.	entsprechend
[ErbR]	Erbrecht
[EStG]	Einkommensteuergesetz

[EuroM]	Euromarkt
[Ex]	Exportwesen
[FGG]	Gesetz über die Angelegenheiten der freiwilligen Gerichtsbarkeit
[FinanzW]	Finanzwesen bzw. Finanzdienstleistungen
[G]	Gesetz
[g.R.]	nach geltendem Recht; sofern für GB oder USA typischer Ausdruck, steht vor dem Begriff [GB] oder [USA]
[GB]	besonders in Großbritannien so gebraucht
[Gewerk]	Gewerkschaft
[GG]	Grundgesetz
[GschMG]	GeschmacksmusterGesetz
[HandwO]	Handwerksordnung
[HB]	Hansestadt Bremen
[He]	Hessen
[HGB]	Handelsgesetzbuch
[HH]	Hansestadt Hamburg
[Hist]	historisch
i.d.R.	in der Regel
i.e.	das heißt
i.e.S.	im engeren Sinne (spez. Terminus)
i.G.z.	im Gegensatz zu
i.R.d.	im Rahmen der/des/dessen
i.w.S.	im weiteren Sinne (Ober-/Überbegriff)
i.Z.m.	im Zusammenhang mit
[InvF]	Investmentfonds
[InvR]	Investitionsrechnung
[IWF]	Internationaler Währungsfonds
[Jus/D]	Justiz[verwaltung] Deutschland
[KinR]	Kind[schafts]recht
[KO]	Kostenordnung
[Komm]	Kommunikation
[Leas]	Leasing
[Man]	Management
[Mar]	Seehandels- und Seekriegsrecht
[MatW]	Materialwirtschaft
[Med]	Medizin
[MietR]	Mietrecht
[Mil]	Militär
n.	Substantiv
[N.-W.]	Nordrhein-Westfalen
[NamensR]	Namensrecht

Abkürzungen

[Org]	Organisations[lehre]
Organisationen	Akronyme (Initialwörter) von Organisationen sind nach dem ersten Buchstaben sowie unter der generellen Bezeichnung sortiert
[OWiG]	Gesetz über Ordnungswidrigkeiten
[Partei]	Parteien und politische Vereinigungen
[PatR]	Patent[wesen]/-[recht]
[PersW]	Personalwesen
pl.	Plural
[pol.]	politisch
[PressR]	Presserecht
[Prod]	Produktion / Konfektionierung
[PStG]	Personenstandsgesetz
[Psych]	Psychologie/Psychiatrie
[PVÜ]	Pariser Verbandsübereinkunft zum Schutz des gewerblichen Eigentums
R	Recht
[R.-P.]	Rheinland-Pfalz
[RW]	betriebliches Rechnungswesen
s.d.	siehe dort
[Sc]	wissenschaftlich
[ScheckR]	ScheckGesetz
[Schl.-H.]	Schleswig-Holstein
sing.	Singular
[Sl.]	Saarland
[Soz]	Sozial[wissenschaft]; Soziologie
[Sport]	Sport
[StaatR]	Staatsrecht
[Stat]	Statistik
[SteuerR]	steuerrechtlicher Begriff
[StrafR]	Strafrecht
syn.:	synonym
[Th.]	Thüringen
[Transp]	Transportwesen
U.	Unternehmen
u.ä.	und ähnliche
übl.	üblicherweise
[USA]	besonders in den USA so gebraucht
[UStG]	Umsatzsteuergesetz
V.	Vertrag
v.	Verb
[VerlW]	Verlags- und Zeitungswesen
[Verp]	Verpackung[stechnik]

[VersR]	Versicherungsrecht
[VertR]	Vertragsrecht
[Vertrieb]	Vertriebswesen
vgl.	vergleiche
[VölkR]	Völkerrecht
[VWL]	Volkswirtschaftslehre
[VwO/D]	Verwaltungsorganisation (Behörden und Titel) in der BRD
[W/Z]	Währungs- und Zinspolitik
Warenzeichen	Kennzeichnung von Marken, Warenzeichen, Gebrauchsmustern etc. erfolgte nicht gesondert
[WechselR]	Wechsel
[Wmath]	wirtschaftsmathematisch
[WpapR]	Wertpapierrecht
[WW]	Weltwirtschaft, internationale Finanzmärkte
[Z]	Zins[politik]
z.B.	zum Beispiel
Zahlen	Begriffe wie "200-Meilen-Zone" sind nach dem ersten Wort nach der Zahl zitiert: "Meilen-Zone, 200-*"
[ZivR]	Zivilrecht
[ZollW]	Zollwesen
[ZPO]	Zivilprozeßordnung
[ZuckerStG]	Zuckersteuergesetz

A. [USA] [Abbr] *Atlantic Reporter*, seit 1885 (ab 1936 second series: A. 2d) Berichterstattung über die Rechtsprechung in Maine, New York, Hampshire, Vermont, Rhode Island, Connecticut, New Jersey, Pennsylvania, Delaware, Maryland

AAA —> Rating

ab *from* ‖ **ab heute** *from the date thereof* ‖ **ab sofort** *as of now* ‖ *from this moment on* ‖ **ab diesem Zeitpunkt** *thenceforward* That if from any cause whatever the purchase shall be delayed beyond the given date, the purchaser shall thenceforth be entitled to the rents of the property

abändern *to derogate* ‖ **Abänderung** *modification* ‖ **Abänderungsklausel** —> Änderungsklausel ‖ **das Gesetz erging in Abänderung des Common Law** *the statute is derogatory to common law*

Abandon [SeeVersR] *abandon* Abtretung eines verschollenen oder aufgebrachten Schiffes [im Kriegsfall] bzw. der beförderten Waren an den Versicherer gegen Leistung der Versicherungssumme ‖ **abandonnieren** —> Abandon

Abbau [Rohstoffe] —> Gewinnung ‖ **Abbau von Bankschulden** *reduction of debts to commercial banks* ‖ **weiter abbauen** *continue to decrease*

Abbruch der (klinischen) Prüfung aufgrund unerwünschter Ereignisse *discontinuation of study for adverse reactions*

Abbuchung —> Lastschriftanzeige ‖ **Abbuchungsauftrag** *direct debit authorization*

Abdeckung eines Kredits [durch Rückzahlung] *repayment of a credit*

Aberkennung der Fähigkeit *disqualification* —> Unfähigkeit

Abfall *waste* ‖ *garbage* —> Müll ‖ **Abfall** [...] *to be discarded* ‖ **das bei** [...] **anfallende Abfallmaterial** *material discarded in the process of* [...] ‖ **abfallen** *to fall* ‖ *to decline*

abfassen [Bericht] *to draw up*

Abfertigung bei der Einfahrt in den Hafen —> Einklarierung

Abfindung[ssumme] nach Beendigung des Arbeitsverhältnisses [PersW] *severance pay* —> pauschale Abfindung ‖ **Abfindungsbrennereien** [BranntwMonG] *small distilleries* Bei diesen wird unter Verzicht auf Verschlüsse [zollamtlicher Verschluß normalerweise bei Betrieben wie Brennereien, die Alkohol erzeugen] die Menge des herzustellenden Alkohols nach festgesetzten Ausbeutesätzen abgeschätzt

Abflüsse [*cash*] *outlays* ‖ **Abflüsse** [**von Zahlungsmitteln**] [InvR] *cash outflow* —> Ausgaben

abführen [an die Steuer] *to pay taxes*

Abgabe Aushändigung ‖ Lieferung *delivery* ‖ Tarif[erhebung] *charge* ‖ **fiskalische Abgabe** *fiscal charges* —> Steuer ‖ **Abgaben** [...] *fiscal* ‖ **höhere fiskalische Abgaben erheben als** [...] *to apply fiscal charges in excess of* ‖ **Abgaben des Bundes, der Einzelstaaten, der Länder oder der Gemeinden** *Federal, State, Länder or municipal tax* ‖ **Abgaben für Nutzfahrzeuge** [SteuerR] *fiscal charges on commercial vehicles* ‖ **Abgabenangelegenheiten** *measures taken with regard to tax and duties* ‖ **Abgabesatz** [Bbank] *selling rate* Satz, zu dem bestimmte Geldmarktpapiere von der Bbank abgegeben werden ‖ **Abgabenordnung** [SteuerR] [Abbr] **AO** *Fiscal Code* Rahmengesetz, das die abgabenrechtlichen Vorschriften zusammenfast, umfassende Neuregelung des allgemeinen SteuerR einschließlich Verfahrensrechts, Vollstreckung und außergerichtlichen Rechtsbehelfsverfahren sowie StrafR und Bußgeldvorschriften. Steuergesetze im einzelnen regeln, in welchen Fällen welche Steuern anfallen, während AO regelt, in welcher Weise dies geschieht. Geltung für alle Steuern (auch Zölle und Abschöpfungen) sowie Steuervergünstigungen. Auch Anwendung für Erhebung von Abgaben aufgrund landesrechtlicher Vorschriften ‖ **Abgabesatz für Schatzwechsel [Laufzeit i.d.R. 3 Tage]** [Bbank] *treasury bill selling rate [normally for 3 days]* ‖ **Abgabetermin** —> Steuertermin

Abgang [Absch] *retirement* Ausscheiden von Anlagegegenständen aus dem Betrieb —> Erträge aus dem Abgang ‖ **Abgang von Gegenständen des Anlagevermögens** *disposal of assets* —> Verlust

abgeben [z.B. Medikament durch Arzt oder Apotheker an den Patienten] *to dispense*

abgegrenzt —> Preisermäßigungen ‖ Abgrenzungposten

Abgeordnetenhaus [VwO/D] Volksvertretung des Landes Berlin (sonst Parlament oder Volksvertretung) *Chamber of Deputies* ‖ *House of Representatives* ‖ *Parliament* ‖ **Abgeordneter** [VwO/D] *representative*

abgestimmt auf [Ihre] Bedürfnisse *according to [your] needs*

Abgrenzung [Buchf] *accrual accounting* ‖ **Abgrenzungsposten** [Buchf] Posten, die nach dem System der Abgrenzung verbucht werden. *Items that have been recorded according to the accrual accounting system* ‖ **Abgrenzung des Steueraufkommens** [SteuerR/D] *delimitation of tax revenues*

abhängig *dependent* —> unselbständig ‖ **[von der Bedingung] abhängig sein** *to be conditional upon*

Abhängigkeitsverhältnis des Verrichtungsgehilfen gegenüber dem Geschäftsherrn [§831 BGB] *master-servant relationship* Master and servant sind heute weitgehend ersetzt durch die Begriffe employer / employee

Abhebemöglichkeit [InvF] *income facility* ‖ *withdrawal facility* —> Abhebeplan ‖ **Abhebeplan** *withdrawal facility* Möglichkeit, vom Fonds regelmäßige Zahlungen aus dem Anlageerfolg -

oder auch aus dem Kapital - zu erhalten

Abhebung [BankW] *withdrawal*

Abhilfemaßnahmen [andere mögliche ~] *[alternative] corrective measures*

Abhören von Telefongesprächen *[wire] tapping* ‖ *interception of a telephonic messages* ‖ *electronic eavesdropping* statthaft unter bestimmten Grundsätzen und Verfahren nach dem Federal Crime Control and Safe Streets Act, 18 U.S.C.A. § 2510 et al. In der BRD nach Art. 10 I GG unzulässig bei unbefugtem Abhören; in den Grenzen des Gesetzes zur Beschränkung des Brief-, Post- und Fernmeldegeheimnis, das sog. Abhörgesetz, ist das Abhören zulässig

Abkommen [zweiseitig] ‖ **Übereinkommen** [mehrseitig] *agreement* selten als Vereinbarung gemeint ‖ **Abkommen mehrerer Regierungen** *intergovernmental agreement* ‖ **Abkommen schließen** *to enter into an agreement* ‖ **mündliches Abkommen** *verbal agreement* ‖ **Regierungsabkommen** *executive agreement* nach amerikan. Staatsrecht kann der Präsident als chief executive = Regierungschef ohne Mitwirkung der gesetzgebenden Körperschaften ein Abkommen dieser Art schließen ‖ **Ressortabkommen** *interdepartmental agreement* Bei mehr als zwei Ressorts, dann —> Ressortübereinkommen ‖ **schriftliches Abkommen** *written agreement* ‖ **Sonderabkommen** ‖ **Sonderübereinkommen** ‖ **Sondervereinbarung** *special agreement* ‖ **Verwaltungsabkommen** *administrative agreement* ‖ **Viererabkommen** ‖ **Viererübereinkommen** *quadripartite agreement* ‖ **Abkommen zur Vermeidung der Doppelbesteuerung des Einkommens** *Agreement for the Avoidance of double taxation of Income* ‖ **Zusatzabkommen** [bei mehr als zwei Parteien —> Zusatzübereinkommen] *supplemental agreement* ‖ *supplementary agreement*

Ablage [zur Aufbewahrung] *[history] file* —> [EDV] Sicherung

Ablauf eines Zeitraumes *lapse* ‖ *expiry* ‖ *termination* —> Inkrafttreten ‖ Beendigung ‖ [Verp] —> Verfalldatum ‖ **nach Ablauf von wenigstens zwei Jahren** *at any time more than two years* —> jeweils ‖ **nach Ablauf von [...] Jahren erlöschen** außer Kraft treten *upon the expiry of a period of [...] years* ‖ **Ablaufdatum der Promesse** [Ex] *expiration date of the preliminary commitment*

ablaufen *to elapse* ‖ **die Rechtsmittelfrist ist abgelaufen** *time for appeal has elapsed*

Ablieferung der Ware —> Lieferung ‖ **Ablieferungstermin** Stichtag *deadline*

ablösen [ein Abkommen durch ein anderes] *to supersede* ‖ **ablösen, ändern oder ergänzen** *to supersede, amend or supplement*

Ablösung z.B. eines Vertrages durch einen anderen *replacement*

abmachen —> vereinbaren

Abmachung *arrangement* häufig für einseitige Akte verwendet, dann in der

Bedeutung: Regelung; Vorkehrung bzw. veranlassen || *memorandum of understanding* || **alle Teile befriedigende Abmachung** Regelungen || Vereinbarung *mutually satisfactory arrangement*

Abmessungen [Tech] *size* || [physical] *dimension*

Abnahme *approval* || **Abnahme verweigern** *to refuse to take delivery* || **Abnahme von Lagerbeständen** *stock shrinkage*

abnehmen [bis] auf *to decline* || **abnehmen** fallen *to drop* || *to reduce* || [Ware] **rechtzeitig abnehmen** *to take delivery in due time* || [die Ware] **verspätet abnehmen** *to be late in delivery* || **abnehmende Restsumme[n]** *unpaid balance*

Abnehmer *buyer* —> Käufer || Kunde || Besteller || **Abnehmergruppen** —> Spartengliederung nach Abnehmergruppen || **Bestimmung des Abnehmerkreises des Unternehmens** *client commitment* customer commitment || **abnehmerorientiert** *operating* || *client-centered*

Abnutzung Materialermüdung || Verschleiß *fatigue of material*

Abpackbetrieb *contract packaging plant*

Abraumsalz [SalzStG] *abraum salt*

Abrechnung *account* || **alle aufgrund dieses Vertrages fälligen Zahlungen und Abrechnungen** *accounts under the terms of this agreement* || **Abrechnungsblätter** *returns* || **genaue und beeidete Abrechnungsblätter** [oder: Abrechnungsunterlagen] **vorlegen** *to make full and true returns under oath* || **Abrechnungsdaten** [Buchf] *account information* || **Abrechnungsstelle** [zentrale ~] *[central] accounting centre* || **Abrechnungszeitraum** [Buchf] *accounting period*

Abrunden *rounding* || *floor*

Abrüstungskommission *disarmament Commission*

Absatz Einrückung || zeitweiliger linker Rand *indentation* || **Absatz** Verkauf *sales* || **Absatz inländischer Rentenwerte bzw. Aktien** [Bör] *sales of domestic bonds or shares* || **Absatzbudget** *expense budget* || *sales budget* approved to meet sales projections for the respective planning period || **Kredit zur Absatzförderung** *marketing credit* || **Absatzmarkt** *market* || **Absatzmittler im Auslandsgeschäft** [Ex] —> Comprador || **absatzorientiertes Leasing** [Leas] Verkaufsförderungs-Leasing *sales-aid leasing*

abschaffen *to do away with*

Abschaffung Beseitigung *abolition*

Abschiebung *expulsion* —> deportation of an alien [also use of force] when it is not likely that he will leave the country without use of such measure [and force] —> Ausweisung

Abschlag *reduction* || **Abschlagsdividende** *interim dividend* [BRD] § 59 AktienG ermöglicht nach Ablauf eines Geschäftsjahres die Ausschüttung einer Dividende auf den vorraussichtlichen Bilanzgewinn. [USA] i.d.R.werden Dividenden vierteljährlich während des laufenden Geschäftsjahres gezahlt

abschließen *to conclude a contract*

Abschluß *financial statements* —> Jahresabschluß ‖ **Abschluß der Bücher** *balance of the books* ‖ **Abschluß [des Kaufvertrages]** *completion of the purchase* ‖ **Abschlußzahlung** [SteuerR/D] *final payment*

Abschnitt *segment* ‖ in einem Vertrag [VölkR] *section*

Abschöpfungen —> Eingangsabgaben mit Preisausgleichsfunktion

abschreibbar [SteuerR] für immaterielle Vermögensgegenstände *amortizable* ‖ *depletable*—> depletion :: Abschreibung für Substanzverringerung ‖ *depreciable* für sonstige Sachanlage —> Abschreibung

abschreiben [Absch] *to deplete* ‖ *to depreciate* ‖ [Buchf] *amortisieren* ‖ *tilgen* *to amortize* ‖ *write off* —> Forderungsabschreibung

Abschreibung [Absch] *depletion* —> amortization ‖ *depreciation* [allowance] —> *accrued* ‖ *accumulated depreciation* ‖ *depletion* ‖ *amortization* ‖ Absetzung für Abnutzung ‖ **beschleunigte Abschreibung** *accelerated depreciation* Abschreibung eines Anlagegenstands in einem wesentlich kürzeren Zeitraum als seiner erwarteten Lebensdauer entspricht oder über den Zeitraum seiner erwarteten Lebensdauer, jedoch in den ersten Jahren in wesentliche höherem Maß als in den späteren (wie z. B. nach der degressiven oder der digitalen Abschreibungsmethode) ‖ **Buchwertabschreibung** *declining-balance depreciation* —> degressive Abschreibung ‖ **digitale Abschreibung** *sum-of-the-year-digits depreciation* Form der arithmetisch-degressiven Abschreibung, bei der die Differenz zwischen den arithmetischen jährlichen Abschreibungsbeträgen immer gleich ist —> degressive Abschreibung ‖ **direkte Abschreibung** [AuxT] *direct depreciation* kein Äquivalent in [GB/USA] [AktienG/Bilanzausweis] Aktivposten wird um den jeweiligen Abschreibungsbetrag gekürzt —> direkte Abschreibung :: direct depreciation ‖ **Abschreibung für Substanzverringerung** [Absch] [SteuerR] —> Substanzverzehr [Wertminderung von Bodenschätzen durch Abbau bzw. Förderung] ‖ **indirekte Abschreibung** [AuxT] *indirect depreciation* kein Äquivalent in [GB/USA] [AktienG/Bilanzausweis] der Aktivposten wird in unverminderter Höhe mit seinen Anschaffungs- und Herstellungskosten ausgewiesen, während die aufgelaufenen Abschreibungen als Wertberichtigung auf der Passivseite erscheinen —> direkte Abschreibung ‖ **kalkulatorische Abschreibung** *depreciation for cost accounting purposes* zur Ermittlung der Selbstkosten von Gütern und Leistungen in der Kostenrechnung ‖ **leistungsabhängige Abschreibung** *production method* —> Mengenabschreibung ‖ **lineare Abschreibung** *straight-line depreciation* Abschreibungsmethode, nach der die Anschaffungs- oder Herstellungskosten eines Anlagegegenstands in gleichbleibenden Jahresraten über seine voraussichtliche Nutzungsdauer verteilt wird ‖ **Mengenabschreibung** *production method [of depreciation]* leistungsmäßige Abschreibung, Abschrei-

Abschreibung

bungsmethode, bei der die jährlichen Abschreibungsbeträge nach dem Umfang der Beanspruchung bzw. Leistung der betreffenden Anlagegegenstände bemessen werden ‖ **Abschreibung nach § 7b des Einkommensteuergesetzes** [SteuerR/D] *depreciation arrangements established under section 7 b of the Income Tax Law* ‖ **ordentliche Abschreibungen** —> planmäßige Abschreibung ‖ **planmäßige Abschreibung** [§ 154 (1) AktienG] *ordinary depreciation* Anschaffungs- und Herstellungskosten von Anlagegegenständen, deren Nutzungsdauer zeitlich begrenzt ist, sind durch planmäßige Abschreibung auf die der voraussichtlichen Nutzungsdauer entsprechenden Geschäftsjahre zu verteilen ‖ **progressive Abschreibung** *increasing-charge depreciation* Abschreibungsmethode, bei der die Abschreibungsbeträge von Jahr zu Jahr steigen ‖ **steuerliche Abschreibung** *depreciation for tax purposes* ‖ *tax depreciation* Abschreibung in der Steuerbilanz nach steuerrechtl. Vorschriften ‖ **Abschreibung** [Absch] i.e.S. Wertminderungen von Anlagevermögen ‖ **Abschreibung auf immaterielle Vermögenswerte** *depletion* :: Abschreibung auf Anlagevermögen, das einem Substanzverzehr unterliegt ‖ *depreciation* (übl. Begriff) Abschreibung auf andere Sachanlagen; d. h. die Verteilung der Anschaffungs- oder Herstellungskosten des Anlagegegenstandes auf die Rechnungsperioden seiner voraussichtlichen Nutzungsdauer. i.w.S. Wertminderungen von Umlaufvermögen, z. B. Forderungsabschreibungen (übl. Begriff "write-off" [selten: write-down, umfaßt sowohl Anlage- als auch Umlaufvermögen]. Für gewöhnlich außerplanmäßige Abschreibungen, z. B. Teilwertabschreibungen —> *depreciation reserve* ‖ *accrued depreciation* ‖ *accumulated depreciation* ‖ *allowance*

Absetzung der Rückwaren

for depreciation ‖ *Reserve* ‖ *Valuation Allowance* ‖ **Abschreibungen auf Forderungen und sonstige Vermögensgegenstände** *depreciation on accounts receivable and other assets* —> Forderungsabschreibung ‖ **Abschreibungsaufwand** [Absch] *depreciation expense* Anteil der Anschaffungs- oder Herstellungskosten eines Anlagegegenstandes, der in der jeweiligen Rechnungsperiode durch Abschreibung als Aufwand verrechnet wird ‖ **erwarteter Abschreibungsbedarf** [Bil] *expected write-down requirements* ‖ **Abschreibungsbedingungen für Wirtschaftsgebäude** —> Gesetz zur Verbesserung der Abschreibungsbedingungen [...] ‖ **Abschreibungsbetrag** *depreciation base* —> Bemessungsgrundlage ‖ *depreciable cost* ‖ *depreciation charge* ‖ **Abschreibungssatz** [Absch] *depreciation rate* Prozentsatz mit dem bei linearer Abschreibung von den Anschaffungs- und Herstellungskosten, bei Buchwertabschreibung vom Restbuchwert abgeschrieben wird ‖ **Abschreibungssumme** *depreciation base*

Abschwächung der Wirtschaftsdynamik *slowdown in dynamic economic growth* ‖ *economic slowdown*

Absetzung der Rückwaren [Bbank] *deduction of goods returned* ‖ **Absetzung für Abnutzung** [Abbr] AfA [SteuerR/BRD] von immateriellen Anlagewerten [amortization] *depreciation* [USA/SteuerR] Abschreibung auf Sachanlagen (mit Ausnahmen solcher, die einem Substanzverzehr unterliegen) und immaterielle Vermögenswerte. [USA/SteuerR] *(depreciation) allowance* :: Abschreibung [USA/Buchf] *allowance* :: Wertberichtigung

Absicherungsrate —> Hedge ratio

Absicht *intention* ‖ **in der Absicht** [VölkR/Präambel] *intending* ‖ **Absichtserkärung** *declaration of intent[ion]* —> Willenserklärung ‖ *letter of intent* ‖ *letter of preparedness* verbindliche Zusage bei Exportgeschäften, insbesondere im Rahmen von Ausschreibungen

absinken [auf Werte von ...] sich verringern *to decline*

absolut nichtig *absolutely void*—> nichtig

Absorption von Zentralbankguthaben [Bbank] *absorption of central bank balances*

abspeichern [EDV] —> sichern

Absprache *understanding*

Abstammung [in absteigender Linie] *descent*

Abstand *difference* ‖ **indem [sie] den Abstand zwischen [...] verringern** *by reducing the differences between* ‖ **Abstandszahlungen** nach Beendigung des Arbeitsverhältnisses [PersW] *severance pay*

Abstieg *descent* ‖ [Fall] *fall*

abstimmen [Wahl] *to vote* ‖ [Konten] *to balance* ‖ *to check off*

Abstimmsumme *control total*

abstottern [coll] *to buy on the never*

—> Ratenzahlung

Abteilung [Gericht] *division* ‖ [VwO/D] Dezernat *department* ‖ **Abteilung des High Court für allgemeine familienrechtliche Angelegenheiten** *Family Division* [created in 1970] It has an exclusive jurisdiction over matrimonial disputes, grant of legal title to executors and matters relating to legitimacy, guardianship, etc. ‖ **Abteilungsdirektor** *Division Manager* ‖ **Abteilungsgericht** *Divisional Court* [zur Überprüfung eines Falles] ‖ **Abteilungsversammlung** [BetrVG] *department meeting*

Abtrennung [von Verfahren] *severance [of actions]* devides lawsuit into two or more independent causes, each of which terminates in separate, final and enforceable judgment

abtreten [Ansprüche] *to assign* to transfer property to another person, esp. to the benefits of a creditor

Abtretung eines Anspruchs *assignment of a claim* ‖ **Abtretung der Garantieansprüche** *assignment of policy proceeds* Transfer of the insured's right, title and interest in any amount payable under the policy

Abtrieb zur Gewinnung des Weingeistes (Alkohol) [SteuerR/D] *distillation* ‖ [Tech] [Getriebe] *output drive*

aburteilen —> schuldig sprechen

Abwärtsdreieck *descending triangle* in der Chartanalyse eine der —> Formationen :: formations

abwechselnd *alternatively* ‖ **Die**

Kommision tritt abwechselnd in A. und B. zusammen *The Commission shall meet alternatively in A and B*

Abwehraussperrung [Man / Org / ArbR] *defensive lockout* rechtlich seitens der Arbeitgeber zulässiges Mittel im Arbeitskampf aufgrund der nach Art. 9 III GG garantierten Tarifautonomie. Planmässige von einem oder mehreren Arbeitgebern durchgeführte Verweigerung, bestimmte Arbeitnehmer zur Arbeit zuzulassen sowie Verweigerung auf Lohnzahlung. Die Abwehraussperrung führt im allgemeinen nicht zur Auflösung, sondern zur Suspendierung des Arbeitsverhältnisses. ‖ **Abwehrmaßnahmen bei Streik** [ArbR] *counter strike measures* —> Abwehraussperrung ‖ Angriffsaussperrung

Abweichen *deviation* ‖ [VölkR] **Aus den Absätzen 1 bis 4 kann eine Berechtigung zum Abweichen von [...] [Regelung] nicht abgeleitet werden** :: *Nothing in the preceding paragraphs shall authorize any deviation from*

abweichend von *notwithstanding*

Abweichung [Stat] *variance* ‖ *divergence* ‖ **sofern sich Abweichungen ergeben [auftreten], ist der englische Text maßgebend** :: *in the event of divergence the English text shall prevail* ‖ **Abweichungsklausel** [Abbr] **d/c** *deviation clause* Klausel in internationalen Kaufverträgen, mit der bestimmten Abweichungen bei der vereinbarten Ware zugestanden werden ‖ **Abweichungskontrolle** [BWL/RW] *evaluation of performance* process of analyzing and interpreting performance and results

abweisen [Rechtsmittel] *to dismiss an appeal* —> zurückweisen

Abwesenheit *absence* ‖ in Ermangelung ‖ wenn nicht ‖ mangels *in the absence of [...]*

Abwicklungszeit *handling time*

Abzahlungskauf *hire purchase* ‖ [Leas] *conditional sales contract*

abzeichnen —> paraphieren [VölkR] ‖ [Dokument] *to initial* ‖ *to sign* ‖ [Kopie anfertigen] *to copy* ‖ *to sketch* ‖ **sich abzeichnen** [Entwicklung ‖ Tendenz] *to begin to show* ‖ *to loom up*

abzielen auf *the object here is to [...]*

Abzinsung [Zinseszinsrechnung] *discounting* Ausgehend von einem gegebenen Endkapital soll das Anfangskapital ermittelt werden bzw. der Bar- oder Gegenwartswert zukünftiger Zahlungen, indem die Beträge mit dem zugehörigen Abzinsungsfaktor multipliziert werden. Bei Verwendung der Abzinsungstabelle nach der Formel: $K_0 = K_n \times T_{ab}$

Abzug [Bal] *trigger* ‖ [SteuerR] *deduction* —> Schuldzinsenabzug ‖ Rabatt ‖ Absetzung ‖ **zum Abzug zulassen** [SteuerR] *to allow as deductions*

abzüglich *less*

Abzugsbügel [Bal] *trigger guard* ‖ **Abzugsteuern bei beschränkt Steuerpflichtigen** *withholding tax on income of non-residents.* —> Quellensteuer ‖ **Abzugsverfahren** [SteuerR/D] *withholding method*

A.C. [GB] [Abbr] *Appeal Cases*

adäquate Verursachung [StrafR / USA] *proximate cause* Ein unmittelbarer Kausalzusammenhang, der [ohne notwendigerweise zeitlich oder räumlich im Zusammenhang zu stehen] ein unmittelbares Schadensereignis zur Folge hat. Wesentlich ist, daß Fahrlässigkeit zum Zustandekommen des Ereignisses beitrug [sprich, das Ereignis fahrlässig nicht verhindert wurde]

Ad-hoc Organ *ad hoc body* ‖ **ad-hoc-Stelle** *ad hoc agency*

AD-Linie *AD-line* syn.: Fortschritt-Rückschritt-Linie [Bör] *advance-decline line* Linie, die um die Differenz zwischen gestiegenen und gefallenen Aktienkursen steigt oder fällt. Analysemethode zur Trendermittlung am Aktienmarkt —> Trends

addieren *to sum up*

Additiv Zusatzstoff *additive*

Adhokratie [Man/Org] *adhocracy* ‖ **administrative Adhokratie** *administrative adhocracy* ‖ **abnehmerorientierte Adhokratie** *operating adhocracy* —> project management organization ‖ organic organization ‖ innovative Organisationsstruktur

ADR —> American Depositary Receipts :: Aktienzertifikate

Adresse —> Anschrift

adressieren —> Anschrift ‖ richten an

A. & E. [GB] [Abbr] *Admiralty and Ecclesiastical Cases*

AfA [Abbr] [SteuerR/D] **Absetzung für Abnutzung** —> Abschreibung :: depreciation

AFG **Arbeitsförderungsgesetz** :: *Employment Promotion Act*

AG —> Aktiengesellschaft

Agrarabschöpfungen [SteuerR/D] *agricultural levies* ‖ **Agrarstrukturmaßnahmen** *measures improving agricultural structure*

ähnlich *similar*

AIBD *Association of International Bond Dealers* :: **Vereinigung der an internationalen Anleihemärkten tätigen Händler**

AID [USA] *Agency for International Development* [Behörde des US-Außenministeriums mit Zuständigkeit für die Auslandshilfe der USA. Gegr. 1961]

Airbag [Auto] Aufprallschutz im Fahrgastinnenraum *air bag*

AKA [BankW] **Ausfuhrkredit-Gesellschaft mbH** Gegr. 1952 für mittel- und langfristige Exportfinanzierung durch Gewährung von Ausfuhrkrediten. Gesellschafter der AKA sind ca. 60 Konsortialbanken. Kreditlinien Plafonds A und B werden dem Exporteur nach einem Finanzierungsplan zur Herstellerfinanzierung (Lieferantenfinanzierung) und Plafond C dem Importeur zur Bestellerfinanzierung gewährt —> GEFI

anweisbares Akkreditiv *assignable credit* —> übertragbares Akkreditiv ‖ **Dos-á-dos-Akkreditiv** *back-to-back credit* syn.: **Gegenakkredi-**

tiv Akkreditiv, das der Begünstigte aus einem bereits bestehenden Akkreditiv als Auftraggeber dann eröffnet, wenn das Original-Akkreditiv nicht übertragbar ist. Das Gegenakkreditiv bezieht sich dann wie das Original-Akkreditiv auf dieselbe Lieferung, weist u.U. jedoch abweichende Bedingungen und Dokumente auf ‖ **einheitliche Richtlinien für Gebräuche und Dokumenten-Akkreditive** *Uniform Customs and Practice for Documentary Credits* ‖ **Gegenakkreditiv** —> syn.: Dos-á-dos-Akkreditiv *back-to-back credit* ‖ **Akkreditive mit hinausgeschobener Zahlung** *deferred payment credits* Dokumenten-Akkreditive [Auszahlungsakkreditive], bei deren Vorlage dem Begünstigten die Gegenleistung nicht Zug-um-Zug, sondern zu einem späteren Zeitpunkt erbracht wird. "[benutzbar gegen folgende Dokumente [...] Tage nach Einreichung [Sicht] der Dokumente]" ‖ **Akkreditivverfahren** *L/C procedure* ‖ *letter of credit procedure* —> CLC-Verfahren ‖ Bona-Fide-Klausel

Akte [VölkR] *act* —> Handeln ‖ Handlung

aktenkundig machen *to go on record* ‖ **aktenkundig sein** *to be on file* —> Band

akkreditieren *to accredit* als berechtigt anerkennen ‖ beglaubigen —> amtlich

Aktie *share [of stock]* verbrieftes Anteilsrecht an einer Aktiengesellschaft ‖ **Absatz inländischer Aktien** [Bör] *sales of domestic shares* ‖ **Aktien erstklassiger Adressen** *stock of listed company with high-grade financial record* —> Blue Chip ‖ **Aktien über die Börse breit streuen** *placing of shares and their listing* —> Unterbringung ‖ **Unterbringung inländischer Aktien** [Bör] *placing of domestic shares* ‖ **voll eingezahlte Aktien** *fully paid shares* ‖ **Aktien von Wachstumsgesellschaften** —> Wachstumsgesellschaften ‖ **Aktien zeichnen** *to subscribe for shares* ‖ **Aktien-/ Dividendenrendite** *return* —> Aktienrendite

Aktienagio *premium on stock* Betrag, um den der Ausgabekurs von Aktien über dem Nennwert der Aktie liegt —> Report ‖ **Aktienanalyse** [Bör] *fundamental analysis* —> Fundamentalanalyse ‖ *stock analysis* Untersuchung von Aktien für Bewertungszwecke ‖ **Aktienanteil** [InvF] *equity profile* am Portefeuille eines "gemischten" Versicherungsfonds

Aktienbewertung [Bör] *valuation of shares* ‖ *stock valuation* Bestimmung des "inneren Wertes" von Aktien ‖ **aktienbezogen** *equity-linked* ‖ **Aktienbuch** *stock register* [§ 67 AktienG] Register über die Inhaber von —> Namensaktien und —> Zwischenscheinen einer Gesellschaft. Ferner Eintragung aller Übertragungen, Kaduzierung, Umwandlung in —> Inhaberaktie etc. Nach § 68 AktienG gilt nur der Eingetragene als —> Aktionär der Gesellschaft. [USA] *stockholders' ledger* ‖ *shareholder's ledger* [Angaben über die jeweiligen Aktieninhaber] sowie *stock transfer books* [Umschreibungen bei Aktienübertragungen] Die Führung dieser Bücher wird von den Gesellschaften i.d.R. sogenannten transfer agents [üblicherweise Banken oder Treuhandgesellschaften] übertragen, die oft auch für die Gesellschaft die Auszahlung von Dividenden an die Aktionäre übernehmen. ‖ **Aktien-**

buch [für Umschreibungen] [USA] *stock transfer books* In der BRD kein separates Buch —> stock register

aktienfondsgebundene Police [InvF] *equity policy* || **aktienfondsgebundene Rentenversicherung** [InvF/USA] *variable annuity* || **aktienfondsgebundene Versicherung** [InvF] *equity assurance* || **aktienfondsgebundener Versicherungsvertrag** [InvF] *equity contract*

Aktiengesellschaft [BRD] *stock corporation* || [GB] *public company limited by shares* entspricht etwa der dt. AG. Im Aktiengesetz einheitliche Regelung für Kapitalgesellschaft, die ihr Grundkapital durch die Ausgabe von Aktien beschafft. [USA] einzelstaatlichen Gesetzgebung [business corporation acts]. Wesentlicher Unterschied- auch für die Dividenenpolitik - besteht in der Anzahl der Organe. [AG] drei Organe, Hauptversammlung, Aufsichtsrat und Vorstand. [stock corporation] zwei Organe: shareholders (shareholders' meeting) und board of directors

Aktienkaufplan *stock purchase plan* || **Aktienkursindex** [Bör] *index of share prices* || **steigende Aktienkurse in Japan** *climbing share prices in Japan*

Aktienmarkt[entwicklung] —> Entwicklung || **Entwicklung am Aktienmarkt** [Bör] *conditions in the share market* || **Aktienmarkt erzielte [19..] ein Rekordergebnis** [Bil] *share market achieved a record result in [...]*

Aktienportefeuille eines "gemischten" Versicherungsfonds [InvF] [USA] *equity arm*

Aktienrendite *return on stock* || *yield* Verzinsung des eingesetzten Kapitals + Kursgewinne ./. Kursverluste in Bezug auf Anlagezeit: (lfd. Verzinsung + Kursgewinn (Kursverlust) : Laufzeit) x (100:Kurs)

Aktiensparen *equity saving* || **Aktiensplit** *stock split-up* one share is split into a larger number of shares || *reverse splits* or *split-downs* number of shares are combined to form a smaller number of shares. Aktiennennwert wird reduziert, Grundkapital bleibt unverändert i.G.z —> stock dividend, bei der der Aktiennennwert unverändert bleibt und offene Rücklagen in Grundkapital bzw. retained earnings in capital stock umgewandelt werden

Aktienversicherungsfonds [InvF] *equity bond* || **Aktienvorkaufsrecht** *stock option*

Aktienzertifikate [USA] *American Depositary Receipts* [Abbr] **ADR** Bescheinigung amerikanischer Banken über Hinterlegung von [ausländischen Namens-]Aktien. Ziel: Handel mit ausländischen Aktien [im Freiverkehr] zu ermöglichen. Ausfertigung nur in USA für Aktien, Notierung auch an Fremdbörsen außerhalb der USA

Aktionär *stockholder* || *shareholder* —> AG || **alleinige Aktionärin unserer Gesellschaft ist The British Petroleum, London** [Bil] *The British Petroleum, London, is our company's sole shareholder* || **Aktionärsschutz** *protection of shareholder* —> Maximierung des Vermögens der Aktionäre; Bilanzierungsvorschriften; Dividendenpolitik; Prüfung des Jahresab-

Aktiva   Alibi

schlusses durch unabhängige Wirtschaftsprüfer, etc.

Aktiva [Bil] *assets* Aktivseite [der Bilanz] ‖ **Aktiv- und Passivmanagement** *assets-liability management*

aktive Veredelung [ZollW] *inward processing procedure*

aktivieren *to show* to include ‖ to enter *on the assets side* [of the balance sheet] ‖ *to capitalize* Ausweis auf der Aktivseite der Bilanz (nur auf Anlagevermögen) ‖ **aktivierungspflichtige Kosten** [Absch] *capital expenditure[s]* Unterscheidung zwischen capital expenditure (=aktivierungspflichtige Kosten) und revenue expenditure (=erfolgswirksame Kosten) ‖ Expense umfaßt alle revenue expenditures sowie den Teil der aktivierten capital expenditures, der in Form von Abschreibungen in der betreffenden Rechnungsperiode erfaßt wird

aktuell *to-date*

Akzedentenentscheidung *rule* eine Entscheidung von geringerer Bedeutung

Akzept Annahme eines Wechsels ‖ Wechselakzept ‖ Wechselannahme ‖ akzeptierter Wechsel *accepted bill of exchange* —> Bankakzept

Akzeptant eines Wechsels —> Bezogener

Akzeptanz *level of acceptance* **Akzeptanzbreite** *level of acceptance* ‖ [Komm] *managing change* Veränderungen mit höchstmöglicher Akzeptanzbreite unter den Mitarbeitern durchführen

akzeptierter Wechsel *accepted bill of exchange* —> Bankakzept

Akzeptkredit [BankW] *acceptance credit* Bank tritt als Akzeptor auf, um Kunden bei einer anderen Bank Kredit zu verschaffen. Rembourskredit *documentary letter of credit* Exporteur erhält gegen Vorlage von Akkreditiv-Dokumenten ein Bankakzept, das von der Akkreditivstelle (Akkreditivbank oder einer dritten Bank) gewährt werden kann. Zahlung erfolgt bei Präsentation des fälligen Wechsels —> benutzbar

ALALC [Asociación Latinoamericana de Libre Comercio] [gegr. 1960] *Latin American Free Trade Association* **Lateinamerikanische Freihandelszone [LAFTA]**, 1980 durch ALADI [Asociación Latinoamericana de Integración **Lateinamerikanische Integrationsvereinigung**] abgelöst. Mitglieder: Argentinien, Bolivien, Brasilien, Chile, Ecuador, Kolumbien, Mexiko, Paraguay, Peru, Uruguay, Venezuela. Ziel ist Zollabbau durch schrittweise Beseitigung der Handelshemmnisse zwischen den Partnerländern. Regionale Untergruppen sind Andengruppe und La-Plata-Gruppe

Alarmbereitschaft Luftalarm ‖ Fliegeralarm *air alert*

ALFA Automatisierte Luftfracht-Abwicklung

alias *a.k.a.* ‖ *otherwise known as* ‖ [lat.] *alias dictus*

Alibi *alibi* Fed.R. Crim.P. 12.1 [Zur Entgegnung eines Tatvorwurfs und Nachweis der Tatzeit § 8 StGB und Aufenthalt an einem anderen Ort als dem Tatort § 9 StGB] ‖ **Alibi beibringen** *to produce an alibi* ‖ **Alibifunktion** *cover-up [function]* ‖ **Alibi nachweisen** *to establish one's alibi*

Alkoholhandel [SteuerR] *trading in alcohol*

alkoholische [geistige] **Getränke** *spirits* —> Branntwein

allein berechtigter Vertreter *universal agent* ‖ *general agent* ‖ **alleinig** *sole* ‖ **Alleininhaber** *proprietor* —> Einzelkaufmann *sole proprietor* ‖ **Alleinkonzessionär** [ZollW] *sole concessionaire* ‖ **Alleinstehender** [SteuerR/D] *single* [person] ‖ **Alleinvertretung** *sole agency*

Allgebrauchslampen [Tech] *general-purpose filament light bulb*

allgemein *general* ‖ **allgemeine Bestimmung** *general application* ‖ **Allgemeiner Teil** [BGB] *general part* ‖ **allgemeines Management** [Man/Org] *general management* ‖ **allgemeine Wirtschaftslage** *general economic situation* ‖ **Allgemeines Zoll- und Handelsabkommen** [Abbr] *GATT General Agreement on Tariff and Trade* Förderung der Beschäftigung und allgemeinen Wirtschaftswachstum unter der Mitgliedern durch Zollabbau [Zollrunden], Prinzip der Meistbegünstigung, Abbau der Devisenbewirtschaftung etc. Nach Abschluß der Uruguay-Runde übernimmt die Welthandelsorganisation die Aufgaben des GATT-Managements ‖ **allgemeine** [gesetzlich/rechtliche] **Zuständigkeit** *laws of general application*

Allianz —> **NATO** (Nordatlantisches) [Verteidigungs-] Bündnis

Alliierter Kontrollrat *Allied Control Commission*

Allonge [Art. 13, 25, 31, WechselG] [U.C.C. § 3-202(2) *allonge* Wenn aufgrund von Platzmangel auf der Wechselrückseite keine weiteren Bürgschaftserklärungen (Indossamente) aufgebracht werden können, besteht die Möglichkeit, ein Ergänzungsblatt anzuheften. Diese Allonge ist mit einem Stempel (Firmenstempel) an der Verbindungsstelle zu versehen

Allphasen-Bruttoumsatzsteuer *all-stage gross turnover tax* ‖ **Allphasen-Nettoumsatzsteuer** *all-stage net turnover tax*

als stiller Gesellschafter *as sleeping partner*

Alternativplan —> Ausweichplan

Alters [...] *old-age* ‖ **Altersentlastungsbetrag** —> Altersfreibetrag ‖ **Altersfreibetrag** [SteuerR/D] *old age relief amount* ‖ *old-age allowance* Freibetrag für alle Steuerpflichtigen nach dem EinkommensteuerG, sofern sie vor Beginn des maßgebenden Kalenderjahres das 64. Lebensjahr vollendet hatten. ‖ **Alter[sgrenze]** *age* —> Volljährigkeit *full age* ‖ nach erlangter Volljährigkeit *after attaining full age* ‖ —> minderjährig sein *to be under age* ‖ **Alterspension** *old-age pension* ‖ *retirement pension* Die nach Erreichen des normalen Pensionsalters bzw. nach vorzeitiger Pensionierung gezahlte Versorgungsleistung [Pension] ‖ **Altersruhegeld** *pension* ‖ **Aufwendungen für Altersversorgung** [Bil] *expenditure for old-age pension* ‖ **betriebliche Altersversorgung** *[company] old-age-pension scheme* ‖ **Altersvorsorge durch steuerbegünstige Vermögensbildungspläne** *Individual Retirement Accounts* [Abbr] *IRA* [USA] Steuerbegünstigte Möglichkeit der Altersvorsorge durch jährliche Anlage von US $ 2000,- pro Person bzw. US $ 4000,- pro Eheleute, Auszahlung im 60. Lebensjahr (steuerfrei)

Altpapier *waste paper* —> Recycling-Papier

am Geld —> Geld

Amboßzündhütchen [Bal] *American primer*

American Selling Price System [USA] *American Selling Price System* 1922 zum Schutz der chemischen Industrie eingeführt. ASP entspricht dem Herstellungspreis in den USA und dient als Bemessungsgrundlage für die Berechnung des Zollwerts bestimmter Güter beim Einfuhr in die USA.

AMG [Abbr] **Arzneimittelgesetz** *German Drug Law* v. 24.08.1976 u. rev. Fass., das das AMG von 1961 ablöste. Anstelle des Registrierungsverfahrens trat die Zulassungspflicht für alle Arzneien und damit Verschärfung der Bestimmungen über die Arzneimittelsicherheit

Amigo [Pol] *amigo* || *buddy* Vetternwirtschaft *buddy system* || *nepotism*

Amortisationsdauer [InvR] *payback period* —> Kapitalrückflußmethode || **Amortisationskredit** *loan repayable by installments* || **Amortisationsrechnung** —> Kapitalrückflußmethode

Amortisierung *amortization* —> Abschreibung

Amt *office* || *board* || *bureau* || [VwO/D] *department* Organisationseinheit, die eines oder mehrere Ämter z.

B. Sozialamt, Jugendamt, Sportamt umfaßt. || [VwO/Sch.H.] *association of communes* Gemeindeverband mit eigener Rechtspersönlichkeit || **Amt ablehnen** *to decline the office* || **Amt annehmen** *to accept the office*

Amt für öffentliche Ordnung *municipal [public affairs] office* || **Ämterführer** —> Ämterverzeichnis || **Ämterverzeichnis** Behördenverzeichnis *list of offices*

amtlich *official* || **amtlich kontrolliert** *accredited* der amtlichen Kontrolle unterworfen sein || **Milch, die der Lebensmittelkontrolle unterworfen ist** *accredited milk* || **amtliche Leichenschau** —> Obduktion || **amtlicher Sachverständiger** *official referee* dem Supreme Court zugeteilt und von Richtern zur Bearbeitung spezieller Fragen [z. B. commercial cases] eingesetzt || **amtlicher Spielausweis** [Rennw LottG] *[official] lottery voucher*

amtsangehörige Gemeinde [VwO/Sch.-H.] *associated commune* —> Amt || **Amtsanmaßung** [BRD] [§132 StGB] *false assumption of office* || *color of office* [USA] An act under color of office is an act of an officer who claims authority to do the act by reason of his office when the office does not confer on him any such authority —> colour of authority || **Amtsanwärter** *candidate for office*

Amtsarzt *public health officer* || *medical examiner* —> Leichenbeschauer

Amtsausschuß [VwO / Schl. H.] *committee of the association of com-*

Amtsbezirk   **ändern**

---

munes

Amtsbezirk eines County Court —> Gerichtsbezirk

Amtsenthebung *removal from office* || **dismissal** || **vorläufige Amtsenthebung** *suspension from office*

Amtsgericht [Jus/D] *Amtsgericht local court lowest German Court of Record [or: general jurisdiction]* [ist keinesfalls mit "Country Court" oder ähnlichem zu übersetzen] [Austria] Bezirksgericht || **Amtsgeschäft** Amtshandlung *official act* || **Amtsgewalt** *authority* —> Behörde

Amtshaftung liability *responsibility of an official for damages* || **Amtshandlungen der Zollbehörden** *customs operations* || **Amtshilfe** *mutual administrative assistance*

Amtsinhaber —> Amtsträger

Amtsmißbrauch *abuse of* official *authority*

Amtsträger [im öffentlichen Dienst] [Administration] *officer* || *office-holder* || *office-bearer*

Amtsunfähigkeit *[a person under] disability* —> geschäfts- und rechtsunfähige Person || **Amtsunterschlagung** —> Unterschlagung im Amt

Amtsvergehen *malversation* || *misdemeanour in office* || **Amtsvorsteher** [VwO/D Schl.-H.] Hauptverwaltungsbeamter des Amtes *chief [officer] of the association of communes*

Amtszustellung —> Empfangsbestäti-

gung

an erster Stelle stehen *to prime* || **an Order** *to order*

Analysten [Bör] *[financial] analysts*

anbahnen *to initiate* || **sich anbahnen** —> sich abzeichnen ||

Anbau Nebengebäude *annex* || **Anbaumöbel** *unit furniture*

in Anbetracht [VölkR] *noting* || [VölkR] *in view of* || *whereas* wird im Deutschen üblicherweise nicht wiedergegeben, z.B. [...] whereas the parties have agreed as follows :: [dies vorausgeschickt] haben die Vertragsparteien folgendes vereinbart:

Anbieter von Finanzdienstleistungen —> bankfremde Anbieter || **Anbieterkreis** —> vorausgewählter Anbieterkreis

Anbruch —> angebrochene Packung

andere *other* —> übrige || sonstige || **andererseits** —> einerseits || **Anderkonto** —> Kundenzahlung auf Anderkonto

ändern *to alter[nate]* || *to revise* || **ganz oder teilweise ändern** *to vary or to alter* || **ändern** revidieren || ergänzen || neu fassen *to amend* || Tritt ein allgemeines mehrseitiges Luftverkehrs-Übereinkommen in Kraft, das von beiden Vertragsparteien angenommen wird, so gehen dessen Bestimmungen vor. Erörterungen über die Feststellung, inwieweit ein mehrseitiges Übereinkommen dieses Abkommen ablöst, än-

Änderung　　　　　　　　　　　　　　　　　Angebot

dert oder ergänzt, finden nach Artikel 13 statt :: *In the event of a general multilateral air transport convention accepted by both contracting Parties entering into force, the provisions of the multilateral convention shall prevail. Any discussion with a view to determining the extent to which the present agreement is superseded, amended or supplemented by the provisions of the multilateral convention, shall take place in accordance with Article 13 of the present Agreement*

Änderung *modification* ‖ *alternation* **Modifikation** ‖ **Revision** ‖ **Neufassung** ‖ **Erneuerung[svorschlag]** ‖ **Ergänzung** ‖ **Änderungsantrag** *amendment* ‖ **Änderungsklausel** *derogatory clause* ‖ **Änderungsvorschlag bezüglich des Übereinkommens** *proposal for the amendment of the convention*

Aneignung *appropriation of property* ‖ *conversion to one's own use*

anerkannt *recognized* —> zugelassen

Anerkennung des Garantiefalles *recognition of the event of default* ‖ **Anerkennung zollen** *crediting* —> Annahme

anfallen *mature* [z.B. Fälligwerden eines zur Auszahlung kommenden Versicherungsvertrags] ‖ [ErbR] *to become due*

anfällig sein für [Krankheit ‖ Empfindlichkeit] *to be susceptible of [...]*

Anfangs[...] *initial* ‖ **Anfangsausgabe** [InvR] *initial outlay* ‖ *initial expenditure* entspricht i.d.R. den Anschaffungskosten des Investitionsobjekts

anfechtbar *voidable* [by judicial decision :: durch Gerichtsurteil] —> nichtig

Anfechtung —> [BetrVG] Wahlanfechtung ‖ **Anfechtung eines Vertrages** *impugnment of a contract* ‖ *challenge of a contract*

Anforderungen *requirement[s]* ‖ *demand* ‖ *needs* ‖ **Anforderungsprofil** *performance standards*

Angabe [Stat] —> entfällt ‖ [VersR] —> Anzeige eines Versicherungsnehmers ‖ **Angaben** *information* ‖ Erläuterungen zum Vertragsgegenstand *representation* ‖ **nach § [...] HGB verlangte Angaben** *information demanded in accordance with German Commercial Code [HGB]* ‖ **teilweise berichtigte Angaben** [Stat] *partly revised figures*

angeben *bezeichnen* ‖ *to designate* ‖ *to specify*

angeblich *alledgedly* —> syn.: behauptet :: alleging —> mutmaßlich ‖ verdächtigt ‖ **angeblich jmd. vertreten** [... gibt vor, ... zu vertreten] *purporting to represent [a person]*

Angebot *offer* ‖ [Bör] *asked* —> Brief ‖ **aus dem Angebot genommen werden** *to go off the market* ‖ **Angebot für Rechte** *offer of [such] rights* ‖ **das nur an eine bestimmte Person gerichtete Angebot** *special offer* ‖ **öffentliches Angebot** *general offer* z.B. Ankündigung einer Versteigerung in der Presse ‖ **still-**

angebotsorientiert   **angesichts**

---

schweigendes Angebot *implicit offer* || **Angebote und Gesuche** *offers and requests* || **Angebot und Nachfrage** *supply and demand* || **Widerruf des Angebots** *revocation of an offer* || **Angebotsabgabe bei internationalen Ausschreibungen** *global tender* ausländische Hersteller oder Händler können direkt anbieten, für After-Sales-Service ist Nachweis einer Vertretung auf dem inländischen Markt erforderlich || *local tender* ausländische Händler bzw. Hersteller können sich bewerben, offizielles Angebot wird jedoch i.d.R. von der Vertretung im inländischen Markt abgegeben || **Verbesserung der Angebotsbedingungen** *the improvement of the supply-side conditions*

angebotsorientiert *supply-side*

angebrochene Packung *broken lot*

angehören *to adhere to* —> sich anschließen || beitreten || ratifizieren || *to attach* || **einem Betrieb angehören** *to be attached to a business*

Angehöriger [Unterhaltsberechtigte] *dependant* || [Familie] *relative* || *the next of kin* || [Mitglied] *member* || [Staatsbürger] *national* || **Invalidenrente für Angehörige** *dependence benefit* || **hilfloser Angehöriger** [SteuerR/D] *incapacitated relative* || **mithelfende Familienangehörige** [SteuerR] *unpaid family workers*

Angeklagter [StrafR] *[the] accused* || **Angeschuldigter** || **Beschuldigter** —> Beklagter :: *defendant* || [EheR] *respondent* || *appellee* [im Berufungsverfahren]

Angeld Anzahlung *earnest money* || *deposit money* Anzahlung beim Grundstückskauf || *A sum of money paid by a buyer at the time of entering a contract to indicate the intention and ability of the buyer to carry out the contract. Normally such earnest money is applied against the purchase price. Often the contract provides for forfeiture* (verfallen || verwirken) *of this sum if the buyer defaults*

Angelegenheiten *matter* || *affairs*

angelegt *fixed*

angemessen *due* || *reasonable* || *fair* || *proper* || *just* || *equitable* || *tolerate* || *honest* || *moderate* || *suitable under the circumstances* || *fit and appropriate to the end in view* || *not immoderate or excessive* || *appropriate* || **angemessene Bemühungen** erforderliche Sorgfalt *reasonable diligence* || **angemessene Entschädigung** *fair compensation* —> verhältnismäßig || **alle [ihm] geeignet erscheinenden Erklärungen** :: *Any comments [it] considers appropriate* || [Maßnahmen] **die für angemessen erachtet werden** [procedures] *as may be appropriate* || **angemessene Nachfrist** [nicht Fristverlängerung !] *reasonable extension of terms* || **Rechte, die für angemessen erachtet werden** *such rights as may be appropriate*

angesichts *as a result of* || *in view of* || [VölkR] *noting* || **angesichts der/des [...]** *owing to* || [VölkR/Präambel] *in Anbetracht* || *in dem Bewußtsein* || *in Kenntnis* *aware* || [VölkR] *whereas* —> Hinblick || **angesichts der Umwälzungen in der DDR und Osteuropa** :: *as a re-*

17

sult of the political upheaval in East Germany and East European countries

angespannter Geldmarkt *pressure on the money market*

Angestellter *white-collar worker* ‖ *non-manual worker* ‖ [BetrVG 6(2)] *salaried employee* ‖ **Angestellte** [Bil] [im Unternehmen Beschäftigte] *salaried personnel* ‖ **höhere Angestellte** *officers* ‖ **Angestellte im öffentlichen Dienst** *public servant* ‖ **Angestelltenversicherungsgesetz** *Salaried Employees Insurance Act*

angewandt angewendet auf *applied to* angewendet werden auf —> gelten für

anwendbar *applicable to* ‖ an den entsprechenden Stellen im Text *wherever applicable herein* —> maßgebend

angrenzen an *to abut*

angrenzend anliegend ‖ benachbart ‖ Nachbar-[...] ‖ Neben-[...] *adjacent to* ‖ **angrenzender Besitzer** —> Anrainer ‖ **angrenzende Grundstücke** *adjacent lots of land*

Angriffsaussperrung [ArbR] *offensive lockout* seit 1945 von den Arbeitgebern nicht mehr gewähltes Mittel im Arbeitskampf —> Abwehraussperrung :: *defensive lockout*

anhaltend seit [Entwicklung] *underway since [...]* ‖ **anhaltender Aufschwung der Weltwirtschaft** *sustained growth of the world economy* ‖ **anhaltende Entfaltung der Wachstumskräfte** [EWG-Präambel] *sustained expansion of business activity* ‖ **anhaltende Wechselkursschwäche** *persistent weakness of exchange rates* ‖ **anhaltender Zahlungsverzug** *protracted default*

Anhang [VertrR] *appendix* —> Anlage ‖ [Familie] —> Angehörige ‖ [WechselG] —> Allonge ‖ Wechselverlängerung ‖ [appendix] *schedule* ‖ **Der Patentinhaber ist der in die Patentrolle eingetragene verfügungsberechtigte Inhaber der im Anhang aufgeführten Patente** [PatR] *The patentee is the registered proprietor of the patents set out in the schedule hereto*

Anhänger [eines LKW] [SteuerR] *trailer*

anhängig [vor Gericht, jedoch ist noch keine richterliche Entscheidung ergangen] *sub judice* ‖ **anhängig machen** [Klage einreichen] *to commence* [action / suit / claim] ‖ **anhängiges Strafverfahren** *on a criminal charge*

Anhebung *increase* ‖ *increment* ‖ **Anhebung der Höchstgrenze** *increase in the ceiling* ceiling :: wirtschaftliche [Ober]Grenze ‖ Obergrenze ‖ **Anhebung der Notenbanksätze** [Bbank] *rise in central bank rates*

anheimfallen [arch] —> zurückfallen

anheimstellen —> Ermessen

anheuern [Mar] *to hire* —> anstellen

Anhörungs- und Erörterungsrecht

des Arbeitnehmers [BetrVG] *employee's right to be heard and request explanations* —> Mitwirkungsrecht

Ankauf *purchase* [e.g., shares or a picture which is added to an existing collection]

Anklage *accusation* —> Anklagebehörde ‖ [vor einem Geschworenengericht Crown Court] *indictment* [before the Crown Court] ‖ **unter Anklage stehen** *to stand [be on] trial* ‖ **jmd. unter Anklage stellen** *to bring to trial* ‖ **Anklage[behörde]** *council for the prosecution* ‖ *prosecuting council* ‖ **Anklagepunkte** die wesentlichen Punkte der Anklage *counts of indictment* ‖ *counts of an accusation* ‖ **Anklageschrift** *bill of indictment* ‖ **Anklagevertreter** *counsel for the prosecutor*

anklagen bezichtigen ‖ beschuldigen *to accuse*

Ankündigung Bekanntgabe ‖ Durchsage *announcement* ‖ **mit vorheriger Ankündigung** *with notice*

Ankurbelungskredit —> Anlaufkredit

Anlage [zum Brief] *enclosure* ‖ *Please find enclosed [...]* :: **Als Anlage erhalten Sie heute [...]** ‖ **Anlage** [VertrR] *annex* —> Anhang ‖ [Unternehmen] *investment* ‖ **Deutsche Anlagen im Ausland** [Bbank] *German investment abroad* ‖ **Anlage überschüssiger Gelder** *investment of excess cash* ‖ *investment of surplus cash* Funktion des Cash Management. Alle über das zur Erhaltung der Zahlungsfähigkeit erforderliche Mindestmaß hinausgehenden Bestände an Zahlungsmitteln sind in eine rentable kurzfristige Anlageform zu überführen

Anlageausschuß *investment advisory committee*

Anlagebereitschaft inländischer institutioneller Investoren am deutschen Rentenmarkt *willingness [of domestic institutions] to invest on the German bond market* ‖ **Anlagebereitschaft war zurückhaltend** *the willingness to invest was relatively moderate*

Anlageerfolg [InvF] *performance* ‖ **Anlageergebnis** *compound growth* —> Kapitalwachstum

Anlageform *investment vehicle*

Anlagegitter *assets schedule* [§ 268 II HGB] nach der direkten Bruttomethode wird ausgehend von den gesamten Anschaffungs- bzw. Herstellungskosten die Gesamthöhe der + Zugänge ./. Abgänge ± Umbuchungen + Zuschreibungen ./. kumulierte Abschreibungen (Abschreibungen aus Vorjahren und Geschäftsjahr) aufgeführt

Anlagenspiegel [Bil] —> Anlagengitter. Nach altem Aktienrecht Darstellung der Entwicklung einzelner Bilanzposten [Anlagevermögen] nach der direkten Nettomethode bzw. indirekten Bruttomethode. Beide Methoden sind nach dem neuen Bilanzrichtliniengesetz nicht mehr zulässig bei Kapitalgesellschaften. Um den Unterschied herauszustellen, wird überwiegend der Begriff Anlagegitter verwendet

Anlagegrenzen *investment restrictions* ‖ **kurzlebige Anlagegüter** *short-lived fixed assets* mit einer Nut-

Anlageinvestition — Anmeldung weiterführen

zungsdauer von ein bis zwei Jahren, Anschaffungs- oder Herstellungskosten werden im Jahre der Anschaffung oder Herstellung voll abgeschrieben oder als Aufwand verbucht

Anlageinvestition *capital investment* || **Brutto-Anlageninvestition** *gross fixed capital formation*

Anlagenkonto [Bil] *assets account* || **Anlagekredit** *productive credit*

Anlagemedium *investment vehicle* || *investment product*

Anlagenrendite [Abbr] *ROI* *return on investment*

Anlagevermögen [Bil] *fixed assets*

Anlagewert *value of the investment*

anläßlich *causal* || *on the occasion of*

Anlaufkredit *credit required for starting a business* || **Anlaufstelle** *centre* —> Stelle || **Anlaufzeit** [Produktion] *frozen zone*

Anleihe *loan* || *straight bond* Schuldverschreibung || Obligation. Sammelbezeichnung für Effekten mit fester Verzinsung (international neue Anleiheform mit Zinsanpassungen, d.h. variabler Verzinsung, der floating rate note und der Verbriefung von Gläubigerrechten. Begebung i.d.R. zur langfristigen Schuldaufnahme in größerem Umfang am in- und ausländischen Kapitalmarkt || **Anleihefälligkeit** *redemption date* || **Anleihenmärkte** Rentenmärkte || internationale Finanzmärkte *bond market* ||

ausländische Anleihen *foreign bonds* || **inländische Anleihen** *domestic bonds* || **nicht pfandrechtlich gesicherte Anleihe** *debenture* —> bond || **niedrigverzinsliche Anleihe** [Bör] *discount bond* Niedrigverzinsung dieser Titel führt zu Kursen stark unter pari —> Baby-Bond || **Anleihen mit einer Laufzeit von mindestens vier Jahren** *bonds with a maturity of at least four years* || **Staatliche Anleihen** || **Consols** [GB] redeemable bond that never matures but callable for payment by issuer persuant to the terms of the bond and indenture || **Umlaufsrendite öffentlicher Anleihen** *current yield on public sector bonds* || **variabel verzinsliche Anleihen** [Bör] *droplock bonds* Anleihen, die bei Unterschreitung der Mindestverzinsung zu straight bonds werden. Verzinsung wird jeweils zum Zinstermin neu festgelegt, z.B. nach LIBOR

Anlieger [...] *contiguous*

Anmeldedatum —> Anmeldungsdatum || **anmeldefrei** [Waren] [ZollW] *nothing to declare* —> Zoll

Anmelder, die verschiedene Vertragsstaaten benennen [PatR] *applicants designating different Contracting states*

Anmeldung weiterführen *to proceed with an application* || **Anmeldung** *application* —> Antrag || **Anmeldung der Ladung** [ZollW] *freight declaration* || [PatR] **eine [Patent-] Anmeldung zurückziehen** *to abandon an application* || **Anmeldung zum gemeinschaftlichen Versandverfahren** [ZollW] *declaration for Community transit*

Anmeldungsdatum [PatR] *date of filing of a letters patent*

Anmerkung *note* || Erläuterung || Stellungnahme || Kritik || Erklärung *comment* || **erläuternde Anmerkungen** *explanatory notes*

Annahme [Freigabe] *approval*|| belief || Annahmen *assumptions*—> Umstände || [WechselR] *acceptance*—> Akzept || **Annahme eines Wechsels** *accepted bill of exchange* —> Bankakzept || [VölkR] *acceptance* || **Dieses Übereinkommen bedarf der Annahme durch die Unterzeichnerstaaten** *This agreement shall be subject to acceptance by the signatory states*—> adherence || Zustimmung || Genehmigung || Einwilligung || [VölkR] **Dieses Übereinkommen bedarf der Annahme durch die Unterzeichnerstaaten, die sobald wie möglich erfolgt, gemäß ihren verfassungsgemäßen Verfahren** (oder: Erfordernissen || Bestimmungen) :: *The present convention shall be accepted as soon as possible by the Signatory States in accordance with their respective constitutional procedures* (or: requirements || provisions) || **Annahmerisiko** *risk of non-acceptance* || *repudiation risk* || **Annahmeurkunden** [VölkR] *instruments of acceptance* || **Annahmevorschriften** [VertR] *specifications for acceptance* || **einen Vorschlag zur Annahme vorlegen** *to submit a proposal for acceptance* || **unter den Umständen angemessene Annahme** *if he acted under the reasonable belief* || **Annahme ist grundsätzlich mit dem Zeitpunkt der Absendung wirksam** [USA] *mail-box rule* || **jmd. zur Annahme** [der Bedingungen] **überreden** *to bring to terms*

annehmen *to take* || *to accept* || *to adopt* || **eine von den VN angenommene Konferenz** *a conference adopted by the United Nations* || [VölkR] *to accept* || **und später [...] annehmen** *followed by acceptance [...]*

Annehmlichkeiten *facilities*

Annonce Zeitungsinserat *newspaper advertisement* || **Annoncenauftrag** *placement order*

Annuität *annuity* Rentenpapiere || [USA] Jahresrente || Leibrente || Jahresgehalt || jährliches Einkommen || Jahreseinkommen || Jahresrate || Jahreszahlung || jährlich zu zahlende Zinsen || Jahreszinszahlung || **Annuitätenmethode** [AuxT] *annuity method* —> dynamisches Investitionsrechnungsverfahren || **Annuitätsprinzip** [PersW] Prinzip der Seniorität *seniority* || der im Rang nächstfolgende || [Management] [dienstältere / rang-]höhere Manager

annullieren *to cancel* || [PatR] **Die Lizenz wird ohne weiteres annulliert** *The licence shall be cancelled automatically*

Annullierung *cancellation*

anpassen *to regulate* || zuschneiden auf [Bedürfnisse etc.] *to accomodate*

Anpassung [Stat] *realignment* —> Wechselkurse || Neuordnung || **Strategiefindung durch Anpassung** [Man] *adaptive mode*

Anrainer *abutter* —> angrenzend

anrechnen *to credit against* || [SteuerR/D] **Vorauszahlungen werden auf die Steuerschuld angerechnet** *Prepayments are credited against the assessed tax* || **Zahlung auf die Zinsen angerechnet** *payment shall be applied to interest*

Anrechnungssystem [SteuerR/D] *credit system* || bei der Körperschaftsteuer *imputation system* || **Im Zusammenhang [damit] sind die angestrebten Strukturanpassungen der Körperschaftsteuer zu sehen, die darauf abzielen, ein Anrechnungssystem einzuführen, bei dem die Körperschaftsteuer teilweise auf die Einkommensteuer der Anteilseigner angerechnet wird** *Efforts have been made to bring corporation tax systems into line within the EC. The object was to introduce a credit system which will allow a share of corporation tax to be set off against the shareholders' income tax*

auf Anruf [Buchf] [zahlbar payable] *on call* || *on demand* || *when demanded* || *at any time called for* || **auf Anruf durch** auf Einberufung durch *upon the call of*

anrufen [Gericht] *to make a claim*

ansässig *resident* || **in diesem Hoheitsgebiet ansässige Person** *resident in its territory*

Ansatz *approach* || **neuer Ansatz in der Schuldenstrategie** *new approach in debt strategy*

Anschaffungs- und Herstellungskosten [USA] *acquisition or construction cost* || *original cost* :: zusammenfassender Begriff für (= ursprünglich aktivierte Anschaffungs- und Herstellungskosten) Kosten der Beschaffung (Anschaffungspreis und -nebenkosten) bzw. eigene Herstellungskosten eines Anlagegegenstandes || **aktivierte Anschaffungs- und Herstellungskosten** [§ 255 HGB] *original cost* —> Kosten || Anfangsausgabe

Anscheinsbeweis —> Beweis des ersten Ancheins

Anscheinsvollmacht *ostensible authority* —> Ancheins- und Duldungsvollmacht || **Ancheins- und Duldungsvollmacht** [§ 166 ff. BGB] Rechtsscheinsvollmacht *power of attorney by estoppel* || *apparent [or: ostensible] authority and authority by estoppel* [As opposed to implied power of attorney,] a principal knowingly or negligently tolerates acts of his agent without power of attorney in business transactions [Duldungsvollmacht :: authority by estoppel], and, therefore, with relation to a third party [acting in good faith] such power of attorney [Anscheinsvollmacht :: apparent authority] is supposed

anschließen —> aufgliedern || Beteiligungsverhältnis || Unternehmen

Anschluß [an das Versorgungsnetz] *supply* || **Anschlußzone** [Mar] *contiguous zone* || **Fischereianschlußzone** [Mar] *contiguous fishing zone*

Anschreiben *letter*

Anschrift *address* || **Lieferanschrift** *address of service* ||

Anschubfinanzierung — anstiften

postalische Anschrift Zustelladresse *post office address* || **Zustell[ungs]anschrift angeben** *to address for service* —> richten an || Zustell[ung]

Anschubfinanzierung [durch Kredit] *pump-priming credit* —> Anlaufkredit

Anschwemmung *alluvium*

Ansehen *standing* —> Berufspraxis
Ansicht[en] *view* || **Ansichten über [...] äußern** darlegen *to express one's views to* || **Ansichten gebührend berücksichtigen** *to give due and proper consideration to views* || **Ansichten richten an** vorlegen *to address views to [...]*

Anspruch *right* || *claim* || **Anspruch als gerechtfertigt ansehen** *to deem a claim worthy of consideration* —> Einwendungen || **Anspruch auf** *entitlement [to]* || **Anspruch auf alle Vergünstigungen haben** *to be entitled to the benefit of* || **Anspruch aufrechterhalten** auf einem Anspruch bestehen *to adhere to a claim* —> beitreten || **Anspruch befriedigen** *to settle a claim [transaction]* || **Anspruch bestreiten** *to contend a claim* || *to contest a claim* || **Anspruch erheben auf** sich auf etwas berufen *to invoke* || **Anspruch haben auf** *to be entitled to* || **in Anspruch nehmen** *to take advantage of* || *to resort to* || **Anspruch nach Billigkeitsrecht** *equitable claim* || *equitable interest* durch equity geschütztes Recht —> billigkeitsrechtlicher Anspruch, z.B. bei Treuhandverhältnissen oder wenn Form für Bestellung oder Übertragung eines legal estate nicht eingehalten wurden. Steht dem legal estate im Range nach (obwohl equity meist dem Common Law vorgeht). Die Übertragung ist grundsätzlich formfrei || **Anspruchsberechtigter** aus einer Pensionszusage —> Pensionsberechtigter || **Anspruchsstaat** [VölkR] *claimant* —> z.B. Antarktis: völkerrechtlich nicht anerkannte Gebietsansprüche von GB, F., Australien, Argentinien, Norwegen und Neuseeland. || **Nichtanspruchstaat** *no-claimant state*

Anstalt —> Haftanstalt || Psychiatrie || Körperschaft || **Anstalt des öffentlichen Rechts** *institution incorporated under public law* || **rechtsfähige Anstalt** [Stiftung || Staatliche Treuhandstelle] *indowed institution*

Anstandsgefühl aller billig und gerecht Denkenden [Verstoß gegen das ~] *act of behaviour that gravely violates moral sentiment or accepted moral standards of community*

anstelle von *in lieu of*

anstellen einstellen *to employ a person* || *to hire a worker*

Anstieg *increase* || *rise* || *increment* || **Anstieg der Beschäftigung** [Stat] *rise in the number of employed persons* || **Anstieg der Bestände an Zentralbankgeld** [Bbank] *rise in central bank money* || **Anstieg des Außenhandels** [exports] *increase in foreign trade*

anstiften [USA] *to incite* || *instigate* || promote or procure a crime *to abet* || *foment* || *induce s.o. to . s.th.* || *to suborn* Anstiftung zu einer vorsätzlichen Straftat im wesentlichen jedoch Anstiftung zur Leistung eines Meineides

Anstifter [§ 26 StGB] *abettor* wer vorsätzlich einen anderen zu einer vosätzlichen, rechtwidrigen Tat (nach dt. Strafrecht nicht fahrlässiges Handeln) bestimmt (anders: Beihilfe nach § 27 StGB, dann Gehilfe) || *instigator* || *setter on*

Anstiftung zum Meineid —> Meineid || **Anstiftung zum Landfriedensbruch** *incitement to riot* —> Landfriedensbruch

Anstoß [geben] *push* || *to set s.th. going* || [erregen] *to give offence* || *indecency* || *impropriety* —> Anstandsgefühl || [angrenzen] *adjacent* || *impact* || **ein spürbarer Anstoß geht aus von** [...] *to have a notable impact*

anstreben *[to make an] effort* || [VölkR] **in dem Vorsatz,** [...] **anzustreben** *directing their effort to [...]*

Anstrengung *effort* || Bestreben *endeavour* || **sich einer Bestrebung anschließen** sich einer Anstrengung anschließen *to join an effort*

Anteil [Bil] *interest* || **wir halten Anteile an der** [...] *we have an interest in the business* || **BV-Anteil** [BV=Bayerische Vereinsbank] *interest held by BV* || **Anteil** am Vermögen **eines Immobilien**[versicherungs]**fonds** [InvF] *property unit* || **Anteil am Konzernumsatz** [Bil] *share in the Group's turnover* || **Anteil auf ein Recht** [an einem Grundstück] *interest in right* || **Anteilsbruchteil** *fraction of a unit* || **Anteilserwerb** durch ein Sparprogramm eines Versicherungsfonds [InvF] *regular premium investment* || *regular premium scheme* || **Anteilserwerb durch einmaligen**

Anlagebetrag [InvF] *lump-sum investment* || **Anteilsinhaber von Versicherungsfondsanteilen** *bond holder* || **anteilsmäßig zu verrechnende Gemeinkosten** *prorated expense* || **Anteilsmengen eines Kontingents** [ZollW] *volume of quota shares* || **Anteilswert** *value of the unit*

Antidumpingzoll *anti-dumping duties* —> Ausgleichszoll || **Eine Ware aus dem Hoheitsgebiet einer Vertragspartei** [...] **darf nicht mit einem Antidumping - oder Ausgleichszoll belegt werden.** :: *No product of the territory of any contracting party [...] shall be subject to antidumping or countervailing duty*

Antrag *petition* || *application* || *request* || *motion*—> amendment: Änderungantrag || Kaufantrag *application of purchase* || **Anträge** [Gericht] *reliefs asked* || **durch Antrag by an application** || **auf formlosen Antrag hin** *on simple application* || **Antrag und Zusatzvertrag** [Ex] *application and supplementary agreement* —> Commercial Bank Guarantee Program || **Antrag auf Konkurseröffnung** *to file a petition in bankruptcy* || **Antrag auf Steuerrückerstattung** *refund claim* to the Internal Revenue Service for repayment of taxes overpaid. || **Antrag stellen** *to apply for* || **Antrag bei der zuständigen Behörde stellen** *to lodge an application with the appropriate authority* || **Antrag und Annahme** [VertrR] *offer and acceptance* || **Antrag und Garantiebescheinigung** *request and certificate of guarantee*

Anwalt Gerichtsanwälte. Berufsstand der bei Gericht zugelassenen Anwälte *members of the bar* || *attorney* —> Kronanwalt || *conveyancer* Notar = *notary* || [Anwalt] der die Übertragung von Eigentum durch Urkunde vorbereitet || [GB] *barrister[-at-law]* bilden den höheren Anwaltsstand gegenüber den —> solicitors bei Fällen vor dem Schwurgericht, Crown Court. Er wird nicht durch den Mandanten, sondern durch den solicitor beauftragt. Ausbildung und Zulassung durch —> Inns of Court. Die wichtigsten Richterposten werden durch barrister besetzt. Keine gesetzliche Regelung der Gebühren, es gibt Richtlinien des General Council of the Bar || *solicitor* Anwaltsstand ist in GB in zwei Gruppen eingeteilt —> Solicitor [wird überwiegend in geringwertigen Sachen tätig, ferner beim Konkursgericht, country courts und in Ausnahmefällen vor dem Crown Court in bestimmten Verfahrenszügen auch vor dem Supreme Court. Für Prozesse vor höheren Gerichten Vermittlungstätigkeit eines Solicitors an einen —> Barrister. Im wesentlichen Rechtsberatung, Prozeßvorbereitung, Beurkundung, Errichtung von Testamenten, Beglaubigung von Unterschriften und andere [dem deutschen Notar vergleichbare] Aufgaben —> Law Society || **von einem Solicitor beglaubigt** *to be briefed by a solicitor* —> Beauftragung || **sich anwaltlich vertreten lassen** *to appear by a counsel* || **anwaltliche Vertretung** jmd. vor Gericht vertreten || jmd. anwaltlich vertreten *to hold a brief for s.o.* || **bevollmächtigter Anwalt** *duly authorized attorney* || **Kronanwalt** *general attorney* || **Patentanwalt** [GB] *patent agent* || [USA] *patent attorney* || **Anwalt beim Schatzamt** [Fachanwalt] *treasury solicitor* || **Anwalt-zu-Anwalt - Zustellung** —> Empfangsbestätigung || **Anwaltsord-**

nung —> BRAO || **Anwaltsverein** [GB] *Law Society* Berufsorganisation der Solicitors, jedoch nicht der Barristers —> Inns of Court || **Anwaltsverein der Barristers** *Bar Council* überwacht Standes- und Ehrenfragen unter den Barristers —> Berufsorganisation

Anwartschaftsberechtigter *person entitled to a pension* || **Anwartschaftsrecht auf Liegenschaften** *estate in expectancy* Das Anwartschaftsrecht ist das Recht auf den zukünftigen Erwerb von [unbeweglichen] Sachen —> Eigentumsvorbehalt :: *retention of title* —> Fahrnis. Im BGB nicht als Vollrecht geregelt, jedoch allgemein als [subjektives] Recht anerkannt

anweisbares Akkreditiv *assignable credit*—> übertragbares Akkreditiv

anweisen [Platz] bestimmen für || zuteilen *to allocate to*

Anweisung [Komm] *command* || *order* —> gekorenes Orderpapier || **Anweisungsempfänger** *payee* || Wechselnehmer *holder* || *[first] holder* [§ 783 ff. BGB] Wechselnehmer || Zahlungsempfänger [Art. 5 ScheckG] eines Schecks

anwendbar [hierfür] geltend *applicable* —> maßgebend

anwenden durchsetzen *to give effect to* || *to apply*

Anwender [EDV] *user*

Anwendung *use* || [EDV] *application* —> Zweckbindung || Nutzung || [Abkommen / Übereinkommen durchführen] *to carry into effect* || **Anwen-**

Anwesenheitszeiterfassungsgerät — AO

dung finden sich beziehen auf *to apply to* —> anrechnen ‖ **weiterhin Anwendung finden** *to continue to apply to* ‖ **zur Anwendung kommen** *to be in effect* ‖ Das Grundgesetz kommt zur Anwendung *The Basic Law is in effect* ‖ **Anwendungsbereich** [Vertr] *scope [of application]* ‖ **Anwendungsgebiete** [Arzneimittel] *indications* ‖ **Anwendungsklausel** *territorial application clause*

Anwesenheitszeiterfassungsgerät *entry/exit reporter*

Anzahl *number* —> Zahl

Anzahlung [§ 336 BGB, Draufgabe] (selten: Arrha ‖ Draufgeld ‖ Handgeld) *earnest money deposit* Nach BGB läßt die Draufgabe auf den Abschluß eines Vertrages vermuten, ist jedoch keine rechtliche Voraussetzung für den Abschluß ‖ *deposit [money]* [beim Grundstückskauf] ‖ *cash down payment* The portion of the contract price required to be paid by the purchaser to the exporter on or before delivery of the product[s] or service[s] ‖ *initial cash payment* ‖ *down payment* —> Draufgabe ‖ Angeld ‖ **Anzahlung leisten** *to make an advance payment on orders* ‖ **Anzahlungen auf Bestellungen** [Bil] *advance payments on orders* ‖ **Anzahlungsgarantie** *advanced payment guarantee* Zahlungsform im Investitionsgüterbereich, bei der der Käufer bzw. Importeur dem Verkäufer bzw. dem Exporteur eine best. Zahlung leistet, damit dieser die für die Gegenleistung notwendige Vorbereitung einleiten kann. Der Vorleistende kann dann Absicherung durch eine Anzahlungsgarantie einer Bank erreichen, die dann selbstschuldnerisch bürgt.

Die A. wird i.d.R. mit Eingang der Anzahlung rechtswirksam

Anzeige *notice* ‖ Werbeschrift *advertisement* ‖ **Anzeige kann nach Ihren Vorstellungen formuliert werden** *an advertisement can be worded according to your wishes* ‖ **der Name des Autors erscheint in allen Werbeschriften des Verlages** *The name of the author shall appear in all the publisher's advertisements [...]* ‖ **Chiffre-Anzeige** *advertisement under box number* ‖ [Chiffre-] **Kleinanzeige** *classified advertisement* ‖ **Anzeige schalten** [aufgeben] [coll] eine Annonce in die Zeitung setzen [Press] *to insert [= to place] an advertisement* ‖ *advertisements* ‖ **doppelseitige Anzeige** *double spread [advertisement]* ‖ **ganzseitige Anzeige** *one-page spread [advertisement]* ‖ **durch Anzeige** [VölkR] *by act* bei Verkündigung von Übereinkünften ‖ **Anzeige eines Versicherungsnehmers** über einen Gefahrenumstand [VersR] *warranty*

anzeigen [to indicate] *to denote*

Anzeigenauftrag *insertion order* ‖ **Anzeigendauer** *length of time advertised* Dauer, für die eine Anzeige geschaltet wird ‖ **Anzeigengebühren** *advertising charges* ‖ **Anzeigengröße** *space size of an advertisement* ‖ **Anzeigenkunde** *Inserent advertiser* ‖ **Anzeigenschaltung** *placement order* ‖ **Anzeigenschluß** *deadline* ‖ **Anzeigenwerbung** *press advertising*

AO [SteuerR/D] **Abgabenordnung** :: *fiscal code*

App. Cas. [GB][Abbr] *Appeal Cases*

Appellant *appellant* —> [ZivR] Revisionsführer || [StrafR] —> Berufungskläger

APR *effektiver Jahreszins* [USA] [Abbr] *Annual percentage rate* Nach dem Truth-in-Lending Act [15 U.S.C.A §§ 1601 ff] regelt die Transparenz von Konsumentenkrediten, insbesondere Angabe der effektiven Jahresverzinsung [meist ist eine Information des Kunden durch Angabe von Dollarbeträgen gefordert]. Mit der Novelle 1970 wurden weitere Vorschriften über Ausgabe, Haftung und mißbräuchliche Nutzung von Kreditkarten hinzugefügt

Arbeit *labo[u]r* || *work* —> Arbeits [...] || **Arbeit im Haushalt** *housekeeping*

arbeiten *to work* —> Beschäftigt[...]

Arbeiter [BetrVG 6 (1)] *wage earner* || *manual worker* || [Man/Org] *shop floor worker*

Arbeitgeberleistungen [freiwillige ~] [PersW] *fringe benefits* || **freiwillige Arbeitgeberleistungen sind zusätzlich zum Grundlohn geleistete Zahlungen des Arbeitgebers an den Arbeitnehmer** *company fringe benefits are payments to employees, composed of the base salary and additional benefits voluntarily paid by the employer*

Arbeitnehmer-Sparzulage [SteuerR/D] *employee savings premium* —> capital wealth formation :: Vermögensbildung [von Arbeitnehmern] || **Arbeitnehmervertreter** im Aufsichtsrat *worker director* —> labo[u]r director :: Arbeitsdirektor

Arbeits [...] *operating* || **Arbeits- und Aufgabenanalyse** *job-task analysis* || **arbeits- und erwerbsunfähig** (machen || erklären) *to disable* —> geschäftsunfähig || **Arbeitsablauf** [BetrVG] *organisation and design of jobs* || **Arbeitsamt** *labo[u]r office* || *employment office* nachgeordnete Behörden der Bundesanstalt für Arbeit :: Federal Employment Office [or Agency] (BfA) (= sogenannte Arbeitsverwaltung). [USA] *government employment office* || [GB] *job centre* || *employment exchange* || **Arbeitsanalyse** [PersW] *job analysis* || **Arbeitsanreicherung** [PersW] *job or work enrichment* Anreicherung von motivationsarmen Jobs mit motivators z.B. Verantwortlichkeit, Ausweitung, Anerkennung etc. || **Arbeitsanweisung** *[management] procedure* || **Arbeitsbewertung** *job evaluation* || **Arbeitsbewertungsbogen** [PersW] *job evaluation sheet* || **Arbeitsblatt** *worksheet* || **Arbeitsdirektor** [Man/ ArbR] *director of Labour Relations* || *labo[u]r director* —> Montan-Mitbestimmungsgesetz —> "worker director" :: Arbeitnehmervertreter / (non-executive) employee representative on the supervisory board. Arbeitsdirektor gehört nicht dem Aufsichtsrat an. || **Arbeitsförderungsgesetz** [Abbr] **AFG** *Employment Promotion Act* 1969 u. spät. Fass. löste das Gesetz über Arbeitsvermittlung und Arbeitslosenversicherung [AVAVG] ab. Regelt Aufgaben und Leistungen der Bundesanstalt für Arbeit. Ziel ist die Förderung des Wirtschaftswachstums durch Aufrechterhaltung und Verbesserung der Beschäftigungsstruktur, Aus- und Weiterbildung von Arbeitnehmern etc. || **Ar-**

beitsförderungsgesetz *Employment Promotion Act* [Abbr] **AFG** ‖ **Arbeitsgemeinschaft** *team* ‖ *work group* ‖ *syndicate* ‖ **Arbeitsgemeinschaft der Deutschen Wertpapierbörsen** *German Stock Exchange Association* ‖ **Arbeitsgericht** [Jus/D] *Labo[u]r Court* ‖ *Employment Appeal Tribunal* Gericht als Rechtsmittelinstanz bei Streitigkeiten aus Arbeitsverhältnissen nach dem Employment Protection Act, 1975. Berufungsinstanz für Arbeitsstreitigkeiten, z.B. Abfindungen (bei Entlassungen) :: redundancy matters und Diskriminierung am Arbeitsplatz ‖ **Arbeitsgestaltung** [Man/ Org] *job design* ‖ *work design* ‖ **Arbeitsgruppe** *working party* ‖ **Arbeitsgruppe Straßenverkehr der Wirtschaftskommission für Europa** [EG] *Working party on Road Transport of the Economic European Community for Europe* ‖ **Arbeitskammer** *labo[u]r relation board* Körperschaften des öffentlichen Rechts mit Beratungsaufgaben für Gerichte und Behörden in Fachfragen im Interesse von [ihren] Arbeitnehmern sowie Fort- und Weiterbildungsmaßnahmen ‖ **Arbeitskampf** *industrial disputes*‖ *labour disputes* ‖ **Arbeitskampfmaßnahmen** [ArbR] *industrial actions* ‖ **Arbeitskampfrecht** *strike laws* ‖ **Arbeitskonflikt** —> Arbeitskampf ‖ **Arbeitskräfte im zivilen Bereich** *civilian labour force* ‖ **Arbeitskräfteausschuß** *manpower committee* ‖ **Arbeitslohn** [LohnSt] *wage* ‖ *salary* Einkünfte aus nicht-selbständiger Arbeit *income from dependent personal services* ‖ **Arbeitslosenquote** [Stat] *unemployment rate* ‖ **Arbeitslosenversicherung** *unemployment insurance* ‖ **Arbeitslosigkeit** *unemployment* ‖ **Arbeitsmarktlage** *employment si-* *tuation* ‖ **Arbeitsmethoden** *working practices* ‖ **Arbeitsminster** [USA] *secretary of Labor* ‖ **Arbeitsmittel** *working materials* ‖ **spontane Arbeitsniederlegung** —> Streik ‖ **Arbeitsplanung** *time management* ‖ *managing time* ‖ **Arbeitsplatz** *job* ‖ **Arbeitsplätze wurden geschaffen** *jobs were created* ‖ **arbeitsplatzabhängig** *work-centre-dependent* ‖ **Arbeitsplatzbefragung** [Abbr] *JDS job diagnostic survey* ‖ **arbeitsplatzbezogen** *related to the work place* ‖ *at shop floor level* —> Mitbestimmung [der Arbeitnehmer] ‖ **arbeitsrechtliche Streitigkeiten** —> Arbeitskampf ‖ **Arbeitsschutz** [BetrVG] *prevention of employment injuries* ‖ **Arbeitssicherheitskommission** *technical committee for job safety* ‖ **Arbeitsstreitigkeiten** —> Arbeitskampf ‖ **arbeitssuchende DDR-Übersiedler** *newcomers from East Germany seeking employment* ‖ **Arbeitsumgebung** [BetrVG] *working environment* ‖ **Arbeitsunfähigkeit** —> Lohnfortzahlung ‖ **Arbeitsverfahren** *procedure* —> Arbeitsanweisung ‖ **Arbeitsversäumnis** [BetrVG] *loss of working time* ‖ **Arbeitsvertrag** *contract of employment* —> Dienstverhältnis ‖ **Einzelarbeitsvertrag** [ArbR] *individual employment contract* ‖ **Arbeitsverwaltung** —> Arbeitsamt ‖ **Arbeitswille** Arbeitswilligkeit [der Belegschaft] *organizational morale* ‖ **arbeitswissenschaftliche Organisationsgestaltung** *human factors engineering* —> Management Engineering System ‖ **Flexibilisierung der Arbeitszeit** *flexible [arrangement] in working hours* ‖ **flexible Arbeitszeit** Gleitzeit *flexi-time* ‖ **gleitende Arbeitszeit** *staggered work time*

Arbitrage | Assoziation

‖ *variable working hours* ‖ **reguläre Arbeitszeit** *scheduled working hours* ‖ **Arbeitszeitverkürzung** [ArbR] *reduction in working hours*

Arbitrage *arbitrage* —> Zinsarbitrage

Archiv *record office* ‖ [des Depositarstaats] *archives* ‖ **Dieses Übereinkommen wird in dem Archiv der deutschen Regierung hinterlegt** :: *The present Convention shall be deposited in the archives of the German government*

Archivar *recorder*

arithmetisch-degressive Abschreibung *declining-balance depreciation* —> degressive Abschreibung

Arm's-Length-Prinzip [SteuerR] Internationale Verrechnungspreise sind dann steuerrechtlich relevant, wenn sie sich mit Preisen decken, die auch voneinander unabhängige Unternehmen im gleichen Fall vereinbart hätten. Abweichungen sind durch sog. Gewinnermittlung durch Zu- bzw. Abschläge auszugleichen. Steuerrechtl. wird fingiert, daß internat. verbundene Unternehmen ihren internen Lieferungs- und Leistungsverkehr marktkonform abrechnen [§1 AStG]

Armenrecht *legal aid* —> Prozeßkostenhilfe ‖ *appeal in forma pauperis*

Art *character* ‖ *form* ‖ *class* —> Grundsteuer B ‖ **der [, die, das] im wesentlichen gleicher Art ist [...]** *of a substantially similar character* ‖ **Art und Güte** —> mittlerer Art und Güte

Artikel [VertR] *article* ‖ **Artikel im Bestand** *inventory item* ‖ **Artikelstammdatei** [EDV] *item master file* ‖ **Artikelstammsatz** *item master record*

Arzneibuch *pharmacopoeia* —> USP

arzneilich wirksame Bestandteile —> Wirkstoff

Arznei[mittel] *medicament* ‖ *drug* ‖ **Arzneimittelgesetz** *Federal Food, Drug and Cosmetic Act* ‖ **Europäische Agentur für die Beurteilung von Arzneimitteln** [EU] *European Medicine Evaluation Agency* Sitz: London ‖ **Arzneimittelprüfung** *drug study* (vorklinische) Phase I zur Verträglichkeitsprüfung an gesunden Menschen; Phase II Prüfung der Wirksamkeit und relativen Ungefährlichkeit an 50-300 Personen; Phase III zur Prüfung auf seltene Nebenwirkung an mehreren tausend Personen und Phase IV zur Prüfung nach Zulassung

Ärztekammer *general medical council*

ärztliche Behandlung *medical aid* ‖ **ärztliche Hilfe** *treatment* —> Behandlung

ASP —> American Selling Price System

Assessment —> Personalauslese

Assisengerichte [arch] für die englischen Geschworenengerichte *Assizes* —> Schwurgerichte ‖ Schöffengericht [AuxT] *court of lay assessors*

Assoziation *European Free Trade Association*

assoziiert verbunden || verknüpft *associated* —> [amtsangehörige] Gemeinde || Schwestergesellschaft || Firmenverbund || Beteiligungen

ATA —> Carnet ATA. Internationales Zollpapier (Admission Temporarire)

Atomenergiebehörde *Atomic Agency* —> Internationale Atomenergiebehörde

Attest [Med] *medical certificate*

auf *upon* || *on* || **auf Abruf** zahlbar [Buchf] *[payable] on call* —> Anruf || **auf Anfrage** auf Verlangen || auf Ersuchen von *if so required* || **auf Antrag von** *at the request of*

Aufbauprogramm *development programme*

aufbereiten i.S.v. vorbereiten *to prepare* || [Trinkwasser] *to process* || [Altöl] *recondition* || [Bergb] *to dress* || [Erz] *to dress ore*

Aufbewahrung Verwahrung *deposit*

aufbringen [Mar] [Schiff] i.S.v. stoppen || beidrehen *to heave to* || [Geld] *to raise funds*

Aufbringer [Mar] *captor*

Aufbringung [Mar] *capture*

aufeinanderfolgend *consecutive* || **innerhalb von 12 aufeinanderfolgenden Monaten** *a consecutive period of 12 months*

[längerer] Aufenthaltsort || Wohnort *abode* || gewöhnlicher **Aufenthaltsort** *customary place of abode* || **fester Wohnsitz** *fixed abode* || **seinen Wohnsitz begründen** *to take [or: make] up one's abode*

jmd. etwas auferlegen *to require* || [Steuern] *to impose a tax* —> Auflage

auffordern *to require* || [Gericht] *to summon* || *to call* || einladen *to invite*

Aufforderung [schriftlich] *formal notice*

aufführen *to set up* || *to name* || *to mention* || detaillieren *to specify*

Aufgabe des Eigentums [U.C.C. § 1-107] *renunciation* || *relinquishment* einseitige Willenserklärung eines Rechtsinhabers, auf bestimmte Ansprüche aus einem Vertrag [Urkunde] ohne Gegenleistung zu verzichten —> Dereliktion

Aufgaben [-kreis || -stellung] *terms of reference* || **die der Kommission zugeteilten Aufgaben** *the commission's reference* || **Aufgabenanalyse** *critical performance analysis* || **Aufgabenbereich** Rahmen || Gebiet *scope* || activity —> Tätigkeit || Sektor || Handlung || Vorgehen || Maßnahmen || **aufgabenorientierte Führung** [Psych/Man] *task behaviour*

aufgeben *to discharge* —> Beweislast umkehren || [Bestellung] —> bestellen || verzichten

aufgeführt in Absatz 2 *referred to in paragraph 2*

aufgegeben werden *to become abandoned* —> [Sache] herrenlos ||

[PatR] Anmeldung

Aufgeld [SteuerR/D] *surcharge*

aufgliederbar [nicht ~] [Zahlen] *unclassifiable*

aufgliedern sich anschließen *to affiliate with*

Aufgliederung [Bil] *structure* ‖ **Aufgliederung der einzelnen Bilanzposten** *the structure of the individual items* —> Bilanzsumme

aufgrund *by virtue of* ‖ *by operation of* ‖ *in persuance of* —> gemäß ‖ *on behalf* ‖ **aufgrund von Artikel 15 geführten Verhandlungen** *negotiations conducted persuant to article 15 of the present agreement* ‖ **aufgrund dieses Vertrages** *under the terms of this agreement*

aufheben außer Kraft setzen *to abrogate* ‖ abschaffen *to do away with* ‖ *to discharge* —> entlasten ‖ beenden *to terminate* ‖ [Gesetz] *to repeal a statute* ‖ [in Teilen] *to derogate* —> berühren ‖ abändern

Aufhebung *cancellation* ‖ Annullierung ‖ Stornierung *call deposit* ‖ [einer Buchung im Frachtverkehr] *cancellation* ‖ Nichtigkeitserklärung *avoidance* ‖ **Aufhebungsvereinbarung** [MietR/USA] *surrender* Beendigung des Mietverhältnisses nach Ablauf der vereinbarten Mietzeit

aufhören *to terminate*

Aufkäufer [Bör] *raider* [Börsen] Spekulant, der Aktien aufkauft

Aufkommen [an Steuern] [SteuerR] *receipts [of taxes]* —> Steueraufkommen

Auflage [bei der Schenkung] *compulsion* ‖ **Schenkungen unter einer Auflage** [ErbStG] *conditional gifts* ‖ [Gegenleistung] *consideration* —> geleistete Dienste ‖ [DruckW] *edition* ‖ **jede Auflage des Werkes** *each and every edition of the work* ‖ **nicht mehr als Neuauflage erscheinen** nicht mehr neu aufgelegt werden *to go out of print*

Auflassung *offer and acceptance resulting in a binding land sale* ‖ *conveyancing* —> Übertragung [§ 925 BGB] Die zur Übertragung des Eigentums an einem Grundstück erforderliche Einigung zw. Veräußer und Erwerber. Sie muß bei gleichzeitiger Anwesenheit beider Teile (Vertretung möglich) vor dem Grundbuchamt, Notar, Amtsgericht oder in einem gerichtlichen Vergleich erklärt werden. Das österreichische und das schweizerische Recht kennen die Auflassung nicht

auflegen —> Auflage

aufliegen [...] *shall be open* to the signatory states ‖ **zum Beitritt aufliegen** [VölkR] *open for the accession by all states* [Dieses Protokoll liegt für alle Staaten zum Beitritt auf]

Auflösung einer Handelsgesellschaft *winding-up under supervision of the court* Liquidation bei der die Schulden bezahlt werden und der verbleibende Teil an die Eigentümer ausbezahlt wird ‖ **Auflösung von Rückstellungen** [Bil] *writing-back of provisions* ‖ **Auflösung der Pensionsrückstellungen**

release of pension reserves

Aufmachung [Verp] *presentation*

aufmarschieren lassen [Mil] *to marshal*

Aufnahme *admission* —> Zugeständnis || Zulassung || [Raum im Krankenhaus] *reception* || [in der Klinik als Patient] *admission* || *to hospitalize* || **Aufnahme eines Kredits** —> Kredit || **Aufnahme von Lombardkrediten** *raising of lombard loans* || **Aufnahme von Sonderlombardkredit** *raising of special lombard loans* || **Aufnahmegerät** [Tech] *recorder* || **Aufnahmeverfahren** [zum Versuchseinschluß] *subject entry procedure*

aufnehmen *to admit* —> zulassen || [VölkR] **Staaten, die als Mitgliedstaaten aufgenommen werden** *states admitted to membership* || **in der Kommission zugelassene Länder** *countries are admitted to the commission*

Aufprallschutz —> Airbag

Aufruhr *riot* || *public disturbance involving acts of violence* —> Landfriedensbruch

Aufrunden *rounding up* || *ceiling* || *half-adjust*

aufschieben *to adjourn* || *to postpone* || [Urteilsverkündung] *to suspend* || **auf unbestimmte Zeit vertagen** [i. e. Sitzung schließen] *to adjourn to sine die*

aufschiebend bedingter Kauf Abzahlungskauf *conditional sales contract*

aufschreiben *to record* —> schriftlich || Akten || protokollieren

Aufschwung *upturn* || *upswing* ||**der seit** [19..] **anhaltende Aufschwung setzte sich** [...] **mit beschleunigtem Tempo fort** *the upturn in the FRG, now underway since [19..], proceeded at an increased pace in [19..]*

aufsetzen [Werbeanzeige] *to word an advertisement* || [Vertrag] *to draw up*

Aufsicht *inspection* || Obhut || Gewahrsam *custody* —> Fürsorge || **Aufsicht führen über** *to superintendent*

Aufsichtsamt *supervisory board* || **Aufsichtsbeamter** *superintendent* || **Aufsichtsrat** [Man/Org] *board of directors* —> Verwaltungsrat || **Aufsichtsratsteuer** [SteuerR/D] *tax on director's fees*

aufspeichern *to store* —> [EDV] sichern || [LagerW] lagern

Aufsplitterung des Steuerwesens *splitting up of tax affairs*

Aufspüren von Nischen *tracing out of niches*

aufsteigendes Dreieck [Chartanalyse] —> Formationen

aufstellen bilden *to establish*

Aufstellung *schedule* || *account*

aufstocken   **Aufwärtsdreieck**

|| **Aufstellung übermitteln** *to deliver an account* || [PatR] **Die Lizenznehmer erteilen** (legen ... vor) **jedem Patentinhaber eine Aufstellung über den Betrag der geschuldeten** (fälligen) **Lizengebühren und überweisen den gemäß der Abrechnung fälligen Betrag** :: *The Licensee shall furnish to the Patentee a statement showing the amount of royalty due and shall accompany the same with a remittance for the amount shown by such statement to be due* —> Abrechnung || Rechnungsbücher || **Aufstellungsplan** *local floor plan* —> Grundriß

aufstocken *to raise the limit [of ...] to [...]*

Aufstockung *increase* || [Bil] *increment* || *augmentation* || **Aufstockung durch Nachtragskredit** Ergänzungskredit || Zusatzkredit *additional credit*

Aufteilung der Gewinne *apportionment of profits* || **Aufteilung eines Grundstücks** zur Weiterveräußerung an mehrere Erwerber —> Parzellierung

Auftrag [Bör] *order* || **Auftrag erteilen** *to commission* || *to place a contract* || *to place an order* || **im Auftrag des Bundes erhobene Steuern** —> Auftragsverwaltung || **Versandauftrag** *shipping order*

auftragen —> aufzeichnen

Auftraggeber *principal* —> Geschäftsherr || [bei Werkverträgen] *customer* The party contracting with the exporter to receive the services || Kunden *clients*

Auftragsabwicklung —> Kundenauftragsabwicklung || **Auftragsbestand** [Buchf] *bookings* || *backlog* orders received, but not yet carried out :: eingegangene, jedoch noch nicht ausgeführte Aufträge || Bestellungen || in Geschäftsbücher verbuchte Aufträge || **Auftragsbestätigung** *acceptance of the order* || **auftragsbezogen produzieren** *produce to order* || **Auftragsgeschäft** *administered funds* || **Auftragsgeschäfte für den Bund durchführen** *to carry out administered funds on behalf of the Federal Republic of Germany* || **Auftragsverwaltung** im Auftrag des Bundes erhobene Steuern [SteuerR/D] *agency work [on behalf of the Federal Government]*

Auftrieb   [Tauchen]   [Konjunktur] *buoyancy*

Aufwand [Absch] *expense* Unterscheidung zwischen capital expenditure (= aktivierungspflichtige Kosten) und revenue expenditure (=erfolgswirksame Kosten). Expense umfaßt alle revenue expenditures sowie den Teil der aktivierten capital expenditures, der in Form von Abschreibungen in der betreffenden Rechnungsperiode erfaßt wird —> cost[s] :: Kostenbegriff || **als Aufwand verbuchen** *to expense* || *to charge to expense* || **Sachaufwand** *operating expenses* || [BetrVG] *material facilities* || **Wartung[saufwand]** [Buchf] *maintenance* || **Aufwandsentschädigung** [PersW] *representation allowance* || **Aufwandsschätzung** Kostenvoranschlag *estimated costs*

Aufwärtsdreieck   [Chartanalyse] *ascending triangle* —> Formationen ||

Aufwendungen für Altersversorgung — Ausbildungsfreibetrag

Dreiecke ‖ aufsteigendes Dreieck

Aufwendungen für Altersversorgung *pension cost* ‖ *pension expense* Zuführungen zu Pensionsrückstellungen, Zuweisungen an Pensions- und Unterstützungskassen, Prämienzahlungen für Direktversicherungen zur künftigen Altersversorgung von Mitarbeitern —> betriebliche Altersversorgung ‖ **Aufwendungen für Betriebsstoffe** *expenditure for merchandise purchased* —> Aufwendungen für Roh-, Hilfs- und Betriebsstoffe und für bezogene Waren ‖ **Aufwendungen für bezogene Leistungen** [Bil] *expenditure for services* ‖ **Aufwendungen für Lebensführung** [§ 12 EStG] *normal living expenses* dürfen grundsätzlich das zu versteuernde Einkommen nicht mindern (sog. Aufteilungsverbot mit der Ausnahme: private PKW-/Telefonnutzung) ‖ **Aufwendungen an Ort und Stelle** *local costs* —> lokale Kosten ‖ **Aufwendungen für Personal** *staff expenses* —> entlassen ‖ **Aufwendungen für Roh-, Hilfs- und Betriebsstoffe und für bezogene Waren** [Bil] *expenditure for raw materials, supplies and merchandise purchased* ‖ **Aufwendungen für** [mit der Altersversorgung verbundene] **Unterstützung** [Bil] *expenditure for [[old-age pension] related benefits* ‖ **Aufwendungen aus Verlustübernahme** [Bil] *expenditure arising from loss assumption* ‖ **Aufwendungen mit Vorsorgecharakter** z.B. Versicherungsbeiträge, Bausparbeiträge [SteuerR/D] *expenses of a provident nature* ‖ **übrige sonstige betriebliche Aufwendungen** [Bil] *remaining misc[ellaneous] operational expenditures* ‖ **Aufwendungen aus Wechselkursschwankungen** *expenditure arising from exchange rate fluctuations*

Aufwertung [Währung] *revaluation* ‖ **Aufwertungsphantasie für die D-Mark** [auslösen] *[this also promted ~] hopes of a D-Mark revaluation*

aufzeichnen [Meßwerte] *to record*

Aufzeichnung *record[ing]* —> Protokoll ‖ Registrieren ‖ Abhören

Aufzinsung [einer Barsumme] [InvR] *compounding* Ausgehend vom Anfangskapital sucht man das um Zinsen und Zinseszinsen vermehrte Endkapital. Mittels Aufzinsungstabelle nach der Formel: $K_n = K_0 \times T_{auf}$

aus dem Geld[-Option] [Bör] *out of the money* —> Geld

Aus- und Weiterbildung von Führungskräften *management training and education* —> Fortbildungsprogramm

ausarbeiten Berichte *to prepare reports*

Ausbau des Geschäfts [Bil] *expansion of business operations*

ausbedingen *to stipulate* —> vereinbaren ‖ festlegen ‖ Bedingung

ausbeuten *to exploit* —> Patent

Ausbeutesätze —> festgesetzte Ausbeutesätze

Ausbeutung *exploitation*

Ausbildungsfreibetrag [SteuerR/D] *education allowance*

ausbleiben —> Gerichtstermin

Ausblick 19.. [Bil/Texttitel] *perspectives for 19.. ‖ prospects for 19..*

ausbreiten —> Ausstellung

Ausbringung *output*

Ausbruchslücke [Chartanalyse] *breakaway gap* —> Lücken

Ausbuchung bei der Forderungsabschreibung *write-off*

Ausdehnung *extension* —> Ausweitung ‖ Verlängerung

Ausdruck [Math] *term of a sum* ‖ **Ausdruck [auf Papier]** [EDV] i.G.z. Speicherung auf einer Diskette *hard copy*

ausdrückliche Bedingungen *express terms*

Auseinandersetzung der Erbengemeinschaft *partition of a succession* [§ 2042 BGB] Auseinandersetzung erfolgt grundsätzlich durch freie Vereinbarung der Miterben, bei unmöglicher Einigung der Erben auch auf Antrag durch Vermittlung des Nachlaßgerichts und Testamentsvollstrecker. [USA] Auseinandersetzung entweder voluntary [freie Vereinbarung] oder judicial [durch Nachlaßgericht und nach den gesetzlichen Bestimmungen] —> Erbengemeinschaft

Ausfall [EDV] —> nicht betriebsfähige Systemzeit ‖ *failure* ‖ *malfunction* ‖ *breakdown* ‖ **Ausfälle** [SteuerR/D] *shortfalls* —> unerwartete Gewinne ‖ Übergewinnsteuer ‖ **Ausfälle von Forderungen** —> Forderungsausfälle ‖

Ausfalltage *days of absence* ‖ **systembedingte Ausfallzeit** [EDV] *inoperable time*

ausfertigen rechtsgültig durch Unterschrift [und eventuell Siegelung] *to execute*

Ausfertigung [einer gesiegelten Urkunde] *execution of a deed* nach Beurkundungsgesetz §§ 47 ff. amtliche Abschrift eines amtlichen Schriftstücks, das die Urkunde im Verkehr ersetzen soll. Urkunde wird mit Ausfertigung überschrieben und erhält den Ausfertigungsvermerk ["Für die Übereinstimmung mit der Urschrift" sowie Ort, Datum, Unterschrift und Dienstsiegel]

Ausfuhr [...] *export* —> Ausführungs[...] ‖ **Ausfuhrabgaben** [SteuerR/D] *export levies* ‖ **Ausfuhrdeckung** —> Matching

ausführen *to put into practice* ‖ *to be carried out* —> anwenden ‖ durchsetzen ‖ **ausführende Dienststelle** *implementing agency* ‖ **ausführendes Organ** *executive body*

Ausführer [ZollW] *exporter* —> Exporteur

Ausfuhrerstattungen [Gewährung von ~] [SteuerR/D] *[to provide] export refunds* ‖ **Ausfuhrkreditgarantien** *export credit insurance* —> Ausfuhrkreditversicherung ‖ **Ausfuhrkreditversicherung** provides exporters and their financing institutions the assurance that the major part of a credit, granted by an exporter or his commercial bank to a foreign buyer, will be paid, even though the related account has not been settled by the buyer ‖ **Ausfuhrlager** *export*

Ausführung

warehouse || **Ausfuhrmitglieder** *exporting members* || **Ausfuhrperiode** *post-shipment period* Zeitspanne zwischen Versendung der Ware und Begleichung des im Exportvertrag festgelegten Entgelts durch den Käufer [Importeur] || **Ausfuhrperiode** *shipment period* || **Ausfuhrrisiken** *post-shipment risks* any political and commercial credit risk during the post-shipment period

Ausführung *design* —> Design || Ausgestaltung || [Typ] *model* || *type* || *version* || Bauausführung *building site*—> Bau || **erstklassige Ausführung** *first-class workmanship* —> Fertigstellung || **mangelhafte Ausführung** *faulty workmanship*

Ausführungsbestimmungen *implementing regulations* —> Durchführung || **Ausführungsverordnung zum Vertrag über die internationale Zusammenarbeit auf dem Gebiet des Patentwesens** *regulations under the Patent Cooperation Treaty*

Ausgabe *delivery* —> Ausgaben || **Anfangsausgabe** [InvR] *initial outlay* || *initial expenditure* entspricht i.d.r. den Anschaffungskosten des Investitionsobjekts || **Ausgabe von Anleihen der öffentlichen Hand** *public sector issues* || **Ausgabeaufschlag** *initial charge* || **Ausgabekurs** *offer* || **Ausgabepreis** [InvF] *offered price* Ausgabekurs für Versicherungsfondanteile

Ausgaben *expenditure*—> Aufwand || [InvR] *[cash] outlays* —> Abflüsse von Zahlungsmitteln || *cash disbursement* || **nur laufende Ausgaben** *current disbursements only*

Ausgleichsabgabe

Ausgänge [von Zahlungsmitteln] *cash disbursement*

Ausgangs[-...] Grund[-...] *basic* || **Ausgangszoll** [ZollW] *basic duty*

ausgeprägt *marked*

Ausgestaltung *organisation* || **Ausgestaltung des Schiedsverfahrens** *organization of the arbitration*

ausgewiesen [Betrag] *stated* || [Bil] *as shown in the balance sheet* || **ausgewiesene Eigenmittel** —>Eigenmittel

ausgewogenes Verhältnis *balanced relationship*

ausgezahlte Gesamtlöhne [im Unternehmen] *wage bill*

ausgezeichnet *excellent* || *first-class*

Ausgleich *equalisation*

ausgleichen [Stat] *to smooth* || [Bil] *to counterbalance* || *to counterweigh* || **glattstellen** [Bil] *to balance* besser: offset —> Hedger

Ausgleichsabgabe für eingeführten Branntwein [SteuerR/D] *equalisation levy on imported spirits* || **Ausgleichsbeiträge Beitritt** [SteuerR/D] *accession compensatory amounts* || **Ausgleichsbeträge Währung** [SteuerR/D] *monetary compensatory amounts* || **Ausgleichsforderung** für börsentäglich ermittelte [vorläufige] Gewinne und Verluste —> Nachschuß[forderung] [Bör] || **Ausgleichsforderung** [Bbank] *equalisation claim* 3-4 1/2%ige Schuldbuchforderungen der Geld-, Kredit- und Versicherungsinstitute

Ausgleichslager   **Auslandsanteil**

---

und Bausparkassen gegenüber Bund und Ländern ‖ **Ausgleichslager** Reservelager ‖ Pufferbestand *buffer stocks* —> Common Fund for Commodities :: Gemeinsamer Fonds für Rohstoffe ‖ **Ausgleichsoperationen am Geldmarkt** [Bbank] *assistance measures in the money market* ‖ **Sätze für reversible Ausgleichsoperationen** [Bbank] *rates for reversible assistance measures* Wenn der Zugang zum Lombardkredit unmittelbar quantitativ begrenzt, kann der Tagesgeldsatz nach weitgehender Ausschöpfung des Lombardspielraums des Bankensystems den Lombardsatz deutlich übersteigen. Er richtet sich dann nach den für reversible A. gültigen Sätzen, mit denen die Bundesbank in diesen Fällen normalerweise für den Marktausgleich sorgen wird ‖ **Ausgleichsposten zur Auslandsposition der Bundesbank** [Bbank] *balancing item in respect of the Bundesbank's external position* ‖ **Ausgleichszoll** *countervailing duty* —> Antidumping ‖ Werden gegen Einfuhren aus Drittländern festgelegt, wenn Waren zu niedrigeren Preisen eingeführt werden, als sie auf dem heimischen Markt des Exportlandes erzielt werden (Antidumpingzölle) oder für die im Exportland Prämien bzw. Subventionen gewährt wurden (Ausgleichszölle) und diese Einfuhren eine bedeutende Schädigung eines best. Wirtschaftszweiges der Gemeinschaft verursachen bzw. zu verursachen drohen. Besondere Bedeutung auf dem Stahlsektor

aushaftender Kreditbetrag *outstanding amount of credit*

aushändigen *to deliver* —> zustellen

Aushändigung *handing over* ‖ *surrender* ‖ *delivery* ‖ **förmliche Aushändigung einer gesiegelten Urkunde** *delivery of a deed* ‖ **gegen**

Aushändigung der Ware *on delivery*

Ausklarierung [Mar] *outward clearance* Abfertigung eines Schiffes bei der Ausfahrt gegenüber Hafenbehörden, i.d.R. durch Schiffsmakler erledigt

Auskünfte *information* —> Angaben ‖ **maßgebliche Auskünfte** *relevant information* —> sachdienlich

Auslagen —> Aufwand ‖ Kosten

Ausland *abroad* ‖ [Bil] [Umsatz im Ausland] *abroad sales* —> Auslands[...]

Ausländer [Bör] *non-resident* —> Steuerpflichtige ‖ Einwohner

ausländische Anlagen im Inland *foreign investment in Germany* ‖ **ausländische Dividendenwerte** [Bör] *foreign shares* ‖ **ausländische Kreditinstitute** *foreign subsidiaries*—> Kreditinstitut ‖ **ausländische Wertpapiere** *foreign securities*

Auslandsanteil *foreign content* ‖ *non-[...] content* ‖ **Auslandsgeschäft** [Bil] *international operations* ‖ **Auslandskreditversicherungs - Gesellschaft** *Foreign Credit Insurance Association* FCIA is an organization of some fifty of US leading marine, property and casualty insurance companies. It was organized in 1961 to enable US exporters to compete on more favourable terms with exporters in other countries and thus effectively to contribute to the expansion of US exports. The Association offers insurance coverage for commercial credit risks, and, under contract, serves as agent for political risk insurance coverage which is offered exclusively by Eximbank. Together

Auslassungen und Zusätze — Ausschlagung

they insure the very broad risk of non-payment for products or services sold to a foreign buyer vgl. HERMES —> AKA ‖ GEFI ‖ **[kräftige] Auslandsnachfrage** *[strong] foreign demand* ‖ **Auslandsposition der Bundesbank** *external position of the Bundesbank* ‖ **Auslandsumsatz** *abroad turnover* ‖ *foreign sales* ‖ [Bil] *export sales* ‖ **Auslandsverbindlichkeiten der hochverschuldeten Entwicklungländer** *foreign commitments of the highly indebted developing countries* ‖ **Auslandsverschuldung der Entwicklungsländer** *external debt of developing countries*

Auslassungen und Zusätze *omissions and additions*

auslaufen [Vertrag] *to terminate* ‖ *to come to an end* —> ablaufen

auslegen betrachten als *to regard as* ‖ [VölkR] *to construe* ‖ *interprete* ‖ Die Bestimmungen dieses Artikels sind nicht so auszulegen, als verpflichtete sich ein Vertragsstaat, [...] zu tun *:: no provision of this article shall be construed to require any contracting state to do sth.*

Ausleger [Mastenkran] *derrick crane*

Auslegung und Erklärung der Bestimmungen *interpretation and explanation of provisions*

Ausleihungen *credit activities* ‖ *credit operations* ‖ *credit outstanding* ‖ [BankW] *assets*

ausliefern [StrafR] *to extradite*

Auslieferung [von flüchtigen Personen] *extradition* ‖ [Lieferung] *delivery* ‖ **Auslieferungslager** Warenverteil[er]zentrum *distribution centre* ‖ **Auslieferungsverfahren** *extradition proceedings*

Ausmaß *extent* —> Rahmen

ausmerzen *to excise*

Ausmusterung [Gerät] *discard* ‖ [Mil] *rejection* ‖ [Mil] *to discharge s.o. as unfit for military service* ‖ [USA] *muster-out*—> Untauglichkeit

Ausnahme *exception* ‖ mit Ausnahme von [...] *other than those [...]* ‖ **Ausnahmen zur Wahrung der Sicherheit** *security exception*

ausnutzen *to exploit* —> nutzen

Ausnutzung *exploitation* ‖ **mißbräuchliche Ausnutzung** *improper advantage* —> Vorteil ‖ Mißbrauch

Ausräumen [von Schwierigkeiten und Zweifeln] *settlement [of difficulties and doubts]*

ausreichend hinreichend *good*

Ausrüstungen *machinery and equipment* —> Objektwert ‖ Ausstattung *outfit* ‖ Berufsausrüstung [ZollW] *professional effects* ‖ **Ausrüstungsgegenstände** —> Equipment-Leasing ‖ **[reale] Ausrüstungsinvestitionen** *[real] investment in machinery and equipment*

Ausschlagung [§§ 1944 f. BGB] [ErbR] *renunciation of an inheritance*

ausschließen | **außen**

|| *relinquishment* || *disclaimer*

ausschließen *to preclude from* || Dieses Abkommen schließt nicht aus, daß eine Vertragspartei Devisenbewirtschaftungsmaßnahmen anwendet *Nothing in this agreement shall not preclude the use by a contracting party of exchange controls*

ausschließlich *solely* || **ausschließliches Recht** *sole right* || der Inhaber gewährt dem Verlag hiermit das ausschließliche Recht, das Werk zu übersetzen *the proprietor hereby grants to the publishers the sole right to translate the work*

Ausschließung —> Ausschluß

Ausschluß *disqualification* || [BetrVG] *removal from office* || **Ausschluß [eines Richters] wegen Befangenheit** *disqualification on the ground of bias* || **unter Ausschluß der Öffentlichkeit** *in chambers* Gerichtsverhandlung unter Ausschluß der Öffentlichkeit, meist von einem Master in chamber, dem beigeordneten Richter eines High Court of Justice

Ausschöpfung von Produktionsreserven *exhaustion of productive or: production reserves*

Ausschreibung Nr. ... *notice of invitation to tender No.* —> Angebotsabgabe || **Ausschreibung von Arbeitsplätzen** [BetrVG] *notification of vacancies*

Ausschuß *council* || *committee* || **Ausschuß des Aufsichtsrates** [Man/Org] *committee of the board* ||

Ausschuß für Agrarfragen *Committee on Agricultural Problems* || **Ausschuß für Gute Dienste** *good offices committee* || **Ausschüsse der Seerechtskonferenz** [Mar] *Main Committee*

ausschüttbarer Gewinn —> Gewinn || **eine Dividende von DM 13,- je 50-DM-Stammaktie ausschütten** *payout of DM 13 on each DM 50 common share*

Ausschüttung [Bil] *payout* || *distribution payout* —> Verteilung || **Ausschüttungspolitik** *dividend policy* —> Dividendenpolitik || **Ausschüttungsquote /-rate** *[dividend] payout ratio* Anteil der Dividendenausschüttung am Gewinn in Prozent || **Ausschüttungssperre** [BRD] [AktienG] *[dividend] payout restrictions* || *capital impairment rule* Dividenden dürfen nicht zu Lasten des Grundkapitals und der gesetzlichen Rücklage ausgeschüttet werden. [USA] Einzelstaatlich unterschiedlich geregelt [business corporation acts]. Die capital impairment rule verbietet die Ausschüttung von Dividenden aus dem Grundkapital, während die insolvency rule verbietet die Ausschüttung von Dividenden bei bestehender oder drohender —> Insolvenz || **Ausschüttungsstrom** —> Dividendenstrom

außen *outside* || *external* || **Außenfinanzierung** *outside financing* besser: *external financing* Unternehmung wird Kapital von außen zugeführt durch Fremd- oder Eigenfinanzierung || **Außengeld** *outside money* || **Außenhandel** [Bil] *export trade* || *foreign trade* || *external trade* || **Außenhandelsbank der USA** [Abbr] *Eximbank Export-Import Bank of*

außer — Ausstattung

the United States - Eximbank ‖ **Außenhandelsberater** [AuxT] *foreign trade advisor* ‖ **Außenminister** *Foreign Secretary* ‖ [USA] *secretary of State* ‖ **Außenministerium** *Ministry of Foreign Affairs* ‖ [GB] *Foreign Office* ‖ [USA] *State Department* ‖ **Außenprüfungsverfahren** [SteuerR] *external audit procedure* ‖ **Außenstände** —> syn.: Forderungen ‖ **Außensteuerrecht** [SteuerR] *External Tax Law* i.e.S. besondere Vorschriften des nationalen SteuerR im Hinblick auf die internat. Beziehungen, z.B. Bestimmungen des Einkommensteuergesetzes (Erfassung von Auslandseinkünften und zur einseitigen Vermeidung einer Doppelbesteuerung). I.w.S. steuerrechtliche Regelungen in bi- und multilateralen Abkommen ‖ **Außenwert des US-Dollars** *external value of the US dollar* ‖ [W/Z] **der globale Außenwert der DM** *the global trade-weighted external value of the D-Mark*

außer abzüglich *less* ‖ *apart from* ‖ *outside* ‖ **außer kraft setzen** [Gesetz] *to repeal a statute* ‖ [agreement] *to terminate* ‖ [vorübergehend] *to suspend [temporarily]* ‖ **außer Kraft treten** *to expire* —> erlöschen ‖ Ablauf *to lapse* ‖ **außerbetrieblich** *external* ‖ **außerbörslich** [Bör] *off board* ‖ **außerbörslicher Handel** *OTC trading* —> OTC ‖ **außergewöhnliche Belastungen** [SteuerR/D] *extraordinary financial burdens* ‖ **außerordentliche Abschreibungen** außerplanmäßigen Abschreibungen [§ 154 (2) AktienG] *extraordinary depreciation* —> planmäßige Abschreibungen ‖ **außerordentliches Testament** —> Nottestament ‖ **außervertragliche Rechts**verletzungen *civil injuries other than breach of contract*

aussetzen [Verfahren ‖ Vollstreckung] *to suspend*

Aussetzung von Beschlüssen [BetrVG] *deferment of decisions* ‖ **Aussetzung Hilfloser** —> Kindesaussetzung ‖ **Aussetzung des Vollzugs** [§§ 455 ff. StPO] *respite* ‖ *suspended sentence* ‖ *deferred sentence*

Aussie-Bond ‖ **Aussies** [Bör] [Euroanleihe auf australische Dollar] *Aussie [bond]*

Aussiedler *evacuee* ‖ *person resettled* —> Zustrom von Aus- und Übersiedlern

Aussperrung *outlock* based on Article 9 of the Basic Law :: Grundgesetz —> defensive outlock ‖ **Aussperrungsmaßnahmen haben rein suspendierende Wirkung auf den Arbeitsvertrag** *lockout measures have only suspensory effect on the employment contract*

Ausstand [ArbR] *strike* —> Streik

Ausstattung *dowry* ‖ [Louisiana] *dot* —> Mitgift ‖ *portion* [EheR] §1624 BGB Ausstattung ist alles, was einem Kind von den Eltern aufgrund Verheiratung bzw. Erlangung selbst. Lebensstellung zugewendet wird . Heute [wg. Verstoß gegen Gleichberechtigungsgrundsatz] §§ 1621-1623 BGB ersatzlos gestrichener Anspruch der Tochter gegen die Eltern wg. Heirat zur Einrichtung des Haushalts ‖ Ausrüstungen *equipment* ‖ *outfit* ‖ **Ausstattung mit langlebigen Konsumgütern** *availability of dur-*

ausstehende Verbindlichkeiten   **Auswahl**

---

able consumer goods || **Ausstattung eines Wertpapiers** *terms of issue* || *endowment with capital*

ausstehende Verbindlichkeiten —> Verbindlichkeiten

aussteigen [InvF] *to cash out* durch Rückgabe von Fondsanteilen "aussteigen" || [Verkauf von gehaltenen Anteilen an einem Unternehmen] *to pull out*

ausstellen [ArbR] entlassen *to dismiss* || auf Messen *to display* || Dokument *to furnish* || *to issue* || **Schuldschein ausstellen** *to give a bond*

Aussteller [BankW] *drawer* || [Quittung] *issuer* || [Messe] *exhibitor* || **Ausstellerfirma** [Messe] *exhibiting firm*

Ausstellung zur Schau stellen *displaying* || *exhibition* || *show* || [USA] *exposition* || Messe *fair* || **für Ausstellungszwecke** *for the purpose of display* || **Ausstellung ungedeckter Schecks** Scheckmißbrauch *kiting* Writing checks against bank account of insufficient funds to cover them and hoping at the same time that before they are presented the necessary funds will be deposited, i.e. practice of taking advantage of the period between the deposit of a check in one bank and its collection in another. In der BRD nur bei Vorsatz und Bereicherungsabsicht nach § 263 StGB [Betrug] strafbar. Allein die mangelnde Deckung [rubber checks] zum Zeitpunkt der Begebung ist für die Erfüllung des Tatbestands noch nicht ausreichend || **Ausstellungsschutz** *protection of exhibited articles*

Aussteuer *dowry* || [Louisiana] *dot* —> Ausstattung

Ausstoß *output* || **Ausstoß pro Jahr** [BierStG] *annual output* e.g. breweries [annual beer output] :: z.B. Brauereien [Bierausstoß]

Austausch —> Konvertierung [Währung] || [InvF] Umwandlungsmöglichkeit

austauschen in [VölkR] *to exchange at* || **Die Ratifikationsurkunde (Annahme- oder Genehmigungsurkunde wird in [...] ausgetauscht** *The instruments of ratification (acceptance or approval) shall be exchanged at [...]*

austreten [aus Organisation] *to terminate* —> Austritt

Austritt aus der Organisation *withdrawal from the organisation* || **Austritterklärung** [Organisationen] *notice of withdrawal*

Ausübung *exercise* || Durchsetzung *enforcement* || **in Ausübung von** *in the exercise of* || [PatR] **das Recht auf das europäische Patent geltend zu machen** *to be entitled to exercise the right to the European patent* || **Ausübung von Monopolen** *enforcement of monopolies* || **ausübungsberechtigt** *licenced*

[aus]wählen *to select* —> Personalauslese

Auswahl[kriterien] bei Neueinstellungen [PersW] *management selection* || **Auswahlrichtlinien** [BetrVG] *guidelines for selection*

41

auswärtig

auswärtig *foreign ‖ away from home* ‖ **Auswärtiges Amt** —> Außenministerium

Ausweichplan *fall back plan*

ausweisen [Bil] *to show ‖ reported* —> Gewinnausweis ‖ **auf der Aktivseite der Bilanz (auch Umlaufvermögen) ausweisen** *to show on the assets side [of the balance sheet]* —> aktivieren ‖ **auf der Passivseite der Bilanz ausweisen** *to show on the liability side of the balance sheet*

Ausweisung *deportation* [8 U.S.C.A. §§ 1251 ff] [BRD / § 10 Ausländergesetz] enge Grenzen der Ausweisungsmöglichkeiten, z.B. bei Ausländern, die gegen die freiheitlich-demokratische Grundordnung agieren oder wesentliche Belange wie Gefährdung der Sicherheit der Bundesrepublik betroffen sind. Vollzug erfolgt durch Abschiebung ‖ [Bau] —> Baulandausweisung

ausweiten —> belasten ‖ **sich um ca. 10% real ausweiten** *to improve again by about 10 % in real terms* —> beleben

Ausweitung *increase ‖ expansion ‖ enhancement* ‖ **Ausweitung des industriellen Produktionsapparats** [Bil] *extension of industrial production potential*

auswerten *to exploit* —> Patent

Auswertung *evaluation ‖ Ausnutzung exploitation* ‖ **Auswertungsbogen** *evaluation sheet*

Auswirkung *implication*

Averaging

auszahlen *to pay [out]*

auszeichnen [Ware mit Preis] *to label ‖ ticket ‖ price ‖ mark out* ‖ [Person mit Ehren] *to award*

Auszüge —> Kaffee

Authority to purchase —> drawing authorizations :: Ziehungsermächtigungen ‖ [Überseehandel] Importbank ermächtigt den Exporteur (Verkäufer) [widerruflich], Tratten auf den Importeur (Käufer) zu ziehen, die eine Bank im Land des Exporteurs im eigenen Risiko negoziieren kann. Verkäufer erhält unmittelbar nach Versand der Ware ohne Inkasso den Gegenwert der Lieferung (im eigentlichen Sinn kein Akkreditiv, da nur Hinweis auf Zahlungsweg ohne Verpflichtungscharakter der Bank i.G.z. order of purchase

Autofrachter *car carrier*

automatischer Abhebeplan [InvF] *automatic withdrawal plan* ‖ **automatisch verlängern** —> revolvierend

autorisiert *qualified* —> ausübungsberechtigt ‖ Vollmacht

autoritäres Verhalten [Psych/Man] *centric mode* —> egozentrisches Verhalten :: self-centered behaviour

Autoritätshierarchie —> Hierarchie der Weisungsbefugnis

Aval[...] *guaranteed*

Averaging [Inv] *averaging* Anlagemethode von Investmentgesellschaften. Investmentanteile bzw. Aktien werden i.d. R. nur bei relativem Kurstief erworben, wodurch der Durchschnittskurs langfristig sinkt

B. [GB] [Abbr] *Baron of the Exchequer* Mitglied [Richter] des ehemaligen Court of Exchequer

BAB —> Betriebsabrechnungsbogen

Baby-Bond [USA] *baby bond* Schuldverschreibung mit [äußerst] geringem Nennwert

Backgeräte *baking appliances* ‖ **Backgerätegeschäft** [Bil] *operations in the baking appliances line* ‖ **feine Backwaren** [ZuckerStG] *fancy pastry*

Backup [EDV] *back-up* —> sichern

Baden-Württemberg [BLand/D] *Baden-Württemberg*

Badesalz [SalzStG] *bath salt*

Bagatelle *petty* ‖ **Bagatellfall** *petty case* ‖ **Bagatellsache** *petty offence* [StrafR/D] §§ 153, 153 a, 153 b StPO / § 175 II StGB / §§ 45, 47 JGG / §§ 47, 56 IV OWiG]. [USA 18 U.S.C.A. § 1] Strafmaß nicht höher als 6 Monate und oder Geldstrafe bis zu $ 500,- ‖ **Gericht für Bagatellsachen** *petty sessional court* magistrate court ‖ Gericht von zwei oder mehreren Friedensrichtern zur Entscheidung im Schnellverfahren von —> Bagatellsachen ‖ **Bagatellsteuern** [SteuerR] *trifling taxes* —> kleine Gemeindesteuern ‖ **Bagatellstrafsache** —> Bagatellsache

Bahnfrachtbrief *railway bill* ‖ *railroad bill of loading* ‖ *duplicate of rail/consignment bill*

Baisse [Bör] *bear market*

Baissier [Bör] *bear* jemand, der auf fallende Kurse spekuliert [Bär als Symbol für Pessimismus an der New Yorker Börse] —> Haussier

Balkendiagramm [zur Projektanalyse] *Gantt chart*

BALM *Bundesanstalt für landwirtschaftliche Marktordnung* Aufgabe bes. Durchführung von Maßnahmen der europäischen Agrarpolitik in der BRD durch Regulierung der landwirtschaftlichen Märkte (Marktorganisationen Getreide, Trockenfutter, etc.) sowie Vorratshaltung von Nahrungs- und Futtermitteln für Notfälle —> Vorratsstellenwechsel ‖ **BALM-Wechsel** *storage agency bill* Früher als Vorratsstellenwechsel bezeichnete Solawechsel in TDM 100, 200, 500, 1000, 2000. Laufzeit 90 Tage, Diskontierung, Einlösung über landwirtschaftliche Rentenbank

ballistischer Pendel [Bal] *ballistic pendulum*

Band *folio* ‖ **Eingetragen und verglichen in ... Band ... 19..** *entered and compared in ... Folio ..., this ... day of ..., 19..* —> aktenkundig

Bank —> Kreditinstitut ‖ **Bank-auf-Bank-Ziehungen** *bill drawn on a debtor* Debitorenziehung ‖ Bankenziehung Wechselziehung der Banken auf ihre Kunden oder auf eine andere Bank (Bank-auf-Bank-Ziehungen). Der Kunde verschafft sich durch Weiterverkauf des Wechsels i.d.R. an die gleiche Bank, die gewünschten Mittel. Die eigenen Ziehungen der Banken werden in den Monatsberichten der Deutschen Bundesbank gesondert aufgelistet. Diese haben im allgemeinen einen geringen Umfang ‖ **Bankakzept gegen Dokumente** [Ex] *documents against acceptance* ‖

Bankausweis *bank return* Überblick der Transaktionen [Geldmarktsituation], eine Art verkürzte Bilanz der Zentralnotenbank von England ‖ **Bankautomat** Geldautomat *cash dispenser* ‖ **Bankbestände** [Bbank] *banks' portfolios* ‖ **Bankenaufsichtsbehörde** [USA] *Comptroller of the Currency* Selbständige Abteilung des US-amerikanischen Schatzamtes in der Funktion eines Überprüfungs- und Aufsichtsorgans sowie Zulassung, Filialgründung und Fusion von national banks (neben dem Board of Governers) —> Bundesaufsichtsbehörde für das Kreditwesen ‖ **Bankenerlaß** [SteuerR] *banking decree* gesetzl. Regelung in der Abgabenordnung (AO 1977), daß anläßlich einer Außenprüfung bei Kreditinstituten die Ausschreibung von —> Kontrollmitteilungen :: tracer notes über Guthaben oder Depots von Bankkunden unterbleibt ‖ **Bankenfusion** *bank merger* —> Merger ‖ **haftende Eigenkapital der Bank** *bank's capital and reserves* ‖ **Bankenkonsortium** *bank syndicate* ‖ beim Tender-panel-Verfahren *banking panel* ‖ **konsortialführende Bank** syn.: **kreditabwickelnde Bank** *agent bank* ‖ **Bankenzentrum** *banking centre* [Frankfurt/M.] ‖ **Banker** *banker* im BankW üblicher Ausdruck für einen **Bankfachmann** *moneyer* ‖ *monier* ‖ **Bankforderungen** *bank claims* ‖ **bankfremd** *non-bank* ‖ **bankfremde Anbieter** *non-bank banks* Anbieter von Finanzdienstleistungen, die als Substitutionskonkurrenten zu den Kreditinstituten und Quasibanken [Fastbanken] auftreten [Versandhäuser, Autohändler] ‖ **Bankgeschäft** *banking market* ‖ *bank business* ‖ Kreditgeschäfte *credit operations* ‖ **Bank- und Hypothekengeschäft** *commercial and mortgage banking operations* ‖

Bankgesetz *Bank Act* ‖ **Bankkaufmann** *bank employee* ‖ *bank clerk* —> Banker ‖ **Bankkonto** Bankguthaben *cash in bank* ‖ **Bankkredit** [zu den üblichen Bedingungen] *recurring appropriation* ‖ **Bankkunde** *customer of the bank* ‖ *bank client* ‖ **Bankleitzahl** [Abb] **BLZ** [USA] *A.B.A. number [American Bankers Association Number]* ‖ [GB] *BCN [Bank Code Number]* ‖ **Bankplatz** [Bbank] *banking place* Bezeichnung für einen Ort, an dem sich eine Landeszentralbank oder eine Niederlassung befindet ‖ **Bankrate** —> Diskontsatz ‖ **Bank-Satzung** *Bank Statutes* ‖ **Bankschließfach** *safe deposit box*

betrügerischer Bankrott *fraudulent bankruptcy* betrügerische Absicht und Vorsatz des Gesamtschuldners ‖ **einfacher Bankrott** *culpable bankruptcy*

Banksatz —> Diskontsatz ‖ **Bankschulden** *debts to commercial banks* ‖ **Umlauf an Bankschuldverschreibungen** [Bbank] *bank bonds outstanding* ‖ **Bankwochenstichtage** [Bbank] *bank-week return days*

Barabhebung *cash withdrawal* ‖ **Barabstimmung** *register cash balance* ‖ **Barauszahlung** [Buchf.] *cash disbursement* ‖ Barabhebung *cash withdrawal* ‖ **Barcode** —> Strichcode ‖ **Bardepot** [Bbank] *cash deposit* Zwangseinlage, ähnlich der Mindestreserve, die Inländer unverzinslich bei der Bbank für im Ausland aufgenommene Kredite i.H.d. jeweils geltenden Bardepotsatzes (max. 100%), der von der Bbank im Einvernehmen mit der Bundesregierung festgelegt wird, halten müssen. ‖ **Bardepotpflicht** [Bbank] *cash de-*

Bardividende   Bauersche Bewegungsbilanz

posit regulation syn.: *cash deposit requirement* Kernstück der Vorschriften zur Abwehr schädigender Geld- und Kapitalflüsse aus fremden Wirtschaftsgebieten ist die Möglichkeit der Verpflichtung von Gebietsansässigen, einen bestimmten Prozentsatz ihrer Verbindlichkeiten aus den von ihnen unmittelbar oder mittelbar bei Gebietsfremden aufgenommenen Darlehen oder sonstigen Krediten während eines bestimmten Zeitraumes zinslos auf einem Konto bei der Bbank in DM zu halten || **Bardividende** *cash dividend* geläufige Form der in Geld ausgeschütteten Dividende || **Bareinnahmen** Eingänge von Zahlungsmitteln *cash receipts* || **Bareinzahlung** *cash deposit* || **Bargeld** Barmittel i.e.S. Banknoten und Münzen *cash* || **Bargeld und Buchgeld** *cash* || *money* —> Barmittel || **Bargeldumlauf** [Bbank] *currency in circulation* || **Barkredit** *financial credit* || *cash credit* || **Barmittel** Bargeld [Buchf] *cash* gesetzl. Zahlungsmittel, die jederzeit in Bargeld umgewandelt werden können oder Geld, das sich im Besitz eines Unternehmens befindet :: *legal tender that is physically held by the company. Any media for payment that can readily be turned into cash (bills, drafts, bonds etc.)* || **Barpreis** *cash price* || **Barpreis der verkauften Ware** *cash price of the merchandise sold* || **Barwert** [InvR] *present value* || *going value* —> Kapitalwert || **Barwert der Pensionsverpflichtung** *going value of the pension liability* besser: —> Teilwert der Pensionsverpflichtung || **nur gegen Barzahlung** *terms of strictly cash*

basierend auf *underlying* || *based on*

Basispreis [Bör] *striking price* Bei Optionsgeschäften in Aktien oder festverzinslichen Wertpapieren der Preis, zu dem der Käufer den Basiswert fordern (Kaufoption) bzw. liefern muß (Verkaufsoption) —> *underlying asset* :: Basiswert || **Basiswert** [Bör] *underlying asset* Das als Basis des Optionsgeschäfts dem Wert nach zugrundeliegende Wertpapier, zu dessen Kauf bzw. Verkauf eine Option berechtigt

Bau [-...] *building* —> Bauplatz || Bebauungs[...] || **Bauabschnitt** *building section* || **Bauamt** [GB] (District) *Surveyor's Office* || **Bauaufsicht** *supervision of building works* || **Bauaufsichtsbehörde** *building supervisory board* || **Bauauftraggeber** *project owner* || **Bauausführung** *building site* > construction or installation project [meist zusammengefaßt als Montage]

baubedingtes Versteck [ZollW] *natural hiding place* || **Baubehörde** *building authorities* local governmental bodies concerned with new building, major alteration or expansion of existing strutures

Baudarlehen *building loan agreement*

Bauelement *component* || *device*

Bauersche Bewegungsbilanz [Bil] finanzwirtschaftliche Bewegungsbilanz *statement of changes in financial position* Aufstellung [nicht nur Bewegungsbilanz aus Anfangs- und Schlußbilanz], aus zwei aufeinanderfolgenden Bilanzen einschließlich Aufwands- und Ertragspositionen zur Darstellung der Investitions- und Finanzierungsströme und deren Auswirkungen auf die Liquidität.

Baugarantie — Bauunternehmen

Meßzahl für die Beobachtung der Veränderungen der Liquidität ist das —> working capital, d.h. die Differenz zwischen Umlaufvermögen und kurzfristigen Verbindlichkeiten. Veränderungen als solche werden in einer Bewegungsbilanz erfaßt (Aktivseite zeigt Mittelverwendung, Passivseite zeigte Mittelherkunft, links Zunahmen der Einzelposten des Umlaufvermögens und Abnahmen der Posten der kurzfristigen Verbindlichkeiten, rechts Zunahmen der kurzfristigen Verbindlichkeiten und Abnahmen der Posten des Umlaufvermögens. Saldo ergibt Zunahme (Verbesserung der Liquidität) oder Abnahme (Verschlechterung der Liquidität)

Baugarantie *construction guarantee* provides contractors with protection against certain types of losses when they undertake international construction projects || **[endgültige] Baugarantiezusage** *construction guarantee authorization* || **Baugenehmigung** *building permit* || *[GB] planning permission* || **Baugesellschaften** *construction enterprises* || **Baugewerbe** *building trades*

Bauherr *project owner* || **Bauhilfsgewerbe** *trades ancillary to the building industry*

Bauinvestitionen *construction investment*

Baukastenprizip *unit box principle* —> Anbaumöbel || **Baukindergeld nach § 34 f. EStG** *child allowance under section 34 f EStG* || **Baukosten** *construction expenses* || **Baukostenindex** *construction cost index* || **Baukostenzuschuß** Mieterdarlehen [MietR] *tenant's contribution to the building expenses* meist einmalige rückzahlbare Zahlung des Mieters an den Vermieter zum Neubau, Wiederaufbau oder Ausbau bzw. zur Instandsetzung von Gebäuden

Bauland unbebautes Grundstück *building land* || *vacant plot of land* —> Flurstück || Grundstück || **Baulandausweisung** Baulandbereitstellung *[municipal] zoning enabling*

baunahe Werte [Bör] *construction-related stocks*

Bauobjekt *development*

Bauplatz construction *site*

Bausektor *construction industry* || **Sonderausführung eines Baus** *specialty* [SteuerR/USA] Im Zusammenhang mit der Bewertung nach steuerrechtlichen Grundsätzen ein einzelnes Gebäude oder ein Gebäudekomplex, dessen bauliche Gegebenheiten nach den Bedürfnissen des Geschäftszweckes des Bauherrn ausgerichtet wurden und daher nach Veräußerung nicht ohne weiteres [ohne wesentliche Verlust bzw. Investition von Kapital] einer allgemeinen gewerblichen Nutzung zugeführt werden kann || **Bausparbeiträge** [SteuerR/D] *building savings contributions* || **Bausparkassen** *building societies* syn.: *building-saving fund*

Bauten *construction* || **Bauträger** *development company*

Bauunternehmen *contractor* || *building enterprise* || **Garantieprogramm für amerikanische Bauunternehmen** *US Contractors' Guarantee Program* Garantien für Rechtsgeschäfte von US-Baufirmen mit ausländischen Regierungen und Privatun-

Bauvorhaben — bebautes Grundstück

ternehmen für Transfer- und Konvertierungsrisiko, Beschlagnahme von beweglichen Vermögensgegenständen und Bankguthaben vor Ort, Kriegsrisiko sowie für den Fall, daß Schiedsverfahren nicht durchgeführt werden können oder zu keinem Erfolg führen, soweit dies nicht vom Garantienehmer zu vertreten ist || **Risikobeteiligung des Bauunternehmers** *contractor's retention*—> Haftungsbeteiligung || Verlusbeteiligung

Bauvorhaben *construction project* —> Werkvertrag zur Durchführung eines Bauvorhaben || Bauobjekt

Bauwerte [Bör] *construction stocks* —> baunahe Werte || **Bauwirtschaft** —> Bausektor

Bayerischer Senat [VwO / Bayern] *Bavarian Senate* legislatives Organ im Freistaat Bayern

beabsichtigen *to wish* || beabsichtigt der Verlag, das Werk zu vertreiben, [...] *should the publisher wish to distribute the work*

beachten [Bestimmung] *to observe* z.B. the terms of a treaty :: Vertrag[sbestimmungen]

in Beachtung [VölkR] *noting*

Beamte[r] [Administration] *officer* || *public servant* || **Beamter der Geschäftsstelle** —> Urkundsbeamter || **Beamter im Gesundheitsdienst** [GB] *Officer of Health* || **Beamter im öffentlichen Dienst** *public officer* || **Beamter der Zentralverwaltung in London** *civil servant*

beanspruchen *to claim* || [PatR]

dessen Priorität gültig beansprucht wird *the priority of which is validly claimed*

Beanstandung *complaint* —> Forderung der Nachbesserung || **dabei ergaben sich keine Beanstandungen** *no objections were raised*

beantragen —> Antrag *to move* || **Ich beantrage den Schluß der Debatte** *I move that the question be now put* || geltend machen *to claim*

Be- oder Verarbeitung [Kriterium der wesentlichen ~] [ZollW] *substantial transformation* criterion || **Be- und Verarbeitung von Steinen, Erden, Glas** *non-metalic mineral products* || **Postbearbeitung** [Büro] *mail handling* || **Bearbeitungszeit** *handling time*

beauftragen *to instruct* || bestellen *to place a contract* || *to commission an order*

Beauftragter [einer im Betrieb vertretenen] Gewerkschaften [BetrVG] *delegate of a trade union* || **Beauftragter des Bundes für den Datenschutz** [EDV] Bundesbeauftragter für den Datenschutz [BfD] *Federal Data Protection Commissioner* || **Beauftragte der Verbände** [BetrVG] *delegate from industrial associations*

Beauftragung [GB] *to brief* [im wesentlichen Information und Beauftragung durch den Solicitor an den Barrister zur Vertretung vor Gericht]

bebautes Grundstück [USA] *built-up property*

Bebauungsordnung *building code* ‖ **Bebauungsvorschriften** *zoning ordinances*

Bedarf *requirement[s]* ‖ *demand* ‖ *needs* ‖ *want* —> Mangel ‖ **nach Bedarf** *as required* ‖ *demand* ‖ *need* ‖ **Bedarf im Ausland decken** [BiI] *to meet [their] demand for goods abroad* ‖ **Bedarfsdeckung** *to meet demand* [...] ‖ **Bedarfsdeckungsmittel** *means of raising revenues* ‖ **bedarfsgerecht** *as required* vorschriftsmäßig —> nach Bedarf ‖ *according to [your] needs*

Bederecht [SteuerR] *Bederecht practice* ursprünglich freiwillige Abgaben

bedeuten *to denote* ‖ *to mean* —> auslegen

an Bedeutung gewinnen *to gain importance*

Bediensteter *servant* —> Handlungsgehilfe ‖ Arbeitnehmer ‖ Angestellter ‖ Beamter

Bedienungsanleitung *operating instructions*

bedingt *qualified* ‖ **bedingt durch** *owing to*

Bedingung *proviso* ‖ **unter der Bedingung, daß** [...] *object to the proviso [or: with the proviso that]* ‖ **on the terms that** [...] ‖ **zur Bedingung machen** *to make it a proviso* —> vorausgesetzt ‖ **Bedingungen** wesentliche Vertragsbedingungen *terms and conditions* ‖ **Bedingungen** [vertraglich] festlegen *to stipulate* ‖ **Bedingungen für** [...] *terms and conditions of* [...] ‖ **Bedingungen für Warentransportversicherungsverträge** —> Institute Cargo Clauses

bedürfen *are to be made by* ‖ *to be subject to* ‖ *require* ‖ **bedürfen shall be** [...] ‖ [das Protokoll] **bedarf der Ratifizierung** [VölkR] *[the protocol] shall be ratified* ‖ [...] *shall be subject to ratification*

Bedürfnisse *requirement[s]* ‖ *demand* ‖ *needs* ‖ **Erkennen und Umsetzen von Bedürfnissen** *identification and realization of requirements* ‖ **Bedürfnishierarchie** *hierarcy of needs* nach A. Maslow eine in 5 Kategorien von Bedürfnissen, eingeteilte Motivationspyramide: physiologische, Sicherheits-, soziale, ich-bezogene, innere Befriedigungsbedürfnisse, die mit dem steigenden Grad der Befriedigung auch eine gesteigerte Motivation erreichen

beeidet [Personen sowie Aussagen und Gutachtererstattung] *under oath* —> vereidigt

beeinflussen beeinträchtigen ‖ berühren ‖ betreffen ‖ wirken *to affect* ‖ *to have an effect on* ‖ [VölkR] **Die Bestimmungen des Übereinkommens lassen die Gültigkeit des** [...] **unberührt** :: *The provisions of the Convention shall not affect the validity of* [...]

beeinflußt durch *influenced by*

Beeinflussung *manipulation*

beeinträchtigen —> beeinflussen ‖ schaden ‖ stören

beendigen *to terminate*

Befangenheit *prejudice* ‖ *bias* ‖ partiality

befaßt sein mit *to be concerned with* —> Aufgabe[nstellung]

Befehl [EDV] *command*

befestigen *strap* ‖ *lash* ‖ *butt strap* ‖ *scarf* ‖ laschen *to secure*

Befestigungsmittel [ZollW/TIR] *fastenings* —> Vorrichtung ‖ Einbauten

Beförderung aus den eigenen Reihen [PersW] *promotion from within*

Beförderungstarife *transportation charges* ‖ **Beförderungsteuer** [SteuerR] [in der BRD abgeschafft] *transportation tax*

Befragung des Angeklagten zur Schuldfrage erfolgt durch den Richter [auch formelle Anklage] *arraignment* **Vorführung des Angeklagten** *Call a prisoner to the bar of the court to read him the substance of the indictment* :: **Angeklagten vor ein Geschworenengericht rufen**, auch wenn er nicht in Haft ist, zwecks Vernehmung zur Schuldfrage durch den Richter ‖ **Befragung von Zeugen** —> Zeugenvernehmung

befreien *to discharge* —> entlasten durch Schulderlaß, besser: entlasten [z.B.: Gemeinschuldner wird am Ende des Konkursverfahrens entlastet] ‖ *to be exempt from* ‖ [...] befreit eine **Privatperson nicht von den Rechtsvorschriften des Hoheitsgebietes.** [nicht "von irgendwelchen Rechtsvorschriften" übersetzen] *in no way exempts a private person from any obligation whatsoever under the law of the territory*

Befreiung *exemption* —> Freigrenze

befristete Verbindlichkeiten [Bbank] *term liabilities* ‖ [Bil] *time liabilities* Verbindlichkeiten mit Laufzeit oder Kündigungsfrist von mindestens einem Monat

befugen *to authorize* ‖ **befugt** *qualified* —> ausübungsberechtigt ‖ berechtigt ‖ Vollmacht

Befund [Ergebnis] *result* ‖ *particulars* —> Zollbefund ‖ [Med] *findings* —> Attest ‖ [sachverständige Gutachten] *opinion* —> Gutachten ‖ **unauffälliger Befund** *uncontributory findings*

etwas befürwortend zur Kenntnis bringen *favourable recommendation* ‖ *to bring s.th. with a favourable recommendation to the notice of* [...]

begebbare Wertpapiere *negociable instruments* begebbar: Ausgabe (= issue) bzw. negotiation (= in Umlauf bringen) —> Gesetz über begebbare Wertpapiere

begeben *to issue*

Begebung und Übertragung von Wechseln [Bil] *bills negotiated and transferred*

Begehren *claim* —> Klagebegehren ‖ Anspruch ‖ Geltendmachung

Begeisterung schaffen *motivieren zeal building*

Beginn des Leasing-Geschäfts

[Leas] *inception of the lease*

beginnen *to initiate*

beglaubigen z.B.: von Unterschriften *to authenticate* —> Vollmacht ‖ Echtheit ‖ **beglaubigt** [Urkunde] *certified correct* ‖ **beglaubigte Abschriften** *certified* [true] *copies* ‖ [VölkR] **Die [...] Regierung übermittelt jedem Vertragsstaat beglaubigte Abschriften der [...]urkunde.** :: *The Government of [...] shall furnish each State party to the present Convention with certified copies of the instruments of ratification* (or: acceptance or approval)

begleichen *to meet* eine Forderung / Verbindlichkeit :: *liability* —> honorieren ‖ einlösen

Begleichung [einer Schuld] *payment*

begrenzen *to define* —> bestimmen ‖ *to terminate* ‖ **begrenzt** *limited* ‖ *restricted*

Begriff —> bestimmen

begründen *to constitute*

begründet *as someone deems fit* ‖ *to deem worthy of consideration* gelten als begründet ‖ als begründet ansehen / betrachten ‖ **begründete Einrede** —> Einlassung ‖ **begründeter Einwand** *a claim worthy of consideration*

Begünstigter *beneficiary* ‖ Versicherungsnehmer *named insured*

Begünstigung [Förderung] *promotion* ‖ *encouragement* ‖ [Bevorzugung] *preference* ‖ *preferential treatment* ‖ [(nicht strafbare) Hilfe] *aid* ‖ *support* ‖ *protection* ‖ [strafbare Hilfeleistung nach § 257 StGB] sachliche Hilfeleistung in der Absicht, einem Straftäter die Vorteile der Tat zu sichern *accessory before the fact* ‖ [persönliche Begünstigung, jetzt Strafvereitelung nach § 258 StGB] *accessory after the fact* ‖ **mit Anspruch auf steuerliche Begünstigung** [SteuerR] *eligible for tax relief* ‖ **Begünstigungen gewähren** *to conter a benefit*

Behälter —> Behältnis

Behältnis *container* ‖ **geschlossenes Behältnis** [Verp] *closed container* —> Packung

behandeln [wie] *to be eligible to [...]*

Behandlung *treatment* —> ärztlich ‖ steuerlich

behaupten *to defend* —> Marktstellung ‖ **sich behaupten** [Bör] *to maintain* ‖ **behauptet** angeblich *alleging* ‖ [Bör] —> überwiegend behauptet ‖ **behauptete** (= angebliche) **Geisteskrankheit** *alleging insanity*

Behauptungen Erläuterungen zum Vertragsgegenstand *representation*

Behauptungslast *onus of proof*

beheben rückgängig machen *to rectify* ‖ **Vertragsbrüche beheben** *to rectify violations*

beherrschen *to control* ‖ **beherrscht** *controlled* —> gelenkt ‖

kontrolliert || **beherrschtes Unternehmen** *controlled company* [Aktienmehrheit] im Besitz eines (einzelnen) Anlegers oder Unternehmens

Behörde [Amtsgewalt] *authority* || Stelle *board* || Organ || Körperschaft *body* || [sofern für Landesministerium] [VwO/D] *Ministry* [z.B. Behörde für Arbeit, Jugend und Soziales] Hamburger Behörden entsprechen weitgehend den Ministerien in anderen Bundesländern; ferner obere Verwaltungsbehörde der Kommunalverwaltung || **Behördenverzeichnis** *list of offices* || **Hohe Behörde der EGKS** *High Authority of the ECSC* —> Montanunion || **Behörde der Kreisverwaltung** in Louisiana [unübersetzt lassen] [USA] *parish* Board of County Commissioners ist die größte Verwaltungseinheit, außer in Lousiana, dort parish || Chief units for administrative, judicial and political purposes (=Kreis) :: Behörden der Kreisverwaltung

bei *in the case of* || *after* || **bei der Anwendung** [...] *after application of [...]* || *upon and by reason of the application of this* [...] || **bei Sicht** *upon presentation* —> Scheck || **bei Vorlage** —> bei Sicht

beibehalten *to retain* || *to maintain*

Beibehaltung der vorherigen Staatsangehörigkeit ist ihnen zu versagen *nationals shall not be authorized to retain their former nationality*

beibringen übermitteln *to furnish with* || *to produce* || *to establish* —> Alibi || [Unterlagen] *to submit*

Beibringung von Urkunden —> Urkunde || Parteiverlangen

beidrehen —> [Mar] aufbringen

beifügen *to annex* || beilegen *to accompany* —> ergänzen || **beigefügt** *to be accompanied by* || **die beigefügten Anmerkungen sind Bestandteil des Übereinkommens** *the [explanatory] notes annexed shall form an integral part of the convention*

Beigeordneter [VwO/D] *head of division* || *senior local government official* leitender hauptamtlicher Kommunalbeamter

Beihilfe *aid* || **nicht rückzahlungspflichtige Beihilfe** *non-repairable aid*

beiläufige Bemerkung [Anmerkung] eines Richters *obiter dictum*—> dictum

beinahe *near* || [ungefähr] *approximately* || **Beinahe-Geld** —> Quasigeld

beinhalten *to include*

Beipackverbot [Verp] *prohibition to include objects in retail packages* [i.e. objects intended to be given to purchaser free of charge]

Beirat Beratungsamt || Beratungsstelle || Konsultativrat *Advisory Board* || **Beirat für Außenhandelsfragen** *department of Trade and Industry* früher: Board of Trade :: Handelskommission

beiseite schaffen *to get rid of* || *to*

Beisitzer   Bekleidung

dispose of

Beisitzer [Jus] *aid jurors* ohne wesentlichen Befugnisse in der Urteilsfindung —> Schöffen

Beistandskredit [IWF] —> Stand-by-Kredit

Beisteuern [SteuerR/arch] *contributory taxes* originally "taxes" paid by members of the community in the form of donations and services

Beitrag *contribution* || **Beitrag leisten** *to contribute* || *to have a share in s.th.*

beitragen [..., die hierzu ~] *to play a role [here]*

beitragend *contributory* || einer der Faktoren, die dazu geführt haben ... *contributory factor*

beitreten [VölkR] *to accede to* || sich anschließen **sich einer Partei / einem Vertrag anschließen** *to adhere to a party* —> *adherence* || [VölkR] **Jede Regierung** (Die Staaten, die [...]) **nicht Vertragspartei dieses Abkommens ist, kann ihm beitreten** *Any government not a contracting party to this convention may accede thereto*

beitretende Regierungen *acceding governments* || **beitretender Staat** [VölkR] *signatory acceding state* each state acceding to the protocol :: Jeder Staat, der diesem Protokoll beitritt

Beitritt [VölkR] *adherence* Beitritt zu einem zuvor vereinbarten Teil eines Übereinkommens || *accession* Beitritt zu allen Teilen eines Übereinkommen || [VölkR] **Annahme eines Beitritts zu einem Übereinkommen** *acceptance of the accession* || **Beitritt erfolgt durch Hinterlegung einer Beitrittsurkunde** [VölkR] *accession shall be effected by the deposit of an instrument of accession* || **Beitritt und Assoziierung** [VölkR] *accession and association* || **Beitrittsstaat** *acceding state* || **Beitrittsurkunde** [VölkR] *instrument of accession*

Bekämpfung *repression* || **Bekämpfung der Berufsgefahren** *control of occupational hazards*

bekannt [die unterzeichnende Partei bestätigt, daß sie von einem Sachverhalt ausreichende Kenntnis hat] *to acknowledge* || **Uns ist bekannt und wir erklären ausdrücklich unser Einverständnis, daß die übermittelten Daten gespeichert und an Dritte weitergeleitet werden** :: *We acknowledge and hereby give express permission that the data is stored and will be transferred to a third party*

Bekanntgabe Ankündigung || Durchsage *announcement* —> Publizität

bekanntgeben *to disclose to* —> offenlegen [PatR]

Bekanntmachungsbrett [GB] *noticing board*

Beklagter *defendant* || [EheR] *respondent* [im Scheidungsprozeß] —> Angeklagter

Bekleidung *clothing*

52

Bekräftigung | benachbart

in Bekräftigung [VölkR] *affirming*

Belagerung[szustand] *state of siege to declare the state of siege to a town* :: den Belagerungszustand über eine Stadt verhängen

belasten *to burden* || **Etat mit [...] belasten** [Bil] *to burden the budget*

belastet [Grundstück] *encumbered* || **belastetes Eigentum** *encumbered property*

Belastung Tarif[erhebung] || Abgabe *charge* —> Ergebnisbelastung || **Belastungen** [SteuerR/D] —> außergewöhnliche Belastungen || **Belastungszeuge** nicht mit "Zeuge der Anklage" übersetzen *witness for the prosecuting council*

sich belaufen auf *to sum up* || *to total*

beleben *to rise* || **[...] belebte sich stark** *[...] rose strongly* —> Anstieg || **belebte sich vor allem** *improved mainly*

Beleg [Buchf] *voucher* —> Buchungsbeleg || **Belegsatz** —> Vordrucksatz || **Belegschaft** *personnel*

belegt [Telefon] *busy* || **urkundlich belegt** [matter] *of record* || *substantiated*

Belegungfrequenz [von Betten/Patienten] patient *turnover*

Beleidigung schriftliche [Ehren]Beleidigung *libel* üble Nachrede nach § 186 StGB [aufgrund Tatsachenbehauptung gegenüber Dritten, libelous per quod] oder Formalbeleidigung durch Beschimpfung nach § 185 StGB || **Kollektivbeleidigung** *group libel* || **tätliche Beleidigung** tätlicher Angriff [StrafR/USA] *battery* [unmittelbar, schädigend]

Beleihungsgrenze [Bbank] || **Beleihungsquote** —> Beleihungssatz || **Beleihungssatz** *lending limit* || *limit up to which credit may be granted* Prozentsatz vom Beleihungswert, bis zu dem ein Gegenstand oder Recht beliehen werden kann

Belieferung *supply*

Belohnung *reward* || **Belohnungssystem** [PersW] *reward system*

Bemerkung *note* || *comment* || *statement*

Bemessungsgrundlage [SteuerR/D] *assessment basis* —> Veranlagung || *depreciable cost* —> depreciation base Ausdruck für die Summe der abschreibbaren Kosten, i.d.R. Anschaffungs- und Herstellungskosten (abzügl. eines eventuellen Restwerts)

sich bemühen *to seek* || sich um die Herstellung von Beziehungen bemühen || bemüht sein, Beziehungen zu knüpfen *to seek to establish relations* || **bemüht sein** *to endeavour* || [VölkR/Präambel] bestrebt || in dem Bemühen || in dem Bestreben *anxious*

benachbart Anlieger[...] || Anrainer[...] *contiguous*

53

benachrichtigen *to inform*

sich ins Benehmen setzen [arch] *to inform*

benennen *to designate* || berufen *to nominate* || *to specify*

Benutzbar gegen folgende Dokumente zur Akzeptierung durch uns *available against following documents for acceptance with us* || *available against [90] days drawn on us* —> Akzeptkredit

benutzen *to exploit* —> Patent

Benutzer [EDV] *user* || **Benutzerrecht** [EDV] *authority level* || [zugewiesene Ebenen] *authorized rights of use*

Benutzungsgebühren [SteuerR/D] *utility charges* z.B. Müllabfuhr, Straßenreinigung und Entwässerung :: *such as for garbage disposal, street cleaning and drainage*

Benzin *petrol* || **Benzinmotor** *petrol-engine* || **bleifreies Benzin** [SteuerR] *unleaded petrol* || **Normalbenzin** [SteuerR/D] *regular motor fuel* || *two-star motor fuel* || **Superbenzin** [SteuerR/D] *super motor fuel* || **four-star motor fuel** || **verbleites Benzin** [SteuerR/D] *leaded petrol*

Beobachter *observer* || [Augenzeuge] *eyewitness* || [Zuschauer] *onlooker* || *spectator* || **Beobachterrolle** [Psych] [Soz] *monitor role*

Beobachtung *notice* —> Zeuge

beratend || **Rat[s-...]** *advisory* ||

consultative [capacity] || **in beratender Funktion** *in a consultative capacity* || **beratende Körperschaft** *deliberate body* || [Zwischenstaatliche] **Beratende Seefahrtsorganisation** *Maritime Consultative Organization* || **beratende Versammlung** *consultative assembly*

Berater [...] *consultative* || **Unternehmensberater** [Man] *consultants* || **Beraterfunktion** *consultative capacity* || *in an advisory capacity* —> beratend || **Beratergruppe** *advisory panel* || **die in die Beratergruppe berufenen Personen** die zu Mitgliedern der Beratergruppe ernannten Personen *persons appointed to the advisory*

Beratung Erörterung *discussion* || **Förderung und Beratung durch Mitarbeitergespräche** [PersW] *coaching and counselling* || **Beratungsamt** *Advisory Board* —> Rat || **Beratung[sdienst]** —> Kundenberatung[sdienst] || **Beratungsfunktion** *AS responsiblity* *advisory and service responsibility* || **Beratungsgruppe** —> Beratergruppe || **Beratungsrecht** [ZPO] [Minderbemittelter] *right to counsel* —> appeal in forma pauperis :: Prozeßstenhilfe || **Beratungsstelle** *Advisory Board* —> Rat

berechtigen *to authorize* || **aus den Absätzen 1 - 4 kann eine Berechtigung zum Abweichen nicht abgeleitet werden** :: *Nothing in the paragraphs 1 to 4 shall authorize any deviation* || **berechtigt** [sein zu etwas] *to be eligible to* [...]

Berechtigungsnachweis des Expor-

Bereich   **berufs...**

teurs *exporter's certificate of eligibility* || **Berechtigungsschein** *scrip* —> Zwischenschein || Dividendenschein

Bereich *sector* || Angelegenheiten *matter* || *area* || **Geltungsbereich des Rechts** *area of application* || **Geschäftsbereich** [Unternehmen] —> strategische Geschäftsfeldeinheit || **im Bereich von** [...] *in the field of [...]* || **im außerordentlichen Bereich** *in the category of extraordinary items* || **im zivilen / militärischen Bereich** *within the civil / military sector* || **Bereichsleiter** *department head*

bereinigen [Stat] berichtigen || richtigstellen *to correct* || **bereinigt um wechselkursbedingte und statistische Einflüsse** *adjusted for exchange-rate-induced and statistical influences* || **Fehler bereinigen** *to remedy errors*

Bereinigung [Buchf] *adjustment*

in Bereitschaft —> Anruf || **Bereitschaftseinrichtung** [EDV] *backup* || **Bereitschaftskredit** [IWF] —> Stand-by-Kredit

Bereitstellung *supply* || **Bereitstellung von Zentralbankguthaben** [Bbank] *provision of central bank balances* || **Bereitstellungsbetrag** *stand-by amount* —> Stand-by-Kredit || **Bereitstellungsprovision** —> Kreditprovision

Bergbau *mining*

Bergelohn [Mar] *salvage money*

Bergmannsprämiengesetz [Steu-

erR/D] *Miners' Premium Law*

Bericht *report* —> Berichts[...] || *record* —> Protokoll || *account* —> Aufstellung || Abrechnung || Darlegung *statement* || **Bericht des Aufsichtsrats** [Bil] *Supervisory Board Report* || **Bericht des Vorstandes** *report of the Board of Managing Directors* || **Berichte abfassen** *to prepare reports* || **Berichterstattung in den Medien** *press coverage*

berichtigen *to correct* —> bereinigen *to revise*

Berichtsblatt *report* || **Berichtspflicht** *reporting* || **im Berichtszeitraum** [Bil] *in the year under review* || *reporting period*

Berlin [BLand/D] *Berlin* || **Berlindarlehen** *Berlin loans* || **Berlinförderungsgesetz** [SteuerR/D] *Berlin Promotion Law* || **Berlinklausel** *Berlin clause* —> Land Berlin

berücksichtigen *to consider* || *to take into account* || *to take into consideration* || betrachten als *to regard as* || **ist zu berücksichtigen** *eligible* || **das zu berücksichtigende Kind** [SteuerR/D] *eligible child*

Beruf *occupation* —> Beurfs[...] || **höhere Berufe** *profession* || **von Beruf** *by trade*

berufen [Amt] —> bestellen || **sich auf ein Gesetz berufen** *to invoke a statute* || **berufen zu** [Amt] *to select* || *to nominate*

berufs[...] *professional* || **Berufs-**

aufsicht *supervision of professional activities* || **Berufsausrüstung** *professional effects* || **Berufsberatung** *vocational guidance* || **Internationale Vereinigung für Berufsberatung** *International Association for Vocational Guidance* || **Beruf[sbezeichnung] des Vaters** *description of the father of a person* —> Rechtsstellung || **Europäische Stiftung für Berufsbildung** [EU] *European Foundation for Training* Sitz: Turin || **Berufserfahrung** —> Berufspraxis || **Berufsgefahren** *occupational hazards* || **Bekämpfung der Berufsgefahren** *Control of occupational hazards* || **Berufsgewerkschaft** [ArbR] *craft union* || **Berufsjahre** —> Berufspraxis || **berufsmäßiger Gründer** *promoter* —> Gründer || **Berufsorganisation der Barristers** [GB] *Inns of Court* Rechtsschulen in London. Gebäude der vier Innungen der Barristers in London [Inner Temple, Middle Temple, Lincoln's Inn und Gray's Inn] zur Ausbildung und Zulassung der —> Barristers sowie Rekrutierung der höheren Richter —> Bar Council :: Anwaltsverein || *professional organization* :: Standesorganisation —> Anwalt —> Handwerkskammern || Kammer || Berufsverband || **Gerichtsanwalt mit 10jähriger Berufspraxis** *barrister of at least ten years' standing* || **Berufsverband** *professional association* —> Standesorganisation

Berufung *appeal* —> Beschwerde || Rechtsbehelf || Rechtsmittel || Restitutionsklage || Revision || Überprüfung eines Urteils. Berufung ist grundsätzlich im ersten Instanzenzug zulässig, dann neue Tatsachenfeststellung. Bei Revision kein neues Tatsachenfeststellungsverfahren, sondern nur Überprüfung, ob Parteien beispielsweise nicht gehört oder eine Gesetzesverletzung oder eine Verletzung von [allgemeinen] Rechts- oder Denkgrundsätzen vorliegt, die zur Aufhebung des Urteils oder Teilen daraus führen können bzw. diese erzwingen || **Berufungsfrist** *time for appeal* || **Berufungsgericht** *Court of Appeal* Seit dem Criminal Appeal Act, 1966 eingeteilt in zwei Kammern für Zivil- und Strafsachen. Berufung beim Zivilgericht u.U. durch Zwischenverfügung eines Richters oder Entscheidung eines County Court Richters (dort geringer Streitwert). Zuständigkeit: Appeals gegenüber Entscheidungen des High Court, der County Courts, Arbeits- und Kartellgerichte || **erste Berufungsinstanz** *intermediate appellate court* || *Court of Appeal* || *Appellate Division* —> Rechtsmittel || **Berufungskammer des High Court** *Chancery Divisional Court* Beschwerdekammer bei Entscheidungen der Chancery Division. This appeal court exercises the appelate jurisdiction of the Chancery division. The Court hears income tax appeals from the Commissioners of Inland Revenue and appeals from county courts relating to bankruptcy etc. || *Court of Chancery* [GB] verhandelte bis 1875 Fälle des equity law. Seit dem —> Judicature Act ist diese Rechtsprechung auf den High Court of Justice übergegangen [heute —> Chancery Division]. [USA] Rechtsprechung nach Equity || **Berufungskläger wurde [zur Schuldfrage] befragt** *appellant was arraigned* —> Appellant || Revisionsführer || **Berufungs- oder Revisionsverfahren** *appeal procedure*

berühren *to derogate* —> beeinflussen || [VölkR] **diese Bestimmung berührt nicht die Übereinkommen [...]** *this provision shall not derogate from conventions*

besagen *to purport*

Besatzungsmitglied [BetrVG] *crew member*

Beschaffenheit —> durchschnittliche Beschaffenheit ‖ **[die] ihrer Beschaffenheit nach am nächsten [sind]** *most similar in [their] composition*

Beschaffung *supply* ‖ *procurement* ‖ **weltweite Beschaffung von Teilen** [Autoproduktion] *global sourcing* ‖ **Beschaffung von Zahlungsmitteln** *cash procurement* ‖ **Beschaffungsamt** [Mil] *procurement agency*

Beschäftigungsarten [BetrVG] *employment categories* ‖ **Beschäftigungszahl** [Stat] *employment data* ‖ *employment figures* ‖ **Beschäftigungszuwachs** [Stat] *rise in the number of employed persons* ‖ **Beschäftigung stieg um [...]** *the number of employed persons rose by [...]*

Beschau der angemeldeten Waren [ZollW] *right to examine the goods* —> presentation :: Gestellung

Bescheid *notice of assessment* —> assessment: Einschätzung ‖ Bewertung ‖ festgesetzter Betrag —> Steuerbescheid ‖ Veranlagung ‖ **[...] wird durch Bescheid festgesetzt** *[...] is determined by notice of assessment* [The assessment shall not be altered for the current year :: Die festgesetzten Beträge werden für das laufende Jahr nicht geändert.]

Bescheinigung *certificate*

Beschlagnahme —> beschlagnahmen *requisition* The taking over of property by a government for its own use, with or without compensation ‖ **Beschlagnahme des Vermögens des Schuldners** *seizure*[bankrupt] durch den Konkursverwalter [official receiver]. Gemeinschuldner wird in einem Gerichtsverfahren von seiner Schuld befreit [discharged]

beschlagnahmen Sicherung privatrechtlicher Ansprüche *to seize* ‖ *to attach* ‖ *to arrest* ‖ [Pfänden] *distrain* remedy used to secure an appearance in court, payment of rent, performance of services ‖ [Zwangsverwaltung] *sequester* Sequestration z.B. nach §§ ZPO 848, 855. Verwahrung, d.h. Hinterlegung bei einem Sequester (Verwahrer) eines Streitgegenstandes und Herausgabe an eine Streitpartei nach Klärung der Rechtslage ‖ [Zwangsvollstreckung] *levy of execution* ‖ *to levy upon* ‖ [Forderungen] *to garnish* ‖ [gerichtliche Verwahrung] *to impound* ‖ [Schiff] *to lay an embargo on* ‖ *to arrest* ‖ [Enteignung] *confiscation* ‖ [Mil] *requisition*

[sich] beschleunigen zur sofortigen Zahlung für fällig erklären ‖ für sofort fällig erklären [Bil] *to accelerate*

Beschleunigung der Zahlungseingänge *speeding up cash receipts* —> Kassenhaltungspolitik ‖ **Beschleunigungsklausel** *acceleration clause* Fälligkeitsklausel

beschließen *to adopt* —> annehmen

Beschluß *action* ‖ [Gesetz] Erlaß *adoption* —> Feststellung des Jahresabschlusses ‖ Abschluß ‖ **Beschluß[fassung]** *decision* —> Entscheidung ‖ *to take a decision* ‖ [zur Entscheidung von Streitfragen] *to decide the dispute* ‖ **Beschluß des Gremiums**

decision of the council ‖ **Beschluß der Versammlung** ‖ Entscheidungen *action of the assembly* ‖ **Beschluß über die Verwendung des Bilanzgewinns** [Bil] *resolution on the Utilization of the Balance Sheet Profit*

beschlußfähig *quorum* ‖ **feststellen, daß die Versammlung beschlußfähig ist** *to establish that the quorum was present* there was a quorum

beschränkt *restricted* ‖ **beschränktes Grundstücks[eigentums]recht** *fee simple conditional* Type of transfer in which grantor conveys fee simply on condition that something be done or not done. A defeasible fee which leaves grantor with right of entry for condition broken, which right may be exercised by some action on part of grantor when condition is breached. At common law an estate in fee simple conditional was the fee limited or restrained to some particular heirs, exclusive of others. But the state "De donis" converted all such estates into estates tail —> fee tail :: ein Eigentumsrecht, daß vom Berechtigten nur gegen Erfüllung einer Auflage übertragen wird [verfällt bei Nichterfüllung]. Im Common Law wurde das bedingt übertragene Eigentumsrecht auf besonders bezeichnete - unter Ausschluß anderer - Erben beschränkt ‖ **beschränkt Steuerpflichtige** —> Steuerpflichtige

Beschränkung *restriction* ‖ **Haftungsbeschränkungen** *limitations of liability*

beschreiben *to describe*

Beschreibung *description* ‖ **Beschreibung einer Erfindung** [PatR] *description of an invention*

beschuldigen —> anklagen

Beschuldigter —> Angeklagter ‖ Beklagter

Beschußamt [Bal] *proof house* ‖ **Beschußzeichen** [WaffG § 16] *proof marks*

Beschwerde [auch als Rechtsmittel] *complaint* ‖ **beschwerdefrei** aus Krankenhaus entlassen *to discharge patient without any symptoms* ‖ **Beschwerdekammer bzw. Berufungskammer des High Court für Entscheidungen der Familiy Division** *Family Divisional Court* It hears appeals from decisions of magistrates' courts, county courts and Crown Courts in matters concerning family law, affiliation, maintenance and adoption orders :: Überprüfung der Entscheidungen von Magistrates' Courts, County Courts und Crown Courts in Familien-, Vaterschafts-, Unterhalts- und Adoptionssachen ‖ **Beschwerdeverfahren** [Man/Org] im Arbeitsprozeß *complaints procedure* ‖ *grievance procedure*

Beseitigung *clearance* ‖ Abschaffung *abolition* ‖ **Beseitigung** [von Schwierigkeiten und Zweifeln] *settlement [of difficulties and doubts]*

Besitz *estate* ‖ *possession* —> Eigentum ‖ Grundstück ‖ **geduldeter Besitz** [USA] *estate at sufferance* nach Pachtablauf stillschwiegend weitergewährtes Besitzrecht ‖ **in Besitz gelangen** *to place in possession* —> verfügen über ‖ **Besitzer** —> Anrainer ‖ angrenzen an ‖ **zeitlich befristetes Besitzrecht** *estate less than freehold* z. B.: einjährige Miete ‖ *estate for a term of [years]* ‖ **Besitztitel**

title || **Besitztitel prüfen** [GrundstR] to search the title || **Besitztitelversicherung** *insurance of title* || *title insurance* Im amerikanischen Grundstückswesen eine Versicherung gegen Rechtsmängel (Untergang oder Schäden aus einem fehlenden oder mangelhaftem Besitztitel) bzw. der Durchsetzung von Ansprüchen. Im allgemeinen erfolgt der Abschluß dieser Versicherung durch den Grundstückskäufer bzw. bei Aufnahme einer Hypothek abgeschlossen. Die Versicherung selbst wird von spezialisierten Gesellschaften angeboten —> Besitztitelversicherung[sgesellschaft], die sämtliche Unterlagen und Dokumente über die versicherte Sache [Grundstück] sowie Ausfertigungen amtlicher Urkunden archivieren und im weitesten Sinne —> Auflassung bzw. Übertragung von Grundstücken vorbereiten. Die Gültigkeit oder das Bestehen eines Rechtsanspruchs auf ein bestimmtes Grundstück wird von sogenannten *title examiners* dieser Versicherer besorgt || *guarantee of title* —> insurance of title warrants the validity of the title in any and all events. It is not always easy to distinguish between such insurance and a guaranty of title given by such a company, except that in the former case the maximum limit of liability is fixed by the policy, while in the latter case the undertaking is to make good any and all loss resulting from defect or failure of the title || **Besitztitelversicherung[sgesellschaft]** *title insurance company* Versicherung, die gegen Prämienzahlung für die Rechtsbeständigkeit des erworbenen Eigentums und von Hypothekenforderungen haftet || **Besitztitelversicherungsschein** *certificate of title insurance* —> Eigentumsnachweis :: certificate of title || **Besitzübertragung** *demise* Grundstücksübertragung || Verpachtung

besoldete Friedensrichter nicht ehrenamtlich tätig *stipendiary justices of the peace*

besondere Havarie [Mar/VersR] *particular average*

besonders *special* || **besonders ausgeprägt** [war] *particularly marked* [was]

Besprechung *session* || *meeting*

Besserungsmaßnahme z.B. für Straffällige Jugendliche *reformatory measure* || *correctional measures* || **Besserungsanstalt** *reformatory* || *borstal* [institution] || *approved school*

Bestallung *nomination* || **Bestallung[surkunde]** [PatR] *letters patent*

Bestand *stock* || *supplies* || **Bestand an Bargeld** *cash on hand* —> Kasse || Bargeld || Barmittel || **Bestand an** [...] *holdings of* [...] || **Bestände an** [unterhaltenen] **Gütern oder Waren** *maintenance of a stock of goods or merchandise* || **Bestand an Wertpapieren fremder Emittenten** *volume of holdings of other issuer's bonds and notes* || **eiserner Bestand** *base stock* || **relativer Bestand** *relative survivals* || **überhöhter Bestand** *overstocking* || **zu niedriger Bestand** *understocking*

Bestandsartikel *inventory item* || [Lager] **Bestandsführung** *inventory accounting* || *stock accounting* || **Bestandskonten** [Buchf] *books of original entry* Konten, die keine Erfolgswerte, sondern nur reine Bestände enthalten [Kasse, Debitoren, Kreditoren]

Bestandskontrolle *inventory control* || [Lager] **Bestandsliste** *stock status report* || **Bestandsmenge** [Mindestbestand im Lager] *minimum stock* || **Bestandsverlust** *inventory shrinkage* || **Bestandsveränderung** *change in levels* || **Bestandsverwaltung** *inventory management* || **Bestandswesen** —> Bestandsverwaltung

Bestandteil *component* || *ingredient* —> Wirkstoffe || *integral part* || [...] sind Bestandteil dieses Grundgesetzes [GG] *[...] are an integral part of this Basic Law*

bestätigen [VölkR] *to ratify* —> Ratifikation || bezeugen || hervorgehen aus || nachweisen *to do attest* || *to acknowledge* || den Empfang bestätigen *to acknowledge the receipt*

bestätigt *certified* || **bestätigtes Akkreditiv** *confirmed credit* || **bestätigter Scheck** *certified cheque* Bestätigungsvermerk der Bank, daß der Scheck gedeckt ist

Bestätigungsvermerk [Bil] *Certification* —> Vorschlag für die Verwendung des Bilanzgewinns mit Bestätigungsvermerk || **Bestätigungsvermerk.** Die Buchführung und der Jahresabschluß entsprechen nach unserer pflichtgemäßen Prüfung den gesetzlichen Vorschriften. Der Jahresabschluß vermittelt unter Beachtung der Grundsätze ordnungsgemäßer Buchführung ein den tatsächlichen Verhältnissen entsprechendes Bild der Vermögens-, Finanz- und Ertragslage der Kapitalgesellschaft. Der Lagebericht steht im Einklang mit dem Jahresabschluß.

Hamburg, den 30. März 19..
XY GmbH Wirtschaftsprüfungsgesellschaft Steuerberatungsgesellschaft
[Unterzeichneter]
Wirtschaftsprüfer
Certification. Having duly examined the accounts and the annual statements we herewith confirm that they are in compliance with the relevant statutory regulations. The annual statements, which have been drawn up in accordance with the principles of orderly accounting, present a correct factual picture of the company's situation with regard to assets, finance and earnings. The Situation Report is in accord with the annual statement of accounts.
Hamburg, March 30, 19..
XY GmbH
Wirtschaftsprüfungsgesellschaft Steuerberatungsgesellschaft
[undersigned] Auditor

Bestattungskosten [ErbStG] *burial costs* —> Grab

bestehen *to subsist* || *to remain [in existence]* || *to survive* || [Prüfung] erhalten geblieben *extant* || [Prüfung] *to pass* || **bestehen aus** *to be composed of* || **Kommission besteht aus** (Mitglieder) *a commission is composed of* (members) || **bestehendes Patent** [PatR] *subsisting patent*

bestellen [zu einem Amt] berufen *to nominate* || *to select* || *to appoint s.o. to s.th.* || [Recht] *to create* || [Verteidiger] *to assign* || **die in die Beratergruppe berufenen Personen** die zu Mitgliedern der Beratergruppe ernannten Personen *persons appointed to the panel* || **bestellte Mitglieder** *appointed members* || **Pfandrecht be-**

Bestellerkredite   bestrebt sein

stellen *to create a mortgage* || **zum Schiedsrichter bestellen** *einsetzen to select an arbiter* || *appoint to an arbiter* || **ein von [...] einstimmig bestellter Vorsitzender** *a chairman selected anonymously [...]*

Bestellerkredite [Ex] Käufer- / Kundenkredite *buyer credits* Bei direkten Krediten (= Bestellerkrediten) an ausländische Besteller durch deutsche Banken zur Bezahlung der deutschen Exportgüter wird Deckung zugunsten der Banken gewährt (gebundener Finanzkredit, auch Bundesgarantien und Bundesbürgschaften für gebundene Finanzkredite)

Bestellobligo für Investitionen [Bil] *capital commitments not yet incurred on contracts placed*

Bestellung [Amt] *appointment* —> bestellen || *purchase order*—> Auftrag || *order* || **Bestellung aufgeben** *to commission an order* || **Bestellungen** [Buchf] *bookings* in Geschäftsbücher verbuchte Aufträge || Auftragsbestand || [formlose] **Bestellung einer Hypothek** *depositing the land certificate*

bestens [Bör] *to the best advantage of*

besteuern *to impose a tax* || *to excise* || **steuerlich veranlagen** [SteuerR/D] *to assess* —> [ein]schätzen || bewerten || festsetzen

Besteuerung *taxation* || **interne Besteuerung** *internal taxation*

bestimmen *to define* || **sich nach [...] bestimmen** eine Frage beurteilen nach [...] *determined by [...]* || **sich be-**

stimmen nach geregelt durch *governed by* || *to derive [from]*|| [VölkR] **So bestimmt sich nach den Gesetzen derjenigen Vertragspartei, deren Staatsangehörigkeit der Minderjährige besaß, welchen Elternteil er in seiner Rechtsstellung folgt [...]** *[...] the law of that Contracting Party whose nationality the minor possessed shall determine from which of his parents he shall derive his nationality*

bestimmt *specific* || **jeder nicht anders bestimmte Begriff** *any term not otherwise defined* || **wenn nicht näher bestimmt** *except when qualified*

Bestimmung *clause* || *term* || vertragliche Zusicherung *warranty* —> Zusicherungsabrede || *provision* || *benefit* || wesentliche Vertragsbedingungen *terms and conditions* || *condition* wesentliche, allgemeine Bestimmung, die mündlich oder schriftlich vorliegt. Wird sie nicht erfüllt, ist die Gegenpartei nicht mehr gebunden und der Vertrag kann aufgehoben bzw. als aufgehoben betrachtet werden. Richter überprüft ggf., ob warranty unwesentlich —> Bedingung :: *proviso* || **mit der ausdrücklichen Bestimmung, daß [...]** *on the express stipulation that* || **Bestimmungen erlassen** *to prescribe regulations* || **[wichtige] Bestimmungen für die Durchführung des Artikel 9** *provisions for the administration of Article 9* || **Bestimmungsort** *destination*

Bestreben *endeavour*

bestrebt sein *to endeavour*

61

bestreiten *to contend* —> Anspruch ‖ **bestreiten des Sachvortrags des Klägers** [USA] *denial*

Besuchervisum *visitors visa* ‖ **es besteht Visumszwang** *visas are compulsory*

Betätigen Bedienen ‖ Steuern *manipulation*

Betätigungsfeld —> Unternehmensstrategie

Betäubungsgifte *narcotics* ‖ **Betäubungsmittel** [Pharm] *anaesthetic* ‖ [Rauschmittel ‖ Drogen] *drug* ‖ [coll] *dope* ‖ **Betäubungsmittelbuch** *Dangerous Drugs Act Register* ‖ **Betäubungsmittelgesetz** *Dangerous Drugs Act* ‖ *Narcotics Act* ‖ [USA] *Controlled Substance Act* which is to control the distribution, classification, sale, and use of drugs. [BRD] [28.7.1981 m. Änd.] ursprünglich als Opiumgesetze (1929) zur Regelung der Ein-, Durch- und Ausfuhr sowie die Herstellung, Verarbeitung und Verbreitung sowie ärztliche Verordnung von Betäubungsmitteln. Die Betäubungsmittel-Verschreibungsverordnung regelt die Führung des —> Betäubungsmittelbuches bzw. von Karteikarten und Inhalt der ärztlichen Verordnung

sich beteiligen [mit einer Vermögenseinlage] *to participate* [by a deposit] ‖ **beteiligt sein** *to be in*

Beteiligung *employee participation* —> Mitbestimmung [der Arbeitnehmer] ‖ **Beteiligung der Arbeitnehmer am Produktivkapital** [ArbR] *employee share ownership* —> Vermögensbildung [von Arbeitnehmern] ‖ **Beteiligungen** —> Erträge ‖ assoziiert ‖ **Beteiligungsergebnis** [Bil] *Income / Expenditure Arising from Participations* ‖ **Beteiligungserwerb** —> Finanzierungen für Beteiligungserwerb ‖ **Beteiligungsfinanzierung** *equity financing* —> Einlagenfinanzierung ‖ **Beteiligungsmöglichkeit** [international] *capital investment opportunities* ‖ **Beteiligungsverhältnis** —> Unternehmen ‖ **Forderungen gegen Unternehmen, mit denen ein Beteiligungsverhältnis besteht** [Bil] *receivables from affiliated companies*

betrachten als *to regard as*

beträchtlich *substantial*

Betrag *sum* ‖ **eingezahlter Betrag** *amount tendered* ‖ **Betrag verlieren** *to forfeit a sum* ‖ **Beträge aus Zweck- und Treuhandvermögen** *benefits from estates and trusts*

betragen *to amount to* [sum]

Betrauter *fiduciary* —> treuhänderisch ‖ Verwahrer —> beschlagnahmen

betreffen *to regard as* —> beeinflussen ‖ **betreffen im wesentlichen** bestehen im wesentlichen aus *to consist largely of*

betreiben *to operate* ‖ **betreibende Partei** *the party prosecuting* ‖ Antragsteller *applicant* ‖ *petitioner* ‖ *claimant*

Betreiber *operator*

Betreuer *attendant* ‖ [Trainer] *coach* —> Firmenkundenberater ‖ Bewährungshelfer ‖ Sozialarbeiter ‖ Koordinator

Betreuung *care of* —> ärztliche Behandlung || Kundenberatung[sdienst] || Firmenkundenberater

Betrieb *plant* —> Werk || [Offizielle Übersetzung des BetrVG] *establishment* || [techn. Aspekte] *enterprise* || **Betrieb einer Gastwirtschaft** —> Gastwirtschaftsbetrieb || **Gewerbebetrieb** *industrial enterprise* || **mittelständische Betriebe** —> Mittelstand || **Betrieb einer öffentlichen Spielbank** *public gaming casino* || **in Betrieb befindlich** *operating*

betrieblich [BetrVG] *at the level of establishment* || **betriebliche Altersversorgung** [Bil] *self-administrative (company) pension scheme* Leistungen der Alters- Invaliditäts- oder Hinterbliebenenversorgung aus Anlaß eines Arbeitsverhältnisses [§1 [1] Betriebsrentengesetz]. Im BetriebsRG vorgesehene Formen: Pensionszusage [—> Pensionsrückstellungen], Direktversicherung, Pensionskasse, Unterstützungskasse || **betriebliche Aufwendungen** [Bil] *operational expenditure* || **betriebliche Erträge** *operational income* || **betriebliche Sozialleistungen** [ArbR] *company fringe benefits* z.B.: betriebliche Altersversorgung || **betriebliches Vorschlagswesen** *suggestion system*

Betriebsabrechnungsbogen *master summary sheet* || *expense distribution sheet* || **Betriebsangehörige** [BetrVG] *persons employed in the establishment* || **Betriebsanweisung** *operating instructions* || **Betriebsart** *mode* || **Betriebsarzt** *factory medical officer* || *works medical doctor* || **Betriebsausgaben** [SteuerR/D] *business-connected expenses*

Betriebsbedingungen *operating conditions* || **technische Betriebsbereitschaft** [EDV] [Abbr] *RFU ready for use*

Betriebsdirektor *production director*

Betriebseinrichtung [ständige / feste Stätte des Geschäftsbetriebes] *fixed place of business*

Betriebsergebnis [Bil] *operating results [including trading results]* || **Betriebsergebnis konnte gesteigert werden** *operating results rose*

betriebsfähige Systemzeit [EDV] nutzbare Zeit des Systems *operable time* || *uptime* || **betriebsfremde Nutzung** [UStG/D] *non-business purpose* || **wissenschaftliche Betriebsführung** *scientific management* || **Betriebsführungsgesellschaften** *operating companies*

Betriebsgeheimnis *industrial secret* || *business secret* || **betriebsgewöhnliche Nutzungsdauer** [Absch] *ordinary useful life* [§7 [1] EStG] Zeitraum, in dem ein Wirtschaftsgut bei normaler Benutzung zur Einkunftserzielung eingesetzt wird

betriebsinterne Verwendung [Buchf] *company use*

Betriebskapital *working capital* insbesondere —> liquide Mittel 1. Grades und generell alle Vermögensteile, die einem laufenden Umsatz unterliegen wie Roh-, Hilfs- und Betriebsstoffe, Halb- und Fertigerzeugnisse, Forderungen an Kunden etc. || **Betriebsklima** [Man/Org] *[organizational] climate*

Betriebskrankenkasse *works sick fund* ‖ **Betriebskredit** *operation credit*

Betriebsleiter *production manager*‖ [Fabrik] *superintendent* —> plant manager :: Werksleiter

Betriebsobmänner [der englischen Gewerkschaften] *shop stewards*

Betriebsprüfung [ZollW] *external audits* ‖ *tax audit* z.B. Außenprüfung (Betriebs-, Umsatzsteuer-, Lohnsteuerprüfung) nach §§ 193 AO ‖ **Betriebsprüfungsordnung** *tax audit regulation*

Betriebsrat *works councils* Errichtung in Betrieben ab 5 Festangestellten, wovon mindestens 3 wählbar sein müssen ‖ **Weiterführung der Geschäfte des Betriebsrats** [BetrVG] *continuation in office of the works council* ‖ **Betriebsrente** [ArbR] *company pension* ‖ **Betriebsrentengesetz** *Company Pension Act* Kurzbezeichnung für das "Gesetz zur Verbesserung der betrieblichen Altersversorgung, BetrAVG" vom 19.12.1974

Betriebsschließung *plant closure* —> Sozialplan ‖ **betriebssicher** *reliable* ‖ *safe* ‖ narrensicher *foolproof* ‖ **Betriebsstätte** *permanent establishment* a permanent place of residence or business with ground, staff and furnishment ‖ *fixed place of business* ‖ **Betriebsstoffe** *operating supplies* ‖ [Treibstoff] *fuel* ‖ [Kühlmittel] *coolants* ‖ [Schmiermittel] *lubricants* ‖ [Arbeitsmittel] *working material* —> Aufwendungen für Betriebsstoffe ‖ **betriebsstörender Arbeitnehmer** [BetrVG] *employees causing trouble in the establishment* —> Entfernung

betriebstechnisches Leasing *service lease* —> Operating-Leasing

Betriebsvereinbarung *plant deal* ‖ *company deal* ‖ [BetrVG] *works agreement* ‖ *operating agreement* ‖ **Betriebsverfassungsgesetz** [Abbr] **BetrVG** v. (1952) 1972 *Works Constitution Act* Gesamtheit aller Normen, die alle nicht unmittelbar das Arbeitsverhältnis zw. Arbeitgeber und Arbeitnehmer (bzw. deren Vertretungen wie Betriebsrat und Personalrat) betreffende Beziehungen regeln ‖ **Betriebsverfassungsorgane** [BetrVG] *bodies established under the Works Constitution Act* ‖ **Betriebsversammlung** [BetrVG] *works meeting*

Betriebswirt *business economist* ‖ *industrial management expert* —> Diplomvolkswirt ‖ **Betriebswirtschaftslehre** *applied economics* ‖ *science of business management*

Betriebszeit [EDV] *operating time* Zeit, in der das System läuft ‖ **Betriebszugehörigkeit** Dienstzeit eines Arbeitnehmers nach Dienstjahren *years of service* ‖ **Betriebszustand** [Tech] *operating condition* ‖ *operating mode*

Betrug [StrafR] *fraud* —> Steuerhinterziehung ‖ *larceny*

beurkunden *to record*

beurteilen nach —> bestimmen

Beurteilungsgrundsätze [BetrVG] *employment criteria* ‖ **Leistungsbeurteilung** [PersW] *performance appraisal*

Bevölkerungsstruktur [Stat] *population by sex and age*

Bevollmächtigte *representative* ‖ *agent* [includes an agent, an officer of a corporation or association, and a trustee, executor or administrator of an estate, or any other person empowered to act for another] —> Zessionar ‖ [VölkR] *plenipotentiaries* ‖ **die Unterzeichneten, hierzu gehörig befugten Bevollmächtigten [...]** *the undersigned plenipotentiaries, duly empowered [...]* ‖ **bevollmächtigter Anwalt** *duly authorized attorney*

Bevormundung *tutelage*

bevorrechtigtes Pfandrecht —> ranghöheres Pfandrecht

Bewährung *probation* ‖ **Bewährungsfrist** [StrafR] *probation* usually applied to first offenders and juveniles convicted of minor offences [petty cases] to avoid imprisonment who are put under supervision of a probation officer :: I.d.R. jugendlichen Straffälligen bzw. Ersttätern eingeräumte Befreiung von der Haftstrafe bei Bagatellstrafsachen. Meist unter Aufsicht eines Bewährungshelfers ‖ **Bewährungshelfer** [StrafR] [under the supervision of a] *probation officer* ‖ **zu einer Freiheitsstrafe auf Bewährung Verurteilter** *probationer*

bewegbar [Tech] *movable*

bewegliche Habe *movable* —> Hab und Gut ‖ **bewegliches Eigentum** *personal estate* ‖ **bewegliches Vermögen** *tangible property* dingliches Recht an einer beweglichen Sache —> Fahrnis i.G.z. Liegenschaft :: landed property

Bewegungsbilanz [Bil] *statement of changes in financial position* Rohbilanz zur Darstellung der Bewegungen des Vermögens und Kapitals einer Rechnungsperiode hinsichtlich Einnahmen/Ausgaben sowie Aufwendungen/Erträge —> Kapitalflußrechnung ‖ Betriebsvermögen ‖ Nettoumlaufvermögen ‖ Bauersche Bewegungsbilanz ‖ **Bewegung[sfreiheit]** *scope*

Beweis *proof* ‖ **Beweis der Echtheit** *proof of authenticity* ‖ **Beweis des ersten Anscheins** *to establish a prima facie case* Teil der [erleichterten] Beweiswürdigung, bei der eine Behauptung dann als bewiesen gilt, wenn nach der allg. Lebensanschauung [Lebenserfahrung] ein bestimmter typischer Verlauf vorliegt (ein bestimmter Erfolg ist auf eine bestimmte Ursache und viceversa zu schließen) —> Schadensersatz ‖ **Beweis erbringen** *to show proof* ‖ **mangels Beweises** *in the fault [absence] of evidence* ‖ **Beweiserhebung durch Zeugenvorladung** *to subpoena s.o.* —> sub poena duces tecum ‖ **Beweisfragen** *[written] interrogatories* üblicherweise unter Eid zu beantwortende schriftliche Fragen [Fed. R. Civil P. 33], die von einer Partei vorgelegt [auch an Zeugen] und ggf. durch den Richter den Geschworenen zur Würdigung übermittelt werden ‖ **Beweislast** *onus of proof* ‖ [lat] *onus probandi* —> prima facie ‖ *burden* ‖ **Beweislast aufgeben** umkehren *to discharge the burden* ‖ **Beweislast umkehren** —> Beweislast aufgeben ‖ **Beweismaterial** *evidences* —> Beweisstücke ‖ **Beweismaterial vorlegen** *to give evidence* ‖ **Beweisregeln** [USA] *rules of evidence* ‖ **Beweisstücke** *evidence* [nur sing.] pieces of evidence = evidences, d.h. gesamtes Beweismaterial [alle Beweismittel], auch Zeugenaussagen

bewerben [Produkt] *to promote*

Bewerber *applicant* || *candidate* || [Ausschreibungen] *bidder* || *competitor* || **Bewerbereinstellung** [PersW] *personnel recruitment* || **Bewerberkartei** [PersW] *application file*

bewerkstelligen *to manage*

Bewerkstelligung —> erfinden || Vorrichtung

bewertet zu Bilanzkursen [Bil] *values at balance sheet rates*

Bewertung *valuation* || *assessment* —> Bemessungsgrundlage || Veranlagung || *evaluation* || **Bewertung der Ereignis-Wahrscheinlichkeit** [Man] *probability assessment* || **Bewertung von Immobilien** [InvF] *property valuation* || **klinische Bewertung** *clinical appraisal* || *clinical assessment* || **Bewertung von Pensionsverpflichtungen** [§ 156 AktienG] *valuation of pension liabilities* Rentenverpflichtungen sind mit ihrem —> Barwert anzusetzen. Nach § 6a (3) EStG darf eine Pensionsrückstellung höchstens mit dem —> Teilwert der Pensionsverpflichtung angesetzt werden —> Einzelbewertung || **Bewertung zum Wiederbeschaffungspreis** *last cost method* || **Bewertungsagenturen** —> Rating || **bewertungsbedingt** *due to valuation adjustment* || **Bewertungsgesetz** [SteuerR/D] *valuation law* Bewertung von Besteuerungstatbeständen nach dem Erbschaftsteuer- und Schenkungsteuergesetz || **Bewertungsmaßstäbe** —> Maßstab || **Bewertungsstichtag** [InvF] *valuation day*

Bewilligung Zuweisung *allocation*

bewirtschaften *to control* || [Gut] *to manage* || *to exploit* —> nutzen || Patent

Bewirtschaftung Ausbeutung *exploitation* || **Bewirtungsaufwendungen** [PersW] *representation allowance* —> Spesen

in dem Bewußtsein [VölkR/Präambel] *conscious*

bezeichnen *to describe* || *to designate* || **die Entscheidungen sind in allen Teilen für diejenigen verbindlich, die sich bezeichnen** *decisions shall be binding in every respect for the addresses named herein*

bezeichnete Hoheitsgebiete *designated territories*

Bezeichnung *description* —> Beschreibung

Bezeugung [daß eine Urkunde unterzeichnet :: signed bzw. übergeben delivered :: ausgehändigt wurde] *attestation*

bezichtigen —> anklagen

sich beziehen auf *to refer to* || *to bear on* || *to pertain to* —> bezüglich

Bezirk [VwO/D] *borough* || *district* Denzentralisierte Verwaltungseinheit einer Großstadt, teilweise mit gewählten Volksvertretern || **Bezirk[-s...]** *regional* || **Bezirksabgeordnete** [VwO/D] *municipal council[l]or* || *borough councillor* gewählter Vertreter einer Hamburger Bezirksversammlung || **Bezirksamt** [VwO/D] *borough authority* || *borough office* || *municipal office* in HH. und Berlin Verwal-

bezogene Bank   **Bietungsgarantie**

---

tungsbehörde des Bezirks ‖ **Bezirksamtsleiter** [VwO/D] [HH. und B.] *chief of a borough* ‖ *chief executive of a municipal office* ‖ *town clerk* Verwaltungsbehörde des Bezirks ‖ **Bezirksbürgermeister** [VwO/SL/B] *borough mayor* ‖ *district mayor* ‖ **Bezirksgericht** *local court Bezirksgericht* [Amts-] Gericht in der Schweiz bzw. Österreich. Wird nicht mit "district court" übersetzt, sondern mit Zusatz Bezirksgericht at [...] —> Amtsgericht ‖ **Bezirkshauptmann** [Austria] *district commissioner* ‖ **Bezirksnotariat** office of the *district notary* ‖ **Bezirksregierung** [VwO/NS./Rh.-Pf./N.-W.] *regional administration* ‖ *regional commission* Staatliche Verwaltungsbehörde des Regierungsbezirks. Landesmittelbehörde für alle Aufgaben der Landesverwaltung zuständig, die nicht ausdrücklich besonderen Behörden übertragen sind ‖ **Bezirksstadtrat** [VwO/D] *senior borough official* leitender Verwaltungsbeamter in den Berliner Bezirksämtern ‖ **Bezirksvertreter** [einer Firma] *regional agent* ‖ *regional sales representative* ‖ **Bezirksverordnete** [VwO/D] Mitglied einer der Berliner Bezirksverordnetenversammlungen *borough councillor* ‖ **Bezirks[verordneten]versammlung** [VwO/Berlin] *borough council*

bezogene Bank [im Giroverkehr] *drawee bank* ‖ **bezogene Waren** [Bil] *merchandise purchased*

Bezogener Trassat [WechselR Art. 1 Nr. 3 WG, Art. 1 Nr. SchG] *payor* ‖ *drawee* [the one requested to pay, or on whom a bill is drawn]

Bezug nehmen auf unter Bezug auf *with reference to*

Bezüge *stipendiary allowance* ‖ Dienstbezüge *emoluments* ‖ **Bezüge, die sie auf Grund ihres Arbeitsverhältnisses beziehen** (= Dienstbezüge) *emoluments they receive by reason of their employment* ‖ **Gesamtbezüge der Mitglieder des Vorstands betragen 3.025 Tausend DM** [Bil] *the aggregate emoluments of the members of the Board of Management amounted to DM 3,025,000*

Bezugnahme [auf einen Artikel] *reference*

bezugsfertiger Wohnraum [SteuerR/D] *housing made ready for occupation*

BfA [Abbr] **Bundesanstalt für Arbeit** *Federal Employment Office* vergleichbar mit Manpower Services Commission

BfD —> Bundesbeauftragter für den Datenschutz

BGBl —> Bundesgesetzblatt

Biergattungen *type of beer* differentiated according to their original wort content as small, medium-strong, strong, and extra-strong beer :: nach ihrem Stammwürzgehalt unterschieden nach Einfach-, Schank-, Voll- und Starkbier ‖ **Biersteuer** [SteuerR/D] *beer tax* ‖ **Biersteuergesetz** [1986] *beer tax law*

Bietungsgarantie —> Offertgarantie *bid bond* ‖ *tender guarantee* Der Bieter sichert bei internationalen Ausschreibungen den Ausschreiber ab, falls er die aufgrund seines Angebots übernommene Verpflichtung nicht übernehmen kann. Garantieübernahme durch eine Bank

Big-Mäc-Index [Abbr.] *PPP [Purchasing Power Parity]* jährlich von der Zeitschrift "Economist" errechneter Wechselkurs gegenüber der DM nach "Big-Mäc-Kaufkraft". Normalerweise ist ein Kaufkraftvergleich durch Konsumgewohnheiten nicht möglich. Nach dem Franchising-System kann jedoch ein Vergleich über den Wechselkurs auf diese Art angestellt werden, da der Big-Mäc als Produkt überall gleich schmeckt, während nur der Preis variiert. Verglichen werden die lokalen Preise [in DM] (Schweiz 6,73 und BRD 4,60), wobei dann zwischen dem Wechselkurs am Devisenmarkt und dem PPP ein Prozentsatz der Überbewertung [-] bzw. Unterbewertung [+] errechnet wird. Z.B. kostet nach Big-Mäc-Kaufkraft eine Mark 1,24 Franken, während am Devisenmarkt der Wechselkurs 0,85 Franken beträgt (Überbewertung von 46%)

Big-Ticket-Leasing [Leas] *big ticket leasing* —> Großanlagen-Leasing

Bilanz aufstellen *to prepare a balance sheet* ‖ **Leistungsbilanz** [Bbank] *current account* ‖ **Saldo der Leistungsbilanz** [Bbank] *balance of current account* ‖ **Touristikbilanz** *balance of foreign tourism*

Bilanzanalyse *balance sheet analysis*

Bilanzgegenposten *counterparts in the balance sheet* ‖ **Bilanzgewinn** [AktienG/BRD] *balance sheet profit* —> Gewinn ‖ Position der nach aktienrechtl. Vorschriften aufgestellten deutschen Bilanz, beinhaltet u.a. +/- Gewinnvortrag/Verlustvortrag, +/- Entnahmen aus/ Einstellungen in Rücklagen. Als [AuxT] des bilanztechnischen Sonderposten der deutschen aktienrechtlichen Bilanz mit balance sheet profit zu übersetzen. ‖ **Bilanzgewinn des Jahres 19..** *distributable profit for 19..*

bilanzielle Abschreibung *book depreciation* —> bilanzmäßige Abschreibung :: depreciation for financial statement purposes [Erfassung der Abschreibung für Bilanz und Gewinn- und Verlustrechnung]

Bilanzkennzahlen *balance sheet ratios* ‖ **Bilanzkosmetik** [Bil] Sylvesterputz ‖ [statthaftes] Frisieren einer Bilanz *window-dressing [purposes]* vor dem Bilanzstichtag, um das äußere Bilanzbild möglichst in einem guten Licht erscheinen zu lassen. Mögliche Transaktionen [insb. bei Bankbilanzen] sind Umschichtungen von Guthaben bei Kreditinstituten in Bbank-Guthaben, kurzfristige Aufnahme von Geldern über den Bilanztermin hinaus, Veräußerung von Devisen etc. ‖ **Bilanzkurs** [Bil] *balance sheet rate* rechnerische Wert einer Aktie aus dem Verhältnis des [ausgewiesenen] Eigenkapitals zum gezeichneten Kapital [Grundkapital] nach dem Modus: Bilanzkurs = gezeichnetes Kapital [+ Kapital- und Gewinnrücklage] x 100 : gezeichnetes Kapital ‖ **bewertet zu Bilanzkursen** [Bil] *values at balance sheet rates*

Bilanzpolitik *accounting policy* Unternehmenspolitische Gestaltung des Jahresabschlusses —> Dividendenpolitik. Ermittlung und Ausweis des zur Verwendung stehenden Gewinns [Ausschüttung bzw. Einbehaltung] ‖ **Bilanzprüfer** *auditor of a balance sheet* —> Prüfungsbericht ‖ **Bilanzprüfung** *audit of a balance sheet*

Bilanzstruktur *balance sheet structure* ‖ **Bilanzsumme** [Bil] *total*

| Bilanzverkürzung | Bitte enthaltend |

assets || **Bilanzsumme im Konzern wuchs um 8,7%** *Group's total assets rose 8.7 %* || **Zusammensetzung und Entwicklung der Bilanzsumme** [Bil] *Structure and Development of Balance-Sheet Total*

Bilanzverkürzung [Bbank] *balance sheet contraction* || *shortening of the balance sheet* gleichmäßige Verringerung von Aktiv- und Passivposten und damit Verringerung der Bilanzsumme syn. *reduction in the balance sheet* || **Bilanzverlängerung** [Bbank] *increase in total assets and liabilities* gleichwertige Erhöhung einzelner oder mehrerer Aktiv- und Passivposten in der Bilanz, z. B. Bezug einer Maschine auf Kredit

Bildschirmarbeitsplatz *display work station*

Bildung von [...] *creation of [...]* || *formation of [...]* || *setting-up of [...]* || **Bildung von Pensionsrückstellungen** *setting-up of pension reserves*

Billigausgabe —> Billigdruck || **Billigdruck** *cheap edition* || **billiges Ermessen** *to decide in fair judgement* || **Billigflagge** [Mar] [Abbr] *FOC flag of convenience*

Billigkeitsrecht entspricht im wesentlichen dem Grundsatz von Treu und Glauben [§ 242 BGB] [U.C.C. § 1-203], ohne kodifiziert zu sein, schließt Lücken im Rechtsschutz durch Weiterentwicklung der strengen Grundsätze des —> Common Law || **analoge Anwendung des strengen Rechts im Billigkeitsrecht** *equity follows the law* equity jurisdiction Schaffung völlig neuer Rechtsinstitutionen, z. B. purchase of good faith ||

formlose Abtretung nach Billigkeitsrecht *equitable assignment* [formlose] Übertragung nach Billigkeitsrecht || *nach Billigkeitsrecht of an equitable nature* || *action of an equitable nature* || **billigkeitsrechtlich** *equitable* || *act of equitable nature* || **billigkeitsrechtlicher Anspruch** *equitable claim* || *equitable interest* —> Anspruch

Billigung *approval* —> Zustimmung || Einwilligung || Genehmigung

bindend *conclusive* || **bindendes Beweis[material]** *conclusive evidence* —> schlüssiger Beweis

Bindung *tie-up* —> Zweckbindung || **Bindung von Kapital** [InvR] *capital tie-up* || **Bindung[s...]** *binding* || **Bindungswirkung** *binding force* || *binding authority* || **Bindungswirkung eines Urteils** [USA] *collateral estoppel* An issue of ultimate fact which has been determined by a valid judgement, cannot be again litigated between the same parties in future litigation

binnen *within* || **Binnen** [...] Inland[...] *at home* || *domestic* || **Binnenkonjunktur** *development of the domestic economy* || **Binnenverkehrsausschuß** *Committee on Inland Transport*

bis *within* || **bis einschließlich Mai** *up to and including May* || **bis zu** *up to* || **bis zum 6. Juli** *by july, 6*

eine Bitte enthaltend *precatory* || **eine** [testamentarisch] **verbindliche Bitte** [enthaltend] *precatory trust* || **eine** [im Testament] **als Bitte** [und nicht als Auftrag] **formulierte Aussage** *precatory words*

BIZ [Abbr] **Bank für Internationalen Zahlungsausgleich** *Bank for International Settlement* [Abbr] *BIS* Gegr. 1930, Sitz: Basel. Rechtsform: AG. Aktionäre sind alle Notenbanken einschließlich der USA, Japan, Kanada, Australien und Südafrika. Stimmberechtigt sind nur Notenbanken, ca. 15% des Aktienkapitals in privaten Händen (ohne Stimmrecht). Ziel: Förderung der Zusammenarbeit der Zentralbanken, Erleichterung internationaler Finanzoperationen etc

Black List Certificate *black list certificate* Verzeichnis des Arab League Boycott Committee von Firmen, die wg. ihrer engen Beziehungen zu Isreal zum Boykott durch arab. Staaten empfohlen werden. Ausstellung durch Reedereien und Versicherungsgesellschaften, wobei bestätigt wird, daß die betr. Firma nicht auf der schwarzen Liste steht. Zertifikat muß von einer Handelskammer bzw. einem Vertreter arab. Staaten vor Verschiffung legalisiert werden

Blanket [...] *master* || **Blanket-Leasing** [Leas] *master lease* || *blanket lease* Leasing-Geber ist dem Leasing-Nehmer gegenüber bis zu einer bestimmten Höchstgrenze verpflichtet, diesem vereinbarte Ausrüstungsgegenstände zu überlassen

Blanko [...] *clean* || *open* || *blank* || **Blankoindossament** *blank endorsement* || **Blankokredit** *open account credit* || *blank credit* || *clean credit* || **Blankoverkauf** [Bör] *short sale* —> Fixen || **Blankowechsel** *blank bill* draft with payees name left blank [Art. 10 WechselG] Wechsel, der beim Begebungsvertrag unvollständig ausgefüllt wurde. Der Empfänger ist jedoch berechtigt, die Angaben nach Ermächtigung zu ergänzen

Blasen [coll] bei Polizeikontrollen [ins Röhrchen blasen] —> Blutentnahme

Blatt Arbeitsblatt *worksheet*

Blättchen [für Selbstdreher von Zigaretten] *individual cigarette leaves*

bleiben bei —> beitreten

bleifreies Benzin [SteuerR] *unleaded petrol*

Blindenführhund [SteuerR/D] *guide dogs for the blinds* || [USA] *seeing-eye dog*

Block *block* Parzellierung von Grundstücken. Blocks sind in den USA in lots eingeteilt. Wird nicht übersetzt, wenn es sich um ein unbebautes Grundstück zur Veräußerung handelt

Blockadebrecher [Mar] *blockade-runner* || **Blockadebruch** [Mar] *breach of blockage*

bloß *mere[ly]* || **der bloße Erwerb von Waren** [Einkauf] *the mere purchase of merchandise*

Blue chip [Bör] *blue-chip stock* Aktien erstklassiger weltweit agierender Unternehmen, deren Kursentwicklung u.a. auch für die Berechnung der gebräuchlichsten Indices dient

Blut *blood* || **Blutalkohol** *levels of blood alcohol contents* —> Blutentnahme || **Blutentnahme[gerät]** *Drunk-o-meter* Device used for mea-

BLZ   Börse

suring blood alcohol content by chemical analysis of the breath. [BRD § 81 a StPO] || **Blutprobe** —> Blutentnahme || **Blutspender** *blood donor* || **Blutspur** *blood stain* || **blutsverwandt** *of the blood* || **Blutsverwandtschaft** *consanguinity* Verwandtschaft durch Abstammung in auf- und absteigender Linie

BLZ [Abbr] Bankleitzahl   *BCN* [GB] *Bank Code Number* [Abbr] || [USA] *A.B.A. Number* (= American Bankers Association Number)

Board of County Commissioners Begriff wird nicht übersetzt. Chief units for administrative, judicial and political purposes (= Kreis). In den USA größte Verwaltungseinheit der Behörden der Kreisverwaltung (in Lousiana: "parish")

Bodenkredit *credit on landed property* || **Bodenkreditbank** *land credit bank* || *real estate credit institution*—> Grund- und Bodenkreditbank || **Bodenkreditinstitut** —> Bodenkreditbank || **Bodennutzung** *primary production* —> Urproduktion || **Bodenschätze** *natural resources*

Bogen [Formular]   *sheet* || [Papier] *page* || **falls erforderlich, zusätzliche Bögen einlegen** *use additional pages if necessary* || [Wertpapier] *coupon sheet* Zins- und Gewinnanteilscheine, die zur Einlösung abgetrennt werden. Diese Scheine heißen auch Kupons. Bogen und Mantel tragen dieselbe Wertpapiernummer —> Talon || Mantel || **Bogenlampen** —> Brennstifte zu elektrischen Bogenlampen

Bohrinsel [Mar] *drilling platform*

Bona-Fide   [VertR] gutgläubig *in good faith* || *bona fide* || **Bona-fide-Klausel** [Ex] *bona fide clause* Dokumentiert die Einlösewilligkeit [des Kreditbriefs] durch jedes Kreditinstitut, womit der Aussteller jedem gutgläubigen Einreicher Zahlung verspricht. [We hereby engage with drawers and/or bona fide holders that draft drawn and negotiated in conformity with the terms of this credit will be duly honoured on presentation and that drafts accepted within the terms of this credit will be duly honoured at maturity. The amount must be endorsed on the back of this Letter of Credit by the negotiating bank.]

Boni [PersW] *variable bonus*

Bonität *credit* [or: *financial*] *standing* || **Bonitätsstufen** —> Rating

Bonus *extra dividend* Zusätzlich zur regulären Dividende in Jahren außergewöhnlich hoher Gewinne ausgeschüttete Dividende zur Wahrung der Dividendenkontinuität || **Bonus-Malus-Vereinbarung** *bonus-penalty contract* || **Bonusaktie** —> Kapitalberichtigungsaktien

Bord-Tower-Verbindung   *air-ground communication* || **Bordvertretung** [BetrVG 115 (1)] *ship's committee*

Börse   *stock exchange* || **an die Börse kommen** [einführen] *to be introduced to the stock exchange* || **Börsenauftrag**   *order* || **Börsenbericht**   *market report* || **Börsenblatt für den Deutschen Buchhandel** *German Book Trade Gazette* —> Börsenverein || **Börsenbüro** *trading office* || **Börsencrash**   *stock-market crash* || **Börsencrash an Wall Street** *crash on Wall Street* || **börsenfähig**

71

Börse　　　　　　　　　　　　　　　　Brief

[USA] *listed* || *negotiable on* [admitted to] *the stock exchange* || **börsengängig** —> börsenfähig || **Börsengesetz** *stock exchange law* || **Börsenhandel** *stock exchange trading* || **Börsenmakler** *stock broker* —> Handelsmakler || *jobber* Börsenhändler für eigene Rechnung, der mit dem Publikum durch den —> broker handelt und auf bestimmte Effektenarten spezialisiert ist —> Spekulant || Konzertzeichner || Haussier || Baissier || Zwischenhändler || *dealer* Wertpapierhändler (Effektenhändler), der wie der jobber nur für eigene Rechnung mit Effekten handelt —> discount broker || **Börsenneueinführungen** *new listings* || **börsennotiert** *listed* || *quoted [on the stock exchange]* || **an den übrigen internationalen Börsenplätzen** *other major international stock exchanges* || **Börsensaal** [New Yorker Börse] *floor* || **Börsenumsatz[volumen]** *volume* || **Börsenumsatzsteuer** *stock exchange transactions tax* gehört zu den Kapitalertragsteuern und erfaßt Wertpapierumsätze ohne Rücksicht auf die Person der Beteiligten. Rechtsgrundlage sind das Kapitalverkehrssteuergesetz [KVStG, 1972] und die Kapitalverkehrssteuer-Durchführungsverordnung [KVStGDV, 1960] || **Börsenverein des Deutschen Buchhandels e.V.** *Association of the German Book Trade* || **Börsenvorstand** *stock exchange committee* || *stock exchange management* || **Börsenwert** *quoted value* || **Börsenzettel** *stock list*

Botschaft [Pol] *embassy* [Gebäude] *embassy* building || [Komm] *message* || *communication* || [Nachricht] *news* || **Botschafter** *ambassador* [to (Land)] || **Botschafterin** *ambassadress* || **Botschaftsrat** *embassy counsellor* ||

Botschaftssekretär *secretary of embassy*

Brainstorming Ideenfindung *brainstorming*

Branche *industry* || *line [of business]* || *trade* —> Geschäftsbereich || **Branchenentwicklung** *industry development* || **Branchenentwicklungs-Indikator** [Stat] *industry development indicator*

Branddirektor [USA] *fire marshal*

Brandenburg [BLand/D] *Brandenburg*

Branntweinaufschlag [SteuerR/D] *spirits surcharge* || **Branntweinerzeugnis** *spirituous product* || **Branntweinmonopol** [SteuerR/D] *spirits monopoly* || **Branntweinsteuer** [SteuerR/D] *spirits tax*

BRAO [Abbr] Bundesrechtsanwaltsordnung *Code of Professional Responsibility*

Breakeven-Analyse *breakeven analysis* Ermittlung der Rentabilitätsschwelle oder Ertragsschwelle

breit gefächerte Produktionspalette *broad variety of products*

Brennstifte zu elektrischen Bogenlampen [Tech] *carbon rods for use in electric arc lamps*

Brennstoffe *fuel*

Brief *letter* || **Brief[kurs]** [Bör] *offer* Brief ist die Bezeichnung von An-

Brigadegeneral der Luftwaffe   **Buch**

gebot an der Börse. Als Kurszusatz bedeutet Brief, daß zu diesem Kurs keine Abschlüsse getätigt wurden (sondern nur Wertpapiere angeboten wurden, d.h. es nur Verkaufsaufträge gab) —> Geld ‖ **Briefwahl** [WahlR] *postal ballot* ‖ **Briefwechsel** *exchange of letters*

Brigadegeneral der Luftwaffe [GB] *air commodore*

britischer Staatsbürger *British national* British subject und British citizen sind gleichbedeutend —> Staatsangehöriger ‖ **Britisches Staatsangehörigkeitsgesetz** *British Nationalizing Act* ‖ (1981) *British Nationality Act* replaces the 1948 Act, and divides citizenship into three classes: 1) British citizenship (2) British Dependent Territories citizenship, conferred upon citizens of a number of specified countries, e. g. Bermuda, Hong Kong and (3) British Overseas citizenship, a residual category —> Einbürgerung

Broker [Bör] —> Börsenmakler ‖ Discount Broker

Bruch des Heiratsversprechen *breach of promise* ‖ **Bruch einer Trendlinie** [Bör] *breakout* in der Chartanalyse bei einem Chart ein Ausbruch aus einem Abwärts- oder Seitwärtstrend. Erste Anzeichen zum Kaufsignal am Aktienmarkt ‖ **statistischer Bruch der Zeitreihe [1979, 1981, 1987]** [Stat] *break in continuity of series [1979, 1981, 1987]* ‖ **Bruchteilsgemeinschaft** *tenancy in common* ‖ [GB] *joint tenancy* ownership in definable divided shares [abolished in 1925 as to the holding of title to a thing]; can still exist in respect of the proceeds of sale of the thing held in joint tenancy —> tenancy in common :: Bruchteilsgemeinschaft

[GB] *joint ownership* :: title can only vest in not more than 4 persons as "joint tenants" with survivorship rights who can be either beneficial i.e. real owners or only trustees for any number of other beneficial owners entitled to the proceeds.: [AuxT] Gesamthandeigentum —> § 719 BGB

brutto *gross* ‖ **Bruttoabsatz festverzinslicher Wertpapiere** *gross placements of fixed-interest securities* ‖ **Bruttoanlageinvestitionen der Unternehmen** *gross fixed capital formation of enterprises* ‖ **Bruttoeinkommen aus unselbständiger Arbeit** *compensation of employees* —> Einkünfte ‖ **Bruttoeinkommen aus Unternehmertätigkeit und Vermögen** [SteuerR] *property and entrepreneurial income* ‖ **Brutto-Emissionen** *gross issues* ‖ **Bruttofakturenwert** *gross invoice value* the invoice value of the products plus any insurance, freight or other charges paid or to be paid by the seller on the buyer's behalf ‖ **Bruttoinlandsprodukt** *gross domestic product* [Abbr] **BIP** *GDP* ‖ **Brutto-Leasing** [Leas] *gross lease* ‖ **Bruttospielertrag** *gross receipt* —> Spielbankabgabe ‖ **Brutto-Umsatzsteuer** —> kumulative Brutto-Umsatzsteuer

BSP *GNP* **Bruttosozialprodukt** *Growth National Product* —> Sozialprodukt ‖ **BSP-Eigenmittel** [SteuerR/EG] *GNP-based own resources*

Btx-Sicherungscode [EDV] —> Transaktionsnummer

Buch *record* —> Archiv ‖ Register ‖ Grundbuch ‖ Hauptbuch ‖ Journal ‖ offene Posten ‖ **Buchersitzung** *acquisition by squatting* —> Tabularersitzung || **Buch führen** [Buchf] *to keep books [of account]* —> Geschäftsbücher || **Buchführung** *accounting* —> Buchhaltung || **Buchgeld** *Giralgeld bank money* Guthaben bei Kreditinstituten [entstanden durch Bareinzahlungen oder bargeldlosen Zahlungsverkehr] —> Sichteinlagen bei Kreditinstituten || **Buchgemeinschaft** *book club* || ein Werk über eine Buchgemeinschaft verbreiten *to distribute a work by a book club* || **Buchhaltung** *bookkeeping* || *accounting (department)* || **Debitorenbuchhaltung** *accounts receivable* || **Kreditorenbuchhaltung** [EDV] *accounts payable* || **Werksbuchhaltung** *plant accounting* || **Buchkredit** [BankW] *sight credit* || **Buchmacher** [RennwLottG] *bookmaker* || **Buchprüfer** Revisor *auditor* [BankW] *auditor* —> Bilanzprüfer || Wirtschaftsprüfer || **Buchrestwert-Leasing** *non-payout lease* —> Operating leasing || **Buchrevisor** *accountant* —> Sachverständiger || Wirtschaftsprüfer :: chartered bzw. certified public account

Büchse [Bal] *rifle* Gewehr mit gezogenem Lauf :: long-barreled weapon || **Büchsenmacher** [Bal] *gunsmith*

Buchstabe [innerhalb eines zitierten Artikels] *sub-paragraph*

Buchstellen [tax service] *facilities* professional and trade organisations provide service facilities to look after their members' tax affairs

Buchung [Buchf] *posting* || *journal entry* entering a business transaction into the books —> Hauptbuch || Tagebuch || Journal || **maschinell erstellter Buchungsbeleg** *computer produced*

voucher || **Buchungsdatum** *date of entry* || *posting date* || **Buchungsschlüssel** *posting key* || *receivable entry code* || **Buchungstext** *entry description*

Buchwert [Bil] *book value* || **Buchwertabschreibung** *declining-balance depreciation* Abschreibungsmethode, bei der die Abschreibungsbeträge von Jahr zu Jahr geringer werden: 1) geometrisch-degressive A.: declining-balance depreciation: Abschreibung erfolgt in einem gleichbleibenden Prozentsatz vom Restbuchwert. 2) arithmetisch-degressive Abschreibung: jährliche Abschreibungsbeträge vermindern sich jeweils um den gleichen Betrag. Wichtigste Sonderform: digitale —> Abschreibung

Budget *[management] budget* || **Absatzbudget** *expense budget* || **sales budget** || **Einnahmen- und Ausgabenbudget** *cash budget* || **Eventualbudget** *contingency budget* || **Investitionsbudget** *capital expenditure budget* || **nicht fortgeschriebenes Budget** —> Null-Basis-Budget || **nicht-monetäres Budget** *non-monetary budget* || **Notbudget** *emergency budget* || **Null-Basis-Budget** nicht fortgeschriebenes Budget *zero-base budget* || **Programmbudget** *program budget* || **starres Budget** *fixed budget* || **variables Budget** *variable budget* || **budgetierte Bewegungsbilanz** budgetierte Strukturbilanz *balance sheet budget* || **Budgetierung** *budgeting* —> cash planning :: Liquiditätsplanung

Bugflagge [Mar] *jack*

Bühnenbearbeitung [Urheberrecht zur ~] *dramatic right*

Bull&Bear-Anleihe von der Deutschen Bank entwickelte Anleihe, deren Entwicklung (Rückzahlungsbetrag) an den FAZ-Index gekoppelt ist —> Anleihe

Bummelstreik *go-slow strike* —> Dienst nach Vorschrift

Bund *union* || *alliance* || [StaatsR] *league* || [BRD] *Federal Government* || *Federal Republic* Bund als Gesamtoberhoheit gegenüber den Ländern —> Länder || **Der Deutsche Bund** [Hist, 1815-1866] *the German Confederation* || **Bund Future** [Bör] *Bund future* Terminkontrakt auf Bundesanleihen [seit 1990 an der DTB]. Grundlage ist fiktive Bundesanleihe mit 6%-Kupon und Restlaufzeit 8-10 Jahre. Lieferung über alle Bundesanleihen mit entspr. Restlaufzeit möglich, Mindesteinheit pro Kontrakt DM 250.000,- || **Bund und Länder** [BRD] *Federal and Länder Governments* Bund als Gesamtoberheit gegenüber den Ländern —> Länder || **Bund, Länder und Gemeinden** *Federal Republic, Länder and districts* || *Federal and Länder Governments and local authorities*

Bündel *bundle* || *bunch* || *number* —> Begleitumstände

Bundes [...] *federal* || **Bundesamt** *federal office* || **Statistisches Bundesamt** *Federal Statistical Office* || **Bundesanleihe** [USA] *federal loan* government bond || **Bundesanstalt** *federal institute* || *federal agency* || **Bundesanstalt für Arbeit** [Abbr] **BfA** *Federal Employment Office* or: *Agency* || **Bundesanstalt für Arbeit** [VwO/D] vergleichbar mit *Manpower Services Commission* || **Bundesanwalt** *Federal Public Prosecutor* || **Bundesanwaltschaft** *Federal Public Prosecutor's Office* || **Bundesanzeiger** [Abbr] **BAnz** *Federal Gazette* || *Official Gazette of the Federal Republic [of Germany]* vom Bundesminister der Justiz herausgebenes amtliches Verkündigungsblatt, untergliedert in amtlichen Teil [Verkündigungen und Bekanntmachungen der Bundesregierung, soweit nicht im Bundesgesetzblatt veröffentlicht], einem nicht-amtlichen Teil sowie einem Teil für gerichtliche und sonst. Bekanntmachungen || **Bundesarbeitsgericht** [Jus/D] [Abbr] **BAG** *Federal Labour Court* Sitz in Kassel, oberstes Arbeitsgericht :: *supreme labo[u]r court* || **Bundesaufsichtsamt für das Kreditwesen** *Federal Authority for the Supervision of Banks* || *Federal Banking Supervisory Office* [BRD] selbständige Bundesbehörde mit Sitz in Berlin. Ausübung der Bankenaufsicht nach dem Gesetz über das Kreditwesen —> Bankenaufsicht || **die vom Bundesaufsichtsamt für das Kreditwesen vorgeschriebene Auflösung von Sammelwertberichtigungen** *Federal Banking Supervisory Office's ruling according to which general provisions for bad debts are required to be released* || **Bundesaufsichtsamt für das Versicherungs- und Bausparwesen** [Abbr] **BAV** *Federal Supervisory Office for Insurance Companies and Bausparkassen* || **Bundesausgleichsamt** *Federal Equalization of Burdens Office*

Bundesbahndirektion [Federal Railways] *Railway Administration* || **Bundesbeauftragter für den Datenschutz** [Abbr] **BfD** *Federal Data Protection Commissioner* || **Bundesbesoldungsgesetz** *Federal Civil Service Remuneration Act* [Gesetz

Bundesdatenschutzbeauftragter　　　　Bundesrat

zur Regelung der Vergütung des Beamten für seine Dienste]

Bundesdatenschutzbeauftragter —> Bundesbeauftragter für den Datenschutz [BfD] ‖ **Bundesdatenschutzgesetz** [BDSG] *Federal Data Protection Law*

bundeseigen *federal* ‖ **Bundesentschädigungsgesetz** [Abbr] **BEG** *Federal Reparations Law* ‖ *Federal Indemnification Law* Gesetz über Entschädigung von Personen, die aufgrund Rasse, Glaubens oder Weltanschauung durch das nationalsozialistische Regime geschädigt wurden —> Wiedergutmachung

Bundesfinanzbehörden [Art. 108 Abs. 1 GG] *Federal finance authorities* ‖ **Bundesfinanzhof** [Jus/D] *Federal Finance Court* ‖ **Bundesfinanzverwaltung** *Federal Revenue Administration*

Bundesgebiet *federal territory* ‖ **Bundesgenosse** [Schweiz] *confederate* ‖ **Bundesgericht 1. Instanz** *[federal] district court* Keinesfalls mit "Bezirksgericht" übersetzen, da diese Bezeichnung für Österreich und die Schweiz feststeht und dort als "Amtsgericht" zu verstehen ist. Entweder Bundesgericht 1. Instanz oder "District Court" stehenlassen ‖ **Bundesgerichtshof** [Jus/D] *Federal Court of Justice* ‖ **Bundesgesetz** *uniform statute* gilt dann einheitlich für alle Einzelstaaten der USA, z.B. Uniform Negotiable Instruments Act :: einheitliche Bundesstaatliche Regelung für begebbare Wertpapiere mittels Kommission ‖ **Bundesgesetze** [USA] *Federal Statutes* ‖ **Bundesgesetzblatt** [Abbr] **BGBl** *Federal Law Gazette* ‖ **bun-** desgesetzliche Regelung *uniform statute* Gesetz, das in allen amerikanischen Einzelstaaten gleichermaßen gilt ‖ **Bundesgrenzschutz** [ZollW] *Federal Border Guard*

Bundeshaus *German Parliament Building* [Bonn], jetzt [Berlin] —> Reichstag ‖ **Bundesheer** [Österreich] *Austrian Armed Forces* —> Bundeswehr ‖ **Bundeshymne** [Österreich] *Austrian national anthem* —> [BRD] Nationalhymne

Bundeskanzler Regierungschef BRD *Chancellor* ‖ **Bundeskartellamt** [Berlin] *Federal Cartel Office* ‖ *Federal Restricted Practices Agency* —> Kartellbehörde ‖ **Bundeskriminalamt** *Federal Office of Criminal Investigation*

Bundesland [VwO/D] *Land* Im Sprachgebrauch des Grundgesetzes ist das Bundesland das "Land", d.h. die Bezeichnung für die einzelnen Gliedstaaten der BRD; im allgemeinen Sprachgebrauch "Bundesland" ‖ **Bundesliga** [first ‖ second] *federal league*

Bundesmonopolverwaltung für Branntwein [ZollW] *Federal Spirits Monopoly Administration*

Bundesnachrichtendienst *Federal Counter-Intelligence Service*

Bundespatentgericht [Jus/D] *Federal Patents Court* ‖ **Bundespräsidialamt** *Office of the President of the Federal Republic*

Bundesrat [BRD] *Upper House of the German Federal Parliament* ‖ [Schweiz] *Executive Federal Council*

‖ [Österreich/Länderkammer] *Upper House* ‖ **Bundesrechnungshof** [Jus/D] *Federal Audit Office* ‖ **Bundesrecht** *federal law*

Bundessozialgericht [Jus/D] *Federal Social Court* ‖ **Bundesstaat** *federation* ‖ **Bundessteuer** *Federal tax* z. B. surtax in den USA —> Übergewinnsteuer

Bundesverdienstkreuz *Federal Service Cross* ‖ **Bundesverfassungsgericht** [Jus/D] *Federal Constitutional Court* ‖ **Bundesversicherungsanstalt für Angestellte** *Federal Social Insurance Institution for Employees* ‖ **Bundesverwaltungsbehörde für den Katastrophenschutz** *Federal Emergency Management Agency* ‖ **Bundesverwaltungsgericht** [Jus/D] *Federal Administrative Court*

Bundeswehr [BRD] *German Federal Armed Forces* ‖ *German Army* —> Bundesheer ‖ **Bundeswehrersatzamt** *Federal Recruiting Office*

Bundeszollverwaltung [ZollW/SteuerR] *Federal Customs Office*

Bündnis [StaatsR] *league* ‖ *alliance*—> NATO (nordatlantisches) [Verteidigungs]bündnis

Bürge *surety* [USA] haftet unmittelbar aufgrund eigener vertraglicher Verpflichtung für Schuld eines anderen (Hauptschuldner) aus Vertrag —> *guarantor* ‖ *guarantor* [USA] haftet i.G.z. —> surety nur für den Fall, daß der Hauptschuldner seiner Leistungspflicht nicht nachkommt ‖ **bürgen** *to stand surety*

Bürgerliches Recht *civil law* —> Zivilrecht (private law)

Bürgerschaft [HH / HB] Volksvertretung (Landtag) *city parliament assembly* ‖ **Bürgersteuer** [SteuerR] Kopfsteuer *poll tax* ‖ **Bürgervorsteher** [VwO/Schl.-H.] *chairman of the municipal council* in den kreisangehörigen Stadten und Gemeinden der Vorsitzende der Stadt-/Gemeindevertretung

Bürgschaft [BankW] *security* ‖ *suretyship* ‖ **Bürgschaften** [BankW] *guarantees* ‖ **Bürgschafts[...]** *guaranteed* ‖ **Bürgschaftskarte** [ZollW] *guarantee card* ‖ **Bürgschaftskredit** *security credit* ‖ **Bürgschaftsvertrag** [§ 765 BGB] *contract of suretyship* ‖ *contract of surety* Vertrag, durch den sich ein Bürge gegenüber einem Gläubiger verpflichtet, für die Verbindlichkeiten eines Dritten (Schuldner) einzustehen. Wichtigste Form: Bankbürgschaft

Burn-Out Zustand emotionaler Erschöpfung ‖ ausgebrannte Mitarbeiter [Man] [PersW] *burn-out*

Büro *office* —> Amt ‖ Stelle ‖ *bureau* ‖ **bürokratische Organisationsstruktur** [beruht auf fachlicher Kompetenz] [Man] *machine bureaucracy* ‖ *collegial* or *professional bureaucracy*

Bußgelder [Steuer/StrafR] *fines* —> Zwangsgeld

Buttermilch [EG] *skimmed milk*

Buyer Market Käufermarkt *buyer market* Angebotsüberhang am Markt gegenüber Kaufinteresse

CAD-/CAM-Einsatz [EDV] *CAD-/CAM system application* || **das neu eingeführte CAD-System** *our recently introduced CAD system*

Call-Geld —> Tagesgeld || **Verkauf eines gedeckten Call** *covered call writing*

CAP [EG] —> *Common Agricultural Policy* **gemeinsame Agrarpolitik**

Capital leasing *capital leasing* Vertrag muß eines oder mehrere der folgenden Kriterien erfüllen: Der Vertrag überträgt das Eigentum am Mietgegenstand bei Vertragsende auf den Mieter; der Vertrag enthält eine Kaufoption zum Anerkennungspreis, die Mietzeit beträgt 75% oder mehr der voraussichtlichen Lebensdauer des Mietgegenstandes und der Gegenwartswert der Mindestmietzahlungen ist gleich oder größer als 90% des Wertes des Mietgegenstandes zum Zeitpunkt des Abschlusses des Mietvertrags

Carnet ATA Internationales Zollpapier (Temporary Admission || Admission Temporaire) Vorübergehende abgabenfreie Einfuhr von Waren, z. B. die auf Ausstellungen, Messen, Kongressen etc. ausgestellt bzw. verwendet werden || **Carnet TIR** —> TIR

Cash Flow [begrifflich unterschiedlich definierter Terminus, bleibt unübersetzt] *cash flow* Nettobargeldzustrom || Finanzüberschuß || selbsterwirtschaftete Mittel. Im wesentl. der verbleibende Teil der Umsatzerlöse eines Unternehmens nach Abzug aller Ausgaben wie für Material, Löhne, Gehälter, Zinsen und Steuern, der für die Dividende, Finanzierung von Investitionen und Tilgung von Verbindlichkeiten zur Verfügung steht. Cash Flow nur als Kriterium für die Bewertung der Gewinnentwicklung tauglich. Cash-Flow-Größe als Vergleichsgröße u.a.: Jahresüberschuß (= Dividende + Rücklagenzuweisung aus dem Ergebnis) bzw. Jahresfehlbetrag + Abschreibungen und Wertberichtigungen auf Sach- und Finanzanlagen ± Veränderung der langfristigen Rückstellungen + außerordentl. bzw. periodenfremde Aufwendungen ./. außerordentliche bzw. periodenfremde Erträge || **Cash Management** [Terminus bleibt unübersetzt] *cash management* —> Kassenhaltung || Gelddisposition || Kassendisposition || Kurzfristige Finanzdisposition

CATS Computer Assisted Trading System Computerbörse

C.B. [GB] [Abbr] *Chief Baron* **Vorsitzender [Richter]** des ehemaligen Court of Exchequer

CBOE *Chicago Board Option Exchange* **Termin- und Rohstoffbörse Chicago**

CDs [Abbr] *Certificates of Deposits* **Einlagenzertifikate**

CE [Abbr] *customer engineering* **Kundendienst**

Cedel [Bör] **Centrale de Livraison de Valeurs Mobilieres S.A.** Clearingstelle in Luxemburg zu Verrechnung von Wertpapiergeschäften im Ausland —> Clearing

CEO [Abbr] *chief executive officer* [leitender Angestellter in der] Geschäftsführung

C&F wie CIF, nur Verkäufer überläßt Versicherung dem Käufer

CFR [USA] *Code of Federal Regulations* **Bundesverordnungen und**

Verwaltungsvorschriften

Ch. —> Chancery Division

Ch. App. [GB] [Abbr] Chancery Appeal Cases

Chancery Division [GB] Abteilung des High Court of Justice, zuständig besonders für allg. Handels-, Steuer-, Trust-, Grundstücks-, streitige Nachlaßsachen; partnerships und Patentrechtsklagen in erster Instanz nach equity —> Billigkeitsrecht. Lord Chancellor und sieben —> puisne judges. Equity jurisdiction of partnership actions, company law, revenue, conveyancing and land law matters, mortgages, and administration of estate

Chapter 11/13 §§ 11 u. 13 des amerikanischen Bankruptcy Act [USA] —> Bankruptcy Act, 1898 § 101(12) i. rev. Fass. v. 1979 (Gemeinschuldner) [11 United States Code Annotated] Debtor rehabilitation and reorganisation provisions sehen einen besonderen Rechtsschutz für das Konkursunternehmen [Gemeinschuldner] mit der befristeten Möglichkeit der Konkursabwendung bei Vorlage eines entsprechenden Finanzplans vor

charakteristisch Merkmal *discriminatory*

Charge [Verp] *lot* [ArzneiMG § 4] eine in einem einheitlichen Herstellungsgang erzeugte Menge eines Arzneimittels, die jeweils mit einer Chargenbezeichnung zu versehen sind ‖ **Chargen-Bezeichnung** [Abbr] **CH.-B.** *lot number* Nach AMG [§ 10] sind Arzneimittel regelmäßig chargenweise gekennzeichnet und mit Chargenbezeichnungen versehen. Diese ist notwendiger Bestandteil von Behältnissen [auch äußeren Umhüllungen von Fertigarzneimitteln]

Chartanalyse [Bör] —> Formationen

Ch.-B. [Abbr/BRD/CH] —> Chargen-Bezeichnung

Ch.D. [GB] [Abbr] *Chancery Division*

Chemie- und Kunststoffprodukte *chemicals and plastics products*

chemische Erzeugnisse *chemicals* ‖ **chemische Keule** *chemical maze* [Einsatz insbesondere bei Demonstrationen zur Aufruhrbekämpfung]

Chiffre —> Anzeige

Christlich-Soziale Union [Part/D] [Abbr] **CSU** *Christian Social Union* right-wing party (mainly in Bavaria)

CI *cooperating institution* **Finanzierungsinstitut**

CIF *cost, insurance, freight* Verkäufer trägt Versicherung bis benannter Bestimmungshafen ‖ **cif-Agent** *CIF agent* Sonderform des Handelsvertreters, der häufig für mehrere Auftraggeber tätig ist und meist in vertraglicher Bindung mit dem Ablader (Exporteur) steht und für diesen den Warenverkauf betreibt. Importeure bedienen sich eines cif-Agenten zur Durchführung eines auf cif-Lieferbedingungen basierenden Importgeschäfts

CLC Verfahren [Ex] [Abbr] *CLC procedure* —> [U.C.C. § 5-103] Commercial letter of credit :: Kreditbrief. Die beauftragte Bank oder Korrespondenzbank sendet den CLC im Auftrag des Importeurs direkt an den Exporteur. Verbrieft wird die Ermächtigung, dokumentäre Tratten auf die Importbank zu ziehen, oder die Verpflichtung, die Verantwortung für die Akzeptleistung und Wechseleinlösung durch den Importeur bei Fälligkeit zu überweisen. Nach den Richtlinien der ERA als Akkreditiv anerkannt. Im Außenhandel aufgrund der Fungibilität [Übertragbarkeit und Einlösungswilligkeit; Absicherung durch —> Bona-fide-Klausel eines jeden Kreditinstituts gewählte Zahlungsform. Die Unterschiede zwischen CLC und Akkreditv sind nur gering. Der CLC ist ein kaufmännischer Verpflichtungsschein [§ 363 HGB], das Akkreditiv ein Geschäftsbesorungsauftrag [§ 675 BGB]. CLC ist frei durch Indossament übertragbar und die Einlösungsstelle frei wählbar. Beim Akkreditiv erfolgt Zustellung nur an Einlösungsstelle und nur einmalige Übertragbarkeit. Das CLC erfolgt immer auf Wechselbasis, das Akkreditiv nur bei d/a, wobei die Einlösungsprovision i.d.R. niedriger ist als die Negoziierungsprovision beim CLC

clean *clean* ‖ **Clean Payment** *clean payment* Zahlung durch Scheck oder Überweisung, jedoch nicht gegen Vorlage von Akkreditiv oder Dokumenten aufgrund eines Inkassoauftrags

Clearing *Clearing* Im Außenwirtschaftsverkehr die grenzüberschreitende Verrechnung [von Forderungen und Verbindlichkeiten] zwischen zwei [bilaterales Clearing] oder mehreren Ländern [multilaterales Clearing]. ‖ Bei Wertpapiergeschäften erfolgt Verwaltung [Stückeverkehr] Verrechnung im Inland über Wertpapiersammelbanken [Deutscher Kassenverein], bei Auslandsgeschäften über den Auslandskassenverein [AKV] oder hierfür besonders eingerichtete Clearingsysteme (—> Cedel). Clearingstellen verrechnen alle an der Börse getätigten Abschlüsse und sind an die Börse angeschlossene bzw. integrierte Institute ‖ **Clearing Banks** *clearing banks* [GB] Banken-Gruppen, die Schecks und sonstige Zahlungsanweisungen unter ihren Mitglieds-banken bzw. Korrespondenten austauschen ‖ **Clearingguthaben** *clearing assets*

Clientele-Effekt *clientele effect* Dividendenpolitik einer Gesellschaft wird nach dieser These von ihrem Aktionärskreis bestimmt, insbesondere hinsichtlich unterschiedlicher Besteuerung von Dividendeneinkommen und realisierten Kurswertsteigerungen

Closed-end Leasing [Leas] *closed-end leasing* KfZ-Leasing mit fixem Restwert, d.h. es erfolgt keine Endabrechnung über den Gebrauchtwagenerlös

Club Klub *club*

CME [Bör] *Chicago Mercantile Exchange* **Warenterminbörse Chicago**

CMP-Netzplan *CPM [method]* —> Methode des kritischen Wegs :: *critical path method*

COCOM *Coordinating Committee for East-West Trade Policy* Sitz: Paris. Zusammenschluß von Nato-Staaten und Japan zur Kontrolle von Lieferungen von Embargo-Waren in die Ostblockstaaten

Commonwealth [Mitglied[schaft] des / im] *Commonwealth citizen* —> Britisch ‖ Staatsbürger

Comprador [Ex] *comprador* als selbständiger Makler und Händler im Ostasiengeschäft —> Confirming House

COMPROs [EG] *Committee on Trade Procedures* **Ausschuß für die Vereinfachung von Handelsverfahren**

Computerbörse über —> Market Maker für alle nicht zum offiziellen Börsenhandel zugelassenen Wertpapiere unter der Aufsicht der —> NASD ‖ Freiverkehrsmarkt ‖ **Computersprache** —> Maschinensprache

Confirming House [Ex] [bleibt unübersetzt] *Confirming House* selbständiger englischer Handelsmittler insbesondere für die Gewährleistung gegenüber europäischen Exporteuren im Überseegeschäft mit Commonwealthländern für risikoreiche Geschäfte mit dortigen Importeuren —> Comprador

consensus ad idem [Willens]übereinstimmung *consent to the matter*

Consols *consols* —> Anleihen

Container *container* ‖ **Containerdepot** [Mar] *marshalling area*

Controlling [Buchf] *controlling* Informations- und Führungsinstrument für das ganze Unternehmen als Entscheidungshilfe durch ergebnisorientierte Planung, Steuerung und Überwachung aller Bereiche und Ebenen des Unternehmens ["Kontrolle in die Zukunft"]

Copyright-Vermerk *copyright notice* ‖ **Alle Rechte vorbehalten, insbesondere das des öffentlichen Vortrags, der Übertragung durch Rundfunk oder Fernsehen und der Übersetzung auch einzelner Teile. Fotomechanische Wiedergabe nur mit Genehmigung des Verlages.** *This book is sold subject to the condition that it shall not, by way of trade or otherwise, be lent, re-sold, hired out, or otherwise circulated without the publisher's prior consent in any form of binding or cover other than that in which it is published and without a similar condition including this condition being imposed on the subsequent purchaser. All rights reserved.* ‖ *This book is protected by copyright. No part of it may be reproduced, stored in a retrieval system, or transmitted in any form or by any means, electronic, mechanical, photocopying or otherwise, without written permission from the Publishers*

County Court [Grafschaftsgericht] *county court* [englische Bezeichung stehenlassen und (notfalls) deutsche Übersetzung in Klammern] 1846 unter dem County Courts Act gegründet. Diese Zivilgerichte verhandeln bis zu einem Streitwert :: *amount of litigation* von £ 400,-. Insgesamt ca. 400 districts, die ihrerseits in circuits unterteilt sind. Vorsitz führen die circuit judges. Nach der Gerichtsverfassungsreform des County Court Act 1959 erstreckt sich der Zuständigkeitsbereich auf Vertragssachen, partnerships, Hypotheken (begrenzter Streitwert), Auflösung von Handelsgesellschaften, Vormundschafts- und Adoptionssachen ‖ **County Courts Act** Gesetz über die Einteilung Englands in County Court Districts [GB] 1846 und Novelle 1959 —> County Court

covered warrant gedeckter —> Optionsschein

C.P. [GB] [Abbr] *Common Plea Cases*

C.P.A. *certified public accountant* —> Wirtschaftsprüfer

Cross-Border *cross-border* ‖ **Cross-Border Leasing** [Leas] *cross-border leasing* grenzüberschreitendes Leasing, d.h. Leasing-Gesellschaft und

Crowding out

Leasing-Nehmer befinden sich in verschiedenen Staaten

Crowding out [W/Z] eine expansive Fiskalpolitik, die [durch zinstreibenden Effekte der Kreditfinanzierung der Staatsausgaben] zu einer Verdrängung privater Investoren vom Kapitalmarkt führt

CS *conversion to sales* **Umwandlung in Verkauf**

CSTE *Commodity Classification for Transport Statistics in Europe* **Internationales Güterverzeichnis für die Verkehrsstatistik**

CSU [Part/D] —> Christlich-Soziale Union

D/A document against acceptance
Dokumente gegen Akzept

da [VölkR] *whereas* —> angesichts

DAB [Abbr] **Deutsches Arzneibuch** *German Pharmacopoeia*

dabei *in this*

DAC [Abbr] *Development Assistance Committee* **Entwicklungshilfekomitee der OECD**

dämpfend [Man/ArbR] *constraining* bezogen auf den Arbeitskampf zwischen den Tarifpartnern, die nach dem Prinzip der Verhältnismäßigkeit "dämpfend und entpolitisierend", i.e. *regulating, constraining and depoliticising* handeln müssen —> Gebot der Verhältnismäßigkeit

danach *thereafter*

darauf bezogen *related*

darlegen [seinen Fall ~] *to present [one's case]* —> darstellen || informieren

Darlegung *statement*

Darlehen *loan* || **Darlehensnehmer** *credit receiver* || *credit user* || **Darlehensvertrag** *contract for the loan of money* —> Kredit[...]

Darreichungsform und Packungsgrößen auf Patienteninformationen *how supplied*

darstellen *to represent* || *to purport*

darüberhinausgehend *excess [...]* || *in excess of*

darunter [Stat] *of which* —> davon

Dasein Entität *entity* —> Rechtsträger

Daten *data* —> Klartext || [keine] **verfügbare Daten** [Med] *[no] track record* || **Datenbank** [EDV] *data bank* || *data base* || **Datenbasis** —> Datenbank || **Datenerfassung** [EDV] [Zentrale Zusammenfassung der Daten] *data collection* || [Identifikation von Daten] *data acquisition* || [effektive Eingabe] *data entry* || **Datenfernübertragung** [snetz] [EDV] *telecommunication [networks]* || **Datenfernverarbeitung** [EDV] *remote data processing* || *teleprocessing* || **Datensatz** [EDV] *record* || **Datenschutzbeauftragter** [BRD] *Federal Data Protection Commissioner* || **Datenschutzkommission** [EDV] *committee on privacy* || **Datensichtgerät** [EDV] *console display* || *display station* || **Datenstruktur** [EDV] *data structure* || **Datenzugriff** [EDV] *access to data* —> Einsicht

Datum *date* —> Tag || Zeitpunkt || Inkrafttreten || **Datum der Genehmigung** *date of acceptance*

Dauer *length* || *period* || *validity* —> Gültigkeit || **für die Dauer des Abkommens** [oder Vertrages] *for the life of this agreement* || *during the validity of the agreement* || **Dauerauftragsermächtigung** *direct debit authorization* || **Dauerausschreibungsverfahren** [für Agrarerzeugnisse] *standing invitation to tender*

davon einschließlich *including those* || **davon - fällig 1997 / - fällig 1998** *of which - due in 1997/- due in 1998*

83

DAX[-Index] *DAX [index]* [Bör] **Deutscher Aktienindex** Einführung 1. Januar 1988. Basiert auf Kursentwicklung von 30 an der Frankfurter Wertpapierbörse als Laufindex während des Börsenhandels minütlich notierten Aktien. Dient ferner als Basis für den deutschen Index-Terminhandel. Aktienkurse auf dem Index werden bereinigt um Kapitalveränderungen und Dividendenabschläge (gewichtet nach zugelassenem Grundkapital), womit der DAX als Performance-Index die gesamte Wertentwicklung widerspiegelt

d/c *delivery clause* Teil der delivery order (d/o), eine Klausel in intern. Kaufverträgen mit der Eigentümer der Ware den Frachtführer oder Lagerhalter anweist, unter welchen Bedingungen die Auslieferung der Ware zu erfolgen hat —> Abweichungsklausel

DCF *discounted cash flow method* dynamische Investitionsrechnung

DDR *GDR* [Abbr] **Deutsche Demokratische Republik** *German Democratic Republic* bis zur Vereinigung Deutschlands am 3.10.1990 —> Deutsch ‖ Bundes[...] ‖ FNL

Debatte *question* ‖ *debate* ‖ *discussion* ‖ **Ich beantrage den Schluß der Debatte** *I move that the question be now put*

Debet —> Debit[oren]

Debitoren [Buchf] *debtor* ‖ [Bil] *accounts receivable* ‖ *receivables* ‖ **Debitorenbuchhaltung** *accounts receivable* ‖ **Debitorenbuchungen** *accounts receivable entries* ‖ **Debitorenjournal** *accounts receivable transactions register* ‖ **Debitorenkonto** *debtor account* ‖ **Debitorenkontoauszug** *A/R statement* ‖ **Debitorensaldo** offener Saldo *balance due* ‖ *current balance*

Decisionmaker Entscheidungsträger [Man] *decision maker*

decken [Kosten] [zurück]erstatten *to reimburse*

Deckung A ‖ B ‖ C —> Institute Cargo Clauses ‖ **Deckung des Annahmerisikos** [Ex] *non-acceptance coverage* Deckung gegen willkürliche Verweigerung der Annahme oder Weigerung des Käufers, die Ware anzunehmen ‖ **Deckung der Ausfuhrrisiken** [VersR] *post-shipment coverage* ‖ **Deckungsbeginn** *commencement of cover* ‖ **Deckungsdauer** [VersR] *period of cover[age]* ‖ **[jeweiliges] Deckungserfordernis** *current guaranteed amount* ‖ **Deckungshöchstbetrag** [Ex] *maximum amount of coverage* ‖ **Deckungsquote** *guaranteed percentage* ‖ *guaranteed portion* ‖ *insurance percentage* ‖ *insured percentage* ‖ [VersR] *percentage of cover* ‖ **Deckungsquote für kommerzielle Risiken** *commercial insured percentage* ‖ **Deckung kommerzieller und politischer Risiken** [Ex] *comprehensive coverage guarantee (policy)* protection against both commercial and political risks ‖ **Deckung der Produktionsrisiken** *contract coverage* Protection against political and certain commercial credit risks during the period of fabrication of products for which sales contracts have been signed ‖ **Deckung bei rückläufiger Kursentwicklung** bei Wertpapierbeleihung zur weiteren Deckung —> Nachschußforderung

Deficit Spending [Konj] *deficit spending* Kreditfinanzierung von Haushaltsdefiziten in konjunkturschwachen Zeiten als Instrument staatl. Wirtschaftspolitik —> crowding-out

definieren —> bestimmen

Defizit *shortfalls*

degradieren [Mil] *to reduce to lower rank or grade* || *to demote*

degressive Mietrate [Leas] *declining payments*

DEGT [Abbr] **Deutsche Eisenbahn-Gütertarif** German Railways Tariff

deichseln [coll] *to manipulate* || *manage*

Delegation [von Aufgaben] [Man/Org] *delegation* || **Delegationen beim Rat** [VölkR] *delegations to the council* || **Delegationsprinzip** *principle of delegated authority*

deletär —> tötlich

Delikte *misdemeanor* || **Deliktfähigkeit** [BRD] *liability in / for tort* Haftung für unerlaubte Handlung ab 7. Lebensjahr. [GB] unbeschränkte Haftung, ohne Rücksicht auf das Alter des Minderjährigen: Verschulden (guilty state of mind) oft wegen fehlender geistiger Reife nicht feststellbar (mental maturity) || **deliktisch** —> Schadenszufügung

demonstrieren gegen *to protest against*

Deport [Bbank] [Bör] *forward discount* Im Devisenterminhandel der Unterschied zwischen dem Kassakurs und dem Terminkurs einer Währung, wenn diese per Termin unter dem Kassakurs gehandelt wird

Depositen [BankR] *deposit* || **Depositenkonto** *deposit account* für befristete Einlagen [BankR] *deposit account with a bank* i.G.z. Girokonto :: *giro account* oder Korrentkonto :: *current account* || **Depositenzertifikate** [mit drei Monaten Laufzeit] *certificates of deposit [with maturities of three months]* —> Einlagenzertifikate

Depot [BankR] *deposit* zur Verwahrung gegebener Gegenstände || **Depotbank** *custodian bank* || **Depotgebühren** *custodian fees*

der || **die** || **das** *this [that]* [≠ dieser / vorliegend] || *the present [...]*

Deregulierungsmaßnahmen *deregulatory measures*

Dereliktion *dereliction of title* Verzicht/Aufgabe auf das Eigentum

Derrickkran [Tech] *derrick crane*

Design *design* —> Ausführung || **Designmodell** *design model*

Desinvestition [InvR] *disinvestment* [nicht einheitlich definiert] teilweise oder vollständige Aufgabe bzw. Veräußerung von Investitionsobjekten vor Ablauf ihrer wirtschaftlichen Nutzungsdauer verstehen

detailliert *itemized* —> Rechnung || **so detailliert wie möglich** *in as detailed a way as possible* || **detaillierte Rechnung** [Buchf] *specified Rechnung* *specified invoice*

deutlich *significant* ‖ **deutliches Zinsgefälle** *significant interest differential*

deutsch *German* ‖ **Deutscher German** Staatsangehörigkeit nach Art. 116 GG ‖ **Deutscher Aktienindex** —> DAX-Index ‖ **Deutsche Anlagen im Ausland** [Bbank] *German investment abroad* ‖ **Deutscher Bund** [1820-1866] *German Confederation* ‖ **deutsche Bundesländer** *German Länder* —> Bundesländer ‖ FNL ‖ **deutsches Modell** [Man/Org/ArbR] *German model* ‖ **Deutsches Reich** *German Reich* ‖ **Deutsche Zentrale für Tourismus e.V.** *German National Tourist Board* ‖ **Deutscher Zollverein** [SteuerR/1834] *German Customs Union*

Deutschland Bundesrepublik Deutschland :: Federal Republic of Germany ‖ **ehemaliges Ost- und Westdeutschland** bis zur Vereinigung Deutschlands am 3.10.1990 *[...] what until October 3rd [1990] were the two German states*

Devisen *foreign exchange* ‖ **Devisenausländer** [SteuerR/D] *non-resident* —> Steuerpflichtige ‖ **Devisenbewegungen** [Bbank] *foreign exchange movements* ‖ **Devisenbewirtschaftungsmaßnahmen** *exchange controls* ‖ *foreign exchange controls* d.h. Exporteure müssen Devisen bei der Bank angeben, Importeure müssen Devisen beantragen, um eine Kontrolle zu ermöglichen ‖ **Deviseninländer** *resident* ‖ **Devisenkassageschäft** [Bbank] *foreign exchange spot deal* Entsprechend den vertraglichen Vereinbarung über den Zeitpunkt der Erfüllung eines Devisengeschäfts unterscheidet man zwischen Devisenkassa- und Devisentermingeschäften. Dabei gelten die "sofort" (d.h. mit einer Valutierungsfrist von 2 Tagen) zu erfüllenden Abschlüsse als Kassageschäft ‖ **Devisenkassahandel** [Bbank] *spot exchange trading* ‖ *spot foreign exchange transaction* —> Devisenkassageschäft ‖ **Devisenkassakurs** [Bbank] *spot exchange rate* ‖ *spot rate of exchange* Kurs, zu dem Devisenkassageschäfte abgeschlossen werden ‖ **Devisenmärkte** *foreign exchange markets* ‖ **Devisenpensionsgeschäft** [Bbank] *foreign exchange transaction under repurchase agreement* bes. Form des Pensionsgeschäfts. Bbank kauft den Kreditinstituten best. Vermögenswerte wie Wechsel, Wertpapiere, Devisen - in der Gegenwart ab oder dient diese mit der Maßgabe an, daß diese Geschäfte zu einem genau festgelegtem Zeitpunkt sowie zu einem vorher fest vereinbarten Kurs oder Zinssatz wieder rückgängig gemacht werden. Kombination aus Kassageschäft mit gegenläufigen Termingeschäft, wobei Zins (als Differenz zwischen Kassa- und Terminkurs) und Zeitpunkt des Rückkaufs vorher fest vereinbart wird. Bei D. stellt sie Zentralbankgeld zur Verfügung. Es werden jedoch nicht effektiv Devisen in Pension gegeben, sondern Bbank tritt nur für die vereinbarte Zeit ihren Herausgabeanspruch an die Banken ab, d.h. es werden Ansprüche in Pension genommen. Devisenbestände bleiben unberührt, Geschäftsbanken zahlen DM-Gegenwerte an Bbank. Vorteil gegenüber Devisenswaps sind geringere Transaktionskosten, da keine Geldmarktanlagen der Bbank in USA aufzulösen sind ‖ **Devisenswap** *foreign exchange swaps* Bbank verkauft für kurze Fristen Devisen - faktisch immer Dollar -, die von Kreditinstituten nach Ablauf der Frist zu einem festgesetzten Kurs wieder zurückgekauft (= zurückgegeben)

Dezentralisierung   Dienstleistungen

werden. Vorteil liegt für Bbank in der Schaffung bzw. Abschöpfung von Zentralbankgeld ‖ **Devisenterminkurs** [Bbank] *forward rate [of exchange]* ‖ *forward exchange rate* der Kurs [Preis], zu dem Devisentermingeschäfte abgeschlossen werden

Dezentralisierung   [Man/Org]   *decentralization*

Dezernat   [VwO/D]   *service* ‖ *section* ‖ Amt   *department*

Dezernent   [VwO/D]   *head of department* ‖ *head of service* ‖ *head of section*

DFÜ —> Datenfernübertragung

Diabologeschoß [Bal] *waisted pellet*

dictum   Kurzform für *obiter dictum* [pl. dicta] beiläufige Äußerung [einer Rechtsansicht], auf der die Entscheidung selbst nicht beruht und die i.G.z. ratio decidendi nicht bindend ist. Diese Bemerkungen können [in keinem Fall bindender] Teil der Entscheidung sein; ihr Zweck ist im wesentlichen die Illustration oder Analogie zur Darstellung der Entscheidungsgründe eines Falles durch einen Richter —> Entscheidungsmaterial :: digests

die [-se/-...]   *such* ‖ **zwei Personen, die die gleichen Voraussetzungen/Anforderungen erfüllen** [...] ["solche" ist in der Übersetzung eher zu vermeiden] *Persons having wide experience, two such persons nominated* [...]

Diebstahl   *larcency*   Theft [popular name for larcency] ist jedoch umfassender als Diebstahl und enthält auch z.B. embezzlement :: Veruntreuung ‖ Unterschlagung ‖ **Einbruchdiebstahl** [StrafR] *burglary* ‖ *theft by breaking and entering* ‖ **Ladendiebstahl** *shoplifting* ‖ *larcency of merchandise from a store or business establishment* vollendeter Diebstahl nach § 242 StGB ‖ **leichter Diebstahl** Diebstahl bis zu best. Wertgrenze (z.b. $100,-) *petit larcency* ‖ *petty larcency* **schwerer Diebstahl** [USA] *grand larcency* ‖ **Diebstahlversicherung** *larcency and theft insurance*

dienendes Grundstück   *servient estate*—> Grunddienstbarkeit :: *easement*

Dienst   *service* ‖ **Dienste** —> Schenkung für geleistete Dienste ‖ gute Dienste ‖ **dienstälter** *senior* ‖ **Dienst**[leistungs]**auftrag** *order service* ‖ **Dienst nach Vorschrift** [GB] *work-to-rule* [campaign] —> Bummelstreik

Dienstbarkeit —> Grunddienstbarkeit

Dienstbezüge *emoluments* Bezüge ‖ **Dienstbote** *servant* ‖ **dienstfrei haben** dienstfrei[e Zeit] [Mil] *to be on leave* ‖ **nur für den Dienstgebrauch** *restricted [use]* ‖ **Dienstherr** *employer under public law* juristische Person des öffentlichen Rechts, der die sogenannte Personalhoheit zusteht, d.h. das Recht, Beamte zu haben. Diese **Dienstherrenfähigkeit** steht dem Bund, den Ländern, Gemeinden sowie Gemeindeverbänden zu   :: *juridic person under public law which is entitled to employ civil servants* —> principal

Dienstleistungen [BankW] *services* ‖ **fremde Dienstleistungen** [Buchf] *purchased service* ‖ *outsourcing* ‖ **gebührenpflichtige Dienstleistungen**

Dienststelle — dingen

[Buchf] *sold support* support provided against charge, over and above the provision agreed in the sales/lease agreement ‖ **öffentliche Dienstleistungen** *public utilities* ‖ **Dienstleistungsgarantie** *services policy* ‖ **Dienstleistungs- und Informationsgesellschaft** [Soz] *post-industrial society* eigentlich nach Daniel Bell eine post-industrielle Gesellschaft ‖ *service and information society* ‖ **Dienstleistungs-Leasing** *maintenance lease* ‖ **Dienstleistungsmarken** [USA] [15 U.S.C.A. § 1127]. [BRD] [Warenzeichengesetz/WZG] *service marks* Kennzeichen von Dienstleistungsunternehmen zur Unterscheidung ihres Unternehmens bzw. ihrer Leistungen [z.B. Symbole, Firmenabkürzungen]. Es gelten sinngemäß die Vorschriften über Warenzeichen ‖ **Dienstleistungsunternehmen** *services companies*

Dienststelle Amt [VwO/B.W.] *department* ‖ [ausführend] *implementing agency*

Dienstverhältnis *contract of employment* im Prinzip jedes Rechtsverhältnis, in dem ein abhängig (= nicht-selbständig) Beschäftigter eine Dienstleistung erbringt —> Dienstvertrag :: *employment contract* wie z.B. der —> Arbeitsvertrag [auch Beamte] —> Einkünfte aus nichtselbständiger Arbeit ‖ **Dienstvertrag** [§ 611 BGB] [Arbeitsvertrag] *employment contract*

Dienstzeit *years of service* Zeitspanne der Betriebszugehörigkeit eines Arbeitnehmers

diese ‖ **-er** ‖ **-es** *aforesaid* ‖ [VölkR] **Jeder Änderungsvorschlag zu diesem Übereinkommen bedarf auf** dieser Konferenz der Zustimmung durch die Mehrheit aller Vertragsstaaten [...] :: *Any proposed amendment to the agreement must be approved at the meeting aforesaid by a majority of all the Contracting States [...]* ‖ **dies vorausgeschickt,** [haben die Vertragsparteien folgendes vereinbart:] *now therefore,* [the parties have agreed as follows:]

diesjährige Einkünfte *year-to-date earnings*

Dieselkraftstoff *diesel fuel* ‖ **Dieselmotor** [Tech] *diesel fuel-engine*

Differenzbetrag *balance* —> Saldo ‖ **Differenzbetrag zwischen der Gesamtsumme von** [...] **und der genannten Summe** *such further sum as will amount with [...] to a total equal to the said sum [...]*

Differenzierung der Margen entsprechend den Risiken hat sich im internationalen Kreditgeschäft verstärkt :: *in international lending business there was greater diversification of margins in line with risks*

digitale Abschreibung —> Abschreibung

diligentia quam in suis —> Sorgfalt in eigenen Angelegenheiten

DIN Deutsches Institut für Normung e.V. zur Kennzeichnung genormter Gegenstände jedermann freigestellter Name ‖ **DIN Format** *German standard paper size* ‖ **DIN A-4 Format** *letter size* ‖ Langformat *legal size*

dingen [arch] —> anstellen

dinglich gesicherter Kredit [BankW] *secured credit* ∥ **dinglich gesicherter Vorbehalt** *restricted covenant* ∥ *restrictive covenant* z.B. über die Nutzung einer Sache bzw. das Verbot bestimmter Nutzungen ∥ **dingliches Recht an der Ware** [häufig als zusätzliche Vereinbarung bei Wechselgeschäften] *ad-rem charge* ∥ **dingliches Recht an Immobilien** *legal estate* Bestellung und Übertragung durch gesiegelten und von den Parteien unterzeichneten Vertrag. Durch formlose Bestellung oder Übertragung eines dinglichen Rechts an einem Grundstück entsteht nur schwächeres *equitable interest estate*. [GB] Seit dem Law of Property Act 1925 gibt es nur noch zwei *legal estates* [in land] a) *estate in fee simple absolute in possession* b) a *term of years absolute*. Alle anderen *estate* sind nur *equitable interest*

Diplom[...] [*diploma* —> Hochschulzugangsberechtigung] *[academically] diploma'd* ∥ *qualified* ∥ *graduate* ∥ [university] *degree* ∥ [Fach(hoch)schule] *certificate*

Diplomat *diplomatic agent* ∥ **Diplomatenpaß** *diplomatic passport* ∥ **diplomatisch** *diplomatic* ∥ **diplomatische Mission** *diplomatic mission* ∥ **diplomatischer Vertreter** *envoy* ∥ **auf diplomatischem Wege** *through diplomatic channels* ∥ **Der Minister sendet auf diplomatischem Wege eine beglaubigte Abschrift [...]** *the ministry shall forward, through diplomatic channels a certified copy to each of the contracting states*

Diplomingenieur [AuxT] *diploma'd engineer* ∥ *Bachelor of Engineering, B.Sc. (Eng.)* ∥ **Diplomprüfung** [AuxT] *diploma examination* ∥

Diplomvolkswirt [AuxT] *diploma'a economist* ∥ *Bachelor of Economic Science* ∥ *B.Sc. (Econ.)*

direct-leasing-Geschäft [Leas] *direct leasing* Leasing-Geschäft, bei dem eine Bank der Leasinggeber ist

direkt an [dessen] Order *direct* —> Direkt[...] ∥ unmittelbar *directly* ∥ **sich direkt miteinander in Verbindung setzen** *to communicate directly with each other* ∥ **direktes Finanzierungs-Leasinggeschäft** [Leas] *direct financing lease* ∥ **direktes Leasing** Hersteller-Leasing *merchandising leasing* Direktvermietung des Leasinggegenstandes durch den Hersteller oder Händler ∥ **direkte Steuer** *direct tax* ∥ **direkte oder indirekte Zusagen** *implied or expressed warranty*

Direktimporteur *direct importer* ∥ **Direktinvestitionen der Bundesrepublik Deutschland** [Bbank] *direct investment position of the Federal Republic of Germany* ∥ **Direktkredit** *direct credit* —> gebundener Finanzkredit ∥ *direct lending* ∥ *direct loan* ∥ **Direktvermietung** —> direktes Leasing ∥ **Direktversicherung** *direct insurance* Form der betrieblichen Altersversorgung nach dem Gesetz zur Verbesserung der betrieblichen Altersversorgung [BetrAVG v. 1974; Betriebsrentengesetz] bei der vom Arbeitgeber für den Arbeitnehmer oder seine Hinterbliebenen eine Lebensversicherung auf das Leben des Arbeitnehmers abgeschlossen wird

Direktion —> Geschäftsleitung ∥ **Direktionsausschuß** *directing committee* ∥ **Direktionsausschuß für Kernenergie** *Steering Committee for Nuclear Energy*

Direktive   **Dividende**

Direktive [Man] *management policy* ‖ **Direktiven erlassen** Richtlinien *to adopt directives*

Direktor [GB] *manager* ‖ [Gymnasium] *principal* ‖ **Direktorium** Amt [VwO/Bayern] *department* ‖ [Kunstwort] *board of directors*—> Verwaltungsrat ‖ Aufsichtsrat ‖ [Bbank] *board of managers and govenors* ‖ **Direktoriumsmitglied** Führungskraft *director* Mitglied des Direktoriums eines Unternehmens in der Privatwirtschaft [nicht mit "Direktor" übersetzen]

Discount Broker [Bör] *discount broker* Broker, der Aufträge für extrem niedrige Provision abwickelt

Diskont —> Diskontsatz ‖ **diskontfähiger Handelswechsel** Warenwechsel *trade bill* ‖ **Diskontierung** *discounting* —> Abzinsung ‖ **Diskontkredit** *discount loan* kurzfristiger [und mit einer der billigsten] Kredit bis zu drei Monaten. Berechnung der Zinsen aus dem Wechselbetrag mit sofortigem Abzug (diskontieren). Zinssatz der Bbank [Kredite nur an Kreditinstitute]—> Diskontsatz ‖ **Finanzierungsprogramm durch die Gewährung von Diskontkrediten** [EG] *discount loan program* ‖ **Diskontsatz** [Bbank] *discount rate* Zinsbetrag, den die Bbank den Geschäftsbanken von der auszuzahlenden Wechselsumme für einen ihr heute zum Rediskont gegebenen Wechsel für die Zeit bis zur Fälligkeit des Wechsels abzieht ‖ **Diskontsatz der Bank of England** [Bank of England ist die Zentralnotenbank von GB] *Bank Rate* ‖ **Diskontsatz heraufsetzen** [Bbank] *to raise the discount rate* ‖ **Diskontspesen** *discount charges*

diskriminierend *discriminatory*

Diskriminierung *discrimination*

diskutieren —> erörtern ‖ beraten ‖ Streitigkeiten

Dispenser[-Karton] [Verp] *dispenser box*

Disqualifizierung *disqualification* —> Unfähigkeit

Disziplin *discipline* —> [Mil] Moral ‖ **rein mathematisch-naturwissenschaftliche und angewandte Disziplinen** *students of disciplines of pure and applied sciences* ‖ **disziplinarische Beziehung** [Man/Org] *solid line relationship*

Diversity-of-Citizenship[-Regel] [USA] *diversity of citizenship* In der amerikanischen Verfassung [Art. III § 2 verankertes Prinzip, nach dem Rechtsstreitigkeiten zwischen Bürgern aus verschiedenen [Einzel-]Staaten oder zwischen Ausländern [aliens] und einem Bürger eines Einzelstaates in die Zuständigkeit der Bundesgerichte fallen, sofern gewährleistet ist, daß der Streitwert nach 28 U.S.C.A. § 1332 erreicht ist und das Urteil im Grundsatz einem Urteil entspricht, das auch vor einem einzelstaatlichen Gericht gefällt worden wäre [der sogenannte Outcome test]

Dividende *dividend* ‖ **Dividende auf kumulative Vorzugsaktien** *cumulative dividend* —> kumulative Vorzugsaktien ‖ **Dividende auf Stammaktien** *common [stock] dividend* —> Stammaktien ‖ **Dividende auf Vorzugsaktien** *preferred stock dividend* ‖ **konzerninterne Dividenden** *intercompany dividend* von

Dividendenabschlag · Dividendenoptik

Tochter- oder Muttergesellschaften gezahlte Dividenden, die im Konzernabschluß zu eliminieren sind ‖ **Dividende pro Aktie** *dividend per share* ‖ **unbare Dividende** *noncash dividend* ‖ **Dividenden-/Gewinnausschüttung der AG** *distribution payout* ‖ **Dividenden-Kapitalerhöhung** *dividend round tripping procedure* —> Schütt-aus-Hol-zurück-Verfahren :: dividend re-investment

Dividendenabschlag *stock reduction on ex dividend date* Reduzierung des Börsenkurses von Aktien um den Betrag der ausgeschütteten Dividende ‖ **Dividendenanspruch** *dividend claim* —> teilweise syn. gebraucht zu Recht auf Dividende. [BRD] Anspruch durch —> Gewinnverwendungsbeschluß § 174 AktienG. [USA] durch Ausschüttungsbeschluß des board of directors —> Verfahren der Dividendenzahlung ‖ **Dividendenausschüttung** *dividend distribution* ‖ *dividend payout*

dividendenberechtigt *to be entitled to dividend* Teilweise syn. gebraucht zu allg. —> Recht auf Dividende; i.d.R. spricht man von dividendenberechtigt jedoch nur i.Z.m. einem best. Zeitpunkt, von dem ab eine Aktie an Dividendenausschüttungen teilnimmt bzw. nicht mehr teilnimmt, nämlich bei neuen Aktien (Kapitalerhöhungen) sowie i.Z.m —> Dividendenabschlag ‖ **Dividendenbewertungsmodelle** *dividend valuation models* Kapitaltheoretische Modelle zur Bestimmung des im Aktienkurs zum Ausdruck kommenden Unternehmenswertes. Aktienkurswert [Unternehmenswert] als —> Barwert der künftigen Dividendenströme —> Dividendenthese

Dividendeneinkommen [SteuerR] *dividend income*—> Dividendenerträge

‖ **Dividendenentscheidung** *dividend decision* Entscheidung darüber, welcher Teil des Gewinns als Dividende ausgeschüttet und welcher einbehalten werden soll. —> Dividendenanspruch —> Verfahren der Dividenenzahlung ‖ **Dividendenerträge** [SteuerR] *dividend income* ‖ *dividends received* Einkommen (oder Einkünfte) in Form von Dividenden. Die in der Gewinn- bzw. Verlustrechnung eines buchführenden Aktionärs zu erfassenden vereinnahmten Dividenden ‖ **Dividendenerwartungen** *dividend expectations* ‖ *expected dividend income* Die in Dividendenbewertungsmodelle eingehenden Annahmen über die künftigen Dividendenströme einer Unternehmung

Dividendenforderungen *dividend receivable* Die in der Bilanz eines buchführenden Aktionärs zu erfassenden, fälligen, noch nicht vereinnahmten Dividenden. ‖ **dividendenfreudige Gesellschaften** *corporations with high payout ratios* Gesellschaften mit hohen Ausschüttungsquoten

Dividendenkontinuität *dividend stability* ‖ *stable dividend policy* Aufrechterhaltung eines konstanten Dividendensatzes über einen längeren Zeitraum

dividendenlos *without dividend payout* Bezeichnung, die entweder für Unternehmen (dividendenlose Gesellschaften) oder bezüglich Zeiträumen (dividendenlose Jahre) verwendet wird

Dividendenoptik *dividend payout for window-dressing purposes* Dividendenausschüttungen mit dem Hauptzweck, einen günstigen Eindruck von der finanziellen Lage der Unternehmung zu vermitteln

Dividendenpolitik *dividend policy* Gestaltung aller mit der Ausschüttung von Gewinnen zusammenhängenden Maßnahmen, [theoretisch unterstelltes] Unternehmensziel ist die Maximierung des Vermögens der Aktionäre :: maximization of shareholders' wealth. Problematik: Einschätzung der gegenwärtigen Dividende :: current dividend gegenüber Kurswertsteigerungen in der Zukunft :: capital gains —> Gewinnthese || Dividendenthese

Dividendenrendite *dividend yield* finanzwirtschaftliche Kennzahl für das Verhältnis von Dividende/Börsenkurs

Dividendensatz *dividend rate* In Prozent des Aktiennennwertes oder als absoluter Betrag je Aktie ausgedrückte Dividende || **Dividendenscheck** *dividend check* —> Verfahren der Dividendenzahlung || **Dividendenschein** [BRD] *dividend coupon* üblicherweise in einem Bogen zusammengefaßte Berechtigungsscheine [Urkunden], die den Aktien üblicherweise beigegeben werden und den Inhaber [Aktionär] zum Bezug der fälligen Dividende berechtigen. Der letzte Abschnitt des Dividendenbogens ist üblicherweise ein Erneuerungsschein || **Dividendenstrom** *dividend stream* In Dividendenbewertungsmodellen unterstellte künftige Dividendenzahlungen

Dividendentermin [USA] *record date* Die im Aktionärsregister eingetragenen Aktionäre haben Anspruch auf Dividenenzahlung an diesem Stichtag —> Verfahren der Dividendenzahlung || **Dividendenthese** *dividend relevance proposition* Theoretischer Ansatz i.G.z —> Gewinnthese, bei dem unterstellt wird, daß es den Aktionären nicht gleichgültig ist, ob Gewinne der Unternehmung in Form von Dividenden oder durch Realisierung von Kurswertsteigerungen zufließen, sondern daß der [im Kurswert ihrer

Aktien zum Ausdruck kommende] Wert der Unternehmung durch die gegenwärtigen und erwarteten künftigen Dividendenzahlungen bestimmt wird —> Dividendenbewertungsmodelle

Dividendenverbindlichkeiten —> Verfahren der Dividendenzahlung :: dividend payment procedure

Dividendenzahlung *dividend payment* Die von der Gesellschaft geschuldeten Dividenden. [BRD] noch nicht eingelöste Dividendenscheine für fällige Dividenden. [USA] fällige Dividenden sind dann in der Bilanz auszuweisen, wenn der Bilanzstichtag zwischen dem declaration date und dem payment date liegt —> Verfahren der Dividendenzahlung

DJI [Bör] —> Dow-Jones-Index

D/Lc *document against letter of credit* —> Dokument gegen Akkreditiv

DM-Auslandsanleihen [Bbank] *DM foreign bonds*

d/o *delivery order* Teilscheine —> Lieferscheine

Dokument *document* || **in diesem Dokument** *by these presents* || **in this document** || **Sortieren und Nachbearbeiten von Dokumenten** *documentation* || **Dokument gegen Akkreditiv** *document against letter of credit* || [Abbr] *D/Lc* Akkreditiv: Zahlungsform im Außenhandel, bei der der Kunde seine Bank beauftragt, an seinen Lieferanten unter best. Bedingungen (z.B. Vorlage von Verschiffungsdokumenten) einen Geldbetrag auszuzahlen. Ein A. wird "eröffnet". Üblicherweise "unwiderrufliches A.", das sicherstellt, daß Importeur sich nicht einseitig seiner Zahlungs-

Dollar   **drei...**

verpflichtung entzieht. Beim "bestätigten Akkreditiv" übernimmt die bestätigende Bank zusätzlich neben der eröffnenden Bank eine eigene Verpflichtung || **Dokumentar-Inkasso** *documentary collection* || **Dokumentation** *documentation* || **Dokumenten-Akkreditiv** [Ex] *credit on security*

Dollar [coll] *greenback* || **Dollarstärke** *dollar strength*

Domizilwechsel [WechselR] *domiciled bill of exchange* || *addressed bill of exchange* Wechsel mit einem anderen Zahlungsort als dem Wohnsitz des Bezogenen

Donaukommission *Danube Commission*

Doppelbesteuerung —> Abkommen zur Vermeidung || **Doppelhaushälfte** *semi-detached house* || **doppelseitig** —> Anzeige || **Doppelspitze** *double top* [Chartanalyse / Bör] Trendumkehrformation. Nach hohem Kurswert starker Einbruch im Abstand mehrerer Monate || **Doppelstaatsangehörigkeit** *double citizenship* || **doppelte Buchführung** *double entry bookkeeping*—> Doppik || **Doppelwährungsanleihen** *dual currency bonds* || **Doppelzählung** [Stat] *double-counting*

Doppik *double entry bookkeeping* Kurzbezeichnung für die doppelte Buchführung. Jeder Geschäftsvorfall löst Veränderungen auf zwei Konten aus

Dos-á-dos-Akkreditiv —> Akkreditiv

Dosierung *dosage* || **übermäßige Dosierung** *overdosage* || **Dosierungsanleitung und Art der Anwendung** [Med] *dosage and administration*

Dosimeter *dosimeter* || **Dosimetrie** *quantimetry*

Double Dip [Leas] *double-dipping* Abschreibung wird sowohl im Land des Leasing-Gebers als auch im Land des Leasing-Nehmers in Anspruch genommen

Dow-Jones-Index *Dow-Jones-Index* [Abbr] *DJI* [seit 1897] börsentäglich errechneter New Yorker Index der 30 ersten Industrieaktien [sowie 20 Eisenbahn- und 15 Versorgungswerte]

D/P *document against payment* Dokumente gegen Kasse. Zahlungsbedingungen im Außenhandel. Der Käufer verpflichtet sich, bei Vorlage der Dokumente Zahlung zu leisten. Die Dokumente stellen praktisch die Gewähr dar, daß die Ware tatsächlich versandt wurde. I.d.R. als Vorauszahlung, da Versanddokumente mittels Luftpost vor der Ware eintreffen —> P/D

D.PP *Director of Public Prosecution*

Draufgabe *deposit money* Anzahlung beim Grundstückskauf [besonders in GB meist 10% des Kaufpreises] *money lodged with a person as an earnest or security for the performance of some contract, to be forfeited* (verfallen || verwirken) *if the depositor fails in his undertaking. It may be deemed to be part payment, and to that extent may constitute the purchases the actual owner of the estate* || **Draufgeld** —> Draufgabe

drei [...] *tri-* || *three-* —> Dritt[...] || **dreidimensionales Modell** zur Bestimmung der Effektivität des Führungsstils [Man] *tri-dimensional leader effectiveness model* —> LEAD || **Dreiecke**

Dringlichkeit   Durchgang

[Chartanalyse/Bör] *triangles* ‖ **Abwärtsdreieck** *descending triangle* ‖ **aufsteigendes Dreieck** *ascending triangle* ‖ **symmetrisches Dreieck** *symmetrical triangle* ‖ **Dreier-Übereinkommen** Dreiparteien-Übereinkommen *tripartite agreement* ‖ **Dreimonatsgeld** *three-month fund* ‖ **13. oder 14. Monatsgehalt** *[13th or 14th month] year-end-bonus*

Dringlichkeit *urgency* ‖ *priority* ‖ **Dringlichkeitsantrag** *[motion of] urgency* ‖ **Dringlichkeitsstufe** *priority [class]* ‖ **Fälle besonderer Dringlichkeit** *critical circumstances* ‖ *first priority* ‖ *top priority* ‖ **Dringlichkeitsvermerk** *priority note*

Drittelbeteiligung [BetrVG] *[...] taking one third of the seats* [nicht "equal say"]

Dritter *third party* —> gutgläubige Dritter

Drittländer [≠ "Drittstaaten"] *third countries* Im Verhältnis zur EG alle Staaten, die nicht Mitglied der Europäischen Gemeinschaft sind

Drogenbeobachtungsstelle [EU] *European Drugs Observatory* Sitz: Lissabon ‖ **Drogen- und Rauschmittelschmuggel** [ZollW] *illicit traffic in drugs* —> Betäubungsmittel

Drohung —> Zwang

Druck *print* ‖ **Druckauflagen** *printings* ‖ **Aufstellung über alle Druckauflagen und den Verkauf des Werkes** *an account of all printings and sales of a work* ‖ **Druckfreigabe** [Press] *approval for*

printing ‖ **Drucktype** *type* ‖ **Druckvorlagen** *print proofs* ‖ Formular *[printed] form*

Dry-Leasing [Leas] *dry lease* nur zur Finanzierung eines Flugzeugs —> Wet-Leasing

Dummy[-Packung] [Verp] *dummy*

durch *by operation of* ‖ *through*

Durchfahrtsrecht [Mar] *passage right* ‖ **Durchfuhr** [SteuerR] *transit goods* ‖ **Durchfuhrland** [ZollW] *country of transit*

Durchführung *application* —> implementation :: Durchsetzung ‖ *enforcement* ‖ Anwendung *to carry into effect* ‖ **Durchführung allgemeiner Maßnahmen** *implementation of general policies* ‖ **[das] zur Durchführung [notwendige] [...]** *[in order to] to carry into effect* ‖ **Durchführung [von Gesetzen]** *Handhabung administration of the law* ‖ **Durchführung der Zollvorschriften** [ZollW] *customs enforcement* ‖ **Durchführungs[...]** *implementing* ‖ **Durchführungsverordnungen** zu bereits bestehenden Staatsverträgen und Gesetzen etc. *implementing orders* ‖ **Durchführungsvorschriften** *statutory instruments* zusammenfassender Begriff für *statutory rules / orders* ‖ *implementing orders / rules* ‖ **Durchführungsvorschriften erlassen** *to prescribe regulations*

Durchgang [ZollW] —> grüner Durchgang ‖ **Durchgangsrate** *through rate* ‖ **Durchgangsstraße** [USA] Schnellstraße *throughway* ‖ **Durch-**

94

Durchkonnossement   **dynamische Amortisationsrechnung**

gangszollstelle —> Zoll ‖ **durchgehend** *through* ‖ *non-stop* ‖ *24-hour*

Durchkonnossement [Abbr] *ThrB/L through bill of loading* species of bill of loading used when more than one carrier is required for shipping

Durchnumerierung *serialization* —> Numerierung

Durchreisevisum *transit visa* Visum für den vorübergehenden Aufenthalt

Durchsage Ankündigung ‖ Bekanntgabe *announcement* ‖ **Durchsatz** [EDV] *throughput*

Durchschnitt *average* ‖ **berechnet auf der Basis von Tagesdurchschnitten im letzten Monat der Periode** [Bbank] *based on daily averages of the last month of the period* ‖ **im Durchschnitt der Jahre 93/94** *taking the average of 1993-94* ‖ **im Jahresdurchschnitt** [Jahresangabe] [Bil] *on average in [year]* ‖ **durchschnittliche Beschaffenheit** *fair / average quality* —> Handelsgut ‖ good ‖ marketable ‖ **durchschnittlicher Einstandspreis** [Bör] *average* ‖ **durchschnittliche Kapitalkosten** [InvR] *weighted average cost of capital* —> Kapitalkosten ‖ **Durchschnittskosten** *average cost* ‖ [Standardkosten auf der Basis von] **Durchschnittskosten früherer Abrechnungszeiträume** *normal standard cost* ‖ **Durchschnittskurs** [InvF] —> Averaging ‖ **Durchschnittslinien** [Bör] —> gleitende Durchschnittslinien

Durchschreibepapier *copying [carbon] paper* ‖ *self copying paper* ‖ **Durchschreibesatz** *copying set*

durchsetzen [Abkommen/Übereinkommen] *to carry into effect* —> Anwendung ‖ **Durchsetzung von Fischereischutzregeln** [Mar] *enforcement of conservation schemes*
Durchsuchen einer Datenbank [EDV] Suchlauf *browsing* ‖ **Durchsuchung** *search* —> Leibesvisitation ‖ körperlich ‖ Recherche ‖ **Durchsuchung von Wohnungen** [ZollW] *search of private homes* ‖ **Durchsuchungsbefehl** [BRD § 102 ff. StPO] [Fed.R.Crim.P. 41 und 4th Amendment to US Constitution] *search-warrant* ‖ **Durchsuchungsrecht** [Mar] *right of visit and search*

DV [Ex] *Delivery Verification Certificate* **Wareneingangsbescheinigung** ein Endverbleibsnachweis [i.R.d. COCOM] bei der Ausfuhr von Embargowaren, anhand dessen die zuständige Behörde des Käufer- bzw. Verbraucherlandes den Eingang der Ware bescheinigt. Der Ausführer muß diese Bescheinigung dem Bundesamt für gewerbliche Wirtschaft vorlegen, sofern dies in der Ausfuhrgenehmigung als Auflage verlangt wurde

DWI —> Trunkenheit im Verkehr

dynamische Amortisationsrechnung [InvR] *discounted payback method* Amortisationsrechnung :: payback method ‖ **dynamische Kapitalrückflußmethode** *discounted payback method* Kapitalrückflüsse in Form von Gewinnen und Abschreibungen werden auf den Investitionszeitpunkt abgezinst, dadurch gegenüber statischer —> Kapitalrückflußmethode längere Amortisationsdauer

EAES Europäische Atomenergiegesellschaft

EAN-Code *EAN code* **Europaeinheitliche Artikelnummer** *European Article Number[ing]* [Verp] 13-stelliger Strichcode zur elektronischer Verabeitung von Artikelbewegungen in unterschiedlichen Handelsstufen. Der Code besteht aus: 2-stelligen Länderkennzeichen, 5-stelliger Betriebsnummer des Herstellers sowie einer 5-stelligen Artikelnummer. Die letzte Stelle ist eine Prüfziffer

EC-Karte [BankW] *EC card* Eurocheque-Karte

ECC *European Cultural Convention* **Europäisches Kulturabkommen**

ECE *Economic Commission for Europe* **Wirtschaftskommission für Europa** Teilorganisation der UNO. Erstellt auch Jahresberichte über die Ostblockländer

Ecklöhne [ArbR] *reference wages* || *basic pay norms* nationally or regionally agreed pay norms usually referred to as Tariflöhne

ECSC **EGKS** *European Coal and Steel Union* **Europäische Gemeinschaft für Kohle und Stahl** —> Montanunion

ECU [Abbr] *European Currency Unit* **Europäische Rechnungseinheit** || **Guthaben in ECU** —> Guthaben

echt *proper* || **echtes Leasing** *true lease* Leasing-Geschäft i.S.d. —> Internal Revenue Code, bei dem Leasing-Geber den Nutzen aus dem Besitz des Leasing-Objekts in Form von Abschreibung und Steuergutschriften hat, dafür die Kosten für Versicherung, Instandhaltung etc. trägt

Echtheit *authenticity* || **Beweis der Echtheit** Glaubwürdigkeit || Verbindlichkeit *proof of authenticity* exakte Übereinstimmung (z.B. mit Wortlaut) || **von verbürgter Echtheit** *of established authenticity* || **Echtheitszeugnis** *certificate of authenticity*

Echtzeitbetrieb [EDV] *real time processing*

Edelmetall-Terminkontrakt *precious metal futures* [Bör] Terminkontrakte in Gold, Silber und Platin

EDV-System *DP system* || *data processing system* —> Daten[...]

Effekt *effect* —> Wirkung || Anwendung

Effekten [Bör/BankW] *securities* || **Effektenbank** *investment bank* Für die BRD nicht übliche Spezialinstitute, die ausschließlich auf die Finanzierung von Emissionen spezialisiert sind || **Effektenhändler** —> Börsenhändler

effektiver Jahreszins —> APR || **Effektivlöhne** [ArbR] *actual earnings* || **Effektivverzinsung des investierten Kapitals** [InvR] *[rate of] return* || **Effektivzins[satz]** *effective rate of interest* Verzinsung [einer Anlage] unter Berücksichtigung des Kapitaleinsatzes und des Reinertrages pro Jahr [Effektivzins = (Jahresreinertrag x 100) : Kapitaleinsatz] —> APR || **durchschnittlicher Effektivzins für Hypothekarkredite auf Wohngrundstücke mit variablem Zinssatz [Bbank] *effective average rate for variable-rate mortgage loans secured by residential real estate*

EFTA *EFTA* **Europäische Freihandelsassoziation** *European Free Trade Association*

EFWZ *EMCF* [W/Z] **Europäischer Fonds für Währungspolitische Zusammenarbeit** *European Monetary Co-operation Fund*

EG *EC European Community [-ies]* **Europäische Gemeinschaft** —> Europäische Union

eheähnliche Wohngemeinschaft *matrimonial cohabitation* || **ehefähig** —> ehemündig || **Ehefähigkeit** [EheR] *nubility* —> Ehemündigkeit || **Ehegatten** *married couple* || **Ehegatten[...]** *auf die Ehegatten bezogen marital* || *matrimonial* || **Ehegattensplitting** [SteuerR/D] *income splitting method* || **Wohnsitz der Ehegatten** —> ehelicherWohnsitz || **Ehegelübde** *marital vows* || **glückliches Eheleben genießen** *to live together in a marital bliss* || **zwischen Eheleuten** *interspousal* || *between husband and wife* || *inter conjuges* || **ehelich** *marital* || *matrimonial* || **ehelich geboren** —> Kind || **ehelicher Wohnsitz** *matrimonial home* || **eheliches Güterrecht** *law[s] relating to marital property* [§§ 1363 ff., 1558 ff. 1388, 1357 1412 BGB] nach dem Gleichberechtigungsgrundsatz eine Zugewinngemeinschaft. Sonderregelungen durch —> Ehevertrag bzw. Eintrag in Güterrechtsregister möglich || **ehemündig** *capable to contract a marriage* [§§ 1, 2 u. 18 EheG, Ehefähigkeit und Nichtigkeit der Eheschließung] || **Ehemündigkeit** *nubility* [BRD] Mädchen ab 16 Jahren mit Erlaubnis des Vormundschaftsgerichts (Court of Guardianship). Männer mit der Volljährigkeit. [GB] männliche und weibliche Personen ab 16 Jahren || **Eherecht** *matrimonial law* || *marriage law* || **Ehesache** [vor Gericht] *matrimonial cause* || **Eheschließung** *Trauung celebration of a marriage* || **Eheverfehlung** *matrimonial offence* —> psychische Grausamkeit || **Ehevertrag** *marriage settlement* [§ 1410 ff. BGB] Regelung des ehelichen Güterrechts

Ehrenabgaben [SteuerR/arch] *gift of honour* ursprünglich Abgaben an die Fürsten, die germanische Stammesangehörige aus ihrem Viehbestand und Ernteertrag leisten mußten || **ehrenamtlich** *honorary* || *unpaid* || **ehrenamtliche Richter** [Man/ArbR] *lay judges* bei Arbeitsgerichten "industrial courts" || **ehrenamtliche Tätigkeit** [BetrVG] *honorary nature of post* || **Ehrenbeleidigung** —> Beleidigung || **Ehrenpräsident** *Honorary President* || **Ehrenvorsitzender** [eines Verbandes] *honorary Chairman of the Board of Directors* || **ehrenwert** *honourable* || *das ehrenwerte Gericht honourable court* || **Der ehrenwerte Gerichtsvorsitzende [...]** *The Honourable Mr. Justice [...]*

Eichamt *Bureau of Weights and Standards* || [USA] *Bureau of Standards*

eichen *to calibrate*

Eichung von Dosimetern *calibration of dosimeters*

Eid *oath* Die feierliche Bekräftigung

eigen   **Eigentum**

einer Erklärung durch einen Schwur. [§ 66c StPO, § 481 ZPO] [nicht notwenigerweise religiöse] Eidesformel: Sie schwören [bei Gott dem Allmächtigen], daß Sie nach bestem Wissen die reine Wahrheit gesagt und nichts verschwiegen haben. Der Zeuge antwortet daraufhin mit: Ich schwöre es. —> Zeugenaussage || Versicherung an Eides Statt || Treueid || **eidesstattlich** —> Versicherung

eigen   *own* || *proper* || *self* || *special* || *proprietary* || **eigene Aktien** *treasury shares* || *treasury stock* || **eigener Wechsel** *promissary note* —> Solawechsel || **eigenes Vermögen** *separate estate*

Eigenbehalt —> Selbstbehalt

Eigenfinanzierung *[external] equity financing*   Zuführung von neuem Eigenkapital von außen in die Unternehmung. Bei Einzelunternehmungen, Personengesellschaften und nicht emissionsfähigen Kapitalgesellschaften durch neue Einlagen des Einzelunternehmers (Firmeninhabers) bzw. der Gesellschafter (=Einlagenfinanzierung), bei emissionsfähigen Kapitalgesellschaften durch Ausgabe neuer Aktien —> Einlagenfinanzierung

Eigengeschäft *own-account business*

Eigenheim *owner-occupied home*

Eigeninstallation —> Installation durch Kunden

Eigenkapital *equity [capital]* || *proprietary capital*   Kapital der Aktionäre einer AG, das als haftendes Kapital den Fremdkapitalgebern als allg. Sicherheit dient. [AktienG/D] 1. Grundkapital, 2. (gesetzliche und freie) Rücklagen. [USA] 1. *paid-in capital* / *paid-in surplus* or: *additional paid-in capital* [im wesentl. Aktienagio] 2. *retained earnings* sowie stille Reserven —> Eigenmittel || **Eigenkapitalbasis** *equity capital basis* || **Eigenkapitalbedarf der Unternehmen** *equity captial requirements of the companies* || **Eigenkapitalgeber** *equity supplier* || **Eigenkapitalkosten** —> Kapitalkosten || **Eigenkapitalrendite** *return on equity* Verhältnis von Gewinn zu Eigenkapital

Eigenmittel *own resources* || **ausgewiesene Eigenmittel belaufen sich auf 3,12 Mrd DM** *equity capital as shown in the balance sheet advanced to DM 3.12 billion* || **BSP-Eigenmittel** *GNP-based own resources* || **MWSt-Eigenmittel** [SteuerR/EG] *VAT-based own resources*

Eigenschaften *properties* || *features* || [bei Packungsbeilagen] **Wirkungsweise und Eigenschaften** *actions* || [Chem] *properties*

eigentlich *actual*—> tatsächlich || *proper*

Eigentum *property* —> Vermögen || *legal title* || i.S.v. ownership *title* || *estate* || [an Immobilien] *estate in fee* —> dingliches Recht an Immobilien || [AuxT] *ownership* keine äquival. Deckung mit dt. Eigentumsbegriff, daher ist Eigentum je nach Kontext :: *ownership* || *title* || *property* || *perfect* or *absolute ownership* ist das Eigentumsrecht, das unbeschränkt, ohne Rechte Dritter und zeitlich unbefristet einer Person gegeben ist || *imperfect ownership* Eigentumsrecht unter Beeinträchtigung des absoluten Verfügungs- und Herrschaftsrechts || *pos-*

Eigentum   **Eigenverbrauch**

session ist i.g. hierzu Besitz, die tatsächliche Gewalt über eine Sache —> Aneignung ‖ **Eigentum** [Titel] **erwerben** *to acquire property* [title] ‖ **geistiges Eigentum** *intellectual property* ‖ **Eigentum an einem Geschäft** gewerbliche Liegenschaft[en] ‖ kommerzielle Objekt[e] [InvF] *commercial property* ‖ **höchstmögliches Grundeigentum** *estate [in] fee simple absolute in possession* unbeschränkt vererbliches oder veräußerliches Grundeigentum ‖ **Eigentum an Immobilien** *estate in fee simple* ‖ **lebenslängliches, nicht vererbliches Eigentum** *life interest* —> life tenancy = property held for life, but which cannot be inherited ‖ **Eigentum der öffentlichen Hand** *public property* ‖ **Eigentum geht auf den Käufer über** *full ownership shall pass to the buyer* ‖ **unbeschränkt vererbliches oder veräußerliches Volleigentum** *estate [in] fee simple absolute* ‖ **veräußerliches Eigentum** *alienable property* ‖ **Eigentum veräußern** *to dispose of property* ‖ [...] besitzt im besonderen die Fähigkeit, Verträge zu schließen, Eigentum zu erwerben und zu veräußern *[...] shall in particular have the capacity to contract, to acquire and dispose of property* ‖ **Eigentum verbleibt beim Verkäufer** *title and ownership remain in sellor* ‖ **Verzicht auf das Eigentum** —> Dereliktion

Eigentümer *owner* proprietor i.G.z. owner ist bei title nicht ohne weiteres erkennbar, ob der als Inhaber des Rechtstitels bezeichnete Berechtigte auch tatsächlich alle Ansprüche aus dem Titel genießt oder z.B. nur als Treuhänder fungiert ‖ **Eigentümer nach Billigkeitsrecht** *equitable owner* ‖ *owner in equity* der Eigentümer, dem die Sache tatsächlich gehört [ebenso wie Nutzung], der Rechtstitel als solcher jedoch bei einem Dritten treuhänderisch liegt ‖ **Eigentümer zu treuen Händen** *owner in trust*

Eigentumsaufgabe Verzicht auf Eigentum *abandonment* ‖ **Eigentumsbeschränkung** *limited title* ‖ *restriction of title* ‖ **Eigentumsbrief** —> Eigentumsurkunde ‖ **Eigentumsherausgabeanspruch** *claim for recovery of title* ‖ **Eigentumsnachweis** [GrundstR] *certificate of title* furnished by a company of title insurance and is merely a formally expressed professional opinion of the company's examiner that the title is complete and perfect (or otherwise) as stated, and the company is liable only for want of care, skill or diligence on the part of the examiner; whereas insurance of title warrants the validity of the title in any and all events. ‖ **Eigentumsübergang im Enteignungsverfahren** [SteuerR/D] *transfer of title in connection with expropriation of real property* ‖ **Eigentumsübertragung** —> Auflassung ‖ **Eigentumsübertragungsurkunde** *deed of assignment* [real estate in GB] ‖**Eigentumsurkunde** *title deed* ‖ *land certificate* urkundlicher Nachweis mit genauer Lagebeschreibung des Grundstücks [wie in den land records eingetragen] sowie Name und Anschrift des Eigentümers. Die darin gemachten Angaben gelten als —> prima facie-Beweis —> Hypothek ‖ **Eigentumsvorbehalt** *retention of title*

Eigenverbrauch [SteuerR] *application to personal use* ‖ i.S.v. betriebsfremde Nutzung [UStG/D] *non-business purpose* ‖ **Eigenwechsel** [Art. 75 ff. WG] *promissary note*

Eignung — eindeutig

Hauptschuldner ist Aussteller. Vorschriften über Annahme, Ehrenannahme und Ausfertigungen gelten nicht. "[Ausstellungsort], den [Datum]. Gegen diesen Wechsel zahle ich an [Remittent] am [Datum] in [Zahlungsort] den Betrag von DM [Betrag] [Name des Ausstellers]". Eigenwechsel eines Kreditinstituts ist i.d.R. eine Debitorenziehung oder Finanzwechsel

Eignung *fitness* || *aptitude* || **Eignung für einen bestimmten Zweck** *[warranty for] fitness of a particular purpose* || **Eignungsprüfung** —> Eignungstest || **Eignungstest** [PersW] *aptitude test*

Eilgeld [Mar] *dispatch money* Prämie für vorzeitiges Auslaufen

Einbau im Werk *factory installation* || **Einbauten und Zubehör** *fixtures and fittings* introduced by a tenant upon leasehold property :: bei Pachtverhältnissen vom Eigentümer eingebracht —> Vorrichtung

einberufen *to convene*

Einberufung *convenience* —> einberufen || [Mil] *call-up* || [USA] *draft* || [USA] *muster* —> Musterung || **auf Einberufung durch** auf Anruf durch *upon the call of* || **Einberufungsbescheid** [Mil] *call-up order* || *call-up card* || *induction order*

Einbestellplan Kontrollterminplanung für den Patienten *schedule of visit*

Einbindung —> Integration || **schnelle Einbindung** *short-time integration*

einbringen *to introduce*

Einbringung von Schadensersatzansprüchen *submission of claims*

Einbruch Rückgang *setback* || [StrafR] *breaking and entering* || *break-in* —> Eindringen || **Einbruchdiebstahl** [StrafR] *burglary* || *theft by breaking and entering* || **Einbruchversicherung** [VersR] *burglary insurance*

Einbürgerung *naturalizing* || Volljährige Staatsangehörige einer Vertragspartei, die infolge einer ausdrücklichen Willenserklärung durch Einbürgerung, Option oder Wiedereinbürgerung die Staatsangehörigkeit einer anderen Vertragspartei erwerben, verlieren ihre vorherige Staatsangehörigkeit, die Beibehaltung der vorherigen Staatsangehörigkeit ist ihnen zu versagen *Nationals of the contracting parties who are of full age and who acquired of their own free will, by means of naturalization, option or recovery, the nationality of another party shall lose their former nationality [...] they shall not be authorized to retain their former nationality*

Einbuße —> verwirken || Schaden

einbüßen verwirken *to forfeit* || **einen Betrag einbüßen** *to forfeit a sum*

eindecken —> Glattstellung von Leerverkäufen durch Kauf von Stücken —> Fixen

eindeutig *definite* || *clear-cut* || [unzweideutig] *unequivocal* || [unmißverständlich] *unmistakable* || *unambi-*

Eindringen in Datenbanken   Eingang

guous ‖ [Beweis] *positive* ‖ [ohne Zweifel] *no doubt* ‖ *a clear case of*

Eindringen in Datenbanken [sich unerlaubten Zugriff auf Daten zu verschaffen ‖ Durchsuchen] *[illegal] browsing*—> [Computer-] Hacker

Eindruck *impression* ‖ [nachträglich Aufdrucken] *[im]printing* ‖ [Textil] *blocking in* ‖ **unter dem Eindruck der starken Konjukturdynamik** *reacting to the strong economic dynamism*

einerseits —> zwischen [Bezeichnung der Vertragsparteien im Vertrag]

Einfachbier [BierStG] *small beer* ‖ **einfache Lizenz** [PatR] *non-exclusive licence* ‖ **einfacher Vertrag** *parol contract* —> Vertrag

Einfamilienhaus [SteuerR/D] *single-family house* —> Zweifamilienhaus

Einflüsse Faktoren *factors* ‖ **sonstige Einflüsse** *other factors* ‖ *influences* —> Umstände ‖ Zeichen

Einflußgröße[n] für das Wachstum [...] *key factors in the strong growth [...]*

Einfrierung der Löhne [und Gehälter] *wage freeze*

Einfuhr *importation* —> Import ‖ **Einfuhranmeldung** [ZollW] *importation notification* ‖ **internationale Einfuhrbescheinigung** *international importation certificate* ‖ [Abbr] *IC* :: **IEB** Endverbleibsnachweis beim Verkehr mit Embargowaren, zu beantragen beim Bundesamt für gewerbliche Wirtschaft [Ausfuhrkontrollbehörde] —> IC/DV- [Verfahren] ‖ **Einfuhren durch Agenturen auf Lager** [ZollW] *agency importations for stock* ‖ **Einfuhrkontrollmeldung** [ZollW] *importation control notification* ‖ **Einfuhrmengen** [ZollW] *volumes of import* ‖ **Einfuhrsteuer in Helgoland** [SteuerR/D] *Heligoland import tax* ‖ **Einfuhrumsatzsteuer** [SteuerR/D] *importation turnover tax* ‖ **Einfuhr- und Vorratsstellenwechsel** —> BALM-Wechsel

einführen *to adopt* —> annehmen ‖ [Gesetz] erlassen ‖ *to introduce* ‖ [Ex] *import*

Einführung eines Produktes auf dem Markt —> Markteinführung ‖ **Einführung der Quellensteuer** *introduction of the withholding tax*

Eingabe[befehl] [EDV] *command*

Eingang bereits aufgegebener Forderungen *recoveries* ‖ **nach Eingang von** *upon receipt of* —> Empfang ‖ **Eingänge von Zahlungsmitteln** *cash receipts* ‖ [außertarifliche] **Eingangsabgabenbefreiungen** [SteuerR/D] [non-tariff] *exemptions from import duties and taxes* ‖ **Eingangsabgaben mit Preisausgleichsfunktion** *importation levies with a price equalisation function* Bei Einfuhr landwirtschaftlicher Erzeugnisse in die EG wird ein Schwellenpreis festgelegt. Wenn Angebotspreis für ein Produkt auf dem Weltmarkt niedriger als in der Gemeinschaft, wird der Weltmarktpreis auf den Schwellenpreis "heraufgeschleust". Abschöpfungen sind Steuern i.S.d. Abgabenordnung und werden von der Bundeszollverwaltung erhoben und fließen als sog.

101

eigene Einnahmen in den EG-Haushalt ‖
Eingangssatz [SteuerR/D] *basic rate*

eingedenk *having respect to [...]* ‖ [VölkR/Präambel] *recalling* ‖ *conscious*

eingedrucktes Siegel *impressed seal*

eingefordertes Kapital —> Kapital

eingegangen *received*—> Empfang ‖ der Betrag ist eingegangen *a sum has been received* —> Zahlungseingänge ‖ eine eingegangene Notifikation *a notification received* —> notifizierung

eingelagert *on hand* —> Lager

eingereicht [WechselR] *discounted*

eingeschränkt *qualified*

eingeteilt [Noten ‖ Aktien] **eingeteilt in Inhaberaktien im Nennbetrag von je 50 DM** *divided into [...] bearer shares with a nominal value of DM 50 each* —> gestückelt ‖ [Akkreditiv] —> teilbar

eingetragen *registered* —> Inhaber ‖ **Eingetragen und verglichen in ... Band ... 19..** :: *entered and compared in ... Folio ..., this ... day of ..., 19..* —> aktenkundig

eingezahlter Betrag *amount tendered*

Eingreifen *intervention* ‖ *intercession*

Eingriff [in ein Recht] *infringement*

einhalten *to comply* ‖ *to act in accordance with* ‖ *to accept* ‖ *submission* ‖ *obedience* ‖ *conformance* —> beachten ‖ **einen Vertrag einhalten** *to abide by a contract* ‖ die vertragstreue Partei *the party abiding the contract*

Einhaltung *compliance* ‖ [PatR] **Eine Patentanmeldung [...] wird, wenn die Patentanmeldung dem in dem betreffenden Vertragsstaat geltenden Recht entspricht, nicht versagt, solange sie den in den Artikeln 4 bis 6 angegebenen Formerfordernissen entspricht.** :: *An application [...] shall, if it otherwise complies with the law of that contracting state, not be refused, so long as the requirements specified in Articles 4 to 6 of this Convention are satisfied* ‖ **hinsichtlich der Einhaltung [der Vertragsbestimmungen]** *for compliance*

Einheit [Pol] *unity* ‖ *unit* —> Menge ‖ Zeit ‖ Leistung ‖ Gebühr

einheitliche Besteuerung [SteuerR] *uniform taxation* —> Einheitlichkeit ‖
einheitlicher Steuermeßbetrag —> Steuermeßbetrag

Einheitlichkeit der Besteuerung [USA/SteuerR] *unitary taxation [method]* Danach stellt der selbst erwirtschaftete Gewinn für die Besteuerung einer Tochtergesellschaft nur einen Beitrag zum Gesamtgewinn des Unternehmensverbundes dar. Die Unitary Taxation Method (UTM) sieht für die Besteuerung des Gewinns eines Unternehmens in einem Staat die Berücksichtigung sämtlicher weltweiter Gewinne des Unternehmens vor

Einheits...   Einkünfte

Einheits [...] *uniform* ‖ *unitary* ‖ **Einheitseinkommensteuer** —> Einkommensteuer ‖ **Einheitsgemeinde** [VwO/D] *unitary commune* Gemeinde, die i.g.z. den Verbandsgemeinden (und vergleichbaren Körperschaften) aus einer einzigen territorialen Einheit besteht

einhellig *unanimous* ‖ **einhellige** einstimmige Zustimmung *unanimous agreements*

einholen [Weisungen] *to seek* [instructions]

Einigkeit [Pol] *unity*

Einigung *consent* ‖ es konnte eine weitgehende Einigung erzielt werden *a broad consent has been achieved* —> Zustimmung ‖ **wenn uneinstimmig** falls keine Einigung erzielt wird *if they fail to agree* ‖ **Einigung und Übergabe** *consent and delivery* —> zugehen ‖ **Einigungsstelle** Vergleichskomitee [BetrVG] *conciliation committee*

Einkauf [the act of buying a thing] *purchase* ‖ *purchasing department* of a company ‖ **Einkäufer** *purchasing officer*

Einklang —> verhältnismäßig

Einklarierung [Mar] *inward clearance* Abfertigung des Schiffes bei der Einfahrt in den Hafen. Wird im Normalfall für den Kapitän durch einen Schiffsmakler besorgt. Im einzelnen sind u.a. Schiffsbauart, Schiffsname, Nationalität, Netto-, Bruttoraumgehalt, Abgangs- und Bestimmungshafen, Besatzung, Art der Ladung, Name des Kapitäns etc. nachzuweisen

Einkommen *income* —> Einkünfte **verfügbares Einkommen der privaten Haushalte** *disposable income of private households* ‖ **Einkommensteuer** [USA] *individual income tax* —> Körperschaftsteuer ‖ **Einheitseinkommensteuer** [SteuerR/EG] *uniform income tax* ‖ **tarifliche Einkommensteuer** *income tax according to the basic scale* ‖ **Einkommensteuertarif** *income tax schedule* ‖ **Veranlagung zur Einkommensteuer nach der Splittingtabelle für Ehegatten** *income-splitting for married couples* ‖ **Einkommensteuervorauszahlung** *income tax prepayment*

Einkünfte *income* ‖ Dienstbezüge *emoluments* ‖ **Einkünfte aus nichtselbständiger Arbeit** [LohnSt] *income from dependent personal services* ‖ *income subject to income tax from dependent personal services* ‖ alle Einkünfte, die dem Arbeitnehmer aus dem jetzigen oder früheren Dienstverhältnis zufließen. Hierzu zählen nicht nur Barvergütungen, sondern auch Sachbezüge (Kost und Logis) sowie andere geldwerte Vorteile (z.B. Benutzung eines Firmen-PKWs für private Zwecke) *The wage or salary comprises all the receipts accruing to an employee from present or former contract of employment including payments in kind (such as room and board) as well as other benefits (e.g., the use of a company car for private purposes)*‖ **Gesamtbetrag der Einkünfte** [SteuerR/D] *adjusted gross income* ‖ **Einkünfte aus selbständiger Arbeit** [SteuerR/D] *income subject to income tax from independent personal services*

103

Einlage [BankR] *deposit* || **Einlagenabrechnung** *demand deposit accounting* || **Einlagenfinanzierung** Syn. bzw. Unterart der Eigenfinanzierung *[external] equity financing* Aufgliederung in Einlagenfinanzierung (Firmeninhaber oder bisherige Gesellschafter leisten neue Einlagen). Bei der Beteiligungsfinanzierung wird neues Kapital durch die Gesellschafter aufgebracht || **Einlagenpolitik** [Bbank] *deposit policy* Notenbank schreibt den öffentlichen Haushalten vor, inwieweit sie ihre Guthaben bei der Notenbank halten müssen oder auf Kreditinstitute übertragen dürfen || [angeschlossen sein an] || **Einlagensicherung** [BankW] *to be a member of a deposit guarantee fund* Gläubigerschutz im Bankgewerbe durch Sicherung privater Spareinlagen sowie Gehaltskonten durch sog. Feuerwehrfonds [Einlagensicherungsfonds] —> Gesetz über das Kreditwesen || **Einlagensicherungsfonds** [USA] *Federal Deposit Insurance Corporation* [Abbr] *FDIC* Sitz: Washington. Pflichtversicherung für alle Mitgliedsbanken des Federal Reserve System (für Nichtmitgliedsbanken und Sparkassen freiwillige Mitgliedschaft) || **Einlagensicherung für Savings und Loan Associations** *Federal Savings and Loan Insurance Corporation* || **Einlagenzertifikate** [Bör] *certificates of deposit* Verbriefte [handelbare] Sichteinlagen. Seit 1985 von der Bbank zugelassen, unterliegen jedoch der Mindestreserve und der Börsenumsatzsteuer. In der BRD daher bislang wenig Akzeptanz gefunden. Der Vorteil gegenüber Termineinlagen liegt in der höheren Liquidität bei gleichem Ertrag

Einlagerung [ZollW] *warehousing* —> Lagerung

einlassen —> Einlassung || sich einlassen auftreten || *to appear* || *to enter* —> Klage

Einlassung begründete Einrede || Entlastung des Angeklagten *good defence* || **Einlassungserklärung** *memorandum of acceptance* || *memorandum of appearance* || **[Termin der] Einlassung** *notice of appearance* || **den Termin der Einlassung versäumen** *to make default of appearance* || **sich auf eine Klage einlassen** *to enter an appearance*

einleiten *to introduce* || **ein Verfahren einleiten** *to adopt a procedure*

Einleitung[ssätze] einer Urkunde *operative words* || *premises* || *parcels* || *in consideration of the premises* Teil, der dem *habendum* vorausgeht. Die Parteien, einschließlich Namen und Titeln sowie alle Urkunden, Vereinbarungen, Nebenabreden und Tatsachen und inbesondere Grundlagen [vor allem Eigentumsverhältnisse der zu übertragenden Sache], die für die Rechtshandlung von Belang sind

einlösen [InvF] *to cash-in* Zurückgeben von Versicherungsfondsanteilen || **Wechsel bei Fälligkeit einlösen** *to meet a bill of exchange*

Einlösung [InvF] von Versicherungsfondsanteilen || einer Anleihe *encashment* || *redemption* || *cash-in* —> Rückgabe || **Einlösungsauftrag** [order] *collection business* || **Einlösungsgebühr der Ertragscheine** *commission for encashment of coupons*

Einmal[...] || **einmalig** *single* ||

unique || [Bör] *non-recurrent* || **Einmalprämienpolice** [InvF] *single premium policy* || **einmalige Zahlung** —> Pauschale

Ein-Mann-Körperschaft *sole corporation* aus einer Person bestehende Körperschaft, z. B. public trustee, der öffentliche Treuhänder, staatliche Treuhandstelle

Einnahmen *returns* || *income* || Eingänge von Zahlungsmitteln *cash receipts* || Betrag *sum* || *cash inflows* || [Bbank] *[services] receipt* || **Einnahmen- und Ausgabenbudget** *cash budget* forecast of cash receipts and disbursements || **Einnahmeposten** [Buchf] *item of credit*

einnehmen [Steuern] *to raise revenue* —> Steueraufkommen

Einordnung *classification*

Einphasenumsatzsteuer *sales tax* Umsatzsteuer wird nur bei einer Phase der Leistungskette erhoben

einräumen *to facilitate* —> erleichtern || **eine angemessene Lieferfrist einräumen** *to account a reasonable time of delivery*

Einräumung einer tilgungsfreien Zeit bei Kreditvergabe [Eurokredit] *grace period*

einreichen [Unterlagen, z.B. für Anmeldung] *to file* || [PatR] *to make an application for a patent* || *to apply for* || *to file for a patent* —> Band || aktenkundig

Einreichungsfrist *closing date* || *tender period* —> Stichtag || **Einreichungstermin** —> Steuertermin

Einreihung *classification* || **Einreihung der Waren in die Zolltarife** —> Zolltarifschema

einrichten *to set up*

Einrichtung —> erfinden || Vorrichtung || *agency* || in Form einer Körperschaft *endowed institution* || **regionale Einrichtung[en]** *regional agency [-ies]* || **zwischenstaatliche Einrichtung** *inter-governmental agency*

Einsatz [RennwLottG] *stake* || **Einsatz in verschiedenen Firmenbereichen** —> Rotation || **Einsatz von Produktionsfaktoren** *employment of factors of production* || **Einsatzbesprechung** Lagebesprechung || Instruktionen [erteilen | erhalten] *briefing* **Einsatzmittelanforderung** *resource requirement*

Einschätzung *evaluation* || *assessment* —> Bemessungsgrundlage || Veranlagung

einschließen *to include*

einschließlich *including those* —> bis || **einschließlich teilweise geschätzter Anlagen Taiwans** *including partly estimated assets of Taiwan*

Einschränkung *restriction*

Einschüchterung [Macht durch ~] [Man] *coercive power*

Einschuß   Eintragung

Einschuß[zahlung] [Bör] [initial] *margin* || Betrag in Höhe von ca. 10-20% des Abschlußbetrags, der als Sicherheit bei ungedeckten Optionsgeschäften bzw. Termingeschäften in bar einzuzahlen bzw. in Wertpapieren zu hinterlegen ist —> Ersteinschuß || Nachschuß

einsetzen bilden *to establish* || *to set up* || ernennen *to constitute* [Amt] —> bestellen

Einsicht in Personalakten [BetrVG] *access to personal files* || nach **Einsicht** *by virtue of*

Einsprache [A/CH] —> Einspruch

Einspruch [vor Gericht] *objection* || **Einspruch wegen Befangenheit eines Schiedsrichters** *objection to an arbitrator by a party* —> Befangenheit || **erfolgt kein Einspruch** *in the absence of any such objection*

Einstandspreis *cost per unit* || *unit cost* || **Lagerwert zu Einstandspreisen** *cost amount* || **Rechnungswert zu Einstandspreisen** *invoice total cost* || **Einstandwert** *item cost*

einstellen zeitweilig unterbrechen *to suspend* || **aus dem Bilanzgewinn einstellen** [Bil] *to transfer an amount from the previous year's profit* || **eine gesetzliche Rücklage einstellen** *to make an allocation to the statutory reserves*

Einsteller [Tech] *adjuster* —> Justierer

Einstellung aus dem Bilanzgewinn des Vorjahres durch die Hauptversammlung [Bil] *amount transfer-* *red by the General Meeting from the previous year's profit* || **Einstellung aus dem Jahresüberschuß** *amount transferred from annual surplus* || **Einstellung von 9.5 Mio DM in die gesetzliche Rücklage** *advance allocation of DM 9.5 million [was made] to the statutory reserves* || **Einstellungsbescheid** [Verfahren] *stoppage order* || **Einstellungsgespräch** [Pers-W] *interview*

einstimmig *unanimous* || **jmd. einstimmig zum Vorstand bestellen** *a chairman selected unanimously* || **einstimmige Wahl** *sole vote*

Einstimmigkeit aller abgegebenen Stimmen *by unanimous decision of votes cast*

Einstufungsverfahren [ArbR] *grading procedures* [Festsetzung der Entlohnungsstufen /-gruppen durch Betriebsrat und Geschäftsleitung]

einstweilig *interim* || **einstweilige Anordnung** [Verwaltungsgerichtsverfahren] *preliminary injunction* —> vorläufige Verfügung

Einteilung *apportionment* —> allotment || *Vorteilung* || *Zuteilung* || *division* || *arrangement* || *classification* || *planning* || *organization*

Eintracht [Pol] *unity* —> Einheit

Eintrag *record* —> Register || **eintragen** *to register* —> Patentrolle

Eintragung *recording* || in ein öffentliches Register *registration* || **Eintragung in die Patentrolle** [beim Patentamt] *registration of a letters*

patent ‖ **Eintragungssystem** *recording system* ‖ *notice race type statutes* ‖ *Race-Notice Statute races type statute* in einzelnen Staaten bestehende Gesetze, die bestimmen, daß bei Grundstückeintragungen in Grundstücksregister im Falle sich widersprechender Verfügungen die Ansprüche dem letzteintragenden Erwerber zufallen, d.h. Zeitpunkt der Eintragung ist maßgeblich. Der Erwerber eines Liegenschaftsrechts wird gegenüber zeitlich vorhergehenden Verfügungen die das Grundstück betreffen geschützt, wenn ihm als Erster die Eintragung beim recording office gelingt. Ein nicht eingetragenes dingliches Recht an einem Grundstück [unrecorded conveyance or other instrument] kann einem späteren entgeltlichen [gutgläubigen] Erwerber nicht entgegengehalten werden [subsequent bona fide purchaser prevails over the prior interest whether the subsequent purchaser records or not], sofern der gutgläubige Erwerber zur Zeit der Verfügung keine Kenntnis (notice) vom Bestehen dieses Rechts hatte. Unkenntnis des späteren Erwerbers wird durch tatsächliche Kenntnis des Ersterwerbers oder durch Eintragung zerstört

Eintritt des Garantiefalls *occurrence of the event of default* ‖ **Eintritt des Versorgungsfalles** *occurrence of the covered event* z. B. die Vollendung eines best. Lebensalters, Eintritt der Invalidität, womit bestimmte Zahlungen zu leisten sind [Pensionsleistungen] —> Versorgungsfall

im Einvernehmen mit *in agreement with* ‖ **Einvernehmenserklärung** *declaration of understanding* ‖ **einvernehmliches Vorgehen** konzertierte Aktion *concerted action*

Einverständnis stillschweigend/wissentlich Geschehenlassen —> Konnivenz

‖ **in beiderseitigem Einverständnis Bestimmungen erlassen** *to lay down the rules by agreement*

Einwand *objection to* ‖ [vor Gericht] *plea in bar* ‖ *defence* ‖ *objection in law* ‖ **berechtigter Einwand** —> begründeter Einwand

Einwandungsbehörde [USA] *Immigration and Naturalization Service* [Abb] *I.N.S.* ‖ **Einwanderungsgesetz** *Immigration Act* ‖ [USA] *Immigration and Nationality Act* In der BRD wird die Einführung eines solchen Gesetzes diskutiert

einweisen [z.B. in eine Heilanstalt] *to commit [to]*

Einwendung *claim* —> Einwand

Einwilligung —> Annahme ‖ Zustimmung ‖ **schriftliche Einwilligung** *consent in writing* ‖ **Einwilligung zur Heirat** [EheR] *consent to marriage*

Einwirkung *employee participation* —> Mitbestimmung [der Arbeitnehmer] ‖ *influence*

Einwohner [Stat] *inhabitants* wer sich dauernd im Gebiet eines Staats oder einer Gemeinde aufhält. Einwohner sind z.B. Kinder und Ausländer (zu unterscheiden vom "Bürger", da diese ausdrücklich das Bürgerrecht besitzen müssen, d.h. z.B. aktives Wahlrecht) ‖ **Einwohnermeldeamt** —> Meldebehörde *[residents'] registration office* ‖ **Einwohnersteuer** *local [poll] tax* [SteuerR/ Baden-Württemberg] *residence tax*

Einzahlung [GB] [BankR] *deposit*

Einzel[...] *individual* || **Einzelarbeitsvertrag** [ArbR] *individual employment contract* || **Einzelbericht** *detail analysis* || **Einzelbewertung** [Bil] *individual valuation* Bewertungsgrundsatz, nach dem jeder Vermögensgegenstand [auch Schuld] bei der Bilanzaufstellung einzeln zu bewerten ist [§ 252 HGB] || **Einzelgarantie** *single-sale policy* policy covering a single medium-term export sale to a foreign buyer :: Police zur Deckung eines mittelfristigen Exportgeschäfts —> AKA || Eximbank || **Einzelgarantie für mittelfristige** [Dienst-]Leistungsexporte *medium-term services policy* || **Einzelgewerkschaft** [für einen bestimmten gewerblichen Bereich] *trade union* || **Einzelhandel** *retail* || **Einzelhandelskaufmann** *sale trader* trader :: Kaufmann —> Einzelkaufmann || **Einzelheiten** *details* || *data* || *particulars* —> Befund || [darstellen/darlegen] zu [...] *[to set out] particulars [of s.th.]* || **Einzelhandelspreis** [SteuerR/D] Kleinverkaufspreis *retail price* || **Einzelinvestition** *individual investment* || *single investment* das einzelne Investitionsobjekt i.G.z. Investitionsprogramm || **Einzelkaufmann** *sole proprietor* [§ 112 BGB, selbständiger Betrieb eines Erwerbsgeschäfts] derjenige, der als alleiniger Inhaber ein Handelsgewerbe betreibt, auch Minderjähriger mit Zustimmung des Vormund[schaftsgerichts] || **Einzel-Leasing** *individual leasing* || **einzeln** *individual* || **einzelne [Bilanz]Posten** [Bil] *individual items* || **Einzelpreis** *unit price* || **Einzelrichter** [nebenamtlich] [GB] *recorder* für Strafsachen an einem Quartalgericht/Crown Court || **Einzelstaaten** *unitary states* || einzel-

staatliches Recht *state law* ≠ Staatsrecht :: *constitutional law* || *national law* || **Einzelunternehmung** *single proprietorship* || **Einzelverantwortlichkeit** *accountability* || [Komm] Zuständigkeit —> Principle of Complete accountability

einziehen *to collect* —> Inkasso || **verwirken** *to forfeit* || **sein Vermögen wurde eingezogen** *he forfeited his property*

Einziehung Erhebung [Steuern] *collection* —> Inkasso || **zum Einzug** —> zum Inkasso *for collection* || **Einzugsermächtigung** *direct debit authorization* || **Hiermit ermächtigen wir Sie, den Betrag von DM [...] einschl. MWSt. von unserem Konto [...] bei der [...] BLZ [...] einzuziehen (abzubuchen)** *We hereby authorize you to directly debit for 1 advertisement to be placed in the [...] the current sum of DM [...] including 15% VAT from our account. Account N° [...] at [...] Bank Code number [...]*

Eisenbahn-Frachtbrief *railway bill (of loading)*

eiserner Bestand *base stock* || *emergency stock* || *permanent stock* || **Eiserne Vorhang** [Pol] *Iron Curtain*

Eiweißlizenz [ZollW] [Agrarmarktordnung] *protein certificate*

Elektrizität [Tech] *electricity* —> Industriestrompreise

elektronische Zeitung *electronic*

[news]paper —> Datenbank

Elektrotechnik [Tech] *electrical machinery*

Element *element* || [Bestandteil] *component* || *constituent* || [Elektr] *cell* || *member* || [Bauteil] *unit* || *module* || *structural part* || [Akkord] *piecework* —> Faktoren || Einfluß || Bestandteil

Elementarfunktion *primitive function*

elftes Mitglied [ArbR] *eleventh member*—>Montan-Mitbestimmungsgesetz

Emission *issue* || **Emissions- und Anlagetätigkeit am inländischen Rentenmarkt** *issuing and investment activity on the domestic bond market* || **Emissionsaktivität in anderen wichtigen Währungen** *issuing activity in other important currencies*—> Emissionstätigkeit || **Emissionsgeschäft** *new issue business* Grundhandelsgeschäft i. S. des § 1 HGB, (Emission von Wertpapieren, Einführung an der Börse und Vermittlung der Bezugsrechtsausübung). Die Unterbringung oder Konversion von Anleihen ist das Anleihegeschäft, die Plazierung von Aktien und industriellen Schuldverschreibungen das Finanzierungsgeschäft —> Emissionsgeschäft vielfach in Gemeinschaft mit mehreren Banken, durch ein Konsortium durchgeführt [Konsortialgeschäft] —> Plazierung || Unterbringung || **Emissionskonsortium** *underwriting syndicate* || **zu Emissionkursen** [Bör] *at issue prices* || **Emissionsmarkt** —> Primärmarkt || **Emissionsprospekt** —> Prospekt || **Emissionstätigkeit**

am internationalen Bondmarkt hat im Berichtsjahr kräftig zugenommen *Issuing activity on the international bond market increased steeply in the year under review* || **Emissionswährung** *currency of issue*

emittieren *to issue* || **emittiert** *issued* —> begeben

Empfang *receipt* || **Empfang bestätigen** *to acknowledge the receipt* || **Empfänger** *addressee* —> bezeichnen || richten an || Zustellanschrift || Lieferanschrift || **Empfängerland** *receiving state* || **Empfangsbekenntnis** ersetzt die —> Zustellungsurkunde —> Empfangsbestätigung || **Empfangsbestätigung** Quittung *receipt of notification* || *acknowledgement of receipt* || [§§ 198 u. 212a ZPO Anwalt-zu-Anwalt - Zustellung oder Amtszustellung] || **Empfangsstaat** *receiving state*

empfehlen *recommending* || *to encourage*

Empfehlung *recommendation* || **Empfehlung abgeben** *to make a recommendation* || **Empfehlungen gebührend berücksichtigen** *to give due and proper consideration to recommendations* || **Empfehlung vorlegen** richten an *to address a recommendation*

Empfindlichkeitsanalyse [InvR] —> Sensitivitätsanalyse

en ventre sa mère —> gezeugt

Ende März 19.. *end-March 19..*

enden *to terminate*

Endergebnis der Wahl —> Wahlergebnis

Endostruktur [Man/Org] *endostructure*

Endurteil *decree absolute*

Endverbleibsnachweis *delivery verification certificate* —> Wareneingangsbescheinigung

Endverbraucher *end-user*

Energie *power* || Energietitel [Bör] *energy shares* || [Stromversorgung] Energieversorgung *power supply*

Engagement Kredit *credit risk* || Engagement der Mitarbeiter *organizational morale*

engerer Ausschuß *restricted committee* engere Rechtsausschüsse (von Juristen) zur Untersuchung von Gesetzesvorlagen

Engpaß —> Kapazitätsengpaß || Engpaßbeseitigung *debottle-necking*

entbinden von einer Pflicht *to dispense with* —> verzichten auf

Entbindung von Verpflichtungen *to discharge of liabilities* z.B. performance of a contract :: Vertragserfüllung

entbündeltes Produktangebot *unbundled services* [Vertrieb] neues System der Vertriebsorganisation, nach dem Produkte nicht mehr im Ganzen zu einem Pauschalpreis angeboten werden, sondern einzeln

Enteignung *expropriation* —> Eigentumsübergang || beschlagnahmen

entfallen —> Verkauf :: *sales* || entfällt [Stat] *unzutreffend* || [ist] nicht zutreffend || keine Angabe [Abbr] *n/a* || [is] not applicable

sich entfernen von *to abscond from* —> hit-and-run offence :: Fahrerflucht

Entfernung betriebsstörender Arbeitnehmer [BetrVG] *removal of employees causing trouble in the establishment*

entgangener Gewinn *lost profits*

entgegen allen Erwartungen *contrary to expectations*

Entgelt *price* || *return* || *reward* || Entgelte [Bil] *payments*—> Zahlung || Leistung

enthalten *to comprise* || *to embody* || sich der Stimme enthalten [WahlR] *to abstain from voting*

Entität *entity* —> Rechtsträger

Entladekosten [ZollW] *unloading charges*

Entladungslampen [Tech] *gas-discharge lamps*

Entlassung —> Haftentlassung || Entbindung || [aus dem Amt] *removal from office* —> Amtsenthebung || [ArbR] von Mitarbeitern *dismissal*

entlasten *to discharge* —> Beweislast umkehren || entlasteter Gemeinschuldner am Ende des Konkursverfahrens *discharged bankrupt*

Entlastung des Angeklagten *to exonerate* || *to clear s.o. of a charge* —> Einlassung || **Entlastung eines Treuhänders** *to discharge of a trustee* || **Entlastung des Vorstandes** *to give release* || *to give formal approval of the accounts* —> Bestätigungsvermerk || **Entlastungsmethoden** [SteuerR/D] *methods of relief* Tarifbelastung oder Ausschüttungsbelastung bei Körperschaften zur —> Veranlagung bei der —> Körperschaftssteuer || **Entlastungsmaterial** [Beweis] *exonerating evidence* || **Entlastungszeuge** *witness for the defence* —> Belastungszeuge

Entlohnung [PersW] *compensation* —> Arbeitslohn || **Entlohnung nach Leistung** [PersW] *merit rating* || *promoting on the basis of competence* || [USA] *merit system*

entmündigen *to place / put under tutelage* || *to place s.o. under legal disability* || **entmündigte Person** *incapacitated person* [USA] Uniform Probate Code, § 5-101 [BRD] § 6 BGB

Entmündigungsverfahren *declaration of s.o.'s disability* incapacitation || interdiction

entpflichten *to dispense with* —> verzichten auf

entpolitisierend [ArbR] *depoliticising*—> Arbeitskampfmaßnahmen || Sozialadäquanz || Kampfparität

entschädigen [zurück]erstatten || Auslagen *to reimburse* || für Verlust || Dienste *to compensate* || *to indemnify*

Entschädigung in Geld *pecuniary compensation* —> Schadensersatz || konkrete Vertragserfüllung :: *specific performance* || **Entschädigungsbetrag** —> Entschädigungszahlung || **Entschädigungszahlung** *repayment for a loss* || *compensation* || *indemnification* || *damages*

Entschädigungsberechtigte [USA] *indemnitee*

entschärfen [Munition] *to deactivate* || *to unprime* || [Sprengkörper] *to defuse* || *disarm* || *de-cap* || [Krise] *to defuse* || *to ease*

Entschärfungskommando [Bomben] *bomb-[mine-] disposal squad*

entscheiden freistellen || wählen können *to elect* || *to reach a decision* || [richterlich] *to rule* || *to hold* || **das Gericht entschied** [...] *the court held [...]* || **der Richter hat entschieden** *the Judge ruled [...]* || [gerichtlich/richterlich] entscheiden || zu Recht erkennen *to abjudicate*

entscheidend maßgeblich *decisive* || **entscheidender Beitrag** *vital contribution*

Entscheidung *decision* || *resolution* || *verdict* —> Wahrspruch der Geschworenen || **Entscheidung ergeht kostenfrei** [Gerichtsentscheid] *and this court doth order and adjudge that there be no costs of petition* || **Entscheidung erlassen** —> Entscheidung fällen || **Entscheidung fällen** *to take a decision* || **Entscheidungsanalyse** [Man] *decision analysis* || **Entscheidungsbaum** [Man] *decision tree* || **Entscheidungsfindung**

[Man] *[management] decision making* || **Entscheidungsmaterial** Hilfsmittel *digests* z.B.: John Mews: "The Digest of English Case Law" —> *dictum* || **Entscheidungssammlungen** *official reports* || **Entscheidungssammlung[ssystem]** [USA] *reporter system* || **Entscheidungsträger** [Man] *decision maker*

Entschließung *resolution*

entschlossen [VölkR/Präambel] *resolved*

Entschluß *resolution* || **in dem Entschluß** [VölkR/Präambel] *resolved*

Entsetzung —> Amtsenthebung

entsprechen übereinstimmen *to correspond* || wie [in ...] vorgeschrieben *corresponding to [...]*|| *as prescribed in* || *to be consistent with*—> vereinbar

entsprechend *relevant* || *similar*—> verhältnismäßig || **entsprechendes gilt für [...]** *foregoing shall apply mutatis mutandis to [...]*

entstehen *to develop* || *to arise from* || *to be established* || *to come into existence* || **vor dem Erlöschen entstehen** [Recht] *to accrue prior to determination*

Entwässerung [Benutzungsgebühren für ~] *[utility charge for] drainage*

entwerfen *to contrive*—> entwickeln

sich gut entwickeln *to perform well* —> Performance || **entwickelten sich**

dynamisch *developed particularly dynamic*

Entwicklung *trends* || **Entwicklung des Führungsverhaltens** [Psych/Man] *leadership evolution* —> LEAD || **gesamtwirtschaftliche Entwicklung** [Bil] *trends in the domestic economy* || **konjunkturelle Entwicklung** *development of the domestic economy* || **die in den westlichen Industrieländern spürbare gute konjunkturelle Entwicklung** *noticeable dynamic economic development in the industrialized countries* || **Entwicklungsaktivitäten** *development activities* || [öffentliche] **Entwicklungshilfe** *[official] development assistance* || **Entwicklungszeit** *period of development*

Entwurf *draft* —> Protokoll || Vertrag || Design || Ausführung || Vorentwurf

Entziehung des Eigentums zugunsten des Staates Konfiskation *confiscation* Seizure of private property by a government or other public authority without payment of adequate compensation to the owner —> beschlagnahmen

Entzug der Fahrerlaubnis *disqualification from driving*

EPS or **p/s** [Abbr] *earnings per share* **Gewinn je Aktie** —> KGV || Kurs-Gewinn-Verhältnis

Eq. [GB] [Abbr] *Equity Appeal Cases*

Equipment-Leasing [Leas] *equipment leasing* Vermietung einzelner oder mehrerer, meist beweglicher Ausrüstungsgegenstände (Investitionsgüter, die im gewerblichen, freiberuflichen oder öffentlichen Bereich genutzt werden)

Erb[...] *hereditary* ‖ **Erbanfall** [ErbR] *inheritance* ‖ **Erbausschlagung** *renunciation [of an inheritance]* ‖ *disclaimer* ‖ **Erbbauberechtigte** *ground lessee* ‖ [GB] *lessee under a long lease* ‖ **Erbbaurecht** *long lease* ‖ *building lease* ‖ **Erbbauzins** *ground rent* ‖ *rent under long lease*

Erbe *heir* ‖ [f.] *heiress* **Erbengemeinschaft** am ungeteilten Nachlaß *coparcenary* Sofern ein Erblasser mehrere Erben [Miterben] hinterläßt [§§ 2032 ff. BGB]. Nachlaß ist (bis zur Auseinandersetzung) gemeinschaftliches Eigentum (Gesamthandsgemeinschaft) [all heirs constitute one heir, being connected by unity of interest and title] ‖ *joint tenancies* bezieht sich auf die Erbengemeinschaft als Personen, während *coparcenary* sich auf das Vermögen (Nachlaß) bezieht. Die Verfügung über die einzelnen Nachlaßgegenstände kann bei den Miterben nur gemeinschaftlich erfolgen [the right of possession of coparceners is in common, the possession of one ist, in general, the possession of the others] —> Auseinandersetzung der Erbengemeinschaft ‖ **Erbersatzanspruch** [ErbR] [eines nichtehelichen Kindes :: by an illegitimate child] *claim in lieu of inheritance* ‖ **Erblasser** *testator* ‖ **Erbpacht** *hereditary tenancy* [früher] dingliches Recht, einen landwirtschaftlichen Betrieb auf fremdem Boden zu betreiben. I.d.R. ist heute damit ein langfristiger Pachtvertrag gemeint (u.U. mit Anwartschaft auf ein Erbaurecht) ‖ **Erbrecht** *law of succession* [BRD] Wesentlich im 5. Buch des BGB [§§ 1922ff.] geregelt sowie Sachenrecht [§ 857 BGB] und Familienrecht [§ 1371 BGB] —> Erbschaftsteuer ‖ **Erbrecht**

an Grundbesitz *gavelkind tenure* —> Lehensrechte :: tenure

Erbschaftsteuer [USA] *succession duty* ‖ *succession tax* —> inheritance tax ‖ *transfer tax* ‖ *death duties* ‖ *inheritance tax*[USA] tax imposed on the privilege of receiving property from a decedent at death. It is not a tax on the property itself, but on the right to acquire the property by descent or testamentary gift —> Nachlaß ‖ [SteuerR/D] *inheritance [and gift] tax* nach dem ErbStG Erbanfallsteuer, steuerpflichtig ist also nicht der Nachlaß (dann —> Nachlaßsteuer :: estate duty). Es wird die Steuer auf das erhoben, was einer natürlichen oder juristischen Person aus dem Nachlaß des Erblassers anfällt

ErbStG —> Erbschaftsteuer- und Schenkungsteuergesetz

erbschaftsteuerpflichtig *subject to estate duty*

Erbschaftsteuer- und Schenkungsteuergesetz *Inheritance Gift Tax Law*

Erdgasvorkommen *gas well*

Erdöl *oil* ‖ **Erdölverbrauch** *consumption of crude oil* ‖ **Erdölvorkommen** *oil well*

Ereignis *event* ‖ **unerwünschtes Ereignis** [Med/Arzneimittelprüfung] *adverse reaction* ‖ *adverse experience* —> Nebenwirkungen

Erfahrung *experience* ‖ **über umfassende Erfahrungen in denen von der Streitigkeit betroffenen Fragen verfügen** *to have wide experience in matters of the kind in dispute*

113

erfaßt klassifiziert *classified* || erfaßt nach dem Datum des Geschäftsabschlusses *classified by date of transactions*

Erfassung [EDV] —> Datenerfassung

erfinden *to contrive* —> Erfindung

Erfinder [PatR] *inventor* || **Erfinder[be]nennung** *mention of inventor* namentliche Bezeichnung des Erfinders bei Patenterteilung und in der Patentschrift, § 63 PatG, Nennung des Erfinders || **Erfinderehre** —> Erfinder[be-]nennung || **erfinderisch** *inventive* || **auf einer erfinderischen Tätigkeit beruhen** [PatR] *involving an inventive step* || **Erfinderschutz** [PatR] *protection of inventor*

Erfindung *invention*—> Vorrichtung || Beschreibung der Erfindung *description of an invention* || **Erfindungspatent** *patent of invention letters patent* —> Patent

erfolgen durch *to be effected by* || die Annahme erfolgt durch Hinterlegung [der ...] *acceptance shall be effected by the deposit of [...]* || erfolgt kein Einspruch *in the absence of any such objection*

erfolgreich *effective* —> wirksam || rechtskräftig || gültig || **erfolgreich arbeiten** *to perform well* || **Erfolgsbereich** *profit centre* || **Erfolgskontrolle** [BWL / RW] *measurement of performance* || **erfolgsneutral** [without profit/loss effect] *without P/L effect* Zuführungen zur Pensionsrückstellung werden als Aufwand verbucht, z.B. die aus der Pensionsrückstellung geleisteten Zahlungen erfolgsneutral, d.h. berüh-

ren nicht die Gewinn- und Verlustrechnung || **Erfolgsrate** [Med] *success rate* || **Erfolgstelle** mit eigenem Profit Center [BWL/RW] *profit center* || **Erfolgstellen-Konzept** *Profit Center or Cost Center-Konzept stewardship concept* Organisatorische Untergliederung in Teilbereiche Gewinnverantwortung der Bereichsleiter (Motivationskonzept) || **erfolgswirksame Kosten** [Absch] *revenue expenditure* —> capital expenditure :: aktivierungspflichtige Kosten

erforderlich *essential* || **erforderlich sein** *to call for* || **die erforderlich sind für** [...] *as are necessary for*

erfordern *to require*

Erfordernisse *requirement[s]* || *demand* || *needs* —> Bedarf

etwas erfüllen sich halten an *to abide by* || *to execute* || *to perform* all necessary formalities as to make and sign a contract or sign and deliver a note || **erfüllter Vertrag** *performed executed contract*

Erfüllung Abschluß des Kaufvertrages *completion of the purchase* || **Erfüllung eines Devisengeschäfts** [Bör] *spot basis* || **Erfüllungsgarantie** [Ex] *performance bond* finanzielle Absicherung, daß der Verkäufer seine vertraglichen Leistungen in der vereinbarten Form fristgerecht ausführt || **auf Erfüllung klagen** *to sue for specific performance* || **Erfüllungsklage** *action of performance* || **Erfüllungsort** *place of delivery*

ergänzen —> Ergänzung || **ergän-**

zende Vereinbarung *supplementary stipulation* || zur Ergänzung der besonderen Vereinbarung, die die eigentlichen Bedingungen [näher bestimmt] *[...] to accompany a separate agreement specifying the actual terms agreed* || Ergänzungsabgabe [SteuerR] *surcharge on income and corporation tax* || Ergänzungskredit —> Aufstockung durch Nachtragskredit || Ergänzungen zum Warenverkehr und Transithandel [Bbank] *supplementary trade items and mechanting trade* || Ergänzungszuweisungen [Art. 107 II GG] *supplementary grants* Ausgleichszuweisung an leistungsschwache Länder zur ergänzenden Deckung ihres allgemeinen Finanzbedarfs beim horizontalen Länderfinanzausgleich

sich ergeben *liable to cause* —> führen zu || [sich hieraus als Schlußfolgerung] ergeben *to lead to the conclusion*

Ergebnis *result* || ein besseres Ergebnis erreichen Verbesserungen des Ergebnisses erzielen *to achieve a better result* || einmalige Ergebnisbelastung *a single, non-recurrent charge on the operational results* || Ergebnisentwicklung *development of business results* || Ergebnis im laufenden Geschäft [Bil] *current operating profits* || net result in current operations || ergebnisorientierte Führung *management by results* bei dem die Zielplanung wesentlicher Bestandteil des Führungskonzepts ist || weitere Ergebnisverbesserung [Bil] *profit increase*

ergreifen Täter *to seize* || *capture* || *apprehend* || Maßnahmen *to take*

erhalten *to receive* —> eingegangen || Empfang

erheben [Steuern] *to raise revenue* || *to levy on* || *to impose a tax upon s.th.* || [...], die aufgrund einer Rechtshoheit erhoben werden *[...] levied on behalf of any authority*

Erhebung *recording* —> Statistik || Erhebungsgebiet [SteuerR] *fiscal territory* || Erhebung zu Gesetz *enactment* || Erhebungs- und Vollstreckungsverfahren [SteuerR] *collection and enforcement procedures*

erhöhen *to increase* || *to raise* || erhöhte Erstmiete [Leas] *initial payment*

zur Erhöhung der öffentlichen Einnahmen *for the purpose of raising revenue* —> Bedarfsdeckungsmittel

sich erholen *to pick up again* || *to recover from* || *to recuperate*

Erinnerungswert [Bil] *reminder value* Nach dem Bilanzgrundsatz der Vollständigkeit sind alle voll abgeschriebenen Anlagegegenstände, die noch im Betrieb eingesetzt sind, in der Bilanz mit einem Erinnerungswert [Merkposten] von DM 1,- anzusetzen

erkennbar *noticeable* || erkennbar nachlassen —> verschlechtern

erkennen —> entscheiden

erkennenlassen *judging by* || aus [...] läßt sich eine Fortsetzung der bisherigen positiven Entwicklung erkennen *judging by [...] will continue to develop favourably*

zu [der] Erkenntnis führen *to lead to the conclusion*

erklären *to declare* || *to explain* || [für die Akten] *to go on record* || erklären gegenüber *to be sought against* || [...], denen gegenüber [ein Verzicht] erklärt wird *parties against whom* [a waiver] *is sought*

Erklärende *subjects* [Übereinstimmende Willenserklärung z. B. zum Abschluß eines völkerrechtlichen Vertrages (= declaration of intention)] —> Vertragspartei

Erklärung *declaration* || *explanation* —> Auslegung || [im politischen Bereich] *statement* ansonsten —> declaration || [Steuer] *return* || Erläuterungen zum Vertragsgegenstand *representation* || eidesstattliche Erklärung —>Versicherung || Erklärung der Klägerin *declaration of petitioner* || Erklärung des Prozeßbevollmächtigten *statement of solicitor* || Erklärung der Unfähigkeit —> Unfähigkeit

erlangen *to attain* || *to gain* || *to facilitate*—> erleichtern || zurückführen auf *to derive [from]* —> bestimmen

Erlangung *attainment*—> Erreichung

Erlaß Verordnung *decree* || *ordinance* || Befehl *order* || Gesetz *law* || einer Behörde *writ* || Schulden *to remit* || Strafe *to release* || *to absolve from* || *to cancel* || eines nachgeordneten Gerichts *mandate* || durch Erlaß von Rechtsvorschriften *by means of legislative measures*

erlassen *to adopt* —> annehmen ||

die sie zwecks Anwendung von [...] erlassen können *which they may adopt to ensure the application of [...]*

Erlaubnis *permission* || *leave* || behördlich *permit* || *licence* || Freigabe *clearance* || Erlaubnis erteilen ermächtigen *to empower* || mit staatlicher Erlaubnis *licenced* —> ausübungsberechtigt

erläuternd *explanatory* || erläuternde Anmerkungen *explanatory notes*

Erläuterung Stellungnahme || Anmerkung || Kritik *comment* || *remarks* || Erklärungen alle ihm geeignet erscheinenden Erläuterungen *Any comments it considers appropriate* || Erläuterungen zum Vertragsgegenstand *representation* || Erläuterungen zur Bilanz Deutsche BP AG *remarks on Deutsche BP AG's Balance Sheet* || Erläuterungen zur Gewinn- und Verlustrechnung Deutsche BP AG *remarks on the profit and loss account Deutsche BP AG*

Erleben *life* || Erlebensversicherung auf Erleben *endowment insurance* Lebensversicherung mit Anlageelement, die bei Beendigung und Erleben des Versicherungszeitraums an den Versicherten [face value is paid to insured if he outlives the policy] oder bei dessem Tod an dessen Hinterbliebene [beneficiary] ausbezahlt wird

erledigen [Angelegenheit] *to manage*

erleichtern *to ease*

Erleichterungen *facilities*

Erlös *benefit* || Betrag *sum*

erlöschen *to cancel* || null und nichtig [sein/werden] *to get null and void* || außer Kraft treten *to expire* || *to lapse* || *to cease to have effect* —> Ablauf

Erlöschen *expiry* —> Verfalldatum

ermächtigt *empowered* || **hierzu gehörig ermächtigt** *being duly authorized* —> zu Urkund dessen

Ermächtigter —> Anwalt || Bevollmächtigter

Ermangelung —> Abwesenheit

ermäßigen *to lower*

Ermäßigung *relief* || **Ermäßigung der Zinssätze** *lowering of interest rates*

Ermessen *discretion* || **es ist in das Ermessen des Gerichts gestellt** *the court has a discretion* || **liegt in [seinem] Ermessen** *to be at full liberty* || **nach eigenem Ermessen** *to think fit* || *to deem* || **nach eigenem / freien Ermessen** *at one's own discretion* || **Ermessensmißbrauch** *abuse of discretion* || *abuse of power* —> Mißbrauch || **Ermessensspielraum eines Ausschusses** *discretion of the committee*

ermitteln feststellen *to ascertain* || *to find out for certain*

Ermittlung [Med] *scrutiny* || [Polizei] *investigations* || *inquiry* || **Ermittlungsverfahren** *judicial inquiry* || *preliminary proceedings* || *police investigation* || [durch Gericht oder Amtsarzt zur Feststellung der Todesursache] *inquest*

Ernährer [der Familie] *wage earner* || *breadwinner* || *provider*

ernennen *to constitute* || **ernennen zu [...]** *to designate s.o. as [...]* || *to appoint* ||

Ernennung *nomination* || *appointment*

Erneuerung *renewal* || von Maschinen [InvR] *upgrade* —> down grade || **Erneuerungsschein** —> Dividendenschein

erneut *again* || *further* || **erneuter Anstieg** *further rise*

eröffnen *to open* || *to inaugurate* || **über das Vermögen einer Person das Konkursverfahren eröffnen** *to abjudicate a bankruptcy*

erörtern *to discuss*

Erörterung *discussion* || **nach umfassender/eingehender Erörterung** *after full discussion* || **Zur Erörterung von Änderungen dieses Abkommens kann eine Vertragspartei jederzeit eine Konsultation beantragen** :: *Consultation may be requested at any time to either contracting party for the purpose of discussing amendments to the present agreement* || **Erörterungsrecht des Arbeitnehmers** [BetrVG] —> Anhörungsrecht || Unterrichtungspflich

ERP-Sondervermögen European Re-

Erpressung   Erschöpfungslücke

covery Program *ERP Special Fund* [Bbank] Nicht rechtsfähiges Sondervermögen des Bundes für den Wiederaufbau nach dem 2. Weltkrieg und später zur regionalen und sektoralen Förderung der deutschen Wirtschaft, des Umweltschutzes sowie verschiedener anderer öffentlicher Aufgaben

Erpressung *blackmail*

erreichen *to gain* || *to reach* —> erzielen || erleichtern || [...] **erreichen [19..] mit 6,5% [ihren] Jahreshöchststand** *to reach its peak of 6.5% for [19..]* || **[...] erreichen den niedrigsten Stand des Jahres** *to reach the lowest level of the year*

erreicht *full* || *achieved*

Erreichung *attainment* || **um die Erreichung von Zielen zu erleichtern** *as may facilitate the achievement of objectives* —> Fazilitäten

errichten *to establish*

Errichtung *establishment* || **Errichtung von Bauobjekten** *development* || [PatR] **Der Hinweis auf [...] bezieht sich auf die Errichtung nicht nur eines neuen Wirtschaftszweiges, sondern auch eines neuen Produktionszweiges innerhalb eines bestehenden Wirtschaftszweiges sowie auf die wesentliche Umgestaltung oder Ausweitung eines bestehenden Wirtschaftszweiges** *The reference to [...] shall apply not only to the establishment of a new industry, but also to the establishment of a new branch of production in an existing industry and to the substantial transformation or expansion of an existing industry*

Ersatz [...] *substitute* || **Ersatzinvestition** [InvR] *replacement investment* Investition zum Ersatz einer alten durch eine neue Anlage. Bei damit erzielter Wirtschaftlichkeitsverbesserung —> Rationalisierungsinvestition, bei Verbesserung der Kapazitätsauslastung —> Erweiterungsinvestition || **Ersatzmitglieder** [§ 25 BetrVG] *substitutes* Scheidet ein Mitglied aus dem Betriebsrat aus, so rückt ein Ersatzmitglied nach :: Whenever a member leaves the works council he shall be replaced by a substitute || **Ersatzstreikkasse** *substitute strike fund* gemeint ist damit die Zahlung der Arbeitsämter von Kurzarbeitergeld nach § 116 Arbeitsförderungsgesetz, z.B. bei Punktstreiks, die [so u.a. der Vorwurf der Arbeitgeber] die Gewerkschaftskassen entlasten —> Streikparagraph || **Ersatzwort** *substitute*

erscheinen vor *to attend*

Erscheinen [Bör] —> per Erscheinen || [Druckwerk] *publication* || **Erscheinen eines Vertreters des Geladenen vor Gericht** [Prozeßbevollmächtigten] *appearance by attorney*

Erschließung *development* Herstellung von öffentlichen Straßen, Wegen und Plätzen || **Erschließungsgebiet** *development area* || **Erschließungsgesellschaft** —> Grundstückserschließungs- und Verwaltungsgesellschaft

erschöpft *abated* || **erschöpfter Kredit** *credit abated*

Erschöpfungslücke [Chartanalyse] [Verkaufssignal] *exhaustion gap*—> Lücken

118

ersinnen —> Erfindung

Ersitzung *acquisition by squatting* rights [or title] [by squatters] [§ 872 BGB] Eigentumserwerb an einer beweglichen Sache, die man mindestens 10 Jahre in Eigenbesitz hatte Ersitzung an Grundstücken —> [§ 900 BGB] Buch- oder Tabularersitzung [wer 30 Jahre als Eigentümer im Grundbuch eingetragen war und dieses Grundstück in Eigenbesitz hatte

Ersparnis der privaten Haushalte *net savings of private households*

Erst[...] *initial* ‖ *first*

erstarren *to ossify* ‖ **erstarrtes Recht** *ossified law*

Erstattung [ZollW] *refund* > Antrag auf Steuerrückerstattung

Ersteinschuß *initial margin* [bei Eröffnung der Terminposition zu entrichten] —> Einschuß ‖ **erstinstanzliche Gerichtsbarkeit** *original jurisdiction* ‖ **erstinstanzliches [Stadt-] Gericht** [USA] *municipal court* erstinstanzliches Gericht für Zivil- und Strafsachen minderer Bedeutung. Berufungsgericht gegenüber Entscheidungen der —> Amtsgericht ‖ **erstklassiger Adressen** —> Aktien ‖ **Erstmiete** erhöhte Erstraten [Leas] *initial payment* ‖ **Erster Offizier** [Seestreitkräfte] *Executive Officer* ‖ **erstrangig** *first*

sich erstrecken auf *to extend* ‖ das Übereinkommen erstreckt sich auf alle Hoheitsgebiete, für deren internationale Beziehungen er verantwortlich ist [die sie wahrnimmt] *this conventions shall extend to all territories for the national relations*

of which it is responsible

Erstspender *first-time donors* ‖ **erststellig** —> erstrangig ‖ **erststelliger Hypothekarkredit** *first mortgage credit [loan]* ‖ **Ersttäter** *first offender* ‖ **Erstzulassung des PKW** [SteuerR/D] *first registration for operation of a passenger car*

ersuchen *to require*

Ersuchen *request*

erteilen Auftrag *to place* ‖ [Anmeldung] *to grant* ‖ *to issue*

Erteilung einer Lizenz d.h. issue of a patent *granting of a patent* ‖ **Erteilung** [Ausstellung] **eines Sichtvermerks** *issue of visas*

Ertrag *income* ‖ **mit angemessenem Ertrag** *with commensurate profit*

Erträge *returns* ‖ Zinserträge *interest income* ‖ **Erträge aus [...]** [Bil] *profit from [...]* ‖ **Erträge aus dem Abgang von Gegenständen des Anlagevermögens** [Bil] *income from the retirement of fixed assets* ‖ **Erträge aus Beteiligungen** [Bil] *income from associated companies* ‖ **Erträge aus Gewinnabführungsverträgen** [Bil] *income from profit transfer agreements* ‖ **Erträge aus Vermietungen und Verpachtungen** [SteuerR] *rental income*

Ertragschein [distribution] *coupon* ‖ **Ertragskompetenz** [SteuerR/D] *assignment of revenues* taxes jointly assigned to the Federation and Länder such as wages tax, income tax, corporation tax, turnover tax [excl. import turnover tax] as well as municipal trade tax apportionment || **Ertragslage** *earnings situation* || **Ertragsrechnung** *income account* || **ertragsreiche Steuer** [SteuerR] *productive tax* || **ertragsunabhängig** *non-profit-related*

erwachsen —> [Recht] erwerben || major person || legal age *adult*

in der Erwägung [VölkR] *whereas*

erwarten lassen *to give rise to expectation* || **erwartete Abschreibungsbedarf** *the expected write-off requirements*

Erwartungen auslösen *to prompt hopes of [...]*

Erweiterungsinvestition [InvR] *expansion investment* || *investment in capacity extensions* Investition zum Zwecke der Kapazitätserhöhung —> Ersatzinvestition || **Erweiterungsinvestitionen auslösen** [Bil] *to spark off investment in capacity extensions*

Erwerb *acquisition* —> Erwerbs[...] ||Errungenschaft || erworbenes Gut || Vermehrung || Anschaffung || Bereicherung || **Art des Erwerbs** *manner of acquiring* || **dinglicher Erwerb** *acquisition in rem* || **gutgläubiger Erwerb** *acquisition in good faith* || **Erwerb der Mehrheit der Anteile an [...]** *acquisition of the majority controlling interest in* || **Erwerb durch Übergabe** *acquisition by transfer* || **Erwerb durch Verbindung** [von Sachen] *acquisition through merger of interest* || **Erwerb**

von Todes —> Vermächtnis || **Erwerb eigener Aktien** [Bil] *acquisition of treasury stock* || *repurchase of stock* Nach § 71 AktienG kann eine AG nur in besonderen Ausnahmefällen eigene Aktien erwerben. [USA] keine gesetzlichen Beschränkungen. Recht auf Dividendenzahlungen entfällt bei eigenen Aktien, so daß der ausschüttbare Gewinn für die Aktionäre erhöht wird, d.h. höhere Dividendenzahlungen bzw. Kurswertsteigerungen der Aktien

erwerben *to acquire* || **ein Recht erwerben** erwachsen || zukommen *to accrue a right* || *to accrue to sb.* || **erworbene Rechte** *acquired rights*

Erwerber *acquirer*

Erwerbstätige [Stat] *number of gainfully employed* || *total employment* || **Erwerbstätige im zivilen Bereich** *civilian labour force* || **Erwerbstätigenquote** *participation rate* || **Frauenerwerbsquote** [Stat] *female labour force* || **Erwerbstätigenstruktur** *structure of employment* || **Erwerbsunfähigkeit** *[a person under] disability*—> geschäfts- und rechtsunfähige Person || **dauernde Erwerbsunfähigkeit** *permanent disability* || **geminderte Erwerbsfähigkeit durch Unfall** [USA / workers compensation law] *partial disability* [bezieht sich auf die Wiederaufnahme der zuvor ausgeübten Tätigkeit] || **völlige Erwerbsunfähigkeit** [USA/VersR] *total disability* In der Unfallversicherung bedeutet dies nicht die völlige Erwerbsunfähigkeit aufgrund körperlicher Behinderung, sondern daß eine Eingliederung in die wesentlichen materiellen Pflichten aus einer solchen Tätigkeit nicht mehr zu erwarten ist

erwogen werden   *to be under consideration*

Erz   *ore* ‖ Erz aufbereiten   *to dress ore* ‖ Erzgestein   *ore body* ‖ Erzlager[stätte]   *ore deposit*

Erzeugerland   *producing country* ‖ Erzeugerrichtpreis   [EG]   *producer target price*

Erzeugnis   Artikel   *article* ‖ [PatR] item —> Gegenstand   ‖   *product* ‖ *produce*

Erzeugung   *manufacture*

erzielbarer Gewinn   *profitability* ‖ Gewinnspanne   *margin of profit*

erzielen   [Bil]   *to achieve* ‖ ein Wachstum von 7% erreichen   *to achieve a growth rate of 7%*

Escape-Klausel   Vorbehalt[sklausel] *escape clause* i.G.z. Meistbegünstigungsklausel —> Ausweichklausel. In internationalen Verträgen kann vorgesehen werden, daß beteiligte Länder protektionistische Maßnahmen ergreifen können (Handelshemmnisse), wenn durch die Einfuhr die einheimische Wirtschaft gefährdet wird oder werden kann

E.S.O.P.   [Abbr] *Employee [Share] Stock Ownership Plan*

EStG   [Abbr] Einkommensteuergesetz   [Federal German] *income tax law*

Etikettierung   *labelling*

EU   —> Europäische Union

EuGH   —> Europäischer Gerichtshof

Euro [...]   —> Europa ‖ Europäisch ‖ Eurocheque   [BankW] Gegenüber in- und ausländischen Kreditinstituten einheitlicher Scheck, bei dem bis zu einer Höhe von DM 400,- über Guthaben verfügt werden kann ‖ Euro-Commercial Papers   [Abbr] *ECPs* kurzfristige, nicht von Banken garantierte Finanzierungstitel am Euromarkt ‖ Eurodollar [BankW]   *Eurodollar* Dollarguthaben bei europäischen Banken ‖ Euro-Kredit *Euro-currency credit* ‖ Euromarkt *Euro-market* ‖ Euronotes   [Bör] *Euro-notes* kurzfristige am Euromarkt gehandelte verbriefte revolvierende Kredite [Schuldverschreibungen]   —>NIF ‖ RUF ‖ Depositenzertifikate   ‖ Eurotunnel   [GB/F 1994] *Eurotunnel* ‖ *Channel tunnel*

Europarat   [EG] *Council of Europe* ‖ die Europa trennenden Schranken *barriers dividing Europe*

europäisch *European* —> Euro [...] ‖ Europäische Agentur für die Beurteilung von Arzneimitteln [EU] *European Medicine Evaluation Agency* Sitz: London ‖ Agentur für Gesundheitsschutz und Sicherheit am Arbeitsplatz   [EU] *Health and Safety in the Workplace Agency* Spanish Government to choose city. Entsprechend dem Aktionsprogramm der Kommission vom 20.11.1989 über die Einführung einer Gemeinschaftscharta der sozialen Grundrechte der Arbeitnehmer ‖ Europäische Atomenergiegesellschaft   [Abbr] *EAES European Atomic Energy Society* ‖ Europäische Atomgemeinschaft [Abbr] *EURATOM European Atomic Energy Community* ‖ Europäische Drogenbeobachtungsstelle   [EU] *European Drugs Observatory* Sitz: Lissabon ‖ Europol [EU]

europäisch   **Eventualbudget**

Europol Europäisches Polizeiamt ‖ **Europol-Drogenstelle** [EU] *Europol Drugs Agency* Sitz: Kopenhagen ‖ **Europäische Freihandelsassoziation** *European Free Trade Association* die "Assoziation" [Abbr] *EFTA* ‖ **Europäischer Gerichtshof** *European Court of Justice* The supreme court of the European Community. Jurisdiction: interpretation of the Treaty of Rome and disputes arising from the application of its provisions. It sits in Luxembourg :: Oberster Gerichtshof der Europäischen Gemeinschaft mit Sitz in Luxembourg. Rechtsprechung: Auslegung der Römischen Verträge sowie Streitigkeiten hinsichtlich ihrer Anwendung ‖ **Europäische Gesellschaft für Kohle und Stahl** *European Coal and Steel Union* —> Montanunion [Abbr] *EGKS ECSC* ‖ **Europäische Güterwagengemeinschaft** *European Wagon Community* ‖ **Harmonisierungsamt für den Binnenmarkt (Marken, Muster und Modelle)** einschließlich Beschwerdekammer [EU] *Trademark Office* Sitz: Madrid ‖ **Europäische Kommission** [EU] *European Commission* Sitz: Brüssel ‖ **Europäisches Kulturabkommen** [Abbr] *ECC European Cultural Convention* ‖ **europäisches Patent** *European patent* beim Patentamt in München für die BRD ‖ **Europäisches Parlament** [EU] *European Parliament* Sitz: Straßburg. Dort zwölf monatlich stattfindende Plenartagungen einschließlich Haushaltstagungen. Zusätzliche Plenartagungen finden in Brüssel statt. Die Ausschüsse des EP treten in Brüssel zusammen, das Generalsekretariat des EP und dessen Dienststellen verbleiben (nach dem Beschluß der Regierungen, Edinburg 1992) in Luxemburg ‖ **Europäisches Übereinkommen über die Formerfordernisse bei Patentanmeldungen** [PatR] *European Convention relating to the Formalities required for the Patent applications* ‖ **Rat** [EU] *Council* of Ministers Sitz: Brüssel. In den Monaten April, Juni und Oktober hält der Rat seine Tagungen in Luxemburg ab ‖ **Europäische Stiftung für Berufsbildung** [EU] *European Foundation for Training* Sitz: Turin ‖ **Europäische Umweltagentur** [EU] *European Environment Agency* Sitz: Kopenhagen. Schaffung der Umweltagentur und eines Umweltinformations- und Umweltbeobachtungsgesetzes der Gemeinschaft ‖ **Europäische Union** *European Union* Unterzeichnung am 1.02.1993, Inkrafttreten am 1.11.1993 ‖ **Europäisches Inspektionsbüro für Veterinär- und Pflanzenschutzkontrollen** [EU] *European Veterinary Inspection Agency* Sitz: Dublin ‖ **Europäisches Währungsinstitut** *European Monetary Institute* Sitz: Frankfurt/M. Mitglieder sind die Zentralbanken der EU-Staaten. Aufgaben: Koordination der Geldpolitiken zwischen den Zentralbanken, Überwachung des Europäischen Währungssystems sowie Vorbereitung zum Übergang auf die gemeinsame Währung ‖ **Europäische Währungsabkommen** *European Monetary Agreement* Zielsetzung u.a. Schaffung eines europ. Fonds sowie multilateralen Systems eines Zahlungsausgleichs, Liberalisierung des Handels durch [kurzfristige] Devisenkredite der Zentralbanken der Mitgliedstaaten ‖ **Europäische Zahlungsunion** [Abbr] *EZU EPU* [1958] *European Payment Union* abgelöst durch das Europäische Währungsabkommen

Eventualbudget *contingency budget* —> Kontingenzbudget [part of the contingency planning process] Deviations from sales projections (while no change in profit is expected) and normally involves corresponding adaptation in production and personnel planning

EWI —> Europäisches Währungsinstitut *European Monetary Institute*

EWIG Europäische wirtschaftliche Interessenvereinigung. Eigene europäische Gesellschaftsform. Seit 1. Juli 1989 gilt in allen EG-Ländern die vom Rat der EG verabschiedete Verordnung über die Schaffung der EWIG zwecks grenzüberschreitender Zusammenarbeit mit anderen europäischen Unternehmen. EWIG unterscheidet sich von einer deutschen Gesellschaft durch ihren Zweck, der alleine in der Erleichterung der wirtschaftlichen Tätigkeit ihrer Mitglieder besteht. EWIG darf keine Leitungs - oder Kontrollfunktion über Tätigkeiten ihrer Mitglieder oder eines anderen Unternehmens ausüben. Sie darf auch keine Anteile an einem Mitgliedsunternehmen halten, somit nicht als Holding-Gesellschaft oder als Verwaltungsgesellschaft auftreten. Im deutschen Recht am ehesten mit der OHG vergleichbar, wenngleich auch wesentliche Teile des GMBH-Gesetzes berücksichtigt wurden. Deutsches AusführungsG schreibt vor, daß nachrangig zum EG-Recht bei Vereinigungen mit Sitz in der BRD das OHG-Recht Anwendung findet

ewige Rentenpapiere —> Perpetuals

Ex. [GB] [Abbr] *Exchequer Case* || **EX** *examiner* Untersuchende || Prüfer || **exD** *XD* [Bör] ex Dividende :: ex dividend. Kurszusatz, mit dem angegeben wird, daß die betreffenden Aktien von diesem Tage an ohne Anspruch auf die fällige Dividende gehandelt werden —> Dividendenabschlag || **ex Dividende** —> exD

Exekutivbüro *executive office* || **Exekutivdirektoren** *executive directors* || **Exekutivorgan** *executive body*

Exemplar *copy* —> Abschrift || Freiexemplar

Exhumierung *exhumation [of a body]* —> Leichen[...]

Eximbank *Export-Import Bank of the United States - Eximbank* [staatliche] Außenhandelsbank der USA || **Beteiligung der Eximbank an einem gebundenen Finanzkredit** *Eximbank direct loan participation*

exogene Finanzierung besser: —> Außenfinanzierung || **Exostruktur** [Man / Org / ArbR] *exostructure*

Exp [Verp] [CH] Verfalldatum *Expiry [date]* || [GB] *best before*

Expertensystem [EDV/ Org/ BWL/ VWL] *expert system* [Software-] Programme, die in der Lage sind, innerhalb eines bestimmten Fachgebiets an einen definierten Benutzerkreis bestimmte Informationen gebündelt zu übermitteln. Diverse Ausrichtungen, z.B. Beratungssysteme, die dem Benutzer bestimmte [Entscheidungs- und] Handlungsvarianten vorschlagen

Export[...] *export* —> Ausfuhr || **Exporte** *exports*

Exporteur *exporter*—> Ausführer || **Berechtigungsnachweis des Exporteurs** *exporter's certificate of eligibility* || **Finanzierungsbeteiligung des Exporteurs** [Ex] *exporter participation* || **Produktverwendungs-**

Exportfinanzierung EZU

erklärung des Exporteurs *exporter's certificate of product use* Certificate stating the country in which the exported products are to be used ‖ **Risikobeteiligung des Exporteurs** Haftungsbeteiligung/Verlustbeteiligung des Exporteurs *exporter's retention*

Exportfinanzierung *export financing* includes all measures for the provision and transfer of funds required for the export of goods and services ‖ **Exportforderungen** *export receivables* claims against foreign debtors [usually limited to uncollected amounts of completed exports of goods and/or services] ‖ **Exportförderungsprogramm** *export promotion program* ‖ Exportförderungsprogramm durch die Gewährung von Garantien für Forderungsankäufe *Commercial Bank Guarantee Program* ‖ Exportförderungsprogramm durch die Gewährung von Leasinggarantien *lease guarantee program*

Exportkredite *export credits* ‖ **Exportkreditgarantie** *export credit insurance policy* ‖ *export credit guarantee*—> Exportrisikogarantien. Government-insurance facilities covering risks which are peculiar to export transactions but are not normally covered by commercial insurance. Export credit guarantees are given for the purpose of encouraging trade with other countries, whether the transactions concerns visible or invisible export ‖ **Exportkreditversicherer** *export credit insurance [company]* in der BRD z.B. Hermes-Kreditversicherungs-AG ‖ **Exportkreditversicherung** —> Ausfuhrkreditversicherung

Export-Leasing [Leas] *export leasing* ‖ **Exportlizenz** *export licence* a permit to export specific goods to a particular country

Exportquote [Bbank] *export quota*

Exportrisikogarantien —> Exportkreditgarantien

Exportvertrag *export contract* ‖ **auf eine Fremdwährung lautende Exportverträge** *export contract denominated in foreign currency*

Exportwirtschaft [Bil] *export industry*

Extrakte *extracts* —> Kaffee ‖ **Extrakthersteller** [SteuerR/D] *extract-producing firm* ‖ **Extraktkaffee** *coffee extracts*

exzidieren [Med] *to excise*

EZU *EPU* **Europäische Zahlungsunion** *:: European Payment Union*

FA [Abbr] *forwarding agent* :: **Spediteur**

FAA [Abbr] [Mar] *free of all average* :: **Versicherung gegen Totalhavarie**

Fabrik *plant* —> Werk || **Fabrikpacht** [Leas] —> Plant Leasing

Fabrikationsstätte *factory* [Fabrik begrifflich zu ungenau]

f.a.c. [Abbr] *fast as can* :: **so schnell wie möglich**

f.a.c.a.c. [Abbr] *fast as can as customary* **so schnell wie platzüblich**

facie [Beweis des ersten Anscheins] —> prima facie

Factoring *Factoring* Finanzierungs- bzw. Dienstleistungsgeschäft (meist kurzfristige Forderungen mit Laufzeit bis zu 90 Tagen), bei der ein Factor (Kapitalgeber), d.h. i.d.R. ein Finanzierungsinstitut, von einem Unternehmen (sog. Anschlußunternehmen) mittels Rahmenvertrag einmalig oder laufend mehrere Geldforderungen aus Warenlieferungen oder Dienstleistungen gegenüber dessen Abnehmern kauft. Vorteile und Funktion: Der Forderungswert wird sofort gezahlt, die Anschlußfirma ist vor zahlungsunfähigen Kunden geschützt (Delkrederefunktion), Übernahme von Debitorenbuchhaltung, Inkasso- und Mahnwesen, Prüfung der Abnehmerbonität

Fach [...] *specialized* || **Facharbeiter** [als Teil der Belegschaft] *operating core* || **Fachausschuß** *specialized committee* special committee :: Sonderausschuß || **Fachkommission** *functional commission* || **fachmännischer Rat** *expert advice* —> Sachverständiger || **Fachressort** Amt [VwO/D] *department* || **Fachzeitschrift** *specialist journal* || [wissenschaftl.] *learned journal* || [Gewerbe] *trade journal*

Fähigkeit *capacity* —> Verpflichtungsfähigkeit || Verfügungsfähigkeit

Fahndungsdienste [ZollW] [customs] *investigation services*

Fahnenabzüge [Druck] *proofs* in der Druckerei, erste Probeseiten / Korrekturfahnen

Fahrerflucht *hit-and-run offence* [§ 142 StGB] to abscond from the scene of accident :: unerlaubtes Entfernen vom Unfallort

fahrlässige Tötung *negligent homicide* || **fahrlässige Tötung im Straßenverkehr** *vehicular homicide*

Fahrtenberichtsheft [ZollW] *book of record sheets* || **Fahrtenbuch** *driver's logbook* || **Fahrtenschreiber** *tachograph*

Fahrverbot —> Entzug der Fahrerlaubnis || **Fahrzeugbau** *transport equipment* || *construction of vehicles* || **Fahrzeughalter** *car owner*

fairer Preis [Bör] *fair value* —> Preis || [Leas] Zeitwert

Faktor —> Kommissionär || Kapitalgeber [beim Factoring]

Faktoren Einflüsse *factors* —> beitragend || Mitverschulden

Fakultativprotokoll *optional protocol*

Fall *cause* ‖ Sache *case* ‖ **Fallbeispiel** *case method* ‖ **Fallmethode** [PersW] *case method* ‖ **Fallrecht** *case law* das durch richterliche Entscheidungen geschaffene Recht seit dem 14. Jhd. ‖ **Fallstudie** *case study*

fallen *to fall* ‖ [weiter] *to continue to fall* ‖ *to drop* ‖ **fallen unter [...]** —> Kategorie, Gruppe [Bei Artikeln bzw. Paragraphen (§) werden im deutschen Text keine Kommata gesetzt] ... unter Artikel I Absatz 1 Buchstabe a

fällig *mature* —> anfallen ‖ *due* ‖ **für fällig erklären** *to call due* —> beschleunigen ‖ **für sofort fällig erklären** *to accelerate and call due* ‖ **fällig werden** *to become due* ‖ **fällige Beträge zurückzahlen** *to pay any sums due*

Fälligkeit *maturity* —> Laufzeit ‖ **bei Fälligkeit** *as and when they become due* ‖ **Fälligkeitstag des [Garantie-]Entgelts** *fee due date*

falls keine Einigung erzielt wird *if they fail to agree* ‖ **falls der Rat zugunsten der [...] beschließt** *in the case of a favo[u]rable decision of the council* ‖ **falls zutreffend** gegebenenfalls *if applicable*

Falschbeurkundung [ZollW] *forgery of documentation* —> Urkundenfälschung ‖ **falsche Angabe[n]** *misrepresentation* ‖ **falsche Versicherung an Eides Statt** *false oath*

Familie *family* ‖ **Familienmitglieder** —> Angehörige ‖ **die zum Haushalt gehörenden Familienmitglieder der diplomatischen Mission** *families [forming part of the household] of the members of the diplomatic mission* ‖ **familienrechtliche Angelegenheiten** —> Abteilung des High Court für allgemeine familienrechtliche Angelegenheiten ‖ Beschwerdekammer bzw. Berufungskammer des High Court für Entscheidungen der Familiy Division ‖ **Familiensparbrief** eines Kleinversicherungsvereins [InvF] *family bond*

f.a.q. [Abbr] *free alongside quai* :: **frei längsseits Kai des Abgangshafens**

FAS *free alongside ship [named port of shipment]* :: **frei längsseits Schiff [benannter Verschiffungshafen]**

fassen Täter *to seize* ‖ *capture* ‖ *apprehend* ‖ *to reduce*

Fassung —> vereinfachte Fassung

Fastbanken [KreditW] —> Quasibanken

Faustfeuerwaffen [Bal] *hand guns* —> Handfeuerwaffen

Fazilitäten [BankW] *facilities* Kreditlinien, die Banken entsprechend dem Kapitalbedarf der Unternehmung einräumen —> revolving :: revolvierend

Fazit Schlußfolgerung *conclusion*

FB [Abbr] *free boder* :: **frei Grenze**

FCIA *Foreign Credit Insurance Association* Auslandskreditversicherungs-Gesellschaft

FCL f.d. FCL [Abbr] *full container load for delivery FCL* :: **Verlader packt Container, Empfänger entlädt**

fco [Abbr] *franco* **franco**

F.C.R. *Forwarding Agent's Certificate of Receipt* F.I.A.T.A.-Klausel: Bescheinigung eines Spediteurs, eine Warensendung zur Beförderung oder Verfügungsstellung an eine vom Auftraggeber vorgeschriebene Adresse übernommen zu haben. Für den Ablader (Ausführer) gelten in diesem Fall bes. Vorschriften

f.d. [Abbr] *free discharge* :: **freies Löschen**

Feedback Rückkopplung [Komm] *feedback*

Fehlbetrag —> verbleibender Fehlbetrag ‖ **Fehlbeträge** Defizite *shortfalls*

Fehler bereinigen *to remedy errors*

Fehlfracht [Mar] *dead freight*

Fehlinvestition [InvR] *unprofitable investment* ‖ *bad investment* Investition, bei der sich später herausstellt, daß das der Investitionsentscheidung zugrundeliegende Vorteilskriterium nicht erfüllt worden ist

feierliches Versprechen [unter Buch und Siegel] *solemn agreement*

Feindseligkeit[en] *hostility* ‖ **durch Feindseligkeiten nicht nutzen können** [Vertragsklausel im Patentvertrag] *lost by reason of hostility*

Feingehalt *standard of fineness* [Edelmetalle, Münzen —> troy ounce] Anteil des Goldes in reiner chemischer Form an einer Münze oder einem Barren. [BRD] Feingehalt wird in Promille gemessen, d.h. 900 fein heißt entsprechend, daß 900 Teile einer Legierung reines Gold sind. Vierergold hat einen Feingehalt von 999,9. [USA/GB] Wie früher in BRD für Feingehalt üblich, Messung in Karat :: carat [Abbr] c. Reines Gold hat 24 c. [= absolute purity] ‖ **Feingold** —> Feingehalt ‖ **Feinheit** Reinheit *purity* ‖ Textilien ‖ Garn *yarn count category* ‖ Nylon ‖ Seide *denier* ‖ titer ‖ Feinheitsgrad *degree of fineness* ‖ [Edelmetalle, Münzen] —> Feingehalt ‖ **Feinschnitt** *fine-cut tobacco* ‖ **Feinunze** —> Troy ounce

Feld *field* —> Bereich ‖ **Feldwebel** *sergeant* ‖ **Hauptfeldwebel** *first sergeant* ‖ **Feldzeichen** [flag] [Mil] *standard* ‖ *ensign*

FEPC *Fair-employment-Practices-Committee* Kommission zur Überwachung der Nichtdiskriminierung von Arbeitern und Angestellten bei ihrer Einstellung und Beschäftigung

ferner *further*

Fernmeldeanlagen *telecommunications system*

Fernsehbearbeitung [Recht zur ~] *broadcasting right* ‖ **Fernsehstreiks** *tv-strikes* Von den Medien geprägter Begriff zur Bezeichnung der Tarifauseinandersetzungen, bei denen die Streikenden das Ergebnis langwieriger Schlichtungsverhandlungen über den Bildschirm zuhause verfolgen, ohne selbst "auf die Straße zu gehen"

fertige Erzeugnisse und Waren [Bil] *finished products and merchandise*

Fertigstellung [Bau] *completion* —> Ausführung ‖ **Fertigstellungstermin** *finish date*

Fertigung [Prod] *manufacture* ‖ **Fertigungsauftragsbestand** *order file* ‖ **Fertigungsbetrieb** *manufacture company* ‖ *manufacture concern* ‖ *manufacture corporation* ‖ **Fertigungsgemeinkosten** *indirect product cost* ‖ *factory overhead* ‖ *manufacturing expense* ‖ **Fertigungsgemeinkostenüberdeckung** *overapplied indirect product cost* ‖ **Fertigungskontrolle** *production control* ‖ **Fertigungskosten** *processing cost* ‖ *operating costs* ‖ *finished cost* ‖ **Fertigungskostenstelle** *productive burden centre* ‖ **Fertigungsplan** *production plan* ‖ **Fertigungssteuerung** *production planning* ‖ **Fertigungsverfahren** *production methods*

fest *fixed* ‖ [Bör] *firm* ‖ *regular* ‖ *solid* ‖ *substantial* ‖ **feste Geschäftseinrichtung** *fixed place of business*

Festgelder [BankW] *time deposit[s]* ‖ *term deposits*

festgelegt *agreed upon* ‖ **festgesetzt** *fixed* ‖ **festgesetzte Ausbeutesätze** [SteuerR/D] *pre-determined yields* ‖ **festgesetzter Betrag** [SteuerR] —> Steuerbescheid

festhalten *to record* ‖ [für die Akten] *to go on record* ‖ **Festhalten** *stop and frisk* vorübergehendes Anhalten einer verdächtigen Person sowie ihrer Leibesvisitation —> Durchsuchung ‖ Leibesvisitation

festigen *to strengthen*

festlegen *to lay down* ‖ *to specify* ‖ *to settle*

Festlegung *assessment* —> Bemessungsgrundlage ‖ Veranlagung ‖ **bei der Festlegung** *in establishing* ‖ **Festlegung von Vertragsbedingungen** *stipulation of conditions*

Festmüll *solid waste*

Festnahme einer Person —> Inhaftierung ‖ Verhaftung *arrest* ‖ **vorläufige Festnahme im Sitzungssaal** [§ 183 GVG] *parol arrest*

festsetzen *to specify* ‖ *to lay down* ‖ *to assess* ‖ **Den ersten Betrag setzt der Rat fest** *The initial contribution shall be assessed by the Council*

Festsetzung des Einheitswert [SteuerR] *determination of the assessed value* z. B. für Grundvermögen oder für Gewerbebetriebe zur Festsetzung der Steuerlast ‖ **Festsetzung und Zerlegung** [SteuerR/D] *assessment and allocation* ‖ **Der einheitliche Steuermeßbetrag ist zu zerlegen, wenn im Erhebungszeitraum (Kalenderjahr) Betriebsstätten in mehreren Gemeinden unterhalten worden sind. Als Zerlegungsmaßstab werden grundsätzlich die Arbeitslöhne herangezogen** :: *uniform basic tax must be allocated where a business enterprise maintains establishments*

feststellen   **final**

---

in several municipalities during the period for which the tax is collected [usually a calendar year]. Generally, wages paid by the enterprise are taken as a yardstick for allocation

feststellen *to adopt* —> annehmen

Feststellung [bei Gericht] *finding* —> Befund [Med] || **Feststellung des Jahresabschlusses** [§§ 172 f. AktienG] *adoption of annual financial statements* Billigung des vom Vorstand vorgestellten Jahresabschlusses üblicherweise durch Aufsichtsrat, jedoch auch durch Hauptversammlung möglich || **Feststellung der Nichteignung** (from/zu) —> Ausschluß || **Feststellungsklage** *action for a declaratory judgement* Im Zivilprozeß (auch Arbeitsgerichtsbarkeit) eine Klage oder Widerklage des Klägers auf Feststellung über Bestehen (positive F.) oder Nichtbestehen (negative F.) eines Rechts oder eines Rechtsverhältnisses. Auch auf Feststellung der Echtheit oder Unechtheit einer Urkunde, nicht auf Feststellung anderer Tatsachen. Besondere Voraussetzung ist Feststellungsinteresse [§2561 ZPO] —> Zwischenfeststellungsklage. Im Verwaltungs- und Finanzstreitverfahren auch Klage auf Nichtigkeit eines Verwaltungsaktes || [objektive] **Feststellungslast** *onus of proof* || [lat] *onus probandi* —> prima facie || **Feststellungsurteil** *declaratory judgement* Urteil, das sich aus einer —> Feststellungklage ergibt über das Bestehen oder Nichtbestehen eines Rechtsverhältnisses

festverzinsliche Dollaranleihe *fixed-income dollar bond* || **festverzinsliche Wertpapiere inländischer Emittenten** *domestic fixed-interest securities*

Fette *fats*

Feuchtigkeit *humidity* || **relative [Raum-] Feuchtigkeit** *relative [ambient] humidity*

Feuerschutzsteuer *fire protection tax* || **Feuerwehrabgabe** *fire brigade levy* || **Feuerwehrfonds** —> Einlagensicherung

FGG [BRD] **Gesetz über die Angelegenheiten der freiwilligen Gerichtsbarkeit** *Law concerning matters of non-contentious litigation*

f.i. [Abbr] *free in ::* frei eingeladen

fiduziarisch —> treuhänderisch

Fifo *Fifo* [Lagerbestandführung] *First-in First-out* Steuerrechtlich zulässiges Bewertungsverfahren bei fallenden Anschaffungspreisen [Einstandspreisen]. Bewertet wird das Vorratsvermögen [zu Preisen der zuletzt gekauften Waren] unter der Annahme, daß zuerst gekaufte Waren auch zuerst verbraucht worden sind —> Lifo || **Fifo-Verfahren** *fifo costing*

fiktiver Name —> John Do

Filiale *branch* || **mit Filialen [in...] aktiv sein** *to open branch offices in [...]* || **Filialgesellschaft** *subsidiary [corporation]* || *subsiding company*

Filmrechte *motion picture right* || **Filmvorführungen** [VergnügungsStG] *film shows*

final —> Schluß[...] || Abschluß[...] || Frist

Finance Company [Leas] *finance company* Eine im deutschen Bankwesen unbekannte Institution des amerikanischen Kreditwesens, die neben einer Vielzahl von Kreditformen auch Leasing in allen Formen anbietet

Financial-Leasing —> Finanzierungsleasing

Finanz [...] *finance* ‖ *financial* ‖ **Finanzamt** [GB] *revenue board* ‖ *revenue office* ‖ **Finanzanlagen** [Bil] *financial assets* ‖ **Finanzanlagen - Vermerk. Die in § 285 Nr. 11 HGB verlangten Angaben sind in einer gesonderten Aufstellung des Anteilsbesitzes erfaßt worden und werden beim Handelsregister des Amtsgerichs Hamburg unter der Registernummer der Deutschen BP AG (HR 8243) hinterlegt.** ∷ *The information demanded in accordance with Section 285 No. 11 of the German Commercial Code has been compiled in a schedule of business interests and deposited with the Commercial Register of the Hamburg District Court under Deutsche BP AG's registration number (HR 8243)* ‖ [jährliche] **Finanzaufstellung** *annual financial statements* —> Jahresabschluß ‖ **Finanzausgleich** *intergovernmental fiscal relations* Verteilung [Zuweisung] des Steueraufkommens zwischen Bund, Ländern, Gemeinden und Gemeindeverbänden —> Matrikularbeiträge ‖ [SteuerR/D] *financial equalisation* ‖ **Finanzausschuß** *financial committee*

Finanzbehörde —> Finanzamt ‖ **Finanzbehörden** *revenue authorities* ‖ *tax authorities* ‖ **Finanzbeziehungen mit ausländischen Banken** [Bbank] *financial relations with foreign banks*

Finanzdienstleistungen *financial services* ‖ [kurzfristig] **Finanzdisposition** —> Cash Management

Finanzgericht [Jus/D] *Finance Court* ‖ **Finanzgerichtsbarkeit** *fiscal courts* ‖ **Finanzgerichtsordnung** [SteuerR] *Code of Procedure for Fiscal Courts* ‖ **Finanzgewalt** —> zentrale Finanzgewalt

finanziell *financial* ‖ **finanziell beteiligt sein** —> Anteil ‖ **finanzielle Beteiligung** *financial interest* ‖ **finanziell verbunden** [mit anderen Unternehmen] *financially connected* Unternehmen mit denen ein wirtschaftlicher Zusammenhang ‖ ein Beteiligungsverhältnis besteht ‖ **finanzielle Folgen eines Programms** *financial implication of a program*

Finanzierung *financing* i.e.S. Finanzierung der Kapitalgesellschaften *corporate finance* —> Finanzwirtschaft ‖ *corporate financial management* ‖ Finanzwirtschaft *business finance* i.e.S. Kapitalbeschaffung; i.w.S. alle finanziellen Vorgänge in der Unternehmung. ‖ **Finanzierung aus Abschreibungen** *financing by accrued depreciation* ‖ *financing from depreciation-generated funds* Finanzierungsart für Abschreibungsgegenwerte, die dem Unternehmen über den Preis der verkauften Waren oder Dienstleistungen wieder zufließen. i.G.z. Selbstfinanzierung wird dadurch kein neues Eigenkapital gebildet. ‖ **Finanzierungen für Beteiligungserwerb** *loan to finance participations* ‖ **Finanzierung mit Fremdkapital** *debt financing*—>

Finanzierungsbedarf   Finanzkasse

Fremdfinanzierung ‖ leverage ‖ **Finanzierung der gewerblichen Wirtschaft** *corporate financing business* ‖ **kurzfristige Finanzierungen** [Bil] *short-term arrangement* ‖ **regreßlose Finanzierung** *non-recourse financing* The purchase by a bank of a client's (exporter's) note, draft or other evidence of payment without such client's obligation to refund the purchase money should the note, draft or other evidence of payment be unpaid when it falls due

Finanzierungsbedarf *financing requirements* ‖ **Finanzierungsbeteiligung des Exporteurs** [Ex] *exporter participation* ‖ **Finanzierungsbeteiligung einer Geschäftsbank** *commercial bank participation* ‖ **Finanzierungsbeteiligung der Privatbanken** [BankW] *private financial participation* ‖ **Finanzierungs- und Haftungsrahmen** *overall operating ceiling*

Finanzierungsinstitut [Ex] [Abbr] *CI co-operating institution* ‖ *participating financial institution* Institut, das einer an der Gemeinschaftsfinanzierung beteiligten [nicht-amerikanischen] Bank einen Kredit einräumt, der zur Deckung eines Teils des von der ausländischen Bank an einen ausländischen Importeur gewährten Kredites [zum Kauf US-amerikanischer Güter und Dienstleistungen] dient

Finanzierungs-Leasing *full-payment lease* lease which returns to the lessor the full cost of the assets, the cost of financing and administering the asset, and a satisfactory return on investment ‖ [Abbr] **FL** *finance lease* ‖ *financial leasing* Mittel- bis langfristige Vermietung von Investitionsgütern mit i.d.R. unkündbarer Grundmietzeit durch Gesellschaften, die die Mietobjekte für von vorneherein feststehende Mieter anschaffen oder herstellen, wobei die Objekte nach den Forderungen und Bedürfnissen der Mieter ausgerichtet werden und Mieter objektbezogene Risiken trägt

Finanzierungspapier [Bbank] *financing paper* Geldmarktpapiere, Schatzwechsel und unverzinsliche Schatzanweisungen (U-Schätze), die von öffentlichen Haushalten (Bund, Länder, Bundespost, Bundesbahn) zur Überbrückung von Kassendefiziten (=Kassenverstärkungskredite) nach Abstimmung mit der Bundesbank ausgegeben werden ‖ **Finanzierungsplan** *financing plan* ‖ **Finanzierungspromesse** [Ex] *preliminary commitment* ‖ **Garantiepromesse** *advance commitment advance credit*

Finanzierungsquote *financial portion* verbleibender Restschuldsaldo nach Abzug der Anzahlung auf den Kaufpreis durch den Käufer :: balance remaining after deducting the buyer's down payment from the total contract price

Finanzierungsrahmen Gesamtfinanzierungs- und Haftungsrahmen *overall operating ceiling* ‖ **Finanzierungsrechnung** —> Bewegungsbilanz

Finanzierungssaldo *financial deficit* ‖ **Finanzierungsschätze** —> Schatzanweisung

Finanzinvestition *investment in financial assets*

Finanzkasse *tax authorities* [Finanzbehörde ‖ Steuerbehörde] (Zahlungen/Steuerbeträge an das "Finanzamt" sind an die Finanzkasse zu leisten) —> Finanzamt

Finanzmärkte [internationale ~] *international financial markets* ‖ Rentenmärkte ‖ Anleihemärkte *bond market* ‖ **Finanzminister** [USA] *secretary of the Treasury* ‖ *finance minister*

Finanznot *financial straits*

Finanzplanung [kurzfristige ~] i.d.R —> syn.: Liquiditätsplanung *short-term financial planning* ‖ **Finanzplanungsrat** [Bbank] *Fiscal Planning Council* Beratendes Gremium der Bundesregierung, gibt Empfehlungen für die Koordinierung der Finanzplanungen des Bundes, der Länder und Gemeinden ‖ **Finanzplatz Deutschland** *Germany as a financial centre* ‖ **Finanzpolitik der Unternehmung** *corporate financial policy* Gestaltung der Finanzwirtschaft der Unternehmung (u.a. Dividendenpolitik)

Finanzterminkontrakte [Bör] *financial futures* —> Termingeschäft in Finanzinstrumenten

Finanzüberschuß —> cash flow

Finanzverwaltung [SteuerR/D] *fiscal administration* ‖ *tax authorities*

Finanzwechsel *prime bank accept* zwischen Banken untereinander ‖ *finance bill* —> Leerwechsel. Ein Wechsel, dem kein Warengeschäft zugrundeliegt, sondern nur der Geldbeschaffung dient. Darf nicht diskontiert werden. Gegensatz: Warenwechsel

Finanzwirtschaft *financial management* ‖ *business finance* ‖ **finanzwirtschaftlich** [relevante] **Kennzahl** *financial ratio* ‖ **Finanzzoll** *revenue duties* —> Fiskalzölle

Findelkind *foundling* domicile of origin ist an dem Ort, wo es gefunden wird

Finderlohn *reward*

FIO-Klausel *free in and out* Vereinbarung i.d.R. im Chartervertrag, bei der die Kosten für Laden und Stauen bzw. Löschen vom Befrachter bzw. Empfänger (d.h. nicht vom Reeder) getragen werden —> Linerterm

Firmenbezeichnungen *commercial designations* ‖ **Firmenkundenberater** *sales consultant* ‖ **Firmenkundenbetreuer** [BankW] *customer advisor* ‖ **Firmennamen** *commercial names* ‖ *business style* —> Handelsnamen / Handelsbezeichnungen ‖ **Firmenrente** [PersW] *private pension* —> betriebliche Altersversorgung ‖ **Firmenrichtlinie** [Man] *management policy* ‖ **Firmensiegel** *a company's common seal* ‖ **firmenspezifisch** *according to [your] needs* ‖ **Firmenstempel** *firm's stamp* ‖ **Firmenstrategie** *enterprise strategy* in bezug auf staatliche und gesellschaftliche Rahmenbedingungen —> Unternehmensstrategie (in bezug auf das Betätigungsfeld) ‖ **Firmenstrategie** —> Unternehmensstrategie ‖ **Firmenverbund** [Bil] *associated firms* ‖ **Firmenwagen** [PersW] *company car*

Fiscal Agent *fiscal agent* gemeint ist die Tätigkeit [der Bundesbank] für öffentliche Verwaltungen als Mitwirkung bei der Abwicklung des bargeldlosen Zahlungsverkehrs von Bund und Ländern sowie bei der Aufnahme von Krediten jeder

Fischereiabkommen   Fliegeralarm

Art an den Kreditmärkten und Kurspflege öffentlicher Anleihen

Fischereiabkommen [Mar] *fishery-limiting agreement* ‖ **Fischereianschlußzone** [Mar] *contiguous fishing zone* ‖ **Fischereisteuer** [SteuerR/D] *fishing tax*

fiskalisch —> steuerlich

Fiskal[...] *fiscal* ‖ **Fiskalpolitik** *fiscal policy* ‖ **Fiskalzölle** *revenue duties* Zoll auf Waren, die im Importland meist aus klimatischen oder anderen Gründen nicht oder nur in geringen Mengen hergestellt werden [in europ. Ländern z. B. Kaffee, Tee, Tabak]. F. belastet die Waren nach Art einer —> indirekten Verbrauchsteuer. F. ist mit der Politik der Nichteinmischung des Staates in den Außenhandel vereinbar —> Erziehungszoll ‖ Schutzzoll

Fiskus Steuerbehörden *revenue authorities* ‖ Staatskasse [GB] *Exchequer* ‖ Staat *the Crown* ‖ [USA] *Treasury* ‖ Staat *government* ‖ *state*

fixe Kosten *fixed expense* ‖ *unavoidable cost* ‖ *fixed cost*

Fixen [Bör] *short sale* [Bei fallenden Kursen] der Verkauf von Stücken (Aktien) per Kasse oder Termin, die der Verkäufer (noch) nicht in Besitz hat (Leerverkauf / Blankoverkauf), um sie später zu einem dann niedrigeren Kurs zurückzukaufen. Der Kauf von Stücken zur Glattstellung von solchen Leerverkäufen wird als "eindecken" bezeichnet.

FL [Abbr] *finance lease* **Finanzierungsleasing**

flach *flat*

Flagge der britischen Handelsmarine *Red Ensign* ‖ [eines Staatsoberhauptes] *ensign* ‖ [Mil] *standard* ‖ *ensign* ‖ [Mar] Gefechtsflagge *action pennant* ‖ **Flaggen und Wimpel** [Bör] *flags and pennants* trendbestätigende Formation des Sekundärtrends bei der Chartanalyse. Nach starkem Anstieg über einen Zeitraum von ca. drei Wochen verharren die Kurse einige Zeit in einer leichten Abwärtsbewegung *flag* oder Seitwärtsbewegung *pennant* mit starkem Umsatzrückgang

Flaschenwein [Winz] *bottled wine* Rotwein :: red wine ‖ Weißwein :: white wine ‖ Rosé :: rosé ‖ Qualitätswein :: quality wine ‖ Prädikatswein :: predicate wine ‖ trocken :: dry ‖ halbtrocken :: medium-dry ‖ süffig :: sweet ‖ Geschmacksrichtungen :: varieties

Flat Großbehälter im Seefrachtverkehr

flau [Bör] lustlos *slack* ‖ *dull*

Flautfracht *dead freight*

Fleckschußeinstellung [Bal] *zero sight adjustment*

Fleet-Leasing —> Flottenleasing

flexibel *flexible*

Flexibilisierung der Arbeitszeit *flexible [arrangement] in working hours* ‖ **flexible Arbeitszeit** Gleitzeit *flexi-time* ‖ **flexible Marktzinssätze** *floating market rates* The rates of interest charged by commercial banks for loans extended to their customers. These commercial rates are linked to the prime lending rates

Fliegeralarm Luftalarm ‖ Alarmbereit-

133

schaft *air alert* || **Fliegertruppe**
Air Corps

Fließbandproduktion *mass production*

Flinte [Bal] *shotgun*

Floating Rate Note [Bör] [Abbr] *FRN[s] floating rate note* Anleihen [Schuldverschreibung] mit geringem Kursrisiko mit variablem Nominalzins am internationalen Kapitalmarkt [Zinsanpassung an die Geldmarktverhältnisse in Zeiträumen von 3 - 6 Monaten an Referenzzinssätze, z.B. international LIBOR, national nach FIBOR] mit einer Laufzeit zwischen 5 und 10 Jahren. Anleihenrendite meist unter vergleichbaren Anleihen mit festem Zinssatz

Floor [Bör] *floor* New Yorker Börsensaal

Flottenleasing [Leas] *fleet leasing* Leasing von mehr als 10 Kraftfahrzeugen

Fluchthelfer *escape agent* || **Fluchthilfe** *refugee smuggling*

flüchtig —> heißes Geld || [Straftäter] *fugitive* || *escaped* || [Schuldner] *absconding debtor* || [Chem] *volatile* || [Augenblick] *brief* || *transient* || *short(-lived)*

Flur *field* || **Flurbereinigung** *delineating boundaries* by metes and bounds || *clearing property* || *reparcelling* of the agricultural land of a community delineating property by metes and bounds [in order to improve exploitation purposes] I.G.z —> Umlegung [re-allocation of communal plots for the development or re-organization of estate property] dient die Flurbereinigung der Förderung forst- und landwirtschaftlicher Flächennutzung || **Flurschaden** *field damage* || **Flurstück** *plot* vermessungstechnische Bezeichnung des Grundstücks als Katasterparzelle

flüssig *liquid* —> liquide || **flüssige Mittel** [Bil] *liquid assets* —> liquide Mittel

f.m. [Abbr] *fair merchantable* **gute Durchschnittsbeschaffenheit** [der Ware]

FNL [Abbr] **Fünf Neue Länder** Zur "alten Bundesrepublik" hinzugekommenen Bundesländer der ehemaligen DDR :: *Five New Länder*, i.e. the so-called "new Länder" formerly pertaining to East Germany [German Democratic Republic]: Brandenburg, Freistaat Sachsen, Sachsen-Anhalt, Thüringen, Mecklenburg-Vorpommern

fob/fob [Abbr] *free on board/free off board* :: **frei an Bord und wieder frei von Bord**

FOC *[Flag of convenience]* [Mar] **Billigflaggenländer**

f.o.c. [Abbr] *free of charge* :: **frei von Kosten**

f.o.d. [Abbr] *free of damage* :: **unbeschädigt**

Folge leisten *to comply* || *to act in accordance with* || *to accept* || **als Folge von** *owing to* || **in der Folge** *subsequently* || **finanzielle Folgen** *financial implications* || **im folgenden** *thereafter* || [kurz genannt in Verträgen] *herein[after referred to as]* —> nachstehend

Folgejahre [Auswirkung auf ~] *going rate* ‖ *implication* ‖ Wirkungen *consequences* ‖ **Folgeschäden** [aus Vertragsbruch] *consequential damages*

Folie [Verp] *foil* ‖ [Lichtpausverfahren] *intermediate* ‖ *master*

follow-up sale/lease [Leas] *upgrade leasing* bei dem zur Erhöhung der Leistungsfähigkeit zu bereits bestehenden Installationen in einem Betrieb weitere Anlagen zugekauft oder geleast werden

fondsgebundene Kapitalanlage —> Kapitalanlage mit Versicherungsschutz ‖ **fondsgebundener Pensionsversicherungsplan** [InvF] *unitized pension scheme* ‖ **fondsgebundene Police** [VersR] *unit-linked policy* ‖ **fondsgebundener Versicherungsvertrag** [InvF] [VersR] *linked contract* ‖ [VersR] *unit-linked assurance* ‖ **Fondsvermögen** *fund assets* ‖ **Fondsvermögensanteil** [InvF] *unit* ‖ **Fondsverwaltungsgebühr** [InvF] *management charge*

f.o.q. [Abbr] *free on quai* :: **frei auf Kai**

f.o.r. [Abbr] *free on rail* :: **frei Waggon Abgangsort**

Fördermittel [öffentliche ~] [SteuerR/D] *public funds*

fördern *to ensure* ‖ *to promote* —> förderungs[...]

fordern *to claim* —> erleichtern

Forderung *claim* Anspruch ‖ Forderungsrecht ‖ *variation margin* [satzungsabhängige] Forderung an Gesellschafter über den Nennwert eines bereits entrichteten Geschäftsanteils hinaus —> Nachschuß ‖ **Forderung der Nachbesserung** *complaint* [§ 476 a BGB] beim Gattungskauf im BGB i.G.z. Werkvertrag [dort Verlangen auf Erfüllen durch Neuherstellung oder Nachbesserung] nicht vorgesehen, während dem Verkäufer diese Möglichkeit bei leicht zu behebenden Sachmängeln vor Wandelung oder Minderung einzuräumen ist

Forderungen Außenstände *accounts receivable* ‖ *receivables* ‖ **Eingang bereits aufgegebener Forderungen** *recoveries* ‖ **Forderungen an Kunden** *claims on customers* ‖ **Forderungen aus Lieferungen und Leistungen** [Bil] *accounts for sales and services* ‖ **uneinbringliche Forderungen** *bad debts* ‖ **Forderungen gegen Unternehmen, mit denen ein Beteiligungsverhältnis besteht** [Bil] *receivables from affiliated companies* ‖ **Forderungen gegen verbundene Unternehmen** [Bil] *receivables from Group companies* ‖ **Forderungen und sonstige Vermögensgegenstände** [Bil] *accounts and other assets* ‖ **Forderungen und Verbindlichkeiten** [Bbank] *assets and liabilities*

Forderungsabschreibung *bad debt allowance* Nach § 40 (2) HGB sind uneinbringliche Forderungen abzuschreiben und zweifelhafte Forderungen nach ihrem wahrscheinlichen Wert anzusetzen. Dabei bedeutet "abschreiben" Ausbuchung :: *write-off*. Beim Ansatz der zweifelhaften Forderungen nach ihrem wahrscheinlichen Wert i.w.S. Abschreibung, die i.d.R. in Form einer Wertberichtigung *bad debt allowance*. Verwendung des Begriffs *bad debt allowance* teilweise syn. mit uneinbringliche Forderungen ::

uncollectible accounts || uncollectible receivables und teilw. als Oberbegriff der sowohl uneinbringliche Forderungen als auch zweifelhafte Forderungen doubtful accounts || doubtful receivables || **Forderungsabtretung** *assignment of a claim* || **Forderungsabtretender** —> Zedent || **Forderungsausfälle** *the danger of default* || **Forderungsberechtigter** [VersR] *beneficiary* || *rightful claimant* || **Forderungspfändung** *garnishment* || **Forderungsübergang** *assignment* —> Zessionar || *assignee* || Übereignung || Übergang von Rechten [...] || **Forderungsverkauf** —> Securitization

förderungswürdig [SteuerR/D] *deserving of aid* || **als besonders förderungswürdig anerkannt** *recognized as being especially deserving of aid*

Förderverein *friendly society* Vereinigung zur gegenseitigen Förderung der Mitglieder

Form *form* || **in üblicher Form** *in customary form*

Formalitäten [selten] —> Formerfordernisse

Format *size* || [EDV] Ausgabeformat *output format* || **DIN Format** *German standard paper size* || **DIN A-4 Format** *letter size* || *legal size* || **ISO-Format** *ISO size*

Formationen [Bör] *formations* In der Chartanalyse sich bildende Figuren aus der Kurskurve || **Doppelspitze** *double top* Trendumkehrformation. Nach hohem Kurswert starker Einbruch im Abstand mehrerer Monate || **Drei-**

ecke *triangles* || **symmetrisches Dreieck** *symmetrical triangle* || **Aufwärtsdreieck** *ascending triangle* || **aufsteigendes Dreieck** —> Aufwärtsdreieck || **Abwärtsdreieck** *descending triangle* || **umgekehrtes Dreieck** *broadening top* Umkehrformation, gilt als Signal für starke Kurseinbrüche || **Rechteck** *rectangle* Formationen, die einen Trend bestätigen oder umkehren. Mit abnehmendem Volumen pendeln die Kurse zwischen zwei waagrechen Linien hin und her

formeller Anspruchsberechtigter *rightful claimant* || **formelle Direktive** *expressed policy* || *formal policy* || **formelle Organisation** *formal organisation* || **formeller Eigentümer** *legal owner*

Formerfordernisse *formal grounds* || *formalities required* || [PatR] **Europäisches Übereinkommen über die Formerfordernisse bei Patentanmeldungen** *European Convention relating to the Formalities required for the Patent applications* || **Die vertragsschließenden Staaten erlassen keine anderen Formerfordernisse als diejenigen, die in diesem Übereinkommen dargelegt wurden, jedoch ist ein Vertragsstaat nicht verpflichtet, die Beachtung aller Vorschriften, die in diesem Übereinkommen angeführt sind, vorzuschreiben** :: *The Contracting States shall make no other formal requirements than those set out in this convention but a Contracting State may dispense with any of the requirements contained herein*

formgebundener Vertrag *gesiegelter Vertrag* *specialty contract* Ver-

förmlich   Fracht

trag [besiegelte Urkunde], für den besondere Formerfordernisse gelten ‖ **aus Formgründen** [VölkR] *on formal grounds*

förmlich *formal* ‖ **förmliche Aufforderung** *formal notice* ‖ **förmliche Mitteilung** *formal notice*

formulieren *to word* ‖ **formulierter Patentanspruch** [PatR] *claim of a letters patent*

Formulierungsprinzip [Man] *principle of definition*

Formvorschriften *formalities*—> Formerfordernisse

Forschung und Entwicklung *research and development* [Abbr] FuE R&D ‖ **gemeinsame Forschungsstelle** *joint research centre*

Forstbediensteter *forestry official*

Fortbildung am Arbeitsplatz *training on the job* ‖ **Fortbildung außerhalb des Arbeitsplatzes** [PersW] *training off the job* ‖ **Fortbildungsprogramm** *continuing education system* —> Aus- und Weiterbildung ‖ **Fort- und Weiterbildung** von Führungskräften [PersW] management *training and development*

fortschreiben *update* ‖ *to keep-up-to-date* ‖ *upgrade*

Fortschritt-Rückschritt-Linie [Bör] *advance-decline line* —> AD-Linie ‖ **Fortschrittszahlungen** [Buchf] *progress payments* —> Zahlung nach Leistungsabschnitten

fortsetzen [sich beschleunigt ~] *to proceed at an increased pace*

Fortsetzungs[...] *serial* [...] ‖ **Fortsetzungslücken** [Chartanalyse] *runaway gaps oder continuation gaps* —> Lücken

f.o.s.   [Abbr]   *free on steamer* :: **frei Schiff**

f.o.t.   [Abbr]   *free on truck* :: **frei Güterwagen / Lastwagen, benannter Abgangsort**

f.o.w.   [Abbr] *first open water chartering* :: **sofort nach Schiffahrtseröffnung**

f.o.w.   [Abbr]   *free on wagon* :: **frei auf Güterwagen**

f.p. [Abbr] *fully paid* :: **voll bezahlt**

f.p.a.   [Abbr]   *free of particular average* :: **frei von besonderer Havarie**

FPO [Abbr] *Free Post Office*

Fracht *freight* ‖ *load* ‖ *cargo* ‖ **Schiff** *shipload* ‖ **volle Fracht** *full freight* ‖ **tote Fracht** *dead freiht* **Frachtbrief** *loading bill* —> Bahnfrachtbrief ‖ Hausluftfrachtbrief ‖ Lastwagenfrachtbrief ‖ Luftfrachtbrief ‖ **Frachtführer** *carrier* ‖ [USA] *teamster* ‖ **Frachtgebühren** *freight amount* ‖ **Frachtgut** *freight goods* ‖ **Frachtraum** Kapazität *freight capacity* ‖ *space* ‖ Laderaum *hold* ‖ *cargo compartment* ‖ **Bedingungen des Frachtvertrags** *carriers conditions of the carriage*

Frage *question* || **Frage wird nach [...] beurteilt** *determined by [...]*—> bestimmen || **in Frage kommen** *to be eligible to [...]* || *in Frage kommend* *qualifying* || *Fragebogen* —> Auswertungsbogen || *Fragenbogen zum Führungsstil* [Psych / Man] *LEAD questionaire [leader effectiveness and adaptability description]* Entwickelt vom Center for Leadership Studies, Ohio University (P. Hersey and K.H. Blanchard) zur Bewertung des Führungsverhaltens mittels eines Fragebogens zur Bewertung der eigenen Wahrnehmung der Führungsqualitäten nach Stil und Anpassungsfähigkeit bzw. Effektivität

Franchisee *franchisee* Vertriebspartner im —> Franchising || **Franchising** *franchise* Vertriebsform für Handel- und Diestleistungsgewerbe. **Gründer des Franchising-Systems** *franchisor* [Vertriebspartner] räumt dem *franchisee* das Recht ein, bestimmte Waren und/oder Dienstleistungen (unter Verwendung von Namen, Warenzeichen, sonstige Schutzrechte und Know-How) in einem best. Absatzgebiet anzubieten. Der Franchisee nutzt dabei vertraglich die entwickelte Organisations- und Absatzstruktur, bleibt jedoch selbständiger Unternehmer. Vorteil gegenüber dem Filialsystem ist die geringere Kapitalbindung, da u.a. Schaffung neuer Absatzwege entfällt || **Franchisor** *franchisor* Gründer des Franchising-Systems —> Franchising

Frankiermaschine *franking machine* —> Steuerstempler

Frau[...] *woman* || *female* || **unverheiratete Frau** *feme sole* || **verheiratete Frau** *feme covert* || **Frauenerwerbsquote** [Stat] *female labour force*

frei *free* —> Frei[...] || *without charges* || **freie Berufe** *liberal professions* || **frei Grenze** *free border* Käufer trägt Frachtkosten ab Grenze || **Freie Hansestadt Bremen** [BLand/D] *Bremen* || **frei längsseits Schiff** [benannter Verschiffungshafen] *free alongside ship [named port of shipment]* [Abbr] *FAS* || **frei von Lasten** —> unbelastet || **freie Rücklagen** *unrestricted retained earnings* [AuxT] [§ 58 (1) AktienG] || **freie Stelle** [Arb] *vacant position* || **freier Wettbewerbspreis** [ZollW] *open market price*

Freibetrag *allowance* || Die Bestimmungen dieses Artikels sind nicht dahingehend auszulegen, daß sie a) eine Vertragspartei verpflichten, einer in ihrem Hoheitsgebiet nicht ansässigen Person diese Steuerfreibeträge, Steuervergünstigungen und Steuerermäßigungen zu gewähren, die auf Grund des geltenden Rechts nur den in ihrem Hoheitsgebiet ansässigen Personen zustehen. :: *Nothing in this Article shall be construed as a) obliging either of the Contracting Parties to grant to persons not resident in its territory, those personal allowances, reliefs and reductions for tax purposes which are, by law, available only to persons who are so resident* || **Freibordzeugnis** [Mar] *freeboard certificate* || **Freiexemplare zusenden** *to forward gratis copies* || **Freifahrschein** [USA/Railroad] *pass* || *free ticket* || **Freigabe** *approval*|| [ZollW] *zollamtliche Überlassung release* || *clearance*

freigeben *to approve* || *to be sub-*

Freigrenze   **friedlich**

---

ject to approval —> zulassen

Freigrenze [z.B. bei der Vermögensteuer] *exemption limit* ‖ **Freihandelsassoziation** [Abbr] *EFTA European Free Trade Association* ‖ **Freihandelszone** *free trade area* sofern fälschlich für: **Freihandelsassoziation** der *European Free Trade Association* :: **Europäische Freihandelsassoziation**

Freiheitsstrafe verbüßen *to serve a sentence of imprisonment* ‖ [verurteilt werden zu einer] **Freiheitsstrafe** [to sentence to a] *term of imprisonment*

freisprechen *to acquit* ‖ *found for the accused* = not guilty [= "acquitted" als Wahrspruch der Jury] —> entlasten ‖ [sich einer Pflicht] entledigen

Freispruch *acquittal*

Freistaat *Free State of [...]* Freistaat war in der Weimarer Republik ursprünglich die Bezeichnung für —> Länder ‖ **Freistaat Bayern** [Bland/D] *Free State of Bavaria* —> Sachsen

freistehen, [...] **zu tun** —> Ermessen

freistehend *detached*

freistellen, etwas zu tun *to elect* ‖ *to leave s.th. to [the discretion] of s.o.*

Freistellung [BetrVG] *release* ‖ [Mil] *exemption from military service* ‖ *discharge*

Freiverkäuflichkeit[sbescheinigung] *free sale [certificate]* ‖ **Freiverkehr** *free trade area* für Waren mit Ursprung aus dem geograph. Bereich einer Freihandelszone werden gegenüber den Partnerländern nicht mit Zöllen oder Abgaben gleicher Wirkung belegt, während gegenüber Drittländern Außenzolltarif und Zollpolitik der einzelnen Staaten erhalten bleiben —> Zollunion :: *customs union* ‖ **Freiverkehrskursliste** [Bör/USA] *pink sheet[s]* ‖ **Freiverkehrswerte** [USA/Bör] *unlisted securities* —> OTC ‖ **freizügig** *liberal*

fremd [...] *non-[...]* ‖ **fremde Dienstleistungen** [Buchf] *purchased service* ‖ *outsourcing*

Fremdenverkehrsgemeinde *tourist centre* —> Zweitwohnung

fremdfinanzierter MBO durch Fremdmittel unterstützter MBO *leveraged MBO* —> Management Buy-Out ‖ **Fremdfinanzierung** *debt financing* ‖ **Fremdkapital** *borrowed capital* ‖ *loan capital* ‖ *debt [capital]* —> Kapital ‖ **Fremdkapitalgeber** *debt supplier* ‖ **Fremdkapitalkosten** —> Kapitalkosten ‖ **Fremdmittel** —> fremdfinanziert ‖ **Fremdvergleich** [SteuerR] —> Arm's-Length-Prinzip ‖ **Fremdwährungsanleihen** *issues denominated in foreign currencies* ‖ *foreign currency bonds*

Friedensbeobachterkommission *peace observation commission*

Friedensrichter the examining justice of the peace *magistrate*

friedlich *peaceably* ‖ *quiet* ‖ **friedliche Lösung des Konflikts** [ArbR/Art. 9 GG] *peaceful solution of the conflict*

Frisieren einer Bilanz —> Bilanzkosmetik

Frist *period* ‖ Zahlungsfrist *time for payment* ‖ **Fristen** *terms* ‖ **Fristenkongruenz** *hedging principle* —> goldene Finanzierungsregel ‖ **Fristenparallelität** —> Grundsatz der Fristenkongruenz ‖ **Fristentransformation** *roll[ing]-over* die im Markt überwiegend kurzfristige Liquidität wird für die mittel- und langfristige Kreditvergabe eingesetzt. Zustand, bei dem die Kapitalbindung durch [Investition] planmäßig von der Überlassungsdauer des Kapitals abweicht [Wertpapiere ‖ Teilschuldverschreibungen] —> [EuroM] Rollover-Kredit am Eurobondmarkt

fristgerecht kündigen *previous notice* ‖ **Dieses Abkommen kann zum Ende jedes Zeitabschnittes von fünf Jahren nach seinem Inkrafttreten von einer der Vertragsparteien unter Einhaltung einer Frist von sechs Monaten schriftlich gekündigt werden** *This agreement may be denounced in writing by either contracting party on the expiry of any period of five years after its entry into force, subject to six months' previous notice*

FRN [Abbr] —> Floating Rate Note

frt. [Abbr] *freight* :: Fracht

frt. ppd. [Abbr] *freight pre-paid* :: Fracht vorausbezahlt

Fruchtziehung *yield of fruits*

Fruchtzucker [ZuckerStG] *fructose* —> Obst

frühestens *not earlier than*

frühzeitig *as quick as possible*

ft. [Abbr] *full terms* :: volle Bedingungen

FTC Federal Trade Commission —> Kartellbehörde

FuE *R&D* F+E **Forschung und Entwicklung** *Research and Development* ‖ **FuE Preise** *R&D prices*

führen [Betrieb] *to manage* ‖ **führen zu** *liable to cause* ‖ [EG] In der Erwägung, daß sich in Fällen mehrfacher Staatsangehörigkeit Schwierigkeiten ergeben können und daß ein gemeinsames Vorgehen zur möglichst weitgehenden Verringerung dieser Zölle im Verhältnis zwischen den Mitgliedstaaten dem Ziel des Europarates entpricht, [...] :: *Considering that cases of multiple nationality are liable to cause difficulties and that joint action to reduce as far as possible the number of multiple nationality, as between member states, corresponds to the aims of the Council of Europe* ‖ **führende Kreditinstitute** *leading banking firms* —> Konsortialführer

Führerscheinentzug —> Entzug der Fahrerlaubnis

Fuhrpark *fleet* —> Fleet ‖ Flotte

Führung *leadership* ‖ **bei guter Führung** [StrafR] *during good behaviour* ‖ **Führung der Geschäfte** *conduct of business* ‖ **Führung durch Systemsteuerung** *management by system* Führungskonzept, bei dem alle Leitungs- und Kontrolltätigkeiten durch procedures (Verfahrensordnungen) systematisiert werden, bei denen genau vorgeschrieben ist, welche Tätigkeiten wann, wo, wie, von wem zu tun sind ‖

Führung durch Zielvereinbarung *management by objectives* Führungskonzept, das Entscheidungen weitgehend auf Mitarbeiter delegiert, Feststellung und Vereinbarung von Zielen mit den Mitarbeitern (Rückkopplung und Belohnungssystem je nach Grad der Zielerreichung) ‖ **Führung in vier Richtungen** [Psych/Man] *four directional management* ‖ *to manage up, down and across* Führungsaufgaben im Hinblick auf den Vorgesetzten, die Kollegen und die nachgeordneten Mitarbeiter wahrnehmen

Führungsbank *leading bank* ‖ *facility agent* bei der Unterbringung von Wertpapieren [im Rahmen einer Auktion / Tender-panel-Verfahren] ‖ **Führungsgröße** [Man/Org] *[performance] standard* ‖ **Führungsinformationssystem** [Abbr] **FIS** *management information system* Softwaresystem für die Führungsebene der Unternehmung zur Fällung strategischer oder taktischer Entscheidungen. Grundlage für die computergestützte Unternehmensplanung ‖ **Führungsinstrument** *management tool* ‖ **Führungskonzept** *management concept* ‖ **Führungskraft** *manager* ‖ *director* —> Direktoriumsmitglied ‖ **von einer Führungspersönlichkeit ausgeübte Druck** [Psych/Man] *leadership force* ‖ **Führungsrolle** [Psych] [Soz] *leader roles* ‖ **Führungsspitze** [Man/Org] —> Führungsstab ‖ **Führungsstab** [Man/Org] *[strategic] apex* Führungsspitze ‖ Unternehmensspitze ‖ Spitzenmanagement ‖ Topmanagement ‖ **Führungsstil** [Psych/Man] *leadership style* —> LEAD —> Führungsverhalten ‖ Managementverhalten ‖ Verhalten von Vorgesetzten ‖ **Führungstechnik** *management technique* ‖

Führungszeugnis *certificate of good conduct*

Full-pay-out-leasing [Leas] *full-payout lease* Leasing-Geber kann während der Grundmietzeit aus den vereinbarten Mietraten die Investitionskosten für das Leasingobjekt in voller Höhe amortisieren —> Vollamortisierung ‖ **Full-Service-Leasing** [Leas] *full service lease* Leasing-Geber übernimmt die Instandhaltung, Wartung und Unterhaltung des Leasing-Objekts

füllen *to fill*

Fundamentalanalyse *fundamental analysis* Methoden der Aktienanalyse, mit denen versucht wird, den inneren Wert der Aktie zu bestimmen

Fundunterschlagung [USA] *larceny by finder*

Fünf-Prozent-Klausel [§ 6 Abs. 4 BWahlG] 5% - *hurdle* ‖ *5% rule* Parteien werden bei Wahlen ins Parlament nur berücksichtigt, wenn sie auf den Landeslisten mindestens 5% der gültigen abgegebenen Stimmen erhalten. Im Gegensatz zum Bundestag und den Landtagen ist die 5-%-Klausel bei kommunalen Wahlen nicht üblich

funktionale Beziehung [im Organigramm] *functional relation[ship]*

Funktionär *officer* ‖ [Pol] *functionary*

funktionell *functional* ‖ **funktionelle Weisungsbefugnis** *functional authority* power assigned to a position

funktionieren *to work*

Funktionsbeschreibung

Funktions- und Verantwortlichkeitsbeschreibung —> Stellenbeschreibung

für *by reason of* ‖ *in respect of* ‖ im Namen von *on behalf*

furlong [GB] Längeneinheit: 1 furlong = 201,168 m

Fürsorge *public welfare* ‖ **Fürsorgeamt** *public welfare office* ‖ *public relief office* ‖ Erziehung *corrective training* —> Besserungsmaßnahme ‖ **Fürsorge für die [minderjährige] Person** *the care and custody of the [infant] person* [GB] Auftrag des Vormunds kann beschränkt sein auf die Fürsorge der Person [special guardian] unter Ausnahme des Vermögens oder auf die Person sowie das Vermögen [general guardian]. Als Vertreter des Minderjährigen vor Gericht kann ein Vormund als *guardian ad litem* bestellt werden ‖ **Fürsorgeheim** *welfare home* —> Besserungsanstalt

Fusion Mischung ‖ Vereinigung ‖ Versammlung ‖ Zusammenschluß [von Firmen] *merger* ‖ *amalgamation* —> Gruppe ‖ Konzern

Fuß [GB / Längenmaß] *foot* ‖ *1 ft = 30,38 cm* [pl.: feet]

Fußballtoto [RennwLottG] *football-pool betting*

Fußnoten *footnotes* ‖ *explanatory notes*

G/A [Abbr] *general average* :: **große Havarie**

GAAP *generally accepted accounting principles* :: **Grundsätze ordnungsmäßiger Buchführung**

GAAS [Abbr] *generally accepted autiding standards*

Gabe [Med] Verabreichung *administration*

in Gang bringen *to prime* || *to get s.th. going* || *to launch*

ganz *full* || **ganzseitige Anzeige** [Press] *one-page spread* —> Anzeige

Garant *guarantor* —> Garantiegeber

Garantie [BankW] *security* || [i.S. eines Garantievertrags] *guarantee* an undertaking by an individual or entity to be answerable for the payment of some debt, or the due performance of some contract or duty by another individual or entity, who is in the first instance liable for such payment or performance || [Buchf] *product warranty and guarantee* || **Garantie für kurz- und mittelfristige Güterexporte** an einen ausländischen Vertragshändler [Eximbank] *combined short-term-medium-term policy* umfassende Exportgarantie mit festem Haftungsrahmen —> Eximbank || **Garantie zur Deckung kommerzieller und politischer Risiken** [Eximbank] *comprehensive coverage guarantee (policy)* guarantee [policy] covering both commercial and political risiks || Garantie zur Deckung der mit dem Ankauf einer Exportforderung an einen öffentlichen Abnehmer verbundenen kommerziel-

len und politischen Risiken *comprehensive public buyer guarantee* || Garantie zur Deckung der mit dem Ankauf einer Exportforderung an einen privaten Abnehmer verbundenen kommerziellen und politischen Risiken *comprehensive private buyer guarantee* || **Garantie zur Deckung von Produktionsrisiken** [Eximbank] Guarantee covering selected pre-shipment risks. The contracts guarantee covers the risks of insolvency of the buyer and such political risks as cancellation of export and import licenses, war and revolution, but does not cover the buyer's cancellation of the contract or the buyer's refusal or unwillingness to accept the goods || **Garantie zur Deckung von Risiken aus [Dienst-]Leistungsexporten** *services policy*

Garantieantrag *application for a guarantee [policy]*

Garantiebedingungen *terms and conditions of the guarantee* (policy) || **Garantiebereitstellungsprovision** *commitment fee on guarantees* charge to be paid on he undisbursed portion of the guaranteed loan —> Kreditprovision || **Garantiebetrag** *amount in default*

Garantieentgelt Prämie *premium* || *guarantee fee* || **Garantieentgelt für die Deckung der Ausfuhrrisiken** *shipment premium* || **Garantieentgelt für die Deckung der Produktionsrisiken** [Ex] *contract premium* premium paid by the insured to FCIA for the coverage of pre-shipment risks (manufacturing risks) || **Garantieentgelt für die Deckung kommerzieller und politischer Risiken** [Ex] *comprehensive coverage premium* premium paid by the insured to FCIA for

143

the coverage of both commercial and political risks

garantiefähige Güter *eligible products [for guarantee]* ‖ **garantiefähige Leistungen** *eligible services [for guarantee]* ‖ **Garantiefall** *event of default*

Garantiegeber *guarantor* ‖ Versicherer *insurer*

Garantiehöchstbetrag *aggregated limit of liability* ‖ [VersR] *policy limit* ‖ [Ex] *maximum amount of coverage*

Garantieinanspruchnahme letzter Termin *availability date* The date by which the guarantee will be issued

Garantien für Forderungsankäufe durch Geschäftsbanken [Ex] *commercial bank guarantee* issued by Eximbank in favour of commercial banks to cover medium-term (181 days up to 5 years) export obligations acquired from US exporters

Garantienehmer *holder of the guarantee* ‖ Versicherter *insured* ‖ [VersR] *policyholder* ‖ *insured*

Garantiepromesse *preliminary commitment* ‖ Finanzierungspromesse [Ex] *advance commitment advance credit*

Garantiequote *guaranteed portion* ‖ [VersR] *percentage of cover* ‖ *insured percentage* ‖ *insurance percentage*

garantieren sicherstellen *to ensure* ‖ **garantiert** *guaranteed* ‖ **garantierter Zinssatz** *guaranteed interest rate*

Garantiestellung *insurance of the guarantee [policy]*

Garantievertrag *guarantee agreement* ‖ **Laufzeit des Garantievertrages** *guarantee period* ‖ **Garantievertragszusatz zur Deckung der Produktionsrisiken** [Eximbank] *contract form endorsement* ‖ *contract guarantee* ‖ **Garantievertragszusatz zur Deckung von Risiken aus dem Verkauf von Gütern, die sich auf einer Handelsmesse im Ausland befanden** [Eximbank] *sales out of trade fair endorsement* ‖ **Garantievertragszusatz zur Deckung von Risiken aus Güterexporten, deren Fakturierung in einer Fremdwährung erfolgt** [Eximbank] *endorsement for sales denominated in foreign currency*

Garantiezusage *guarantee authorization* ‖ **Garantie[zusage] für einen gebundenen Finanzkredit** [Ex] *financial guarantee* ‖ *financial authorization*

gastgebendes Land [≠ "Staat"] *host country* ‖ **Gastredner** *guest speaker* ‖ **Gastregierung** *host government*

Gastwirtschaftsbetrieb *licenced premise* ‖ **Erlangung der Erlaubnis zum Betrieb einer Gastwirtschaft oder eines Kleinhandels mit Branntwein** *procurement of a permit to keep licenced premises or to engage in the retailing of spirits*

GATT *GATT General Agreement*

g.b.o.   **Gebührenerfassung**

---

on Tariff and Trade **Allgemeines Zoll- und Handelsabkommen**

g.b.o. [Abbr] *goods in bad order* :: **Waren in schlechtem Zustand**

geben *to furnish with* ‖ [VölkR] **Die [...] Regierung übermittelt jedem Vertragsstaat beglaubigte Abschriften der Ratifikationsurkunde** *The Government of [...] shall furnish each State party to the present convention with certified copies of the instruments of ratification*—> **übermitteln**

Gebiet *territory* ‖ Zone ‖ Bereich area ‖ [Vertr] **Anwendungsbereich** *scope [of application]* ‖ **Gebietsansässiger** *resident* ‖ **Konvertibilität für Gebietsansässige / für Deviseninländer** *resident convertibility* ‖ **Gebietsfremder** [SteuerR/D] *non-resident* —> **Steuerpflichtige** ‖ **Konvertibilität für Gebietsfremde / für Devisenausländer** *non-resident convertibility* ‖ **Gebietskörperschaftsebene** *central state and local governments' level*

Gebilde *entity* —> Rechtsträger

Gebot *bid* —> geringstes Gebot ‖ **oberstes Gebot** *the prime necessity* ‖ **Gebot der Verhältnismäßigkeit** [Man / Org / ArbR] Sozialadäquanz ‖ Kampfparität *commensurate use of force* principle established in 1955 by the BAG. The use of force must be "commensurate" with the actual conflict situation where reasonable use of force is allowed in the event of lockout and strikes

Gebrauch machen von *to resort to* ‖ **Gebrauch von Schußwaffen** *to point a firearm (or deadly weapon) intentionally* ‖ **gebrauchsfertige Ablieferung** *turn-key* ‖ **Gebrauchsinformation** [ArzneiMG § 2] *patient information* Title of a patient information leaflet which has to appear on top of the leaflet's text whereas the leaflet as such is called patient information leaftlet —> Packungsbeilage ‖ **Gebrauchsmuster** *utility model* ‖ *industrial design* —> Geschmacksmuster [BRD] GebrMG = Gebrauchsmustergesetz, i.d.F.1986 Erfindungen, deren Gegenstand Arbeitsgeräte oder Gebrauchsgegenstände bzw. Teile davon sind, die dem Arbeits- bzw. Gebrauchszweck durch neue Raumform dienen [Werkzeuge, Haushaltsgeräte, Maschinen, Spielzeug (jedoch nicht Spielregeln). Unterschied muß erkennbar sein zu bisher Dagewesenem [z.B. neuer Werkstoff, Kunststoff etc.] ‖ **Gebrauchsnutzen** *product use* ‖ **Gebrauchswert** —> Verkehrswert

gebrochen —> Umladung ‖ Vertragsbruch ‖ **einen Vertrag als gebrochen betrachten** *to consider a contract as repudiated* ‖ *to consider [...] as a break or infringement of a contract*

Gebühr *fee* ‖ *duty* —> Steuer ‖ Benutzungsgebühr ‖ Dienstbezüge *emoluments* ‖ **Postgebühren** *freight / postage amount*

gebührend *due* ‖ **gebührend berücksichtigen** in gebührender Weise berücksichtigen *to give due and proper consideration*

Gebührenerfassung *[automatic outgoing] call charging* ‖ **gebührenfrei** [frz.] *sans frais* ‖ *without expense* ‖ **Gebührenordnung**

scale of charges ‖ *schedule of fees* ‖ **gebührenpflichtige Dienstleistungen** [Buchf] *sold support* —> **Dienstleistungen** ‖ **Gebührensatz** *tariff* ‖ **Gebührenzone** *metering zone*

gebunden [an ‖ nach] *bound [by]* ‖ **sich nicht als gebunden betrachten nach** [...] *:: not consider o.s. bound by* ‖ **gebundene Finanzkredite** *direct credits* ‖ **gebundener Kredit** *tied credit*

Gedächtnisverlust [Med] **Erinnerungslücke** ‖ **Amnesie** *amnesia* ‖ **hysterischer Gedächtnisverlust** *hysterical amnesia*

gedämpfte Wachstumserwartungen *moderate growth forecasts* ‖ [...] **führten zu einem gedämpfteren Anstieg im Frühjahr** *[...] led to a more moderate increase in spring*

gedeckt *covered* ‖ **gedeckt sein** [Scheck] *to be backed up* ‖ **gedeckte Risiken** *risks covered* ‖ *risks guaranteed* ‖ **gedeckter Optionsschein** [Bör] *covered warrant* Emittent (die Ausgabestelle, meistens Besitzer großer Aktienpakete) unterhält Deckungsbestand (= hat zu liefernde Aktien in Besitz) oder hat die u.U. zu liefernden Aktien bei einem Dritten hinterlegt, die Aktien sind für die Optionsfrist gesperrt. Laufzeit ist verkürzt, bei Ausübung der Option erhält der Käufer im Umlauf befindliche Aktien. Der Erwerb lohnt sich nur dann, wenn der erwartete Kursanstieg tatsächlich eintritt —> **Optionsschein**

geduldeter Besitz [USA] *estate at sufferance* nach Pachtablauf stillschweigend weitergewährtes Besitzrecht

geeignet *qualified* ‖ **die geeignet sind,** [...] **zu erleichtern** *as may facilitate the attainment of* ‖ **geeignet erscheinen** *to consider appropriate* ‖ [der|die|das] **geeignet, ist zu** [...] *such as may* [...]

Gefahr *hazard* ‖ **auf Rechnung und Gefahr des Verkäufers** *at the sellor's risk* ‖ **Gefahren bleiben bei Verkäufer bis zur vollständigen Auslieferung der Liefergegenstände** *the goods shall nevertheless remain at the Sellor's risk until delivery has been completed* ‖ **Gefahr[enlage]** *risk* ‖ **die Sorgfalt muß sich nach der Gefahrenlage richten** *the care must be commensurate with the risk*

Gefährdungshaftung [USA] *strict liability*

Gefälle *differential* —> **Abstand** ‖ **Rückstand** ‖ **Unterschied** ‖ **Zinsgefälle** *interest differential*

Gefechtsflagge [Mar] *action pennant*

GEFI [Ex] **Gesellschaft zur Finanzierung von Industrieanlagen mbH.** Kreditgewährung nach gleichen Grundsätzen wie bei der —> AKA. Die Kreditlinien heißen hier jedoch Plafonds I, II und III

gefordert *required*

gegebenenfalls *if applicable* ‖ *may wish to* [...]

gegen *v. / vs.* Zitierweise englischer Entscheidungen: Kläger v. Beklagter [bei Konkurs- bzw. Nachlaßsachen: in re oder ex parte]. Im ZivR bei Beteiligung der Krone Queen/King, im StrafR R. [Rex/Regina]. Midcontrol v Evans 2 Ch.D. 132 (1876), Abdruck der Entscheidung in der Reihe Chancery Division der Law Reports im 2. Band auf Seite 132

Gegenakkreditiv —> Akkreditiv

Gegenanzeigen [Med] Kontraindikation *contraindication*

Gegenleistung *return* || *consideration* Any inducement to a contract, such as cause, motive, price or impelling influence. The reason or material cause of a contract —> Vorleistung || **erbrachte Gegenleistung** *executed consideration* eine bereits erbrachte oder auch vorgeleistete Gegenleistung || **rechtserhebliche Gegenleistung** [z. B. ein Tun || Dulden oder Unterlassen] *valuable consideration* || **Gegenleistung, die der Vergangenheit angehört** *past consideration* —> Rechtshandlungen, die vor Vertragsschluß erfolgten, jedoch nicht Gegenleistung für ein Versprechen. Einbuße [Schaden], die eine Vertragspartei zu einem vor Vertragsschluß liegenden Zeitpunkt erlitten hat, die jedoch außer in besonderen Fällen nicht ausreichend ist für die Wirksamkeit des Vertrages || **zukünftige Gegenleistung** *executory consideration* eine noch zu erbringende Gegenleistung

Gegenpartei *bona fide party* || die andere Vertragspartei *the party in good faith* —> Bona-Fide || *the other party of the offer*

Gegenposten [Bbank] *counterpart* —> Bilanzgegenposten || zurückgestellte Posten [Buchf]

gegenseitig *mutual* || **im gegenseitiges Einvernehmen** *by mutual agreement* || **gegenseitiges Einver-** **nehmen herstellen** *to reach mutual agreement* || **Gegenseitigkeit** —> Sparkasse

Gegenstand der Klage *cause of action* || **Gegenstand des Vertrages** *subject matter* || **Gegenstand des Patentvertrags** *patent matter*

gegenteilig *contrary* —> entgegen || **eine gegenteilige Erklärung abgeben** *to deliver a contrary declaration*

Gegenwartswert —> Kapitalwert

Gegenwert —> Verkehrswert

Gehalt *income* —> Einkünfte || Bezüge *stipendiary allowance* || **Gehälter** [Buchf] *salaries* —> Einkünfte || **Gehaltsabzüge** [Buchf] *payroll withholdings* || **Gehaltsliste** [Buchf] *payroll* —> Lohnbuch || **Gehaltsrückstände** *accrued salary [-ies]* || *salaries in arrears*

geheim *secret* || **Geheimer Staatsrat** [GB] *Privy Council*—> Kronrat || **geheime Wahl** *secret ballot* || **geheimhalten** *to treat as a secret*

Geheimnis *secret* || **Betriebsgeheimnis** *industrial secret* || **gewerbliches Geheimnis** *professional secret* || *trade secret* || **Geheimnisträger** *official in charge of secrets* || *person who signed the Official Secrets Act* || **Geheimnisverrat** [GB] *contravention of the Official Secrets Act*

Gehilfe [BGB] *servant* || [§ 27 StGB] Hilfeleistender bei einer vorsätzlich rechtswidrig begangenen Tat *accessory before the fact* —> Anstifter

gehörig *due* —> Bevollmächtigter

geisteskrank *insane* Term is a social and legal term rather than a medical one. More or less synonymous with mental illness or psychosis [non compos mentis] . In law, term is used to denote that degree of mental illness which negates the individual's legal responsibility or capacity [Sec. 4.01 Model Penal Code] ‖ [StrafR] Schuldunfähigkeit § 20 StGB ‖ [ZivR] §§ 827 f. BGB Deliktsfähigkeit / Billigkeitshaftung ‖ **eine vom Gericht für geisteskrank erklärte Person** *a person who has been judicially declared insane* ‖ **Geisteskranker** *idiot* [profound mental retardation]ohne lichte Momente (he has lucid intervals) ‖ *lunatic* [mentally deranged person] mit lichten Momenten ‖ **Geisteskrankheit** *lunacy* —> insanity [a person who is incapable by reason of unsoundness of mind of managing his affairs] ‖ **Geisteszustand** *state of mind* —> Verschulden

geistiges Eigentum *intellectual property* —> Urheberrecht

gekorenes Orderpapier *negotiable document of title* Any document treated as adequately evidencing that the person in possession of it is entitled to receive, hold of dispose of the document and the goods it covers [§ 383 HGB, §§ 783-792 BGB] Wertpapier, insb. kaufmännische Anweisungen und Verpflichtungsscheine, Lade- und Lagerscheine sowie Konossemente. Werden zu Orderpapieren durch Orderklausel ["an Order"]. Orderpapier ist ein Wertpapier, mittels dessen der Aussteller verspricht, an eine best. Person zu leisten, der von dem Benannten durch Indossament als Gläubiger bezeichnet wird. Übertragung durch Übereignung der Urkunde —> Rektapapiere

gekreuzter Scheck *crossed check* [dem gleichen Zweck dient der] —> Verrechnungsscheck :: not negotiable cheque

Gelände *premises* ‖ *site* ‖ **auf dem Gelände** *on the premises* ‖ **Geländeerschließung** *site preparation* —> Bau

Geld [...] *monetary* ‖ *money* ‖ *cash* —> Barmittel ‖ **Geld abheben** *to draw [money from an account]* —> Kontoabhebung ‖ **am Geld** [Bör] *at the money* Basispreis einer Option entspricht dem aktuellen Kurs des zugrundeliegenden Basiswerts ‖ **aus dem Geld[-Option]** [Bör] *out of the money* Basispreis einer Verkaufsoption liegt unter dem aktuellen Kurs des Basiswerts bzw. Basispreis einer Kaufoption liegt über dem aktuellen Kurs des Basiswerts (=die der Option zugrundeliegenden Wertpapiere) ‖ **Innengeld** *inside money* ‖ **Urteil auf Zahlung von Geld** [USA] *money judgement*

Geldabfindung *monetary compensation* ‖ *cash settlement* ‖ **Geldabhebung** [Buchf] —> Kontoabhebung ‖ **Geldanlage** —> Anlage überschüssiger Gelder ‖ **Geldaufwertung** *revaluation* ‖ **Geldausgaben** *disbursements* ‖ **Geldautomat** *cash dispenser*

Geldbelohnung *pecuniary reward* ‖ *reward in cash* ‖ **Geldbeschaffung** *cash procurement* ‖ *raising of funds* ‖ **Geldbewegungen** [zwischen Banken] *credit float*

Gelddarlehensvertrag [§ 607 BGB]

Geldeinlage | Geld-zurück-Garantie

contract for the loan of money ||
Gelddisposition —> Cash Management

Geldeinlage [BankR] *deposit*

Gelder *monies* —> Übertragungen

Geldgeschenk *gift of money* || für Dienstleistungen [tip, bounty, bribe] *gratuity*

Geldhandel *money dealing* —> Geld- und Rentenhandel

Geldkapital [Bbank] *monetary capital* || **Geldkredit** *liquid credit*

Geldleistungen [SteuerR] *payments in money* —> Sachbezüge

Geldmarkt [Bundesbank] —> Ausgleichsoperationen || **Geldmarktpolitik** *Bundesbank's money market regulating arrangements* Geldmarktpapiere, die in die Geldmarktpolitik der Bbank einbezogen sind, können jederzeit vor Fälligkeit an die Bbank zurückgegeben werden || **Geldmarktsätze** *money market rates* || **Geldmenge M1** [Bbank] *money stock M1* Bargeldumlauf (ohne Kassenbestände der Kreditinstitute) + Sichteinlagen der inländischen Nichtbanken bei Kreditinstituten —> Quasigeld || **Geldmenge M2** [Bbank] *money stock M2* M1 + Termineinlagen inländischer Nichtbanken bis zu vier Jahren Laufzeit (Quasigeld) || **Geldmenge M3** [Bbank] *money stock M3* M2 + Spareinlagen mit gesetzlicher Kündigungsfrist. Entwicklung der Geldmenge M3 gilt als Indikator für die zu erwartende Inflationsrate || **Geldmengenentwicklung** *money development* || **Geldmengenexpansion** *monetary expansion* || **Geldmengenreduzierung** —> Geldvernichtung || **Geldmengenwachstum dämpfen** *to curb the growth of the money supply*

geldnahe Vermögenswerte *near-money assets* Vermögenswerte, die relativ kurzfristig in Geld umgewandelt werden können, z. B. börsengängige Wertpapiere

Geldpolitik straffen [Bbank] *to tighten the monetary policy*

Geldsubstitute —> Quasigeld

Geld- und Rentenhandel *money and securities dealing* || **Geldunterschlagung** *embezzlement* [vergleichbar mit § 246 StGB] —> Unterschlagung. Der Täter begeht keinen Diebstahl [kein fremder Gewahrsamsbruch], da er bereits im Besitz des unterschlagenen Geldes ist aufgrund einer Rechtsbeziehung zwischen Eigentümer und Täter [z.B. aufgrund Arbeitsvertrag] —> *conversion* :: Zueignung

Geldvernichtung [Bbank] *destruction of money* Reduzierung der Geldmenge (nominelle Kaufkraft) durch Hortung, Stillegung von Geld bei der Notenbank, Zurückzahlung von Krediten durch den Staat an die Notenbank oder - in der BRD - durch Stillegung von Steuereinnahmen in der Konjunkturausgleichsrücklage || **Geldversorgung** *money supply*

Geldwechsel *change* Sortentausch ("Change || Cambio || Wechsel") in der Sortenabteilung einer Bank || **geldwert** *value in money*—> Vorteil

Geld-zurück-Garantie *money-back guarantee* ein Mittel der Absatzförde-

Geldsendung   **geltend machen**

---

rung —> Rückerstattung

Geldsendung *cash remittance* ‖ **Geldsorte** *notes and coins* ‖ *monetary denomination*

Geldüberweisung *money transfer* ‖ *remittance* ‖ **Geldumlauf** *money circulation*

Geldvorschuß *cash advance*

Geldwertstabilität *monetary stability* ‖ **Geldwesen** *finance* ‖ *monetary system*

Geldzuwendung *allowance* regelmäßige Zuwendungen

Gelegenheit *occasion* ‖ **bei einer späteren Gelegenheit** *on any subsequent occasion* ‖ **Gelegenheitsgeschäft** *occasional operation* ‖ *chance business* ‖ **Gelegenheitsgesellschaft** [§§ 705 - 740 BGB] *ad hoc partnership* Zeitlich begrenzter, nicht gewerbesteuerpflichtiger Zusammenschluß einzelner Personen [bei nur 2 Personen: Metagesellschaft oder Unternehmen zu einer Gesellschaft des bürgerlichen Rechts]. Zweck: Durchführung einzelner Geschäfte [Konsortialbildung, gemeinsame Bewirtschaftung, Verwaltung und Verwertung gleichartigen Besitzes]. (Formloser) Gesellschaftsvertrag mit Verpflichtung der einzelnen Gesellschafter zur Förderung dieses vereinbarten Zweckes. Bei Konsortialverträgen vertragl. Bestimmung erforderlich, daß kein Gemeinschaftsgut entsteht, sondern jedem Gesellschafter das Eingebrachte als Eigentum verbleibt und nur dessen Verwaltung nach vertragl. Bestimmungen erfolgt ‖ [Banken] [§ 750 BGB] *banking consortium* —> Konsortium - Gesellschaft des bürgerlichen Rechts, die nur vorüber-

gehend zur Vornahme einzelner Rechtsgeschäfte oder Arbeiten eingegangen wird [Zusammenarbeit von Banken zur Ausgabe von Wertpapieren, Arbeitsgemeinschaften von mehreren Bauunternehmen, die an einer Baustelle zusammenarbeiten, das sog. (A-) Meta-Geschäft] ‖ **Gelegenheitskosten** *opportunity costs*

gelegentlich *zufällig* ‖ *unregelmäßig* *casual* ‖ **gelegentliche Nutzung** *casual use*

geleistete Dienste *services rendered* —> Schenkung für geleistete Dienste

gelenkt —> beherrscht ‖ **gelenkte Wirtschaft** *controlled economy*

gelten als *to constitute* ‖ *to be susceptible of [...]* ‖ *to be considered* ‖ [PatR] **eine Erfindung gilt als auf einer erfinderischen Tätigkeit beruhend, wenn [...]** :: *an invention is considered involving an inventive step if [...]* ‖ **gelten für** [GATT] **Waren, für die der Zonentarif gemäß [...] gilt** Waren, die berechtigt sind, die Zollbestimmungen der Zone gemäß [...] in Anspruch zu nehmen :: *goods which are accepted as being eligible for Area Tariff treatment in accordance with the provisions of [...]* ‖ **gelten weiterhin** *to remain in force*

geltend machen [Anspruch] *to claim* ‖ *to invoke a statute* ‖ Inanspruchnahme von *to take advantage of* ‖ **geltendes Recht** *statute book* it's still on the statute book :: es ist immer noch geltendes Recht ‖ **aufgrund geltenden Rechts** *by law* ‖ **geltendes Recht des betreffenden Staates** *law of the country* ["Recht", um auch

| Geltungsbereich | gemeinnützige Körperschaften |

common law einzuschließen, daher nicht "Gesetz"]

Geltungsbereich [von Gesetzen bzw. Verträgen] *territorial application* ‖ [Vertr] *scope [of application]* ‖ **Geltungsbereich des Rechts** *area of application* ‖ **Geltungsbereichsklausel** *territorial application clause*

gemäß *in accordance to / with* ‖ *persuant to* —> nach

Gemeinde [VwO/D] *commune* ‖ *municipality* Grundeinheit der kommunalen Selbstverwaltung, umfaßt sowohl die kleinen —> Landgemeinden als auch die großen Städte. Die Gemeinden sind —> Gebietskörperschaften, besitzen —> Rechtspersönlichkeit und haben Allzuständigkeit. Alle Gemeinden - mit Ausnahme der —> kreisfreien Städte (Stadtkreise) - gehören einem Landkreis an und sind in ihren Selbstverwaltungsangelegenheiten der Rechtsaufsicht des —> Landrats unterstellt (Ausnahme: einige große kreisangehörige Städte) ‖ **stadtverbandsangehörige Gemeinde** *commune within a conurbation* —> Stadtverband

Gemeinde[...] *communal* —> Kommunal[-...] ‖ **Gemeindeanteil** [SteuerR/D] *municipalities' share* ‖ **Gemeindedirektor** [VwO/ Ns./N.-W.] *chief administrative officer* Hauptverwaltungsbeamte in den Landgemeinden mit ehrenamtlichem Bürgermeister ‖ **Gemeindeordnung** [VwO/D] *local government law* or: *regulations / statutes* für jedes Land eigens geschaffene Landesgesetze zur Regelung der Kompetenz und Verwaltungsstruktur der Gemeinden ‖ **Gemeinderat** [VwO/D] [Ns.;, B.-W, Bayern, R.-P., SL] *communal council* Kollegialorgan der Legislativen auf Gemeindeebene. Gemeinderat als Gegensatz zu Stadtrat bezeichnet den Rat der Landgemeinde. In B.-W. in allen Gemeinden "Gemeinderat" ‖ **Gemeinderat[smitglied]** [VwO/D] *local councillor* ‖ *communal council[lor]* Mitglied des Gemeinderats ‖ Ratsmitglied ‖ **Gemeindesteuer** [SteuerR/D] *municipal tax* ‖ **Gemeindeverband** [VwO/D] *Association of communes* Oberbegriff für best. Gebietskörperschaften, die eine Reihe von Kommunalkörperschaften niederer Ordnung umfassen ‖ **Gemeindevertreter** *municipal councillor*—> Gemeinderat[smitglied] ‖ **Gemeindevertretung** [VwO/H; Schl.-H.] *municipal council* Beschlußorgan in den Landgemeinden —> Gemeinderat ‖ **Gemeindevorstand** [VwO/D] [Bremerhaven] *collegiate executive* mit vergleichbaren Aufgaben in Landgemeinden anstatt des Magistrats

Gemeiner Pfennig [SteuerR / arch] *Common Penny* als Beitrag zur Abwehr der Türken ("Türkenpfennig") auf dem Reichstag zu Worms 1495 beschlossene Abgabe unter Maximilian I

Gemeinkosten [GB] *oncosts* ‖ *burden* ‖ *general expense* ‖ *indirect cost* ‖ *overhead* ‖ **Materialgemeinkostenzuschlag** *material cost burden rate* ‖ **Umlage der Gemeinkosten** *apportionment of indirect cost* ‖ *overhead distribution* ‖ **Gemeinkostenlöhne** *unproductive wages* ‖ **Gemeinkostensatz** *overhead rate* ‖ **Gemeinkostenstelle** *general burden department* ‖ **Gemeinkostenwertanalyse** *overhead value analysis* ‖ [Kostenstelle-] **Gemeinkostenzuschlag** [BWL / RW] *cost-centre burden rate*

gemeinnützige Körperschaften

[SteuerR/D] *benevolent and welfare institutions*

gemeinsam *joint* ‖ **Gemeinsame Agrarpolitik** [EG] *Common Agricultural Policy* [Abbr] *CAP* ‖ **gemeinsame Erklärung** *joint declaration* ‖ **gemeinsame Erklärung der Westmächte in einer Angelegenheit Berlins** *a joint declaration of the Western powers on a Berlin issue* ‖ **Gemeinsamer Fonds für Rohstoffe** *Common Fund for Commodities* Finanzierungsinstrument der UNCTAD i.R.d. "Integrierten Rohstoffprogramms". Finanzierung von Ausgleichslagern (Buffer Stocks) einzelner Rohstoffabkommen ("erster Schalter"; Finanzierung der Diversifizierung der Wirtschaft, Verarbeitung von Rohstoffen in Entwicklungsländern und Qualitäts- sowie Absatzförderung ("zweiter Schalter") ‖ **gemeinsame Forschungsstelle** *joint research centre* ‖ **gemeinsames Handeln** *to act in unity* ‖ **gemeinsame Handelspolitik** *common commercial practice* ‖ **gemeinsamer Markt** [EG] *single market* ‖ **gemeinsame Maßnahmen** *common action[s]* ‖ **gemeinsame Sitzung von Oberhaus und Unterhaus** *joint committee*

Gemeinsamkeit *to act in unity*

Gemeinschaft *club* ‖ **Gemeinschaft zur gesamten Hand** [§ 719 BGB] *joint right* Gesamthandverhältnis: Rechtsinstitut dt. Ursprungs. Die einzelnen Gesamthänder sind nicht zu einem bestimmten Bruchteil an den einzelnen Gegenständen [dann Bruchteilgemeinschaft], sondern zu einem Bruchteil an dem gemeinsamen Sondervermögen der G.z.g.H. beteiligt. Sie haben daher keine Verfügungsberechtigung über einen Anteil an den einzelnen Gegenständen. Das Sondervermögen betreffende Rechtsgeschäfte müssen vielfach gemeinschaftlich von oder gegenüber den Gesamthändern vorgenommen werden. Die Ausgestaltung im einzelnen ist für die verschiedenen G.z.g.H. unterschiedlich geregelt. Gesellschaft des bürgerl. Rechts: Offene Handelsgesellschaft ‖ Kommanditgesellschaft ‖ Erbengemeinschaft am ungeteilten Nachlaß

gemeinschaftlich *joint* ‖ **gemeinschaftlich Vermögen besitzen** *to own common property*

Gemeinschaftseigentum *joint tenancy* —> Bruchteilsgemeinschaft ‖ Gemeinschaft zur gesamten Hand ‖ Miteigentum ‖ **Gemeinschaftsfinanzierung** *co-operative financing facility* CFF program ‖ Eximbank extends medium-term non-revolving lines of credit to foreign financial institutions (co-operating institutions) for the purpose of financing 42.5 percent of local buyers' purchases of US capital equipment, quasi-capital equipment and services. A 15 percent cash payment is required and the other 42.5 per cent is provided from the local financial institutions' own resources or other borrowings at market rates —> Finanzierungsinstitut ‖ **Gemeinschaftsinitiative** *common brainchild* ‖ Die [...] Datenbank ist eine Gemeinschaftsinitiative führender Kreditinstitute :: The [...] data bank is the common brainchild of leading banking firms ‖ **Gemeinschaftskonto** *joint account* ‖ **Gemeinschaftsregelung** [SteuerR] *Community rule* ‖ **Gemeinschaftssteuern** [SteuerR/D] *common taxes* —> Ertragskompetenz :: *assignment of revenues* ‖ **Gemeinschaftsversammlung** [VwO/Bayern] *committee of an association of communes* Vertretung der gewählten Ge-

Gemeinschuldner   Genußschein

meinderäte der Mitgliedsgemeinden in der Verwaltungsgemeinschaft ‖ **Gemeinschaftsvorsitzender** —> Vorsitzender

Gemeinschuldner [USA] *bankrupt* —> Bankruptcy Act, 1898 § 101(12) i.rev. Fass. v. 1979 —> Chapter 11 ‖ [Konkursschuldner] Sein Vermögen wird beschlagnahmt [seized] und vom Konkursverwalter [official reciever] verwaltet durch Gerichtsverfahren von Schuld befreit [discharged]. Der Konkursverwalter fungiert als Treuhänder ‖ **entlasteter Gemeinschuldner** *discharged bankrupt* ‖ **noch nicht entlasteter Gemeinschuldner** *undischarged bankrupt* ‖ **Gemeinwesen** —> Gemeinwohl ‖ *public weal*

gemessen an [...] *as measured by the [...]*

gemischt *mixed* ‖ ausgewogen ‖ ausgeglichen *balanced* —> gemischter Versicherungsfonds ‖ *flexible* ‖ **gemischter Ausschuß** *mixed committee* ‖ **gemischte Schenkungen** —> Schenkung ‖ **gemischter Versicherungsfonds** [auch das Zertifikat] *three-way fund* ‖ *three-way bond* ‖ [InvF] *umbrella fund* ‖ *selective bond* ‖ *balanced bond* ‖ *managed bond* ‖ *flexible bond* ‖ **gemischtes Investmentmedium** [InvF] *hybrid investment vehicle* z.B. balanced bond

genehmigt *licenced* mit staatlicher Erlaubnis

Genehmigung *approval* —> Annahme ‖ *leave* ‖ **mit Genehmigung** [...] *with the leave of [...]* ‖ **mit amtlicher Genehmigung** *by authority* ‖ **rechtliche Genehmigung** *legal authorization* ‖ **schriftliche Genehmigung** *consent in writing* ‖ **Genehmigungsurkunde** [VölkR] *instrument of approval*

General der Luftwaffe [GB] *Air Chief Marshall* ‖ **Brigadegeneral der Luftwaffe** [GB] *air commodore* ‖ **Generalbevollmächtigter** *Executive Manager* [USA] stock corporation [GB] public limited company ‖ **Generaldirektor** *president* ‖ *General Manager* ‖ **Generalinspekteur** *chief of Staff* ‖ **Generalpolice** *floating policy* ‖ **Generalstaatsanwaltschaft** *Public Prosecution* ‖ **Generalunternehmer** *prime contractor* ‖ *general contractor* —> Gesamtunternehmer ‖ **Generalversammlung** *general assembly* plenary assembly :: Vollversammlung

Genossenschaft *co-op[erative] society* [BRD] ursprünglich Selbsthilfeorganisation landwirtschaftlicher Betriebe (Raiffeisen, Handwerk). Günstige Kredite etc. Die Genossenschaft besitzt eigene Rechtspersönlichkeit und ähnelt der AG. Das oberste Organ ist die Mitgliederversammlung ‖ **Konsumgenossenschaft** *consumers' co-op[erative society]* ‖ **Genossenschafts[...]** *co-operative* ‖ **Genossenschaftsbank** *co-operative credit society* ‖ **Genossenschaftskredit** *co-operative credit* —> Raiffeisenkasse

Genüsse —> Genußschein

Genußschein [Bör] *participatory certificate* ‖ *participating certificates* [bearer security type] certificate granting the right to participate in additional dividend payments, but not to vote or share in equity. Wertpapier, i.d.R. Inhaberschuldverschreibung, in dem ein Ge-

153

Gepäckausgabebereich　　　　　　　　　　　　　　　　　　Gerichts...

nußrecht verbrieft wird. Jedoch wird damit einer Person nur ein Anspruch auf [Rein-] Gewinnanteile eingeräumt, kein Recht auf Mitgliedschaft [wie bei der Aktie]. Zweck: Belohnung, Vergütung für Patent-/ Lizenznutzung oder besondere Gewinnanteile für Gründer oder Erben. Inhaber hat kein Stimmrecht in der Hauptversammlung

Gepäckausgabebereich [ZollW] *baggage delivery area*

Gepflogenheiten *processes* —> Verkehrssitte ‖ platzüblich ‖ Handelsusancen

geplatzter Scheck *rubber check* Zurückweisung eines Scheck durch die bezogene Bank aufgrund fehlender Kontodeckung

Gepräge [Münzen] *type*

gerecht *equitable* —> Billigkeit

geregelt durch sich bestimmen nach *governed by*

Gericht *Court* —> Amtsgericht ‖ Assisengericht ‖ Landgericht ‖ Oberlandesgericht ‖ Strafkammer ‖ Bundesgerichtshof ‖ Verwaltungsgericht ‖ **jmd. vor Gericht bringen** *to bring to trial* ‖ **vor Gericht erscheinen** *to stand a trial* ‖ **Gericht für Bagatellsachen** *petty sessional court* magistrate court ‖ Gericht von zwei oder mehreren Friedensrichtern zur Entscheidung im Schnellverfahren von —> Bagatellsachen ‖ **Gericht für Rechtsstreitigkeiten untereinander** Zivilrechtsklagen *court of common pleas* ‖ **oberster Strafgerichtshof** [GB] *central criminal court* früher Old Bailey, zentrales Strafgericht seit 1834 für Strafsachen in London (sowie teilweise Kent, Essex und Sussex)

gerichtlich *judicial* ‖ **gerichtliche Maßnahmen** *legal proceedings* ‖ **gerichtliche Untersuchung** *judicial inquiry* ‖ **gerichtliche Vorschriften** —> Geschäftsordnung [des Gerichts]

Gerichts [...] *judicial* ‖ **Gerichtsbarkeit** *judication* —> Zuständigkeit ‖ Gerichtsbezirk *jurisdiction* ‖ **ausschließliche Gerichtsbarkeit** *exclusive jurisdiction* ‖ **obligatorische Gerichtsbarkeit** *compulsory jurisdiction* ‖ **streitige Gerichtsbarkeit** *contentious jurisdiction* ‖ **Gerichtsbeschluß** *court order* ‖ *decree of the court* ‖ *warrant of the court* ‖ **Gerichtsbezirk** *judicial district* ‖ Amtsbezirk eines County Court *circuit* ‖ **Gerichtsdolmetscher** *sworn interpreter* ‖ **Gerichtsferien** *vacation of the courts* ‖ [USA] Gerichtspause *recess* ‖ **Gerichtsgebühren** *court fees* ‖ **Gerichtskanzlei** *record office* ‖ **Gerichtskosten** *costs of an action* ‖ **Gerichtsmediziner** *Coroner* heute üblicherweise *medical examiner* ‖ forensischer Sachverständiger *official medicolegal expert* —> Obduktion ‖ Untersuchungsgericht für Todesursachen ‖ **Sachbearbeiter** [bei Gericht] *assistant registrar* ‖ **Gerichtsschreiber** *court clerk* —> Urkundsbeamte der Geschäftsstelle *Clerk of the Court* ‖ *Registrar* ‖ **Gerichtsstand** [VertrR] *venue* ‖ *competent court shall be* ‖ **Gerichtstermin** *hearing* ‖ *court session* ‖ **Gerichtstermin nicht wahrnehmen** Gerichtstermin versäumen —> Termin der Einlassung versäumen *to make default of appearance* —> Versäumnisurteil ‖

154

Gerichtsurteil *judicial decision* || *sentence* || *judgement* —> Entscheidungssammlungen *law report* [Berichterstattung des Incorporated Council of Law Reporting (ab 1843) als halboffizielle Publikationen]. Nach dem Judicature Act 1873 Berichterstattung in elf verschiedenen Reihen :: *series*, reduziert auf sechs nach der Justizreform 1875. Seit 1891 übliche Bezeichnungen: Appeal Cases [A.C.], Chancery Division [Ch.]; Queen's/King's Bench Division [Q.B./K.B.], Probate Division [P.D.]. Zur Zitierweise —> gegen [versus] || **Gerichtsverfahren** *judicial proceedings* || **Gerichtsverfahren einleiten** *to go to law* || **Gerichtsverfahren gegen jmd. anstrengen** *to institute legal proceedings against s.o.* || **Gerichtsverfassungsgesetz** [Abbr] GVG *Judicature Act* || **Gerichtsverhandlung** *sitting [of a court]*|| **Gerichtsvollzieher** [USA] *marshal* || *bailiff* || **Gerichtsvorsitzender** *presiding judge*

gering *small* || **geringfügig** *low* || **geringstes Gebot** [USA] *upset price* bei Versteigerungen ein Mindestgebot, unterhalb dessen der Zuschlag nicht gegeben werden darf. Bei der Zwangsversteigerung muß dieses Gebot mindestens die Verfahrenskosten und sonstige Aufwendungen [einschließlich aller vorrangige Ansprüche] decken. [BRD] bei der Zwangsversteigerung [§ 44 ZPO] ein Gebot, das mindestens die Kosten der Versteigerung und die dem betreibenden Gläubiger im Rang vorgehenden Kosten deckt [Schutz vorrangiger Gläubiger, das nach § 91 ZPO alle nicht ins Gebot fallenden Rechte mit dem Zuschlag erlöschen] || **geringwertige Wirtschaftsgüter** [§6 [2] EStG] *low-value assets* Abnutzbare bewegliche Wirtschaftsgüter des Anlagevermögens, deren Anschaffungs- oder Herstellungskosten eine best. Wertgrenze (z.Z. DM 800,-) nicht übersteigen; Kosten sind im Jahr der Anschaffung oder Herstellung in voller Höhe als Aufwand abzugsfähig

Gerste *barley* || **Gerstenmalz** *barley malt*

Gerüchte *grapevine* || *[false] rumors* —> Hörensagen || Zeugen

Gesamt[...] *overall* || *joint* || *total* || **Gesamtausschuß** *committee of the whole* || **Gesamtbetriebsrat** [BetrVG] *central works council* || **Gesamtbezüge** —> Bezüge

gesamtdeutsche Wahlen *all-German vote*

Gesamteigentum *joint ownership* Joint ownership venture i.e.S. das joint Venture Unternehmen —> Beteiligungs-, Gemeinschafts-, Partnerschaftsunternehmen oder mit dem englischen Begriff bezeichnet

Gesamtfinanzierungs- und Haftungsrahmen *overall operating ceiling*

Gesamtgewicht —> zulässiges Gesamtgewicht

Gesamt-Jugend-und Auszubildendenvertretung [BetrVG] *central youth and trainee delegation*

Gesamtkapitalkosten [InvR] *overall cost of capital* —> Kapitalkosten

Gesamtlöhne [im Unternehmen ausgezahlte ~] *wage bill*

Gesamtmenge *total quantity*

Gesamtschwerbehindertenvertretung [BetrVG] *prime representatives of the disabled* ‖ **Gesamtsteuerbelastung** [SteuerR] *total corporate taxation*

Gesamtunternehmer Generalunternehmer *prime contractor* ‖ *general contractor* party to a building contract who enters into sub-contracts for such work as electrical, plumbing, flooring, painting, etc.

Gesamtverantwortung *terminal responsibility* ‖ **Gesamtvermögen** [SteuerR] *total property*

gesamtwirtschaftlich [Bil] *macroeconomic* ‖ **gesamtwirtschaftliche Entwicklung** *overall economic development* ‖ *overall economic growth* ‖ **hohe gesamtwirtschaftliche Liquidität** *high overall liquidity* ‖ **im übrigen zahlt sich nun die Verbesserung der gesamtwirtschaftliche Rahmenbedingungen aus** *For the rest, the improvements which have been initiated in the recent years in the underlying macroeconomic conditions are now apparently starting to pay dividends*

Gesamtziel *key objective* ‖ [Bil] *overall target*

gesättigter Markt [Bil] *saturated market*

Geschäft *transaction* ‖ *operation* —> Geschäftszweig ‖ Geschäftsfeld ‖ **Grundgeschäft** *underlying transaction* ‖ **Geschäfte abwickeln mit** Geschäftsbeziehungen unterhalten mit *to have business dealings with* ‖ **Geschäft ausweiten** [Bil] *succeed in expanding volumes [more rapidly than in the previous year]*—> Ausbau ‖ **Geschäft betreiben** Firma betreiben *to carry an enterprise* ‖ **Geschäfte führen** *conduct of business* ‖ **Geschäfte tätigen** Geschäfte abwickeln ‖ geschäftlich tätig sein *to carry on business dealings*

geschäftlich kaufmännisch ‖ handelsüblich *commercial* ‖ **geschäftliche Verbindung haben mit** *to transact business with*

Geschäfts[....] ‖ **Geschäftsanbahnung** *pave the way for* ‖ *prepare the ground for* ‖ *initiate* ‖ *open* ‖ *begin* ‖ *start* ‖ *to initiate business relations with* ‖ *to set up business relations* ‖ *trade development*

Geschäftsbank *commercial bank* ‖ **Geschäftsbedingungen** *terms and conditions* ‖ **Geschäftsbereich** *business unit* [strategic] business unit :: [strategische] Geschäftsfeldeinheit ‖ *shop* ‖ *trade* ‖ Amt [VwO/D] *department* ‖ **Geschäftsbereich im Unternehmen** *corporate sector* ‖ **Geschäftsbericht** *Director s' report* ‖ **Geschäftsbeziehungen aufnehmen mit** *to enter into business with* ‖ **Geschäftsbeziehungen einleiten** *to initiate business connections* ‖ **mit jmd. in Geschäftsbeziehungen stehen** *to have business relations with* ‖ *to do business [dealings] with* ‖ **Geschäftsbücher führen** [Buchf] *to keep books [of account]* ‖ [PatR] **Der Lizenznehmer führt die Geschäftsbücher mit der Sorgfalt eines**

ordentlichen Kaufmanns *The Licensee shall keep true and correct books of account*

Geschäftseinrichtung [ständige / feste Betriebseinrichtung] *fixed place of business* ‖ eine zufriedenstellende Geschäftsentwicklung verzeichnen *to experience satisfactory business development*

Geschäfts[feld]einheit —> Geschäftsbereich ‖ Geschäftsfreundebewirtung [PersW] *representation allowance* Bewirtungsaufwendungen für Geschäftsfreunde, d. h. Personen, die nicht Arbeitnehmer des Steuerpflichtigen sind nach § 4 II EStG ‖ geschäftsführend [Man/Org] *managing* ‖ *executive* ‖ Geschäftsführender Gesellschafter [KG/OHG] *Managing Partner* ‖ geschäftsführender Vorsitzender *executive chairman* ‖ Geschäftsführer [GmbH] *Managing Director* ‖ Geschäftsführung *conduct of business* —> [BetrVG] Wahrnehmung der Aufgaben ‖ sich an der Geschäftsführung beteiligen *to share in the management* ‖ ständige Regelung zur Geschäftsführung *management arrangement* ‖ Geschäftsführungen von Tochtergesellschaften *Board of Management of Subsidiaries* —> Vorstand

Geschäftsherr *principal* —> Verrichtungsgehilfe ‖ Abhängigkeitsverhältnis

Geschäftsinhaber [in der GmbH & Co. KG] *proprietor*

Geschäftsjahr [Bil] *business year* ‖ während des Geschäftsjahres 19.. *in the course of the financial year 19..*

Geschäftskreis —> Geschäftsbereich

Geschäftslokal —> Geschäftsräume

geschäftsmäßig *professional* ‖ *impersonal* ‖ *routine* ‖ geschäftsmäßige Ausübung *professional assistance*

Geschäftsordnung [BetrVG] *standing orders* ‖ [des Gerichts] *rules of the court* ‖ [Parlament] *standing orders*

Geschäftsräume *business premises* Geschäftsgrundstücke mit den Räumlichkeiten ‖ Geschäftsreklame [TV; Radio] *spot announcement* —> jingle ‖ *commercial advertising*

Geschäftsstelle [eines Gerichtshofes] *registry of a court of justice* ‖ [Banken] Filiale *branch office* ‖ [Verein/Partei] *headquarters* ‖ *offices* ‖ Geschäftsstrategie zur Erreichung mittel- und kurzfristiger Unternehmensziele *business strategy*

Geschäftstätigkeit [Bil] *business activities* ‖ Geschäftsteilhaber [GmbH&Co. KG] *Co-owner* ‖ *partner*

geschäftsunfähig *legal disqualification* ‖ für geschäftsunfähig erklären *to disable* —> Schwerbehinderter ‖ geschäfts- und rechtsunfähige Person *a person under disability*

Geschäftsverbindungen *business relations* ‖ *business connections* ‖

Geschäftsverlauf					Gesellschaft

Geschäftsverlauf der [...] [Bil] *general performance of [...]* ‖ **erfolgreicher Geschäftsverlauf** *successful performance* ‖ **Geschäftsvolumen stieg um DM 2 Mrd auf DM 3 Mrd** *business volume expanded by DM 2 billion to DM 3 billion* ‖ **Geschäftsvorfälle** *business transactions*

[erworbene] Geschäftswerte [Bil] *business assets acquired*

Geschäftszweck *organizational purpose* ‖ **Geschäft[szweig]** *business* ‖ *trade*

geschätzte Auswirkungen —> voraussichtliche finanzielle Folgen

geschehen [VölkR / Schlußformel] *done* ‖ **GESCHEHEN im Haag am 28.09.1955 in drei verbindlichen Wortlauten in englischer, französischer und spanischer Sprache. Bei Abweichungen ist der Wortlaut in [...] Sprache, in der das Übereinkommen abgefaßt wurde, maßgebend** :: *DONE AT The Hague on the 28 day of month of September of the year 1955, in three authentic texts in the English, French and Spanish languages. In the case of inconsistency, the text in the [...] language in which the Convention was drawn up, shall prevail* ‖ **geschehen in zwei Urschriften** *done in duplicate* ‖ **geschehen in drei Urschriften** *done in three original texts*

Geschenk *gift* —> Schenkung ‖ **Geld** *gift of money* ‖ [für einen Gefallen / Dienstleistung / tip / bribe] *gratuity* ‖ **Geschenksendung** [ZollW] *gift parcel*

geschichtlicher Rückblick *historical review* ‖ *to look back in history*

geschlossen *closed* ‖ **geschlossener Investmentfonds** [InvF] *closed end fund* Fondskapital wird durch Zeichnung einer begrenzten Zahl von Anteilen aufgebracht, Anteile werden nicht zurückgenommen, sondern frei gehandelt. [BRD] Wird für Einzelprojekte errichtet und mit Erreichung des benötigten Kapitals "geschlossen"

Geschmacksmuster *ornamental design* nach dem Geschmacksmustergesetz von 1879 (GschMG) Muster in Flächenform [Tapetenmuster, Kleiderschnitt, Lampen, Bestecke] oder Modelle in Raumform mit ästhetischen Gehalt [sonst —> Gebrauchsmuster]

Geschmacksrichtungen [Winz] *varieties*

Geschworene *jurors* Laiengeschworene, die nicht Bestandteil des [urteilenden] Gerichts sind —> Schöffen ‖ **Geschworene** [Jus/D] *lay assessors* arch. Bezeichnung für ehrenamtliche Richter beim Schwurgericht, heute **Schöffen** [wie übrige ehrenamtliche Beisitzer der Strafgerichte ‖ **Beisitzer bei einem Gericht** *aid jurors* ‖ **Geschworenenliste anfertigen** [USA] *to empanel a jury* to impanel - alle nötigen Schritte (des Gerichtsbeamten) bis zur endgültigen Festlegung der Geschworenen[liste] für ein bestimmtes Verfahren

Gesellschaft mit Haftungsbeschränkung *limited company* Körperschaft und damit juristische Person, die Rechtsfähigkeit besitzt. Die public limited company entspricht weitgehend der amerikanischen corporation ‖ *chartered company* Unternehmen in Form einer Gesell-

158

Gesellschaft   Gesetzes...

schaft, die durch Verleihung der "Verleihungsurkunde", der royal charta, der Krone entstanden ist. Durch die Royal Charta erlangt eine entity oder association of persons die legal capacity, die Rechtsfähigkeit. Beispiel: P& O, Reedereiunternehmen, das 1840 Incorporation wurde [Schiffahrt Fernost] ‖ [USA] corporate charter :: Gründungsurkunde [einer Gesellschaft] durch staatliche Behörde (üblicherweise vom Außenministerium) über das ordentliche Bestehen der Gesellschaft und ihre Befugnis, geschäftlich als solche in [...] tätig zu werden —> certificate of incorporation ‖ **Gesellschaft mit beschränkter Haftung** [GB] *private limited company* Entspricht etwa der GmbH, eine Gesellschaftsform für Klein- und Mittelbetriebe mit Beschränkung der Übertragung von Anteilen. Max. 50 Gesellschafter —> company, darf i.G.z. den public limited companies kein Kapital in der Öffentlichkeit beschaffen ‖ **Gesellschafter** [§ 67 ff. AktienG] Aktionär *stockholder* ‖ *shareholder member* ‖ [GmbH ‖ Teilhaber] *partner* ‖ **gesellschaftlich** *social* ‖ **Gesellschaftsorgane** *organs of the company* ‖ **Gesellschaftsschulden** *partnership's debts* ‖ **Gesellschaftsteuer** [SteuerR/D] *company tax* ‖ **Gesellschaftsurkunde** *deed of partnership* ‖ **Gesellschaftsvermögen** *joint property* ‖ *stockholder's meeting* ‖ *Shareholder's Meeting* —> GmbH ‖ **Gesellschaftsvertrag** *contract of partnership*

Gesetz *law* ‖ [GB] *act of Parliament* vom Parlament erlassene Gesetze[svorschrift] ‖ **allgemeine Zuständigkeit** [von Gesetzen] *laws of general application* —> Geltungsbereich ‖ **[etwas zum] Gesetz erklären** *to enact* ‖ **Gesetz erlassen** *to adopt a law* —> annehmen ‖ **von Gesetz[es]wegen** ipso jure [lat] *by the law itself* ‖ *by the mere operation of law* ‖ **Gesetzgebungen und Verwaltungsmaßnahmen** *legislative and administrative action* ‖ **Handhabung und wirksame Anwendung von Gesetzen** [Durchführung und Durchsetzung] *administration and effective application of [the] law* ‖ **Gesetz hat die Ausschüsse durchlaufen** *the act has passed through the committees* ‖ **maßgebende[s] Gesetz[e]** *applicable laws*

Gesetz über Appellationsrecht in Strafsachen *Criminal Appeal Act, 1907* —> Rechtsbehelf ‖ **Gesetz über begebbare Wertpapiere** *Uniform negociable instruments acts* [Regelung in der BRD in verschiedenen Gesetzen, vor allem Wechselgesetz und Scheckgesetz sowie §§ 793 ff. BGB, §§ 363 ff HGB und im Aktiengesetz] ‖ **Gesetz über Kapitalanlagegesellschaften** *German Investment Company Act* ‖ **Gesetz zur Verbesserung der Abschreibungsbedingungen für Wirtschaftsgebäude und für moderne Heizungs- und Warmwasseranlagen** [SteuerR/BRD] [v. Dez. 1985] *Law to improve depreciation facilities for commercial and industrial premises and modern heating and hot water plants*

Gesetze [eines Staates] —> Rechtsordnung

Gesetzes[...] ‖ **Gesetzesbestimmung** *enactment* ‖ **Gesetzeserlaß** [das Ergebnis: = Gesetz] *enactment* ‖ **Gesetzeskraft verleihen** *to enact* ‖ **Gesetzesrecht** (statutory law) auf röm. Recht beruhendes modernes kontinentaleuropäisches Recht *civil law* ‖ vom

gesetzgebend   **gestützt auf**

Gesetzgeber geschaffenes Recht *statute law* i.G.z. —> common law :: Gewohnheitsrecht || **Gesetzesübertretung** *breach of the law* || **Gesetzesvorlage** *bill*|| **Gesetzesvorschrift** [vom Parlament erlassen] *statute*

gesetzgebend *legislative* || **gesetzgebende Körperschaften** *legislative bodies*

Gesetzgebung *legislation statute making* || [als Vorgang] *act of legislating* Rechtsvorschriften [als Ergebnis] || **im Wege der Gesetzgebung** *by means of legislative measures* || **Gesetzgebungs- und Verwaltungsmaßnahmen** *legislative and administrative action* [provisions] || **Gesetzgebungsorgane** *legislative bodies*

gesetzlich *legal* || **gesetzlich verordnen** —> Gesetzeskraft verleihen || **gesetzliche Rücklage** [AuxT] [§ 150 AktienG] *legally restricted retained earnings and paid-in surplus* bestimmte Teile des Jahresüberschusses sind solange in die gesetzlichen Rücklagen einzustellen, bis sie 10% des Grundkapitals erreicht haben (auch Aktienagio). Verwendung für Dividendenausschüttungen nicht statthaft —> Rücklage || **gesetzlicher Vertreter** des Mindesjährigen [minor], üblicherweise die Eltern *statutory agent* || [vom Gericht bestimmter] Vormund *guardian* In [GB] trifft der *statutory agent* Fürsorge für Person des Minderjährigen (care and custody of the infant: Ausnahme: Schenkungsakt : act of donation || Verfügungsakt (will). i.G.z. kontinentaleuropäischen Recht, die gesetzlichen Vertreter können rechtswirksam für die Kinder handeln || **gesetzliches Zahlungsmittel** *legal tender*

gesetzmäßig *legal*

gesetztes Recht *statute law* || **durch gesetztes Recht die Basis bekommen** *statutory authority* Das Parlament erläßt ein Gesetz, die Einzelheiten werden von den Gerichten selbst getroffen, z. B. Verfahrensregeln etc.

gesiegelte Schuldurkunde *bond* || **gesiegelte Urkunde** *sealed document* || **gesiegelter Vertrag** *specialty contract* —> Vertrag

Gesprächskreis zwischen Politik [Kongress] **und Wirtschaft** [Managerebene] *The Business Roundtable* Anfang der 70er Jahre

gestaffelt nach Einkommen *graduated according to income*

Gestaltung *design* || *organisation* || **Gestaltung von Arbeitsplätzen** [BetrVG] *structuring of jobs*

Gestehungskosten *prime cost*

Gestellung [ZollW] *presentation* jede, die Grenze zum Zollgebiet überschreitende Ware wird zum Zollgut und ist zollamtlich zu gestellen, d. h. zum Zollbeschau bereitzuhalten || **Gestellungsbefreiung** [ZollW] *presentation-exemption* —> Zollbehandlung || **Gestellungsbuch** [ZollW] *presentation ledger*

gestückelt *divided into smaller amounts* || **in [...] Inhaberaktien im Nennbetrag von je 50 DM** *divided into [...] bearer shares with a nominal value of DM 50 each*

gestützt auf *by virtue of*

160

gesund *salutary*

Gesundheit *health* || **Gesundheitsamt** *health board* || *public health office* —> Krankenversicherung || **Gesundheitsdienst** *public health service* —> [GB] staatlicher Gesundheitsdienst || **Gesundheitsfürsorgeprogramm** für unterste Einkommensschichten *Medicaid* —> Medicare || **Gesundheitsminister** [USA] *secretary of Health, Education and Welfare* || **Gesundheitsökonomik** *health economics* || **Agentur für Gesundheitsschutz und Sicherheit am Arbeitsplatz** [EU] *Health and Safety in the Workplace Agency* [Spanien]

getestet in Langzeitversuchen *tried and trusted*

Getränk *beverage*

getrennte Veranlagung [von Ehegatten] *separate assessment* —> Splitting-Verfahren || **getrenntes Vermögen** —> eigenes Vermögen || Gütertrennung || eheliches Güterrecht

gewähren *to grant* || *to accord* —> unterwerfen || in Frage kommen *to be eligible to [...]* || **die gleiche Behandlung gewähren** [ZollW] *to accord the same treatment* || **Gesetze gewähren Rechte [...]** *the law affords rights [...]* || **derart, daß für gleiche inländische Waren ein wirksamer Schutz gewährt wird [...]** :: *so as to afford effective protection to like domestic goods [...]*

gewährleisten *to safeguard* || *to vouchsafe* || *to represent* || **der Lizenzgeber gewährleistet, [...]** *the licensor represents and warrants [...]*

Gewährleistung *warranty of merchantability* [§ 434 BGB] z.B. daß die Ware von durchschnittlicher Qualität ist und für den normalen Gebrauch bestimmt ist || **Gewährleistung der Qualität einer Ware** *warranty of quality* || **Gewährleistung von Rechtsmängeln** *warranty of title* [bei Rechtsmängelhaftung] —> Zusicherungsabrede || **Gewährleistungs- und sonstige Zusagen** *promises and warranties* || **Gewährleistungsbruch** *breach of warranty* —> Sales of Good Act, 1893, Sec. 53 und 62: Der Käufer kann die Ware nicht zurückweisen (repudiate) im Falle des Gewährleistungsbruches, sondern er kann nur Schadensersatz verlangen

Gewahrsam *custody* || **in strengen Gewahrsam [nehmen]** *to be kept in strict custody*

Gewährung —> gewähren || **Gewährung gebundener Finanzkredite** *direct lending*

Gewalt —> Zwang || Sorge || **höhere Gewalt** *act of God* || **tatsächliche Gewalt über eine Sache** *actual control over s.th.* || **ohne Gewaltanwendung** *peaceably*

enge Gewässer [Mar] *confined waters*

Gewerbe [produzierendes] *industry* || **verarbeitendes Gewerbe** *manufacturing industry* || **Gewerbebetrieb** *industrial enterprise* || **Gewerbesteuer** *trade tax* || **Gewerbe- und Grundsteuer** [SteuerR] *trade and real estate tax* || **Gewerbesteu-**

gewerblich

er E und K *trade tax (business profits/capital)* || **ertragsunabhängige Gewerbesteuerbelastung** [SteuerR] *non-profit-related [trade] tax* || **Gewerbesteuerumlage** [SteuerR/D] *municipal trade tax apportionment*

gewerblich *industrial* || **gewerblich anwendbar** [PatR] *susceptible of industrial application* || **[...] eine Erfindung als gewerblich anwendbar gilt** [PatR] *[...] whether an invention shall be susceptible of industrial application* || **gewerbliche Anzeige** *commercial advertising* || **gewerblicher Betrieb** *industry* || **auf gewerblichem Gebiet** *in any kind of industry* || **gewerbliches Geheimnis** *professional secret* || **gewerbliche Gewinne** [aus einem Unternehmen] *industrial or commercial profits* || **gewerbliche Liegenschaft[en]** *kommerzielle Objekt[e]* [InvF] *commercial property* || **gewerbliche Mitarbeiter** [Bil] *wage-earning personnel* || **gewerblich tätig sein** *to be engaged in trade or business* || **gewerbliche Tätigkeit** *[process of] manufacture* || **im Rahmen einer gewerblichen Tätigkeit** eines Gewerbebetriebes *in accordance with or by a manufacture* || **gewerbliches Unternehmen** *industrial enterprise*

Gewerkschaft *union* || **gewerkschaftlicher Organisationsgrad** [Man / Org/ ArbR] *degree of unionisation* || **gewerkschaftliche Vereinbarung** *union agreement* → Tarifvertrag || **Gewerkschaftskrise** *trade union crisis* || **Gewerkschaftsstaat** [Pol] *country run by the unions*

Gewinnabführungsvertrag

gewichteter Durchschnitt[ssatz] *weighted average* → gewogen || durchschnittlich

gewillt [VölkR/Präambel] *resolved* || *intending*

Gewinn [AktienG] *earnings* || *net income* || *benefit* || *profit* → ausschüttbarer Gewinn :: *distributable earnings* || **Aufteilung der Gewinne** *apportionment of profits* || **ausschüttbarer Gewinn** *earnings available for distribution* || *distributable earnings* Ausschüttbar sind nicht nur Gewinnteile des abgelaufenen Geschäftsjahres, sondern auch früherer Jahre, die in BRD zu Lasten eines eventuellen Gewinnvortrages sowie freier Rücklagen und in den USA zu Lasten von retained earnings ausgeschüttet werden können || **Gewinn pro Aktie** [finanzwirtschaftl. Kennzahl] *earnings per share* || **Gewinn-Kapital-Verhältnis** [Stat] *profit-capital ratio* || **Gewinn- und Verlustrechnung** *income statement* || *profit-and-loss statement* || *P&L statement* || **unerwartete Gewinne** *windfalls profits* || **Gewinn vor Steuern** *net profit before taxes*

Gewinnabführungsvertrag [Bil] *profit transfer agreement* || **Gewinnakkumulation** *earnings retention* || **Gewinnanteilschein** *dividend coupon* → Dividendenschein || **Gewinnausschüttung** *profit distribution* || *dividend distribution* || *dividend payout* Verteilung des zur → Ausschüttung bestimmten Unternehmensgewinns an die Aktionäre || **Gewinnausschüttung an den Bund** [Bbank] *transfer of the Bundesbank's profit to the Federal Government* || **verdeckte Gewinnausschüttung** *constructive*

Gewinnbeteiligung — Gewinnvergleichsrechnung

dividend Gewährung von Vorteilen an Aktionäre, die von der Gesellschaft als Aufwand verbucht werden, in Wirklichkeit aber Gewinnbestandteile beinhalten, z. B. im Konzern die Zahlung überhöhter Preise für Lieferungen und Leistungen der Muttergesellschaft. Eine an den Aktionär noch nicht ausgezahlte Dividende, die jedoch aus steuerlichen Gründen in der Gesellschaft bereits als solche ausgewiesen ist ‖ **Gewinnausweis** *reported earnings* ‖ *disclosure of earnings* Offenlegung des Gewinns im Abschluß bzw. der im Anschluß gezeigte Gewinn. Die Beeinflussung des G. - i.R.d. durch Gesetz bzw. Grundsätze ordnungsmäßiger Buchführung gesetzten Grenzen - wird als ein bedeutendes Mittel der Dividendenpolitik betrachtet

Gewinnbeteiligung [PersW/Man] *profit sharing*

Gewinndynamik *profit dynamic*

gewinnen zurückführen auf —> bestimmen

Gewinnermittlung *determination of net income* Bestimmung des im Abschluß auszuweisenden Unternehmenserfolges —> Gewinnausweis

Gewinnkennzahl *profit ratio*

Gewinnmanipulation *earnings manipulation* Beeinflussung des Gewinnausweises nicht nur i.R.d. durch Gesetz bzw. Grundsätze ord. Buchführung gesetzten Grenzen, sondern ggf. auch auf unzulässige Weise ‖ **Gewinnmaximierung** [InvR] *profit maximization* ‖ *maximization of [shareholders'] wealth* ‖ **Gewinnmitnahmen** [Bör] *profit taking* Abstoßen von Wertpapieren bei fallender Kurserwartung zur Sicherung der

Erträge

Gewinnrücklagen [Bil] *profit reserves* ‖ [AuxT] *retained earnings and paid-in surplus* entstehen hauptsächlich durch Einbehalten von Gewinnen [USA] bes. Aktienagio, das in den amerikanischen Bilanzen als paid-in surplus (or: additional paid-in capital) ausgewiesen wird. [BRD] Einstellung des Aktienagio in gesetzliche Rücklagen vorgeschrieben

Gewinnschwelle *break-even point* ‖
Gewinnspanne *margin of profit* ‖
Gewinnsteuer *profits tax*

Gewinnthesaurierung *financing with [or: by/out of] retained earnings* ‖ *earnings retention* ‖ *profit retention* —> syn.: Selbstfinanzierung ‖ **Gewinnthese** *dividend irrelevance proposition* kapitaltheoretische These, nach der unter bestimmten Prämissen der im Kurswert ihrer Aktien zum Ausdruck kommende Wert einer Unternehmung allein durch die gegenwärtigen und erwarteten künftigen Gewinne der Unternehmung bestimmt wird. Für die Aktionäre ist ohne Bedeutung, ob ihnen Gewinne in Form von Dividenden oder durch Realisierung von Kurswertsteigerungen zufließen —> Dividendenthese / *dividend relevance proposition*

Gewinn-Umsatz-Verhältnis *P/V ratio* ‖ *profit to volume ratio*

Gewinnung Abbau von Rohstoffen *exaction* ‖ **Gewinnung von Erdöl** *quarring* ‖ **Gewinnungsbetriebe** *extractive concerns* Bergwerke ‖ Gas- und Erdölquellen ‖ Rohstoffe allgemein

Gewinnvergleichsrechnung Vergleich der absoluten Gewinne von Investitionsalternativen [AuxT] *accounting*

profit comparison method —> Rentabilitätsvergleichsrechnung ‖ **Gewinnverlagerung ins Ausland** [SteuerR] *profit-shifting abroad* ‖ **Gewinnverteilungskartell** *pool* —> group :: Konzern ‖ **Gewinnverwendung** *appropriation of net income* ‖ *disposition of net income* Verfügung über den erzielten Gewinn, vor allem Verwendungsmöglichkeiten Ausschüttung und Einbehaltung ‖ **Gewinnverwendungsbeschluß der Hauptversammlung der AG** [Bil] *resolution on the Utilization of the Balance Sheet Profit* ‖ **Gewinnverwendungspolitik** *profit appropriation policy* kein engl. Äquivalent, im wesentlichen Ausschüttung und Einbehaltung von Gewinnen ‖ **Gewinnverwendungsvorschlag** —> Vorschlag für die Verwendung des Bilanzgewinns mit Bestätigungsvermerk ‖ **Gewinnvortrag** *profit carried forward* ‖ *profit carryforward* [BRD] [Gewinnverwendungsbeschluß § 174 AktienG] Ein verbleibender Restbetrag darf auf das folgende Geschäftsjahr übertragen werden

gewissenhaft *faithfully*

Gewissenlosigkeit —> Sittenwidrigkeit

gewogener Außenwert *weighted external value*

gewohnheitsmäßiger Gebrauch *habitual use of*

Gewohnheitsrecht *Common Law* das [all]gemeine angelsächsische, vom Billigkeitsrecht unterschiedene strenge Recht. Es beruht ursprünglich auf [ungeschriebenem] Gewohnheitsrecht [Fallrecht] und wurde durch richterliche Entscheidungen weiterentwickelt, i.G.z. vom Gesetzgeber geschaffenen —> statute law

Gewohnheitsverbrecher *habitual offender*

gezeichnetes Kapital *subscribed capital*

gezeugt [jedoch noch nicht geborener Mensch] [ErbR] *[a human] en ventre sa mère*

gezielt *selective* ‖ **gezielte Maßnahmen** *selective policies*

gezogener Wechsel [U.C.C. § 3-104] *draft* —> Tratte [§ 1 WechselG]

GGO [Abbr] **gemeinsame Geschäftsordnung** *common standing orders*

Giralgeld —> Buchgeld ‖ Sichteinlagen bei Kreditinstituten

Girokonten *current accounts* ‖ **Girozentrale** *Giro Association* Spitzeninstitut und Zentralbank des Sparkassensektors. Funktion einer zentralen Verrechnungsstelle für den bargeldlosen Zahlungsverkehr sowie Refinanzierung der Sparkassen —> Landesbank Girozentrale

glätten *to smooth*

glattstellen [Bör] *to liquidate* ‖ *to settle* ‖ *to balance* ‖ *offset* Ausgleich einer offenen Risikoposition (Verpflichtung) durch ein entgegengesetztes Geschäft —> Hedger

Glauben *faith* —> zu Urkund ‖ Treu und Glauben

Gläubiger —> Versammlung der Konkursgläubiger ‖ **öffentliche Gläubiger** *public creditors* ‖ **vorrangiges Gläubigerrecht** *lien prior to bond* —> upset price :: geringstes Gebot ‖ **Gläubigerschutz** *protection of creditors* ‖ **Gläubigerschutz im Bankgewerbe** —> Einlagensicherung ‖ **Gläubigerstaat** *creditor nation* ‖ **Gläubigerversammlung** *creditors' [first] meeting* [GB] Bankruptcy Act 1914. [USA] Bankruptcy Act 11 U.S.C.A. § 314 Feststellung der Gläubigeransprüche und Bestellung des Konkursverwalters [trustee]. [BRD] Organ der Konkursgläubiger im Konkursverfahren mit Vorschlagsrecht des Konkursverwalters vor dem Konkursgericht [§ 86 KO] und Beschluß über Fortführung oder Auflösung des Erwerbsgeschäfts des Gemeinschuldners [§ 132 KO] ‖ **partieller Gläubigerverzicht** *partial debt forgiveness* ‖ **Gläubigervorrang** *marshalling assets* Zusammenstellung der Konkursforderungen zur Befriedigung der Gläubiger aus der Konkursmasse nach ihrem Rang —> Konkurstabelle ‖ vorrangig ‖ nachrangig

gleich *similar* ‖ **gleichbleibend** *flat* ‖ **gleichbleibender Steuersatz** [SteuerR] *flat rate tax*

gleichermaßen *equal* ‖ **wobei der** [englische und deutsche] **Wortlaut gleichermaßen verbindlich ist** *both texts [...] being equally authentic*

gleichfalls *likewise*

gleichförmig *uniform*

gleichgestellt *equivalent* ‖ **die nicht im gleichem Maße** [oder: gleichwertig] **belastbar sind** *which do not bear fiscal charges of equivalent incidence*

Gleichstellung *equivalence*

Gleichwertigkeit von Reifezeugnissen *equivalence of diplomas leading to admission to universities*

gleitende Arbeitszeit —> Gleitzeit ‖ **gleitende Durchschnittslinien** [Bör] *moving averages* Verfahren zum Glätten übermäßiger Chartausschläge durch Addition z.B. der letzten 200 Börsentage und Division durch 200. Im Chart werden die Kurse fortlaufend aufgetragen. Auf diese Weise erhält man eine sog. 200-Tage-Linie über die mittel- und langfristigen Trends am Aktienmarkt. ‖ **gleitender Mietsatz** [Leas] *floating rental rate*

Gleitzeit [ArbR] *flexi-time*

Glied *segment* ‖ *constituent unit*

global *global* —> weltwirtschaftlich ‖ **globale Außenwert der DM** *global external value of the D-Mark* ‖ **globale handelsgewichtete Außenwert der DM** *global trade-weighted external value of the D-Mark* ‖ **Globalkontingent** [Bbank] *combined quota* ‖ *overall quota* ein von der Zentralbank für alle Kreditinstitute festgelegtes Rediskontkontingent

Glühkörper [Tech] *incandescent devices*

[elektrische] Glühlampen [Tech] *electric light bulb*

GmbH [AuxT] *limited company* ‖ *closed corporation* ‖ *closely held* *corporation* Ungefähre Entsprechung, eine genaue Abgrenzung zur GmbH ist im Prinzip nicht möglich. Die Gesellschaften halten Anteile und sind Mitglieder der Geschäftsführung bzw. üben durch Anteile entsprechenden Einfluß auf die Geschäftspolitik aus || **GmbH & Co. KG** [AuxT] *Limited Partnership with Limited Company as General Partner*

Gnadenakt [des Königs] *act of grace* Urteilsabänderung möglich durch eine direkt an den König gerichtete Petition oder über den Chancellor an den König weitergeleitete Petition (for the love of God) || **Gnadengesuch** *appeal for mercy* —> Rechtsbehelf

g.o.b. [Abbr] *good ordinary brand ::* **gute, gewöhnliche Sorte**

Goldpreis offizieller Goldpreis des Federal-Reserve-Systems von US$ 35,- je Feinunze, verbindlicher Goldpreis zwischen Zentralbanken der Mitgliedsländer des IWF bis zur Abschaffung 1971. (Suspendierung der Goldeinlösegarantie) || **Goldstandard** *gold standard* international bis zum Ersten Weltkrieg geltende Golddeckung der Währungen (gold backing) durch feste Wechselkurse und freie Goldbewegungen über die Landesgrenzen hinaus. Durch die Verpflichtung der Zentralbanken, Gold zum festen Preis zu kaufen bzw. zu verkaufen, standen alle Währungen im festen Wertverhältnis zueinander (Goldparität :: *gold exchange standard*)

Goodtitle —> fiktiver Name

Gösch [Mar] *jack*

Gouverneursrat [IWF] *board of governors*

gr.wt. [Abbr] *gross weight ::* **Bruttogewicht**

Grabdenkmal *gravestone* —> tombstone || **Aufwendungen für das Grabdenkmal** [ErbStG] *expenditure on the gravestone* || **Grabpflege** —> **Aufwendungen für Grabpflege** [ErbStG] *expenditure on the care of the grave*

Grad *degree* —> Liquidität || Reinheit || **gradlinig-progressiver Tarif** [SteuerR] *linear-progressive schedule*

Grafschaftsbeamter [GB] *clerk of the justice* [juristisch ausgebildeter Urkundsbeamter der Geschäftsstelle] || **Grafschaftsgericht** —> County Court

Grain Handelsgewicht 1 gr. = 64,798918 mg / 1 mg = 0,015432 grain

Graphiken sind nicht Bestandteil des Lageberichts *graphs are not part of the official statement*

Gratisaktie *stock dividend* Form der Selbstfinanzierung, bei der an die Aktionäre zusätzl. Aktien ausgegeben werden, d.h. die alten Akitionäre erhalten "junge" Aktien aus freien Rücklagen und dem Reingewinn etwa im Verhältnis 3 alte : 1 neue Aktie. Nach dt. AktienG ist die Ausgabe neuer Aktien ohne Gegenleistung nicht statthaft, daher wird die —> Dividende formell ausgeschüttet, jedoch nachträglich als Kapitaleinlage verrechnet. Aktienrechtl. gilt die Ausgabe der Gratisaktien als Gewinnausschüttung. Der Bilanzgewinn wird dadurch dann nicht beeinflußt, wenn die Beträge für junge Aktien aus Rücklagen zur Verfügung gestellt werden —> Stockdividende || **Zusatzaktien**

Green Clause *green clause* Ermächtigungsklausel bei Eröffung eines —> Packing Credits :: Vorschußakkreditiv im Rohstoffexporthandel. Die Vorschußleistung erfolgt nur gegen Vorlage von Lagerscheinen, Sicherungsübereignung oder anderen Sicherheitsleistungen —> red clause

greifbar *substantial*

Gremienbeschluß *decision of the council*

[hinterer] Grenzabstand zu *setback* ‖ **Grenzausgleich** —> umsatzsteuerlicher Grenzausgleich ‖ **Grenzbelastung** [SteuerR] *marginal tax rates* —> Mittelstandsbogen

Grenze *limit* ‖ **an die Grenzen [des Wachstums in Bereich von ...] stoßen** *to come up against the limits set [by the growth of ...]* ‖ **Beleihungsgrenze** [bei Lombardkredit] *lending limit* ‖ **Nichterhebungsgrenze** [SteuerR/D] *limit below which no tax is payable*

Grenzgewässer [Mar] *frontier waters* ‖ **Grenzkostenrechnung** *marginal costing* ‖ **Grenzsteuersätze** [SteuerR] *marginal tax rates* ‖ **grenzüberschreitend** —> Cross-Border ‖ **Grenz[verlauf] zwischen [ehemaliger] DDR und BRD** ‖ frühere deutsch-deutsche Grenze ‖ ehemalige ostdeutsche Grenze *former boundary line between East and West Germany*

GRID-Muster [Psych/Man] *managerial grid* —> Verhaltensgitter

grobe Fahrlässigkeit *gross negligence* guilty state of mind :: Verschulden wegen [z.B.: Fahrlässigkeit oder auch auf Vorsatz beruhend]

grobkörnig *coarse-grained*

Großbanktitel [Bör] *big bank shares* ‖ **Großbehälter** *flat* [üblich ist der englische Ausdruck im Seefrachtverkehr und bei Rheinreedereien im Expreßdienst]

Größe *size*

Großherzogtum Luxemburg *Grand Duchy of Luxembourg*

Großkundengeschäft [BankW] *wholesale banking*

Großpackung Piggyback-Einheit [Verp] *piggyback unit*

Große Tarifkommission [GewerkW] *joint negotiating council*

größtmöglicher Umfang *maximum possible extent* —> nutzen

Grund *reason* ‖ *ground* ‖ *cause* ‖ **aus jedwedem Grund** *whatever [...]* [nicht: aus welchem Grund auch immer] Übersetzung sollte lauten: [...] aus Gründen, die [z.B. Käufer] zu vertreten hat ‖ **Gründe geltend machen** *to show cause* ‖ **an Verhandlungen über ein Gesuch des Klägers auf Erlaß prozeßbegleitender Gründe für Einreden gegen das Gesuch geltend zu machen** :: *The hearing of an application on the part of the plaintiff to show cause why an order for direction should be made*

Grund und Boden *ground and soil* d.h. man besitzt Boden, Erde und Gelände.

Grundbesitz   **Grundsatz**

[Boden = Fläche; Grund = Tiefe] —> Zubehör ‖ **Grund- und Bodenkreditbank** *real estate credit institution* Befaßt sich mit der Gewährung von Realkrediten, d.h. Kredite gegen Grundpfandrechte. Mittelbeschaffung für ihre Ausleihungen durch Ausgabe von Pfandbriefen. Privatrechtlich organisiert als Hypothekenbank oder öffentlich-rechtliche [public sector real estate credit institution] als Landesbodenkreditanstalt oder Deutsche Pfandbrief[anstalt] :: German Pfandbrief

Grundbesitz *landed property*

Grundbuch [Buchf] *journal* —> Journal ‖ **Grundbuchauszug** *land certificate* ‖ *abstract of title* ‖ *abstract title* —> Verzeichnis der Besitzurkunden jedoch in GB nur zum Teil realisiert) —> Eigentumsurkunde ‖ **Grundbucheintrag** *record notice*

Grunddienstbarkeit [§§ 1018 ff BGB, §§ 873 ff BGB] *easement* Belastung eines [sog. dienenden :: servient estate] Grundstücks gegenüber dem jeweiligen Eigentümer eines anderen [sog. herrschenden :: dominant estate] Grundstücks [easement apppurtenant] (z.B. Durchfahrtsrecht, Verlegen von Leitungen)

Grundeigentum *estate [in] fee simple* ‖ *estate [in] fee tail* erbrechtlich gebundenes Grundeigentum auf Lebenszeit des Berechtigten und bestimmter Nachkommen; vergleichbar mit dem früheren deutschen Fideikomiß

Gründer *founder* ‖ *promoter* ‖ **berufsmäßiger Gründer** *promoter* [USA] verläßt die Gesellschaft nach deren Gründung wieder, erhält seine Gründeraktien zurück ‖ **Gründeraktien** *promoter's stock* ‖ *founder's stock*

Grunderwerbsteuer [SteuerR/D] *real property transfer tax* communal tax of approx. 2% levied on acquisition of landed property

Grundfreibetrag [SteuerR/D] *basic personal allowance*

Grundgeschäft *underlying transaction* ‖ **Grundgesetz für die Bundesrepublik Deutschland** *Basic Law* ‖ *Federal Constitution*

Grundkapital [Bil] *share capital* ‖ **Grundkapital der AG** *nominal authorized capital* —> Kapital

Grundmiete *base rent* A specific amount used as a minimum rent in a lease which uses a percentage or average for additional rent ‖ **Grundmietvertrag** [Leas] *finance lease* Leasingvertrag, über einen Mindestzeitraum, der zur Amortisierung der gemieteten Anlage ausreicht —> Finanzierungsleasing ‖ **Grundmietzeit** [Leas] *base lease term*

Grundpfandrecht *mortgage* —> Hypothek ‖ Realkredit

Grundriß *floor plan*

Grundsatz *policy* ‖ *principle* ‖ **Grundsatz der Fristenkongruenz** Überlassungsdauer des Kapitals sowie Kapitaldienst entsprechen der Nutzungsdauer des finanzierten Objekts und dessen Einzahlungsrhythmus, d.h. allg. Grundsatz, nach dem langfristig gebundene Vermögen mit langfristigem Kapital und kurzfristige Vermögen mit kurzfristigen Kapital zu finanzieren ist ‖ **Grundsatzausschuß** *policy committee*

Grundsätze *principles* ‖ **nach den unter den Buchstaben a und b erwähnten Grundsätzen handeln** *to act according to the principles of sub-paragraphs (a) and (b)* ‖ **Grundsätze des anwaltlichen Standesrechts** [USA] *Code of Professional Responsibility* Prinzipien anwaltlicher Tätigkeit der American Bar Association, die von den meisten Einzelstaaten übernommen wurden. [BRD] allgemeine Grundsätze, die von der Bundesrechtsanwaltskammer [1973, u.geänd. Fass. 1985] aufgestellt wurden hinsichtlich Werbeverbot, Schweigepflicht. Die Ehrengerichtsbarkeit ist in der —> BRAO geregelt ‖ **Grundsätze ordnungsmäßiger Buchführung** *generally accepted accounting principles* [BRD] Im wesentlichen nicht definierte Prinzipien der Rechnungslegung der AGs nach gesetzlichen Vorschriften, insb. §§ 148 ff. AktienG sowie § 149 Abs. 1 AktienG (Jahresabschluß). [USA] Entwicklung von Vorschriften zur Rechnungslegung durch das Financial Accounting Standards Board (FASB). Ferner gibt es für börsennotierte Gesellschaften. Rechnungslegungsvorschriften der am. Wertpapier- und Börsenaufsichtsbehörde SEC ‖ **Grundsatzerklärung** *declaration of principle*

Grundsteuer [SteuerR/D] *real property tax* communal tax levied on real property —> Grunderwerbsteuer ‖ **Grundsteuer B** [SteuerR/D] Grundsteuer auf Grundstücke *real property tax class B* ‖ **Grundsteuern** *taxes on real property*

Grundstoff *commodity* —> Ware ‖ **Grundstoffliste** [Grundstoffübereinkommen] *basic material list* ‖ **Grundstoffübereinkünfte** *commodity agreements* —> Gemeinsamer Fonds für Rohstoffe

Grundstruktur *simple organization structure* ‖ **Grundstück** *immovable property* ‖ *parcel* —> Grundstücksbezeichnung ‖ *real estate* hierzu gehört das Grundstück zusammen mit dem Gebäude ‖ [Sachenrecht] *land* generally comprehends any ground, soil, or earth whatsoever including fields, meadows, pastures, woods, moors etc., i.e. the material of the earth (soil, rock or other substance including free or occupied space for an indefinite distance upwards as well as downwards), subject to the limitations upon the use of airspace imposed, and the rights in the use of airspace granted by law. Interchangeable term with property, including real estate or real property. I.S.d. Sachenrechts [BGB] sowie Grundbuchordnung jeder abgegrenzte Teil der Erdoberfläche, der im Bestandsverzeichnis des Grundbuchblattes gesondert aufgeführt ist, jedoch nicht das Flurstück [Katasterparzelle], da nur vermessungstechnische Einheit —> Grund und Boden ‖ Grundstücksrecht ‖ Grundbuch ‖ **angrenzende Grundstücke** *contiguous lots of land* ‖ **Grundstück mit allen darauf befindlichen Gebäuden** *premises* a tract of land including buildings ‖ **Verkauf eines Grundstücks betreiben** *to conduct the sale of a real estate*

Grundstücksauflassungsurkunde mit voller Rechtsmängelgewährleistung des Grundstücksveräußerers *fee simple with fully statutory covenants*

Grundstücks-Bebauungsplan *plat* ‖ **Grundstückbelastung** [nach dem Land Charges Act] *land charges* ‖ **Grundstücksbesitzer** *estate owner* ‖ **Grundstücksbezeichnung** *parcels* Teil einer Urkunde, der auf die premises [=Einleitungssätze :: operative words]

folgt, bei der Übertragung von Grundstücken die Beschreibung des übertragenen Grundeigentums unter Angabe der Grundstücksgrenzen, etc.

Grundstückserschließungs- und Verwaltungsgesellschaft *property developer*

Grundstückskaufvertrag *land contract* || mit Auflassung, Rechtsmängel-/Gewährleistungsversprechen *fee simple deed guarantee* || [USA] *estate contract* Vertrag zur Begründung oder Übertragung eines Eigentumsrechts an Immobilien (eines legal estate)

Grundstücksmakler *real estate broker*

Grundstückspacht *ground lease*

Grundstücksregister [USA] *land records* öffentlich geführte, die Liegenschaften betreffende Übertragungs- und ähnliche Urkunden. [USA] Liegenschaftsrecht kennt im allgemeinen keine Grundbücher i.S.d. deutschen Rechts. Die Eintragung (registration) in den land records hat keine rechtsbegründende Wirkung. Von den in einer Anzahl von Einzelstaaten bestehenden Ausnahmen des Torrens-Systems abgesehen, ist sie nur für den Gutglaubenschutz erheblich. Handhabung dieser land records ist einzelstaatlich unterschiedlich geregelt

Grundstücksübertragungsurkunde *full covenant [deed]* || *warranty deed* weist das Grundstück als unbelastet aus || **Grundstücksübertragungsvertrag** —> Grundstückskaufvertrag || **Grundstückveräußerungsvertrag** —> Grundstückskaufvertrag

Gründungsakte *constitution* || *corporate charter* || *certificate of incorporation* [Bescheinigung über die rechtskräftige Feststellung der Gründung. Oft syn. zu Articles of incorporation :: Satzung || Statuten. [USA] einzelstaatliche Regelung (meist nach dem Model Business Corporation Act) || *memorandum of association* [einer joint stock company] document stating the objectives for which the company is formed, the name of the concern (Firma), the amount of the authorized capital, issue of shares etc. || [VölkR] **Diese Gründungsurkunde liegt für alle in Anlage X aufgeführten Staaten zur Annahme auf** :: *This constitution shall be open to acceptance by the nations specified in Annex X*

Grundwehrdienst *basic military service*

grüner Durchgang [ZollW] *green channel*

Gruppe *group* —> Konzern || **Gruppenbefreiung** *block exemption* || **Gruppenleiter** [Man] *group manager*

gtc [Bör/USA] *good till cancelled* Gültig bis auf Widerruf

gültig rechtskräftig *effective* || **gültige Ehe schließen** *to enter into marriage*

Gültigkeit eines Testaments *validity of a will*

Gummiknüppel *slosh* [USA/coll] *blackjack* || life preserver :: Knüppel || Totschläger

günstig *favo[u]rable* || *fair* ||

Gürtelpistole   **GVG**

---

advantageous ‖ *convenient* ‖ *opportune* ‖ [Verlauf ‖ Entwicklung] *promising* ‖ **zu günstigen Bedingungen** *on easy terms* ‖ **günstiger Verlauf** [Bil] *to make good progress* ‖ *to go off well*

Gürtelpistole [Bal] *belly gun*

gut [kreditwürdig] *good* ‖ über einen einwandfreien / hinreichenden Rechtstitel verfügen *to have a good title* —> marktfähig :: marketable

Gutachten *expert's opinion* ‖ **Gutachten eines Sachverständigen** [wird erbracht] [§§ 407 ff ZPO I § 72 ff StPO] *testimony given by an expert* ‖ **Gutachten [eines Sachverständigen] einholen** *to seek the expert's opinion* ‖ **Gutachtergruppe** *panel of experts* —> Sachverständige

gutbringen —> gutschreiben

Güte *brand mark* ‖ *hallmark* ‖ *quality* —> Qualitätsware

Gute Dienste [VölkR] *good offices* ‖ *bons offices* die Aufnahme von Verhandlungen durch einen nbeteiligten zur Beilegung von Streitigkeiten unter Staaten. Der Begriff ist nicht mit Vermittlung gleichzusetzen [unbeteiligter Staat macht Vorschläge zur Lösung des Konflikts]

Güter amerikanischen Ursprungs *goods of US origin* goods produced or manufactured in the United States ‖ **Güter ausländischen Ursprungs** *goods of non-[...] origin* goods produced or manufactured e.g. outside (country)

Güterrecht —> eheliches Güterrecht ‖ Ehevertrag ‖ **Gütertrennung** *separation of property*

gutgläubig *bona fide* —> Bona-Fide ‖ **gutgläubige Dritter** *third party acting in good faith* ‖ *party acting in bona fide* ‖ *bona fide party*

Guthaben bei Bausparkassen *credit balances held with building-saving funds* ‖ **Guthaben in ECU** *ECU balances* ‖ **Guthaben in offizieller ECU** *official ECU balances* ‖ **Guthaben in privater ECU** *private ECU balances* ‖ **Guthaben bei Kreditinstituten** *cash at banks*

gutschreiben *to enter an amount to someone's credit* ‖ *to credit a sum to s.o.* ‖ **Gutschriftsanzeige** [BankW] *credit note*

G+V *P&L* [Abbr] **Gewinn und Verlust** *Profit and Loss* —> erfolgsneutral

GVG [Abbr] [Jus/D] **Gerichtsverfassungsgesetz** :: *Judicature Act*

Haag —> Im Haag

Hab und Gut *goods and chattels* i.G.z. unbeweglichen Eigentum jede Form des persönlichen [beweglichen] Vermögens

Habeascorpusgesetz [GB] *writ of Habeas Corpus Act (1679)* Habeascorpusakte von 1679 —> Haftprüfung[stermin]

Haben [Buchf] *credit* rechte Seite eines Kontos, bei Aktivkonten für Eintragungen der Abgänge und ggfs. Abschreibungen (= Vermögensabnahme), bei Passivkonten für die Schuldenzunahme. Habenseite der Eigenkapitalkonten weist die Kapitalzunahme durch Gewinn oder Einlagen aus. Habenseite der Erfolgskonten weist die Erträge aus

habendum Eine der einleitenden Teile einer Übertragungsurkunde [einleitende Worte in Grundstücksübertragungsurkunden lauten *Habendum et tenendum* "To have and to hold"]. Im wesentlichen dient die Habendum Clause der genauen Bezeichnung des Rechts bzw. des zu übertragenden Eigentums. Sofern dies bereits in den *premises* geschehen ist, werden in diesem Abschnitt der Urkunde die übertragenen Rechte in ihrem Umfang dargelegt —> Einleitungssätze

Habenkonto *credit account* ‖ **Habenseite** *credit [account]* ‖ **Habenzinsen** *deposit rates*

Hacken [EDV] *hacking* mißbräuchliche Nutzung von Datenbanken bzw. unerlaubtes Eindringen in fremde Datenbanken

Haferabgaben [SteuerR/arch] *oats levy* früher für militärische Zwecke erhobene Abgabe —> [GB] gavel :: Tribut

Haft *custody* —> Untersuchungshaft ‖ [einsperren] *to place s.o. in confinement* ‖ [verhaften] *to take s.o. into custody* ‖ *to place s.o. under arrest* ‖ **Haftanstalt** *prison* ‖ *detention centre* ‖ **Haftbefehl** *warrant of arrest* [§ 112 StPO] richterliche Anordnung zur Inhaftnahme

haftendes Eigenkapital [Bbank] *liable capital* —> haftende Mittel ‖ **haftende Mittel** haftendes Eigenkapital [Bbank] *liable capital* Die Kreditinstitute müssen zum Schutz ihrer Gläubiger und zur Sicherheit der ihnen anvertrauten Vermögensgegenstände ein angemessenes h.E. nachweisen (in § 10 KWG nach den Rechtsformen der Kreditinstitute differenziert) —> Kapital

Haftentlassung *to discharge from custody* ‖ **Haftetikett** *self-adhering label* —> Klebeetikett ‖ **Haftprüfung[stermin]** [writ of Habeas Corpus Act (1679) Habeascorpusakte von 1679] "that you have the body"; gerichtl. Anordnung eines Haftprüfungstermins (Richter erläßt dann ggf. Haftbefehl oder ordnet Fortdauer der Haft bzw. Freilassung an). [USA] Art. I sec. 9, Constitution of the United States. Dort Feststellung der Rechte eines jeden Staatsbürgers, der seiner Freiheit beraubt worden ist, auf Einschaltung eines Richters innerhalb einer best. Frist (Haftbefehl ‖ Haftprüfung) [im dt. Recht vergleichbar §§ 112, 114, 128 StPO und Grundgesetz Art. 104]. Heute ausgedehnt auf Auslieferung, Einlieferung in einer Heilstätte etc. ‖ **Haftstrafe** [term of] *confinement* ‖ [term of] *detention*

Haftung aus unerlaubter Handlung *liability for tortious act* —> Deliktfähigkeit ‖ **Haftung aus Kapitaleinzahlungsverpflichtungen** *liabilities arising from capital payment obliga-*

Haftungsausschluß — Handelsgeschäft

tions || **Haftung für Kinder** [USA] *parental liability* || [BRD] nach § 832 BGB Schadensersat Aufsichtsperson bei Aufsichtspflichtverletzung || **Gesetz über die Haftung für fehlerhafte Produkte** *Uniform Products Liability Act* [USA] [Abbr] *UPLA* Fabrikations- und Konstruktionsfehler. Haftungsart: Kausalhaftung. Verjährungsfrist ist Nutzdauer des Produkts, mindestens jedoch 10 Jahre

Haftungsausschluß *exclusion of liability* || **Haftungsbeteiligung** [VersR] *uninsured percentage* || *retention* || *retained percentage of loss* || **Haftungs- und Deliktrecht** *law of tort* || **Haftungsfall** Eintritt des Garantiefalles *event of default* || **Haftungshöchstbetrag** *aggregate limit of liability* || [Ex] *maximum amount of coverage* || [VersR] *maximum amount of liability* || **Haftungsverhältnisse** [Bil] *contingent liabilities*

Hagelversicherung [VersR] *insurance against damage by hail*

Hahn [Bal] [Schlagstück] *hammer*

halb *medium* || **Halbjahresraten** *semi-annual installments* || **halbtrocken** [Winz] *medium-dry*

haltbar *durable* || **Haltbarkeit** *durability* || **Haltbarkeitsprüfung** *stability test*

halten [Anteile, etc.] *held [by]* —> *to hold* || [Gericht] **es dahin halten** —> *entscheiden* || **sich halten an** *to comply* || *to act in accordance with* || *to accept* || **sich an das Muster halten** *to adhere to the form* ||

halten für *to regard as*

Hamburg [BLand/D] Freie und Hansestadt Hamburg

Hammer [des Auktionators oder des Richters] *gavel*

Handbuch der Firmenrichtlinien *company handbook* || *policy and procedure guide*

Handel *commerce*

handeln *to act* || **in persönlicher Eigenschaft handeln** *to act in personal capacity*

Handels[...] *commercial* || *merchant [...]* || **Handelsbank** *merchant bank* || **Handelsbezeichnungen** *commercial designations* || **Handelsbilanz** *balance of trade* || **aktive Handelsbilanz** *active* or *favourable trade balance* || **passive Handelsbilanz** *adverse* or *unfavourable trade balance* || **Handelsbrauch** *conventional usages* || *usage of trade* [U.C.C. § 1-205(2) Handelsbrauch [§ 346 HGB unter Kaufleuten sowie nach der allgemeinen Verkehrssitte nach §§ 133, 157 BGB]

Handelseinheit [Bör] *unit of trade* —> Schlußeinheit || **sich handelseinig werden** *to come to terms*

Handelsgeschäft *commercial transaction* —> Handelsunternehmen || **Handelsgesellschaft** *[private] company* maximal 50 Mitglieder: Beschaffung öffentlichen Kapitals (shares :: Aktien || debentures :: Schuldverschreibungen || bonds :: Obligationen nicht gestattet.) Relativ freie Gestaltung der Geschäftsführung. Keine Veröffentlichung der Bilanz, nur schriftliche Vertragsschluß unter Beifügung des Siegels möglich (seals) || [Abbr] *P.L.C. public limited company* Aktiengesellschaft mit beschränkter Haftung. Unbeschränkte Mitgliederzahl, können sich zur Kapitalbeschaffung an die Öffentlichkeit wenden. Vorschriften über Berichterstattung und Bilanzveröffentlichung || **auf eine [Handels]gesellschaft bezogen** körperschaftlich *corporate* höchste Unternehmensebene bzw. Gesamtunternehmen || **Handelsgesetzbuch** [Abbr] **HGB** *German Commercial Code* || **Handelsgut** —> Sache [§§ 373-382 HGB] Gegenstand des Handelskaufs. Bei Gattungskauf sind Durchschnittswaren, d.h. Waren mittlerer Art und Güte zu liefern [§ 360 HGB], sofern nicht andere Vereinbarungen getroffen wurden —> telquel. [USA] Regelung im Uniform Commercial Code. Generally items of merchandise [supplies, raw materials, etc.], usually movable things [including specially manufactured goods] [U.C.C. §§ 2-105(1), 7-102(1) (f), 9-105(1) (h) / 9-105(1) (f), 1962/72 of fair average quality || **Handelsgüter** *merchandise*

Handelskammer —> Industrie- und Handelskammer || **Handelskammerpräsident** besser: **Präsident der zuständigen Handelskammer** *president of the competent Chamber of Commerce* || **Handelskette** *chain of stores* || **Handelsklauseln** *trade terms* von der Internationalen Handelskammer publizierte Auflistung nach Ländern bzw. Ländergruppen von geltenden Handelsklauseln. I.G.z. den ERA keine einheitliche Regelung || **Handelskommission** [arch] *board of trade* heute: **Beirat für Außenhandelsfragen** *Department of Trade and Industry*

Handelsmakler [§ 7 BörsenG] *merchant broker* || *stock broker* der an der Börse Kauf und Verkauf von Effekten und Waren vermittelt und Ausgleich der Order besorgt. Sonderform [§ 30 BörsenG] Kursmakler || **Handelsmarine** *mercantile marine* || **Handelsmarke** *brand* || **Handelsmesse** *trade fair* || **Handelsministerium** *department of Trade and Industry* || **Handelsmittler** [Ex] —> Comprador

Handelsname *trade name* || *brand*

Handelspapier *commercial paper* [Bör] Wertpapiere [USA] sowie [EuroM] von ersten Adressen begebene kurzfristige Schuldtitel mit Laufzeiten bis zu 12 Monaten

Handelsrechnung *commercial invoice* || **Handelsregister** [GB] *companies' registration office* es besteht kein allgemeines Handelsregister, sondern nur sogenannte Gesellschaftsregister für England und Wales in London (für Schottland in Edinburgh) || **Handelsregistereintrag** *registry of companies* [§ 91 HGB/Vollmachten des Handelsvertreters] öffentliches Verzeichnis zur Auskunft gegenüber jedermann, wer Vollkaufmann ist und deren Rechtsverhältnisse. Mit der Führung ist [§8 HGB, § 125 FGG] das Amtsgericht [als sogenanntes Registergericht] am Sitz des Unternehmens betraut

Handelsschiedsgerichtsbarkeit *commercial arbitration* || **Handelsspanne** *merchandising margin* || *trade margin*

handelsüblich *commercial*|| **handelsübliche Schlußeinheit** —> Schlußeinheit || **handelsübliche Verpackung** [Verp] *usual trade*

Handelsverflechtung **Häufigkeit**

package ǁ *commercially approved package* ǁ **Handelsunternehmen** *trade companies* ǁ **Handels- und Dienstleistungsunternehmen** *trade and services companies*

Handelsverflechtung *bilateral trade flows* **Handelsvorteil** *commercial advantage* —> Proporzsystem

Handelswert *commercial value*

in Händen von [Anteile] halten *held by* ǁ **zu Händen von** *for the attention of* ǁ *Attn.* :: *z.H.v.* ǁ **zu getreuen Händen** *in trust*

Handfeuerwaffen [Bal] *small arms* Langwaffen (Büchsen, Flinten) und Faust- oder Kurzfeuerwaffen (Revolver, Pistolen) :: *long guns (rifles, shotguns) and hand guns (revolvers, pistols)*

Handhabung —> [Gesetz] Durchführung ǁ **problemlose Handhabung** reibungsloser Ablauf *smooth operation*

Handkasse [Buchf] Portokasse *imprest fund* [arch für] *petty cash*

Handlung vornehmen *to perform an act* ǁ **Handlungen** *acts performed* ǁ **Handlungen der Organisation** [VölkR] *acts of the organization*

Handlungsbevollmächtigter [GmbH] *Assistant Manager* —> Stellvertretender Direktor

Handlungsgehilfe [§§ 59 ff HGB] *clerk* ǁ *agent* —> kaufmännischer Angestellter [jemand, der aufgrund Arbeitsvertrag bei einem Kaufmann kaufmännische Dienste leistet, z.B. Einkäufer, Buchhalter :: *a person who engages in clerical work, sells goods or waits on customers, such as purchasing officer, bookkeeper, etc.*] —> Geschäftsherr

handlungsunfähig sein [gilt für infants ǁ minors] *to be incapable to perform legal acts* —> minderjährig ǁ entmündigt ǁ **Handlungsunfähigkeit** *incapacity*

Handschenkung [USA] *donatio mera* ǁ *donatio pura* ǁ *gratuitous donation* Schenkung unter Lebenden [inter vivos] ohne —> Auflage :: *compulsion* ǁ *consideration* [vergleichbar mit § 516 BGB]

Handwerker *artisan* ǁ *craftsman* —> [Handwerks]meister ǁ **Handwerkskammern** *professional and trade organisations* ǁ **Handwerksmeister** *master artisan* —> Meister ǁ *master craftsman*

Hängeetikett *tag*

Hansestadt [Freie und ~] [VwO/D] *Hanseatic town* Schl.-H. (Lübeck); Freie Hansestadt Bremen (Bremen); Freie und Hansestadt Hamburg (Hamburg)

Harmonisierungsamt für den Binnenmarkt (Marken, Muster und Modelle) [EU] *Trademark Office* Sitz: Madrid

Hartgummi-Knüppel Totschläger *life preserver*

Hartschrot [Bal] *chilled shot*

Häufigkeit und Umfang der [...]eichung *frequency and extent of calibration of [...]*

Haupt [...] *critical* ‖ *central* ‖ *chief* ‖ *main* ‖ *major* ‖ *prime* ‖ **Hauptabteilung** Amt [VwO/D] *department* ‖ **Hauptabteilungsleiter** *division head* ‖ **Hauptausschuß** *main committee* ‖ [in einem Verband] *executive committee*

Hauptbuch [Buchf] *ledger* Geschäftsbuch zur Eintragung der Summen der Sachkontenverbuchungen —> Journal ‖ **Hauptbuchkonten** [Buchf] *control accounts* Buchungsvorgänge summarisch in einzelnen Sachkonten erfaßt [ermöglichen Fehlersuche bei Erstellung der Rohbilanz]

Hauptfaktor *key factor*

Hauptgeschäftsführer [eines Verbandes] *General Executive Manager* ‖ [von der] **Hauptgesellschaft** Muttergesellschaft *parent [...]*

Hauptquartier [Mil] *headquarters*

Hauptsache *primary matter* ‖ **hauptsächlich** *mainly* ‖ *primarily* ‖ **hauptsächlich ausgehen von** *to stem mainly from* ‖ **Hauptschuldner** *chief debtor* ‖ **Hauptschuldnerländer** *major debtor countries* ‖ **Hauptsendezeit** [TV] *prime time*

Haupttäter [StrafR] *principal in the first degree* —> Mittäter ‖ **Hauptteil der Rechtssachen** *the bulk of legal matters*

Hauptveranlagung [SteuerR/D] *prime assessment* Veranlagung zur Vermögensteuer alle drei Jahre ‖ **Hauptverhandlung** [ZivR] *trial* ‖ *main proceedings* [§§ 226-275 StPO] Nach den Grundsätzen der Mündlichkeit, Öffentlichkeit und Unmittelbarkeit [Beweisaufnahme] geführte Kernstück des Strafverfahrens. Die Hauptverhandlung unter Leitung des Vorsitzenden beginnt mit dem Aufruf der Sache, danach Vernehmung des Angeklagten, dann Beweisaufnahme. Abschließend Schlußvorträge und Anzeigen durch Verteidigung, Angeklagten und Staatsanwalt. Den Abschluß bildet die Verkündigung des Urteils. ‖ **Hauptversammlung** [Abbr] **HV** *Shareholder's Meeting* —> AG ‖ *stockholder's meeting* ‖ [Bil] *Annual General Meeting* ‖ **Hauptverwaltung** *headquarters*

Hauptziel *critical objective* ‖ **Hauptzollamt** [ZollR/D] *main customs office*

Haus *home* ‖ **Haus nebst Grund und Boden sowie zugehörige Gebäude / Haus nebst Zubehör** *premises* a building and its appurtenances ‖ **Haus- und Grundbesitzervereinigung** [SteuerR] *association of property and real estate owners* ‖ **Haus- und Vermögensverwalter** [SteuerR] *administrators of buildings and other properties*

Hausangestellter *domestic servant* ‖ **Hausbrauer** [SteuerR/D] *home brewers* ‖ **Hausfrauenarbeit** *housekeeping* ‖ **Hausgehilfe** [üblicherweise Hausgehilfin] [SteuerR/D] *housekeeper* Arbeitskraft, die Hausarbeit gegen Entgelt leistet und i.d.R. zum Haushalt des Arbeitgebers gehört —> Haushaltshilfe

Haushalt *household* —> Familie ‖ Angehörige ‖ Budget ‖ Etat ‖ **private Haushalte** *private households* ‖ Er-

sparnis der privaten Haushalte *net savings of private households* || **öffentliche Haushalte** *public sector* || **Haushaltsausschuß** *Committee of Ways and Means* || **Haushaltsbegleitgesetz** *Budget Support Law* || **Haushaltsfreibetrag** [SteuerR/D] *household allowance* || **Haushaltshilfe** [Sozialvers] *domestic help* —> Hausgehilfe || **Haushaltsmittel** *Mittel budget appropriation* || *appropriations* || **verfügbare [Haushalts]mittel** *available appropriations* —> Mittelansätze || **Haushaltstätigkeiten** *housekeeping*

Hausluftfrachtbrief *house air waybill* || **Hausrat** *personal and household effects* || *movable or chattel property of any kind*

Hausse [Bör] *bull market* || **Haussier** [Bör] *bull* Anleger, der auf steigende Kurse setzt [**Bull** als Symbol für Optimismus an der New Yorker Börse]

Haustrunk [SteuerR/D] *concessionary beer* supplied by breweries free of charge or at reduced prices for consumption by brewery employees or their families

Haustürgeschäfte [Verkäufe von Fondsanteilen außerhalb der ständigen Geschäftsräume, § 23 KAAG] *door-to-door-sale of units*

Havarie [Mar] *average* || **Havarie-Bond** *General Average Bond* || **Havarie-Kommissar** von Lloyd's —> Lloyd's agent

Hawthorne Experimente [Komm] *Hawthorne experiments*

HDTV *High Density Television* hochauflösbares Fernsehen

head hunting Methode der Personalbeschaffung insbesondere für höchste Firmenebenen mittels Abwerbung von Managern bei anderen Firmen

Hearsay [Expertensysteme] *Hearsey* Softwaresysteme zum Verstehen englischer gesprochener Sprache

Hebel[...] *leveraged* || **Hebelwirkung** [InvF] *leverage*—> Leverage-Effekt || **Hebelwirkung des Fremdkapitals** *gearing* —> Leverage-Effekt

Hebesätze [SteuerR/D] *percentage* || *multipliers applied in assessing the tax*

Hedge-Geschäft [Bör] *hedging* Risikoausgleich durch Absichern einer Risikoposition durch eine entgegengesetzte Position, z.B. Fremdwährungs-Wertpapiergeschäft durch Devisentermingeschäft in der Fremdwährung —> Hedger || [Rohstoffhandel] Form der Risikoabsicherung im Warenhandel [bes. Welthandelsrohstoffen] zur Verringerung der Preisrisiken. Hersteller mit langfristigen Lieferverpflichtungen zu festen Preisen schließt z.B. Kauf der benötigen Rohstoffprodukte per Termin ab, um das Verlustrisiko durch Preissteigerungen auszugleichen

Hedger [Bör] *hedger* Marktteilnehmer im Finanzterminkontraktgeschäft, der Preisänderungsrisiken abdeckt. Neben die offene Risikoposition aus einem Grundgeschäft (z.B. Export zu $-Festpreis mit Zahlungsziel) wird eine entgegengesetzte offene Position aus einem Terminkontraktgeschäft gestellt, deren Wertveränderung (z.B. durch Wechselkursschwankungen) die Wertveränderung im Grundgeschäft ausgleicht. Grundgeschäft wird dann entspr. der ursprüngl. Planung und unabhängig vom Sicherungsgeschäft durchgeführt. Die offene Futures-Position wird glattgestellt, sobald das Grundgeschäft abgeschlossen ist

Hedge ratio Absicherungsrate *hedge ratio* Angabe über die Zahl der Optionen im Verhältnis zur Anzahl der benötigten Anktien, um ein bestehendes Portfolio vollkommen gegen Preisveränderungen des Basiswerts abzusichern

heilen *to cure* ‖ **Verzug heilen** einen Verzug wiedergutmachen *to cure a default*

heilsam *salutary*

Heim *home* —> Anstalt ‖ Besserungsanstalt ‖ Fürsorge ‖ Inland ‖ Wohnsitz

Heimatrecht *national law[s]*

heimisch *domestic* —> Inland

Heirat *marriage*—> Eheschließung ‖ **Heiratsbuch** *marriage records* [§§ 9 ff. PStG] ein Personenstandsbuch zur Eintragung über die persönlichen Verhältnisse der Ehegatten ‖ **Heiratserlaubnis wurde verweigert** *a consent to marriage was refused* ‖ **heiratsunfähig** [*i.e.S.z.B.* aufgrund kirchlichen Amts oder Gelöbnis] *a person under disability* —> geschäfts- und rechtsunfähige Person ‖ **Heiratsurkunde** Trauschein *marriage certificate* [Personenstandsurkunde nach Personenstandsgesetz [§ 63 PStG]

heißes Geld spekulatives Geld *hot money* kurzfristige Disposition großer Geldmengen zur Maximierung der Rendite ausländischer Guthaben, d.h. das Geld wandert zwischen einzelnen Ländern ‖ [heiß = flüchtig] Gelder, die aus politischen oder währungsimmanenten Gründen zwischen einzelnen Ländern transferiert werden

Heizgas [SteuerR/D] *heating gas* ‖ **Heizöl** *heating oil* ‖ **Heizölsteuer** [SteuerR/D] *fuel oil tax*

Hektar [Flächen-/Feldmaß] *hectare* 100 Ar = 10000 Quadratmeter

Hektoliter *hectolitre*

Helgoland —> Einfuhrsteuer in Helgoland

herabsetzen *to reduce* ‖ **auf 2 Jahre herabsetzen** *to reduce to 2 years*

Herabsetzung *reduction* ‖ [Mil/Degradierung] *demotion* ‖ **Herabsetzung des Kaufpreises** *reduction* ‖ *lowering of the purchase price* —> Minderung ‖ **Herabsetzung der Vergütung** [Werkvertrag] *reduction in price*

Heranwachsender *juvenile [under age of 21]* [JugendstrafR/D] [§§ 5 ff / §§ 105 f JGG] i.U.z. —> Jugendlichen bei Begehung der Straftat bereits 18 Jahre, jedoch noch nicht das 21. Lebensjahr vollendet. According to the German juvenile criminal law a person who has already attained the legal age of 18, but has not yet reached the age of 21 (full responsibility) at the time of commitment as opposed to —> Jugendlicher

heraufsetzen *to raise*

Herausgabe von Informationen *disclosure* —> beibringen

herausragend *prominent*

herbeischaffen —> beibringen

Herkunft [Abstammung in absteigender Linie] *descent* —> Blutsverwandtschaft ‖ Wohnsitz ‖ Ursprung ‖ gewerbliches Eigentum ‖ Rechtskollission

herleiten *to derive [from]* —> bestimmen

Herr Mustermann *Mr. Everyman* —> John Do ‖ Goodtitle

herrenlos werden [Sache] *to become abandoned* ‖ **herrenloser Schatzfund** *treasure trove*

herrschendes Grundstück *dominant estate* —> Grunddienstbarkeit

herrühren *to derive [from]* —> bestimmen ‖ [stammen] aus *to arise from*

herstellen *to make* —> Herstellung

Hersteller *manufacturer* ‖ **Hersteller-Leasing** direktes Leasing *merchandising leasing* Direktvermietung des Leasinggegenstandes durch den Hersteller oder Händler ‖ **Hersteller-Leasing-Gesellschaft** [Leas] *captive leasing company* herstellereigene Leasing-Gesellschaft

Herstellung *manufacture* ‖ **Herstellungsbetrieb** *manufacture company* ‖ **Herstell[ungs]datum** [FertW] *manufacturing date* ‖ **Herstellungskosten** [Buchf] *manufacturing cost* ‖ [Absch] Anschaffungs- und Herstellungskosten *acquisition or construction cost* ‖ **Herstellungskostenberichtigung** [Buchf] *factory cost adjustment* ‖ [volle] **Herstellungskostendeckung** *manufacturer's price which shall include total cost recovery* ‖ **Herstellungslizenz** [PatR] *manufacture licence*

hervorgehen aus nachweisen ‖ bestätigen ‖ bezeugen *to do attest*

hervor[ge]rufen durch *to be caused by*

Hessen [BLand/D] *Hesse* ‖ **hessisch** pertaining to Hessen *Hessian*

HGB [BRD] **Handelsgesetzbuch** :: *German Commercial Code* —> UCC

Hierarchie *hierarchy* ‖ **Hierarchie der Weisungsbefugnis** Autoritätshierarchie *chain of command*

hierauf *upon* ‖ *on*

hiermit [kurz genannt in Verträgen] *herein[after referred to as]* —> nachstehend

Hilfe *help* —> Gute Dienste ‖ Unterstützung ‖ ärztlich

hilfloser Angehöriger [SteuerR/D] *incapacitated relative* —> Kindesaussetzung

Hilfs [...] *secondary* ‖ **Hilfslöhne** Gemeinkostenlöhne *unproductive wages* ‖ **Hilfsorgan** *auxiliary body* ‖ **Hilfsquellen** *resources* ‖ **Hilfsstoffe** [ArzneiMG] *excipients* in einem Arzneimittel neben den —> Wirkstoffen verwendete Bestandteile [soweit sie nicht die Wirkung des Arzneimittels beeinflussen. In neuerer Zeit vom BGA auch als "weitere Bestandteile" bezeichnet || [Prod] *auxiliary materials* || [Kostenrechnung] *supplies* Hilfsmaterial, das nicht Rohstoff und nicht wesentlicher Bestandteil des Produkts ist, jedoch bei der Erzeugung in das Produkt eingeht [z.B. Lack]. Verrechnung unter Betriebsstoffe als unechte Gemeinkosten

hinausgeschoben ausgesetzt *deferred*

hinausschieben —> aufschieben || Lieferaufschub || Liquiditätspolitik

im Hinblick [VölkR] *noting* || **im Hinblick auf [...]** *having respect to [...]* || *in view of* || *with a view to* || [VertrR] *whereas*

hindern *to estop* || *to stop* || *to bar* || *to impede* || *to prevent* || *to preclude* [legal estoppel by common law, e.g.] || **hindern an** *to prevent from* || **durch eine urkundlich gegebene Erklärung an der Geltendmachung eines Rechtes gehindert sein** *to be estopped by deed* —> rechtshemmender Einwand || **Eine Vertragspartei wird ein ihrer Rechtshoheit unterstehendes Unternehmen nicht daran hindern, nach den unter den Buchstaben a und b erwähnten Grundsätzen zu handeln.** *No contracting party shall prevent any enterprise under its jurisdiction from acting in accordance with the principles of subparagraphs (a) and (b) of this paragraph*

Hindernis —> Hinderung

Hinderung *obstacle* || *obstruction* || *hindrance* || *barrier* || *delay* || *hindering* || *impeding* —> rechtshem-

mender Einwand || **Hinderungsgrund** —> rechtshemmender Einwand

[rechtlich] hinreichend *good*

Hinsicht *regard* || *respect* || **in dieser Hinsicht** *in this respect* || **in jeder Hinsicht** *in every respect* || **in mancher / vielerlei Hinsicht** *in many respects* in a way :: in gewisser Weise || **hinsichtlich** *upon and by reason of* || *in respect of*

Hinterbliebenenpension —> Hinterbliebenenrente || **Hinterbliebenenrente** *death benefit* —> Sterbegeld || *surviving dependents' pensions* || *survivors pension* an die Hinterbliebenen eines Arbeitnehmers nach dessen Ableben gezahlte Pension || **Hinterbliebenenrente für Witwen und andere Angehörige** *industrial benefits for widows and other dependants* —> Witwenrente

Hintergrund —> Umfeld

hinterlegter Gegenstand *deposit* Aufbewahrung/Sicherheit

Hinterlegung *deposit* || **Hinterlegung einer Vertragsurkunde** *to give in escrow* bei einem Dritten als Treuhänder hinterlegte und erst bei Erfüllung der Vertragsbedingung ausgehändigte Vertragsurkunde

Hinweis *reference* || **sachdienliche Hinweise** *relevant information* || **hinweisen auf** *to refer to*

hinzufügen *to append to* || *to add*

hinzu kommt *further*

Hire Purchase [Leas] —> Mietkauf

historischer Rückblick *historical review*

H.L. [GB] [Abbr] *House of Lords*

H.L.Sc. and Div. [GB] [Abbr] *House of Lords, Scotch and Divorce Appeals*

Hochschulzugangsberechtiung i. d. R. Reifezeugnis *diploma leading to admission to universities* || [Abitur] [GB] *General Certificate of Education* || [Fachhochschulreife] *diploma qualifying for entrance in technical college or professional school* || **Europäisches Übereinkommen über die Gleichwertigkeit von Reifezeugnissen** *European Convention on the Equivalence of Diplomas* —> Reife

Höchst[...] *top* || *maximum* || **höchste** *supreme* || **Höchstgrenze** *ceiling* || *maximum* || **Anhebung der Höchstgrenze** *increase in the ceiling* || **Höchstmiete** *rent ceiling* || **Höchstpreis** *price ceiling* || **Höchstsatz** [SteuerR] *top rate* || **Höchststand von [Jahr] übertreffen** *to exceed clearly the peak level* || **Höchststeuersatz** [SteuerR] *top rate*

hochverschuldet *highly indebted*

Hoffnungen auslösen *to prompt hopes of [...]*

Höhe *amount* —> Streitwert

hohe *high* —> Höhere || mittlere || Landes-[...] || Oberste I Bundes[...] || **Hohe Behörde der EGKS** *High Authority of the ECSC* —> Montanunion || **Hohe See** *the Main*

Hoheitsgebiet *territory* || [...] **die Hoheitsgebiet angeben, in welchen diese Bestimmungen Anwendung finden sollen** [...] *to specify the territories to which the provisons shall apply* || **Hoheitsgewässer** *territorial waters* [geographisch seewärts drei Meilen vom Küstenstreifen] zu unterscheiden von: *coastal waters* :: Küstengewässer

höhere *higher* || **höhere Angestellte** *officers*

Holz und Holzprodukte [Verarbeitung von ~n] *wood and wood products*

honorieren [Wechsel] *to meet [a bill of exchange]*

Hopfenerzeugnisse *extracts of hop*

Hörensagen —> Zeugen || Verbot der Präsentation

H.R. [USA] [Abbr] *House of Representatives*

Hubraum [Tech] *cylinder capacity*

Huckepack-Verfahren [WahlR] *piggybacking procedure* Wahlkandidaten kleinerer Parteien, die voraussichtlich die 5%-Hürde nicht schaffen würden, erhalten Listenplätze bei größeren Parteien :: *candidates of smaller parties which otherwise would not attain seats in parliament due to the 5%-hurdle rule are granted a place on lists of bigger parties*

Hülsen Zigarettenhülsen *cigarette spills*

Human Relations [Komm] *human relations* —> Unternehmenspraxis

Humanisierung der Arbeit[swelt] [Org] *humanization of work*

Humankapital *human capital*

Hundesteuer [SteuerR/D] *dog tax* Gemeindesteuer für das Halten eines über 3 Monate alten Hundes

Hürde *hurdle* —> Fünf-Prozent-Klausel

HV [Abbr] —> Hauptversammlung

Hybrids *Hybrids* relativ neue Finanzierungsinstrumente, die die Elemente eines Kredits mit denen einer Anleihe verknüpfen —> NIFs ‖ RUFs ‖ TLIs

Hypothekarkredit *mortgage credit* ‖ *mortgage loan* ‖ *mortgage financings* ‖ **Hypothekenbank** [BankW] *mortgage bank* ‖ **Hypothekengewinnabgabe** [SteuerR/D] *mortgage profits levy* —> Lastenausgleich ‖ **Recht des Hypothekengläubigers, sich bei Leistungsverzug des Schuldners aus dem Grundstück zu befriedigen** [USA] *foreclosure* Schuldner verliert dabei alle Ansprüche [strict foreclosure]

hysterischer Gedächtnisverlust *hysterical amnesia*

IATA [Abbr] *International Air Transport Association* seit 1945 Nachfolgeorganisation der International Air Traffic Association (1919). Sitz: Genf. Zusammenschluß von Luftfrachtspediteuren zur Förderung eines sicheren, regelmäßigen und wirtschaftlichen Luftverkehrs

IC [Abbr] *International Import Certificate* **Internationale Einfuhrbescheinigung** [Abbr] **IEB** —> Import certificate :: Einfuhrbescheinigung

Ideenfindung Brainstorming *brainstorming*

IFAC [Abbr] *International Federation of Accountants* **Vereinigung von Angehörigen der wirtschaftsprüfenden Berufe**

IFC [Abbr] —> Internationale Finanz-Corporation

IGOs [Abbr] *intergovernmental organizations* :: **zwischenstaatliche Organisationen**

illegal *unlawful*

Illiquidität vorübergehende Zahlungsstockung *[temporary] illiquidity* —> Liquidität

Im Haag [Den Haag] at *The Hague* —> geschehen

immateriell [Bil] *intangible* ‖ **immaterielle Vermögensgegenstände** [Bil] *intangible assets*

Immobilie *land property* ‖ **Immobilien** *real estate* —> dingliches Recht an Immobilien ‖ Grundstück ‖ Eigentum

Immobilienfonds des Vertragstypus [InvF] *property unit trust* kein Publikumsfonds, bietet Anteile nur ausgewählten Institutionen an

Immobiliengesellschaft *property company* ‖ **Immobilien - Leasing - Gesellschaft** [Leas] *fixed assets leasing company*

Immobilienpacht *real estate lease* Pacht von Grund und Boden und Gebäuden, wobei der Verpächter vom Pächter den Gebrauch der Immobilien für einen best. Zeitraum einräumt; der Pächter ist im Gegenzug zur Entrichtung des vereinbarten Pachtzinses verpflichtet

Immobilienportefeuille eines "gemischten" Versicherungsfonds [InvF] *property arm*

Immobilienversicherungsfonds [InvF] *property fund* ‖ Immobilienversicherungsfonds der hauptsächlich in landwirtschaftlich genutzte Grundstücke investiert *agricultural bond* ‖ *guaranteed property bond* Immobilienversicherungsfonds mit garantiertem Mindestrückkaufkurs ‖ *geared bond* ‖ *geared [assurance] fund* Versicherungsfonds, der auch Fremdmittel zum Kauf von Anlagewerten einsetzt —> Leverage-Effekt

Immobilienwerte [Bör] *properties*

Immunitätsrechte [VölkR] *immunities*—> Steuerfreiheit [Diplomaten]

Import *importation* —> Einfuhr ‖ **Importdynamik** *importation dynamics* ‖ **Import-Leasing** [Leas] *importation leasing*

Impressumseite [PressR] *copyright page*

Impulse [der Wirtschaft positive ~ geben] *to encourage* [growth in the economy]

in [diesem Vertrag] *hereunder* ‖ *below* ‖ *in this document* ‖ **in forma pauperis** —> Prozeßkostenhilfe ‖ **in 1000 Mrd DM in Preisen von 19..** [Grafikerläuterung] *in 1000 DM billions expressed in 19.. prices* ‖ **in Übereinstimmung mit** *in accordance to / with* ‖ *persuant to* ‖ **in der Überzeugung** [VölkR/Präambel] *persuaded*

Inanspruchnahme von geltend machen *to take advantage of* —> Kredit

Inbeschlagnahme *anticipation* —> Beschlagnahme

Incoterms *Incoterms* Lieferbedingungen im Außenhandel nach Festlegung der Internationalen Handelskammer in Paris [Einheitliche Regeln für die Auslegung bestimmter im internationalen Handel gebräuchlichen Lieferklauseln] Deutsche Fassung zu beziehen bei "Deutsche Landesgruppe der Internationalen Handelskammer", Kolumbastr. 5, 5000 Köln 1

Incrementalkosten relevante Kosten *incremental costs* In der Kostenrechnung jener Teil der Gemeinkosten, von deren Höhe eine bestimmte [betriebliche] Entscheidung abhängig ist

Index *index* —> Dow-Jones-Index ‖ **Index der Aktienkurse** [Bör] —> Aktienkursindex ‖ **Index-Terminkontrakte** *stock index futures* Kontrakte über ein bestimmtes Vielfaches von Aktienindices

Indikator *indicator* ‖ **Branchenentwicklungs-Indikator** [Stat] *industry development indicator* ‖ **Entwicklung der Produktion einer Branche im Verhältnis der gesamten Industrie eines Landes (verarbeitende Industrie sowie Bergbau und Elektrizitäts-, Gas- und Wasserversorgung** *The trend in production in individual sectors in relation to the trend in industry as a whole (manufacturing, mining, quarring, electricity, gas and water)* ‖ **wichtige monetäre Indikatoren** [Bbank] *key monetary indicators*

indirekte Steuern *indirect taxes*

Individual-Leasing *individual leasing* ‖ **Individual-Vertrag** [Leas] *custom lease*

individuell *individual*

Indizienbeweis [StrafR] —> Beweis des ersten Anscheins

Indossament *endorsement* —> Allonge

Industrie *industry* —> Gewerbe ‖ Unternehmen ‖ **Industrie- und Handelskammer** *Chamber of [Trade and] Commerce* ‖ **Industrie- oder Handelsunternehmen** *industrial or commercial enterprise* ‖ **[westliche] Industrieländer** *industrialized countries* ‖ **industriell** *industrial* ‖ **Industriemaschinenleasing** [Leas] *industrial equipment leasing* ‖ **Industrieobligationen** *industrial debenture* ‖ **Industriesektor** *indus-*

Inflation — Inkrafttreten

trial sector ‖ **Industriestrompreise** *electricity prices for industry*

Inflation Preisauftrieb *inflation*

inflationäre Gefahren *inflationary risks*

Informationen *information* ‖ **Informations[...]** *informational* ‖ **Informationsaustausch** *exchange of information* ‖ **Informationsfunktion der Dividende** *informational content of dividends* da sie den Aktionären Anhaltspunkte für die Einschätzung der künftigen Gewinnsituation der Gesellschaft ermöglicht ‖ **Informationsmittler** [Psych] [Soz] *disseminator role* Vorgesetzter wirkt als Informationsfilter an Untergebene, die ansonsten keinen Zugang zu solchen Informationen hätten ‖ **Informationsstelle** *information centre* ‖ **Informationsvorsprung** *information power* ‖ **Informationszentrum** Informationsstelle *information centre*

informatorische Rolle [Psych / Soz] *informational role*

informelle Direktive *implied policy* ‖ *informal policy* ‖ **informelle Organisation** *informal organisation*

informieren *to inform* ‖ *to disclose to*—> [PatR] offenlegen

Inhaber *bearer* ‖ *holder* —> Remittent ‖ **Inhaber eines Patents** [PatR] *holder [of a patent]* patentee :: Patentinhaber ‖ *registered proprietor* der in die Patentrolle eingetragene, rechtmäßige, allein verfügungsberechtigte Patentinhaber

Inhaberaktien *bearer stock* Auf den Inhaber ausgestellte Aktien, in Deutschland vorherrschende Form der Aktie —> Namensaktie ‖ **Inhaberpapiere** *bearer securities* ‖ **Inhaberschuldverschreibungen** *bearer bonds* ‖ **Inhaberschuldverschreibungen begeben** *to issue bearer bonds* ‖ **im Umlauf befindliche Inhaberschuldverschreibungen** *bearer bonds outstanding*

Inhalt [wesentlicher] *tenor* ‖ **zum Inhalt haben** *to purport*

Inkasso [...] *collecting* ‖ *collection* ‖ **zum Inkasso** zum Einzug *for collection* ‖ **Inkassobank** *collection [or: collecting] bank* A bank acting as agent or correspondent located in another city with which another bank has completed arrangements for the collection of checks and other items drawn on points in the former's locality and for the conduct of other business ‖ **Dokumentar-Inkasso** *documentary collection* ‖ **Einheitliche Richtlinien für Inkassi** *Uniform Rules for Collection* ‖ **Inkassofirma** *debt-collecting agency* ‖ **Inkassospesen** *collection fee*

Inkorporierung *incorporation* [Inkorporierung = Erlangung der Körperschaftsrechte] ‖ **Inkorporierung durch ein Sondergesetz des Parlaments** *incorporation by special act of Parliament* —> Körperschaft

Inkraftsetzen Anwendung *to carry into effect*

Inkrafttreten *commencement* ‖ **nach Inkrafttreten dieses Gesetzes.** [...] *after the commencement of this act* ‖ **nach Ablauf von fünf Jahres nach**

seinem Inkrafttreten *upon the expiry of a period of five years after the date of its entry into force* ‖ **nicht vor Inkrafttreten** *not before the date of entry into force*

inkremental *incremental* —> Incrementalkosten

Inland *domestic* ‖ [Gebiet ‖ Zone ‖ Bereich] *domestic area*

Inländer [SteuerR/Bör] *resident* —> Steuerpflichtiger ‖ Konvertibilität

inländisch *national* ‖ *domestic* ‖ **inländische Wertpapiere** [Bör] *domestic securities*

Inlandsanteil *content* ‖ **Inlandsbörse** [Bör] *domestic market* Wertpapierbörse, an der inländische Papiere notieren

Innen[...] *internal* ‖ **Innenfinanzierung** *internal financing* finanzielle Mittel werden aus dem Umsatzprozeß des Unternehmens generiert ‖ **Innengeld** *inside money* ‖ **Innenminister** [USA] *secretary of the Interior*

innerer Notstand *national emergency* ‖ **innere Reserven** [Bil] *inner reserves* ‖ **innerer Wert einer Aktie** *intrinsic value* zur Bestimmung des "wahren" Werts einer Aktie dienen—> Dividendenbewertungsmodelle

innerstaatliche Gerichtsbarkeit *national jurisdiction* ‖ **innerstaatliche Gesetzgebung** *national legislation* ‖ **innerstaatliches Recht** *national law[s]* ‖ **innerstaatliche Rechtsprechung** *national jurisdiction* ‖ **innerstaatliche Sicherheit**

national security [die Belange der öffentlichen [nationalen] Sicherheit und Ordnung betreffend]

inoffiziell *off the records*

Inprozeßkontrolle [Verp] *in-process control*

I.N.S. [Abbr] [USA] *Immigration and Naturalization Service* **amerikanische Einwandungsbehörde**

Inserat —> Anzeige

Inserent —> Anzeigenkunde

inserieren *placement of an advertisement* eine Anzeige schalten

Insertionsauftrag *placement order*

Insolvenz *insolvency*—> Zahlungsunfähigkeit :: excess of liabilities over assets [USA] § 101 (26) Bankruptcy Act. U.C.C. § 1-201 (23) person who either ceased to pay his debts in the ordinary course of business or cannot pay his debts as he falls due or is insolvent within the meaning of the Federal Bankruptcy Law ‖ **insolvenzbedroht** *threatened with insolvency* ‖ **Insolvenzrisiko** *risk of insolvency* —> insolvency ‖ **Insolvenzversicherung** *insolvency insurance* Bei Insolvenz des Arbeitgebers haben die Arbeitnehmer, deren Ansprüche aus einer Versorgungszusage nicht erfüllt werden, einen Anspruch gegen den —> Pensions-Sicherungs-Verein auf die Leistungen, die der Arbeitgeber aufgrund der Versorgungszusage zu erbringen hätte [§§ 7ff. Betriebsrentengesetz]

insoweit als *to the extent which* ‖

nur insoweit als dies [durch ...] zugelassen ist *only to the extent admitted by [...]*

Inspekteur des Heeres *Chief of the Staff of the Army*

Inspektion *inspection* —> Europäisches Inspektionsbüro ‖ **Inspektionssystem** *inspection system* ‖ **über die innerstaatlichen Vorkehrungen verfügen, die erforderlich sind für die Anwendung eines Inspektionssystems** *having the national arrangement necessary to apply an inspection system*

Inspektor [Aufsichtsperson] *supervisor* ‖ *steward* ‖ [Beamter] *graded civil service officer* ‖ [Polizei] *inspector* ‖ [Schule] *superintendent* ‖ *principal*

Installation durch Kunden Eigeninstallation *customer setup*

Instanz[enweg] Instanzenzug *stages of appeal* ‖ **erste Instanz** *court of first instance* ‖ [StrafR] *trial court* ‖ **Zuständigkeit in erster Instanz** *to have the original jurisdiction* ‖ **höchste Berufungsinstanz** üblicherweise ein Supreme Court of Justice ‖ **letzte Instanz** *court of last resort* ‖ *to have the final* appellate *jurisdiction*

Institute Cargo Clauses [GB] Bedingungen für Warentransportversicherungsverträge zur Absicherung insbesondere von Seetransportrisiken des Institute of London Underwriters ‖ **Deckung A** *Institute Cargo Clauses All Risks* Volle Deckung aller Risiken gegen Gefahren der See ‖ **Deckung B** *Institute Cargo Clauses with Average [W.A.]* weitgehend wie Deckung A [Institute Cargo Clauses All Risks], erfaßt jedoch auch Risiken des Landtransports und Risiken im Hafen ‖ **Deckung C** *Institute Cargo Clauses Free Particular Average [F.P.A.]* Entspricht weitgehend der [dem Deckungsumfang nach geringeren] deutschen Strandungsfalldeckung. [§ 700 HGB] Versicherung gegen Gefahren der See, die auf Schäden aus großer Havarie beschränkt ist. Bei Abschluß eines Kaufvertrags mit nach [Incoterms] Lieferbedingung "cif" ist Exporteur zum Abschluß einer F.P.A. gedeckten Versicherung verpflichtet

Institute des finanziellen Sektors *financial institutions*

Instruktionen [erteilen/erhalten] [to give/receive] *instructions* ‖ [Mil] Einsatzbesprechung ‖ Lagebesprechung ‖ Einweisung *briefing*

Integration *integration*

Intelligenzquotient [Abbr] *IQ intelligence quotient* Quotient aus Intelligenz- und Lebensalter (x 100) als Maßstab für das intellektuelle Leistungsvermögen. 100 ist die altersmäßig durchschnittliche Intelligenzreife. Graduierung unter 62 Schwachsinn; 91-109 durchschnittlich; 110-117 gut; 118-126 sehr gut; über 126 hervorragend ‖ **Intelligenztest** [PersW / Psych] *intelligence test* z.B. Hamburg-Wechsler-Test, Binet-Simon-Test

Intention —> Absicht ‖ Parteiwille

Interbanken-Geldmarkt [BankW] *wholesale market* ‖ **Interbankrate in London** *London Interbank Offered Rate* —> LIBOR

inter conjuges zwischen den Eheleuten *between husband and wife*

Interessenten Kauflustige *potential customers*

Interessentest [PersW] *interest test*

Interims[...] *interim* ‖ **Interimsausschuß** [IWF] *interim committee* 1974 gebildeter Ausschuß zur Überwachung des Funtionierens des internationalen Währungssystems und seiner Weiterentwicklung ‖ **Interimskommission** *interim commission* ‖ **Interimsschein** *scrip* —> Zwischenschein

intern *internal* ‖ **interne Finanzierung** —> Innenfinanzierung ‖ **interner Zinsfuß** [InvR] *internal rate of return* [Abbr] *IRR* interne Rendite ‖ Effektivverzinsung einer Investition ‖ —> betriebsintern ‖ betriebsgewöhnlich

international *international* ‖ *all over the world* ‖ *worldwide* ‖ **Internationales Arbeitsamt** *International Labo[u]r Office* ‖ **Internationale Atomenergiebehörde** *International Atomic Agency*

Internationales Büro für Maß und Gewicht *International Bureau of Weights and Measures*

internationale Entwicklungen *international trends* ‖ **Internationales Erziehungsamt** *International Bureau of Education*

Internationale Finanz-Corporation [Abbr] *IFC International Finance Corporation* rechtlich selbständige Organisation innerhalb der Weltbank. Mitglieder ca. 130 Staaten. Ziel: Beschaffung von Finanzierungsmitteln durch Begebung eigener Anleihen oder durch Mittelaufnahme an intern. Kapitalmärkten zur Förderung der privatwirtschaftlicher Initiative [ärmste Entwicklungsregionen]. Darlehen haben [teilweise] beteiligungsähnlichen Charakter. Verwaltung zusammen mit IDA [International Development Association] ‖ **internationale Finanzmärkte** *international financial markets*

Internationaler Gerichtshof *International Court of Justice* ‖ **Internationaler Gewerkschaftsbund** *International Cooperation Alliance*

Internationales Hydrographisches Büro *International Hydrographic Bureau*

Internationale Kommission für landwirtschaftliche Industrie *International Commission for Agricultural Industrie*

international operierende Institutionen *international institutions*

Internationales Privatrecht *Private International Law* Kollisionsrecht *Conflict of Laws* —> Rechtsregeln

Internationaler Rat für Meeresforschung *International Council for the Exploration of the Sea*

Internationales Suchtstoffkontrollamt *International Narcotics Control Board*

Internationales Tierseuchenamt *International Office of Epizootics*

Internationale Union zur Erhaltung der Natur und natürlicher Hilfsquellen *International Union for Conservation of Nature and Natural Resources*

Internationale Vereinigung für Berufsberatung *International Association for Vocational Guidance* ‖ **Internationale Verhaltensregeln für die Werbepraxis** *International Code of Advertising Practice* von der Internationalen Handelskammer ausgearbeitete Regeln für die Durchführung einer "friedlichen" Auslandswerbung ‖ **internationales Vertragswerk** *subject matter of an international instrument*

Internationales Weinamt *International Wine Office* ‖ **Internationaler Weizenrat** *International Wheat Council*

internationale Zinsdifferenzen —> Zinsgefälle

interpersonelle Rollen [Psych] [Soz] *interpersonal roles*

Intersat Weltraumsegment *Intersat space segment*

Interventionen [beträchtliche ~] [large-scale] *interventions* ‖ **Interventionsmittel** *intervention appropriation*

Invalidenpension *disability pension* Die nach Pensionierung wegen Invalidität gezahlte Pension :: *pension paid to invalid person after retirement* ‖ **Invalidenrente für Angehörige** *dependence benefit*

Invertzucker *invert sugar*

Investition [InvR] *[capital] investment* Umwandlung von Geld in Sachvermögen oder Finanzanlagen ‖ längerfristige Kapitalbindung ‖ **dynamische Investitionsrechnungsverfahren** [Abbr] *DCF* [InvR] *discounted cash flow methods* [mehrperiodische dynamische] Kapitalwertmethode ‖ Methode des internen Zinsfußes. Annuitätenmethode bei denen zur Bewertung der Vorteilhaftigkeit eines Investitionsvorhabens jedes Investitionsprojekt in Ausgaben und Einnahmenreihen aufgegliedert wird. Der Vergleich möglicher Vorhaben basiert auf einer Abzinsung auf einen bestimmten Zeitpunkt mit einem bestimmten Kalkulationszinsfuß

Investition in Finanzanlagen *investment in financial assets* ‖ **Investition in Sachanlagen** *investment in physical assets*

Investitionen [InvR] *capital spending* —> Investitionsausgaben

Investitionsalternativen *mutually exclusive investments* sich gegenseitig ausschließende Investitionsalternativen, von denen nur eine realisiert werden kann ‖ **Investitionsausgaben** [InvR] *capital outlay[s]* *capital expenditure[s]* Die mit einer Investition verbundenen Ausgaben. Entspricht nicht exakt dem betriebswirtschaftl. Begriff capital expenditure (= aktivierungspflichtige Ausgaben) ‖ **Brutto-Investitionsausgaben** *gross fixed capital formation*

Investitionsbereitschaft der Unternehmen stärken *to encourage corporate investment* ‖ **Investitionsbudget** *capital [expenditure] budget* outlines specifically investment in plant, machinery, equipment, inventories, etc. —> Kapitalbudget

Investitionsentscheidung *capital expenditure decision* ‖ *investment decision* ‖ *capital budgeting decision* Wahl zwischen Investitionsalternativen

Investitionsgrad [eines Fonds] [InvF] *extension of the fund* ‖ **Investitionsgüter** *capital goods* ‖ **Investitionsgüter-Leasing** [Leas] *capital goods leasing*

gute / kräftige Investitionskonjunktur *marked increase in investment activity* ‖ *buoyant investment activity* ‖ **Investitionskredit** *loan to finance a capital project* or: *investment projects*

Investitionsobjekt —> Investitionsvorhaben

Investitionsplanung *investment planning* ‖ **Investitionspolitik** *investment policy* Auf der Grundlage der Investitionsrechnung werden Maßnahmen zur Planung und Durchführung von Investitionsentscheidungen getroffen ‖ **betriebliche Investitionspolitik** auf Betriebsebene [InvR] *business investment policy* ‖ **Investitionsprogramm** *investment program* ‖ *investment project* ‖ **Investitionsprojekt** —> Investitionsvorhaben

Investitionsrechnung [InvR] *capital budgeting* —> investment evaluation ‖ investment analysis Wirtschaftlichkeitsrechnung als Teil des betrieblichen RechW bzw. als Einzelrechnung zur Bestimmung der Vorteilhaftigkeit von Investitionsvorhaben

[dynamische] Investitionsrechnungsverfahren [InvR] *cash flow methods* ‖ **Investitionsvorhaben** *investment project* ‖ *investment proposed*

Investitionszulagengesetz [SteuerR/D] *Investment Sudsidy Law*

Investmentfonds *product* —> Investmentmedium ‖ des Gesellschaftstypus *investment trust* ‖ des Vertragstypus [InvF] *unit trust* ‖ *unit fund*

Investmentform —> Investmentmedium

Investmentmedium *investment vehicle* ‖ **Investmentmedium der Lebensversicherungswirtschaft** [InvF] [VersR] *life insurance product* ‖ **gemischtes Investmentmedium** [z.B.: balanced bond] *hybrid investment vehicle*

Investor *investor* ‖ sowohl **inländische** als auch **ausländische Investoren** both *domestic* and *foreign investors* [...]

ipso jure [lat] von Gesetz[es] wegen *law itself* ‖ *by the mere operation of law*

IRA [Abbr] [USA] *Individual Retirement Accounts* Altersvorsorge durch steuerbegünstige Vermögensbildungspläne

IRR [InvR] —> Methode des internen Zinsfußes

Irreleitung der Jury *misdirection of the jury* falsche Rechtsbelehrung der Jury

Irrenanstalt —> Psychiatrie

IRS [Abbr] [USA] *Internal Revenue Service* ist die nach dem —> Internal Revenue Code zuständige Steuerbehörde

Island Company [GB] Gesellschaft, die in den Channel Islands Jersey, Guernsey bzw. auf der Isle of Man gegründet wurde

Istbesteuerung [SteuerR/D] *cash basis* || **Auf Antrag kann bestimmten Unternehmen [Kleinbetriebe] die Besteuerung nach den vereinnahmten Entgelten gestattet werden** :: *Turnover tax law provides that certain enterprises [small and medium-sized] may apply for taxation according to the consideration collected (as opposed to the so-called accrual basis :: Sollbesteuerung)*

Ist[wert] [Stat] *actual value*

IWF *IMF* Internationaler Währungsfonds :: International Monetary Fund —> Gouverneursrat || Interimsausschuß || Neuaufnahme || Stand-by || SZR || Sonderziehungsrechte || Verschuldung || **IWF-Reservepositionen** *reserve positions in the IMF*

Jagdaufseher *game warden* ‖ **Jagdausübungsberechtigter** [Jagdgesetz/D] *licenced hunter* ‖ **Jagd- und Fischereisteuer** [SteuerR/D] *hunting and fishing tax* eine von Gemeinden, Stadt- und Landkreisen erhobene Steuer neben der Jagdscheingebühr nach Jahresjagdwert oder Pachtpreis ‖ **Jagdwert** [SteuerR/D] *hunting privileges* ‖ **Jahresjagdwert** *annual value of the hunting privileges*

Jäger Jagdberechtigter *licenced hunter* ‖ **Jägerleitstellen** *fighter control centres* Im Weltkrieg II wurden von diesen J. Flugzeuge dirigiert

Jahr *year* ‖ Schuljahr *term* ‖ **auf dem Niveau des Jahres 19..** [wenn vorangegangenes Jahr, dann Vorjahresniveau] *at the level of 19..* ‖ **im Jahresverlauf [19..]** *during [19..]* ‖ **in den kommenden Jahren** *the years ahead*

Jahresabgaben [arch/SteuerR] *dona annualia* ‖ **Jahresabschluß** [Bil] *accounts' report* ‖ [AktienG / BRD] *annual financial statements* jährliche Finanzaufstellung als Jahresbilanz mit Gewinn- und Verlustrechnung. In den USA die zum Jahresende aufzustellenden financial statements. Bilanz (balance sheet), Gewinn- und Verlustrechnung (income statement) und neuerdings i.d.R. auch Kapitalzuflußrechnung (statement of changes in financial position) ‖ **Jahresausstoß** [SteuerR/D] *annual output* z.B. Bierausstoß [einer Brauerei] ‖ **Jahresausweis** *annual return*

zu Jahresbeginn [Jahr] eingeführt *introduced at the beginning of [year]* ‖ **Jahresbericht** *annual return* ‖

im Jahresdurchschnitt *taken over the year* ‖ [Jahresangabe] [Bil] *on average in [year]* ‖ **jahresdurchschnittliche Veränderungsraten** [Stat] *annual average percentage changes*

gegen Jahresende *towards the close of the year* ‖ **Jahresergebnis** [Bil] *net income for the year* ‖ *net profit for the year*

Jahreshauptversammlung *general annual meeting* —> Hauptversammlung

Jahresjagdwert —> Jagdwert

Jahresmitte *mid-year*

Jahresüberschuß *annual surplus* ‖ **Einstellung aus dem Jahresüberschuß** [Bil] *amount transferred from annual surplus* ‖ **Jahresüberschuß nach Steuern** *net income for the year* Der im Geschäftsjahr erwirtschaftete Überschuß/Reingewinn

Jahresultimo [Bil] *at the end of the year*

jährlich *per annum* ‖ [pa] *annual*

Japanisierung [Man/Org/ArbR] *Japanese methods taking over* Vertrieblichung der kollektiven Interessenvertretung

Jastimme *aye* [USA] *yea* ‖ *to vote for*

JDS [Abbr] *Job diagnostic survey* **Arbeitsplatzbefragung**

je *per* ‖ **je nach Sachlage** *as the*

jede   Jugendlicher

case may be

jede/jeder/jedes   *either* ‖ **in einem [jeden] Jahr** *in any year* —> **Teil** ‖ **ein (jeder) Staat** *any state*

jederzeit *at any time*

jedweder —> Grund

jene[-] *this [that]*

jeweils *at any time* ‖ *respective* ‖ **über die zu zahlende Lizenzgebühr ist jeweils eine entsprechende Vereinbarung zu treffen** *the royalty payable shall be subject to mutual agreement between them at any time* ‖ **jeweils zugezählter und aushaftender Kreditbetrag** *prime amount from time to time disbursed and outstanding*

Jingle [Werb] *jingle* kurze einprägsame Werbemelodie

Johari-Fenster [Psych/Man] *Johari Window* von Joseph Luft and Harry Ingham entwickelte Methode zur Beurteilung der Persönlichkeit und Führungsqualitäten

John Do [USA] nach römischem Vorbild [Titius] fiktiver Name, sofern eine [Streit]Partei namentlich noch nicht bekannt ist. Gelegentlich auch als "Goodtitle" bezeichnet

Journal [Buchf] *journal* the ledger in which all transactions of the day are recorded

Journalistenauflauf *media circus*

Jubiläumsgratifikationen —> Verpflichtungen für [...]

Judengemeinden —> jüdische Gemeinden

jüdische Gemeinden *Jewish congregations*

Jugendarbeitslosigkeit *youth unemployment*

Jugend- und Auszubildendenversammlung [BetrVG] *works meeting for young and trainee employees* —> Betriebsversammlung ‖ **Jugend- und Auszubildendenvertretung** [BetrVG] *representation of young and trainee employees* —> Gesamt-Jugend-und Auszubildendenvertretung

Jugendgericht [GB] *Juvenile Court* nach dem Children's and Young Persons Act —> Jugendlicher ‖ Heranwachsender

Jugendlicher *juvenile [under age of 18]* [JugendstrafR/D] [§§ 5 ff JGG] i.U.z. —> Heranwachsenden bei Begehung der Straftat bereits 14 Jahre, jedoch noch nicht das 18. Lebensjahr vollendet (Keine Freiheitsstrafe oder Geldstrafe) According to the German juvenile criminal law a person who has already attained the age of 14, but has not yet reached the legal age of 18 as opposed to —> Heranwachsender (no fine or imprisonment) ‖ **jugendlicher Straftäter** *juvenile delinquent,* [sofern Kind] *delinquent child* [USA 18 U.S.C.A. § 5031 / Juvenile Delinquency Act] juvenile i.G.z. minor üblicherweise i.Z.m. Strafsachen ein Jugendlicher —> Heranwachsender, der noch kein legal age, die Volljährigkeit, erreicht hat. Minor bezieht sich auf den Minderjährigen hinsichtlich der noch nicht erlangten Geschäftsfähigkeit

Jugendstraffälliger *juvenile offender*

Jura studieren [GB/coll] *to keep terms*

Jurisdiktion bei einem Gericht —> Zuständigkeit

Juristendeutsch [coll] || **Juristenenglisch** *legalese* für den Laien nur schwer zugängliche Ausdruckweise der Juristen

Juristerei [coll] —> Rechtswissenschaft

juristische Person i.G.z. *natural person* : natürliche Person *artificial person* || *legal person* || [GB] *juridical person* in den USA ist der Begriff *juristic person* gebräuchlich

Justierer [Tech] *adjuster* || *justifier*

Justizbehörden *judicial authorities* || **Justizirrtum** *judicial error* || **Justizminister** *Minister of Justice* || [USA] *Attorney General* || [GB] *Lord Chancellor* Der "Lordkanzler" ist gleichzeitig Justizminister und Präsident des House of Lords || **Justizwesen** *Judicature*

KAAG

KAAG [Abbr] **Gesetz über Kapitalanlagegesellschaften** *German Investment Company Act*

Kaffee *coffee* ‖ **feste Auszüge aus Kaffee** *solid extracts of coffee* ‖ **entkoffeinierter Rohkaffee** *decaffeinated raw coffee*

Kaffeessenzen [KaffeeSt/D] *extracts of coffee* ‖ **Kaffeekonzentrate** *concentrates of coffee* ‖ **Kaffeeröster** *coffee-roasting firm* ‖ **Kaffeesteuer** [SteuerR/D] *coffee tax*

Kalenderjahr *01.01.-31.12.* ‖ *calender year* ‖ *365 days* [except leap year] ‖ *12 months* —> Wirtschaftsjahr

Kaliber [Bal] *bore* ‖ *calibre* ‖ *(diameter of) bore* ‖ [Meßwerkzeug] *gauge* ‖ **Kleinkaliber** [Bal] *small bore* Kaliber 5,6 mm [GB] [=.22 "]

Kalirosalz [SalzStG] *potassium salt*

Kalkulationsabteilung *cost department* ‖ **Kalkulationszinsfuß** *discount rate* In Dividendenbewertungsmodellen zur Abzinsung der Dividendenströme angewendete Zinssatz. [InvR] Der zur Abzinsung der Zahlungsströme einer Investition [Einzahlungsüberschüsse] angewendete Zinssatz [entspricht der Rendite der besten Investitionsalternative] ‖ [InvR] *interest rate* Zur Abzinsung der Zahlungsströme einer Investition angewendete Zinssatz

kalte Aussperrung [ArbR] *lockout by stealth* —> Streikparagraph :: strike clause

Kammer *Chamber* —> Industrie- und Handelskammer ‖ Parlament ‖ [ArbR] Berufsverband *professional association* —> Handwerkskammern ‖ **Kammergericht** [Berlin] —> [Jus/D] Oberlandesgericht

Kampfparität [ArbR] *equality of fighting power* 1955 vom Bundesarbeitsgericht festgestellte Prinzip bei Arbeitskampfmaßnahmen (Streik/Aussperrung) —> Sozialadäquanz ‖ Gebot der Verhältnismäßigkeit

Kanaltunnel [GB/F 1994] *Eurotunnel* ‖ *Channel tunnel*

Kanalwechsel —> Zapping

kann können *to be capable of* ‖ **kann nicht einem Schiedsverfahren unterworfen werden** *is not capable of settlement by arbitration*

Kannvorschrift *discretionary regulation* —> Mußvorschrift

Kanonenschußregel [Mar] *cannon-shot rule*

kanonisches Recht der Katholischen Kirche *canon law*

Kanzleidirektor des Parlaments [GB] *clerk of the Parliament[s]*

Kanzler [arch] *Chancellor* —> Bundeskanzler

Kapazitäten [ungenützte ~] [idle] *capacity* ‖ **Kapazitätsengpaß** [Prod] *bottle-neck* ‖ **Engpässe lindern** *to ease bottlenecks* ‖ **Kapazitätsplanung** *capacity planning*

Kapital *capital* ‖ **über Kapital verfügen** *to command capital* ‖ **eingefordertes Kapital** *called-up capital* ‖ **nicht eingefordertes Kapital** *uncalled capital* ‖ **Erhöhung des gezeichneten Kapitals von [...] auf [...]** *to increase the capital stock by DM 74 million to DM 640 million* ‖ **Fremdkapital** *borrowed capital* ‖ *loan capital* ‖ **Fremdkapitalgeber** *debt supplier* ‖ **Grundkapital blieb mit 256 Mio DM unverändert** *capital remained unchanged at DM 256 million* ‖ **Stammkapital der AG** *authorized capital* —> nominal registered capital als Grundkapital der AG. Bessere Übersetzung für Grundkapital ist jedoch "equity capital"

Kapitalabflüsse *capital outflows* ‖ **Kapitalanlage mit Versicherungsschutz** [InvF] [VersR] *life linked investment* ‖ **Kapitalanlagegesellschaft** *investment trust* ‖ **Kapitalaufwand** zum Ersatz verbrauchter Waren —> erfolgswirksame Kosten

Kapitalberichtigungsaktien *stock dividend* zur Kapitalerhöhung aus Gesellschaftsmitteln —> syn.: Gratisaktie ‖ **Kapitalbeteiligung** *participation* ‖ **Kapitalbilanz** [Bbank] *capital account* ‖ **Kapitalbindung** [InvR] *capital tie-up* Festlegung von Kapital in Vermögensgegenständen ‖ **Kapitalbudget** [InvR] *capital budget* Budget für alle Investitionsvorhaben für einen bestimmten Zeitraum [i.d.R. 12 Monate]

Kapitaldecke ist gering über wenig Kapital verfügen *with little command of capital*

Kapitaleinsatz [InvR] *[amount of] capital to be invested* ‖ **Kapitaleinzahlungsverpflichtungen** *capital payment obligations* ‖ **Kapitalerträge** *capitals* ‖ **Kapitalertragsteuer** [SteuerR] *capital yields tax* originally levied at 10% was abolished as of July 1, 1989 by the Law amending the Tax Reform Law —> withdrawal tax :: Quellensteuer ‖ **kleine Kapitalertragsteuer** *withholding tax* —> Quellensteuer ‖ **Kapitalexport** [Bbank] *export of capital*

Kapitalflußrechnung [arch] [arch] *funds [flow] statement* ‖ [arch] *source and use of funds statement* ‖ [heute:] *statement of changes in financial position* —> Bewegungsbilanz

Kapitalgeber *factor* i.d.R. ein Finanzierungsinstitut im Factoring —> factoring ‖ **Kapitalgesellschaft** [Oberbegriff] *joint stock company* ‖ *commercial law entity* [AuxT] [SteuerR/D] hauptsächlich Aktiengesellschaften (AG), GmbH, KGaA und GmbH&Co KG etc.

Kapitalkosten [InvR] *cost of capital* keine Deckung mit betriebswirtschaftl. Kostenbegriff —> costs :: Kosten[begriff]. Die Kapitalkosten sind identisch mit der von den Kaptialgebern erwarteten bzw. geforderten Mindestrendite —> Renditeforderungen, i.d.R. Gesamtkapitalkosten = Eigenkapitalkosten + Fremdkapitalkosten (i.d.R. ein gewichteter Durchschnittssatz [weighted-average cost of capital] je nach Anteil der Fremdkapitalkosten) ‖ **Eigenkapitalkosten** [InvR] *cost of equity* ‖ **Fremdkapitalkosten** [InvR] *cost of debt* Zinsen + Nebenkosten des Fremdkapitals —> Kapitalkosten

Kapital-Leasing-Geschäft [Leas] *capital lease* —> Capital leasing

Kapitalmarkt *forward market for loans* || *capital market* || **Kapitalmarktsätze** [BankW] *rates in the capital market* || **[langfristige] Kapitalmarktzinsen** *long-term interest rates*

Kapitalrationierung [InvR] *capital rationing* Beschränkung der für das Investitionsbudget zur Verfügung stehenden Mittel || **Kapitalrückfluß** [InvR] *capital recovery* Wiedergewinnung des investierten Kapitals durch Einnahmen aus dem Investitionsobjekt. || **Kapitalrückfluß-Matrix** [InvR] *payoff matrix* || *pay back matrix* || **Kapitalrückflußmethode** [InvR] *payback method* Ermittlung der Amortisationsdauer einer Investition, d.h. des Zeitraums, in dem das investierte Kapital durch Rückflüsse in Form von Gewinnen und Abschreibungen zurückgewonnen wird; da keine Aussage über Rentabilität der Investition, i.d.R. nur ergänzende Hilfsrechnung || **Kapitalrückzahlung** [BRD] *return of capital* Rückzahlung von Grundkapital an die Aktionäre [i.R. einer Kapitalherabsetzung nach §§ 222 ff. AktienG]. [USA] Rückzahlung von paid-in capital (—> Eigenkapital) an die Aktionäre. —> liquidating dividend ist unzutreffend, da es sich dabei in Wirklichkeit um keine Dividende handelt || **Kapitalrückzahlungsrate** *prime installment*

Kapitalstruktur *capital structure* Zusammensetzung des Gesamtkapitals der Unternehmung aus Eigen- und Fremdkapital || **Kapitalstrukturrisiko** *leverage risk* Risiko, das sich aus einem übermäßigen Anteil des Fremdkapitals am Gesamtkapital ergibt

Kapitalverkehr [langfristiger ~] [Bbank] *long-term capital transactions* || **Kapitalverkehrsteuer** [SteuerR/D] *capital transactions tax*

Kapitalwachstum [InvF] *compound growth* Anlageergebnis unter Berücksichtigung der investierten Kapitalerträge **Kapitalwert** [InvR] *present value* —> Barwert || Dividendenbewertungsmodelle || Kapitalwertmethode. Der auf den Bezugszeitpunkt abgezinste Wert künftiger Zahlungsströme. [Pension] Barwert einer —> Pensionsverpflichtung ist der auf den Bewertungsstichtag abgezinste Wert der künftigen —> Pensionsleistungen || **Kapitalwertmethode** [InvR] [Abbr] *NPV net present value method* klassisches dynamisches Verfahren der —> Investitionsrechnung, bei dem die Netto-Zahlungsströme [=Differenz zwischen Einnahmen und Ausgaben] einer Investition auf den Bezugszeitpunkt abgezinst werden. Ermittelt wird ein absoluter Betrag, i.G.z —> Methode des internen Zinsfußes, bei der ein Prozentsatz ermittelt wird. Ermittelt wird der Kapitalwert je DM [eingesetzten Kapitals, d.h. Anschaffungsausgaben] eines möglichen Investitionsvorhabens. Bei Durchführung der Investition müssen die zurückfließenden Beträge [für die Lebensdauer des Investitionsobjekts] unverzüglich wieder angelegt werden und einen Gewinn mindestens in Höhe des Kalkulationszinsfußes bringen

Kapitel *chapter*

Kapitulation *surrender*

Karat *carat* [Abbr] *c* [1 metrisches K. = 0,2 g] —> Feingehalt || Troy ounce

Karenzfrist *waiting period* —> Wartefrist

Kartell *cartel* || *trust* || **Kartellab-**

sprache *cartel agreement* ‖ **Kartellbehörde** [USA] *Federal Trade Commission* [Abbr] *FTC* Antitrust Division (Abteilung des Justizministeriums). Errichtet 1914 nach dem Federal Trade Commission Act mit Sitz in Washington mit Aufgaben zur Verhinderung von Preiskartellen, unlauterer Werbung, etc. betraut. Andere Gesetze sind Clayton Act, Robinson-Patterman Act und Sherman Antitrust Act —> Bundeskartellamt ‖ **Kartellentflechtung** *decartellization* ‖ **Kartellgericht** *Restricted Practices Court* Gericht für Wettbewerbsbeschränkung nach dem Restricted Practices Act, 1956 ‖ **Kartellgesetz** *cartel law* ‖ *Antitrust law* —> Sherman Antitrust Act ‖ Unternehmenszusammenschlüsse

Karussellgeschäft [Bbank] *roundabout transaction* Kombination eines Kapitalexports, bei dem die Kurssicherung durch ein Geschäft mit der Bbank erfolgt, mit einem Kapitalimport, bei dem die zur Tilgung benötigten Termindevisen auf dem freien Terminmarkt gekauft werden

Kassageschäft *spot* in commodity trading and in foreign exchange the immediate delivery —> Kassahandel ‖ **Kassahandel** [Bör] *spot trading* the cash sales for immediate delivery in contrast to trading in —> futures ‖ **Kassakonto** [Buchf] *cash account* ‖ *cash on hand* ‖ **Kassakurs** [Bör] *spot price* Preis für ein —> Kassageschäft, das unmittelbar nach Abschluß [BRD] spätestens jedoch am zweiten Börsentag nach dem Schlußtag zu erfüllen ist [Bezahlung bzw. Lieferung]

Kasse [Vers] *health insurance* ‖ *sick fund* ‖ [Buchf] *fund* ‖ *cash* —> Barmittel i.e.S. Bargeld (coins and bank notes) ‖ i.w.S. Zahlungsmittel (coins, bank notes, demand deposits) ‖ als Betriebsabteilung *cash office*

Kassen[...] *financial* ‖ *cash* ‖ **Kassenausgangsbeleg** [Buchf] *petty cash voucher* Formular für die Geldentnahme aus der —> Handkasse

Kassenbeamte [Bank] Kassierer *teller* ‖ *cashier* ‖ **Kassenbestand** [Buchf] *cash in hand* ‖ *cash on hand* ‖ *cash balance* Bestand an Bargeld bzw. Zahlungsmitteln bei dem die Kosten der Kassenhaltung minimiert und der Ertrag aus kurzfristiger Anlage überschüssiger Gelder maximiert wird ‖ **optimaler Kassenbestand** *optimal cash*

Kassendisposition —> Cash Management

Kassenführer [Verein] —> Kassenwart

Kassenhaltung *cash holding* ‖ *holding of cash balance* i.e.S. Halten von Zahlungsmittelbeständen ‖ **Kassenhaltungsmodelle** *cash management models* Mathematische Modelle zur Bestimmung des optimalen Kassenbestands ‖ **Kassenhaltungsmotive** [Keynes] *motives for holding cash* drei Motive: 1) Transaktionsmotiv: zur Deckung des Liquiditätsbedarfs i.R.d. normalen Geschäftsverkehrs :: [transaction motive] ‖ Vorsichtsmotiv: Schaffung eines Liquiditätspolsters [liquidity cushion] für unerwarteten Liquiditätsbedarf ‖ Spekulationsmotiv: Ausschöpfung von Anlagemöglichkeiten [speculative motive] ‖ **Kassenhaltungspolitik** *cash management policy* Maßnahmen zur Minimierung der Kassenbestände und Maximierung der Erträge aus der kurzfristigen Anlage überschüssiger Gelder sowie Beschleunigung der Zahlungseingänge :: speeding up cash receipts und Verzögerung der Zahlungs-

Kassenkredit — Kauf-Rückvermietung

ausgänge :: slowing down cash disbursements ‖ **Kassenhaltungstheorie** *cash management theory* Finanzdispositionen, mit denen die Unternehmung anstrebt, bei jederzeit gesicherter Zahlungsfähigkeit die Kosten der Kassenhaltung zu minimieren und den Ertrag aus der kurzfristigen Anlage überschüssiger Gelder zu maximieren

Kassenkredit *financial credit*

Kassentransaktionen der zentralen öffentlichen Haushalte [Bbank] *cash transactions of the central and regional authorities*

Kassenüberschuß *cash surplus*

Kassenverein gemeinsame Verrechnungsstelle *clearing house*

Kassenwart *treasurer*

Katastrophenschutz —> Bundesverwaltungsbehörde für den Katastrophenschutz

Kategorie Bereich ‖ Gruppe ‖ Art *category (a) of Art. I, paragraph 1*

Kauf *purchase*—> Hire-Purchase ‖ —> Kaufvertrag ‖ **Kaufantrag** *application of purchase* —> Promessenanträge ‖ **Kaufanreiz** [Verp] *sales appeal*

Käufer *purchaser* ‖ **Käuferkredite** —> Bestellerkredite ‖ **Käufer einer Liegenschaft** *vendee* ‖ **Käufermarkt** Buyer Market *buyer market* Angebotsüberhang am Markt gegenüber Kaufinteresse

Kauffrau *feme sole trader* ‖ woman shopkeeper

Kaufgegenstand *goods* —> Sache

Kaufinteressenten —> Kauflustige

Kaufkraft *purchasing power* —> Verkehrswert ‖ **Kaufkraftabschöpfung** *skim off surplus purchasing power* ‖ **Kaufkraftparität** *purchasing power parity* —> Big-Mäc-Index

Kauflustige *prospects* [arch für] [Kauf-]Interessenten ‖ *potential customer*

Kaufmann [Handel] *trader* ‖ Einzelhandelskaufmann *sale trader* ‖ *retailer* ‖ *retail dealer* ‖ **kaufmännisch** handelsüblich *commercial* ‖ **Kaufmiete** [Leas] *credit bail* Leasingverträge ohne Kaufverpflichtung des Leasinggegenstandes bei Ablauf der Leasingzeit

Kaufoption [Bör] *call* Optionskontrakt, der einem Käufer gegen den Optionspreis (Prämie) das Recht [aber nicht Verpflichtung] einräumt, innerhalb einer best. Frist eine best. Anzahl von Aktien zum Basispreis zu erwerben. Der Verkäufer der Kaufoption (Stillhalter) ist dann verpflichtet, den Basiswert (sprich, die zugrundeliegenden Wertpapiere) gegen den Basispreis zu liefern. Kaufoption wird zweckmäßigerweise bei hoher Kurserwartung gekauft, wobei das Risiko bei enttäuschter Kursentwicklung bis zu 100% des Kapitaleinsatzes betragen kann

Kaufpreis *price* —> Minderung ‖ Wandelung

Kauf-Rückvermietung [Leas] *sale and lease back* —> Sale and Lease-Back Contract

Kaufsteuer *purchasing tax*

Kaufvertrag *sale* allgemeine Regelung im Uniform Commercial Code [Art. 2] ‖ *contract of sale* ‖ **Kaufvertrag unter Eigentumsvorbehalt** aufschiebend bedingter Kauf *conditional sales contrac*

Kausalzusammenhang —> adäquate Verursachung ‖ Haftung

Kautabak [TabakStG] *smokeless tabacco* ‖ *chewing tobacco*

Kaution[szahlung] *deposit* ‖ **Kaution** [StrafR] amount of *bail* ‖ *bond* ‖ [beim Vertrag] *bailment* —> lease deposit ‖ [MietR] *security* ‖ **Kautionsversicherung** *suretyship class of insurance*

Kelter *winepress*

Kellerwechsel *kite-flying* Wechselziehung auf fingierte oder insolvente Personen (Annahme gegen Vergütung). Nach § 263 unrechtmäßiger Vermögensvorteil (Betrug) ist die Verwendung strafbar, Kellerwechsel sind jedoch formgültig ‖ *wind-bill* illegaler Gefälligkeitswechsel z. B. für eine Scheinfirma

in Kenntnis [VölkR] *noting* ‖ **jmd. eine Erklärung zur Kenntnis bringen** *to communicate a declaration to* ‖ **in Kenntnis setzen** *to inform* ‖ **zur Kenntnisnahme, daß** [...] *having noted* —> Mitteilung

Kennzahlen [BWL] *key numbers* [absolute Zahlen (z. B. Umsatz, Vorräte etc.) ‖ i.e.S. *ratios* (=Verhältniszahlen)

Kennzeichen *characteristic* ‖ *mark*

‖ *sign* ‖ *note* ‖ [PatR] *distinguishing feature* ‖ **polizeiliches Kennzeichen** *number plate* ‖ [USA] *license number*

Kernleder *solid leather* ‖ **Kernobst** *malaceous fruit*

kerzenförmig [Tech] *candle-shaped*

Kette Folge ‖ Rangfolge *chain* ‖ **Warenhausketten** *chain department stores*

KG a.A. [BRD] [Abbr] —> **Kommanditgesellschaft auf Aktien** *partnership limited by shares*

KGV *PER* [Abbr] [Bör] *price-earnings-ratio* :: **Kurs-Gewinn-Verhältnis**

Kind ‖ **Kinder[...]** *child* ‖ *offspring* ‖ **das zu berücksichtigende Kind** [SteuerR/D] *eligible child* ‖ **ehelich geborenes Kind** *born in wedlock* [§ 1616 BGB] ‖ **nichteheliches Kind** *illegitimate child* [USA] *bastard* [selten gebraucht]. Das i. child hat seinen domicile of origin bei der Mutter ‖ **unehelich geborenes Kind** *born out of lawful wedlock* illegitimate, that which is contrary to law (term is usually applied to children born out of lawful wedlock)

Kinderfreibetrag [SteuerR] *child allowance* —> Baukindergeld

Kindesaussetzung [§ 221 StGB, Aussetzung Hilfloser] *exposure of child*

Kindestötung *infanticide* [§ 217 StrafR/D] Bestrafung der Mutter, die ihr [uneheliches] Kind während oder nach der

Kirchenangehörigkeit — Kleinverkaufspreis

Geburt tötet [nach den Wehen]. [USA] Oberbegriff: *Prolicide*, d.h. Tötung von Abkömmlingen. Unterteilt nach *feticide*, d.h. Tötung des fetus in utero, und *infanticide*, d.h. Tötung des Neugeborenen

Kirchenangehörigkeit [SteuerR/D] *church affiliation* || **Kirchengemeinde** *church community* || **Kirchengericht** *Ecclesiastical Court* These courts exercise a measure of control of the clergy of the Church of England || **Kirchenpräsident** [in R.-P. und N.-W.] —> Präses || **Kirchensteuer** [SteuerR/D] *church tax* || **kirchlich heiraten** —> Trauung

Kirschmaische *cherry mash*

Klage einreichen anhängig machen *to commence* [action / suit / claim] || **sich auf eine Klage einlassen** *to enter an appeal* || **Erfüllungsklage** *action of performance* || **Feststellungsklage** *action for a declaratory judgement* || **Klage nach Billigkeitsrecht** *action of an equitable nature* || **Schadensersatzklage aus unerlaubter Handlung** *action for trespass*

Klagebefugnis *right of action* || **Klagebefugnis nach Billigkeitsrecht** *actions in equity* —> Vertragserfüllung || performance || **Klagebegehren** *plaintiff's claim* —> Schriftsätze :: pleadings || **Klagebegründung** *statement of claim* || **Klageerwidrigung** [USA] *answer* || **Klagegegenstand** *[cause] of action*

Kläger *plaintiff*

Klagerecht *title* || *right of action*

Klartext[daten] [EDV] *clear data* || *plaintext*

klassifiziert *classified* —> Nomenklatur

Klatsch[küche] *[false] rumors* —> Gerüchte

Klausel *proviso* —> Bedingung || *stipulation* || *clause*

Klebeetikett *label* —> Haft-/Hängeetikett

klein *small* || *short* || **kleine Gemeindesteuern** *minor municipal taxes* || *local taxes* || *polling taxes* —> Bagatellsteuern || **kleine Kapitalertragsteuer** *withholding tax* —> Quellensteuer

Kleinanzeige *classified advertisement* || *classifieds* —> Anzeige || **Kleinerzeuger** [EG] *small-scale producer* Erzeuger mit einer Jahres-Referenzmenge bis zu 60.000 kg :: producers with an annual reference production not exceeding 60,000 kg || **Kleinkaliber** [Bal] *small bore* Kaliber 5,6 mm [GB] [=.22 "] || **Kleinkredit** *micro credit* || **Kleinunternehmen** *small business* || Finanzierungsprogramm durch die Gewährung von Garantien für Forderungskäufe zur **Förderung der Exporte von Kleinunternehmen** *Small Business Program* || **Garantie an Kleinunternehmen für mittelfristige Güterexporte** [Ex] *small business - medium-term policy* || **Pauschalgarantie an Kleinunternehmer für kurzfristige Güterexporte** [Ex] *small business - short-term policy*

Kleinverkaufspreis [SteuerR/D] Einzelhandelspreis *retail price* ‖ **geschlossene verkaufsfertige Kleinverkaufsverpackung** *closed and sealed retail packages*

Klima *climate* ‖ **Klimastudie** [Man/Org] *climate survey* a means of evaluating employees' [dis-]satisfaction with organizational elements

klinisch *clinical* ‖ **klinischchemischer Befund war unauffällig** *clinical and biochemical test were uncontributory* ‖ **klinische Bewertung** *clinical assessment* ‖ **klinische Verträglichkeit** *clinical acceptability*

Know-How *know-how* —> Stand der Technik

Knüppel *blackjack* [coll] Totschläger

Koalitionsfreiheit *open shop* [Art. 9 III GG] In den USA die Koalitionsfreiheit, einer Gewerkschaft fernzubleiben und deshalb jedoch nicht den Arbeitsplatz zu verlieren [wie bei closed shop bis 1947 —> Taft-Hartely Act]. Positive open shop ist das Recht der freien Organisation /Zugehörigkeit zu einer Interessensvertretung. Seitens der Arbeitgeber ist nach dem National Labor Relations Act die Ausübung von Druck auf den Arbeitnehmer untersagt, diesen unterschriftlich zum Nicht-Eintritt in eine Gewerkschaft zu zwingen, sog. Yellow dog contract ‖ **Koalitionszwang** *union shop* ‖ *closed shop*—> Taft-Hartely Act

Kodex *code* —> Liberalisierungskodex ‖ BRAO ‖ Grundsätze des anwaltlichen Standesrechts ‖ Internationale Verhaltensregeln für die Werbepraxis

Kodezision [EG] *co-decision* Mitentscheidungsverfahren nach Maastricht

Kodizill [BRD/ErbR] *codicil* (heute in der BRD nicht mehr gebräuchlicher Begriff für eine unter Zeugen errichtete erleichterte Form der letztwilligen Verfügung —> Testament

Kohle Steinkohle *coal* ‖ Brennstoff *solids* ‖ **Kohlefilter** *charcoal filter* ‖ **Kohlekraftwerk** *coal power station* ‖ **Kohlendioxid** [Chem] *carbon dioxide* ‖ **kohlensäurehaltig** [Chem] in Getränken *containing carbonic dioxide* ‖ *carbonated*

Kollektivbeleidigung *group libel* ‖ **Kollektivvereinbarung** *collective agreement* —> Tarifvertrag ‖ **Kollektivvertrag** [Österr] —> Tarifvertrag

Kollo [pl.: Kolli] *package* —> Packstück ‖ Packung

Kolloquium [Uni] —> Lehrveranstaltung

kombinierter Rentenversicherungssparbrief [InvF] *income and growth bond* ‖ *income bond* Rentenversicherungssparbrief mit laufender Ausschüttung [und Rückzahlung des Nominalwertes am Ende der Laufzeit] ‖ **kombinierter Transport** *combined transport* ‖ **kombinierte Wertpapieremission** [Bör] z.B. gleichzeitige Ausgabe von Aktien und Aktienbezugsscheinen

Kombipackung [Verp] *combination package*

Komitee *committee* —> Ausschuß ‖ **Komitee des Roten Kreuzes** *Com-*

Kommandanten — Kommissionär

mittee of Red Cross

Kommandanten —> militärische Kommandanten ‖ Stadtkommandanten von Berlin

Kommanditaktionär *limited [liability] shareholder* (of a limited partnership) —> Kommanditgesellschaft auf Aktien [KGaA]

Kommanditgesellschaft [Abbr] **KG** [AuxT] *limited partnership* Personengesellschaft, deren Zweck auf den Betrieb eines Handelsgewerbes unter gemeinschaftlicher Firma gerichtet ist. Sie besteht aus einem oder mehreren —> Komplementären :: general partners [haften unbeschränkt] und mindestens einem —> Kommanditisten :: limited oder special partner [haften nur mit ihrer Einlage] ‖ **Kommanditgesellschaft auf Aktien** [Abbr] **KGaA** *partnership limited by shares* Rechtsform als Kombination aus Kommandit- und Aktiengesellschaft. Die KGaA hat mindestens einen [unbeschränkt haftenden] Komplementär und Kommanditaktionäre, die am in Aktien angelegten Grundkapital beteiligt sind, ohne persönlich für die Verbindlichkeiten der Gesellschaft zu haften. Legal form combining limited partnership and company limited by shares. There is at least one general partner with unlimited liability, and limited shareholders who have an interest in the company's equity capital divided into shares and who are not personally liable for the compay's obligations

Kommanditist [KG] *limited partner* Gesellschafter einer Kommanditgesellschaft, dessen Haftung gegenüber den Gesellschaftsgläubigern auf den Betrag einer bestimmten Vermögenseinlage beschränkt ist —> Komplementär. A partner in a limited partnership whose liability in respect of the partnership's creditors is limited to the specific amount of his contribution

Kommentar am Rande *note* ‖ *remark* —> dictum

kommerziell bedingter Schaden *commercial loss* ‖ **kommerziell nutzbringend einsetzbar** [PatR] *effectively and commercially used* ‖ **kommerzielle Objekt[e]** [InvF] gewerbliche Liegenschaft[en] *commercial property*

Kommission *commission* ‖ **Kommission einsetzen** *establish a commission* ‖ **gemeinsame Kommission** *joint commission* ‖ **in der Kommission zugelassene Länder** [≠ "Kommissionsländer!"] *countries admitted to the commission* ‖ **Ständige Kommission** *permanent commission*

Kommission für den Internationalen Grundwarenhandel *Commission on International Commodity Trade* ‖ **Kommission für Menschenrechte** *commission on Human Rights* ‖ **Kommission für Technische Zusammenarbeit** *Commission for Technical Co-operation* ‖ **Kommission zur Überwachung der Nichtdiskriminierung von Angestellten und Arbeitern bei ihrer Einstellung und Beschäftigung** [USA] *Fair-Employment-Practices-Committee* [Abbr] *FEPC*

in Kommission [Ware] *on sale or return*

Kommissionär *factor* hat die Ware, die er verkauft, im Besitz und handelt i.G.z. Makler (broker) in eigenem Namen

—> Broker ‖ **Kommissionslager** *stock of consigned merchandise* ‖ **Kommissionsnummer** *reference number [n°] of supplier* ‖ **Kommissionsware** *consigned merchandise* —> Konsignationsware [bes. im Außenhandel]

Kommunal[-...] *communal* —> Gemeinde[-...] ‖ **Kommunalanleihen** *municipal bonds* ‖ **kommunale Gebietskörperschaften** [VwO/D] *local area authority* ‖ *local government body* —> Selbstverwaltungskörperschaft ‖ *territorial authority* —> Körperschaften des öffentlichen Rechts besitzen Gebietshoheit, Allmitgliedschaft und Allzuständigkeit. Die Mitgliedschaft ergibt sich für natürliche Personen aus dem Wohnsitz; für juristische Personen aus ihrem Sitz, z.B. Staat (Bund und Länder), Gemeinden, Gemeinde-[Kommundal-]Verbände (z. B. Landkreis). Samt- oder Verbandsgemeinden und Verwaltungsgemeinschaften sind keine G., da die Gemeinden selbst, und nicht die Einwohner Mitglieder sind ‖ **kommunales Leasing** *municipal leasing*

Kommunalobligationen *local authorities' bonds* ‖ **Kommunalverband** [VwO/D] *Association of communes* Zusammenschluß mehrerer kleiner Landgemeinden zu einer lokalen Verwaltungsgemeinschaft ‖ **Kommunalverwaltung** [VwO/D] *communal administration* ‖ *communal local government authorities* nicht-staatliche, kommunale Verwaltung der Gemeinden und Gemeindeverbände

Kommunikation *communication* ‖ **defensive Kommunikation** *defensive communication* ‖ **Einwegkommunikation** *one-way communication* ‖ **formelle Kommunikation** *formal communication* ‖ **informelle Kommunikation** *informal communication* ‖ **Kommunikation innerhalb der Führungsebene** *lateral communication* ‖ **wirksame Kommunikation** *effective communication* ‖ **Zweiwegkommunikation** *two-way communication* ‖ **Kommunikation zwischen unterschiedlichen Führungsebenen** *diagonal communication*

Kommuniqué *agreed declaration* gemeinsam abgestimmte Erklärung

kompatibel *compatible* ‖ **nicht mit allen kompatibel** *restricted* compatibility

Kompetenz *competence* ‖ [Man/Org] *personal and functional authority* ‖ **Kompetenzordnung** [Man/Org] *relationships* ‖ **geregelte Kompetenzordnung** [Man/Org] *formal organisation*

Komplementär [§§ 161 I, 164 HGB § 278 AktG] *general partner* Natürliche oder juristische Person, die als Gesellschafter einer Kommanditgesellschaft oder einer Kommanditgesellschaft auf Aktien für deren Verbindlichkeiten mit ihrem vollen Vermögen haftet. Rechtsstellung entspricht der eines Gesellschafters der OHG. Umstritten ist die Komplementär-Eigenschaft bei einer GmbH u. Co —> Kommanditist

Komplikationen *complication* ‖ *problems* ‖ **komplikationslos** *safe* ‖ **Komplikationsträchtigkeit des Eingriffs** [Med] *taking into consideration the possible complications of this procedure*

Kompromißformel *compromise formula*

Konferenz *meeting* ‖ **Konferenz [tagung]** *session* ‖ **Konferenzteilnehmer** *member of the conference*

Konfiskation —> Entziehung des Eigentums zugunsten des Staates ‖ Beschlagnahme ‖ **Konfiskationsrisiko** *risk of confiscation*

Konfliktbereinigung *managing conflicts* ‖ **Konfliktlösung** —> Konfliktbereinigung

königlicher Haushalt *royal household* ‖ **Königsgerichte** [arch] [GB] [periodisch reisende] *travelling justices* Die Commission of Assize verhandelte ursprünglich in den Königsgerichten von Westminster. Im Laufe der Zeit wurde es immer schwieriger, einen Anhörungstermin in Westminster zu erhalten, wodurch königliche Richter gezwungen wurden, als reisende Richter im ganzen Land tätig zu werden. Mit der Gerichtsreform unter Heinrich II (1154-89) erfolgte u.a. eine Aufteilung der Gerichtsbezirke —> circuits und diese itinerant justices wurden zur ständigen Einrichtung ‖ **Königshöfe** *royal courts* ‖ **[Königs]palast** *royal palace* ‖ **Königspfalz** [arch] *royal palace* die Pfalz war im Frankenreich und mittelalterlichen Deutschen Reich schloßartige Wohnsitze der Könige bzw. Kaiser (Kaiserpfalz)

Konjunktur *general business conditions* ‖ **Konjunkturauftrieb** *economic upswing* ‖ **Konjunkturausgleichsrücklage** [Bbank] *anticyclical cash reserve* Bei der Bundesbank angesammelte unverzinsliche Guthaben des Bundes und der Länder. Nach Festlegung im Haushaltsplan bzw. durch Rechtsverordnung der Bundesregierung haben bei einer volkswirtschaftliche Leistungsfähigkeit übersteigende Nachfrageausweitung Bund und Länder zur Erreichung der Ziele des Stabilitätsgesetzes der K. Mittel zuzuführen bis zu 3 v. H. der jährlich erzielten Steuereinnahmen. Ferner soll K. bei abgeschwächter Konjunktur im Interesse des gesamtwirtschaftlichen Gleichgewichts zusätzlichen Ausgaben ermöglichen ‖ **Konjunkturdynamik** *economic dynamism* ‖ *momentum of business activity* ‖ **unter dem Eindruck der kräftigen Konjunkturdynamik** *reacting to the strong economic dynamism* ‖ **konjunktureller Einbruch** *slowdown in dynamic economic growth* ‖ *economic slowdown* ‖ **Konjunkturrat** [Bbank] *[interministerial] Economic Policy Council* Für die öffentliche Hand durch das Stabilitätsgesetz [§18] eingeführtes Beratungsgremium, berät alle zur Erreichung der Ziele des Stabilitätsgesetzes erforderlichen konjunkturpolitischen Maßnahmen sowie die Möglichkeiten der Deckung des Kreditbedarfs der öffentlichen Haushalte ‖ **Konjunkturstütze** *under-pinning of the economy* ‖ *stabilization of the economy* ‖ *economic stability* ‖ **Konjunkturtief** *the economy is in a downswing* ‖ *economic activity is declining*

konkrete Vertragserfüllung *specific performance* Nach Common Law kann Schadensersatz nur in Geldform erfolgen. Das Billigkeitsrecht kennt unter engen Voraussetzungen die Möglichkeit der specific performance als Anspruch auf die konkrete Erfüllung der vertraglichen Verpflichtungen. Besondere Bedeutung aufgrund der Tatsache, daß Engländer grundsätzlich bei Schadensersatz an eine Form der Entschädigung in Geld denken. [U.C.C. §§ 2-71 (2-711 (2)(b), 2-

716] Doktrin, nach der eine Heilung eines Vertragsbruchs durch Schadensersatzleistung in Geld aufgrund der besonderen Umstände des Vertrages als nicht ausreichend angesehen wird [z.B. Grundstücksübertragung] und daher auf eine effektive Vertragserfüllung erkannt wird [Fed.R. Civil P. 70], d. h. es wird [gerichtlich] auf die Erfüllung der vereinbarten Vertragsbedingungen bestanden

Konkurrenzverbot [§ 60 HGB für Handlungsgehilfen und § 88 AktG für Vorstandsmitglieder, § 112 HGB, § 165 HGB] *restrictive covenant*

Konkurs *bankruptcy* ‖ **Eröffnung des Konkursverfahrens beantragen** *to file* or *to apply for bankruptcy proceedings*

Konkursdividende *dividend [in bankruptcy]* —> Konkursquote = der vom Konkursverwalter auf die Forderungen der Konkursgläubiger nach Verwertung der Konkursmasse ausgeschüttete Prozentsatz. Nicht bevorrechtigte Gläubiger erhalten wegen des Vorrechtes des Fiskus oft keine oder nur eine niedrige Dividende. Bei Abschlagsverteilungen wird die Höhe der Dividende vom Konkursverwalter (oder auf seinen Antrag ggf. vom Gläubigerausschuß) bestimmt.—> *creditors first meeting* —> erste Gläubigerversammlung ‖ *chapter 7/11*

Konkurseröffnungsantrag *to file a petition in bankruptcy* ‖ **Konkurseröffnungsbeschluß** *adjudication of an act of bankruptcy*

Konkursgericht *bankruptcy court* ‖ **Konkursgläubiger** —> Versammlung der Konkursgläubiger

Konkursmasse *estate in bankruptcy* ‖ *assets*

Konkursrecht *Bankruptcy Act* [USA] erstmals 1898, in rev. Fassung v. 1979 —> Chapter 11 und 13 (rehabilitation provisions) sowie U.S.C.A [United States Code Annotated] [GB] Bankruptcy Act 1914 sowie Insolvency Act 1976

Konkursrichter *referee in bankruptcy*

Konkursschuldner —> Gemeinschuldner ‖ **Konkurssperre** [USA] *automatic stay* Aussetzung aller Klageverfahren gegen den Gemeinschuldner bei Antrag auf Eröffnung des Konkursverfahrens durch den Gemeinschuldner selbst oder durch seine Gläubiger

Konkurstabelle *schedule of assets and liabilities [debts] in bankruptcy proceedings* Verzeichnis der Konkursforderungen nach Gläubiger, Rechtsgrund, Betrag, Konkursvorrecht und Beweisen. Dient zur Schaffung einer Übersicht über die angemeldeten Konkursforderungen, die zur Berücksichtigung grundsätzlich in der Konkurstabelle anzumelden sind —> Gläubigervorrang

Konkursverfahren *fortuitous bankruptcy* —> *liquidation* ‖ **über das Vermögen einer Person das Konkursverfahren eröffnen** *to adjudicate a bankruptcy* ‖ **Konkursverfahren über des Vermögen einer Person verhängen** *to be declared bankrupt* ‖ **Konkursverwalter** *[official] receiver* ‖ *trustee in bankruptcy* [GB] Wird anstelle des official receiver außeramtlich zum Konkursverwalter auf der ersten Gläubigerversammlung bestellt. [USA] ein vom Konkursgericht bestellter Treuhänder in einem Reorganisationsverfahren. Er wirkt als

Treuhänder und hat die Konkursmasse als Treugut [für alle] Gläubiger in Eigentum

Konnivenz [§ 357 StGB] *connivance* stillschweigendes Einverständnis und wissentliches Geschehenlassen

Konossement-Frachtbrief *consignment bill*

Konsignationslager *consignment stock* Form der Lagerwirtschaft. Ein auf Kosten des Konsignanten [Auftraggeber] bei einem Konsignatar geführtes Lager (im Freihafen ein sog. Freilager, dann werden nur Entnahmen verzollt), der in bestimmten Zeitabständen Warenentnahmen abrechnet und Zahlungen leistet. Der Konsignant [ausländischer Exporteur] übergibt meist Ware an den Konsignatar [deutscher Importeur] zwecks Absatzvermittlung (Kommissionsaufträge, dann Exportkommission) —> Auslieferungslager ‖ **Garantievertragszusatz für Verkäufe aus einem Konsignationslager im Ausland** [Eximbank] *sales out of consignment endorsement* ‖ **Garantievertragszusatz zur Deckung politischer Risiken aus der Einrichtung von Konsignationslagern** [Ex] *consignment endorsement* ‖ **Garantievertragszusatz für Verkäufe aus einem Konsignationslager im Ausland** [Eximbank] *sales out of consignment endorsement* ‖ **Konsignationslagerhaftungsrahmen** *consignment limit* a specific dollar amount per country, on a revolving basis, up to which the insured may have products in consignment stocks under a consignment endorsement ‖ **Konsignationsware** *commissioned merchandise* Gegenstand des im Welthandel praktizierten Kommissionsgeschäfts, bei dem der Konsignant [inländischer Exporteur] die Ware in das Konsignationslager des Konsignatars [ausländischer Verkaufskommissionär] liefert. Konsignant bleibt Eigentümer, bis Konsignatar die Ware ab Lager für Rechnung des Konsignanten verkauft hat, wofür der Verkaufskommissionär eine Provision erhält. Bei Verkauf aus Konsignationslager im Freihafen [dann Freilager] wird nur die jeweilige Entnahme verzollt

konsolidierter Jahresüberschuß [Bil] *consolidated net profit*

Konsortial[...] *member [...]* ‖ *syndicate [...]* ‖ **Konsortialfinanzierung** Mitfinanzierung *participation financing* ‖ **konsortialführende Bank** kreditabwickelnde Bank *agent bank* ‖ **Konsortialführer** *leading bank* ‖ **Neugeschäft bei mittel- und langfristigen Konsortialkrediten** *new business in medium and long-term international syndicated loans* ‖ **Konsortialvertrag** *underwriting agreement*

Konsortium [pl.] Konsortia *consortium* ‖ *syndicate* z. B.: bank syndicate :: Bankenkonsortium. Beispiel für Joint Venture [nicht mit "Syndikat" übersetzen]

Konstruktion nach dem Baukastensystem *unit box construction* ‖ **Konstruktionsmangel** *defect from faulty design*

konstruktiv *constructive* ‖ **konstruktive Kritik** [Komm] *constructive criticism*

Konsulatsfakturen *consular invoices*

Konsultation *consultation* ‖ [Völk]

Jede Vertragspartei leitet [tritt zu / nimmt auf] Konsultationen mit der Organisation ein *Any contracting party shall enter into consultation with the Organization* ‖ **Konsultationsstaat** *consulting state* [14er-Club des Antarktisvertrages]

Konsultativrat *Advisory Board* —> Rat ‖ *Advisory Council*

konsultieren *to consult*

nach Konsultierung —> Konsultation *after consulting*

Konsum *consumption* ‖ **Konsument** *consumer* ‖ **Konsumentenkredit** —> Konsumkredit ‖ **Konsumgenossenschaft** *consumers' coop[erative society]* ‖ **Konsumgüter-Leasing** [Leas] *consumer goods leasing* ‖ **Konsumkredit** *consumer credit* ‖ **Konsumtitel** [Bör] *consumer goods*

Kontakt knüpfen *to contact* ‖ **Kontakte vertiefen** *to intensify contacts*

Konterbande [Mar] *contraband*

kontinentaleuropäisch *on the continent*

Kontingentierung *restriction* ‖ *fixing of quotas* ‖ *allotment* ‖ *rationing*

Kontingenztheorie [Man/Org] *contingency theory*

Kontinuität *continuity* ‖ *stability*

Konto *account* —> Aufstellung ‖ Abrechnung ‖ Rechnungsbücher

Konto[...] ‖ **Kontoabhebung** *to draw [money from an account]*‖ **Kontoauszug** *statement of account* ‖ **Konto erkennen** —> gutschreiben ‖ **Kontokorrentkredite** *current account credit* ‖ [BankW] *sight credit* —> Kredit

[...]konto ‖ **Anderkonto** —> Kundenzahlung auf Anderkonto ‖ **Debitorenkonto** *debtor account* ‖ **Depositenkonto** *deposit account* für befristete Einlagen ‖ **Gemeinschaftskonto** [BankW] *joint account* ‖ **Girokonten** *current accounts* ‖ **Habenkonto** *credit account* ‖ **Kreditorenkonto** *creditor account* ‖ **laufende Kontenabrechnung** —> Einlagenabrechnung ‖ **Privatkonto** [Buchf] *drawing account* ‖ **Verrechnungskonto** *compensating account*

Kontraindikation [Med] Gegenanzeigen *contraindication*

Kontraktwert —> Vertragswert

Kontrolle *review* ‖ Planüberwachung *[management] control* ‖ *inspection* ‖ [Med] *patient management* ‖ **Kontrolle durch Aufsicht** [BWL/RW] *control by inspection* ‖ **Kontrolle durch Planabweichung** [BWL/RW] *control by exception* —> Bestandskontrolle ‖ Erfolgskontrolle ‖ Inprozeßkontrolle

Kontrolleur *comptroller* —> Bankenaufsichtsbehörde

kontrollieren [Sc] *to check up* —> beherrschen ‖ steuern ‖ leiten ‖ regeln ‖ regulieren *to control* ‖ **kontrolliertes Experiment** [Sc] *controlled experiment*

Kontrollmaßnahme [tägliche ~] *[day-to-day] monitoring* ‖ **Kontrollmeldung** [ZollW] —> Einfuhrkontrollmeldung ‖ **Kontrollmitteilungen** *tracer notes* —> Bankenerlaß :: banking decree ‖ **Kontrollrat** —> Alliierter Kontrollrat ‖ **Kontrollraum** *air plot* [auf Flugzeugträger] ‖ **Kontrollstelle** *board of control* ‖ **Kontrollterminplanung** —> Einbestellplan ‖ **Kontrollturm** —> Tower ‖ **Kontrolluntersuchung** [Med] *follow-up examination* ‖ *follow-up visit*

konventionell *conventional*

Konvertibilität *convertibility* DM ist seit 1959 voll konvertierbar, kann also unbeschränkt an den Devisenbörsen gehandelt werden ‖ **Konvertibilität für Gebietsansässige / Deviseninländer** *resident convertibility* ‖ **Konvertibilität für Gebietsfremde / Devisenausländer** *non-resident convertibility*

Konvertierung *conversion* ‖ [Umtauschen] einer Landeswährung gegen eine andere —> convertibility :: Konvertibilität ‖ **Konvertierungsrisiko** *risk of incovertibility* —> convertibility :: Konvertibilität ‖ **Konvertierungs- und Transferrisiko** *transfer risk* Risk of imposition of exchange controls or impossibility owing to reduction of convertibility by importer's government so that domestic creditors [exporter] will receive no payment or only partial payments due for goods and/or services although foreign debtor [importer] may be willing to pay the full contract price in due course ::

Risiko aufgrund Devisenbewirtschaftungsmaßnahmen der Regierung des Schuldners [Importeur] oder Unmöglichkeit der Leistung des Importers durch Einschränkung der Konvertibilität, wodurch inländische Exporteure u.U. trotz Zahlungswilligkeit des Importeurs nur einen Teilbetrag der Schuld zurückerhalten

Konzern *group [of companies]* Group ist die Standardübersetzung für den Begriff des AktienG sowie [GB] Company Act 1948 und [USA] ‖ *combination* i.w.S. —> Unternehmenszusammenschlüsse ‖ **Konzernbetriebsrat** [Betr VG] *combine works council* ‖ **Konzerngeschäftsbericht 19..** [Bil] *Group Report 19..* ‖ **konzerninterne Dividenden** *intercompany dividends* von Tochter- oder Muttergesellschaften gezahlte und im Konzernabschluß zu eliminierende Dividenden —> Dividenden ‖ **Konzernjahresergebnis** [Bil] *group result for the year* ‖ *group net income for the year* ‖ **Konzernleitung** *group executive management*

konzertierte Aktion einvernehmliches Vorgehen *concerted action* ‖ [BRD] *tri-partite talks* 1967 eingerichtet als regelmäßiger Gesprächskreis zwischen der Regierung sowie Vertretern der Arbeitgeber [vergleichbar mit dem national economic development council] und Gewerkschaften mit dem Ziel der Einbindung aller Wirtschaftskräfte und Sozialpartner in Entscheidungen im Bereich der Wirtschaftsę und insbesondere der Fiskalpolitik. Der Gesprächskreis wurde 1976 aufgegeben —> Wende :: change

Konzertzeichner [Bör] *stag* Zeichner von Neuemissionen von Wertpapieren, die aufgrund erwarteter Zuteilungsbeschränkung bei mehreren Kreditinstituten gleichzeitig zeichnen

Konzession *licence* —> Gastwirtschaftsbetrieb

kooperativer Führungsstil [Psych/Man] *people-centred behavior*

Koordinator einer Muttergesellschaft *parent supervisor* Verantwortlicher, der für alle weltweiten Aktivitäten innerhalb eines best. Bereichs zuständig ist

Kopfsteuer [SteuerR] Bürgersteuer *poll tax*

körperliche Durchsuchung [ZollW] *body search* || **körperlicher Kontakt** —> tätliche Beleidigung

Körperschaft *body* [nicht mit Ausschuß übersetzen, da dies Committee ist] —> *corporate body* || **1-Mann-Körperschaft** *corporation sole* || *sole corporation* Besonderheit des engl. Rechts, bei der die Körperschaft aus nur einer Person besteht, .z.B. : rechtsfähige Anstalten, Stiftungen (indowed institutions) || Queen gilt als 1-Mann-Körperschaft || *public trustee* :: staatliche Treuhandstelle (Leiter von öffentlichen Anstalten wie Uni, Krankenhaus etc.), die das Vermögen für die Institution treuhänderisch verwalten || **Körperschaften** *corporations* juristische Personen, die Rechtsfähigkeit besitzen

körperschaftlich *corporate* höchste Unternehmensebene bzw. Gesamtunternehmen || *business* :: einzelner Geschäftsbereich || auf eine Personenvereinigung oder eine Handelsgesellschaft bezogen

Körperschaftsrechte *corporal rights* || **Körperschaftssiegel** *corporate seal* || *company's seal* Nach dem Common Law dürfen englische Körperschaften nur unter dem Körperschaftssiegel Verträge abschließen || **Körperschaftsteuer** *corporation tax* || *corporate income tax* —> Übersteuer || Tarifbelastung

Körperverletzung mit Todesfolge [StrafR] *murder* voluntary / involuntary manslaughter [Model Penal Code, § 210, 3(1)(a) und (b)] —> Tötung || Mord || Totschlag || Mörder

korrekt *proper* —> zweckmäßig

Korrektur der Abweichungen [BWL / RW] *correction of performance* || **Korrekturfahnen** [Druck] *proofs* Fahnenabzüge, erste Probeseiten

Korrespondenzsprachen Sprachen, in/mit denen Firmen mit ihren Partnern kommunizieren *languages used in corresponding with [your] business partners*

Kosten[begriff] [BWL/ RW] *cost* bewerteter Güter- und Dienstleistungsverzehr zur Erstellung der betrieblichen Leistung —> *expense* :: Aufwand || Kapitalkosten

[...]kosten || **Durchschnittskosten** *average cost*

Entladekosten [ZollW] *unloading charges*

Fertigungsgemeinkosten *indirect product cost* || *factory overhead* || *manufacturing expense* || **Fertigungskosten** *processing cost* || *operating costs* || *finished cost* || **Fertigungskostenstelle** *productive burden centre* || **fixe Kosten** *fixed expense* || *unavoidable cost* || *fixed cost*

[...]kosten || **Gelegenheitskosten** *opportunity costs* || **Gemeinkosten** *general expense* || *indirect cost* || *overhead* || **Gemeinkostensatz** *overhead rate* || **anteilsmäßig zu verrechnende Gemeinkosten** *prorated expense* || **verrechnete Gemeinkosten** *applied cost* || *indirect cost* || **Verrechnungssatzbasis für Gemeinkosten** *burden base* || **Gemeinkostenstelle** *general burden department* || **Gestehungskosten** *prime cost*

Herstellungskosten [Buchf] *manufacturing cost*

lokale Kosten Aufwendungen an Ort und Stelle *local costs* —> lokale Kosten

Materialkosten je Einheit *material cost per unit*

ohne Kosten [frz.] *sans frais* || *without expense*

Produktionskosten [einmalig] *sunk costs*

Qualitätskosten infolge bestimmter Qualitätsanforderungen *quality costs* || *costs of quality* Kosten der Qualitätsverbesserung

Versandkosten *shipping cost* || *shipment cost* || *distribution costs* || **Verwaltungsgemeinkosten** *commercial expense* || **vorkalkulierte Kosten** *manufacturer's fully absorbed producer's price* || **vorkalkulierte Kosten** [Buchf] *predetermined cost*

Kosten[...] || **kostendeckend arbeiten** to cover one's costs *to break even* || **Kostendeckung** [Bil] *cost recovery* || **volle Herstellungskostendeckung** *manufacturer's price which shall include total cost recovery*

Kosteneinsparung *cost saving*

kostenfrei *without charges*

kostenlos *without return*

Kostenmanagement [striktes ~] *[strict] cost management* || **Kostenmiete im sozialen Wohnungsbau** [§ 25 II Wohnungsbaugesetz] *minimum economic rent for low-cost housing* publicly assisted housing construction for a determinded category of persons [usually] of low income which is carried out by [co-operative] building societies [Wohnbaugenossenschaften] or building associations [Wohnbau- und Siedlungsgesellschaften]. These institutions were initially founded after World War II for the procurement of housing, today they also are concerned with financing of construction projects, such as owner-occupied homes or assistance for the construction of owner-occupied residential property :: selbstgenutzter Wohnraum for those who by these means will move out of publicly assisted homes, and, therefore, will create more habitable area :: Wohnraum for persons of low income

Kosten per Einheit *unit cost*

Kostenregelung *regulation concerning costs*

Kostenstelle [BWL / RW] *cost center* —> Erfolgsstelle [mit eigener Gewinn- und Verlustrechnung]

Kosten tragen *to bear costs* ǁ **die Kosten werden zu gleichen Teilen getragen** *The costs shall be born in equal parts*

Kostenvergleichsrechnung Kostenvergleich von Investitionsalternativen [AuxT] *accounting cost comparison method* ǁ **Kostenvoranschlag** Aufwandsschätzung *estimated costs*

Kostenwert *cost value*

Krad [coll] —> Kraftrad

Kraft *force* —>Inkrafttreten ǁ aufheben ǁ **kraft** *by virtue of* ǁ **kraft eigenen Rechts** *in his own right* ǁ *legal* ǁ **kraft Gesetzes** *by operation of [the] law* ǁ *legal* ǁ **in kraft setzen** [Verordnung / Vertrag] *to implement* [rules / a contract] ǁ *to fulfil* ǁ *to complete*

Krafteinheit *unit force*

Kraftfahrzeug *motor [fuel] vehicles* ǁ [GB] *motorcar* ǁ [USA] *auto(mobile)* ǁ Personenkraftwagen [Abbr] **PKW** *passenger car* ǁ Lastkraftwagen [Abbr] **Lkw** *lorry* ǁ [USA] *[motor] truck* ǁ **Kraftfahrzeug mit zwei Achsen** [SteuerR/D] *two-axle goods vehicle* ǁ **Kraftfahrzeugbrief** *(motor vehicle) registration book* ǁ [USA] *(motor vehicle) certificate* ǁ **Kraftfahrzeuglampen** [Tech] *bulbs for use in motor vehicles* ǁ **Kraftfahrzeugzulassungsstelle** *vehicle licencing authorities*

Kraftrad [SteuerR/D] *motorcycle* zweirädriges Landfahrzeug (auch mit Beiwagen) mit einem Hubraum von mehr als 50 ccm oder Höchstgeschwindigkeit von mehr als 40 km/h. Fahrerlaubnis Klasse 1

Krankenkasse [Vers] *health insurance* ǁ *sick fund* ǁ **gesetzliche / private Krankenversicherung** [VersR] *statutory / private health insurance* ǁ **Krankheitsfall** —> Lohnfortzahlung ǁ **Krankschreibung** *sick leave*

Kredit *loan* ǁ *credit* ǁ [gewährter] Vorschuß ǁ Barkredit *advance* —> [Bör] Einschuß

Kredite an Ausländer [Bbank] *lending to non-residents* ǁ **Kredite an Inländer** [Bbank] *lending to residents* ǁ **Kredite an öffentliche Haushalte** [Bbank] *credits to public authorities*

Kredite der Kreditinstitute an Nichtbanken [Bbank] *lending by banks to non-banks*

Kredit mit progressiven Tilgungsraten *ballooning credit*

Kredit zu verbilligtem Zinssatz *subsidized credit* ǁ *credit at reduced interest rate*

[...]kredit ǁ **Absatzförderungskredit** *marketing credit* ǁ **Akzeptkredit** *acceptance credit* ǁ **Amortisationskredit** *loan repayable by installments* ǁ **Anlagekredit** *productive credit*

Bankkredit [zu den üblichen Bedingungen] *recurring appropriation* ǁ **Barkredit** *financial credit* ǁ **Barkredit** *cash credit* ǁ **Betriebskredit** *operation credit* ǁ **Blankokredit**

... kredit   Kredit...

clean credit ‖ **Bodenkredit** *credit on landed property*

Direktkredit Gewährung eines gebundenen Finanzkredits *direct credit* ‖ *direct lending* ‖ *direct loan* ‖ **Diskontkredit** *discount loan*

Ergänzungskredit *additional credit* ‖ **erschöpfter Kredit** *credit abated* ‖ **Euro-Kredit** *Euro-currency credit*

gebundene Finanzkredite *direct credits* ‖ **Geldkredit** *liquid credit*

Investitionskredit *loan to finance a capital project* ‖ *loan to finance investment projects*

Kassenkredit *financial credit* ‖ **Käuferkredite** —> Bestellerkredite ‖ **Kleinkredit** *micro credit* ‖ **kommerzielle [Kredit-] Risiken** *commercial credit risks* ‖ **Konsumentenkredit** —> Konsumkredit ‖ **Konsumkredit** *consumer credit* ‖ **Kontokorrentkredit** *credit in current account* ‖ **kumulativer Kredit** *cumulative credit* ‖ **Kundenkredit** *consumer credit* —> Bestellerkredite

langfristige Kredite [Abdeckung ~r] *[repayment of] long-term loans* ‖ **Lombardkredit** *collateral credit* ‖ *discount loan*

Meliorationskredit *land improvement loan* ‖ **Mischkredit** aus öffentlichen und privaten Finanzierungen *mixed credit* ‖ **Mobiliarkredit** *chattel loan*

Nachtragskredit [**Aufstockung durch ~**] *additional credit* ‖

Naturalkredit Naturaldarlehen *credit in kind*

Projektkredit *project loan*

Rahmenkredit *framework credit* ‖ **Ratenkredit** *deferred credit* ‖ **Rembourskredit** *documentary credit* —> Akzeptkredit

Schiffspfandkredit *maritime credit*

Teilzahlungskredit *deferred credit* ‖ **Tilgungskredit** [BankW] *amortization loan* ‖ Kredit mit progressiven Tilgungsraten *ballooning credit*

Überbrückungskredit *interim credit* ‖ *tide-over credit* ‖ *hold-over credit*

unbefristeter Kredit *perpetual credit*

Valutakredit *exchange credit* ‖ **Verbraucherkredit** *consumer credit* ‖ **Verrechnungskredit** *offset credit*

Wechselkredit *drawing credit* ‖ **Wirtschaftskredite** *loans to business*

Zusatzkredit *additional credit*

Kredit[...] ‖ **kreditabwickelnde Bank** konsortialführende Bank *agent bank* ‖ **Kreditapparat** —> Kreditversorgungswege ‖ **Kreditaufblähung** *inflating of a credit* ‖ **Kreditauftrag** *credit order* ‖ **Kreditauskünfte** [Gesetz über die] Erteilung von Kreditauskünften [USA] *Credit Reporting* Nach den Fair Credit Reporting Acts Regelung des Auskunftswesen im

Kreditbeschaffung — Kreditoren

[Konsumenten] Kreditgeschäft. [15 U.S.C.A. § 1681 ff und weitere State Acts] regeln im wesentlichen die [Daten-]Schutzrechte des Kreditnehmers. [BRD] Auskunftsersuchen im BankW vergleichbar mit —> SCHUFA || **Kreditauszahlung** *disbursement*

Kreditbeschaffung *procurement of credit facilities* || **Kreditbetrag [jeweils zugezählter und aushaftender ~]** *damount of credit from time to time disbursed and outstandig* || **Kreditbrief** *commercial letter of credit* [U.C.C. § 5-103] [§ 363 HGB, gekorenes Orderpapier] kaufmännischer Verpflichtungsschein. Eine Verbriefung der Verpflichtung des Ausstellers, dem Begünstigten Teilbeträge bis zu einer bestimmten Höchstsumme oder als Gesamtbetrag auszuzahlen (Verwendung auch als Reisekreditbrief || Traveller Cheques) —> CLC —> Bona-Fide-Klausel

Kreditengagement Kreditrisiko *credit risk* The possibility that a debtor may not be able to pay principal and interest or the contract price of goods and/or services as they come due —> credit reporting —> SCHUFA

Kreditfazilitäten *credit facilities* || **Kreditfinanzierung** *debt financing* durch Zuführung von Fremdkapital in verschiedenen Formen als Bankkredit, Lieferantenkredit, Schuldverschreibungen etc; Bedeutung für die Dividendenpolitik aufgrund Minderung des Gewinns durch Fremdkapitalkosten, mögliche Verstärkung des Leverage-Effekts auf die Eigenkapitalrendite und Erhöhung der Renditeforderungen der Kapitalgeber bei steigendem Kapitalstrukturrisiko

Kreditgeschäfte [BankW] *lending business* || *credit operations* —> Ausleihungen || **Kreditgewinnabgabe** [SteuerR/D] *credit profits levy*

Kreditinflation *inflating of a credit* || **Kreditinstitut** *bank* || **Kreditinstitute** *banking firms* Sammelbegriff für Unternehmen, die Bankgeschäfte betreiben. Wichtigste Institutsgruppen sind Filialgroßbanken und andere Kreditbanken ("privates Bankgewerbe"); Girozentralen und Sparkassen (öffentlichrechtlich) sowie Volksbanken und Raiffeisen-Kreditgenossenschaften. Diese fungieren als Universalbanken, d.h. sie können alle Bankgeschäfte betreiben || **Kreditinstitute begaben wieder vermehrt Inhaberschuldverschreibungen** [Bbank] *banks again began to issue more bearer bonds* || **Kreditinstrument** *credit instrument*

Kreditkapazität [Buchf] *debt capacity* Höchstmaß an möglicher Kreditaufnahme eines Unternehmens || **Kreditkauf** *credit purchase* || **Kreditknappheit** *credit stringency* || **Kreditkontigentierung** *restriction of loans* || *rationing of loans* || **Kreditkontrolle** *credit control* || **Kredit kündigen** *to call in a loan*

Kreditlaufzeit *length of credit* || *term of loan* || **Kreditlenkung** *credit management* || **Kreditlinie** *credit limit* || **offene Kreditlinie** *open account* || *unspent credit balance*

Kreditmöglichkeiten —> Kreditfazilitäten

Kreditnehmer *credit receiver*

Kreditoren *accounts payable* || **Kreditorenbuchhaltung** [EDV] *accounts payable* || **Kreditorenkonto** *creditor account*

Kreditplafond — Kreisdiagramm

Kredit[...] ‖ **Kreditplafond** *credit ceiling* —> Kreditrahmen ‖ *credit limit* ‖ **Kreditprovision** *credit commission* ‖ *commitment fee* a charge that a bank makes for guaranteeing availability of loan funds. The fee is usually calculated as a percentage of the unused portion of funds at the time of commitment

Kreditrahmen *credit line* —> AKA —> Plafonds [Ex] Zur Finanzierung von Exportgeschäften stehen der —> AKA drei Kreditlinien zur Verfügung: Plafond A (Refinanzierungsrahmen DM 2 Mrd), B (DM 5 Mrd) und C (DM 12 Mrd) —> GEFI mit Plafonds I, II und III ‖ **Kreditrisiko** —> Kreditengagement

Kreditschöpfung [BankW] *creation of credit* ‖ **Kreditsektor** *credit sector* ‖ **Kreditsicherheit** *credit security* ‖ *collateral security* Sicherheit, die für einen Kredit geboten wird (z.B. Haus etc.) ‖ Gläubigerschutz *protection of creditors* ‖ **Kreditsperre** *credit freeze* ‖ **Kreditspielraum** *credit margin* ‖ *authorized credit* ‖ **Kreditstaffelung** *staggering of credit*

Kredittranche [BankW] *credit tranche* in Teilbeträgen ausgegebener Kredit

Kreditverkäufe *charges sales* ‖ **Kreditverknappung** *credit squeeze* ‖ **Kreditversicherer** *credit underwriter* ‖ **Kredit[- und Kautions]versicherung** *credit [and suretyship class of] insurance* ‖ **Kreditversorgungswege** *credit channels* ‖ *credit delivery system* ‖ **Kreditvertrag** *credit agreement* ‖ **Kreditverwendung** —> Kreditlenkung ‖

Kreditvolumen Ausleihungen *credit outstanding* ‖ *credit package*

Kreditwesen *credit sector* ‖ **Kreditwucher** *usury in matters of credit* ‖ **Kreditwürdigkeit** [eines Unternehmens] *credit [or: financial] standing* —> Rating ‖ **Kreditwürdigkeit[sbeurteilung]** *credit rating* —> Kreditauskünfte ‖ SCHUFA

Kreditzusage *promise of credit* ‖ *credit authorization* ‖ **Kreditzusagen an** *credit commitments to* ‖ *loan commitments to* ‖ **Kreditzuzählung** —> Kreditauszahlung

kreieren —> schaffen ‖ bilden

Kreis [VwO/D] *county* öffentlichrechtl. Gebietskörperschaft, die das Recht besitzt, die Angelegenheiten der durch das Kreisgebiet begrenzten überörtlichen Gemeinschaft i.R.d. Gesetzes zu ordnen und zu verwalten (Kreis ist zugleich untere Landesbehörde). County sollte in der Übersetzung in Klammern stehenbleiben ‖ **kreisangehörige Gemeinde** [VwO / SL] *commune forming part of a district [or: county]* ‖ **kreisangehörige Städte** *district municipality* ‖ **Kreisausschuß** [VwO/D] *district committee* ‖ *county committee* Behördliches Lenkungsorgan des Kreises zur Vorbereitung der Beschlüsse des Kreistages und Entscheidung bestimmter Angelegenheiten in der [Land-]Kreisordnung bzw. vom Kreistag. In den einzelnen Bundesländern unterschiedliche Rechtsstellung

Kreisbeigeordneter [VwO/ Hessen] *district executive officer* ‖ *district executive official*

Kreisdiagramm *pie chart*

Kreisdirektor [VwO/Ns.; N.-W.] *deputy district executive* ‖ *district director* Stellvertreter des Oberkreisdirektors in den Landkreisen

kreisfreie Städte *city borough* ‖ *town with county status* —> Stadtkreis [nicht kreisangehörige Städte, die die sonst dem Kreis zugewiesenen Aufgaben übertragen sind]. Die kreisfreie Stadt bildet für sich alleine einen Kreis

Kreisordnung [VwO/D] *county statute[s]* ‖ *district regulations/statutes* In jedem Bundesland eigene Landesgesetze über Kompetenzen und Verwaltungsstruktur der Kreise

Kreisrat [VwO/B.-W.; Bayern] *district councilor* ‖ *county councilor* ‖ *district councilor* Titel der Mitglieder des Kreistags

Kreisstadt [VwO/D] *district town* Hauptstadt der Kreise, in der sich der Verwaltungssitz des Kreises befindet

Kreistag [VwO/D] *district council* Hauptbeschlußorgan des Landkreises als Representativorgan der Kreisbürger, nach allgemeinen, unmittelbaren, freien, gleichen und geheimen Wahlen gewählte Volksvertretung. Die Rechtsstellung des Landkreises und sein Aufgabenbereich sind in den (Land-) Kreisordnungen geregelt ‖ **Kreistagsabgeordneter** [VwO/H.; Schl.-H] —> Kreisrat ‖ **Kreistagsmitglied** [VwO/Ns.; R.-P.; SL] —> Kreisrat ‖ **Kreistagspräsident** [VwO/D] Schl.-H. [Vorsitzender des Kreistages] *chairman of the district council* ‖ **Kreistagsvorsitzende** [VwO/D] Vorsitzender des Kreistages —> Kreistagspräsident und Landrat *chairman of the district council*

Kreisverwaltung [VwO/D] *district commission* or *office* ‖ *district authorities* Verwaltungseinheit des Kreises und untere staatliche Verwaltungsbehörde —> Landratsamt

Kreuzkurs *cross rate* Errechnung eines Wechselkurses z. B. zwischen D-Mark und australischen Dollar bei gleicher Parität z.b. zwischen Mark und US-Dollar sowie D-Mark und australischen Dollar ‖ **Kreuzverhör** *cross-examination* [USA] Vernehmung von Zeugen, die von der Gegenpartei geladen wurden [who first produced the witness] und Überprüfung der Zeugenaussagen aus der [ersten] Vernehmung der ladenden Partei [examination in chief]. [BRD §§ 239, 241 StPO] im Strafverfahren die Vernehmung von Zeugen oder Sachverständigen in der Hauptverhandlung durch Staatsanwalt und Verteidiger, jedoch nicht durch den Vorsitzenden. Im Verhältnis zum angelsächsischen Rechtsgebiet von geringer Bedeutung

kriegführende Macht [Mar] *belligerent power*

Kriegsfolgelasten [SteuerR/D] *financial burdens imposed by the war* ‖ **Kriegsmarine** [GB] the *Senior Service* ‖ Marine [GB] *The Royal Navy* ‖ [USA] *U.S. Navy* ‖ **Kriegsrisiken** *war risks* include war, hostilities, civil war, revolutions, insurrection, civil commotion or other like disturbances ‖ **kriegswichtig** [Mil] *strategic*

Kriminal[...] *criminal*‖ **Kriminalkommissar** C.I.D. *chief inspector* ‖ *captain of police* ‖ **Kriminalpolizei** *criminal investigation department*

kriminell —> Verbrechen

Kronanwalt *general attorney* ‖ **Krone hat gesetzgebende Gewalt** [statute making power] *The Queen in Parliament* ‖ **Zustimmung der Krone** [GB] *royal consent* ‖ **Kronrat** [GB] *Privy Council* Oberste Beratungsinstanz der Krone, dessen Entscheidungen für die Gerichte nicht bindend sind, aus Kabinettsministern und durch die Krone bestellte privy councillors. Heute weitgehend an Bedeutung verloren und durch das Kabinett verdrängt —> Rechtsausschuß des Kronrates ‖ **Kronzeugenregelung** *King's [Queen's] evidence* [USA] *state's evidence* Zeugenaussage eines Mittäters oder Teilnehmers einer Straftat, der als Belastungszeuge der Anklage gegen Mittäter unter dem Versprechen, dadurch Straferlaß oder Strafminderung zu erreichen. In der BRD für Kronzeugen bei Verfahren gegen terroristische Vereinigungen vorgesehen

Kugelpatrone [Bal] *ball cartridge*

Kühlverkehr [Transp] *refrigeration traffic*

kumulativ *cumulative* ‖ **kumulative Brutto-Umsatzsteuer** [SteuerR] *cumulative gross turnover tax* (aus dem Jahr 1918), wurde 1968 in eine Netto-Umsatzsteuer ("Mehrwertsteuer" mit Vorsteuerabzug) umgewandelt ‖ **kumulativer Kredit** *cumulative credit* ‖ **kumulative Vorzugsaktien** *cumulative preferred stock* Aktientypus, bei dem ein Recht auf Nachzahlung von in Verlustjahren ausgefallenen Dividenden gewährt wird

Kunde *client* ‖ *customer* —> Besteller ‖ Mandant ‖ Auftraggeber ‖ **Kundenabrechnung** —> Kundenbuchführung ‖ **Kundenauftragsabwicklung** *customer order servicing* ‖ **Kundenberatung[sdienst]** *advisory service for customers* —> Firmenkundenberater ‖ **Kundenbeschwerde** *customer complaint* ‖ **Kundenbestell-Nummer** *customer purchase order number* ‖ **Kundenbuchführung** *customer accounting* ‖ **Kundendienst** *customer service* ‖ *after-sales service* ‖ *Customer Engineering* [Abbr] *CE* ‖ **Kundenkredit** *consumer credit* —> Bestellerkredite ‖ **durch die Regionalisierung bedingte größere Kundennähe** *proximity to the customer as a result of our regional focus* ‖ **Kundenrabatte** *customer discounts* ‖ **Kunden[stamm]** *clientele* ‖ *regular customers* ‖ *clients* ‖ [EDV] Satz *customer record* ‖ **Kundenstammdatei** [EDV] *customer master file* ‖ **Kundenzahlung auf Anderkonto** [Buchf] *escrow deposit* Zahlung über eine dritte Person, z. B. Notar. Geld steht erst bei Erfüllung best. Bedingungen zur Verfügung

kündigen *to give notice* ‖ *to terminate* ‖ *to denounce* ‖ [VölkR] **Übereinkommen mit einjähriger Frist kündigen** *to denounce this Convention by giving one year's notice* ‖ **zum Ende Mai unter Einhaltung einer Frist von 4 Monaten kündigen** *to denounce at the end of May having given (subject to) 4 months (previous) notice*

Kündigung *denunciation* ‖ [VölkR] **Die Kündigung wird ein Jahr nach ihrer Notifizierung an die schweizer Regierung wirksam** *The denunciation shall take effect one year after the notification thereof has been made to the Swiss government* ‖

außerordentliche Kündigung [BetrVG] *exceptional dismissal* ‖ **Kündigungsfrist** —> Spareinlagen ‖ **Kündigungsrecht** *right of notice* ‖ **Kündigungsschreiben** *notice in writing* of desire to terminate [this] agreement

Kunststoffproduktion *plastics fabrication sector*

Kupon *dividend coupon* —> Dividendenschein

Kurfürst [arch] *elector*

Kurs[belegung] [Uni] —> Lehrveranstaltung

Kurs [Bör] *stock market price* —> Kurswert ‖ Devisen *exchange rate* ‖ *quotation*

Kursbericht *market report*

Kurseinbruch an der Wall Street [Bör] *crash on Wall Street* ‖ **Kursentwicklung** einzelner Aktien [Bör] *performance*

Kursgewinn *exchange profit* —> realisierter Kursgewinn ‖ **Kurs-Gewinn-Verhältnis** [Bör] *price-earnings ratio* [Abbr] *PER ::* **KGV** Kennzahl für Kurs der Aktie geteilt durch Gewinn je Aktie, z.B. Kurs DM 500,-, Gewinn je Aktie DM 50,-, entsprechend p/e=10. Dieser Wert bedeutet, daß der Kurs der Aktie 10 mal so hoch ist wie der Gewinn. Je höher der Wert, umso teurer ist die Aktie und dient damit zur Bewertung der Preiswürdigkeit einer Aktie. —> Steuergutschrift

Kursliste der OTC-Papiere —> market maker

Kursmakler [Bör] *official broker*

Kursnotierung *quotation*

Kursrisiko *exchange rate risk* —> Wechselkurs

Kursschwankungsrisiko *risk of exchange rate fluctuations* ‖ **Kurssteigerung des Dollar** *appreciation of the US Dollar*

Kurstreiberei [Bör] *ballooning* ‖ *bull campaign* ‖ *pushing*

Kursverlust —> realisierter Kursverlust

Kurswert [Bör] *quoted value* ‖ **Kurswertsteigerung** *stock price appreciation* Anstieg des Marktpreises bzw. Börsenkurses einer Aktie gegenüber dem Anschaffungspreis

Kurszettel *official stock exchange list*

Kurzarbeit [ArbR] *short time work* reduction of daily work hours or planned cutback [shortfalls] in working hours due to a lack of orders —> Kurzarbeitergeld ‖ **Kurzarbeitergeld** [§§ 63-73 AFG] *short-term money* Leistung über Arbeitsämter für einen Zeitraum von höchstens 6 Monaten, wenn betriebsübliche Arbeitszeit innerhalb 4 Wochen seit erstem Ausfall für mind. ein Drittel der im Betrieb tatsächl. Beschäftigten mehr als 10% ausfällt

Kurzdarstellung *abstract* ‖ *summary*

kurzfristig *short-term* im amerikanischen Exporthandel eine Frist von 180 Ta-

kurzlebige Anlagegüter

gen ‖ **kurzfristige Anleihen** [i.d.R. 12 Monate] *short-term bonds* ‖ **kurzfristige Lieferantenkredite** *short-term supplier credits* ‖ **kurzfristige Rückstellungen** [Bil] *accruals*—> Rückstellungen

kurzlebige Anlagegüter *short-lived fixed assets* —> Anlagegüter

Küstengewässer *coastal waters*—> territorial waters :: Hoheitsgewässer ‖ **küstenpolizeiliche Aufgabenwahrnehmung** [Mar] *policing of the coast*

Kux *mining share*

Ladebaum [an Bord des Schiffes] *derrick crane*

Ladehemmung [Bal] *stoppage*

Ladeluke [Mar] *hatch*

laden [vor Gericht] *to take out a writ of summons against s.o.* || [Güter] *to load*

Ladendiebstahl *shoplifting* || *larceny of merchandise from a store or business establishment* || **Ladenpreis** *published price* || Einzelhandel *retail price*

Ladung *load* || *freight* || [Mar] *cargo* || Sendung *consignment* || *shipment* || Umladung [ZollW] *transshipment* || [Wagenladung] *truck load* || *car-load* || **Anmeldung der Ladung** [ZollW] *freight declaration* || **standardisierte Ladung** [Mar] *unitized cargo* || **Ladungsmanifest** [Mar] *manifest of cargo* || **Ladungsproblem** [Logistik] *Knapsack problem* Optimierungsproblem bei der Auslastung von Behälterkapazitäten

Lage [Stadt || Baulichkeit] *site* || [örtlich/Zustand] *situation* || [wirtschaftlich] *economic situation* || [gute Konjunkturlage] *healthy economic situation* —> Umfeld || **nicht in der Lage sein, etwas zu tun** *to be incapable to [e.g.] perform legal acts]* || **Lagebericht** *Management Report* || [Mil] *situation report* || **Lagebericht erstellen** *compile a management report* || **Lagebesprechung** Einsatzbesprechung || Instruktionen [erteilen | erhalten] *briefing* || **Lageplan** *situation map*

Lager *stock* || **am Lager haben** vorrätig haben *to have in stock* || **Lager[bestand]** *supplies* || **Lagerbeständigkeit** *storage life* —> Laufzeit || **Lagerbestandsführung** *inventory accounting* || *stock accounting* || **Lagerbestandsliste** *stock status report* || **Lagerbewegungssatz** Lagerzugang *quantity received* || [EDV] *stock transactions record* || **Lagerbewertung** *inventory costing* || **Lagerempfangsschein** *warehouse receipt* || **Lagerkostenausgleich für Zucker** [SteuerR/D] *storage cost equalisation charge for sugar* || **Lagermöglichkeiten** *storage facilities*

lagern [unter Zollverschluß] *to warehouse* || **Lagern** —> Lagerung

Lagerstätte *occurrence* || **natürliche Lagerstätte** *natural occurrence*

Lagerumschlag *inventory turnover* Geschwindigkeit, mit der innerhalb eines bestimmten Zeitraumes etwas verbraucht und wieder ersetzt wird —> Umschlaghäufigkeit

Lagerung *storage*

Lagerverkehr auf inländische Rechnung [Bbank] *warehouse transactions for account of residents*

Lagerwert zu Einstandspreisen *cost amount*

Laie *layman*

Land *nation* || ≠ "Staat" *country* —> Bundesland || **Stück Land** —> Grundstück || Parzelle || **Land verpachten** *lease* || **das Gebiet des Landes**

Berlin *territory of the Land Berlin* ‖ [VölkR] **Das Übereinkomen von [...] über [...] gilt mit Wirkung von dem Tag (oder: Mit Wirkung vom [...]), an dem es für die Bundesrepublik Deutschland in Kraft treten wird** [bei nachträglicher Erklärung: **in Kraft getreten ist**], **auch für das Land Berlin** *The Convention of [...] concerning [...] shall also apply to Land Berlin as from ([...] this being) the date on which that Convention shall enter (or, in the case of a subsequent declaration has entered) into force for the Federal Republic of Germany* ‖

Länder pl. von **Land** —> FNL [Abbr] Fünf Neue Länder ‖ [Taxes] —> Ertragskompetenz ‖ ‖ **Länderanteil** [SteuerR/D] *Länder share* ‖ **Ländergruppen** *groups of countries* ‖ **Länderparlament** *state parliament* —> Landtag ‖ **[garantierter] Länderrahmen** [Ex] *country limit* ‖ **länderübergreifend** *all over the world* ‖ *worldwide*

Landes[...] [BRD] *higher* ‖ **Landesarbeitsgericht** [Jus/D] *Higher Labour Court* ‖ **Landesbank Girozentrale** [BankW/BRD] *Savings Banks and Giro Association* ‖ **Landesbehörde** [VwO/D] *Land authority* Gliederung in obere, mittlere, untere Landesbehörde. Die Landesverwaltungen in den einzelnen Bundesländern sind - mit Ausnahme des SLes, Schleswig-H. und der Stadtstaaten - dreistufig aufgebaut. 1) die obersten und oberen Landesbehörden auf Landesebene; 2) ggf. die Bezirksregierungen (bzw. Regierungen; Regierungspräsidien; Regierungspräsidenten) als Mittelinstanz und 3) die Landräte/Landratsämter als untere Landesbehörde ‖ *lower Land authority* unterste Instanz der staatlichen Verwaltung nach einer Landesoberbehörde oder Landesmittelbehörde, z. B. Landratsamt oder Kreisverwaltung ‖ **Landesfinanzbehörden** [Art. 108 Abs. 2 und 3 GG] *Land finance authorities* ‖ **Landesfürst** [arch] *sovereign* ‖ **Landesminister** *state minister* ‖ *Land minister* ‖ **Landesministerium** [VwO/D] *Land ministry* ‖ *state ministry* ‖ **Landesmittelbehörde** [VwO/D] *intermediate Land authority* ‖ *higher Land authority* allg. und bes. Verwaltungsbehörde, die einem Landesministerium untersteht und nur für einen Teil des Landes zuständig ist ‖ **Landesregierung** *state ministry* ‖ *state government* ‖ **Landessozialgericht** [Jus/D] *Higher Social Court* ‖ **[allgemeine] Landesverwaltung** [VwO/D] *[general] state administration* ‖ **Landeswährung** *domestic currency* ‖ **Landeszentralbank** [Bbank] *Bundesbank office* —> Nebenplatz

Landfriedensbruch [§ 125 StGB] *riot* ‖ *public disturbance* involving acts of violence [18 U.S.C.A. § 2102(a) ‖ Model Penal Code, § 250.1] ‖ **Landgebiete** [VölkR] *land areas* ‖ **als Hoheitsgebiete eines Staates gelten die Landgebiete und angrenzenden Hoheitsgewässer** *the territory [...] shall be deemed to be the land areas and territorial waters adjacent thereto* ‖ **Landgemeinde** [VwO/D] *rural commune* ‖ **Landgericht** [Jus/D] *regional court* —> Strafkammer ‖ **Landkreis** [VwO/D] *[rural] district* ‖ *[rural] county* Gebietskörperschaften mit dem Recht der Selbstverwaltung. Sie sind Gemeindeverbände (außer in Bayern), d.h. eine Zusammenfassung einer Reihe von kreisangehörigen Gemeinden;

gleichzeitig sind sie untere staatliche Verwaltungsbezirke || **Landkreisordnung** *[rural] district regulations* || **ländliche Kreditgenossenschaft** *mutual agricultural credit fund* || **Landrat** [VwO/B.-W.; R.-P.; SL] *district chief* || *district commissioner* || *chairman of the district* Hauptverwaltungsbeamter und Ratsvorsitzender des Kreises in einer Person. [Bayern] ausschließlich als Vertreter des Staates. [H., Schl.-H.] nur Hauptverwaltungsbeamter des Kreises. In Ns. und N.-W. wird der Landrat vom Kreistag gewählt und ist dessen Vorsitzender (repräsentative Aufgaben) || **Landratsamt** [VwO/D] *district authorities* —> Kreisverwaltung :: district commission || Untere staatliche Verwaltungs- und Landesbehörde || **Landtag** [VwO/D] *state assembly* || *state parliament* || [in der Terminologie des Grundgesetzes] *Land diet* || **Landtagspräsident** [VwO/D] *president of a state parliament*

landwirtschaftlich || Agri[-...] || Agrar[...] || Landwirtschafts[s-...] *agricultural* || **land- und forstwirtschaftliche Betriebe** [SteuerR/D] bei diesen wird die Grundsteuer A erhoben *agricultural and forestry establishments* || **landwirtschaftliche Rentenbank** [USA] *farm mortgage bank* land bank or soil bank created under the Federal Farm Loan Act || **landwirtschaftliche Unternehmen** *agricultural enterprises*

lang *long* || **langfristig** *long-term* || **langfristige Anleihen** *long-term bonds* || **im langfristigen Bereich stark geschrumpft** *in the long-term segment it was well down* || **langfristiges Programm** *long-term program*

Längsschnitt-Vergleiche [Stat] Vergleich zu Vorjahreszeiträumen *comparability with previous years*

längsseits [Schiff] *alongside*

langzeitgetestet *tried an trusted*

Lang[lauf]waffe [Bal] *long gun*

laschen [Mar] *to secure*

lasten auf *to bear upon*

Lastenausgleichsabgaben [SteuerR/D] *equalisation of burdens levies* || **Lastenausgleichsfond** *Equalisation of Burdens Fund* Unselbständiges Sondervermögen des Lastenausgleichs, dem die Ausgleichsabgaben und Mittel aus öffentlichen Haushalten zufließen. Verwaltung durch Bundesausgleichsamt

Lastkraftwagen [Abbr] Lkw *lorry* || [USA] *[motor] truck*

Lastschriftanzeige *debit note*

Lastwagenfrachtbrief (CMR) *truck waybill (CMR)*

Lateinamerikanische Freihandelszone *Latin American Free Trade Association*—> ALALC

laufend *current* || *permanent* || **auf dem laufenden sein/bleiben** *to be in on things* || **zu laufenden Preisen** [Stat] *at current prices* || **laufende Jahresrate** [Bil] *the current year-on-year rate* || **laufende Verzinsung** *current yield* in Prozent ausgedrückter Nominalzins einer Anleihe im Verhältnis zum Preis

Laufwiederholungszeit [EDV] *re-run time* Zeit, in der die zuvor fehlerhaft durchgeführten Läufe wiederholt werden

Laufzeit *length* ‖ *maturity* ‖ *life [of this agreement]* ‖ eines Versicherungssparbriefes [InvF] *tenure [of a bond]* ‖ [Verp] Lagerbeständigkeit *shelf life* ‖ **Laufzeit des Garantievertrages** *policy period* ‖ **mit einer Laufzeit von mindestens 4 Jahren** *with a maturity of at least four years* ‖ **Laufzeitenstruktur** *maturity pattern*

LDC-Länder *LDC* [Less Developed Countries]

Leasing *lease* [Immobilien] Einräumung eines zeitlich beschränkten Benutzungsrecht an einer Immobilie [= *conveyancing act*] —> Miete ‖ Pacht

[...]Leasing ‖ **absatzorientiertes Leasing** [Leas] Verkaufsförderungs-Leasing *sales-aid leasing*

Blanket-Leasing *master lease*

Closed-end Leasing *closed-end leasing* KfZ-Leasing mit fixem Restwert, d.h. es erfolgt keine Endabrechnung über den Gebrauchtwagenerlös ‖ **Cross-Border Leasing** grenzüberschreitendes Leasing *cross-border leasing*

Dienstleistungs-Leasing *maintenance lease* ‖ **direct-leasing-Geschäft** *direct leasing* Leasing-Geschäft, bei dem eine Bank der Leasinggeber ist ‖ **direktes Finanzierungs-Leasinggeschäft** *direct financing lease*

echtes Leasing *true lease* ‖ **Einzel-Leasing** *individual leasing* ‖

Equipment-Leasing *equipment leasing*

follow-up sale/lease *up-grade leasing* bei dem zur Erhöhung der Leistungsfähigkeit zu bereits bestehenden Installationen in einem Betrieb weitere Anlagen zugekauft oder geleast werden ‖ **Full-Service-Leasing** *full service lease* Leasing-Geber übernimmt die Instandhaltung, Wartung und Unterhaltung des Leasing-Objekts

Import-Leasing [Leas] *importation leasing* ‖ **indirektes Leasing** *third party leasing* Zwischen Hersteller bzw. Händler schaltet sich ein Dritter ein, i.d.R. eine Leasing-Gesellschaft ‖ **Individual-Leasing** *individual leasing* ‖ **Industriemaschinenleasing** *industrial equipment leasing* ‖ **Investitionsgüter-Leasing** *capital goods leasing*

Kapital-Leasing-Geschäft *capital lease* —> Capital leasing ‖ **kommunales Leasing** *municipal leasing* ‖ **Konsumgüter-Leasing** *consumer goods leasing*

Long-Leasing *long lease*

Middle market-Leasing *middle-market lease*

Netto-Leasing *walkaway lease* ‖ *flat-rate-lease* ‖ *net lease* ‖ **Non-Fleet Leasing** *individual leasing*

Plant Leasing Fabrikpacht *plant leasing* ‖ **Privat-Leasing** *private leasing*

Revolving-Leasing *revolving leasing*

[...]Leasing ‖ **Second-Hand-Leasing** *second hand leasing* ‖ **Service Leasing** —> Dienstleistungs-Leasing ‖ **Short-Leasing** *short-term lease* ‖ **Special-Leasing** *special leasing*

Trip-Leasing *trip leasing* Sonderform des LKW-Leasing

Umsatz-Leasing-Geschäft *sales-type lease*

Verkaufsförderungs-Leasing *sales-aid leasing* absatzorientiertes Leasing

Wet-Leasing *wet lease* Brutto-Leasing-Geschäft aus dem Bereich der Flugzeugindustrie, das neben der Finanzierung auch Treibstoffversorgung und Wartung vorsieht

Leasing[...] ‖ **Leasinggarantie** *guarantee of lease payments* ‖ *lease guarantee* ‖ *guarantee of lease payments* ‖ **Leasinggeber** *lessor* ‖ **Beginn des Leasing-Geschäfts** [Leas] *inception of the lease* ‖ **Leasing-Gesellschaft** *leasing company* ‖ [produktunabhängig] *finance leasing company*

Leasing-Makler [Leas] *[lease] broker* Person oder Unternehmen, das vorwiegend Leasing-Geschäfte für Dritte arrangiert und gelegentlich auch selbst durch die Investition von Eigenkapital in ein Leasing-Objekt als Leasing-Geber tätig wird, wobei i.d.R. Banken als Refinanzierungsquelle dienen

Leasingnehmer *lessee* ‖ Leasing-Nehmer bei Leasing-Geschäften, die kein "Sale-and-lease-back"-Geschäft sind *user-lessee*

Leasingrate[n] *lease payment[s]* ‖ **Leasing-Vertrag** *lease agreement*

Leasingzahlungsgarantie —> Leasinggarantie

Leben *life*

Lebende —> Schenkungen unter Lebenden

Lebens[...] ‖ **Lebensdauer** *physical life* ‖ *useful life* ‖ Nutzungsdauer ‖ *service life* Zeitraum, in dem ein Anlagegegenstand in einem Betrieb genutzt wird —> Restbuchwert

Lebensführung[skosten] —> Aufwendungen für Lebensführung

Lebensmittel *food* —> Nahrungs- und Genußmittel ‖ **Lebens- und Genußmittel** *foodstuffs or semi-luxuries* ‖ **Lebensmittel-Kennzeichnungsverordnung** *food labelling regulations* ‖ **Lebensmittelrecht** *food laws*

Lebensversicherung [VersR] *life insurance* ‖ **[aktien-]fondsgebundene Lebensversicherung** [InvF/USA] *variable insurance* ‖ **automatischer Lebensversicherungsschutz** [InvF] bei einem Versicherungsfonds *built-in life cover* ‖ **Investmentmedium der Lebensversicherungswirtschaft** [InvF] [VersR] *life insurance product* ‖ **nicht steuerlich absetzbar Lebensversicherungspolice** *non-qualifying life policy* [z.B. bei Einmalpolicen, bei denen die Prämienzahlungen für den Versicherten nicht steuerlich anerkannt werden]

lebhafte Inlandsnachfrage *high*

domestic demand || **lebhafter Export** *buoyant export business*

Leckstein [SalzStG] *licking stone*

Leder[waren] *leather*

lediglich *mere* || **[...] liegt nicht vor, wenn lediglich** *mere[ly because]*

leer *dead* —> Fehl[...] || Flaut[...] || **Leergewicht** [Verp] Tara *dead weight* || **Leergut** [Verp] *returned empties* || **Leertaste** [Tastatur PC] *space bar* || **Leerverkauf** [Bör] *short sale* —> Fixen || **Leerzeit** [des Systems] [EDV] *idle time* z. B. beim Rüsten (Wait)

legal *legal*

Legemaß [Verp] *folding sizes*

Legislativ[...] *legislative*

Lehensrechte [GB/Kent] *tenure* species of socage tenure common to all the sons, heirs of nearest degree. Erbrecht an Grundbesitz der ehelichen Abkömmlinge zu gleichen Teilen in Wales und Irland als Beispiel für local customary law/lokales Gewohnheitsrecht, Realteilung [Zersplitterung] || **Lehnspflicht** [arch] *homage*

Lehrveranstaltung [Uni] *course*

Leibesvisitation Durchsuchung der Person des Verdächtigen [stop and] *frisk* || *pat-down search of a suspect* to discover weapons, not to recover contraband —> Durchsuchung

Leiche [DruckW] *omission* || [Toter] *cadaver* || *dead human body* ||

corpse || **Leichenausgrabung** *exhumation [of a body]* || **Leichenbeschau** —> Leichenschau || **Leichenbeschauer** Obduzent [USA] *medical examiner* || [gerichtlich] *coroner* heute zunehmend durch den medical examiner ersetzt || **Leichenbestatter** *funeral service* || **Leicheneröffnung** *autopsy* || *postmortem (examination)* als forensische Sektion nach gerichtlicher Anordnung [§ 87 StPO] bzw. unter Zustimmung der Angehörigen zur Feststellung der Todesursache —> Obduktion || **Leichenschau** || **Leichengift** Ptomaine *ptomains* Stickstoffbasen, die bei der Leichenfäulnis entstehen || **Leichenschau** *necropsy* äußere Besichtigung der unbekleideten menschlichen Leiche sowie Ausstellung des Leichenscheins als Todesfallurkunde (Feststellung des Todes unter Angabe der Todesart sowie - möglichst - Todesursache —> Obduktion (innere Leichenschau) || **Leichenschein** *death certificate* Ausstellung erfolgt i.d.R. durch den [gerichtlich bestimmten] Leichenbeschauer :: medical examiner oder coroner

leicht verderbliche Waren *perishable goods*

Leichter [Mar] *lighter* || *pontoon* || **Leichterführer** [Mar] *lighterman* —> Spediteur || **Leichtergeld** [Mar] Leichterlohn *lighterage* || **Leichtertransport** [Mar] *lighterage*

leichtes Vergehen [USA] —> Diebstahl :: petit larceny

Leihpackung [Verp] Mehrwegverpackung *returnable package* || *package to be returned* || **Leihverpackung** —> Pfandverpackung

Leipziger Frühjahrsmesse *Leipzig Spring Fair*

leisten *to achieve* ‖ *to accomplish* ‖ [Vertrag] *to perform* —> Leistung

Leistungen an die Europäischen Gemeinschaften [Bbank] *transfers of the European Communities* —> Übertragungen :: transfer payments

Leistung in Naturalien besser: —> Naturalherstellung

Leistung eines Treueeids *subscription of an oath of allegiance*

Leistung öffentlicher Versorgungsbetriebe [Strom, Gas, Wasser] *public utility* —> Benutzungsgebühren

Leistungen amerikanischen Ursprungs *services of U.S. origin* services performed by personnel headquartered in the U.S. (and/or temporarily assigned in the customer's country)

Leistungs[...] ‖ **leistungsabhängige Abschreibung** *production method* —> Mengenabschreibung ‖ **Leistungsanreiz** [PersW] *incentive compensation* ‖ **Leistungsanspruch** *right of benefit[s]* ‖ *incentive* ‖ **Leistungsaufnahme** [Tech] *power input*

Leistungsbereitschaft [Psych/ Man] *willingness* ‖ **Leistungsbeurteilung** [PersW] *performance appraisal* ‖ *performance rating* ‖ **Leistungsbewertung** [PersW] *job rating* ‖ **Leistungsbilanz** [Bbank] *current account*

Leistungseinheit *unit of power* ‖ **Beginn der Leistungserbringung** *commencement of services* ‖ **Leistungserbringungsperiode** *performance period*

leistungsfähiger Aktienmarkt [Bör] *buoyant share market* ‖ **Leistungsfähigkeit** [Psych/Man] *ability*

Leistungsgarantie *services policy*

Leistungslöhner [ArbR] *piece-rate worker*

Leistungsmerkmale [in einer Stellenbeschreibung] *performance standards*

Leistungspflicht [SteuerR/D] *liability for payment*

Leistungsstandard *[performance] standard*

Leistungsversprechen *promise to perform*

Leit[...] *leadership* ‖ *pilot [...]* ‖ **leiten** Aufsicht führen über *to superintendent* ‖ steuern *to control* —> Unternehmensführung ‖ **leitende Angestellte** [BetrVG] *executive staff* ‖ einer Gesellschaft *secretary of [a] company* ‖ **leitender hauptamtlicher Kommunalbeamter** *senior local government official* der mit dem Hauptverwaltungsbeamten (Oberbürgermeister, Bürgermeister, Oberstadtdirektor; Stadtdirektor) zusammenarbeitet und ihn ggf. vertritt. In einigen Ländern tragen Beigeordnete den Titel "Bürgermeister"

Leiter *head* ‖ **Leiter eines Dezernats** *head of division* ‖ **Leiter der Generalstaatsanwaltschaft** *director of Public Prosecution* ‖ **Leiter der Personalabteilung** *head of*

Leitstelle — LIBOR

the Personnel Department ‖ **Leiter der Rechtsabteilung** [USA] *head of the Legal Department* ‖ *General Counsel*

Leitstelle Tower *control tower* —> Jägerleitstellen

lenken *to regulate* ‖ [Fahrzeug] *drive* ‖ *steer* ‖ [Person] *manage* ‖ *guide* ‖ [Unternehmen] *to control* —> beherrscht

Lenkungskommission für Kohle *Coal Control Commission*

Letter —> Drucktype ‖ **Letter of Authority** *letter of authority* —> Authority to purchase ‖ **Letter of Awareness** Erklärung eines Dritten (z.B. Muttergesellschaft), daß er die Kreditaufnahme billigt oder für die Mittel zur Tilgung Sorge trägt (dann letter of comfort), ohne Begründung einer mittelbaren Haftung ‖ **Letter of Comfort** —> Letter of Awareness ‖ **Letter of Lien** —> letter of trust Bescheinigung für die finanzierende Bank durch den Importeur, daß die ihm durch Übergabe der Konnossemente übereignete, jedoch nicht ausgehändigte Ware als Pfand zur Verfügung der Bank bleibt

letzt[...] —> Schluß[...] ‖ **letztes Angebot** [Man /Org / ArbR] *final offer* offer of the employers' representatives in the negotiating committee put to the vote in the unions (i.e. Tarifkommission :: full negotiating committee) ‖ **letztes Mittel** [Man/Org/ArbR] *final resort* im Arbeitskampf bei Tarifauseinandersetzungen z.B. Streik ‖ **letztwillige Verfügung** *last will and testament*

Leuchtfeuer [Flug] *air beacon* ‖

Leuchtmittelsteuer [SteuerR/D] *lamp tax* ‖ **Leuchtpistole** [Bal] [GB] *very pistol* ‖ *pyrotechnic pistol*

Leverage-[...] *leveraged* ‖ **Leverage-Effekt** *leverage* ‖ Hebelwirkung 1) Eine Erhöhung des Fremdkapitalanteils in der Kapitalstruktur einer Unternehmung führt zu einer Erhöhung der Eigenkapitalrendite, solange die Fremdkapitalkosten unter der Gesamtkapitalrendite liegen. 2) Effekt der Ertragssteigerung durch Aufnahme zusätzlichen Kredits bei erfolgversprechenden Anleihen. Überproportionales Risiko bei Kursrückgängen, allerdings entsprechend höherer absoluter Gewinn bei Kurssteigerungen. 3) Bei Futures rasche Wirkung auf Erzielung von Kursgewinnen durch relativ geringe Einschußzahlungen im Verhältnis zur kontrollierten Menge an Basiswerten ‖ Überproportionaler Durchsatz von Kurssteigerungen oder Kursrückgängen in der Bewertung der mit den gehandelten Titeln verbundenen Warrants oder Optionen ‖ **Leveraged-Leasing** "leveraged"-Leasing-Geschäft *leveraged lease* Leasing-Geschäft, bei dem unter Hinzunahme von dritten Institutionen bei der Finanzierung des Leasing-Objekts Risiken von der Leasing-Gesellschaft auf die Kapitalbeteiligten verlagert werden, da die Leasing-Gesellschaft nur in Höhe ihrer Eigenmittel haftet

Liberalisierungskodex *Code of Liberalization*

LIBOR [EuroM] *London Interbank Offered Rate* :: **Interbankrate in London.** Basis für die Zinsberechnung am Euromarkt. Im Kreditvertrag werden [i.d.R. 5] am Platz London im Depositenhandel tätige Banken als Referenzbanken bestimmt. Aus deren Zinsofferten wird für die gewünschte Währung der Zinssatz fixiert (arithmetisches Mittel), zu dem Gelder an andere Banken ausgereicht werden. Besondere Interbankraten an anderen Euromarkt-Plätzen, z.B. **LUXIBOR** (für Luxemburg), **FIBOR** (Frankfurt), **MIBOR** (Madrid)

lieblich [Winz] *smooth*

Lieferadresse —> Anschrift ‖ richten an

Lieferant *supplier* ‖ **Lieferantenbescheinigung** *supplier's certificate* ‖ **Lieferantenerklärung** —> Lieferantenbescheinigung ‖ **Lieferantenkredit** *mercantile credit* ‖ **Lieferantenkredite** —> Lieferkredite

Lieferaufschub *to postpone delivery* ‖ **Lieferbedingungen im Außenhandel** *International Commercial Terms* —> Incoterms ‖ **lieferbereit** *ready for delivery* ‖ **Lieferfrist** *period of delivery* ‖ **Lieferfrist einhalten** *to adhere to the time of delivery* ‖ **Lieferkredite** *supplier credits* Typische Form des kurzfristigen Kredits zwischen 1-3 Monaten bzw. Absatzdauer üblicherweise unter Eigentumsvorbehalt. Durch Skontoabzugsmöglichkeit lohnt sich u.U. die Aufnahme eines Bankkredits zum Barkauf ‖ **Lieferort** Erfüllungsort *place of delivery* ‖ **Lieferrechte** *supply rights* ‖ **Lieferscheine** *delivery order* —> Teilscheine ‖ Anweisung des Eigentümers einer Ware bei internalen Kaufverträgen an den Frachtführer bzw. Lagerhalter, die Ware unter besonderen Bedingungen an die im Lieferschein bezeichnete Person bzw. Firma zu übergeben

Lieferung *delivery* ‖ *supply* ‖ *consignment* ‖ **Lieferung hinausschieben** —> Lieferaufschub ‖ **prompte Lieferung** *prompt delivery* ‖ **Liefervertrag über Waren** *contract for the supply of goods* ‖ **Lieferverzug** *default in delivery* ‖ **Lieferwerk** [Auslieferung] *supply plant*

[...] **liegen bei 10%** *to reach 10%*

Liegenschaft *landed property* —> Anwartschaftsrecht ‖ *immovable property* [i.G.z. dinglichen Recht an beweglichen Sachen, die als Fahrnis bezeichnet werden] ‖ **Liegenschaftsamt** *land registry* ‖ **Liegenschaftskauf** —> Grundstückskauf ‖ **Liegenschaftskäufer** *vendee*

Liegeplatz [im Hafen zur Be-/Entladung] *berth* ‖ **Liegeplatz wechseln** [Mar] *shift* ‖ **Liegezeitprotokoll** [Mar] *statement of facts*

LIFO [Buchf] *Last-in Last-out* Bewertungsverfahren der Vorratsgegenstände, bei dem unterstellt wird, daß zuletzt gekaufte Waren auch zuerst verbraucht wurden, d.h. dieses Verfahren kommt bei steigenden Einkaufspreisen zur Anwendung. Grundlage sind die Preise der ersten Einkäufe —> Fifo

lineare Abschreibung [Bil] *linear method* —> planmäßige Abschreibung ‖ **lineare Optimierung** —> Linearplanung ‖ **linearer Maßstab** *linear scale* —> Abschreibung ‖ planmäßig ‖ **Linearplanung** lineare Planungsrechnung. [Man] *linear programming* Teilgebiet der Operations Research [mathematische Operationsforschung ‖ Unternehmensforschung]

Linerterm Klausel, nach der der Reeder die Kosten für Ein- bzw. Ausladen trägt —> FIO

in erster Linie *primarily* ‖ *mainly* ‖ *in the first place* ‖ **Linienbeziehung** [Man/Org] *line relationship*

Liquidation *liquidation* ‖ *winding-up* —> Auflösung ‖ **in Liquidation treten** *to go into liquidation* ‖ **freiwillig in Liquidation treten** *voluntary winding-up* ‖ *voluntary liquidation* —> Konkursverfahren ‖ *bankruptcy* ‖ *Chapter 7/11* ‖ **zwangsweise in Liquidation treten** *compulsory winding-up* ‖ *compulsory liquidation* ‖ **Liquidationserlösanteil der Aktionäre** *liquidating dividend* Bei Liquidation der Gesellschaft nach Befriedigung aller weiteren Ansprüche zur Verteilung an die Aktionäre verbleibende Restbetrag

liquide *liquid* ‖ *quick* ‖ **liquide Mittel** [Bil] *cash assets* ‖ *liquid assets* liquide Mittel 1. Grades: Bargeld und Sichteinlagen ‖ liquide Mittel 1. und 2. Grades: Bargeld, Sichteinlagen, diskontfähige Wechsel, börsengängige Wertpapiere, sog. liquid assets. Liquide Mittel 3. Grades: Warenbestände und andere Sachgüter. Außerdem quick assets = liquid assets + Forderungen aus Warenlieferungen und Leistungen —> Liquiditätskennzahlen

Liquidierbarkeit *convertibility into cash* ‖ *liquidity* Eigenschaft von Vermögenswerten, in Zahlungsmittel umgewandelt werden zu können

liquidieren [Bör] *to liquidate* ‖ *to settle* ‖ *to balance*

Liquidität *liquidity* I.S.d. Zahlungsfähigkeit die Fähigkeit zur Erfüllung fälliger Verbindlichkeiten. ‖ Eigenschaft von Vermögenswerten, in Zahlungsmittel umgewandelt werden zu können —> Liquidierbarkeit ‖ *Zahlungsmittel* (Liquiditätsbeschaffung) ‖ **Liquidität ersten Grades** *cash ratio* Verhältnis von Zahlungsmitteln zu kurzfristigen Verbindlichkeiten [cash ratio = cash divided by current liabilities] —> Liquiditätskennzahlen ‖ **Liquidität zweiten Grades** *quick ratio* ‖ *acid-test ratio* ‖ Verhältnis von Umlaufvermögen ohne Vorräte zu kurzfristige Verbindlichkeiten [quick ratio (oder acid-test ratio) = current assets exclusive of inventory divided by current liabilities] ‖ **Liquidität dritten Grades** *current ratio* Verhältnis von Umlaufvermögen zu kurzfristigen Verbindlichkeiten [current ratio = current ratio divided by current liabilities] ‖ **hohe gesamtwirtschaftliche Liquidität** *high overall liquidity* ‖ **Liquidität zur Vefügung stellen** *to make funds available*

Liquiditätsausgleich [im Konzern] *liquidity pooling [within a corporate group]* Ausgleich von Zahlungsmittelüberschüssen und -defiziten zwischen Konzerngesellschaften ‖ **Liquiditätsbeschaffung** —> besser: Geldbeschaffung *cash procurement* ‖ **Liquiditätsgrad** *degree of liquidity* —> Liquiditätskennzahlen/liquidity ratios ‖ **Liquiditätskennzahlen** *liquidity ratios* Bilanzkennzahlen über Liquiditätsgrade, d.h. Verhältnis zw. kurzfristigen Verbindlichkeiten und den zu ihrer Deckung zur Verfügung stehenden Mitteln. Keine einheitl. Definition —> Liquidität 1., 2., 3. Grades ‖ **Liquiditätskoeffizient** *working capital ratio* Ganzzahl-Saldo aus der Differenz zwischen —> Umlaufvermögen und kurzfristigen Verbindlichkeiten —> Kapitalflußrechnung —> Betriebskaptial ‖ **Liquiditätslage** *liquidity position* liquiditätsmäßige Situation eines Unternehmens —> Liquiditätskennzahlen ‖ **Liquiditätsplan** *cash forecast* ‖

cash budget Aufstellung über die in einem bestimmten Zeitraum zu erwartenden Zahlungseingänge und -ausgänge einschl. Bestand an Zahlungsmitteln zu Beginn und zum Ende des Zeitraums (—> Liquiditätsplanung) ‖ **Liquiditätsplanung** *cash planning* Planungsprozeß der Unternehmung unterscheidet im allg. zwischen Prognose (forecasting) und Budgetierung (budgeting). Bei der Liquiditätsplanung wird diese Unterscheidung i.d.R. nicht gemacht, vielmehr werden die Termini cash forecasting und cash budgeting oft syn. verwendet ‖ **liquiditätspolitische Maßnahmen** [Bbank] *liquidity policy measures* ‖ **Liquiditätspolster** *liquidity cushion* —> Kassenhaltungsmotive ‖ **Liquiditätsprognose** *cash forecasting* ‖ *cash planning* ‖ **Liquiditätsstatus** [täglich] *daily cash statement* Eine tägliche, auf Ist-Größen basierende Aufstellung, wesentlich zur Erfassung von Zahlungsein- und ausgängen sowie Anfangs- und Endbestand an Zahlungsmitteln ‖ **Liquiditätsüberhang** *excess liquidity*

Liquids [Seefrachtverkehr] Kolli mit flüssigen Stoffen —> Kollo

Liste *list* ‖ *schedule* —> Anhang ‖ *record* —> Archiv ‖ Register ‖ Grundbuch ‖ Hauptbuch ‖ Journal ‖ offene Posten ‖ Stelle oder Gruppe

Literaturagent *literary agent*

Lizenz *licence* ‖ **Lizenz gemäß Patent N° 1010** [PatR] *licence under letters patent N° 1010* ‖ **Zwangslizenz** [PatR] *licence of rights*

Lizenzgeber [PatR] *licensor* ‖ *holder* ‖ **Lizenzgeber und Lizenznehmer haben folgende Vereinbarungen getroffen** [PatR/Formulierungsmöglichkeit] *the party of the 1st part [...] and the party of the 2nd part [...]* [have agreed as follows:] ‖ **Lizenzgebühren** [PatR] *royalty* ‖ *amount of royalties*[meist pl.] [früher: Abgaben an den König, z.B. bei der Ausübung von Schürfrechten/Bergbau ‖ Bergwerksabgabe] ‖ **Lizenzgebühren werden nach folgendem Modus errechnet** *the royalties shall be calculated according to the following scale* ‖ **die zu zahlenden Lizenzgebühren feststellen** *to ascertain the royalties payable* ‖ **Zahlung aller daraus erhaltenen Lizenzgebühren** *payments of all such royalties received on such accounts* ‖ **Lizenznehmer** [PatR] *licencee*

L.J. [GB] [Abbr] *Law Journal* ‖ *Law Judge*

LLDC-Länder *Least Developed Countries* Pro-Kopf-Einkommen unter US$ 355, Industriequote unter 10% und Alphabetisierungsgrad unter 20%. Teilweise Überschneidung mit MSAC

Lloyd's agent [Vers] von Lloyd's in London in den Versicherungsverträgen vorgeschriebener Havarie-Kommisar zur Schadensfeststellung

Lockerung der Kreditgewährung *easing of credit*

Locowaren *spots*

logarithmischer Maßstab *log[arithmic] scale*

Logbuch [Handelsschiffahrt] *deck log* —> Schiffstagebuch

Logistik-Zentrum *logistics centre*

Lohnabpack- und Verpackungsbetrieb [Verp] *contract packaging plant* ‖ **Lohnabzüge** [Buchf] *payroll withholdings* ‖ **Lohnanteil** [an den Produktionskosten] *wage*

Lohnbildung —> betriebliche Lohnbildung ‖ **Lohnbuch** *payroll* Zusammenstellung aller Lohnkosten für eine Lohnperiode über Lohnzeit, Bruttolohn, Abzüge, Netto- bzw. Restlohn. Grundlage für die Finanzbuchhaltung

Lohndrift *wage drift*

Lohnfortzahlung *salary continuance* ‖ *wage continuation* ‖ **Lohnfortzahlung bei Arbeitsunfähigkeit** *salary continuance in case of disability* ‖ **Lohnfortzahlung im Krankheitsfall** *salary continuance in case of illness*

Lohngefälle *wage differentials* —> Niveauspanne ‖ **Löhne und Gehälter** [Bil] *wages and salaries* ‖ **Lohn- und Gehaltsvergleich** [PersW] *pay survey* ‖ **Lohngruppen** *wage grades* grades determined by means of grading procedures between management and work councils :: zwischen Unternehmensleitung und Betriebsrat abgesprochene Lohngruppen —> Einstufungsverfahren

Lohnkostendruck *wage cost pressure* ‖ **Verstärkung des Lohnkostendruck** *an increase in labo[u]r cost pressure*

Lohnliste [Buchf] —> Lohnbuch

zweite Lohnrunde *second wage [bargaining] round* an element of the total payment is decided at individual factories "over and above the collective agreement"

Lohnsteuer [SteuerR] *payroll tax* ‖ **Lohnsteuer-Jahresausgleich** [SteuerR/D] *annual adjustment of wages tax* ‖ **Lohnsteuer-Richtlinien** *wage tax directives* ‖ **Lohnsteuerhilfevereine** [SteuerR/D] *societies formed for the purpose to give assistance to their members concerning wages tax* nach § 13 I Steuerberatungsgesetz Selbsthilfeeinrichtungen von Arbeitnehmern zur Hilfeleistung in Lohnsteuersachen für ihre Mitglieder. Anerkennung [§§ 14 ff. StBerG] muß durch Aufsichtsbehörde [Oberfinanzdirektion] erfolgen ‖ **Lohnsteuerkarte** *wage tax card* ‖ **Lohnstopp** *wage freeze* ‖ **Lohnstückkosten** *unit labour costs* ‖ **Lohnstundensatz** *direct labour hour rate* ‖ **Lohnsummensteuer** [SteuerR] *payroll tax* bis 1979 nicht in allen BLändern bestehende Erhebungsform der Gewerbesteuer [§§ 6, 23 ff. GewStG], die den Gemeinden zufluß und auch von diesen verwaltet wurde. Aufgehoben durch Steueränderungsgesetz von 1979

Lohnunterschiede —> Lohngefälle

Lohnveredelung *cross-border commission processing* ‖ **Lohnverpackungsbetrieb** —> Lohnabpack- und Verpackungsbetrieb

lokales Gewohnheitsrecht *local customary law[s]* —> Verkehrsanschauung ‖ **lokale Kosten** Aufwendungen an Ort und Stelle *local costs* expenses incurred by the buyer of foreign goods and services for the purchase in his own country of goods and services associated with the transaction (engineering services, public utility, connections, locally available construction materials, labor, equipment installation, employee housing and similar items of host country origin)

Lokalitäten *premises*

Lombardkredit *advance on securities* ‖ *loan on securities* [Darlehen durch Hinterlegung von Wertpapieren (als Pfandrecht) oder Waren [dann Warenlombard] —> Realkredit ‖ Lombardgeschäft ‖ [BankW] *collateral credit* ‖ Kredit [Überziehungskredit beim Girokonto] gegen Bestellung eines Pfandrechts [Hinterlegung von Wertpapieren (Effektenlombard) oder Waren, dann Warenlombard] ‖ *lombard loans* ‖ *discount loan* von der Bbank an Kreditinstitute gegebene kurzfristige Kredite unter Verpfändung lombardfähiger Wertpapiere. Zinssatz ist der —> Lombardsatz [gleichzeitig Obergrenze für den Geldmarktzins unter Banken] ‖ **Aufnahme von Lombard- bzw. Sonderlombardkrediten** [Bbank] *raising of lombard or special lombard loans* ‖ **Lombardsatz** [Bbank] *lombard rate* Zinssatz der Bbank für Ausleihungen an andere Kreditinstitute gegen Hinterlegung von Wertpapieren. Liegt über dem Diskontsatz und ist Zinsindikator

Long-Leasing [Leas] *long lease* Leasing mit einer durchschnittlichen Vertragsdauer von zehn Jahren und mehr

long position [Terminhandel] Hausse-Position

Lord Mitglied des —> Oberhauses ‖ **Lordoberrichter** *Lord Chief Justice*

Los [RennwLottG] [Lotterievertrag] *lottery ticket*

lose [gepackt] [Verp] *in bulk*

Loseinheiten *lot size* —> Charge

Lotterie *lottery* ‖ **staatliche Klassenlotterie** [RennwLottG] *official state lottery* ‖ **Lotterieschein** —> Spielausweis ‖ **Lotteriesteuer** [SteuerR/D] *lottery tax* ‖ **Lotterievertrag** [RennwLottG] Los ‖ Spielschein *lottery ticket*

Lotto —> Zahlenlotto ‖ **Lottoschein** —> Spielausweis

L.T.R. [GB] [Abbr] *Law Times Report* mit erster Reihe von 1843-1859, zweite Reihe von 1859-1947 [(1933) 22 L.T. 148]

Lücken [Bör] *gaps* in der Chartanalyse bei Balkencharts erkennbare Formation, die auf ein ausgeprägtes Ungleichgewicht zwischen Angebot und Nachfrage weisen ‖ **Ausbruchslücke** *breakaway gap* Beim Bruch einer Trendlinie auftretende Lücke ‖ **Erschöpfungslücke** [Verkaufssignal] *exhaustion gap* ‖ **Fortsetzungslücken** *runaway gaps* ‖ *continuation gaps* Innerhalb einer sehr schnellen Auf- oder Abwärtsbewegung auftretende Lücken

Luftalarm Fliegeralarm ‖ Alarmbereitschaft *air alert*

Luftbeförderung Lufttransport *air carriage*

Luftdruckwaffe [Bal] *air gun*

Luftfahrt *aviation*

Luftfracht *air cargo* ‖ *air freight* ‖ **Luftfrachtbrief** *air consignment note* ‖ *air waybill*

Luftlandetruppen *air borne troops*

Luftpirat *air pirate* ‖ **Luftpistole** [Bal] *air pistol*
Luftraum über der Hohen See [Mar] *airspace above the high seas*

Luftreinhaltung *air pollution control*

Luftschutzbunker *air raid shelter*

Luftwaffe [GB] *The Royal Air Force* ‖ **Brigadegeneral der Luftwaffe** [GB] *air commodore* ‖ **General der Luftwaffe** [GB] *Air Chief Marshall* ‖ **Luft[druck]waffe** —> Luftdruckwaffe

Lustbarkeiten —> Vergnügen ‖ Tanzlustbarkeiten

lustlos [Bör] flau *slack* ‖ *dull*

Maastrichter Vertrag [EG,1993]
Maastricht Treaty

machen *to make* —> herstellen ‖ leisten ‖ **machen zu** *to constitute* ‖ **Die Tatsache, daß [...], macht [...] für sich alleine nicht zu [...]** ‖ **[...] gilt nicht allein als Grund** ‖ **begründet für sich allein noch nicht, daß [...]** *The fact that [...] shall not itself constitute [...]*

Macht *power* ‖ *ability to exert influence* ‖ **Macht durch Beziehungen** *connection power*

MAD [Mil] *Mutual Assured Destruction* Garantiert gegenseitige Vernichtung. Eines der Verteidigungsprinzipien der NATO gegen Atomwaffenangriffe der (ehemaligen) Warschauer-Pakt-Staaten

magisches Viereck *uneasy quadrangle [of economic policy]* ‖ [Bbank] *magic square* Wirtschaftspolitische Zielkombination: gleichzeitiges Erreichen von Vollbeschäftigung, Preisstabilität, angemessenes Wirtschaftswachstum und Zahlungsbilanzgleichgewicht

Magistrat [VwO/D] *collegiate executive* Gemeindevorstand ‖ *municipal committee* Kollegiale Verwaltungsbehörde der Städte in Hessen und Schl.-H. aus Oberbürgermeister/Bürgermeister und den Stadträten (Beigeordneten)

Magistrates' Court [GB] erstinstanzliches Gericht für [geringfügige] Strafsachen :: *minor offenses* (einschließlich Jugendsachen); *summary offences* :: im Schnellverfahren abgeurteilte Sachen mit niedrigem Streitwert :: *small claims* oder im Untersuchungsverfahren Voranhörungen :: *preliminary hearings* und Überweisung an ein höheres Gericht. Zivilgericht mit Zuständigkeit für Unterhalts-, Ehetrennungs- [nicht Scheidungs]sachen sowie Schankkonzessionen (*licencing*). In London "Police Court". Berufung gegen Entscheidungen an den Crown Court zulässig oder Antrag einer Prozeßpartei auf Verweis der Entscheidung an den High Court. [USA] einzelstaatliches Gericht für Strafsachen sowie [in Ausnahmefällen] Zivilsachen

Mahn[ung] *arrears letter* ‖ **Mahngebühr** *arrears letter fee* ‖ **Mahnlauf** *dunning notice run* über PC-System ‖ **Mahnungen schreiben** —> Mahnlauf ‖ **Mahnsperre** *arrears letter exclusion*

Majestät *Majesty* —> Queen ‖ [GB] **Durch des Königs allerhöchste Majestät unter Mitwirkung und Zustimmung der im gegenwärtigen Parlament versammelten weltlichen und geistlichen Mitglieder des Oberhauses und des Unterhauses aufgrund ihrer gesetzlichen Befugnisse wird folgendes beschlossen: [...]** *Be it enacted by the Queen's [King's] most Excellent Majesty, by and with the advice and consent of the Lords spiritual and temporal and Commons, in this Present Parliament, and by the authority of the same, as follows: [...]*

Makler [Bör] *broker* —> Broker ‖ *factor* Kommissionär, der die Ware, die er verkauft, im Besitz hat und im Gegensatz zum broker in eigenem Namen handelt —> Leasing-Makler ‖ Grundstücksmakler ‖ Kursmakler ‖ Börsenmakler ‖ Versicherungsmakler

makroökonomische Indikatoren
[Stat] *macro-economic performance*
—> gesamtwirtschaftlich

Malz *malt*

Management —> Führungsstab ‖ **Management auf höchster Unternehmensebene** [Man/Org] *corporate [top] management* ‖ **mittleres Management** *middle line [management]* ‖ **partizipatives Management** [Man] *management by participation* Führungskonzept mit starker Betonung der Mitarbeiterbeteiligung an der Zielerreichung durch Identifikation ‖ **unteres Management** *junior management* ‖ *lower management* ‖ **Management Buy-Out** [Abbr] **MBO** *management buy-out* Kauf eines Unternehmens oder Unternehmensbereichs durch Manager und/oder Investoren, unter deren Leitung diese Bereich bisher gestanden haben ‖ **Management Buy-Out durch [Teil-] Fremdfinanzierung** *leveraged management buy-out* ‖ **Managementebene** *management* ‖ **Management-Informationssystem** [Abbr] **MIS** [Komm] *management information system* —> Führungsinformationssystem

managen [Sportler] *to manage*

Manager *director* —> Direktoriumsmitglied ‖ Vorstand

Mandant *principal* ‖ *client* ist die übliche Bezeichnung für den Mandanten eines Rechtsanwalts ‖ **Mandantenschutzklausel** *restrictive covenant* —> Wettbewerbsverbot

Mandat [GB] [Prozeßmandat, im wesentlichen Information und Beauftragung durch den Solicitor an den Barrister zur Vertretung vor Gericht] *brief* ‖ [Vollmacht] *power of attorney* ‖ **Mandatsgebiet** *mandate[d] territory*

Mangel [an der Ware] *defect* —> Konstruktionsmangel ‖ **Mängelanalyse** *deficiency analysis* ‖ **Mängelgewähr[leistung]** *warranty against defects* ‖ **mangelhafte Ausführung** *faulty workmanship*

mangels —> Abwesenheit

Mantel *share certificate* Bei effektiven Stücken der Teil des Wertpapiers, auf dem die Gläubiger-, Teilhaber- und Miteigentumsrechte verbrieft werden —> Bogen

Marge *margin* —> Zinsmarge[n]

Markenartikel *patent article* ‖ **Markenmedizin** [USA] *patent medicine* ein zur rezeptfreien Abgabe bestimmtes [abgepacktes] Arzneimittel, das durch ein Patent geschützt ist ‖ **Markenzeichen** *brand mark*

Market-Maker [BankW/Bör] Banken und Broker, die sich verpflichten, für einzelne oder mehrere Wertpapiere während der Handelszeit jederzeit verbindliche Geld- bzw. Briefkurse zu stellen. Unterhalten den —> Freiverkehrsmarkt in den USA —> OTC

Markt *market* ‖ **Marktaufgabe** [strategic] *mission* ‖ **Markteinführung** *initial launch* ‖ bei Bewerbung eines am Markt bereits bekannten Produktes unter neuem Namen *relaunch* ‖ **marktfähiger Rechtstitel** *merchantable title* ‖ *good and marketable title in fee simple* Rechtstitel, dessen Erwerber darauf vertrauen darf, daß er unbelastet und jederzeit frei veräußerbar ist bzw. ungestört ist und dem Erwerber damit ein von jeder Einwirkung Dritter ausgeschlossenes, unbeschränktes Herrschaftsrecht an der Sache erwirbt ‖ **marktgängig** *merchantable* [U.C.C. § 2-314(2)] bei beweglichen Sachen solche, die nach üblicher Verkehrsanschauung von durchschnittlicher Beschaffenheit, [beim Gattungskauf § 243 BGB, beim Kaufmann das Handelsgut, § 360 HGB] mittlerer Art und Güte [fair average grade, quality and value (of similar goods)] und für die vertraglichen Zwecke geeignet ist ‖ **marktgängiger Rechtstitel** *marketable title* ein gültiger Rechtstitel, bei dem der Erwerber darauf vertrauen darf, daß er unbelastet und ohne Einwirkung Dritter jederzeit frei veräußerbar ist ‖ **Marktordnungen** [SteuerR] *market organisations*—> Gemeinsame Marktorganisation der EG —> BALM ‖ **Marktpotential** *market potential* ‖ **Marktsegment der festverzinslichen Dollaranleihen** Teilmärkte *market segment of fixed-income dollar bonds* ‖ **Marktstellung behaupten** *to defend a market position*

Maschinenbau *machinery* [excluding electrical] ‖ **Maschinenbautitel** [Bör] *engineering shares* ‖ **Maschinensprache** [EDV] *machine language* —> Hearsay ‖ **Maschinenzeit** *machine time*

Maß *size* ‖ **Maßabweichung** [Tech] *off-size*

Massen[...] *mass* ‖ **Massenbriefschreibung** *mass mailing* ‖ **Massengewerkschaften** [general ‖ mass] *huge industrial unions* ‖ **Massengut** Schüttgut [Verp] *bulk goods* ‖ **Massengutverfrachter** *bulk carrier* ‖ **Massenherstellung** *mass production* ‖ **Massenkarambolage** *chain reaction collision* ‖ **Massenproduktion** —> Massenherstellung

Maßgabe *proviso* ‖ [dies gilt] **mit der Maßgabe, daß** *provided that* ‖ **nach Maßgabe [der ...]** *the circumstances set out in [...]*

maßgebend *most representative* ‖ **maßgebende[s] Gesetz[e]** *applicable laws* ‖ **maßgebend sein** *to prevail* ‖ [...] ist der englische Wortlaut maßgebend *the English text shall prevail* [...]

maßgeblich *relevant* ‖ entscheidend *decisive* ‖ **maßgebliche Auskünfte** *relevant information*

Maßhalteappell gütliches Zureden *moral suasion*

Maßnahmen *policies* ‖ *measures* ‖ *arrangements* ‖ **Maßnahmen ergreifen** *to take actions* Schritte unternehmen ‖ Vorgehen ‖ Prozeß ‖ Rechtstreit —> action :: Klage ‖ **die gemäß [...] getroffenen Maßnahmen** *actions taken persuant to [...]*

Maßnahmen im Bereich von [...] *activities in the field of [...]* ‖ an bestimmten Tätigkeiten des Kommittees teilnehmen ‖ in besonderen Aufgabenbereichen tätig sein :: *to participate in certain activities of the commission* ‖ **[andere mögliche] Abhilfemaßnahmen** *[alternative] corrective measures* ‖ **Durchführung allgemeiner Maßnahmen** *implementation of general policies* ‖ **Gesetzgebungen und Verwaltungsmaßnahmen** *legislati-*

Maßstab — **m.d.**

ve and administrative action ‖ **gezielte Maßnahmen** *selective policies* ‖ **liquiditätspolitische Maßnahmen** [Bbank] *liquidity policy measures* ‖ **staatliche Maßnahmen** [≠ Regierungs-...] *government policies*

Maßstab *scale* —> linear ‖ logarithmisch ‖ Anforderungsprofil *[performance] standard* ‖ **linearer Maßstab** [Bör] *linear scale* ‖ **logarithmischer Maßstab** *log[arithmic] scale* ‖ **strengste [Bewertungs]maßstäbe anlegen** *to apply the most conservative standards*

Mastenkran [Tech] *derrick crane*

Master in chamber [wird nicht übersetzt] sind einem IIigh Court Judge beigeordnet. Ein ausgebildeter Jurist mit Richterbefugnis, der als Assistent bzw. Vertreter des Richters fungiert. Einige Fälle werden nicht vom Richter selbst, sondern vom Master in chamber in dessen Amtszimmer unter Ausschluß der Öffentlichkeit entschieden

Master of the Rolls [Abbr] *M.R.* Vorsitzender des Court of Appeal, früher: Leiter des Staatsarchives. Heute: Zuständigkeit für die im Record Office aufbewahrten öffentlichen Akten [public records] und die Zulassung von solicitors

Matching *matching [strategy]* [Ex] i.R.d. Ausfuhrdeckung die Anpassung eines [staatlichen] Kreditversicherers an die Konditionen eines anderen [staatlichen] Exportkreditversicherers ‖ [Wettbewerb] bei internat. operierenden Unternehmen Preise und Konditionen von Konkurrenten, um trotz der dadurch kurzfristigen geringeren Kostendeckung i.L.d. Geschäftsentwicklung langfristig Gewinne einzufahren. ‖ [Bör] Zusammenführung von kurs-, mengen- und terminmäßig übereinstimmende Kontraktkäufe und -verkäufe am Terminmarkt

Material [Information] *information* ‖ Teile *materials* ‖ **Materialbereitstellungszeit** [Prod] *lead time* ‖ **Materialbewegung** [LagerW/Verp] *material handling* ‖ **Materialermüdung** [Verp] —> Verschleiß ‖ Abnutzung ‖ **Materialgemeinkostenzuschlag** *material cost burden rate* ‖ **Materialkosten je Einheit** *material cost per unit* ‖ **Materialnummer** Sachnummer [LagerW] *material code* ‖ *material reference number* ‖ **Materialprüfung** [Verp] *material testing* ‖ *material trial* ‖ **Materialschlüssel** —> Materialnummer

materiell *substantial* ‖ **materielles Recht** *substantive law* Die Rechtsgrundsätze, die das Recht an sich ordnen, z.B. Strafrecht, bürgerliches Recht etc. ‖ **materielle Vermögensgegenstände** *tangible property* ‖ **materieller Wert** [der Vermögensgegenstände] *actual cash value*

Matrikularbeiträge [SteuerR] *matricular contributions* Bezeichnung für Umlagen [Zuweisungen], die vor 1918 von den Bundesstaaten an das Deutsche Reich abgeführt wurden. Heute werden an den Bund keine Umlagen abgeführt —> Finanzausgleich

Matrix-Organisation [Man/Org] *matrix organization* ‖ *matrix structure*

Maximum *maximum* —> höchst[...]

MBO —> Management Buy-Out

m.d. [Abbr] *month/s after date ::*

Monat/e nach Datum

Mecklenburg-Vorpommern [BLand] *Mecklenburg-West Pomerania*

Medicaid [USA] bundes- und einzelstaatlich geförderte Gesundheitsfürsorge für unterste Einkommensschichten

Medicare [USA] Bundesgesetzlich verankerte Gesundsheitsfürsorge nach dem Social Security Act —> Medicaid

Medienrummel —> Journalistenauflauf

medium *medium* —> halb ‖ Mittel[...]

Medium *product* —> Investment

Meeres [...] *sea* —> See ‖ **Meeresbauwerke** [Mar] *artificial structures* ‖ **Meeresboden** [Mar] *sea-bed* ‖ **Meeresstreifen** [Mar] *belt of sea* **Meeresverschmutzung** [Mar] *pollution of the seas*

Meeting *meeting* —> Sitzung ‖ Tagung

mehr als *in excess of*

mehrere ≠ zwei oder mehr *two or more*

mehrfach beschichteter Film [Tech/Verp] *sandwich film*

Mehrfachbeschäftigte *moonlighters* ‖ **Mehrfachbeschäftigung** *moonlighting* mehrere Arbeitsverhältnisse [Dienstverhältnisse] zur gleichen Zeit. [BRD] Sozialversicherungspflicht nach §§ 1396, 1405 RVO, §§ 118, 127 AVG] ‖ **Mehrfachsatz** Vordrucke *multipart form*

Mehrheit *majority* ‖ **mehrheitliche Übernahme** [Bil] *to acquire the majority controlling interest* ‖ **Mehrheitswahrspruch** der Geschworenen *majority verdict*

Mehr[...] ‖ **Mehrkosten** *excess costs* ‖ **Mehrstück**[...] *multiple* ‖ *mass* ‖ **Mehrstückpackung** [Verp] *multipack* ‖ *mass package* ‖ *multi-unit pack[age]* ‖ **Mehrwegverpackung** [Verp] Leihpackung *package to be returned* ‖ *returnable package* —> Pfandverpackung ‖ **Mehrwertsteuer** [SteuerR/D] [Umsatzsteuer bzw. Vorsteuer] *value-added tax* —> [USA] Verkaufsteuer ‖ **Mehrwertsteuerrichtlinie** [SteuerR/D] *value-added tax directive* ‖ **Mehrzweckverpackung** [Verp] *multi-purpose package*

Meile [deutsches Wegemaß] *mile*: 1 Meile = 7,420 Km ‖ [Mar] Seemeile: 1 sm = 1,852 km ‖ [GB/Längenmaß] 1 mile = 1,60934 km

Meineid *perjury* [§§ 66 d StGB, § 484 ZPO, §§ 154 f StGB] vorsätzlich eidliche Bekräftigung einer unrichtigen Aussage. [USA] Model Penal Code, § 241.1. und 18 U.S.C.A. § 1621 ‖ **Anstiftung zum Meineid** *subornation of perjury* [USA] 18 U.S.C.A. § 1622

Meinung *opinion* —> Gutachten

Meister *foreman* ‖ *master (craftsman)* [kein Titel im Rechtssinn] Meister darf sich nur nennen, wer die Meisterprüfung bestanden hat [§ 51 HandwO /Handwerksmeister]. Andere Bezeichnungen sind gesetzlich nicht geschützt, z.B. Werkmeister, Maschinenmeister [aber: geprüfter Industriemeister]

Meisterleistung [fig.] *master-stroke* ‖ *[craftman's] masterpiece*

Meldeadresse *notify address* —> Wohnsitz ‖ **Meldebehörde** *[residents'] registration office* [BRD] Führung der [Einwohner-]Melderegister nach dem Melderahmengesetz. Jeder Einwohner ist nach § 11 MRRG verpflichtet, seinen Wohnungswechsel bei der zuständigen Meldebehörde an- bzw. abzumelden ‖ **Meldetag** [im Chartergeschäft der See- und Binnenschiffahrt] *reporting day*

Meliorationskredit *land improvement loan*

Mengenabschreibung [Abschr] *service-output method* ‖ *production method of depreciation* ‖ *unit-of-production method* leistungsmäßige Abschreibung. Abschreibungsmethode, bei der die jährlichen Abschreibungsbeträge nach dem Umfang der Beanspruchung oder der Leistung der betreffenden Anlagegegenstände bemessen werden

Mengeneinheit [Verp] *unit of quantity* ‖ **Mengentender** [Bbank] *volume tender* Ausschreibungsverfahren der Bbank vor allem bei Angebot von Kassenobligationen des Bundes mit fester Zinsvorgabe ‖ **Mengenzähler** Mengenzählapparat [Verp] *batch counter*

Merger *acquisition by merger* jede Form des Unternehmenszusammenschlusses von zwei oder mehreren Unternehmen —> amalgamation :: Zusammenschluß von zwei oder mehreren Unternehmen in einem Gesamtunternehmen, z. B. Bankenfusion :: bank merger ‖ **Mergers and Acquisitions** [BankW] *mergers and acquisitions* Serviceeinrichtung der Banken zur Beratung von Unternehmen, die Anteile an anderen Gesellschaften erwerben oder verkaufen möchten

merklich höher als *appreciably higher than*

Merkmal *feature* ‖ *note* —> Kennzeichen

Merkposten *reminder item* mit einem Erinnerungswert [DM 1,-] angesetzter Bilanzposten —> Erinnerungswert

Meßbetrag —> Steuermeßbetrag

Metagesellschaft —> Gelegenheitsgesellschaft :: *ad-hoc partnership* *joint business venture* [Metageschäft :: joint business venture (transacted by two partners only, each of whom takes part of the profit or loss). Die Partner in einem solchen Metageschäft sind die sogenannten Metisten :: parties to a joint business venture]

Metall *metal* ‖ **Metalldrahtlampen** [Tech] *metal filament light bulbs* ‖ **Metallwaren** *metal products*

Methode des internen Zinsfußes [Abbr] *IRR* *internal rate of return method* [InvR] [nicht: interne Zinsfußmethode] Für die Ermittlung der internen Rendite ein dynamisches Verfahren der Investitionsrechnung zur Entscheidung über die Vorteilhaftigkeit einer Investition. Interne Zinsfuß entspricht Zinssatz, bei dem die auf den Bezugszeitpunkt abgezinsten Zahlungsströme der Investition gleich sind. Bestimmung des Umfangs eines Investitionsvorhabens wie bei der Kapitalwertmethode, wobei nur solche Projekte verwirklicht werden, deren interner Zins über einer vorher festgelegten Höhe liegt. Die Wiederanlage rückfließender Beträge kann sofort stattfinden, Gewinne werden entsprechend in Höhe des internen Zinsfußes erzielt.

Methode des kritischen Wegs [Pfads] *critical path method* [Abbr] *CMP[-method]* —> Tätigkeits-Pfeil-Netz

Methoden und Gepflogenheiten *practice and conditions* —> Handelsusancen

metrisches System *metric system* ab 1996 ist in den USA zur Verhinderung der Diskriminisierung von US-Firmen durch europäische Unternehmen für US-Regierungsaufträge, insbesondere Bauvorhaben, die Vorlage nach dem metrischen System vorgesehen

Middle market-Leasing *middle-market lease* Anschaffungswert des einzelnen Leasing-Objektes liegt zwischen $100,000 und $ 500,000; die durchschnittl. Mietdauer beträgt zehn Jahre

Mietabzüge [Buchf] *rent deductions* ‖ **Mieteinkünfte** [meist pl.] *rent* ‖ **Anspruch auf Mieteinkünfte haben** *to be entitled to the rent* ‖ **Neufestsetzung von Mieten** *rent review*

mieten vermieten *to hire out* to procure or to grant the use of a thing for a stipulated payment [bei beweglichen Sachen]

Mieterdarlehen [Leas] *lease deposit* Einmalige Sonderzahlung des Leasing-Nehmers an den Leasing-Geber, die entweder nach Vertragsende zurückgezahlt oder bei Vertragsverlängerung auf die weiteren Zahlungen oder auf den Kaufpreis angerechnet wird —> Baukostenzuschuß ‖ **Mieterkaution** [MietR] *lease deposit* ‖ **Mieterschutzgesetz** *Rent Act*

Mietkauf Hire Purchase [Leas] *hire purchase* Vertrag über den Kauf des Mietgegenstandes durch den Mieter nach oder vor Vertragsende. Das Mietobjekt wird für Bilanzierungszwecke nach Handels- und / oder Steuerrecht dem Mieter zugerechnet ‖ **Mietnebenkosten** [Leas] *executory costs* ‖ **luxuriöse Mietobjekte** *luxurious rented property* ‖ **Mietpreisbindung** *rent restriction* ‖ *rent control* ‖ **Mietrecht** [USA] *landlord and tenant law* ‖ *laws governing tenancy* ‖ **gleitender Mietsatz** [Leas] *floating rental rate* ‖ **Miet[vertrag]** *lease agreement* ‖ **Miet- und Leasingverträge** [Bil] *rental and leasing agreements* ‖ **Mietzahlungen** *lease payment[s]* periodic payments by a lessee to a lessor for the use of land, buildings, machinery and other assets for a stated period of time ‖ **Mietzeit** *lease term* ‖ *period for which a real estate is leased* ‖ **Mindestmietzeit** [Leas] *initial lease term* ‖ *base lease term* ‖ **Vormietzeit** [Leas] *interim lease term*

Milch-Gesamtquote [EG] *total milk quota* ‖ **Milchpfennig** [EG] —> Mitverantwortungsabgabe

mildestes Mittel zum Abwehr eines Angriffs —> Mittel

Militärausschuß *Military Staff Committee* ‖ **Militärdienst** —> Wehrdienst

militärisch *military* ‖ **in[nerhalb des] militärischen Bereichs** *within the military sector* ‖ **militärische Kommandanten** *military commanders* —> Stadtkommandanten

minder[...] *short* ‖ *reduced* ‖ *under[...]* ‖ **minderbemittelter** [Angeklagter] *indigent [defendant]* without

mindern / **Ministerium des Ministerpräsidenten**

funds —> Prozeßkostenhilfe ‖ **zu Mindereinnahmen führen** *to reduce [the] income* ‖ **Mindergewicht** [Verp] *short weight* ‖ **minderjährig sein** *to be incapable to perform legal acts* ‖ *to be under age* ‖ **Zustand der Minderjährigkeit** *the condition of infancy / minority*

mindern *to reduce* —> Minderung ‖ sich verringern *to decline* ‖ *to derogate* —> berühren ‖ abändern

Minderung [§ 462 BGB] *reduction in price* Herabsetzung des Kaufpreises *lowering of the purchase price* —> Wandelung :: redhibition

Mindestbestandsmenge [im Lager] *minimum stock* ‖ **gesetzliche Mindestbeteiligung behalten** *to retain a legal minimum quota* ‖ **Mindestdiskontsatz** *minimum discount loan rate* ‖ **Mindest-Leasingraten** [Leas] *minimum lease payments*

mindestens *not less than* ‖ **von mindestens 25% der Vertragsstaaten kann ein Antrag auf Einberufung einer Konferenz [...] gestellt werden** *of not less than 25% of the contracting states shall be entitled to call for a meeting*

Mindestkassenbestand *minimum cash balance* Zur Erhaltung der Zahlungsfähigkeit unbedingt erforderliche Bestand an Zahlungsmitteln ‖ **Mindestkirchensteuer** [SteuerR/D] *minimum church tax* ‖ **Mindestlaufzeit von DM-Auslandsanleihen** *minimum lifetime for new issures of DM foreign bonds* ‖ **Mindestmietzeit** [Leas] *initial lease term* ‖ *base lease* *term* ‖ **Mindestpreise** *minimum prices* ‖ **Mindestrendite** [InvR] *hurdle rate* ‖ *cut[-]off rate* ‖ *required rate of return* —> Renditeforderungen, d.h. von den Kapitalgebern erwartete bzw. geforderte Mindestverzinsung des von ihnen eingesetzten Kapitals [identisch mit den Kapitalkosten der Unternehmung] ‖ **Änderung der Mindestreserve** [Bbank] *change in minimum reserve* ‖ **Zuwachs-Mindestreservesatz** [Bbank] *incremental reserve ratio* Mindestreservesatz wird nicht auf den gesamten Bestand mindesreservepflichtiger Einlagen bezogen, sondern nur auf den Zuwachs dieser Einlagen

Mineral *mineral* ‖ **mineralische Brennstoffe** *mineral fuels* ‖ **Mineralöle** *petroleum products* ‖ **Mineralölsteuer[aufwand]** [Bil] *mineral oil tax*

Mini-Max-Taktik [Gewerkschaften] *mini-max tactics* [Neolog] Durch gezielte Bestreikung [Teilstreiks in Schlüsselunternehmen] der Versuch, die Dauer eines Arbeitskampfes mit möglichst geringen Kosten für die Gewerkschaftskassen, jedoch mit größtmöglichem Durchsatz zu reduzieren. Versuch der Eindämmung durch den sogenannten —> Streikparagraphen

Minimum *minimum* —> Mindest[...]

Minister *officer of state* ‖ [USA] *secretary of [...]* ‖ *minister*

Ministerialressort Amt [VwO/D] *department*

Ministerium des Ministerpräsidenten [B.-W.] *state ministry* ‖ *land ministry*

Ministerkomitee *Committee of Ministers* ‖ **Ministerpräsident** [VwO/D] *Minister President* Chef einer Landesregierung ‖ **Ministerrat** [EG] *Council of Ministers* Sitz: Brüssel

M.I.P. [Abbr] —> Seeversicherungspolice

MIS —> Management Informationssystem

Mischehe *mixed marriage* —> Mischlingsehe

Mischkonzern *conglomerate* Kombination aus horizontalem [Konzernzusammenschluß von Unternehmen derselben Wirtschaftsstufe] und vertikalem [Unternehmen unterschiedlicher Wirtschaftsstufen] Konzern. Produktions- und Vertriebsprogramm umfaßt z.B. Käse und Computer

Mischkredit *mixed credit* aus öffentlichen und privaten Finanzierungen

Misch[ling]sehe [eingehen] *to intermarry* ‖ *miscegenation* z.B. zwischen einer Weißen und einem Schwarzen

Mischzinssatz *blended rate of interest*

misfit [Arbeitspsychologie] fehlende Entsprechung zwischen objektiver Arbeitssituation und subjektiven Fähigkeiten bzw. Bedürfnissen eines Beschäftigten (Folge: Streß)

Mißbrauch *abuse* ‖ **Mißbrauch zum Nachteil von** *abuse in relation to*

mißbräuchliche Ausnutzung *improper advantage* ‖ **mißbräuchliche Patentbenutzung** [PatR] *abuse of patents*

Mißernten *crop failures*

Mission *mission* ‖ [Marktaufgabe] *[strategic] mission* ‖ **diplomatische Mission** [≠ diplomatische Vertretung] *diplomatic mission* ‖ **Missionsangehörige** *member of the mission* [≠ Vertretungsangehörige oder Mitglieder der Mission übersetzen!] ‖ **Missionschef** *head of the mission*

Miszellaneen [Presse] *miscellaneous*

mit freundlichen Grüßen [Briefschluß] *yours truly* ‖ *best regards* ‖ *sincerely*

Mitarbeiter *personnel* —> Personal ‖ Belegschaft ‖ Angestellte ‖ gewerbliche Mitarbeiter ‖ **Mitarbeiterbefragung** *employee attitude survey* ‖ *job attitude survey* ‖ **Mitarbeiterbeziehungen** [Man / Org] *labo[u]r relations* ‖ *industrial relations* ‖ *employee relations* ‖ **Mitarbeiterförderung** [PersW] *training and development* ‖ **Mitarbeiterhandbuch** —> Handbuch der Firmenrichtlinien ‖ **mitarbeiterorientierte Führung** [Psych / Man] *relationship behaviour* ‖ *people-centred behavior*

Mitbestimmung [der Arbeitnehmer] *co-determination* —> unternehmerische Mitbestimmung ‖ *to have to say* ‖ *worker/employee participation* ‖ *worker/employee involvement in decision making* ‖ *industrial democracy* ‖ *democracy in industrial re-*

lations || **paritätische Mitbestimmung** [Montan-Mitbestimmungsgesetz] *parity co-determination* || **unternehmerische Mitbestimmung** [Man/Org/ArbR] *co-determination at company (board) level* wenn Arbeitnehmervertreter Sitz im Aufsichtsrat der dt. AG haben || **Mitbestimmungsgesetz, 1976** [Man/Org/ArBR] *Co-determination Act, 1976* Gilt für Unternehmen mit mehr als 2000 Arbeitnehmern. Ausgenommen sind Kohle und Stahl, für die das —> Montan-Mitbestimmungsgesetz gilt. Ferner sind ausgenommen —> Tendenzunternehmen wie Medien, Wohltätigkeits- und kirchliche Organisationen sowie politische Vereinigungen (Parteien)

Miteigentum *ownership in common* —> Bruchteilsgemeinschaft || **Miteigentum der Erben** —> Erbengemeinschaft

Mitentscheidung [EG] *co-decision* Erstmalig 1994 im Europ. Parlament eingeführtes Kodezisionsverfahren nach dem Vertrag von Maastricht

Miterbe *parcener* || *joint heir* —> Erbengemeinschaft

Mitfinanzierung Konsortialfinanzierung *participation financing*

Mitgestaltung *employee participation* —> Mitbestimmung

Mitgift *dot* || *portion* || *fortune* dowry which a woman brings to her husband by the marriage —> Ausstattung

Mitglied *member* || **Mitglied des Aufsichtsrates** *member of the Supervisory Board* || **neutrales Mitglied** [Montan-Mitbestimmungsgesetz] *neutral member*

Mitglieder des Personals der Mission *staff of the mission* || **Mitglied des Vorstandes** *Member of the Board of Management* || **Mitgliederkategorie** *category of membership*

Mitgliedsbeiträge für Vereine [SteuerR] *club membership [fees]* || **Mitgliedsgemeinde** [VwO/D] Ortsgemeinde *member commune*

mithelfende Familienangehörige [SteuerR] *unpaid family workers*

mitschneiden [Radio] *to record* —> Abhören

Mitschrift *minutes* —> Protokoll

Mitsprache *employee participation* —> Mitbestimmung

Mittäter [StrafR] *principal in the second degree* —> Haupttäter

mitteilen *to inform* || [Kenntnisse/Wissen] *communicate* || *give notice*

Mitteilung *communication* || *report* || *information* || *message* || *news* || *notice* || *notification* || *statement* || **förmliche Mitteilung** *formal notice* || **nach [erfolgter] Mitteilung** *after having communicated* || **Mitteilung als Einschreiben mit Rückschein** *notice with return receipt request*

mittel *medium*

Mittel *means* —> Bedarfsdeckungsmittel || **Mittel bewilligen** *to vote a* *credit* ‖ **flüssige Mittel** [Bil] *liquid assets* ‖ **mildestes Mittel zum Abwehr eines Angriffs** [StGB] *reasonable force* Bei der Notwehr hat der Handelnde grundsätzlich das mildere Mittel zur Verteidigung zu wählen, sonst Notwehrexcess :: excessive force ‖ **öffentliche Mittel** *public resources* ‖ **Mittel und Wege finden** *to contrive ways and means* —> erfinden ‖ Vorrichtung ‖ **Verhältnismäßigkeit der Mittel** *means must be commensurate with the action*

Mittelanforderungen *requests for appropriations* ‖ **endgültige Mittelansätze** *final appropriation* ‖ **ursprüngliche Mittelansätze** *initial appropriation*

mittelbar betroffen *indirectly affected*

mittelfristig *medium-term* Im amerikanischen Export-Förderprogramm eine Kreditlaufzeit von 181 Tagen bis zu 5 Jahren ‖ **Garantie zur Deckung kommerzieller und politischer Risiken aus mittelfristigen Güterexporten** [Eximbank] *medium-term policy* ‖ **Garantie zur Deckung politischer Risiken aus mittelfristigen Güterexporten** [Eximbank] *medium-term political risks policy* ‖ **mittelfristige Lieferantenkredite** *medium-term supplier credits*

Mittelstand *mid-size companies* ‖ **Mittelstandsbogen** [SteuerR] *mid-scale bulge in marginal tax rates* nach oben gewölbter Verlauf der Grenzbelastungskurve beim Einkommensteuertarif

Mittelübertragungen von Kapitel zu Kapitel *transfers of appropria-* *tions between chapters*

Mittelwert *average (value)*

mittlerer Art und Güte *fair average quality* —> Handelsgut ‖ Gut ‖ **mittlere Landesbehörde** —> Landesmittelbehörde ‖ **mittleres Management** *middle line [management]*

Mitverantwortungsabgabe *co-responsibility levy* ‖ [EG] "Milchpfennig" als finanzieller Beitrag der Milcherzeuger zur Wiederherstellung des Gleichgewichts auf dem Milchmarkt *a financial contribution to be made by milk producers towards restoring equilibrium in the market in milk and milk products*

Mitverschulden des Klägers [USA] *contributory negligence* —> proximate cause :: adäquate Verursachung

Mitwirkung und Mitbestimmung der Arbeitnehmer [BetrVG] *collaboration by employees and co-determination* ‖ *employee participation* —> Mitbestimmung ‖ **unter Mitwirkung und Zustimmung** *[with the] advice and consent* —> Rat ‖ **Mitwirkungs- und Beschwerderecht des Arbeitnehmers** [BetrVG] *employee's participation and right to make complaints* —> Anhörungsrecht ‖ **Mitwirkungspflicht des Steuerpflichtigen** [SteuerR/D § 90 AO, §§ 140 ff AO] *the taxpayer's obligations to cooperate* d.h. seine steuerlichen Verhältnisse den Finanzbehörden umfassend zu offenbaren

M.O. [Abbr] *money order* :: Zahlungsanweisung

Mobilfunkanbieter *mobile com-*

munications operator

Mobiliarkredit *chattel loan*

Mobilie[n] *movable* || **Mobilien-Leasing** [Buchf] *movable asset leasing* || **Mobilien-Leasinggesellschaft** *movable asset leasing company*

Modernisierung von Anlagen und Einrichtungen [InvR] *upgrade* || *modernization*

modifiziert *qualified* —> [ab]ändern

Modifizierung *modification*

möglichst früh *as quick as possible*

Monarch *sovereign* —> Queen

Monat *calender month* [USA] Sofern month im Gesetzestext oder Vertrag gebraucht ist, bedeutet dies zivilrechtlich 28 Tage —> Kalenderjahr || **Monatsgeldsatz** [Monatsdurchschnitte einschließlich kalendarisch bedingter Veränderungen (wie etwa in "kurzen" Februar-Monaten)] [Bbank] *rate for one-month funds [monthly averages including changes due to working-day variations (e. g. in "short" Februaries)]*

monetäre Indikatoren [Bbank] *key monetary indicators* —> Geld[...]

Monographie [Pharm] *monography*

Monopolausgleich [SteuerR/D] *monopoly equalisation charge* eine Ausgleichsabgabe in Höhe der inländischen Steuerbelastung, die neben dem Zoll auf die Einfuhr von Branntwein und weingeisthaltigen Erzeugnissen erhoben wird

Montage *construction or installation project* || **Montageprojekt** *assembly project*

Montan-Mitbestimmungsgesetz *Co-determination Act Pertaining to the Coal, Iron and Steel Industry, 1952* —> Mitbestimmung

Moody-Index [USA] *Moody-Index* Preisindex für Stapelwaren im Welthandel || **Moody's Investors Service** —> Rating

Moral der Truppe [Mil] Kampfgeist *morale of the army*

Moratorium *letter of license* —> Zahlungsaufschub

motivieren *to give reasons for* || [Komm] Begeisterung schaffen *to motivate* || *zeal building* [Abbr] ZB

M.R. —> Master of the Rolls

MSAC-Länder *Most Seriously Affected Countries* Bezeichnung der Vereinten Nationen für besonders unterentwickelte Länder —> LLDC

MSC *Manpower Services Commission* vgl. mit —> Bundesanstalt für Arbeit

Multipack —> Mehrstückpackung

Multiplikatoreffekt des Fremdkapitals (Hebelwirkung auf die Ertragslage des Eigenkapitals) [InvF] *gearing* —> Leverage-Effekt

Müll *refuse* || *garbage* || [Festmüll] *solid waste* || [Industriemüll] *waste* || **Müllabfuhr** [Benutzungsgebühren für

~] *utility charge for garbage disposal* ‖ **Müllaufbereitungsanlage** *waste-treatment plant* ‖ **Müllverbrennung** *garbage incineration* ‖ **Müllverbrennungsanlage** *incinerator* ‖ *incineration plant* ‖ **Müllverwertungsanlage** *recycling plant*

mündlicher Vertrag *parol treaty* ‖ *contract by parol* ‖ *contract by word of mouth*

Mundraub [AuxT] [arch] *theft or embezzlement of food for immediate consumption* Delikt wurde in BRD abgeschafft. Früher § 370, 5 StGB

Munition [scharfe ~] [Bal] *[live] ammunition*

Mußheirat *shot marriage*

Mußvorschriften *obligatory regulations* —> Kannvorschrift

Muster *type* ‖ [Vordruck] *form* ‖ **Muster einer formellen Lizenz** *form of formal licence* —> Orgalime ‖ kommentiertes **Vertragsmuster** *form of agreement* ‖ **Musterrolle** [Mar] [Handelsschiff] *official crew list* ‖ **Mustersatzungen** [SteuerR] *standard by-laws*

Musterung [Rekruten] *call-up* ‖ *draft* —> Ausmusterung ‖ [Untersuchung] *examination* ‖ *scrutiny* ‖ *close inspection* ‖ [Stoffmuster] *design* ‖ *pattern* ‖ **Musterungsbescheid** [Mil] *order to report at draft board* ‖ **Musterungskommission** [Mil] *draft board* registration, classification and selection of men for compulsory military service

mutmaßlicher Täter *alledged offender* —> Verdächtiger

Muttergesellschaft [von der ~] *parent [...]* —> Koordinator ‖ **Mutterkirche** *matrix ecclesia* ‖ *mother church* ‖ **Mutterland** *metropolitan territory*

Mutterschaft *maternity* ‖ **Mutterschaftsgeld** *maternity benefit* ‖ **Mutterschaftsurlaub** *maternity leave* Mutterschutz nach dem Gesetz zum Schutz der erwerbstätigen Mutter [1968 u. rev. Fass.] mit Beschäftigungsverbot 6 Wochen vor Niederkunft ‖ **Mutterschutz** —> Mutterschaftsurlaub

MWSt-Eigenmittel [SteuerR/EG] *VAT-based own resources* ‖ **MWSt-Eigenmittelplafond** *VAT own resources*

nach   *persuant to* —> aufgrund ‖ [anstelle von:] gemäß *under* ‖ nach [Artikel/Paragraph] *under clause* ‖ *by virtue of* ‖ *[up]on* ‖ *in accordance to / with* ‖ *persuant to* ‖ **nach Artikel 5 übertragene Aufgaben** *functions conferred by virtue of article 5* ‖ **nach Bedarf** *according to requirements* ‖ *as required* ‖ **nach eigenem Ermessen** *to think fit* ‖ **nach Eingang von [...]** [z. B. eine bestimmten Zahl von Notifikationen] *upon the receipt of [...]* ‖ **nach Maßgabe von** *in accordance to / with* ‖ *persuant to* ‖ **nach wie vor** [erwarben inländische Anleger aber in beträchtlichem Umfang Fremdwährungsanleihen] *nonetheless* [domestic investors continued to buy large amounts of foreign currency bonds]

Nach[...] ‖ **Nachbeobachtungszeitraum** [Med] *follow-up period* ‖ **Nachberechnung** *reappraisal* ‖ [Buchf] *revaluation* ‖ **nachbessern** *to revise* ‖ **Nachbesserung** —> Forderung der Nachbesserung

nachfassen *follow-up* ‖ **Nachfolgeinvestition** [InvR] *upgrade* ‖ **nachfolgend** *subsequently* ‖ *hereinafter appearing* —> nachstehend ‖ **Nachforderungen** [SteuerR] *subsequent tax demands*

Nachfrage [nach] *demand [for]* ‖ **Nachfrage beeinträchtigen** *to dampen demand* —> Wachstum ‖ **hohe Konsumnachfrage** *high consumer demand* ‖ **lebhafte Inlandsnachfrage** *high domestic demand*

nachgeben *to give in* ‖ [fallen] *to fall* ‖ **Dollar gegenüber DM stark nachgebend** *US dollar falling sharply against DM* —> fallen ‖ Rückgang

nachgeordnet *subordinate* ‖ **nachgeordneter Ausschuß** *subordinate committee* ‖ **nachgeordnete Gerichte** *courts of inferior authority* ‖ **nachgeordnetes Organ** *subordinate body*

nachgewiesen [belegt] *on record* ‖ —> nachweislich

im Nachhinein *on any subsequent occasion*

Nachkommen *offspring* —> Kinder ‖ Familie ‖ Abstammung ‖ blutsverwandt

Nachkriegs[...] *post-war [...]* ‖ **in der Nachkriegsgeschichte** *in the post-war period* ‖ **[...] verzeichnete einen neuen Nachkriegshöchststand von 27 Mio.** *number rose to a new post-war high of 27 million*

Nachlaß Rabatt *deduction* ‖ hinterlassenes Vermögen *assets* ‖ *descedent's estate* estate of a deceased person

nachlassen [bei seinen Bemühungen] *to slacken* ‖ sich verringern *to decline* ‖ *to fall* —> fallen ‖ Rückgang ‖ ermäßigen *to lower*

Nachlaßgericht *register's court* ‖ *probate court* ‖ **[Über]Prüfung** [der Rechtmäßigkeit] **des Testamentss durch das Nachlaßgericht** *probate procedure* ‖ *probate proceedings* ‖ **Nachlaßgläubiger** *creditor to the estate* ‖ **Nachlaßpfleger** *curator* ‖ *administrator* ‖ **Nachlaßsteuer** *estate duty* ‖ *estate tax* As opposed to inheritance tax, this tax is imposed upon the right to transfer property by death. It is levied on the decedent's estate and not on the heir receiving the property. Inheritance tax is levied on the right to receive such property. In vielen Einzelstaaten wurden der Uniform Interstate Compromise of Death Taxes Act bzw. der Uniform Interstate Arbitration of Death Taxes Act verabschiedet —> [BRD] inheritance [and gift] tax :: Erbschaftsteuer und Schenkungsteuergesetz. Besteuerung des gesamten Nachlasses, i.G.z. Erbschaftsteuer, die Erbanfallsteuer ist. [GB] capital transfer tax. [USA] inheritance tax / estate tax / transfer tax ‖ **abzugsfähige Nachlaßverbindlichkeiten** [ErbStG] *deductible debts of an estate* ‖ **Nachlaßverwalter** *personal representative* ‖ *administrator* ‖ [f.] *administratrix* Vom Gericht zur Verwaltung/Auflösung/Vollstreckung des Nachlasses (Vermögen einschl. Verbindlichkeiten) bestellte Person [i. e. to manage or take charge of) the assets and liabilities of a decedent (i.e. the deceased)]. Bei Bestellung durch letztwillige Verfügung durch den Erblasser, dann Bezeichnung als Testamentsvollstrecker *executor* ‖ [f.] *executrix* [A person appointed by a testator [Erblasser = Testator] to carry out the directions and requests in his will, and to dispose of the property according to the testamentary provisions after his decease] —> Nachlaßpfleger

nachrangiger Konkursgläubiger *secondary creditor*

Nachrede [üble ~] —> Beleidigung

Nachricht *notice* ‖ **Nachrichtenübermittlung** *communications*

nachrichtlich [Bör] [Stat] *memo [-randum] item*

Nachschau [SteuerR] *entry and search* besondere Befugnisse der Zollbehörden i.R.d. Steueraufsicht

Nachschuß [zahlung ‖ -forderung] [Bör] *variation margin* bei einem Terminkontrakt fällige Ausgleichsforderung für börsentäglich ermittelte [vorläufige] Gewinne und Verluste. Gesamtergebnis durch Addition von Gutschrift der Gewinne bzw. Belastung der Verluste bis zur Glattstellung der Position —> Einschuß

nachstehend (als [...] bezeichnet) [kurz genannt in Verträgen] *herein[after referred to as]* —> folgenden

Nachteil *prejudice* —> Mißbrauch ‖ **Nachteilsausgleich** [BetrVG] *indemnities* —>Versprechen der Schadloshaltung

Nachtrag zu einem Testament —> Testament ‖ **Nachtragskredit** —> Aufstockung durch Nachtragskredit

Nachveranlagung [SteuerR/D] *supplementary assessment* Erfassung aller [Steuer]Fälle, bei denen innerhalb des Hauptveranlagungszeitraums die Vermögensteuerpflicht neu begründet wurde oder sich geändert hat

Nachweis —> urkundlicher Nachweis ‖ Bescheinigung *certificate* ‖ **Nachweis erbringen** *to show proof* ‖ **Nachweis der Zahlung** —> Zahlungsnachweis

nachweisen *to do attest* —> Bezeugung ‖ [proof] *to establish* ‖ **nachweisen konnte man nicht, [...] evidence could not be elicited / established**

nachweislich *evidently* ‖ *as has*

been proved

Nachzulassung [AMG] —> Zulassung

nackter Optionsschein [Bör] *naked warrant* —> Optionsschein

NAFTA *North American Free Trade Agreement*

Nahrungs- und Genußmittel *food, beverages and tobacco*

naked warrant —> Optionsschein

Name eines Gesetzes *title of a statute* || **im Namen von** *on behalf* || **Namen und Titel** [names and appelations] *names and styles*

Namensaktien *registered stock* [USA] übliche Form der auf den Namen des Aktionärs ausgestellten Aktien. Übertragung erfolgt durch Umschreibung im —> Aktienbuch der Gesellschaft || Inhaberaktien || **Namensschuldverschreibung** *registered bond* Anleihe lautet auf den Namen des Inhabers

NASA *National Aeronautics and Space Administration*

NASD [Abbr] [Bör] *National Association of Securities Dealers* —> OTC

nasse Stücke [Bör] *final take* letzte Stücke einer Emission, die entweder von den underwriters selbst behalten werden oder noch nicht untergebracht werden konnten || nicht in Umlauf gewesene (und nicht bilanzierungsfähige) Pfandbriefe einer Emission —> Plazierung || Umlauf

Naßfestigkeit [Verp] *wet strength*

Nation *nation*

national *national* || *home* || **National Economic Development Council** [GB] [Abbr] *NEDC* [Man/Org /ArbR] Regierungsstelle zur Untersuchung der Wirtschaftsentwicklung auf dem öffentlichen und privaten Sektor || **nationaler Notstand** *national emergency* || **nationales Recht** *national law[s]* || **nationale Rechtshoheit** *national jurisdiction*

Nationalflagge [Mar] *national ensign* || **Nationalhymne** [BRD] *national anthem* —> [Österreich] Bundeshymne || **Nationalökonomie** [Volkswirtschaftslehre] [VWL] *economics* || **Nationalrat** [A/CH] *National Council* || *Swiss* or *Austrian Lower House of Parliament* || [Mitglied] *member of the Austrian* or *Swiss National Council* —> [BRD] Bundestag

Natural[...] *in kind* || **Naturaldarlehen** *credit in kind* || **Naturaldividende** *property dividend* Dividende in Form von Sachwerten, z. B. aus der Produktion der Gesellschaft —> Wertpapierdividende || **Naturalherstellung** [§§ 249 ff BGB] *restitution in species* —> Schadensersatz || **Naturalrestitution** —> Naturalherstellung

natürlich *natural* || **natürliche Person** *natural person* i.G.z.: juridical || juristic || legal || artificial person || **natürliches Vorkommen** *natural occurrence*

Natur[...] *natural* || **Naturschätze** *natural resources*

N.E. [USA] [Abbr] *North Eastern*

Reporter, seit 1885 (ab 1936 second series N.E.2d) Berichterstattung über die Rechtsprechung in Massachusetts, New York, Ohio, Indiana, Illinois

Neben[...] *secondary* ‖ *subsidiary* ‖ **Nebenabrede** *covenant in a lease* Nebenvereinbarung in einem Mitvertrag [z. B. des Mieters, das Grundstück nur zu Wohnzwecken zu verwenden] ‖ **Darlehen für landwirtschaftliche Nebenerwerbsbetriebe** *small farmer lending programmes* ‖ **Nebenerwerbslandwirt** *small farmer* ‖ **Nebenorgan** *subsidiary body* ‖ **Nebenplatz** [Bbank] *non-bank place* Ort, an dem sich keine Landeszentralbank befindet :: banking place without a Bundesbank office ‖ **Nebensache** *secondary matter* ‖ **Nebenvereinbarung** *covenant* —> Nebenabrede ‖ Unterlassung ‖ **Nebenwirkungen** *adverse reactions* ‖ *side effects* —> unerwünschte Ereignisse

NEDC —> National Economic Development Council

Neddy [coll] —> National Economic Development Council

Negative Pledge [EuroM] *negative pledge* Sicherungsform im Euro-Kreditgeschäft, bei der Kreditnehmer sich verpflichtet, bestehende oder noch einzugehende Verpflichtungen nicht zu besichern

Negotiationskredit [Ex] *drawing authorization*

Neinstimme [GB im Parlament] *non-content*

Nennwert *face value* value written on the face of a commercial paper —>

Nominalwert

Netto [...] *net* ‖ **Veränderung der Netto-Auslandsaktiva der Bundesbank** [Bbank] *change in the Bundesbank's net external assets*

Netto-Bankkredite [BankW] *net bank lending* ‖ **Nettobargeldzustrom** —> cash flow ‖ **Nettobuchwert** *net book value*

Netto-Erwerb [Bör] *net purchase [of domestic shares]*

Nettoforderungen an Geschäftspartner außerhalb der BRD [Bbank] *net claims on parties outside the Federal Republic of Germany*

Nettoinventarwert [InvF] eines Fonds *net asset value*

Netto-Kapitalexport [Bbank] *net capital exports*

Netto-Leasing *triple net lease* ‖ *walkaway lease* ‖ *flat-rate-lease* ‖ *net lease* Funktion des Leasing-Gebers ist auf die Finanzierung des Leasing-Objektes beschränkt. Der Leasing-Nehmer ist für Nebenleistungen verantwortlich —> flat-rate lease

Netto-Placierungen von Euronotes *net placements von Euro-notes* ‖ **Nettopreis** *net price*

Nettoumlaufvermögen *net working capital* Meßzahl zur Bewertung der Liquiditätsveränderungen einer Unternehmung, d.h. Differenz zwischen —> Umlaufvermögen und kurzfristigen Verbindlichkeiten —> Liquiditätskoeffizient

Nettoverkaufswert *net sales amount* ‖ **Netto-Veräußerung** [Bör] *net sales [of domestic shares]*

Netzwerktechnik *network analysis*

Neu[...] *new* ‖ *fresh* ‖ **Neuaufnahme [von Krediten]** [IWF] *fresh money* i.R.d. mit dem IWF vereinbarten Sanierungsprogramms zur Umschuldung von Problemländern, z.B. durch Cofinanzierungen zur Entlastung des Länderrisikos ‖ **Neuausleihungen an [...]** *new loans to [...]*

Neubeurteilung von durchgeführten Investitionen [InvR] *revaluation* ‖ *reappraisal* nach einem best. Zeitraum durch Vergleich der einer Investitionsentscheidung zugrundeliegenden Annahmen mit der tatsächlichen Entwicklung ‖ **Neubewertung von Portefeuilles** [InvF] *re-rating of portfolios* ‖ **Neubildung** *reconstruction* ‖ **Neubürger** aus den Ostblock-Staaten bzw. der ehemaligen DDR (= aus den neuen Bundesländern) —> Übersiedler

Neufestsetzung von Mieten *rent review*

Neugeborenes [Med] *neonate* ‖ **Neugeschäft bei mittel- und langfristigen Konsortialkrediten** *new business in medium and long-term international syndicated loans* ‖ **Neugründung** *reconstruction* ‖ **Neugründung von Gemeinschaftsunternehmen** [Bil] *new establishment of joint ventures*

Neuheit *novelty* ‖ *specialty* —> Bau ‖ Sonderausführung

Neuordnung [Bil] *restructuring* ‖ **Neuordnung der Wechselkurse** *realignment* —> Europäisches Währungssystem ‖ **Neuorganisation** *reconstruction*

neutrales Mitglied [Montan-Mitbestimmungsgesetz] *neutral member*

Neuveranlagung [SteuerR/D] *new assessment* Veranlagung zur Vermögensteuer bei größeren Vermögens- und Wertänderungen innerhalb eines Hauptveranlagungszeitraums

Neuzusagen *new commitments*

nicht [...] ‖ **Nicht[...]** *un[...]* ‖ *non-[...]* ‖ *not [...]* ‖ **Nichtanrainerstaat** [Mar] *non-littoral state* ‖ **Nichtanspruchstaat** *no-claimant state* —> Anspruchsstaat ‖ **Nichtantreten** [Sport] Säumnis *default* ‖ **nicht aufgliederbar** [Zahlen] *unclassifiable* ‖ **Nichtauslieferung** *non-delivery* ‖ **nicht ausreichende (Behandlung)** *not adequate (treatment)* ‖ **nichtausschließliche Lizenz** [PatR] *non-exclusive licence*

Nichtbanken [Bbank] *non-banks* Wirtschaftssektoren, die nicht Kreditinstitute sind, z.B. Staat, Privathaushalte, Ausland, Privatunternehmen etc. —> Quasibanken ‖ **nicht-bestimmungsgemäßer Gebrauch von [...]** *abuse of [...]* ‖ *habitual use of [...]* ‖ **nicht betriebsfähige Systemzeit** [EDV] *downtime* nicht nutzbare Zeit des Systems

nicht diskriminierend *non-discriminatory* ‖ **auf der Grundlage der Nicht-Diskriminierung** *on a non-discriminatory basis* —> Kommission

nichteheliches Kind [USA] *illegiti-*

mate child Terminus [GB] bastard ist in den USA äußerst selten gebraucht [unehelich ist in der Übersetzung zu vermeiden] —> Kind || **nicht eingefordertes Kapital** *uncalled capital* || **Nichteinhaltung von Vertragsbedingungen** *breach of condition* || **Nichterfüllung** *non-performance* || **Nichterhebungsgrenze** [SteuerR/D] *limit below which no tax is payable* || **Nichterscheinen** [vor Gericht] *Säumnis default* —> Versäumnisurteil

nicht finanziell beteiligt sein *to have no interest in [...]*

nicht gebundener Kredit *unconditioned credit*

Nichtkunden *non-clients*

nicht-monetäres Budget *non-monetary budget* [budgets for direct-labor-hours, machine-hours, units of materials, square feet allocated, and units produced]

nicht ordnungsgemäß *unduly*

nicht rückzahlungspflichtige Beihilfe *non-repairable aid*

nicht schuldfähig aufgrund Geistesstörung —> geisteskrank

nichtselbständige Arbeit *dependent personal services* —> Einkünfte

Nicht stürzen! [Verp] [Aufschrift] *This side up!*

nicht-tarifäre Handelshemmnisse *non-tariff barriers*

nicht vorbestrafter Täter syn.: —> Ersttäter || **nicht vorschriftsgemäß** *unduly*

nicht zugezählter Kreditbetrag *undisbursed amount of credit*

nichtig *void* i.e.S. ein nicht heilbarer Mangel, während *voidable* [—> anfechtbar] zwar auf einen wesentlichen Mangel an einer Sache erkennt, dieser jedoch heilbar ist. Im Vertragsrecht ist *void* nur dann zu verwenden, wenn ein Vertrag überhaupt keine Rechtswirkung [mehr] hat, also auch nicht durch besondere Parteienvereinbarung in Teilen erfüllbar ist || **Nichtigkeit eines Testaments** *invalidity of a testament*

Niederkunft Geburt *child birth*

Niederlage [ZollW] *warehouse* || *depot* —> Zollager

sich niederlassen ansiedeln *to settle*

Niederlassung *branch (office)* || *establishment* || [Vorgang] *setting up of*

Niedersachsen [BLand/D] *Lower Saxony*

Niederschlagung [Strafverfahren] *to quash an indictment* || *to overthrow* || [Kosten] *to annul* || *to abate* || *to make void* || *abolition* || [Kosten] *cancellation*

Niederschrift *record* —> Protokoll || [Vertrag] *memorandum of agreement* schriftliche Aufzeichnungen über die Vertragsparteien und den Vertragsinhalt || **vereinbarte Niederschrift** *agreed minutes*

niedrigverzinsliche Anleihe —> Anleihe ‖ Baby Bond

Nießbrauch [§§ 1030 ff, 1059 ff, BGB] *usufruct*

NIF [EuroM] —> Note Issuance Facilities

Niveauspanne *wage gap* Differenz zwischen Tarif[= Eck-]löhnen und den Effektivlöhnen, d.h. die durch Betriebsvereinbarung getroffenen höheren Lohnabsprachen über dem Tariflohn

Nochgeschäft [Bör] *put to more* Verbindung von Termin- und Prämiengeschäft. Bei Kauf (oder Verkauf) von Wertpapieren Eingang der Verpflichtung, in der Zukunft eine zusätzliche Anzahl der betreffenden Wertpapiere gegen eine Prämie zu kaufen oder zu verkaufen

Nomenklatur *nomenclature* —> Zolltarifschema ‖ **Nomenklaturausschuß** [ZollW] *nomenclature committee*

Nominalwert *par value* auf einem Wertpapier aufgedruckter Wert (Nennwert) [in DM]. Bei Aktien üblicherweise DM 50,-. Bei Rentenwerten nominelle Höhe der Forderungen —> Kurswert

Nominierung *nomination*

Non-Fleet Leasing *individual leasing*

Non-leveraged-lease *non-leveraged lease* Der Leasing-Geber bringt 100% der Anschaffungskosten des Leasing-Objektes auf

Norddeutscher Bund [Hist] *North German Confederation*

Nordrhein-Westfalen [Bland/D] *North Rhine-Westphalia*

Norm [Verp] *standard [specification]* ‖ [Regel] *rule* ‖ [Prod] *quota* ‖ *norm*

normal *normal* ‖ *standard* ‖ *regular* ‖ [durchschnittlich] *average*

Normalbenzin [SteuerR/D] *regular motor fuel* ‖ *two-star motor fuel* ‖ [USA] *gasoline*

normales Pensionsalter *normal retirement age* i.d.R. das vollendete 65. Lebensjahr

Normenkontrolle *review of norm* judicial review of provisions so as to assure that they are consistent with the constitution; exercise of this control generally lies with all courts, especially administrative courts, and the constitutional court —> Oberverwaltungsgericht

Normrediskontkontingent Normkontingent [Bbank] *standard quota* Globalkontingent, das für die Kreditinstitute nicht allgemeinverbindlich ist, sondern nur der Festlegung von Individualkontingenten dient

Notadresse *address in case of need* ‖ [Orderkonossement] *notify-address* ‖ Wechselvermerk ["im Falle der Not ..."], d.h. Adresse der Person, die bei Notleidendwerden des Wechsels für den bezeichneten Wechselverpflichteten eintreten soll

Notar [öffentlich bestellter ~] *notary [public]*

notarielle Beurkundung z.B. eines

Vertrages *notarization* ‖ *acknowledgment of a deed by a notary public*

Notarzt-Rendevouz-System *out-of-hospital activity of specially trained personnel before arrival of the emergency physician*

Notbudget Reservebudget *emergency budget*

Note Issuance Facilities [Abbr] *NIFs* Als sog. —> Hybrid ein Finanzierungsinstrument am Euromarkt, wobei die Eurobanken nicht direkt als Kreditgeber auftreten (klassisches Eurogeschäft), sondern die Kreditnehmer ihre Mittel über den kurzfristigen [Euro-]Geldmarkt beschaffen. NIFs sind entsprechend erstklassigen Adressen eingeräumte Kreditlinien innerhalb derer sich im Plazierungsgeschäft tätige Banken zu Unterbringung von kurzfristigen [nicht-börsennotierten] Papieren (1-12 Monate Laufzeit) verpflichten [Plazierung von Euronotes] —> RUFs

Note-book [EDV] tragbarer PC *note book*

Noten[ausgabe]recht [Bbank] *authority to issue bank notes* —> Notenprivileg [BRD] alleinig durch Bbank. Umfaßt Herstellung sowie lfd. Erneuerung der Banknoten, Kontrolle des Zahlungsmittelumlaufs, Ersatzleistung für beschädigte Noten und Aufruf zur Einziehung von Noten ‖ **Notenbanksätze** [Bbank] *central bank rates*

Notenwechsel *exchange of notes*

Notfall *emergency*

Notgroschen [SteuerR/D] [only imposed in Bavaria as a local tax] *emergency aid tax*

Notifikation *notification*

notifizieren *to notify* ‖ **jedes Mitglied notifiziert dem Amt die Anzahl [...]** *each member shall notify the agency of the numbers [...]* ‖ **Die Regierung [...] notifiziert den Regierungen [...] a) jede Unterzeichnung dieses Protokolls und deren Zeitpunkt [...]** *The Government of [the] [...] shall immediately notify the Government of all States [...] a) of any signature of this protocol and the date thereof [...]*

Notifizierung *notification* amtliche Mitteilung über [völkerrechtlich] erhebliche Tatsachen, z.B. Ratifizierung eines Übereinkommens, Hinterlegung einer Urkunde, Abbruch diplomatischer Beziehungen, etc.

Notiz *notice*

notleidender Wechsel [Art. 20, 43 ff. WechselG] syn.: Wechselrückgriff ‖ Wechselregreß *dishonoured bill of exchange* Wechsel wird vom Akzeptanten nicht bezahlt oder vom Bezogenen nicht angenommen. Inhaber kann dann gegen Indossanten oder Aussteller Rückgriff nehmen. Voraussetzung ist Wechselprotest. Diese Wechsel sind nicht mehr umlauffähig. [U.C.C. § 3-507(1), § 4-210) Refusal to accept or pay a draft or to pay a promissory note when duly presented —> Wechselprotest ‖ Notadresse

Nottestament [§§ 2249 ff BGB] *emergency will* ein außerordentliches Testament, das für den Fall vorgesehen ist, daß der Erblasser nicht (mehr) in der Lage ist, ein öffentliches Testament vor einem Notar zu errichten

Notwehr [§ 32 ff. StGB] *self-defense* —> Notwehrlage ‖ **Tötung aus Notwehr** *homicide by necessity* ‖ **Notwehrlage** *imminent danger* [§ 32 ff. StGB] Verteidigung gegen einen gegenwärtigen, rechtswidrigen Angriff auf geschützte Rechtsgüter durch einen anderen Menschen [streitig ist, ob auch ein Tier genügt]

N-Papier [Bbank] *N-paper* Der Zusatz "BN", "BaN" bzw. PN bezeichnet solche Titel, die nicht vor Fälligkeit zurückgegeben werden können

NPV [Abbr] —> Kapitalwertmethode

null und nichtig *absolutely void* ‖ *to become null and void* —> annullieren ‖ nichtig ‖ **nach Common Law** [null und] **nichtig** *void at common law*

Null-Basis-Budget nicht fortgeschriebenes Budget *zero-base budget*

Null-Kupon-Anleihe *zero bond* festverzinsl. Wertpapier ohne lfd. Verzinsung, Ausgabepreis liegt deutlich unter dem Nennwert der Anleihe (=Rückzahlungskurs). Differenz zw. Emission und Rücknahmekurs (=100%) entspricht Zinsertrag bis Endfälligkeit

Numerierung *numbering* —> Durchnumerierung ‖ EAN

Nummer *number* —> Zahl ‖ Anzahl ‖ *subitem*

nutzbare Zeit des Systems [EDV] *uptime*

nutzbringend —> kommerziell nutzbringend einsetzbar

nutzen [PatR] *to use* ‖ **Die Lizenznehmer bemühen sich nach besten Kräften die gemäß der Lizenz erteilten Patente im größten Umfang auszunutzen** [oder: um einen größtmöglichen Absatz der Vertragserzeugnisse zu erzielen] *The Licensees will use their best endeavours to operate in accordance with the patents licenced hereunder to the maximum possible extent*—> Feindseligkeiten

Nutzen *utility* —> Leistung öffentlicher Versorgungsbetriebe ‖ **Nutzen ziehen aus** *to derive profit from*

Nutzfahrzeuge —> Abgaben für Nutzfahrzeuge

nützliche Einrichtung [Sache] *utility*

Nutzung *use* ‖ *utilization* ‖ [Ertrag] *yield* ‖ *fruits* ‖ *benefit* ‖ **ungestörte Nutzung** *quiet enjoyment*

Nutzungsdauer *service life* Der Zeitraum, in dem ein Anlagegegenstand in einem Betrieb genutzt wird ‖ *phycical life* i.e.S. die technische Nutzungsdauer eines Anlagegegenstandes ohne Rücksicht auf seine Nutzungsdauer in einem best. Betrieb, z. B. die Nutzungsdauer von Kraftfahrzeugen für einen Betrieb auf eine Kilometerleistung von 100 000 km bezogen, wenn die Fahrzeuge danach regelmäßig ersetzt werden, obwohl ihre tatsächiche Lebensdauer u.U. einer Kilometerleistung von 150 000 km entspricht —> Restnutzungsdauer

Nutzungsrechte *exploitation rights*

N.W. [USA] [Abbr] *North Western Reporter* Berichterstattung über die höchstrichterliche Rechtsprechung seit

NYSE

1879 (ab 1941 als Second Series [N.W.2d]) in Michigan, Wisconsin, Minnesota, Iowa, Nebraska, Nord- und Süddakota

NYSE [Abbr] *New York Stock Exchange* —> Wall Street [Börsenplatz New York]

o/a [Abbr] *on account* :: **für Rechnung**

obdachlos ohne festen Wohnsitz *homeless*

Obduktion *Coroner's inquest* [amtliche] von Amts wegen] (durch richterlichen Beamten (Coroner's Court), der die —> Leichenschau in Fällen gewaltsamen oder unnatürlichen Todes vornimmt) —> Leicheneröffnung

Obduzent —> Leichenbeschauer

oben *above* —> rubriziert || über
obenauf laden —> *top-loading*

Ober [...] *super* [...] || *senior* || *upper* || *top* || **Oberaufseher** *superintendent* || **Oberausschuß** *senior committee* || **Oberbefehl** —> Oberkommando || **Oberbefehlshaber** *supreme commander* || **Oberbürgermeister** [VwO/D] *chief burgomaster* || *chief mayor* || [VwO/GB] *Lord Mayor* || **Oberfeldwebel** [USA] *sergent first class* || **obergäriges Bier** [BierStG] *top-fermented beer* || **Obergrenze** *ceiling* || **Oberhaus** *House of Lords* final court of appeal in civil matters, appeals are heard from the Court of Appeal with leave of that Court of the Appeals Committee of the House || **geistliche und weltliche Mitglieder des Oberhauses** *Lords Spiritual and Temporal* || **Oberkommando** [Mil] *supreme command* || **Oberkreisdirektor** [VwO/D] *chief district director* syn.: *chief district executive* [Ns. und NRW] leitender Verwaltungsbeamte des Kreises (neben einem ehrenamtlichen Landrat tätig) || **Oberlandesbehörde** [VwO/D] *supreme Land authority* landesweit zuständige Verwaltungsbehörde, die einem Ministerium unmittelbar unterstellt ist || **Oberlandesgericht** [Jus/D] || in Berlin als Kammergericht bezeichnet *Higher Regional Court* Spruchkörper bilden die sogenannten Senate [Zivil- und Strafsenat]. Entscheidung grundsätzlich in Besetzung von drei Richtern [erstinstanzliche] Strafsachen, Hauptverhandlung und Abschlußentscheidung mit fünf Richtern]. In Zivilsachen Berufungs- und Beschwerdekammer für Entscheidungen der Landgerichte. In Strafsachen Revision gegen Berufungsurteile des Landgerichts || **Oberstadtdirektor** [VwO/D] [Ns. , NRW] *chief executive* leit. Verwaltungsbeamten einer größeren Stadt (neben einem ehrenamtl. OB tätig.) [Bayern] Leiter eines Dezernats (dem Bürgermeister untergeordnet, in etwa: Beigeordneter)

oberste [...] *supreme* || **Oberstes Bundesgericht** [USA] *Supreme Court* || **oberstes Gebot** *the prime necessity* || **Oberster Gerichtshof** *Supreme Court of Judicature* || **Oberstes erstinstanzliches Gericht** *High Court of Justice* Londoner Zentralzivilgericht = Supreme Court of Judicative und Court of Appeal vgl. mit der [Jus/D] Zivilgerichtskammer am Landgericht. Zusammensetzung: Queen's Bench division, Chancery Division (einschließlich Patents Court [Patents Act 1977] sowie Family Division. Rechtsprechung und Verhandlung in England and Wales [ausgenommen sind Scotland, Isle of Man, Channel Islands]. Im wesentlichen werden Grundsatzentscheidungen gefällt [hohe Kosten]. Ferner Überprüfung von Entscheidungen nachgeordneter Gerichte (z.B. Magistrate Court)

Oberverwaltungsgericht [Jus/D] *Higher Administrative Court* In Baden-Württemberg, Bayern und Hessen der "Verwaltungsgerichtshof". Mittelinstanz der Verwaltungsgerichtsbarkeit für die Rechtsprechung im Bereich der öffentlichen Verwaltung. [§ 40 VwGO] Zuständig für alle öffentlich-rechtlichen (jedoch keine verfassungsrechtlichen) Streitigkeiten. Entscheidung über Berufung gegen Urteile und Beschwerde gegen Entscheidungen der Verwaltungsgerichte. Wesentliche Zuständigkeit im ersten Rechtszug für technische Großvorhaben und Normenkontrollverfahren

Obhut *custody* —> Fürsorge || Vormund

Objektbestuhlung *seating arrangement*

Objektsteuer *tax imposed on an object* || **Objekt- bzw. Sachsteuern** *trade and real estate tax* Realsteuern die auf einzelnen Vermögensgegenständen lasten. Erhebung erfolgt bei denjenigen, denen die Gegenstände zuzurechnen sind [Objektbesteuerung] —> Gewerbe- und Grundsteuer, deren Aufkommen den Gemeinden zufließen [Art. 106 Abs. 6 GG]

Objektwert *equipment value*

Obliegenheiten [arch] *duties* Pflichten || Sorgfaltspflichten || Aufgaben

Obligation —> Schuldschein || **Industrieobligationen** *industrial debenture*

obligatorisch *mandatory* || *obligatory* || *compulsory* —> Zwangs[...] || verbindlich || Auflage || **obligatorische Beilegung von Streitigkeiten** *the compulsory settlement of disputes* || **obligatorische Gerichtsbarkeit** *compulsory jurisdiction*

Obmann der Geschworenen *chairman / president of the jury* || *foreman of the Jury* fore-matron [f.] || [Schottland] *Chancellor* || [Sprecher] *spokesman* || [Schiedsrichter] *umpire* || **Obmänner der Gewerkschaften** —> Betriebsobmänner

Obst[...] || **Obststoffe** [SteuerR/D] *fruit* || Kernobst *malaceous fruit* || **Obst- und Fruchtmoste** *fruit juice* || **Obst- und Fruchtwein** *fruit wine*

O.C. [Abbr] *Open Charter*

OCR [Abbr] *optical character reading* optische Zeichenerkennung mittels Scanner

o.d. [Abbr] *on deck*

OE [Abbr] [Man/Org] *OD* **Organisationsentwicklung** *organization development*

OECD-Raum *OECD region* —> Organisation für wirtschaftliche Zusammenarbeit und Entwicklung

OFD [Abbr] **Oberfinanzdirektion**

offen *open* || **Offene Handelsgesellschaft** [Abbr] **OHG** [GB] [AuxT] *General partnership under German Law (OHG)* in Bezug auf die Gründung, Rechtspersönlichkeit, Vertretung, Haftung etc. || **offener Investmentfonds** [InvF/USA] *mutual fund* entspricht etwa dem britischen "unit trust" || **offene Kreditlinie** *unspent credit balance* || *open account* —> offene Rechnung || **offene Police** *open floating police* laufende Versicherungspolice || **offener Posten** *open item* || **Offene-Posten-Buchhaltung** *open item method* || **offene Raten** [Mar]

258

offenbar   **öffentlich**

---

open rates ‖ **offene Rechnung** *open account* ähnlich wie Kontokorrentvertrag (dessen Vorschriften jedoch hier keine Anwendung finden), bei dem Forderungen des Lieferers der Leistung in Rechnung gestellt werden und nach zuvor vereinbarten Rechnungsperioden beglichen werden (z.B. in monatlichen Summen) ‖ **offene Risiko-Position** [Bör] *open interest* noch nicht glattgestellte offene Risikopositonen in einer Optionsserie ‖ **offene Rücklagen** *disclosed reserves* —> offene Selbstfinanzierung ‖ **offene Selbstfinanzierung** [BRD] *disclosed earnings retention* aus der Bilanz in Form von Rücklagen und eventuell Gewinnvortrag ersichtlich. Bei der stillen Selbstfinanzierung erfolgt eine aus der Bilanz nicht ersichtliche Bildung sog. stiller Reserven (durch Unterbewertung von Aktiven oder Überbewertung von Passiven)

offenbar *it appears that [...]* —> offensichtlich

offenbaren —> [PatR] offenlegen

Offenbarungs(eid)versicherung —> Versicherung an Eides Statt

offenlegen [PatR] beim Patent genaue Beschreibung (bei Verbesserungen etc.) ‖ **Der Patentinhaber offenbart dem Lizenznehmer unverzüglich jede von ihm stammende oder auf andere Weise in seinen Besitz gelangte Erfindung, die eine Verbesserung in irgendeiner Form einer der Erfindungen darstellt, die Gegenstand der in der Anlage aufgeführten Patente oder Patentanmeldungen sind** :: *The Patentee will forthwith disclose to the licensees any invention which he may devise or otherwise become possessed of in relation to any improvement of any of the inventions of the subject of the patent or application set out in the Schedule hereto*

Offenlegung —> [InvF] Publizität ‖ [PatR] offenlegen

Offenmarktgeschäft [Bbank] *open market operation* ‖ *open market transaction* Nach §21 BankG darf die Bbank zur Regelung des Geldmarktes am offenen Markt best. Titel [alle Arten marktfähiger Titel mit Ausnahme von Aktien] kaufen und verkaufen ‖ **Offenmarktoperation** —> Offenmarktgeschäft

offensichtlich *obvious* ‖ *plain* ‖ *patent* ‖ *apparent* ‖ *evident* ‖ *clear* ‖ *manifest* ‖ **wenn sich nicht offensichtlich aus dem Stand der Technik ergibt [...]** *if it is not obvious by having regard to the state of art*

öffentlich *public* ‖ **öffentlicher Abnehmer** *public buyer* such as ministry of finance, central bank or other governmental department, agency or office [guaranteed by the ministry of finance or central bank] ‖ **öffentliches Angebot** —> Angebot ‖ **öffentliche Anleihen** *public sector bonds* ‖ **öffentlich bestellter Notar** *notary [public]* ‖ **Öffentlicher Dienst** [BetrVG] *civil service* ‖ **öffentliche Dienstleistungen** *public utilities* ‖ **öffentliche Einnahmen** *government revenue* —> Steueraufkommen ‖ **öffentliche Fördermittel** [SteuerR/D] *public funds* ‖ **öffentliche Gläubiger** *public creditors* ‖ **öffentliche Hand beansprucht den Rentenmarkt deutlich weniger** *there was considerably less public sector borrowing*

—> crowding out ‖ **öffentliche Haushalte** *public sector* ‖ **öffentlicher Mißbrauch** *evident abuse* ‖ **öffentliche Mittel** *public resources* ‖ **öffentliches Recht** *public law* ‖ **öffentlich-rechtlich** *public* ‖ **öffentlich-rechtliche Körperschaft** *public body* ‖ **öffentliches Telefonnetz** *dial-up network* ‖ *common carrier switched network* ‖ **öffentlicher Treuhänder** staatliche Treuhandstelle *public trustee*

Öffentlichkeit *public* ‖ **für die Öffentlichkeit bestimmt** *on the records* ‖ **nicht für die Öffentlichkeit bestimmt** —> inoffiziell ‖ **Öffentlichkeitsarbeit** *public relations*

Offertgarantie [Ex] Bietungsgarantie *bid bond* Gewährleistung des Verkäufers, daß dieser dem Käufer seine Offerte bis zum Zeitpunkt der Auftragserteilung verbindlich einhält. Käuferschutz gegen vorzeitige Rücknahme des Gebots. I.d.R. 1-5% des Offertbetrages über 3-6 Monate bis zur Vertragsunterzeichnung oder Stellung einer —> Erfüllungsgarantie ‖ Bietungsgarantie

Offizialverteidiger *assigned counsel* or *attorney* ‖ *counsel for the defense apoointed by the court*

offiziell *on the records* ‖ *official* ‖ *accepted*

Offizier [Mil] *officer* ‖ **wachhabender Offizier** [Seestreitkräfte] [Abbr] *OOD Officer of the Deck* ‖ **Offiziersausbildungskorps** [für Mannschaftsgrade] [GB] *Officers' Training Corps*

Öffnung *opening* ‖ **Öffnung der Grenzen der DDR** [BRD/1990] *opening of East German borders* ‖ **Öffnung Osteuropas** *opening-up of Eastern Europe*

Offshore-Gebiet [Mar] *offshore area*

OHG —> offene Handelsgesellschaft

ohne *less* ‖ **ohne Deckung** [verkaufte Waren oder Wertpapiere] *short* beim Blankoverkauf benötigte Wertpapiere zur Glattstellung ‖ **ohne Kosten** [frz.] *sans frais* ‖ *without expense* ‖ **ohne weiteres** [wird oft nicht übersetzt] *automatically* —> stillschweigend ‖ unverzüglich

Old Bailey —> Gericht

ökonometrische Modelle *econometric models* Prognosetechnik auf der Basis der Regressionsanalyse für "Was-wenn"-Studien u. Simulationsprogramme

ökonomisch *economic* —> Wirtschaft[...]

Öl *oil* ‖ **Öl[e]** *liquid[s]* ‖ **Ölkatastrophe** *oil-spill disaster* ‖ **Ölpapier** *oiled paper*

Olympisches Komitee *Olympic Committee*

Online-Service *on-line service*

onus probandi [lat.] —> Beweislast

Open-end Leasing [Leas] *open-end lease* KfZ-Leasing, bei dem der Leasingnehmer das Gebrauchtwagenrisiko trägt

Operating-Leasing [Leas] betriebs-

operative Planung | **ordnen**

technisches Leasing *non-payout lease* ‖ *operating lease* Kurz- und mittelfristiger Leasingvertrag [kein Kapital-Leasing-Geschäft] mit Kündigungsrecht des Leasingnehmers innerhalb einer bestimmten Frist

operative Planung *operational planning* ‖ **operatives Ziel** *specific objective*

Opfer [USA] i.S.v. [Gegen-]Leistung *detriment* —> Verletzung der Gefühl

Option *option* —> Einbürgerung

Optionsanleihen [Bör] mit der Berechtigung zum Bezug von Anleihen *bond warrants* ‖ **auf Dollar lautende aktienbezogene Optionsanleihen** *equity dollar bonds* ‖ **Optionsschein** [Bör] *warrant* eigenständiges (von einer Anleihe getrenntes) oder aus der Begebung einer Optionsanleihe ausgegebenes Papier, das für den Inhaber das verbriefte Recht darstellt, zusätzlich Aktien, Anleihen oder einen Währungsbetrag zu einem vorher vereinbarten Kurs innerhalb einer vereinbarten Frist zu erwerben. Gegenüber Optionen deutlich längere Laufzeiten (2-10 Jahre). Nach der Börsenreform v. 1.08.89 ist der Handel auch an den deutschen Wertpapierbörsen möglich. Ausweitung des Terminhandels durch Einführung der Deutschen Terminbörse 1990 ‖ **nackter Optionsschein** *naked warrant* nicht an die Begebung einer Anleihe gebunden, sondern als reine Optionsschein-Emission am Markt ‖ **Optionsverkäufer** [Bör] *writer* Verkäufer einer Kaufoption (=Stillhalter in Aktien) oder Verkäufer einer Verkaufsoption (Stillhalter in Geld). Der Stillhalter erhält den Optionspreis und liefert dafür den Basiswert

ordentliches Gericht *court of record*

Order *order* ‖ [Komm] i.S.v. [An-]Weisung *command* ‖ **an Order to order** ‖ **an dessen Order** *as [the licensee] shall direct* ‖ **Der Lizenznehmer entrichtet an den Patentinhaber oder an dessen Order eine Lizenzgebühr von x % der Nettoeinnahmen des Lizennehmers aus Herstellung, Verkauf, Vermietung oder anderweitiger Verwertung aller Erzeugnisse im Rahmen einer gewerblichen Tätigkeit. Dies gilt für jedes Patent, für das dem Lizenznehmer auf Grund dieses Vertrages eine Lizenz erteilt wurde. Die Lizenzgebühr pro Artikel wird von der Anzahl der bestehenden Patentansprüche oder Patente nicht beeinflußt** :: *The Licensees shall pay to the patentee or as he shall direct a royalty amounting to [...] % upon the net amount received by the licensees in respect of the manufacture sale lease or hire or other dealing with any articles constructed in accordance with or by a process of manufacture in accordance with any claim of any subsisting patent in respect of which a licence has been granted to the Licensees persuant to these presents PROVIDED that the said royalty per article shall be unaffected by the number of claims or the number of patents concerned*

Order erteilen vergeben *to place a contract* ‖ **Order to negotiate** —> Ziehungsermächtigung

ordnen *to regulate*

Ordnung [InvR] *ranking* Rangfolge von Investitionsalternativen nach ihrem Vorteilskriterium ‖ **Ordnungsbeamter** [Gerichtssaal oder Parlament] *sergeant-at-arms* ‖ **Ordnungssteuer** [SteuerR] *regulative tax*

ORGALIME [Abbr] *Organisme de Liaison des Industries Métalliques Européennes* Loser Zusammenschluß der Verbände der metallverarbeitenden Industrie in Europa. Festlegung allg. Bedingungen für die Entsendung von technischem Personal ins Ausland, etc. Ferner Mustervorlagen für [Patentlizenz]verträge

Organ *body* —> Stelle ‖ Körperschaft

Organigramm *organisation chart*

Organisation *organisation* ‖ Unternehmensordnung *management organization* ‖ **Organisation für wirtschaftliche Zusammenarbeit und Entwicklung** [Abbr] **OECD** *Organisation for Economic Cooperation and Development* [1960 aus der OEEC hervorgegangen] ‖ **Organisation für Zusammenarbeit auf dem Gebiet des Außenhandels** [Abbr] **OZA** *Organisation for Trade Cooperation* [Abbr] *OTC* [zur Durchführung des GATT geschaffen]

Organisationsdesign —> Organisationsgestaltung ‖ **Organisationsdiagramm** *organisation chart* ‖ **Organisationsentwicklung** *organisation development* [Abbr] *OE.: OD* ‖ **Organisationsgefüge** —> Unternehmensgliederung ‖ **Organisationsgestaltung** *organisation design* ‖ **Organisationsgliederung** —> Unternehmensgliederung ‖ **Organisationsmuster** —> Unternehmensgliederung ‖

Organisationsplan —> Organigramm ‖ **Organisationsschema** —> Organigramm ‖ **Organisationstheorien** *organisation theories*

organisieren *to arrange*

Organspender —> Spender

Orientierungsprogramm [PersW] *orientation program*

Original *original* ‖ [Urkunde] erste —> Ausfertigung *matrix* —> Urschrift

ORP *ordinary, reasonable and prudent (man)* mit der Sorgfaltspflicht eines ordentlichen Kaufmannes

Ort *place* ‖ **an Ort und Stelle** *on the premises* ‖ **Ort des Termins** [Jus] *place of hearing*

örtliche Steuern [SteuerR/D] *local taxes* ‖ **örtliche Verkehrssitte** *local customary law[s]* ‖ **örtliche Verteilung** [Stat] *geographical distribution* —> lokal

Ortsamt [VwO/D] *local authority office* ‖ *local district office* In HB und HH Verwaltungsinstanz in einem Gemeindeteil mit begrenztem Aufgabenbereich ‖ **Ortsamtsbeirat** [VwO/Bremen] *local advisory council* zuständig für die Belange der Stadtteile ‖ **Ortsbezirk** [VwO/D] *local district* Gemeindeteil, der (ausnahmsweise) für best. Aufgabengebiete über eine eigene Verwaltung verfügt ‖ **Ortsgemeinde** [VwO/D] Mitgliedsgemeinde *member commune*

ortsspezifische Verkehrssitte *particular custom* nur von bestimmten

Einwohnern eines geographisch begrenzten Bereichs als üblich angesehen —> usage :: Handelsbrauch ‖ **ortsüblich** *local custom* —> Verkehrsanschauung

OSHA [USA] [Abbr] *Occupational Safety and Health Act*, 1970 [Bestimmungen zum Arbeitsschutz]

Ostasiatische Schwellenländer *Asian NICs* near industrialized countries [Hongkong, Singapur, Taiwan, Südkorea]

Ostflüchtlinge —> Zustrom von Aus- und Übersiedlern

OTC [over the counter] [Bör] Freiverkehrsmarkt ‖ **OTC-Markt** [Bör] principal market for U.S. Government and municipal bonds. Der Freiverkehrsmarkt ist ein Teilmarkt der Effektenbörse für alle nicht zum amtlichen Handel zugelassenen Wertpapiere. Der ungeregelte Markt wird auch als Telefonverkehr bezeichnet, bei dem meist Banken untereinander handeln. Der OTC market entspricht in der BRD dem ungeregelten Freiverkehr. Gegenstand des (telefonisch abgewickelten) Handels sind ca. 80% aller Wertpapiere (Aktien der national banks und Trust Companies sowie Versicherungsgesellschaften. Ferner municipal bonds (Kommunalschuldverschreibungen) vor ihrer offiziellen Börseneinführung, Emissionen der US-Regierung, etc.). Die beteiligten Händler, Broker und Investmentbanken sind in der —> NASD zusammengeschlossen ‖ **OTC-Produkte** [Kosmetik] *OTC products* solche, die ausschließlich über das Vertriebsnetz der Apotheken in Verkehr gebracht werden ‖ **OTC-Werte** —> Freiverkehrswerte

Output *output* —> Ausstoß ‖ Produktivität

Outright *outright* ‖ **Outright-Devisengeschäft** [Bbank] *outright transaction* Keine gleichzeitige Kombination aus Kassadevisen und gleichzeitigem Termindevisengeschäft —> Soloterminoperation ‖ **Outright-Termingeschäft** *outright forward operation* ‖ **Outright-Terminoperation** —> Soloterminoperation

Outsourcing *outsourcing* ‖ fremde Dienstleistung *purchased service[s]* —> Beschaffung

Overhead *overhead cost* —> fixe Kosten ‖ Gemeinkosten

Overtrading [Bör] *overtrading* Wenn ein Spekulant sich übernimmt, weil er zuviele Risikopositionen hält, wodurch —> Ein- bzw. Nachschuß nicht für alle ausreicht —> Konzertzeichner ‖ Trader

OZA [Abbr] —> Organisation für Zusammenarbeit auf dem Gebiet des Außenhandels

P. [Abbr] [USA] *Pacific Reporter* —> Pac ‖ [GB] *Probate Division* ‖ [GB] *President* :: **Vorsitzender der Probate, Divorce and Admiralty Division**

Paarvergleich [Stat] *paired comparison*

Pac. [USA] [Abbr] [auch: *P.*] *Pacific Reporter* ab 1883 (ab 1931 second series: P2d) Berichterstattung über die Rechtsprechung in Montana, Wyoming, Washington, Oregon, Kalifornien, Colorado, Nevada, Idaho, Utah, Arizona, New Mexico, Oklahoma, Hawaii, Alaska

Packliste *packing list* ‖ **Packmittel** [Verp] *packaging means* product of one or more packaging materials designed to envelop, wrap or hold together the product :: Kombination aus einem oder mehreren Packstoffen, womit das entsprechende Produkt umhüllt, umwickelt oder zusammengehalten wird ‖ **Packstoff** [Verp] *packaging material* material from which packages are manufactured :: Werkstoffe etc. aus dem Packmaterial hergestellt wird ‖ **Packstück** *package and/or [auxiliary] packaging means plus packaged goods]* —> syn.: Kollo ‖ **Packstückmarkierung** [Verp] *marks*

Packung *lot* ‖ *unit* ‖ [Verp] *package* Kombination aus der zu verpackenden Sache und dem Packmaterial :: combination of product to be packaged together with the packaging material as such ‖ **Packungsbeilage** [ArzneiMG] *patient information leaflet* —> Gebrauchsinformation ‖ **Packungspreis** [Verp] *package price* —> Preis

packweise *in parcels*

Pachtzeit *lease term* ‖ *period for which a real estate is leased* ‖ **Pacht[vertrag]** *lease agreement*

Paketbombe *parcel bomb*

Paketlösung [Pol] *package deal*

Palette [Verp] *pallet* ‖ Sortiment *variety* ‖ *range* —> Produktpalette

Papierschneider *guillotine* ‖ *paper cutting device*

Paragraph [§] *section* —> Artikel

paralleler Fall *on all fours* eine vor Gericht zu klärende Sache ist dem Wesen nach einer anderen Sache gleich

Parallelgeschäft *counterpurchase* wichtigste Form des Kompensationsgeschäfts, bei dem zwei unabhängige Verträge mit getrennter Zahlungsverpflichtung abgeschlossen werden. Exporteur verpflichtet sich, einen Teil (oder den Gesamterlös) zum Kauf aus dem Abnehmerland zu verwenden. Bezahlung erfolgt in konvertibler Währung

Paraphe —> paraphieren

paraphieren [VölkR] *initial[ling]* besonders einen Vertragsentwurf, ein Verhandlungsprotokoll etc. mit der Paraphe versehen; d.h. Bestätigung des bisherigen Verhandlungsergebnisses; Unterzeichnung nur mit Anfangsbuchstaben der Unterhändler, nicht mit vollem Namen [hat keine Rechtswirkung, sondern dient nur der Bestätigung]

paritätische Mitbestimmung [ArbR] *equal representation* —> Mitbestimmungsgesetz

Parkett [Bör] *trading floor* Bezeichnung für den Börsensaal

Parlament [VwO/D] *House of Representatives* —> Abgeordnetenhaus ‖ Bundestag ‖ **Parlamentarier** *Member of Parliament* ‖ *M.P.* ‖ [BRD] [Abbr] MdB/MdL Mitglied des Bundestages/Landtages ‖ **Parlamentarischer Rat** *Parliamentary Council*

Partei *party under contract* die durch Vertrag verpflichtete [Vertrags]Partei ‖ **[große Volks]Parteien** [Pol] *mainstream parties* ‖ **Parteiabmachung** *stipulation of parties* ‖ **parteipolitische Betätigung** [BetrVG] *political party activity* Arbeitgeber und Betriebsrat dürfen sich u. a. zur Wahrung des Betriebsfriedens nicht parteipolitisch betätigen ‖ **Parteiverlangen auf Beibringung von Urkunden** [USA] *document request* ‖ **Parteivorbringen vor Gericht** *pleadings* —> Schriftsätze ‖ **Parteiwille** *intention of the parties* Berücksichtigung des Parteiwillens bei der Vertragsauslegung ist eine Errungenschaft des Equity law —> Willenserklärung

Partie [Mar] *lot* —> Ladung ‖ Fracht

partiell *partial* —> Teil[...]

partizipatives Mangement [Man] *management by participation* ‖ **partizipatives Verhalten** [Psych/Man] *radic mode* ausgeglichenes Verhältnis zwischen der Berücksichtigung eigener und fremder Bedürfnisse in der sozialen Umwelt

partizipierende Vorzugsaktien *participating preferred stock* Aktientypus, der einen Anspruch auf eine Mindestdividende zuzüglich eines Anteils am verbleibenden Gewinn nach bestimmten Modus gewährt, z. B.: 1. Zahlung einer Mindestdividende an die Vorzugsaktionäre, 2. Zahlung einer Dividende an die Stammaktionäre in Höhe der Mindestdividende sowie 3. Aufteilung des verbleibenden Gewinns zu gleichen Teilen an Stammaktionäre und Vorzugsaktionäre

Partner *partner* —> Teilhaber ‖ Gesellschafter ‖ **Partnerländer der EG** *partner countries of the EC* —> Drittländer

Parzelle *parcel* ‖ [GrundstücksR/USA] *lot* —> Block ‖ Wohnparzelle

parzellieren *to sub-divide* ‖ *to lot out a real estate* [land] :: Immobilien/Grundbesitz parzellieren [= in Parzellen aufteilen/to divide a tract of land into lots]

Parzellierender *sub-divider*

Parzellierung *to parcel out*

Passiva [Bil] *liabilities*

passive Veredelung [ZollW] —> Veredelung

passives Wahlrecht [WahlR] *right to be elected*

passivieren *to enter* ‖ *to show to include on the liability side [of the balance sheet]* auf der Passivseite der Bilanz ausweisen

Passivierungspflicht [von Rückstellungen] [AuxT] *disclosure of the liability in the balance sheet is mandatory* the company must record the liability in its balance sheet. Für Pensionsrückstellungen besteht nach Handels- und Steuerrecht keine Passivierungspflicht, d.h. der Arbeitgeber ist berechtigt [Passivierungswahlrecht], jedoch nicht verpflichtet [Passivierungspflicht], seine Pensionsverpflichtung in Form einer Rückstellung auf der Passivseite der Bilanz auszuweisen, d.h. Rückstellungen für seine Pensionsverpflichtungen zu bilden ‖ **Passivierungswahlrecht** *disclosure of the liability in the balance sheet is optional* [von Positionsrückstellungen] —> Passivierungspflicht

Passivseite [der Bilanz] *liabilities* ‖ **Passivtausch** [Bbank] *exchange of liabilities* Austausch von Positionen der Passivseite der Bilanz und induziert ohne Vergrößerung bzw. Verringerung der Bilanzsumme eine Veränderung der Kapitalstruktur

Patent [PatR] *patent* —> Patent[urkunde] ‖ **bestehendes Patent** *subsisting patent*

Patentamt *patent office* ‖ **Leiter des Patentamts** *Comptroller* ‖ **wöchentliche Bekanntmachung des US Patent and Trademark Office** über Patente und Warenzeichen, Anmeldungen und Registrierungen *Official Gazette* ‖ **Patentanmelder** *patent applicant* ‖ **Patentanmeldung** *patent application* ‖ **Patent ist angemeldet, jedoch noch nicht erteilt** [Abbr] *p.p.* [= patent applied for] *patent pending* ‖ **Patentanmeldung zurückziehen** *to abandon an application* ‖ **Patentanspruch** *patent claim* ‖ *claim* der formulierte Patentanspruch. d.h. es geht um die Beschreibung eines Monopols an einer Sache, ohne der Konkurrenz zuviel über die Sache selbst zu verraten in der Beschreibung ‖ **Patentanwalt** [GB] *patent agent* ‖ *patent lawyer* ‖

[USA] *patent attorney*

Patentbenutzung [mißbräuchliche ~] *abuse of patent* ‖ **gewerbliche Patentbenutzung** *to exploit the letters patent* ‖ **Patentberühmung** *patent advertising* ‖ **Patentbeschreibung** *patent specification [and drawings]* ‖ *patent description* ‖ *specification* —> Patentschrift ‖ Beschreibung einer Erfindung *description of an invention*

Patentdiebstahl *piracy of a patent*

Patenterteilung *patent granting* ‖ *granting [of] a patent* ‖ *to issue a patent*

patentfähig *patentable* ‖ **Patentfähigkeit** *patent ability*

Patentgeber he who licences the use of a patent to others *patentee* ‖ *holder of a patent* ‖ **Patentgegenstand** *patent matter*

Patentinhaber he to whom a patent has been granted *patentee* ‖ **Aufgrund des genannten Vertrages und Zahlung der Summe von £ 1,- durch die Lizenznehmer an den Patentinhaber als Gegenleistung (der Empfang wird bestätigt) gewährt der Patentinhaber dem Lizenznehmer eine ausschließliche Lizenz bezüglich aller im Anhang aufgeführten Patente für ihre volle Patentschutzfrist einschließlich aller Verlängerungen** *:: In persuance of the said agreement and in consideration of the sum of one pound now paid by the licensees to the patentee (the receipt of which is hereby ac-*

knowledged) the patentee grants to the licensees an exclusive licence in respect of all the patents set out in the Schedule hereto for the full period of their respective terms including any extension thereof

Patentnutzung —> Patentbenutzung

Patentrecht *patent law* ‖ **Patentrechte** *patent rights* ‖ **Übereinkommen zur Vereinheitlichung bestimmte Begriffe des Materiellen Rechts der Erfindungspatente, 1976** *Convention on the Unification of certain points of Substantive Law on Patents of Invention, 1976* ‖ **Vertrag über die internationale Zusammenarbeit auf dem Gebiet des Patentwesens** *Patent Coorporation Treaty (1976)* —> Verbandsübereinkunft ‖ **Patentregister** beim Patentamt geführtes Verzeichnis der erteilen Patente mit der Bezeichnung —> Patentrolle ‖ **Patentrolle** *patent roll* ‖ *register of patents* beim Deutschen Patentamt geführtes öffentliches Register der Patente und Patentanmeldungen

Patentsache *patent matter* ‖ **Patentschrift** *patent specification [and drawings]* ‖ *printed patent specification* bezeichnet den Antrag —> Patentbeschreibung [mit Skizzen, Zeichnungen etc.] ‖ **Wird eine Prioritätserklärung gemäß Absatz 1 abgegeben, kann vom Patentanmelder die Einreichung einer beglaubigten Abschrift der genauen Beschreibung und Zeichnungen der ursprünglichen Patentanmeldung sowie aller anderen Unterlagen gefordert werden, die in dem Land der weiteren Anmeldung durch das geltende Recht vorgeschrieben sind**
When a declaration of priority is made in accordance with paragraph 1 of this article, the applicant may be required to submit a certified copy of the specification and drawings of the original application and such other documents as the law of the country in which the subsequent application is made may require ‖ **Patentschutz** *protection by patent* —> [Pariser] Verbandsübereinkunft ‖ Erfinderschutz ‖ **Patentschutzfrist** *term of a patent* [BRD] 18 Jahre (nicht verlängerbar) ‖ [GB] 16 Jahre (verlängerbar)

Patentübertragung *patent assignment* ‖ **Patenturkunde** *letters patent*

Patentverletzung *patent infringement*

Patient [Med] *patient* —> Gebrauchsinformation ‖ **ambulante Patienten** *outpatients*

Patrone [Bal] Schußeinheit *round of ammunition* ‖ [Bal] *cartridge*

Pauschal[...] *master* ‖ **Pauschale** *lump-sum* ‖ **pauschale Abfindung** *lump-sum settlement* ‖ **Pauschalgarantie** [Eximbank] *whole-turnover policy* ‖ *multiple-buyer policy* —> blanket policy ‖ *blanket policy a policy usually requiring the exporter to insure all of his export transactions* ‖ **Pauschalgarantie für kurzfristige Güterexporte** *short-term policy* ‖ **Pauschalgarantie für kurz- und mittelfristige Güterexporte** *master policy* ‖ **Pauschalgarantie für kurzfristige [Dienst-] Leistungsexporte** *short-term service policy* ‖ **Pauschalgarantie zur Deckung politischer Risiken aus Güterexporten mit kurzfristigen Zah-**

Pauschbetrag

lungszielen *short-term political risks policy* ‖ Pauschalgarantie zur Deckung kommerzieller und politischer Risiken aus Güterexporten mit kurzfristigen Zahlungszielen *short-term comprehensive policy* ‖ **Pauschalpreis** —> entbündeltes Produktangebot ‖ **Pauschalsteuern** [SteuerR/D] *lump-sum taxes* ‖ **Pauschaltarif** *flat rate*

Pauschbetrag [SteuerR/D] *lump-sum allowance* —> Pflege-Pauschbetrag

P.C. [GB] [Abbr] *Privy Council Appeals* —> Rechtsausschuß des Kronrats

P. & D. [GB] [Abbr] *Probate and Divorce*

P/D [Abbr] *payment against document* **Kasse gegen Dokumente**

Peer *peer* ‖ **jmd. zum Peer ernennen** *to create a peer* ‖ **Peer auf Lebenszeit** [GB] *life peer* nicht vererbbarer Titel eines Angehörigen des britischen Hochadels mit Anspruch aus Sitz im Oberhaus (duke, marquis, viscount, baron) ‖ **Peer Perception** [Psych] *peer perception*

PEFCO [Abbr] —> Private Export Funding Corporation

Penny weight [dwt] Masseneinheit, 1 dwt = 1,55174 g —> Troy ounce

Pension *pension* ‖ **Pension[salter]** *old-age*

Pensionär Rentner *annuitant* ‖ *pensioner* Empfänger einer Pension (Hinterbliebenenpension: Rentner) ‖ **Zahl der Pensionäre beträgt zum Jahresultimo 3.101** [Bil] *the number of persons drawing company pensions at the end of the year was 3,101*

Pensionsanspruch *pension claim* —>Versorgungsanspruch ‖ **Pensionsanwartschaft** Versorgungsanwartschaft *right to future pension benefits* entsteht mit der —> Pensionszusage und beinhaltet einen aufschiebend bedingten —> Pensionsanspruch, der bei Eintritt des —> Versorgungsfalls wirksam wird

Pensionsberechtigter *person entitled to a pension*

pensionsfähiges Arbeitsentgelt *pensionable pay* Das der Pensionsberechtigung zugrunde gelegte Entgelt

Pensionskasse *pension fund* Lebensversicherungsgesellschaften (Versicherungsvereine auf Gegenseitigkeit oder AGs), rechtsfähige Versorgungseinrichtung, die dem Arbeitnehmer oder seinen Hinterbliebenen auf ihre Leistungen einen Rechtsanspruch gewährt

Pensionsleistung *pension benefit* i.d.R. Zahlung einer Rente —> Aufwendungen für Altersversorgung

Pensionsordnung —> Pensionsplan

Pensionsplan Pensionsordnung *pension plan* Einzelbestimmungen der Pensionszusage für alle oder eine bestimmte Gruppe von Arbeitnehmern eines Unternehmens

Pensionsrückstellung *pension reserve* ‖ *reserves* Passivposten der Bilanz für den Ausweis der Pensionsverpflichtung; langfristige Rückstellungen einschließlich Pensionsrückstellungen —> Rückstellungen ‖ **Auflösung der Pensionsrückstellungen** *release of*

pension reserves Pensionsverpflichtungen fallen weg oder vermindern die Pensionsrückstellungen um die laufend gezahlten Pensionsleistungen ‖ **Bildung von Pensionsrückstellungen** *setting-up [syn.: formation/creation] of pension reserves* i.d.R. durch jährliche Zuführung von Beträgen zu Lasten des Jahresergebnisses

Pensionssatz [Bbank] [**average monthly interest rate for one-month securities repurchase agreements; uniform allotment rate (volume tenders, "Dutch" interest rate tenders) or weighted allotment rate "US-style" interest rate tenders)** :: *Monatsdurchschnittlicher Zinssatz für Wertpapierpensionsgeschäfte mit einmonatiger Laufzeit; einheitlicher Zuteilungssatz (Mengentender "holländische" Zinstender) bzw. gewichteter Zuteilungssatz ("amerikanische" Zinstender)* ‖ **Pensions-Sicherungs-Verein** *Pension-Insurance Association* Träger der —> Insolvenzversicherung nach Betriebsrentengesetz. Rechtsform: Versicherungsverein auf Gegenseitigkeit, finanziert durch Beiträge der Arbeitgeber, die sich zu Leistungen der betriebl. Altersversorgung durch Pensionszusage, Unterstützungskasse oder Direktversicherung verpflichtet haben

Pensionsverpflichtung *pension liability* wird durch —> Pensionszusage des Arbeitgebers begründet, seinen Arbeitnehmern für das Alter oder für den Fall der Invalidität oder im Todesfall deren Hinterbliebenen aus betriebl. Mitteln eine Pension zu gewähren ‖ **[fondsgebundener] Pensionsversicherungsplan**[InvR] *unitized company pension scheme*

Pensionszahlungen [laufende ~] [Bil] *current pension payments* ‖ **Pensionszusage** *pension commitment* —> Versorgungszusage ‖ Aufwendungen für Altersversorgung

per Erscheinen *when issued* [Bör] wenn Wertpapiere bereits gehandelt werden, bevor die Stücke verfügbar sind

per saldo wiesen [19..] Bauwerte die höchsten Kurssteigerungen auf *on balance construction stocks made the greatest gains in [19..]*

Performance[entwicklung] [Bör] *performance* —> Aktienkurs

Periode *period* —> Geschäftsjahr

permissiv *liberal*

Perpetuals [Bör] *perpetuals* ewige Rentenpapiere [unendliche Laufzeit]

Person *person* —> Personen[...] ‖ natürliche ‖ juristische Person

Personal *personnel* ‖ **Personal und Sachverständige** *staff and experts* ‖ **Personalabbau** [BetrVG] *staff cutbacks* ‖ **Leiter der Personalabteilung** *Personnel Director [Human Ressources]* ‖ **Personalakten** [PersW] *personal files* —> Einsicht ‖ **Personalaufwand** *staff expenses* ‖ [Bil] *personnel expenditure* ‖ **Personalauslese** [für gehobene Positionen] [PersW] *[management] selection* ‖ **Personalauswahl** i.S.d. Personalauslese —> Auswahl[kriterien] bei Neueinstellungen ‖ **Personaleinsatzplan** *personnel scheduling* ‖ *manpower scheduling* ‖ **Personalentwicklung** [PersW] Mitarbeiterförderung *training*

personelle Maßnahme   **Pfändung**

---

and development ‖ **Personalfragebogen** [BetrVG] *staff questionaire* ‖ **Personalführung** [PersW] *human resources management* ‖ **Personal[kosten]** —> Personalaufwand ‖ **Personalkredit** *personal loan* durch Bürgschaft abgesicherter Kredit ‖ **Personalmanagement** —> Personalführung ‖ **Personalplanung** [PersW] *staffing* ‖ **Personalunion** *personal union* ‖ **Personalverwaltung** *personnel administration* ‖ *workforce management* —> Personalführung ‖ **Personalzusatzkosten** —> Arbeitgeberleistungen

personelle Maßnahme [BetrVG] *staff movement* ‖ **personelle Weisungsbefugnis** *personnel authority*

Personenkennzahl [EDV] [Abbr] **PK** *Personal Identification Number* [Abbr] *PIN* ‖ **Personenkennzeichen** *personal identity number* ‖ **Personenkonto** *personal account* ‖ **Personenkraftwagen** [Abbr] **PKW** *passenger car* ‖ **Personenrecht** *law of persons* i.w.S. *personality, status and capacity* ‖ *law of the person* ‖ *law relating to persons* ‖ **Personenvereinigung** *corporate body* Sammelbegriff für Zusammenschlüsse, die keine juristische Person darstellen, dieser aber in gewissen Beziehungen gleichgesetzt sind. —> [§§ 30, 88 OWiG] Personenhandelsgesellschaften und nicht rechtsfähige Vereine. Pv. besitzt keine *legal personality* (Rechtspersönlichkeit). Z.T. gemeinschaftl. Vermögen (*common property*) und sie wird zum Teil als selbständiges Rechtssubjekt behandelt. —> *association of persons*; z. B.: in den [USA] rechtsfähige Körperschaften wie *public limited companies* (GmbH I AG) ‖ **Personenvereinigungen** *association of persons*

persönlich *personal* ‖ *private* ‖ **in persönlicher Eigenschaft handeln** *to act in personal capacity* ‖ **persönliches Eigentum** an beweglichen Sachen *personal property* ‖ **persönlich haftender Gesellschafter** *general partner* ‖ **persönlicher Vertreter** *representative*

Persönlichkeitstest [PersW] *personality test*

PERT-Netzplan[technik] [Abbr] *PERT program-evaluation and review technique* stochastische Netzplantechnik

Pfalz [Hist] *palace* —> Königspfalz ‖ [BLand] *Palatinate* —> Rheinland-Pfalz

Pfand Sicherheit *security* ‖ *pledge* ‖ gepfändeter Gegenstand *distrained article* ‖ *distress* ‖ *attached article* ‖ **Pfandbrief** *mortgage bond* ‖ **Pfandflasche** [Verp] *deposit bottle* ‖ **Pfandgläubiger** *pledgee* ‖ *pawnee* ‖ *lienor* ‖ *mortgagee* ‖ **Pfandleihanstalt** —> städtische Leihanstalt ‖ **Pfandrecht** *law of liens and pledges* ‖ [VertrR] *contractual lien* ‖ *pledge* ‖ *equitable lien* durch "equity" geschaffenes, besitzloses Pfandrecht ‖ [des Hypothekengläubigers an dem belasteten Grundstück] *lien* —> Billigkeitsrecht ‖ **ranghöheres Pfandrecht** bevorrechtigtes Pfandrecht *senior lien* mortgage ‖ **Pfandschuldner** *pledger* ‖ *pawner* ‖ *lienor*

Pfändung *seizure* ‖ *distress* ‖ *attachment* ‖ *execution* —> Zwangsvollstreckung ‖ **Pfändung von beweglichen Sachen** [USA] *execution and levy* ‖ **Pfändungsbefehl** *warrant*

Pfandverpackung **Planung**

of distress ‖ **Pfändungsbeschluß** *order of attachment*

Pfandverpackung [Verp] *returnable package*

Pfeifentabak *pipe tobacco*

Pflege-Pauschbetrag *lump-sum home care allowance* gültig seit dem Steuerreformgesetz 1990

Pflicht *obligation* ‖ **einer Pflicht nachkommen** *to comply* ‖ *to act in accordance with* ‖ *to accept* ‖ **Pflichten begründen** *to incur obligations*

Pflichtenheft [EDV] *functional specifications*

Pflichtteilanspruch [ErbR] *claim to a compulsory portion of an inheritance* —> Erbengemeinschaft ‖ Auseinandersetzung

Pflichtverletzung *breach of duty*

pharmazeutisch-technologisch *pharmaceutically and technologically* ‖ **pharmazeutischer Hersteller** *drugmaker*

Phase *step* ‖ **Phase-II-Studie** [Med] *phase II study*

Piggyback-Einheit [Verp] *piggyback unit* Großpackung

PIMS-Programm *PIMS-program* ‖ *profit impact of market strategy* Forschungsprogramm am Strategic Planning Institute (SPI) in Cambridge, Mass. zur Untersuchung von Geschäftsfeldern (Marktwachstum, Konkurrenz, Produkt-

qualität, etc.) zur Feststellung u.a. der Haupteinflußgrößen auf die Rentabilität. Am Projekt beteiligt sind ca. 600 Mitgliedsunternehmen in 2000 Geschäftsbereichen

pink sheet[s] [Bör/USA] Freiverkehrskursliste —> OTC-Markt

Pint [GB] [Volumeneinheit] 1 pt = 0,56826 l l ‖ [USA] [für Trockensubstanzen] 1 dry pt. = 0.55061 l ‖ [für Liquida] 1 liquid pt. = 0,4731765 l

Pistole [Bal] *pistol*

PK [EDV] —> Personenkennzahl

Plädieren *pleading*

Plädoyer [eines Anwalts] *final pleading*

Planabweichung —> Kontrolle

planmäßig *regular* ‖ **planmäßige Abschreibungen nach der linearen Methode** [Bil] *scheduled depreciation calculated by the linear method*

Planspiele [PersW] *business games*

Plant Leasing Fabrikpacht *plant leasing* Vermietung kompletter Betriebsanlagen

Planüberprüfungsausschuß [USA] *planning review board* innerhalb der Unternehmensplanung gebildeter Ausschuß zur Koordinierung von konkurrierenden Teilplänen ‖ **Planüberwachung** [PersW] *[management] control*

Planung[s...] *planning* ‖

Planungsamt *planning board* ‖ **Planungshorizont** *planning horizon* Ende des Zeitraums, auf den sich ein Plan erstreckt ‖ **Planungsprämisse** *planning premise* ‖ **Planungsstelle** *planning board* ‖ **Planungsstunde** *planned clock hour* ‖ **Planungsvorgabe** —> Planungsprämisse

Plattformwagen *flat car*

Platzpatrone [Bal] *blank cartridge*

platzüblich *local custom* —> Verkehrsanschauung ‖ ortsspezische Verkehrssitte

PLC [AuxT] Gesellschaft mit beschränkter Haftung *private limited company*

Pleite [coll] —> Bankrott ‖ Konkurs

Plenum des Gerichts *full court*

Plombe —> Werksplombe

P/O [Abbr] *postal order* :: **Postanweisung**

Police Court [coll] —> Magistrates' Court in London

politisch *political* ‖ [Deckung] **politischer Risiken** *political risks [coverage]* ‖ **Garantie zur Deckung politischer Risiken** [Eximbank] *political risks guarantee* ‖ Garantie zur Deckung der mit dem Ankauf einer Exportforderung an einen privaten Abnehmer verbundenen politischer Risiken *political risks private buyer guarantee* ‖ Garantieentgelt für die Deckung der politischen Risiken *political risk premium* ‖ **Deckungsquote für politische Risi-**

ken *political insured percentage* ‖ **politisch bedingter Schaden** *political loss* ‖ **politischer Schadensersatzanspruch** [VersR] *political claim* ‖ **politischer Schadenstatbestand** *political event of loss* ‖ **politische Streiks** *political strikes*

Polizeiaufgaben [Mar] *policing activities* —> küstenpolizeilich ‖ **Polizeidirektor** [USA] *city marshal* ‖ **polizeiliches Kennzeichen** *number plate* ‖ [USA] *license number*

POP advertising *point of sale purchase advertisement* **Werbung am Verkaufsort**

Portefeuille [Wertpapiere] *holdings of securities* Zusammensetzung einer Kapitalanlage oder eines Wertpapiervermögens bei einem Fonds —> Vermögensverwaltung ‖ **Portefeuillemischung** [InvF] [eines Versicherungsfonds] *profile* ‖ **eine gegen Kursrückgänge resistente Portefeuillemischung** *defensive profile* ‖ **Umschichtung eines Portefeuilles** *portfolio turnover*

Portfolio *portfolio* —> Vermögensverwaltung ‖ **Portfolio-Planung** *portfolio planning*

Portokasse [Buchf] Handkasse *petty cash* [selten:] *imprest fund*

POS [BankW] *Point of Sale* als Teil des Electronic Banking, Einkaufen ohne Bargeld oder Scheck durch Plastikgeld mit [Kredit-]Karte

Pos. Nr. [Rechnung] **Positionsnummer** *item number*

Position [Stat] [in einer Tabelle] *item*

positiv   **Prämisse**

‖ [Man] *position* —> Stelle ‖ [Bör] Risikoposition *position* —> Glattstellung ‖ **Position der Bilanz** [Bil] —> Bilanzposten ‖ **Positionsbeschreibung** —> Stellenbeschreibung

positiv *salutary* ‖ **sich positiv auf das Jahresergebnis auswirken** [Bil] *to have a salutary effect on net income for the year*

Post-, Brief- und Fernmeldegeheimnis [Art. 10 I GG] *secrecy of posts and telecommunications* —> Abhören ‖ **Post- und Fernmeldewesen** *posts and telecommunications* ‖ **Post und öffentliche Verkehrsbetriebe** [USA/Canada] *[communications] common carrier* telephone or telegraph company —> Post- und Fernmeldewesen

postalische Anschrift *post-office address* —> Zustellung ‖ Notadresse

Postamt *post office* ‖ *postal service* ‖ **Postausgangskorb** *[mail] out-basket* ‖ **Posteingangskorb** *[mail] in-basket* ‖ **Postbearbeitung** [Büro] *mail handling*

Posten der Lohn- und Gehaltsliste *payroll items* ‖ **Einnahmeposten** [Buchf] *item of credit* ‖ **in kleinen Posten** stück-/packweise *in parcels* ‖ **Merkposten** *reminder item* —> Erinnerungswert ‖ **offener Posten** *open item*

Postgebühren *freight / postage amount* ‖ **Postgiroguthaben** [BankW] *on post office account* ‖ **Postlaufakkreditiv** [zwischen Banken] [BankW] *mail credit* ‖ *correspondence credit* ‖ **Postleitzahl** *zip code* ‖ **Post-**

quittung *postal receipt* ‖ **Postversand[haus]** *mail order [firm]* ‖ **postwendend** *promptly* ‖ **Postwurfsendung** [GB] *direct mail* ‖ [USA] *junk mail* ‖ **Post[wesen]** *postal service* United States Postal Service löste 1971 das Post Office Department ab

pp [PatR] [Abbr] *patent pending* angemeldetes, jedoch noch nicht erteiltes Patent

PPP Purchasing Power Parity —> Big-Mäc-Index ‖ Kaufkraft

Präambel *preamble*

Prädikatswein *predicate wine* Qualitätswein als Spätlese, Kabinett oder Auslese —> Flaschenwein

Präferenzregelungen *preferential arrangements* ‖ **Präferenzzucker** *preferential sugar*

Prägeetikett [Verp] *embossed label*

praktisches Wissen *know-how*

Prämie *price* ‖ Garantieentgelt *premium* ‖ *guarantee fee* ‖ **Prämiengesetz** —> Wohnungsbau-Prämiengesetz ‖ **Prämienrückerstattung** Prämienrückgabe *premium refund* ‖ **Prämienrückgabe** —> Prämienrückerstattung ‖ **Prämienrückgewähr** [VersR] *return of premium* Rückzahlung (eines Teils) der im Versicherungsvertrag vorgesehenen Prämie bei vorzeitiger Auflösung des Vertragen —> Unfallversicherung mit Prämienrückgewähr ‖ **Prämiensätze** *premium rates* ‖ **Prämientabelle** [VersR] *rate schedule*

Prämisse *premise* —> Voraussetzung

Präqualifikation *prequalification* —> Vorauswahl

Präses [KirchR] [head] *chairman of a church assembly* or: *synod* Vorstand eines katholischen kirchlichen Vereins ‖ Vorsitzender einer evang. Synode ‖ Kirchenpräsident [in R.-P. und N.-W.]

Präsident Vorsitzender *chairman* ‖ *President* ‖ **Präsident der zuständigen Handelskammer** *president of the competent Chamber of Commerce*

Präsidialausschuß *general committee*

Präsidium [in einem Verband] *board of directors* ‖ [Partei] Vorstand *executive committee*

Praxis Erfahrung *standing* —> Berufspraxis

Preis *price* —> [...]preis ‖ Preis[...] ‖ **in Preisen von 1980** *expressed in 1980 prices* ‖ **Preise gaben weiter nach** *prices continued to fall* ‖ **zu laufenden Preisen** [Stat] *at current prices*

[...]**preis** ‖ **Einstandspreis** *cost per unit* ‖ *unit cost* ‖ **Einzelhandelspreis** [SteuerR/D] Kleinverkaufspreis *retail price* ‖ **Erzeugerrichtpreis** [EG] *producer target price* ‖ **fairer Preis** [Bör] *fair value* theoretischer Preis im Termingeschäft, bei dem sich Käufer und Verkäufer gegenüber dem Kassageschäft nicht schlechter stellen ‖ **Preis je Einheit** *price per unit* ‖ **Kleinverkaufspreis** [SteuerR/D] Einzelhandelspreis *retail price* ‖ **Ladenpreis** *published price* ‖ **Mindestpreise** *minimum prices* ‖ **Packungspreis** [Verp] *package price* ‖ **Sekundärmarktpreise** Preise am Sekundärmarkt *prices on the secondary market* ‖ **Selbstkostenpreis** *cost price* ‖ **Steigerungspreis** *escalation price* ‖ **freier Wettbewerbspreis** [ZollW] *open market price*

Preis[...] ‖ **Preisabsprachen** i.S.v. Wettbewerbsabsprachen *restricted trading agreements* ‖ **Preisauftrieb** Inflation *inflation* ‖ **administrative Preiserhöhungen** *administrative price increases* ‖ **Preiserhöhungsspielräume** [Bil] *scope for raising prices* ‖ **abgegrenzte Preisermäßigungen** [Buchf] *accrued price reductions* Preisermäßigungen, die nach dem System der Abgrenzung verbucht werden, damit sie in den gleichen Abrechnungszeitraum fallen wie die entsprechenden Erlöse ‖ **Preisführerschaft** *price leadership* ‖ **Preisgleitklausel** *escalator price* ‖ **Preisindex** *price index* ‖ **dabei hat sich das Preisklima spürbar verschlechtert** *For instance, the price situation deteriorated noticeably* ‖ **preisliche Wettbewerbsfähigkeit** *price competitiveness* ‖ **Preisnachlaß** *discount* ‖ **Preisnachlässe für besondere Personengruppen** [wie Studenten, Lehrer etc.] —> FuE Preise ‖ **Preisschere** *price gap* ‖ **Preisschild** *label price tag* ‖ **Preisstabilität** *price stability* ‖ **niedrige Preissteigerungsrate** *low rate of inflation* ‖ **Preistreiberei** *gouging*

Presse *press* ‖ **Presseandrang** *media circus* ‖ *massive press coverage* ‖ **Presseberichterstattung** (bezieht sich jedoch auch auf visuelle Medien) *press coverage* ‖ **Pressereferent** *press and public relations officer* ‖ **Presseverlautbarung** *press release*

Prim *prime*

Primarate [Bbank] *prime [lending] rate* —> Vorzugszinsen

Primärenergieverbrauch *commercial energy consumption*

Primärmarkt *primary market* Markt für erstmals plazierte Wertpapiere —> Sekundärmarkt

Primasorte *prime* [first class] *quality* ‖ *A-grade*

Printmedien *press*

Prinzip *principle* ‖ **Prinzip der Annuität** *principle of seniority* ‖ **Prinzip der Anwendung** [Komm] *principle of application* Je größer Anwendung und Nutzung einer Information ist, umso größer ist auch das Verständnis und die spätere Erinnerung daran ‖ **Prinzip der Arbeitsteilung** *principle of specialization* ‖ **Prinzip der Aufgaben-Orientierung** [Man] *principle of business* ‖ **Prinzip der Bevorzugung** *principle of management emphasis* ‖ **Prinzip des ausreichenden Beweises** [Man] *principle of adequate evidence* ‖ **Prinzip der Einzelverantwortlichkeit** *principle of complete accountability* ‖ **Prinzip der emotionalen Appelle** [Komm] *principle of emotional appeal* emotionale Appelle haben mehr Einfluß als Appelle an die Vernunft ‖ **Prinzip der Entstellung** *principle of line loss* Die Veränderung einer Information ist umso größer, je höher der Verbreitungsgrad ‖ **Prinzip der Gegenseitigkeit** [USA] *reciprocity doctrine* ‖ **Prinzip der geteilten Aufgabenbereiche** *principle of split functions* ‖ **Prinzip der größten Kontrollspanne** *principle of maximum span* ‖ **Prinzip der Identität** [Man] *principle of identity* Unschärfegrad der Beobachtung im Verhältnis zum Zeitpunkt und dem Beobachter :: facts may appear to differ depending on the point of view and the point in time from which they are observed ‖ **Prinzip der minimalen Führungsebene** *principle of minimum levels* ‖ **Prinzip der Selbstkontrolle** *principle of self-control* ‖ **Prinzip der Seniorität** [PersW] *seniority* —> Annuitätsprinzip ‖ **Prinzip der Übersichtlichkeit** *principle of homogenous grouping* ‖ **Prinzip des Vorgesetztenverhältnisses** [Komm] *principle of single reporting relationships* Ein Angestellter empfindet umso weniger Verantwortung je höher die Anzahl der Vorgesetzten ist, an die er berichtet ‖ **Prinzip der wenigen Ursachen** *principle of the critical few* ‖ **Prinzip der Zielorientierung** *principle of the objective* ‖ **Prinzip der Zweckmäßigkeit** *principle of logical arrangement*

Prinzipal [§ 60 HGB] *principal* archaische Bezeichnung für Unternehmer

Priorität [PatR] *priority* ‖ **Prioritätsdatum** [PatR] *date of priority* ‖ **Prioritätserklärung** [PatR] *declaration of priority* —> Patentschrift ‖ **Prioritätsfrist** [PatR] *priority period*

Prisenbesatzung [Mar] *boarding crew* ‖ **Prisengeld** [Mar] *prize mo-*

ney || **Prisengericht** [VölkR] *prize court* Prisen im Seekriegsrecht sind die von den Kriegführenden beschlagnahmten Schiffe und Waren. Das Prisenrecht ist die Gesamtheit der Rechtsnormen zur Regelung der Zulässigkeit einer Beschlagnahme und Einziehung von Prisen (—> Konterbande). Verfahrensnormen sind innerstaatliches Recht. Die Pläne für einen internationalen Prisenhof sind gescheitert || **Prisenkapitän** [Mar] *prize master*

privat [i.G.z. public] *private* || **Privatdiskont** *prime bank accept*

Private Export Funding Corporation - Pefco [USA] gegr. 1970 als nicht-staatliche Exportfinanzierungsgesellschaft (über 50 Banken und Industriebetriebe) zur Finanzierung vom mittel- und langfristigen öffentlichen wie privaten Exportgeschäften ausländischer Käufer von US Waren und Dienstleistungen

private Haushalte *private households* || **Privathaushalt-Leasing** —> Privat-Leasing || **Privatkonto** [Buchf] *drawing account* || **private Krankenversicherung** *private health insurance* || **Privatpersonenleasing** —> Privat-Leasing || **Privat-Leasing** *private leasing* || **private Sparkasse** *stocks savings bank* —> Sparkasse || **privater Verbrauch** *private consumption* || **Privatversicherung** —> Krankenversicherung

pro *per* || *[Stat]* **DM je US-Dollar** *Deutsche Mark per US dollar* || **pro Kopf** [Stat] *per capita* || **Pro-Kopf-Einkommen** *income per capita* [head || person] || **Pro-Kopf-Verbrauch** *per capita consumption*

Proband [Med] *patient* || **Pro-**

bandenaufnahme [Med] *subject entry procedure* [zum Versuchseinschluß]

Probezeit [ArbR] *trust* || *probation trial period*

Produkt *product* —> Ware || **Produktangebot** —> entbündeltes Produktangebot || **Produktentwicklung** *development of products* || **Produktidee** *product idea*

Produktion *production* || **Produktionsabgabe für Zucker** [SteuerR/D] *production levy on sugar* || **Produktionsanlaufzeit** *frozen zone* || **Ausweitung des industriellen Produktionsapparat** *expansion of the production potential* || **Produktionsdaten** *manufacturing data* || **Produktionsfaktor Boden** [VWL] *natural resources* || **Produktionskosten** [einmalig] *sunk costs* || **Produktionsperiode** *manufacturing period* || *pre-shipment period* || [Ex] *contract period* The time period between execution of sales contract and shipment of the goods, i. e. the manufacturing period || **Produktionsreserven** *production reserves* || *productive reserves* || **Produktionsrisiken** *pre-shipment risks* || *manufacturing risks* || **Deckung der Produktionsrisiken** *pre-shipment coverage* || **Garantie zur Deckung der Produktionsrisiken** *pre-shipment guarantee* || **Produktionsstätte** *place of business* || **Produktionszweig** *branch of production*

Produktivität *output* —> Ausstoß || **Stundenproduktivität** *output per hour*

Produktneuheit *product novelty* ‖
Produktnutzen *product use and application* —> Gebrauchsnutzen ‖
Produktpalette *product range* —> assortment :: Sortiment ‖ variety :: Sortiment ‖ Geschmacksrichtungen ‖ Auswahl ‖ **Unsere Produktpalette für neue erfolgreiche internationale Geschäftsverbindungen** *our range of products for new, successful international business contacts* ‖ **Produktqualität** *product quality* ‖ **Produktverwendungserklärung des Exporteurs** *exporter's certificate of product use* Certificate stating the country in which the exported products are to be used

Produzentenhaftung *product liability* —> Uniform Products Liability Act

professionell [...] *professional* —> Berufs[...]

Profit —> Ergebnis ‖ Gewinn

Proforma-Rechnung *pro forma invoice* ‖ [ital.] *conto finto*

Prognose *[management] forecast[ing]* —> cash planning :: Liquiditätsplanung ‖ **entgegen allen Prognosen** *beyond all forecasts*

prognostizieren [Bil] *to forecast*

Programm *program[me]* ‖ **Programmbudget** *program budget*

Programmierung [lineare ~] —> Linearplanung

Progressionszone [SteuerR/D] *progressive zone* [of the income tax schedule]

Progressiv[...] *progressive* ‖ **gradlinig-progressiver Tarif** [SteuerR] *linear-progressive schedule* ‖ **Progressivdrall** [Bal] *gain twist* ‖ **Progressivstaffelverfahren** [Bbank] *progressive differentiation* Verfahren: Mindestreservesätze sind nach verschiedenen Gesichtspunkten gestaffelt, unter anderem der Umfang der reservepflichtigen Verbindlichkeiten (drei Typen, jeweils in drei Reservestufen aufgeteilt, für die von Stufe zu Stufe ansteigende Reservesätze gelten) ‖ **Progressivsteuertarif** *progressive tax*

Projekt *project* —> Bauobjekt ‖ **Projektendtermin** *project target date* ‖ **Projektgruppe** *project team* ‖ *task force* ‖ **Projektkredit** *project loan* ‖ **Projektland** *project country* Land, in dem ein bestimmtes Bauvorhaben durchgeführt wird. Country or dependent territory in which the construction project is located ‖ **Projekt-Pflichtenheft** *functional specifications* ‖ **Projektvorstudie** *feasibility study*

Prokurist [§§ 48 ff. HGB] *officer with statutory authority* authorized to act and sign on behalf of the company ‖ [USA] *executive secretary* Bevollmächtigter eines Vollkaufmanns mit Prokura (Vertretungsmacht). Zeichnung im Geschäftsverkehr mit Namen sowie Zusatz zur Firma zur Anzeige der Prokura (ppa, pp)

Promessenanträge [Ex] *applications for advance [preliminary] commitments* ‖ **Promessenerteilung** *insurance of an advance commitment* ‖ *insurance of a preliminary commitment* ‖ **Promessenlaufzeit** *validity period for the preliminary commit-*

ment ‖ **Promessenzusage** *advance [or: preliminary] commitment authorization*

prompt *promptly* —> postwendend

Proportionalzone [SteuerR/D] *proportional zone* ‖ **obere Proportionalzone** *upper proportional zone* Steuersatz von 56/53% v.H. (über 120000/240000 DM) ‖ **untere Proportionalzone** *lower proportional zone* Steuersatz bei 22/19% v.h. bis zu Einkommen v. 18035/36071 DM

Proporzsystem zwischen Staaten *commercial advantage between states*

Prospekt *[issue[ing] of a] prospectus* [USA/§ 1 Securities Act, 1933] [§§ 45-49 BörsenG] Prospekt über die Erstbegebung eines Wertpapiers mit Offenlegung der Vermögensverhältnisse einer Gesellschaft [und Zeichnungseinladung vor Einführung an der Börse]. Die von den Gesellschaften vorab an die SEC übermittelten Unterlagen [kein Antrag, sondern zu reinen Informationszwecken] werden als "red herring " bezeichnet

Protest *protest* ‖ **zu Protest gehen** [WechselR/ScheckR] *to go to protest* z.B. einen Wechsel nicht honorieren —> Wechselprotest

protestieren *to protest* ‖ *to have a bill of exchange protestet* ‖ **protestieren gegen** demonstrieren *to protest against*

Protestkundgebung *protest rally* ‖ **Protestmarsch** *protest march*

Protokoll *minutes* ‖ *protocol* ‖ *minutes of transaction* ‖ [VölkR] [dt.] Verhandlungsprotokoll über den Gang der Beratungen bzw. Beschlußprotokoll über die erzielten Ergebnisse ‖ **Protokoll führen** *to take the minutes* ‖ **Protokoll über [...]** *protocol referring to [...]* ‖ **zu Protokoll nehmen** *to record* ‖ **Verlängerungsprotokoll** *protocol of extension*

Protokollbuch *minutes book* ‖ **Protokollchef** *chief of protocol* ‖ **Protokollentwurf** *draft protocol* ‖ **Protokollführer** *recorder* ‖ Polizei *recording clerk* ‖ Gericht *clerk of the court*

protokollieren —> Protokoll führen

Prototyping [EDV] *prototyping* Bei der Softwareentwicklung die Erstellung von Prototypen, die entgegen dem Phasenmodell die Möglichkeit bieten, Verbesserungen bzw. Veränderungen in relativ frühzeitig verfügbaren Versionen zu berücksichtigen

Provision *commission* ‖ **eine Provision berechnen** [Buchf] *to charge a commission*

Prozentpunkte %-Punkte *percentage points* ‖ **Prozentsatz** *percentage* ‖ [SteuerR] *multipliers* —> Hebesatz ‖ **Prozentveränderung gegen Vorjahr** [Stat] *year to year percentage change*

Prozeßakten Prozeßunterlagen *briefs* ‖ *case records* ‖ *minutes of a case* ‖ **Prozeßbetrug** *collusion* ‖ **Prozeßbevollmächtigter** *[authorized] proxy* —> Vertretung ‖ Anwalt ‖ **Prozeßbevollmächtigter des Minderjährigen** *guardian ad litem* —> Vormund ‖ **Prozeßführer** für den Beklagten / Kläger *counsel for the defense / plaintiff* || **Prozeßkostenhilfe** [früher: Armenrecht] *legal aid* right to counsel [proceed without incurring costs or fees of court on condition of one's indigence *appeal in forma pauperis* [USA] [Fed.R.App.P. 24, 44] Privilege given to indigent person to prosecute an appeal without payment of fees and costs of court [BRD] im wesentlichen §§ 114 ff ZPO. Eine minderbemittelte Partei ist aufgrund ihrer Einkommens bzw. Vermögensverhältnisse nicht in der Lage, die Kosten der Prozeßführung zu übernehmen || **Prozeßordnung** *rules of procedure* || *court rules* || **Prozeßpartei** *party to an action* || **Prozeßrüge wird stattgegeben** *exceptions granted* || **prozeßunfähig** [unter 18 Jahren] *incapable to sue* —> Unfähigkeit || **Prozeßunfähigkeit** [unter 18 Jahren] *incapacity to sue* || **Prozeßverschleppung** [§§ 244 StPO] *protraction of a lawsuit* || *obstruction of lawful process* || **Prozeßvollmacht** *retainer* || *legal mandate* || **Prozeßvoraussetzung** [USA] *outcome test* [Prozeßrechtsverhältnis] Diversity of jurisdiction. Nach dem Outcome Test ist darauf abzustellen, daß Auseinandersetzungen vor Bundesgerichten im Ergebnis einer Auseinandersetzung vor einzelstaatlichen Gerichten gleichkommt || **Prozeß vorbereiten** *to prepare the briefs*

Prüfanstalt *testing institute* || **Prüf- und Meßverfahren** [Tech] *testing and measuring purposes*

prüfen *to consider* || *to weigh the merit of* || *to examine* || [Bücher] *audit[ing]* —> Außen-/Betriebsprüfung

Prüfer —> Wirtschaftsprüfer || [Med] *observer* || *EX* [Abbr] *examiner*

Prüfling [Med] Proband *patient*

Prüfplan [Med] *study design*

Prüfung *examination* || *exam* || *investigation* || [Med] *scrutiny* —> Vorprüfung || *inspection* || *audit[ing]* —> Buchprüfung || **Prüfung des Besitztitels** *investigation of title* [z.B.: bei Eigentumsübertragungen] to search the title —> Besitztitel || **Prüfungsbericht vom 30. März 1990 ist mit einem uneingeschränkten Bestätigungsvermerk versehen worden** *:: Auditors' Report dated March, 30, 1990 has been granted an unqualified audit certificate* || **Prüfungsende** [Med] *study termination* || **Prüfungszeitraum** [Med] *study period*

Prüfzentrum *study center* || *test center* || *study location* || *site*

Psychiatrie [Anstalt] *mental home* || *mental institution* || [als Teilgebiet der Humanmedizin] *psychiatry*

psychische Grausamkeit [USA / EheR] *mental cruelty* schwere —> Eheverfehlung i.S.d. seelischen Grausamkeit, im allg. zur —> Zerrüttung der Ehe und damit [Möglichkeit der Eheaufhebung] führend. In Verbindung mit physischer Bedrohung oder tatsächlicher Körperverletzung unter Ehegatten spricht man von "mental anguish"

Publikumsgesellschaft *widely held corporation* Eine AG mit einer Vielzahl von Aktionären —> Streubesitz

publizieren *to publish*

Publizität eines Versicherungsfonds
[InvF] *disclosure*

Pufferbestand *buffer stock[s]* —> Gemeinsamer Fonds für Rohstoffe || Common Stock || Ausgleichslager

Punkte —> Prozentpunkte

Punktstreik Teilstreik *selective strikes*

PZN [Abbr] **Pharmazentralnummer** z.B. Code 39, ein 7-stelliger Strichcode auf Arzneimittelpackungen —> EAN

Q.B. [GB] [Abbr] *Queen's Bench Cases*

qualifiziert *qualified*

Qualität *quality* ‖ **mittlere Qualität** *medium quality* ‖ *middling* Qualitätsklausel im internationalen Rohstoffhandel ‖ **Qualitätskontrolle** [Verp] *quality control* ‖ **Qualitätskosten** infolge bestimmter Qualitätsanforderungen *quality costs* Fehlerverhütungs-, Qualitätssicherungs-, Prüf-, Beurteilungs-, Fehlerfolgekosten ‖ *costs of quality* Kosten der Qualitätsverbesserung ‖ **Qualitätslenkung** *quality control* ‖ **Qualitätsmerkmal** *quality characteristic* ‖ **Qualitätsniveau** [Verp] *quality standard* ‖ **Qualitätssicherung** [AMG] *quality assurance* ‖ **Qualitätsstempel** [Verp] *quality stamp* ‖ **Qualitätstechnik** *quality engineering* ‖ **Qualitätsvorschrift** [Verp] *quality specification* ‖ **Qualitätsware** [Güteware] *brand mark* ‖ **Qualitätswein** *quality wine* Wein mit einer amtlichen Prüfnummer

Quarantänebestimmungen [Mar] *quarantine regulations*

Quartal *quarter* —> Vierteljahr ‖ **Quartalsgericht** [GB] *court of quarter session* mit der Gerichtsnovelle von 1971 (Courts Act) wurden diese zusammen mit den assize courts auf die Zuständigkeit des Crown Court übertragen —> Central Criminal Court ‖ **Quartalstag** *quarter-day* ‖ **innerhalb eines Monats nach dem jeweiligen Quartalstag** *within one month of the usual quarter*

Quartier [Mil] *quarters*

Quasibanken Fastbanken *near banks* Anbieter von Finanzdienstleistungen, die als Substitutionskonkurrenten zu den Kreditinstituten auftreten, ohne selbst Bank zu sein [Bausparkassen, Versicherungen, Unternehmen im Kreditkartengeschäft] —> Nichtbanken ‖ **Quasigeld** *money stock M1* Beinahe-Geld oder Geldsubstitute, d.h. alle finanziellen Aktiva, die nicht unmittelbar als Zahlungsmittel einsetzbar sind, jedoch in enger Beziehung zu Zahlungsmitteln stehen, z.B. Termingelder mit Laufzeit unter 4 Jahren bei den inländischen Nichtbanken —> Geldmenge

Queen Königin [von England] ‖ **Elizabeth II, von Gottes Gnaden, des Vereinigten Königreiches Großbritannien und Nordirland sowie ihrer anderen Reiche und Hoheitsgebiete Königin, Oberhaupt des Commonwealth und Beschützerin des Glaubens** *Queen Elizabeth the Second by Grace of God, of the United Kingdom of Great Britain and the Northern Ireland and of Her Realms and Territories Queen, Head of the Commonwealth, Defender of the Faith* ‖ **Queen's Bench Division** Abteilung des High Court für die allgemeine streitige Gerichtsbarkeit [GB] [Common law] Zivil- und Strafgericht (auch Berufung) für Vertrags- und Schadensersatzsachen. Handelssachen auch vor dem Commercial Court. Drei Richter sind gleichzeitig am Restricted Practices Court tätig, ein Richter ferner beim Employment Appeal Tribunal ‖ **Queen's Bench Divisional Court** Beschwerdekammer bzw. Berufungskammer des High Court für Entscheidungen der Queen's Bench Division. [GB] Appeal court exercising the appellate jurisdiction of the Queen's Bench Division. In civil cases, jurisdiction extends to supervisory matters relating to inferior courts and tribunals by way of applications for preoperative writs in habeas corpus

Quelle Ziehbrunnen *well* ‖ Material *reference* ‖ *source*

Quellensteuer *withholding tax* ‖ **Quellensteuer abgeschafft** *withholding tax abolished* ‖ **eine ab 1989 zu entrichtende Quellensteuer** *withholding tax on interest income to take effect from the beginning of 1989* ‖ **öffentliche Diskussion der Quellensteuer** *public discussion of the withholding tax*

Quittung *acknowledgement* —> Empfangsbestätigung ‖ *receipt* ‖ *voucher* —> Beleg ‖ **Quittungsblock** *receipt book*

Quorum *quorum* —> beschlußfähig

quotenmäßige Verteilung *equal distribution* z. B. Erlös [Verteilung ‖ Ausschüttung] aus der Konkursmasse :: *distribution [division] of bankrupt's assets* —> Konkursquote

Quotes [Bör] *quotes* verbindliche Preiseingabe [per Computer] eines —> Market Makers für den An- bzw. Verkauf einer Aktie —> OTC market ‖ pink sheets ‖ Freiverkehrsmakler

Rabatt

Rabatt *discount* ‖ *deduction* ‖ *x % off [the usual price]* ‖ **Rabatt gewähren** *to allow a discount of [...]* *[...] %* ‖ Es werden bei prompter Zahlung 10% Rabatt auf den [Gebühren]Betrag gewährt *allowance of 10% shall be made from the said fee for prompt payment*

Rahmen [Tätigkeit] *scope* ‖ *extent* —> Umfang ‖ Ausmaß ‖ **Hat die Bundesregierung die gleichen Verpflichtungen wie die Vertragsparteien, die nicht Bundesstaaten sind** *the obligations of the Federal Government shall to this extent be the same as those of Parties which are not Federal States [...]* ‖ **im Rahmen der ordentlichen Geschäftstätigkeit** *in the ordinary course of business*

Rahmen[...] *master* ‖ **Rahmenabkommen** [zwischen zwei Staaten] [VölkR] *skeleton agreement* [bei mehr als zwei Staaten, Rahmenübereinkunft] ‖ **Rahmenbedingungen** —> Umfeld ‖ **Rahmengarantie (je Kunde)** *repetitive sales - single buyer policy* ‖ **Rahmengarantievertrag** *master guarantee agreement* ‖ **Rahmenkredit** *framework credit* ‖ **Rahmenrechnung** —> Proforma-Rechnung

Raiffeisenkasse *co-operative credit association* —> Genossenschafts[...]

Rakelmesser [Verp] *doctor blade*

Random-Walk-Hypothese [Bör] Aktienkurse beschreiben nach dieser Hypothese über die Effizienz der Aktienmärkte einen Zufallspfad; der zukünftige Kursverlauf ist vom Auftreten bewertungsrelevanter und allen Marktteilnehmern bekannten Tatsachen abhängig (keine Unter- oder Überbewertung)

Rang Ansehen ‖ Ruf ‖ Erfahrung *standing* ‖ **Rang der Konkursgläubiger** —> Gläubigervorrang ‖ Konkurstabelle

Range [Mar] Reihe von Häfen für die nach Bedingungen der Konferenzen die gleichen Raten gelten

Rang[folge] *ranking* ‖ [im Grundbuch bzw. hierfür eingerichtetes Grundbuchregister] *chain of titles* ‖ Autoritätshierarchie —> Hierarchie

ranghöheres Pfandrecht *senior lien*

Rangierbahnhof [Züge] *marshalling yard*

Ranking *ranking* —> Rating

Rat —> Rat[schlag] ‖ *board* sofern kein Council i.R.d. Vertrages vorgesehen ist —> Kommission ‖ *council* ‖ **Rat der Internationalen Zivilen Luftfahrtorganisation** *International Council of the Civil Aviation Organization* ‖ **Rat der Landgemeinde** [VwO/D] *communal council* —> Gemeinderat /communcal council ‖ **Rat für Zusammenarbeit auf dem Gebiet des Zollwesens** *Customs Co-operation Council*

Rate *rate* ‖ [beim Abzahlungskauf] *installment* ‖ **erhöhte Erstrate** [Leas] *initial payment* —> Miet[...] ‖ Zins[...]

raten [oder: legen ihnen nahe / empfehlen], [...] **wohlwollend zu prüfen** *to encourage the favourable consideration [...]*

Raten[zahlungs]kauf *hire purchase* ‖ **Ratenkredit** *deferred credit* ‖ *payment of an installment* ‖ [Buchf] *deferred payments*

Ratifikation [VölkR] *ratification* Genehmigung der von den Unterhändlern ausgehandelten Verträgen. Diese muß dem Vertragspartner offiziell mitgeteilt werden —> Nofizierung und erfolgt i.d.R. durch Austausch der entsprechender Ratifikations- bzw. Notifikationsurkunde. Bei mehrseitigen Verträgen erfolgt die Ratifizierung im allgemeinen durch Hinterlegung (etwa bei der UNO oder einem Depositarstaat) ‖ **Ratifikation, Genehmigung und Annahme** [VölkR] *ratification, approval and acceptance*

ratifizieren [VölkR] *to ratify* ‖ **das [...] ratifiziert hat oder ihm beigetreten ist** (= sich daran gehalten hat) *which has ratified or adhered to the said convention*

Rating Auf internationalen Finanzmärkten die Beurteilung der Bonität eines Schuldners durch Bewertungsagenturen. [nach Standard & Poor's] *Triple-A-rating (AAA)* [Moody's: Aaa] für erstklassige Schuldner, geringstes Ausfallrisiko, *Double-A-rating (AA)* [Moody's: Aa1, Aa2] für Schuldner mit höherem Ausfallrisiko als die Spitzengruppe, *Single-A-rating (A)* für drittklassige Schuldner mit noch zufriedenstellender Bonität, jedoch mögliche Beeinflussung der Rückzahlung durch politische Rahmenbedingungen, und weitere Abstufungen nach *B-rating* bis *D-rating* etc. für gute, mittlere und äußerst spekulative Anlagen

ratio decidendi Grund[lage] einer richterlichen Entscheidung

Rationalisierungseffekte *rationalization effects* —> Synergie-Effekte ‖ **Rationalisierungsinvestition** [InvR] *cost-reducing investment* ‖ *cost-saving investment* Investition mit dem Ziel der Wirtschaftlichkeitsverbesserung —> Ersatzinvestition

Ratsausschuß *council committee*

Rat[schlag] *advice* ‖ fachmännischer Rat *expert advice* ‖ **Ratsstimmen** *votes in the Council* ‖ **Ratsversammlung** [VwO/D] *town council* ‖ *municipal council*

Rauchtabak [TabakStG] *smoking tobacco*

Raum *space* —> OECD ‖ **Raumfeuchtigkeit** —> Feuchtigkeit

Räumlichkeiten *premises*

Raumplanung *space planning*

Räumung *clearance*

Räumungsklage [MietR/USA] *summary action for eviction*

Rauschmittel —> Betäubungsmittel

real [...] *in real terms* [wird den Prozentzahlen im Deutschen vorangestellt, z.B.: real 3%] ‖ **reales Austauschverhältnis** *terms of trade* d. h. Verhältnis der Durchschnittspreise zwischen Export- und Importgütern. Konstante Importpreise verbessern die Terms of Trade, so daß bei gleichem Exportvolumen für den damit erzielten Erlös mehr Importe ermöglich werden ‖ **reales Bruttosozialprodukt** *real gross national product* —> [Abbr] BSP ‖ **realer privater Verbrauch** *real private consumption*

realisierter Kursgewinn Vermögenszuwachs *capital gain* Der beim Verkauf einer Aktie erzielte Überschuß über den Anschaffungspreis ‖ **realisierter Kursverlust** *capital loss* Der beim Verkauf einer Aktie erlittene Verlust gegenüber dem Anschaffungspreis

Realkredit *loan on securities* i.G.z. —> Personalkredit [dort Bürgschaft] ist die Sicherung hierbei durch Haftung von Sachen, z.B. Grundpfandrechte (Hypothek, Grund- oder Rentenschuld) gegeben. Solche Kredite werden von Hypothekenbanken bzw. Sparkassen ausgegeben —> Lombardkredit

Realsteuern —> Objekt- bzw. Sachsteuern

Realunion *real union* Staatenverbindung unter demselben Staatsoberhaupt mit gemeinsamen Staatsorganen, z.B. Österreich-Ungarn, 1867-1918, die i.G.z. Personalunion (personal union) nicht auf dem dynastischen Prinzip beruht

Recycling-Papier Umweltschutzpapier *recycling paper*

Recherche z.B. in einer Datenbank *browsing* ‖ *searching* ‖ Nachforschung ‖ Ermittlungen *investigation* ‖ *inquiry*

Rechnung *invoice* ‖ *bill* ‖ *statement* ‖ **detaillierte Rechnung** *specified invoice* ‖ **Handelsrechnung** *commercial invoice* ‖ **Proforma-Rechnung** *pro forma invoice* ‖ [ital.]

conto finto ‖ **spezifizierte Rechnung** —> detaillierte Rechnung ‖ **einer Sache Rechnung tragen, indem [...]** *to take into account*

Rechnungsbücher *books of account* ‖ **offizielle Rechnungseinheiten ECU und SZR** *official units of account ECU and SDR* ‖ **in Rechnungseinheiten** z.B. ECU *denominated in units of account* ‖ **Rechnungshof** [Luxembourg] *Court of Auditors* ‖ **Präsident des Rechnungshofes** [USA] *Comptroller General* ‖ **Rechnungsprüfer** *comptroller* ‖ **Rechnungsprüferausschuß** *committee of auditors* ‖ **Rechnungsprüfung** Buchprüfung ‖ Revision [BankW] *audit[ing]* ‖ **Rechnungstellung wird beantragt** [...] *for an account* [...] ‖ **Rechnungswert zu Einstandspreisen** *invoice total cost* ‖ **verantwortungsorientiertes Rechnungswesen** *responsibility accounting*

Recht *right* ‖ *laws* ‖ **amerikanisches Recht** *American Law* Tochterrecht des englischen Rechts —> Billigkeitsrecht ‖ ‖ **durch richterliche Entscheidung geschaffenes Recht** *judge made law*

Recht an [...] ‖ **Recht an Grundstücken** [die man in Besitz hat] *estate in possession*

Recht auf [...] ‖ **Recht auf Anteil am Liquidationserlös** *right to a share in the residual assets on liquidation* —> Stammaktien ‖ **Recht auf Dividende** *right to a dividend* —> Dividendenanspruch

Recht der [...] ‖ **Recht der Abnahmeverweigerung *the right of rejection* || **Recht der Kapitalgesellschaften** *company law* —> Handelsgesellschaft || Kapitalgesellschaften || **Recht der Stellvertretung** [§§ 164, 165 BGB] *law of agency* || **Recht der Treuhandverhältnisse** *law of trusts*

Recht anwenden Recht sprechen *to administer law* || **Recht beschneiden** *to derogate a person's right* —> berühren || abändern || **Recht entziehen** *to divest* —> Unfähigkeit || **Recht gewähren** *to grant the right* || **Recht haben auf** —> Anspruch haben auf || **[freiwillig] auf ein Recht verzichten** *to relinquish voluntarily* ||

Rechte und Pflichten *legal rights and duties* || [Definition der Person] **jemand, der Rechte und Pflichten haben kann** *capable of rights and liable of duties* || **Übergang von Rechten und Pflichten kraft Gesetzes** *assignment by operation of law*—> Abtretung eines Anspruchs

Recht [zu] *entitlement [to]* || **Recht zur Verfilmung** *motion picture right* || **Recht zur Wiederergreifung einer abhandengekommenen Sache** *right of recovery of a lost object or article*

Rechteck [Chartanalyse/Bör] *rectangle* Formationen, die einen Trend bestätigen oder umkehren. Mit abnehmendem Volumen pendeln die Kurse zwischen zwei waagrechen Linien hin und her —> Formationen

rechtlich *legal* || **rechtlich gesehen** *in the eyes of the law* || **rechtliche Genehmigung** *legal authorization* || **rechtliche Schritte** *legal proceedings* || **rechtliche Schritte gegen jmd. einleiten** *to institute legal proceedings against s.o.* || **rechtliche** verfassungsmäßige **Voraussetzungen erfüllen** *to meet legal / constitutional requirements*

rechtmäßige Streiks [ArbR] *lawful strikes*

Rechts[...] || **Rechtsabteilung** *law department* || **Leiter der Rechtsabteilung** [USA] *General Counsel* || **Rechtsangelegenheiten** [the bulk of] *legal matters* || **Rechtsanwalt** *lawyer* || plädierend *barrister-at-law* || [USA] *attorney-at-law* || untere Instanzen *solicitor* || **Rechtsanwaltschaft** *bar* || **Rechtsanwaltsgebühren** *lawyer's fees* || **Rechtsanwaltskammer** Barristers *Bar Council* || Solicitors *Law Society* || [USA] *Bar Association* || **Rechtsauffassung** *interpretation of the law* || **Rechtsausführungen** *legal arguments* || **Rechtsausschuß** *legal committee* || **engerer [Rechts]Ausschuß** (von Juristen) zur Untersuchung von Gesetzesvorlagen *select committee* || **Rechtsausschuß des geheimen Kronrats** *Judicial Committee of the Privy Council* [Judicial Committee Act, 1833] Höchste Revisionsinstanz für Rechtsstreitigkeiten und Strafsachen für Gerichte außerhalb GB [Isle of Man, Channel Islands, Commonwealth-Länder sowie appeals geistlicher Gerichte und Prisengerichte]

Rechtsbehelf (i.w.S.) [gerichtlich und außergerichtlich] *remedy* || **Rechtsbelehrung[en]** der Geschworenen [durch den Richter] *[the judge is] summing up* || **falsche Rechtsbelehrung der Jury** Irreleitung durch den Richter *misdirection of the jury*

rechtserheblich *valuable* —> Gegenleistung

rechtsfähige Anstalt *indowed institution* ‖ **Rechtsfähigkeit** d.h. *legal capacity* ‖ *legal status* [seltener: Geschäftsfähigkeit] ‖ **Rechts- und Geschäftsunfähigkeit aufgrund fehlender geistiger Reife** [Minderjährige], geistiger Behinderung [insane] oder Häftlinge [convict] *disability* ‖ **Rechtsfähigkeit der Organisation sowie die Vorrechte, Befreiungen und Immunitätsrechte, die der Organisation, ihren Bediensteten und den Vertretern der Mitglieder bei ihr zustehen, bestimmen sich wie folgt: [...]** *The Organization shall have legal capacity and the Organization, its officials, and representatives to it of the Members shall be entitled to privileges, exemptions, and immunities as follows* ‖ **Rechtsform** eines Unternehmens *legal form* ‖ *legal structure*

Rechtsgebiet *branch of the law* ‖ **Rechtsgelehrter** *jurist* bezeichnet einen *eminent jurist* [lat.] jurisperitus, der sich durch Veröffentlichung einen Namen gemacht hat ‖ **Rechtsgeschäft** *legal transaction* ‖ *act of a party* ‖ **einseitige Rechtsgeschäfte** *unilateral acts in the law* ‖ **Rechtsgrund** *cause* ‖ *title* auf den sich ein Recht stützt. Besitztitel ist der zur Erwerbung des Besitzes führender Erwerbsgrund. Urkundlicher Nachweis eines dinglichen Rechts an Liegenschaften. In GB und USA genügt der Hinweis auf den *abstract of title*, Grundbuchauszug, nicht ‖ **Rechtsgrundsatz** *principle* ‖ **rechtsgültig** *valid* ‖ *authentic* ‖ **rechtsgültiges Patent** *valid patent* ‖ **Rechtsgültigkeit** *legal validity*

Rechtshandlung *act of a party* —> Handlung ‖ Tun ‖ **rechtshemmender Einwand** *estoppel* [BRD] § 242 BGB ‖ [U.C.C. § 1-203], Rechtsverwirkung wegen Unvereinbarkeit mit Treu und Glauben. *A party is prevented by its own acts from claiming a right to detriment of other party who was entitled to rely on such conduct and has acted accordingly* —> Anscheins- und Duldungsvollmacht ‖ **Rechtshoheit** *jurisdiction* ‖ [Behörde] *authority* ‖ *competence*

Rechtsinhaber nach dem Billigkeitsrecht *beneficial owner* ‖ *owner in equity* jemand, der nach Billigkeitsrecht Eigentümer (cestui que trust) [Grundstück oder Treugut] ist, jedoch nicht den Besitztitel in Händen hält [i.G.z. *legal owner*], also ein Berechtigter, der alle Ansprüche aus einer Sache genießt, die jedoch von einer anderen Person [Treuhänder] verwaltet werden

Rechtskollision zwischen Staatsbürger unterschiedlicher Herkunft *Conflict of Laws* —> Rechtsregeln ‖ **Rechtskraft eines Urteils** [USA] *res judicata effect* ‖ **rechtskräftig** *legal force* d.h. z.B.: Urteil ‖ unabänderlich (=res judicata) ‖ *effective*

Rechtsmißbrauch *abuse of rights* ‖ **Rechtsmittel** (i.e.S.) *remedy* ‖ *appeal against* ‖ **Rechtsmittel abweisen** *to dismiss an appeal* ‖ **Rechtsmittel einlegen** *to lodge an appeal with* ‖ *to make / file an appeal* ‖ *to give notice of an appeal* ‖ **Rechtsmittel bei einem höheren Gericht einlegen** *to bring an appeal to a higher court* ‖ **Gegen die Entscheidung kann kein Rechtsmittel mehr eingelegt werden** *The judgement can not be appealed against* ‖

Rechtsmittel ist zulässig | rechtsunfähig

Rechtsmittel ist zulässig [Berufung ‖ Revision] *appeal lies with [or: lies to] a higher court* ‖ **Rechtsmittel gegen die Verweigerung einer Konzession** durch einen Justice of the Peace *licencing appeal* ‖ **Rechtsmittelfälle** *appeal cases* —> Rechtsbehelf ‖ Berufung ‖ Revision ‖ **Rechtsmittelfrist** *time for appeal* ‖ **Rechtsmittelgericht** *Court of Appeal* Appelationsgericht für Strafsachen [meist nicht übersetzt]. Einzelrichter bilden Gerichtshof neben public prosecutor (Staatsanwaltschaft), jurors (Geschworenen-Laien) und defence council (Anwalt des Angeklagten). Gegenüber Entscheidungen des High Court of Justice. Wird oft nicht übersetzt. Zusammensetzung: Lord Chief Justice, Master of the Rolls (Leiter des Staatsarchives) seit 1873, Vorsitz bei Court of Appeal und President der Family Division ‖ **Rechtsmittelverfahren** *appeal procedure*

Rechtsnachfolger *successor [in title or right]* —> Zessionar

Rechtsordnung eines Staates *law[s] of the country* ‖ **Rechtsordnungen** *the laws* ‖ **Rechtsordnungen auf dem europäischen Kontinent** [von England aus gesehen] *laws of the continent*

Rechtspersönlichkeit *legal entity* ‖ **Rechtspflege** *Judicature*

Rechtsprechung *administration of justice* ‖ *Judicature* ‖ *jurisdiction*

Rechtsquellen *persuasive authority* ‖ **Rechtsquellen, die vom Gericht herangezogen werden**, jedoch keine verbindliche Wirkung haben *sources constituting authority*

Rechtsregel *rule* ‖ **Rechtsregeln für deutsche Gerichte zur Bestimmung, wann ausländisches Recht anzuwenden ist** [Art. 3-38 EGBGB] Internationales Privatrecht ‖ Kollissionsrecht *Conflict of Laws* ‖ *Private International Law* Ferner Regelungen in zwei- oder mehrseitige Abkommen, deren Regeln innerhalb der Vertragsstaaten den Vorschriften der Art. 3-38 EGBGB vorgehen (z.B. die verschiedenen EWG/EG- und Haager Abkommen). Best. Rechtsordnungen können durch Willenserklärung für anwendbar erklärt werden, soweit diese mit dt. Recht nicht absolut unvereinbar sind [Art. 6 EGBGB] (Deutsches interlokales Privatrecht)

Rechtssache *legal matter* ‖ **Rechtssache, die dem High Court von einem Magistrate Court zur Entscheidung vorgelegt wird** *a case stated* ‖ **Rechtsscheinsvollmacht** *apparent power of attorney* [§ 166 ff. BGB] —> Anscheins- und Duldungsvollmacht *ostensible power of attorney* ‖ **Rechtssicherheit** *confidence in the application of the law* ‖ **im Rechtssinn** *in the eyes of the law* ‖ **Rechtsstellung** *status* ‖ **Rechtsstellung oder Beruf des Vaters** *The status or description of the father of a person* ‖ **Rechtsstoff** [the bulk of] *legal matters* ‖ **Rechtsstreit zwischen ... [Klägerin] und ... [Beklagte]** *between ... [petitioner] and ... [respondent]* ‖ **Rechtssubjekt** *legal entity* ‖ **Rechtssystem** *legal system*

Rechtstitel *title* ‖ **Rechtsträger** *legal entity* Gebilde, die ohne juristische Person zu sein, wie Rechtspersönlichkeiten behandelt werden

rechtsunfähig *legal incapacity* —>

disqualification || **für rechtsunfähig erklären** *to disable* —> geschäftsunfähig || **Rechtsunsicherheit** *lack of confidence in the application of the law*

rechtsverbindlich *valid* || *authentic* —> Vollmacht || Echtheit || **am Rechtsverkehr teilnehmen** *to participate in the process of law* to be involved in [...] —> § 104 BGB || **Rechtsverletzungen** *injuries* || **außervertragliche Rechtsverletzungen** *civil injuries other than breach of contract* || **Rechtsvorschrift** *rule* || *enactment* || **innerstaatliche Rechtsvorschriften** *national legislation* || **Rechts- und Verwaltungsvorschriften** *legislative and administrative action* [provisions]

rechtswidrige Zueignung [USA] *conversion* Unterschlagung beweglicher Sachen vergleichbar mit § 246 StGB —> Unterschlagung || **Rechtswirkungen** *legal consequences* || **Rechtswissenschaft** *jurisprudence*

Red Clause [Ex] Vorschußleistung bei packing credits. Eine Art des Vorschußakkreditivs, bei der die Akkreditivstelle berechtigt ist, gegen einfache Verpflichtungserklärung zur termingerechten Nachlieferung/Einreichung der Dokumente Barvorschuß zu leisten. Bei Vorlage nach Versand erfolgt Verrechnung [der ungesichert geleisteten Vorschüsse]

Red Ensign [GB] Flagge der britischen Handelsmarine

Redaktionsschluß [Press] *deadline*

reduzieren *to reduce* || **sich reduzieren auf** *to decline*

Reduzierung der Geldmenge —> Geldvernichtung

Reede [Mar] *roadstead* || **Reederei** *shipping house*

Referat Amt [VwO/D] *department*

Referenzbank *reference bank* —> LIBOR

Refinanzierung *funding activities* || **refinanzierungsfähige Exportschuldtitel** [Ex] *eligible export debt obligation* || **Refinanzierungskredite** *refinancing loans* credits for the financing in the exporter's country or in a third country, of claims arising from supplier credits or direct credits || **Änderung der Refinanzierungslinien** [Bbank] *change in refinancing facilities*

reformwillige Länder *countries willing to reform*

Regalplatzzuordnung [LagerW] *shelf allocation*

regelmäßig *regular*

regeln *to regulate* || *to control*

Regeln aufstellen *to establish rules*

regelnd *regulating*

Regelungen erlassen *to prescribe regulations* || **[ständige] Regelung der Geschäftsführung** *permanent management arrangement*

Regierender Bürgermeister [VwO/ Berlin] *Governing Mayor* Bezeichnung für den Bürgermeister und Regierungschef

Regierung   Reichs...

des Landes Berlin

Regierung *government* || [VwO/ Bayern] *regional administration* or *commission* auf der Mittelstufe der Landesverwaltung stehende obere Verwaltungsbehörde —> Bezirksregierung || **Regierungsanleihen** *government securities* || *funded debt* || [ohne Tilgungszwang/Frist] *government securities without date of repayment* || **Regierungsbezirk** [VwO/D] *administrative region* staatl. Verwaltungseinheit in Ns.; N.-W.; H.; B.-W.; Freistaat Bayern; R.-P., Aufsicht über die zu ihrem Gebiet gehörenden Stadt- und Landkreise || **Regierungschef** *head of government* || **Regierungspräsident** [VwO/NS., N.-W., H., B.-W., Bayern, R.-P.] *regional commissioner* Vertreter der Landesregierung und Leiter der staatl. Verwaltung in seinem Bereich || **Regierungsstelle** staatliche Stelle *government[al] agency*

Regina [lat.] Königin —> Vereinigtes Königreich

regional *regional* || *home* || **regionales Selbstverwaltungsrecht** [USA] *home rule* municipal ordinances, rules and regulations

Regionalisierung —> Kundennähe

Regionalkommission *regional commission* || **Regionalpolitik** *regional policy*

Register *record office* || **Register[amt]** *register* || **Registergericht** —> Handelsregistereintrag

Registrator *recorder* —> Urkundsbeamter der Geschäftsstelle

registrieren *to record* || *to register*

Registrierung *record* —> Stichtag || [§§ 39 ff. AMG] *registration* I.G.z. —> Zulassung sind keine Angaben über Wirkungen und Anwendungsgebiete zu machen bzw. keine Unterlagen und Gutachten über die pharmakologisch-toxische und klinische Prüfung eines Arzneimittels beizubringen. Im wesentlichen muß es sich um ein Arzneimittel handeln, daß keinen besonderen Voraussetzungen unterliegt: Fertigarzneimittel [Arzneimittel, die im voraus hergestellt und in einer zur Abgabe an den Verbraucher bestimmten Packung in Verkehr gebracht werden], das nach einer homöopathischen Verfahrenstechnik hergestellt wurde, für das noch keine Zulassung erteilt wurde —> AMG

Regreß *recourse* || **regreßlose Finanzierung** *non-recourse financing*

Regressionsanalyse *regression analysis* Prognosetechnik auf der Basis statistischer Beziehungen einer abhängigen Variablen [endogene Variable || Regressand] als Prognoseziel und dem Wert einer oder mehrerer erklärender Variablen [exogene Variable || Regressor] mit Ansatz einer zufälligen Komponente [Störgröße]

regulär *regular* —> normal

regulieren *to regulate* || *to control*

reibungslose Handhabung Ablauf *smooth operation*

Reich Deutsches Reich [Hist] erstes Deutsches Reich (911-1806) || zweites Deutsches Reich (1871) || Drittes Reich Third Reich (1933-1945)

Reichs[...] *Imperial* || **Reichsarbeitsdienst** [Nationalsozialisten] *Na-*

290

tional Labor Service ‖ **Reichsdörfer** *imperial villages* ‖ **Reichsfinanzverwaltung** *Reich finance administration* ‖ **Reichsgesetzblatt** [Abbr] **RGBl** *Reich Law Gazette* [official gazette in which statutes were published up to 1945] —> Bundesgesetzblatt ‖ **Reichsgrenzzoll** *imperial customs duty* ‖ **Reichsheer** *Imperial Army* ‖ **Reichsstände** Electors, spiritual and temporal Princes and free imperial towns :: Kurfürsten ‖ geistliche und weltliche Reichsfürsten und Städte *Estates of the Empire* ‖ **Reichstag** *Imperial Diet* —> Bundestag ‖ **Reichsverbrauchsteuern** [SteuerR] *Reich excise tax* ‖ Reichsversammlung *Imperial Assembly*

Reichweite [Bal] *range [of fire]* ‖ *carry*

Reife [grad] [Psych/Man] *maturity* ‖ **geistige Reife** *mental maturity* i.S.d. mental capacity or competence to understand the nature and effect of the act in which a person is engaged [measure of intelligence, memory and judgement relative to the particular judgement] ‖ **mittlere Reife** [Schulabschluß der Realschule] *intermediate high school certificate* ‖ *O-levels* GCE-standard ‖ **sittliche Reife** *moral maturity* [conscience or moral sense, general principles of moral conduct ‖ **Reifezeugnis** —> Hochschulzugangsberechtigung

Reihenbauweise *strip building* ‖ **Reihe[nfolge]** *series* —> Ordnung ‖ Rating ‖ **Reihenhaus** *attached house* ‖ *row house*

reines Zinn *refined tin*

Reinheitsgebot [BierStG/D] *purity law* Bier darf nur aus Gerstenmalz, Hopfen oder best. Hopfenerzeugnissen, Hefe und Wasser hergestellt werden :: German provisions ruling the brewing of beer forbid any ingredients other than barley, malt, hops or certain extracts of hop, yeast and water ‖ **Reinheitsgrad** [BierStG] *degree of purity*

reinvestierte Kapitalerträge [InvF] *re-invested income*

Reinvestition [InvR] *reinvestment* Wiedereinsatz der aus einem Investitionsobjekt zurückgeflossenen Mittel —> Ersatzinvestition ‖ **Reinvestition von Kapitalerträgen** *plough-back* ‖ [USA] *plowing back* Dividenden, Mieten etc.

Reisekosten *travel expenses* [include meals, lodging and transportation expenses while away from home for trade or buisness purposes] ‖ **Reisekostenvergütung** *travel allowance*

reisende Königsgerichte [Hist/GB] *itinerant justices* ‖ *travelling justices*

Reisespesenvergütung —> Reisekostenvergütung

Reitwechsel *kite[-flying]* nichtige, gegenseitige Wechselziehung [Gefälligkeitswechsel] (bei Scheinfirmen —> Kellerwechsel) zur Kreditbeschaffung, ohne daß ein Waren- oder Dienstleistungsgeschäft zugrundeliegt —> Wechselreiterei

Rekordernten [EG] *bumper harvests*

Rekrutierung [zum Versuchseinschluß] *subject entry procedure* ‖ [PersW] *personnel recruitment* Bewerbereinstellung —> Universitäts- und Hochschulrekrutierung ‖ head hunter

Rektaindossament *restrictive endorsement* ‖ **Rektaklausel** [Wechsel] *restrictive clause* ‖ **Rektapapier** *non-negotiable instruments* —> gekorenes Orderpapier ‖ Traditionspapier ‖ **Rektawechsel** *non-negotiable bill of exchange* Wechsel mit negativer Orderklausel

Rektor [einer Realschule] *principal* ‖ *headmaster* ‖ [Universität] *rector* ‖ *vice-chancellor*

relativer Bestand *relative survivals*

relevant *critical* ‖ **relevante Kosten** [Marketing] *incremental costs* —> Incrementalkosten

Rembourskredit —> Akzeptkredit

Reminder copy *reminder copy* [nochmalige Zusendung einer Erinnerungs-] Kopie eines Briefes oder Fax, auf das innerhalb einer best. Frist keine Antwort eingegangen ist

Remittent [BRD] Wechselnehmer [Art. 1 Nr. 6., Art. 75 Nr. 5 WG] [USA] [U.C.C. § 1-201 (20)] ‖ **erster Remittent** *first holder* —> Zahlungsempfänger ‖ **Remittenten** [Verlag] *return copies*

Rendite *return* ‖ *yield* ‖ *rate of return* —> Effektivzins ‖ **Rendite inländischer Rentenwerte** [Bbank] *yields on domestic bonds* —> Umlaufrendite :: bond yields ‖ **Renditen interest rates** ‖ **Renditen der kurzfristigen Anleihen** *yields on short-term bonds* ‖ **Renditen der langfristigen Anleihen** *yields on long-term bonds* ‖ **Renditen stiegen** *yields rose* ‖ **Renditenstruktur** [Bbank] *yield structure*

Rennwett-, Lotterie- und Sportwettsteuer [SteuerR/D] *betting and lottery tax*

Renovierung[sbedarf] [Bil] *renovation*

Rentabilität *profitability* ‖ **Rentabilitätsvergleichsrechnung** [InvR] *average rate of return method* ‖ *accounting rate of return method* Statisches Verfahren der InvR [Einzelobjektrechnung], bei dem der (buchmäßige) durchschnittl. Jahresgewinn einer Investition [Erfolgsgröße] in Beziehung zum durchschnittlich investierten Kapital gesetzt wird

Rentenanleihen *funded debt* ‖ **Rentenbank** *annuity bank* ‖ **landwirtschaftliche Rentenbank** [BankW] *Federal Agricultural and Forestry Foundation* —> Bodenkreditbank ‖ **Rentenbrief** *annuity bond* ‖ **Rentenhandel** *securities dealing* ‖ **Rentenhandelsgeschäfte** *bond dealing* ‖ **Rentenmarkt** Anleihemärkte ‖ internationale Finanzmärkte *bond market* ‖ Kapitalmarkt *forward market for loans* ‖ **Rentenversicherung** [aktienfondsgebunden] [USA] *equity annuity* ‖ **Renten-, Unfall- und Krankenversicherung** [VersR] *pension schemes, accident and health insurance* ‖ **Rentenversicherungssparbrief** [InvF] *money-back annuity* ‖ *annuity bond* ‖ *guaranteed bond* ‖ mit gleichbleibender Einkommensausschüttung [InvF] *fixed income bond* ‖ mit steigender Ausschüttung [InvF] *increasing income bond* ‖ **Rentenwerte** *fixed-interest securities* ‖ *bonds*

rentieren *to yield* ‖ *to bring a return*

Report [Bbank] [Bör] *[forward] premium* Wenn der Devisenterminkurs bei einer Währung über ihrem Kassakurs liegt, so bezeichnet man die positive Differenz als Report —> Deport ‖ Swap

Repräsentanten[haus] [USA] *House of Representatives*

Repräsentationsfigur [Psych/Soz] *figurehead roles*

repräsentieren *to represent* —> Vollmacht ‖ Vertreter ‖ Bevollmächtigter

Requirements Engineering *requirements engineering* Festlegen von Anforderungen an ein Computersystem / Softwareprodukt etc. zur Feststellung des Leistungsumfangs z.B. eines betrieblichen Informationssystems

Reservebudget *emergency budget* ‖ **Reserveeinrichtung** [EDV] *back-up* ‖ **Reservelager** —> Ausgleichslager

Residualtheorie der Dividenden *residual theory of dividends* [Profittheorie] über die optimale Dividendenpolitik. Gewinne der Aktiengesellschaft sollen nur solange thesauriert [—> Selbstfinanzierung] werden, wie die damit im Unternehmen erzielbare Rendite über der Rendite von Kapitalanlagen liegt, die durch die Aktionäre bei vergleichbarem Risiko selbst erzielt werden könnte (sonst Ausschüttung der Gewinne)

resistente Portefeuillemischung [InvF] *defensive profile*

respektieren *to comply* ‖ *to act in accordance with* ‖ *to accept*

Ressortabkommen *interdepartmental agreements*

Ressourcen *resources* Mittel, die in die Produktion von Gütern oder Dienstleistungen eingehen ‖ **Ressourcenverteiler[-Rolle]** [Psych] [Soz] *resource allocation role*

Rest [als Divisionsrest errechnet] *remainder* ‖ *residual* ‖ **Restbetrag** *balance of moneys* —> Saldo ‖ **Restbuchwert** *depreciated cost* ‖ *residual cost* ‖ *remaining book value* ‖ *year-end book value* ‖ *net book value* Bilanzwert eines Anlagegegenstandes am Ende des jeweiligen Jahres ‖ **Restbuchwert-Leasing** —> Operating-Leasing ‖ **Restdauer** *duration left* ‖ **Restkaufsumme** *unpaid balance* ‖ *balance of principal* —> Saldo ‖ **Restlaufzeit** *residual term* ‖ **Restlaufzeit in Jahren** [BankW] *residual maturity in years* ‖ **Restnutzungsdauer** *remaining useful life* verbleibende Nutzungsdauer eines Anlagegegenstandes nach Ablauf eines bestimmten Zeitraumes —> Nutzungsdauer ‖ **Restposten** [Bbank] *balancing item* ‖ **Rest[buch]wert** *salvage [value]* —> Schrottwert

retournieren *to return* Rücksenden nicht verkaufter Exemplare

Revers [Mar] *letter of indemnity*

revidieren ergänzen ‖ neu fassen *to amend* ‖ **in revidierter Fassung** *as amended* [Absatz 2 geändert gemäß Artikel 26 :: 2nd paragraph as amended by Article 26]

Revisionsfrist *time for appeal* ‖ **Revisionsführer** [ZivR] *appellant* —>

Appellant ‖ Berufungskläger ‖ **Revisionsbeklagter** *respondent*

Revisor [BankW] *auditor* ‖ *comptroller* —> Wirtschaftsprüfer ‖ Bilanzprüfer

Revolver [Bal] *revolver*

revolvierend [BankW] *revolving* fortlaufend kurzfristige Anschlußfinanzierung ‖ **revolvierender Kredit** fortlaufend prolongiertes Schuldscheindarlehen *revolving credit*

Revolving-Kredit *revolving credit* ‖ **Revolving-Leasing** [Leas] *revolving leasing* Leasinggeber verpflichtet sich gegenüber Leasingnehmer zum Austausch bestimmter Ausrüstungsgegenstände [Leasinggegenstände] nach bestimmten Nutzungsfristen bzw. auf Wunsch des Leasingnehmers

rezeptfreie *available without prescription* —> Markenmedizin ‖ **rezeptpflichtig** *on prescription only*

Rezessionsbefürchtungen *fears of a recession*

RFU [EDV] *ready for use* technische Betriebsbereitschaft

RGBl [Abbr] —> Reich Law Gazette

RGW-Länder *Comecon countries*

Rheinland-Pfalz [BLand/D] *Rhineland-Palatinate*

Rheinschiffahrt *Navigation of the Rhine* —> Central Commission [...]

richten an *to address s.th. to s.o.* ‖ diese Notifizierung ist an den Generalsekretär zu richten [VölkR] *such notification shall be addressed the Secretary General* —> Anschrift

Richter am County Court [Grafschaftsgericht] [arch] *county court judge* heutige Bezeichnung *circuit judge* —> County Court ‖ **Richter eines Chancery Court** [USA] *Chancellor* **Richterbank** *bench*

richterliche Entscheidung *judicial decision* ‖ *rule* ‖ [USA] *bench trial* Sofern Prozeßparteien auf einen jury trial verzichten [verfassungsrechtlich verankerter Anspruch der Parteien darauf besteht], kann ein Fall ausschließlich einem [sachkompetenten] Richter zur Entscheidung anvertraut werden ‖ **auf richterlicher Entscheidung beruhend** *judge made* ‖ durch richterliche Entscheidung geschaffenes Recht

richtig *proper* —> zweckmäßig

richtigstellen —> bereinigen

Richtlinie [Man] *management policy* ‖ **Richtlinien** *regulations* ‖ zugeteilte Aufgaben *terms of reference* ‖ **Richtlinien erlassen** Direktiven *to adopt directives* ‖ **sich über den Erlaß von Richtlinien einigen** *to lay down the rules by agreement*

Ries [Verp] *ream [of paper]* Pakkungseinheit sortengleichen Planopapiers zu 500 Stück :: *pack of 500 identical sheets of plano paper* ‖ **Riesgewicht** [Verp] *substance weight* basis or ream weight of a ream of paper in lbs/r :: Flächengewicht eines Rieses Papier in g/m2

Risiko des anhaltenden Zahlungsverzugs *risk of protracted default* ‖ **Annahmerisiko** *repudiation risk* ‖ **Risiko der Vertragsstornierung** *risk of cancellation of the contract*

Risikoausgleich [Bör] —> Hedge-Geschäft ‖ **Risikobeteiligung** *retained percentage of loss* ‖ **Risikodeckung** *cover[age] of risks* scope of protection provided by guarantees, insurance policies and similar arrangements ‖ **Risikobeteiligung des Exporteurs** Haftungsbeteiligung / Verlustbeteiligung des Exporteurs *exporter's retention* ‖ **Risikobeteiligung der Geschäftsbank** *commercial bank retention* ‖ **Risikostreuung** *spread of risks*

Ristorno —> Bonus ‖ Prämienrückgewähr ‖ Prämienrückerstattung

Ristorno Rückbuchung *reverse transfer of accounts* ‖ *carry-back*—> Bonus ‖ Prämienrückgewähr ‖ Prämienrückerstattung

Rohbilanz *trial balance* Zur Vorbereitung des Jahresabschlusses nach Ablauf einer Rechnungsperiode erstellte Summe[nbilanz] der Hauptbuchkonten zur Kontrolle der Richtigkeit der Kontenabschlüsse und Übertragungen

Rohkaffee [KaffeeStG] *raw coffee*

Röhrchen blasen —> Blutentnahme

Rohstoffe [Buchf] *raw materials* ‖ **Aufwendungen für Roh-, Hilfs- und Betriebsstoffe und für bezogene Waren** [Bil] *expenditure for raw materials, supplies and merchandise purchased*

RoI [Abbr] *return on investment* Anlagenrendite ‖ Kapitalrendite. Verhältnis des gesamten investierten Kapitals und des Umsatzes zum Gewinn. Kennzahl für die Rentabilität

Rollback [GATT] *rollback* Rückschritt in den einzelnen Verhandlungsrunden (Zollrunden), bei dem man sich bis 1993 vor Abschluß der GATT-Verhandlungen im wesentlichen nur darauf verständigen konnte, Handelshemmnisse nicht weiter auszubauen

roll[ing]-over [BankW] Ausdruck für die Verlängerung [extension, rolled over] oder Erneuerung [renewal] eines kurzfristigen Darlehens auf einen längeren Zeitraum

Roll-over-Kredit [EuroM] *roll-over credit* mittel- bis langfristige Kreditengagements, bei denen der Zinssatz kurzfristig (alle 6 Monate) der Marktentwicklung angepaßt wird. Kreditlaufzeit in Zinsperioden (3-6 Monate) mit konstantem Zins unterteilt. Schuldner trägt Zinsrisiko. Kreditnehmer sind Großunternehmen und Staaten in Konsortialfinanzierung (Syndizierung zur Risikoverteilung), Refinanzierung meist über 6-monatige Einlagen an internationalen Geldmärkten. Basis für die Zinsfestlegung ist z.B.—> LIBOR sowie Zuschlag [margin] nach Bonität des Kreditnehmers. Laufzeiten der Kredite: 3 - 7 Jahre

Rolle *role* ‖ **Rolle des Entscheidungsträgers** [Soz] *decisional role* ‖ **Rollenspiele** [PersW] *role plays*

Römisches Recht —> civil law *Roman Law*

Röstkaffee [KaffeeStG] *roasted coffee*

Rotation [PersW] *to rotate an em-*

ployee Einsatz der Mitarbeiter nacheinander in verschiedenen Firmenbereichen ‖ **Rotationsprinzip** *job rotation*

Rounding top [Bör] *rounding top* Chart in Form einer abflachenden Kurve, hohe unregelmäßige Umsätze, gilt als Signal für einen starken Abwärtstrend

Rousseaus Gesellschaftsvertrag *Rousseau's Social Covenant*

R.P.C. [GB] [Abbr] Veröffentlichung des Patentamts als *Reports of Patent, Design and Trade Mark Cases*

RTPA [Abbr] *Restricted Trade Practices Act* Gesetz, das die richterliche Untersuchung best. wettbewerbsbeschränkender Absprachen und deren Verbot regelt, sofern Interessen der Allgemeinheit betroffen sind —> Kartell[...]

Rübenzucker [ZuckerStG] *beet sugar*

rubriziert [Streitsache] *above entitled [action]*

Rubrum [eines Urteils in roter Tinte] *title of the action* ‖ *caption* Kopfzeilen oder Überschriften eines Urteils, die die Namen der Streitparteien, ihre Anwälte etc. enthalten —> rubriziert

Rückbezugnahme *backward reference* ‖ **Rückblick** *[historical] review*

Rückerstattung *reimbursement* ‖ **Rückerstattungsangebot** [Werb] heute [v.a. TV/Radio] *money-refund offer* als money-back guarantee :: Geld-zurück-Garantie bezeichnet, d.h. das Angebot der Rückerstattung des Kaufpreises an den Käufer, bei Nichtgefallen des Produkts. Häufig darf der Kunde die ursprünglich neben dem Produkt gelieferten Artikel behalten, während die eigentliche Kaufsache zurückgegeben werden muß [z.B. Kauf eines Kochtopf-Sets und Gratisbeigaben 6 Messer) ‖ **Rückerstattungsantrag** *request for reimbursement* —> reimbursement procedure ‖ **Rückerstattungsverfahren** *reimbursement procedure* ‖ **Rückerstattungsverpflichtung** *reimbursement undertaking* ‖ **Rückerwerbsrecht** [USA] *right of redemption* Schuldner erwirbt bei voller Tilgung Recht auf Rückerwerb des Grundstücks gegenüber dem Hypothekengläubiger

Rückfluß *payback* ‖ [InvR] *recovery*—> Kapitalrückfluß ‖ **Rückfracht** *return cargo*

Rückgabe *return* ‖ [eines Anteilscheins] *surrender [of unit certificate]* ‖ **Rückgabe von Versicherungsfondsanteilen** [InvF] *disinvestment [by bondholder]* Reduzierung des von Anteilsinhabern gehaltenen Gesamtbestandes an Versicherungsfondsanteilen ‖ **Rückgang der Neuausleihungen an** *new loans continue to decline* ‖ **rückgängig machen** *to repair a breach of contract* ‖ **Rückgewähr** [VersR] —> Unfallversicherung mit Prämienrückgewähr ‖ **Rückgriff [auf]** *recourse [on]* ‖ **Rückgriffschuldner** U.C.C. § 3-414(1) *bill debtor* ‖ *drawer* ‖ *[prior] endorser with recourse holder or any party who has himself received a notice of dishonor who can be compelled to pay the instrument* party secondarily liable, e.g. prior endorser —> Wechselrückgriff

Rückkauf *repurchase* ‖ *redemption* ‖ **Rückkaufgeschäft** *buy back*

| **Rücklauf** | **rückzahlungsfreie Periode** |

transaction Form des Kompensationsgeschäfts bei Großanlagenkäufen unter Vereinbarung, daß der Anlagenkauf später ganz oder teilweise durch Lieferung der später produzierten Ware bezahlt wird || **Rückkaufkurs** *cash[ing]-in value* —> Rückkaufwert [von Versicherungsfondsanteilen] || einlösen || **Rückkaufkurse für eine Anteilseinheit** [InvF] *bid price* || **Rückkaufwert** [Versicherungsfondsanteil || Sparbrief || Police] [InvF] *surrender value* || **Rückkaufwertverlust** [InvF] *surrender penalty* bei Rückgabe eines Sparbriefes [Police] vor Ende der Laufzeit entstehender Verlust aus der Differenz zwischen Vertragssumme bei voller Laufzeit und Rückkaufwert zum Zeitpunkt der Rückgabe || **Rückkopplung** [Komm] *feedback*

Rücklauf *return* || **Rückläufe** *repurchases* || **rückläufige Nachfrage** *falling demand*

Rücknahme *repurchase* || **Rücknahme von Fondsanteilen** *redemption* || **Rücknahmesatz** [Bbank] *purchase rate* || *repurchase rate* || *buying rate* Marktsätze, zu denen best. Geldmarktpapiere von der Bbank i.R.d. Offenmarktpolitik gekauft werden

Rückporto *return postage*

Rückschlag *setback* || **Rückschritt** [GATT] —> *Rollback* || **Rücksendung** [Buchf] *return* || **Rücksendungen und Umtäusche** [Buchf] *returns and exchanges* || **mit Rücksicht auf** *having respect to [...]* || **einen Rückstand aufholen** *to mitigate a backwardness* || **Rückstände** *arrears* || **Gehaltsrückstände** *salaries in arrears* || **rückständig** noch nicht bezahlt *unpaid* || **rückständige Dividenden** *dividend in arrears* In Verlustjahren ausgefallene Dividende auf kumulative Vorzugsaktien || **Rückstellungen** [Bil] *liability reserves* Passivposten der Bilanz zum Ausweis ungewisser Verbindlichkeiten, die am Bilanzstichtag zwar dem Grund nach, nicht aber ihrer Höhe und Fälligkeit nach bekannt sind. [z.B. Prozeßrisiko, bei schwebenden Prozessen mit zweifelhaften Erfolgschancen, Gewährleistungen, Pensionsverpflichtungen etc.] [USA] [arch] *reserves* [heute: *liability reserves*] Kurzfristige Verbindlichkeiten :: *accruals* || *accrued liabilities* langfristige Verbindlichkeiten einschließl. Pensionsrückstellungen || **für Pensionen bestehen in Höhe von 2,6 Millionen DM keine Rückstellungen** *there are no provisions for pensions amounting to DM 2.9 million*

Rücktrittsanzeige [Übereinkommen] *notice of withdrawal* || **Rücktritt vom Vertrag** *cancellation of the contract* [§ 649 BGB]

Rück-Vermieter [Leas] *buyer-lessor* Leasinggeber in einem —> Sale-and-lease-back-Geschäft || **Rückvorlage eines Vollstreckungsbefehls** (mit Vollzugsbericht) *return of a writ*

Rückwaren [ZollW] *goods returned* Waren, die nachweislich aus dem Zollgebiet ausgeführt und von demjenigen wieder eingeführt werden, der sie ausgeführt hat oder hat ausführen lassen

rückzahlungsfreie Periode —> tilgungsfrei || **rückzahlungspflichtig** *repairable* —> Rückzahlungsverpflichtung || **Rückzahlungstermin** *redemption date* || **Rückzahlungsverpflichtung** *obligation of repayment*

RUFs [EuroM] *Revolving Underwriting Facilities* relativ neues Finanzierungsinstrument (ein sog. Hybrid), der im wesentlichen der —> Liquiditätsbeschaffung erstklassiger emissionsfähiger Unternehmen dient. i.G.z. herkömmlichen Euromarktgeschäft räumen Banken ersten Adressen Kreditlinien ein, über die revolvierend kurzfristige Schuldtitel plaziert werden [Finanzbeschaffung], während Banken den Absatz der Papiere garantieren

Ruhegeld *pension* ‖ *annuity* Bezeichnung für Rente, die bei Erfüllung best. Voraussetzungen an einen Arbeitnehmer nach Beendigung seines Arbeitsverhältnisses oder an seine Hinterbliebenen gezahlt wird —> Aufwendungen für Altersversorgung

rühren von/aus *to derive [from]* —> bestimmen

Rumpfgeschäftsjahr *partial fiscal year* Ein in Ausnahmefällen weniger als 12 Monate dauerndes —> Wirtschaftsjahr

Run [Bör] ungewöhnlich starke Nachfrage nach Aktien und damit einhergehende —> Hausse. Panikartige Auflösung bzw. Räumung von Bankguthaben bei [vermuteter] Zahlungsschwierigkeit eines Kreditinstituts

rund 4 % *approximately 4 %*

Runden *rounding* ‖ **Aufrunden** *ceiling* ‖ *half-adjust* ‖ *rounding up* ‖ **Abrunden** *floor* ‖ **Differenzen in den Summen durch Runden der Zahlen** [Stat] *discrepancies in the totals are due to rounding*

Rundfunk und Fernsehbearbeitung

[Recht zur ~] *television and broadcasting right*

Rüstungskontrollamt *Agency for the Control of Armament*

Rüstzeit *set-up (time)* ‖ [EDV] *idle time*

S. [USA] [Abbr] *supplement* ‖ *Senate*

S/A [Abbr] *shipping agent* **Schiffsmakler**

Saarland [BLand/D] *Saarland*

Sachanlagen [Bil] *tangible [fixed] assets* ‖ **Sachaufwand** *operating expenses* ‖ [BetrVG] *material facilities* ‖ **Sachbearbeiter** [bei Gericht] *assistant registrar* ‖ **Sachbezüge** [LohnSt] *payments in kind* —> Einkünfte aus nicht-selbständiger Arbeit ‖ **sachdienliche Hinweise** *relevant information* ‖ nach Berücksichtigung / Prüfung aller sachdienlichen / maßgeblichen **Angaben** / Unterlagen *after considering all the relevant information*

Sache Fall *case* ‖ Angelegenheit *item* ‖ *matter* ‖ Gegenstand *object* ‖ *article* ‖ *goods* [BRD] [§ 90 BGB] körperlicher, flüssiger, gasförmiger Gegenstand, der sinnlich wahrnehmbar und beherrschbar ist. Sache beinhaltet auch die zusammengesetzte Sache (Auto). I.G.z. Sachgesamtheiten (Lagerbestände) kann nur über jede einzelne Sache verfügt werden. [GB] Regelung im Sale of Goods Act 1979 sowie Supply of Goods [Implied Terms] Act 1973 und Unfair Contract Terms 1977. Ferner Hire Purchase Act 1965 und Consumer Credit Act 1974 ‖ **in der Sache selbst** [USA] *on the merits*

sachgemäß —> verpflichten ‖ **Sachinvestition** *Investition in Sachanlagen investment in physical assets* ‖ **Sachkenntnis** *know-how* ‖ **Sachkompetenz** *expert knowledge* ‖ **Sachlage** *situation* ‖ **je nach Sachlage** *as the case may be* ‖ **sachliche Zuständigkeit** [eines Bundesgerichts] [USA] *subject matter jurisdiction* ‖ **Sachmittel** —> Arbeitsmittel ‖ **Sachmittelnummer** —> Materialnummer ‖ **Sachnummer** [MatW] *material code*

Sachsen [BLand/D] *Saxony* seit 27.10.1990 Freistaat Sachsen —> Freistaat ‖ **Sachsen-Anhalt** [BLand/D] *Saxony-Anhalt*

Sachstand —> Stand ‖ laufend ‖ **Sachverhalt** *matter* —> Beweis des ersten Anscheins ‖ **falsche Darlegung eines Sachverhalts** *misrepresentation* ‖ **Sachversicherung** [Versicherung gegen Vermögensschäden] *property insurance* ‖ **Sachverständiger** *expert* ‖ **Sachverständige als Berater zu den Sitzungen hinzuziehen** *to invite experts to attend the meetings in an advisory capacity* —> Zeuge ‖ **Gruppe von Sachverständigen** *panel of experts* ‖ **amtlicher Sachverständiger** *official referee* dem Supreme Court zugeteilt und von Richtern zur Bearbeitung spezieller Fragen [z. B. commercial cases] eingesetzt ‖ **Sachverständigenaussage** *expert testimony* ‖ [vor Gericht] *expert witness* —> Zeuge ‖ **Sachverständigen-Gutachten** [USA / Federal Rules of Evidence 702 f] *expert testimony* —> Gutachten ‖ **Sachvortrag** einen Sachverhalt darlegen *to state the facts* —> bestreiten

safe habor lease [Leas] *safe-habor-lease* Leasing-Geschäft im Sinne der "safe harbor"-Regeln der US-Einkommensteuerbehörde ‖ **safe habor-Regeln** [Leas] *safe harbor provision* Bestimmungen über die grundlegenden Kriterien, die zur steuerrechtlichen Anerkennung eines Finanzierungsgeschäfts als Leasing-Geschäft führen

Saldo Rest[kauf]summe ‖ Summe ‖ Restbetrag *balance* ‖ **[offener] Saldo** Debitorensaldo *balance due* ‖ *current balance* ‖ **Saldo ziehen** *to strike the balance* d.h. Differenzbetrag aus [zwei] Beträgen errechnen ‖ Saldo aus Einnahmen und Ausgaben *cash flow* ‖ **Saldo der Leistungsbilanz** [Bbank] *balance of current account* ‖ **Saldo der statistisch nicht aufgliederbaren Transaktionen** [Bbank] *errors and omissions* fiktiver Restposten zum Ausgleich der Credit-/Debitseite der Zahlungsbilanz

Sale and Lease-Back Contract [Leas] Kauf-Rückvermietung *sale and lease back contract* Leasingnehmer ist Eigentümer eines [neuen oder gebrauchten] Objektes, das er wiederum an einen Leasinggeber [meist Leasing-Gesellschaft] verkauft und für eigene Betriebszwecke zurückleast. Diese Transaktion kommt insbesondere bei Immobilien, Flugzeugen und bei Schiffen vor

Salzabfälle *salt waste* ‖ **Salznebenerzeugnisse der chemischen Industrie** [SalzStG] *salt liquors obtained as a by-product in the chemical industry* ‖ **Salzsole** *salt liquors* ‖ **Salzsteuer** [SalzStG] *salt tax*

Sammelbuchung [Buchf] *collective posting*

Sammeln [Buchf] *documentation*

Sammelwaggon *combined load*

Sammelwertberichtigungen [Bil] —> Bundesaufsichtsamt für das Kreditwesen

Sammelzollverfahren [ZollW] *summary customs procedures*

Samtgemeinde [VwO/D] *association of communes* ‖ *collective commune* Die S. in Ns. sind öffentl. rechtl. (Nichtgebiets-)Körperschaften mit dem Recht der Selbstverwaltung. Sie sind Kommunalverbände und besitzen Dienstherrenfähigkeit. Mitglieder der S. sind nicht die Einwohner der betr. Gemeinden, sondern die Gemeinden selbst

Sanierung *reconstruction* —> Umschichtung des Eigenkapitals

sans frais [frz.] *sans frais* ‖ *without expense*

Satz Tarif *rate* ‖ **Satzspiegel** [Druck] *type area*

Satzung *charter* —> Charta ‖ *articles of association* [USA] *by[e]laws* :: Satzung einer Kapitalgesellschaft [joint stock company] Document specifying the rules and conditions upon which the company's international business is to be managed i. e. contract between the company and its members ‖ **Satzung eines Gerichts** *statute of a court* ‖ **Satzung des Völkerbundes** *The Covenant of the League of Nations* [1919 - 1939] Gegr. von Präsident Wilson. Satzung ist in Teil I Art. 1-26 des Versailler Vertrages enthalten

säumiger Steuerpflichtiger *tax payer in arrears*

Säumnis *default* —> Verzug ‖ Versäumnis ‖ **Säumnisgebühr** *default fee*

S.Ct. [USA] [Abbr] *Supreme Court*

schaden *to derogate*—> berühren ‖ abändern ‖ *harm* ‖ *hurt* ‖ *prejudice*

Schaden *damage* [USA] Untergang, Verletzung oder Beeinträchtigung eines anderen in seinem Vermögen, Recht oder Eigentum, wobei der Geschädigte eine (Geld-) Entschädigung verlangen kann, dann —> Schadenersatz :: damages ||
Schaden erleiden [Anspruch auf Schadensersatz zustehen] *to sustain damages* || **Schäden durch Diebstahl, Feuer oder andere Schadensfälle** *loss by theft, fire or other casualty*

Schadensersatz *damages* [USA/GB] Nach Common Law im wesentlichen eine Entschädigung in Geld aufgrund einer Verletzung von Vermögen, Recht oder Eigentum durch einen Dritten. Das Billigkeitsrecht kennt unter engen Voraussetzungen auch die Möglichkeit der specific performance —> Schadensersatzbetrag || *unliquidated damages* Schadensersatz der weder durch Vertrag noch durch andere Gesetze der Höhe nach im voraus bestimmt ist i.G.z. liquidated damages || **Schadensersatz beanspruchen** *claim for damages* || **Schadensersatz leisten** *to pay damages* || **Zubilligung von Schadensersatz** [eine sog. Zusicherungsklausel im Vertrag] *award of damages* || **kommerzieller Schadensersatzanspruch** *commercial claim* claim due to insolvency or failure of the buyer (customer) to pay the amount due after due date || **Schadensersatzbetrag** *liquidated damages* der von den Parteien von vornherein festgelegt wird (Konventionalstrafe). The sum which party to contract agrees to pay if he breaks some promise and, which having been arrived as by good faith effort to estimate actual damages that will probably ensure from breach, is recoverable as agreed damages if breach occurs || **Schadensersatzklage aus unerlaubter Handlung** *action for trespass* ||

Schadensersatzzahlungen oder sonstige Leistungen erhalten [auf dem Gerichtswege] *to recover damages, profits or other compensation* [by legal proceedings]

Schadensfall Unglücksfall *casualty*

Schadenszufügung [deliktische ~] *affliction of damage under the Law of Tort* [Recht der unerlaubten Handlung]

sich schadlos halten *to reimburse o.s. for* —> Versprechen der Schadloshaltung

schadstoffarme Personenkraftwagen [SteuerR/D] *cars complying with minimum emission standards*

schaffen *to set up* || *to create*

Schaffung von Arbeitsplätzen *creation of jobs*

schalten —> Anzeige || **mehrfach schalten** [Press] *to run* [a newspaper runs an advertisement :: Zeitung bringt eine Anzeige mehrmals]

Schaltjahr *leap-year* || **Schalttag** *bissextile* || *leap day* alle vier Jahre der als 29. Februar angehängte Tag im Schaltjahr

Schalldämpfer [Bal] *silencer*

Schankbier [BierStG/D] *medium-strong beer* || **Schankerlaubnissteuer** [SteuerR/D] *licencing tax* [sale of intoxicants] || **Schankkonzession** [GB] *excise licence* wird beim Justice of the Peace beantragt *licence for the sale of intoxicating liquors* —> Gastwirtschaftsbetrieb ||

Rechtsmittel gegen die Verweigerung einer [Schank]Konzession durch einen Justice of the Peace *licencing appeal*

scharf [Bal] —> Munition

Schattenwirtschaft *underground economy*

Schatzanweisung *treasury bond* —> Schätze

Schätze *treasury bond* kurz- und mittelfristige —> Anleihen öffentlicher —> Gebietskörperschaften [Staat] zur Deckung vorübergehenden Geldbedarfs [mit Refinanzierungsgarantie der Bbank]. Verzinsliche Schatzanweisungen sind Kassenobligationen mit Laufzeiten von 3-4 Jahren. Unverzinsliche Schatzanweisungen werden durch Bund, Bundesbahn, Bundespost begeben —> U-Schätze. Verzinsung mit Diskontabschlag. Wichtige Instrumente der Offenmarktpolitik der Bbank

Schätzungen *estimates* —> Kostenvoranschlag ‖ Einschätzung *evaluation* —> Bewertung

Schatzwechsel *treasury bills* von Bund, Ländern, Bundespost und -Bahn begebene Geldmarktpapiere mit Laufzeiten von 1-3 Monaten —> Solawechsel. Instrument der Offenmarktpolitik der Bbank —> Abgabesatz ‖ Offenmarkt[...]

Schätzwerte *estimates*

zur Schau stellen —> Ausstellung

Schauermann —> Stauer

schaumweinähnliche Getränk *beverages similar to sparkling wine* ‖ **Schaumweinsteuer** [SteuerR/D]

sparkling wine tax

Scheck *cheque* ‖ **ungedeckter Scheck** *rubber check* [coll/USA] cheque returned by drawee bank due to insufficient funds in drawer's account ‖ **Scheck wird prompt** [= unverzüglich] **bei Vorlage eingelöst** *cheque is paid promptly upon presentation* —> Sicht ‖ **Scheckkonto** [Buchf] *checking account* Bankkonto über das mittels Scheckausstellungen verfügt wird ‖ **Scheckmißbrauch** *kiting* —> Ausstellung ungedeckter Schecks

Scheidung [EheR] *divorce* ‖ Trennung *separation* ‖ **Scheidungsbegehren** *petition for divorce* ‖ **Ich beantrage hiermit die Scheidung vom beklagten Ehegatten** *I hereby petition for a decree of divorce from the Respondent spouse* —> Zerrüttung

Schein Bescheinigung ‖ Nachweis *certificate* —> Beleg

Scheinrechnung —> Proforma-Rechnung

Schengen [EG] seit dem 1.1.1990 geltendes [jedoch nicht vollständig durchgeführtes] Übereinkommen über den Wegfall der Personenkontrollen an den Grenzen zwischen Frankreich, den BENELUX-Staaten, der BRD (sowie ab 1993 Italien, Spanien und Portugal) als Schritt auf dem Weg zum Europa ohne Grenzen (Freizügigkeit im Personenverkehr)

Schenkung[sakt] *donatio* ‖ *act of donation* [§ 516 BGB] im Rechtssinn ein Vertrag als unentgeltliche [ohne Gegenleistung] erfolgende Zuwendung —> Handschenkung ‖ **Schenkung, die mit einer Auflage verbunden ist** [USA]

remunerative donation vergleichbar mit § 525 BGB, eine Schenkung unter Lebenden, die an den Vollzug einer bestimmten Leistung [jedoch keinen Zwang] gebunden ist ‖ **Schenkungen unter einer Auflage** [ErbStG] *conditional gifts* ‖ **Schenkung für geleistete Dienste** *donatio relata* ‖ *donatio remuneratoria* ‖ **gemischte Schenkungen** [ErbStG] *quasi-gifts* transfer of assets for a consideration less than their actual value ‖ **Schenkung unter Lebenden** [USA] *donatio inter vivos* —> Handschenkung ‖ [§§ 516 ff BGB] *lifetime gifts* ‖ **Schenkung von Todes wegen** *donatio mortis causa* Schenkungsversprechen unter der Bedingung, daß der Beschenkte den Schenkenden überlebt. Unterliegt den Bestimmungen über die Verfügung von Todes wegen [vorweggenommene Erbfolge, § 2301 I BGB]

Schenkungsteuer [SteuerR/D] *gift tax* ‖ **schenkungsteuerpflichtig** [ErbR] *liable to gift tax*

schicken *to send* ‖ *to forward* ‖ *to transmit*

Schiedsgericht *arbitral tribunal* ‖ **Kann eine Streitigkeit auf diese Weise nicht beigelegt werden, so ist sie auf Verlangen einer der beiden Vertragsparteien einem Schiedsgericht zu unterbreiten** :: *If a dispute cannot thus be settled, it shall upon the request of either contracting party be submitted to an arbitral tribunal* ‖ **Schiedsgerichtsordnung** *arbitration code* ‖ **Schiedsgerichtsverfahren** *arbitration proceeding* ‖ The settlement of disputes between parties to a contract by a person or persons, chosen by the parties themselves or appointed by a court of arbitration, instead of by a judicial tribunal provided by law :: außergerichtliche Beilegung von Streitigkeiten aus Vertrag durch eine von den Streitgegnern oder einem Schiedsgericht außerhalb der üblicherweise per Gesetz durch Gerichtsentscheid vorgesehene Beilegung ‖ **Schiedshof** *Court of Arbitration* ‖ **Schiedsklausel** *arbitration clause* ‖ **Schiedskommission** *board of arbitration* ‖ **Schiedsmann** *arbitrator* —> [ArbR] Schlichter ‖ **Schiedsrichter** Schiedsmann *arbiter* —> arbitrator ‖ referee ‖ **Schiedsrichterstellvertreter** *alternate arbitrator* ‖ **inländische Schiedssprechung** *domestic arbitral award* ‖ **ausländische Schiedssprechung** *foreign arbitral award* ‖ **Schiedsspruch** *arbitral* or *arbitration award* ‖ The decision rendered by the arbitrators under an arbitration proceeding ‖ **Anerkennung und Vollstreckung eines Schiedsspruches darf auch versagt werden, wenn die zuständige Behörde feststellt, a) daß der Gegenstand des Streites Schiedsverfahren nicht unterworfen werden kann, oder b) daß die Anerkennung und Vollstreckung des Schiedsspruchs der öffentlichen Ordnung widersprechen würde** :: *Recognition and enforcement of an arbitral award may also be refused if the competent authority finds that: a) The subject matter of the difference is not capable of settlement by arbitration; or (b) The recognition or enforcement of the award would be contrary to public policy* ‖ **im Wege des Schiedsverfahrens** *by arbitration*

Schiffspfandkredit *maritime credit* ‖ **Schiffstagebuch** [Seestreitkräfte] *deck log* —> Logbuch

Schlagstück Schriftart

Schlagstück [Bal] —> Hahn

schleppend *sluggish* —> verhalten

Schleswig-Holstein [BLand/D] *Schleswig-Holstein*

Schlichter [ArbR] *arbitrator*

Schlichtung [ArbR] *arbitration* ‖ **Schlichtungsstelle** im Tarifkonflikt *board of mediation* ‖ **Schlichtungsverfahren** *conciliation procedure*

Schlußakte [VölkR] *final act*

Schlußbestimmung *final clause*

Schlußeinheit für Aktienaufträge *round bzw. odd lot* ‖ **handelsübliche Schlußeinheit** [Handelseinheit für Aktienaufträge an der US-Börse] [Bör] *round lot* Aktienaufträge, die die handelsübliche Schlußeinheit von 100 Stück [100 shares] (Aktien) bzw. nominal US$ 1000,- [par value] (Anleihen) erreichen ‖ **nicht handelsübliche Schlußeinheit** [Bör] *odd lot* Handelseinheit für Aktienaufträge an der US-Börse, die nicht die handelsübliche Schlußeinheit von 100 Stück (Aktien) bzw. nominal US$ 1000,- (Anleihen) erreichen

schlüsselfertige Ablieferung *turnkey*

Schlüsselunternehmen [Man/ArbR] *key firms*

Schlußfolgerung Fazit *conclusion*

schlüssiger Beweis *conclusive evidence* —> Beweis

Schlußschein *bought and sold note*

Schmierpapier —> Altpapier

schnell *quick* ‖ **so schnell wie möglich** *as soon as possible* ‖ [Abbr] *asap* ‖ syn.: *fast as can* [Abbr] *f.a.c.* ‖ **Schnelldruck**[ausgabe auf dem Drucker] *draft version* [EDV] *draft print[ing]* ‖ **Schnellstraße** [USA] *throughway* ‖ **Schnelltrennsatz** *snap-out forms* ‖ *stub-sets* ‖ *unitsets* ‖ **Schnellverfahren** *summary procedure* Straftaten [summary offences], die von einem Friedensrichter [und nicht einer jury] im Schnellverfahren abgeurteilt werden können [mit mehreren Angeklagten zusammen; nicht mit "kollektive Strafen" übersetzen]

Schnupftabak [TabakStG] *snuff*

Schöffen *lay assessors* [Jus/D] Schöffen sind ehrenamtlich [als Beisitzer] tätige Laienrichter ohne juristische Vorbildung beim Schöffengericht. I.G.z. den advisory juries handeln die Schöffen bes. im Strafprozeß (Hauptverhandlung) in voller Unabhängigkeit und gleichem Stimmrecht wie Berufsrichter ‖ **Schöffengericht** *court of lay assessors* —> Zuständigkeit der Gerichte

schöpfen —> schaffen ‖ bestellen

Schreiber [Bild-Kurven-] *recorder*

Schriftart *type font* ‖ *type style* ‖ **Schriftbild** [Druck] *type face* ‖ **Schriftführer** *secretary* ‖ Sitzungen *keeper of the minutes* ‖ Gericht *clerk of the court* ‖ Polizei *recording clerk* ‖ [Verein] *secretary* ‖ **schriftlich belegt** *on record* ‖ **schriftlich niederlegen** *to record* ‖ **Schriftsatz** [Druck]] *font* ‖ **Schriftsätze** *pleadings* [§§ 129, 132, 282 f. ZPO]

304

[Common Law] plaintiff's declaration ‖ defendant's plea ‖ plaintiff's replication ‖ defendant's rejoinder ‖ plaintiff's surrejoinder ‖ defendant's rebutter ‖ plaintiff's surrebutter [nachfolgende Schriftsätze haben keine festgelegte Bezeichnung]. [Rules of Civil Procedure] [GB] statement of claim ‖ defence ‖ reply ‖ petition and answer. [USA] complaint [declaration] ‖ answer ‖ reply to a counterclaim ‖ answer to a cross-claim ‖ third party complaint ‖ third party answer ‖ **Schriftstück** [in this] *document* ‖ *by these presents* ‖ **Schriftwechsel findet wie folgt statt** *pleadings are as follows* —> Prozeßakten ‖ **Schriftwechsel wird beantragt** [Schriftwechsel] *pleadings to be delivered*

Schritte unternehmen *to take actions* ‖ **nicht Schritt halten mit** *to fail to keep pace with*

Schrotflinte [Bal] *shotgun* Lang[lauf]waffe für das Verschießen von Schrotladung ‖ **Schrotladung** [Bal] *shot charge* ‖ **Schrotnummern** [Bal] *shot numbers*

Schrottwert *salvage [value]* Rest[buch]wert nach Vornahme aller Abschreibungen am Ende der Nutzungsdauer eines Anlagegegenstandes verbleibender Veräußerungswert

SCHUFA [BankW] **Schutzgemeinschaft für allgemeine Kreditsicherung** Auskunftsstelle über Gewährung und Abwicklung von Krediten. In den USA und GB kein Äquivalent [dort ist die Bank-an-Bank Auskunft als credit reports nach dem Fair Credit Reporting Act üblich]. In Bankverträgen meist als **SCHUFA-Klausel**, d.h. als Voraussetzung für die Prüfung der Kreditwürdigkeit willigt der Schuldner in das Auskunftsersuchen der Bank ein. Üblich sind auch Bank-an-Bank Auskünfte nach den Grundsätzen über die Erteilung von Bankauskünften

Schuldanerkenntnis *promissary note* [USA/U.C.C. § 3-104] two-party commercial papers :: Wertpapiere mit zwei Beteiligten ‖ **Schuldbuchforderung** [Bbank] *debt register claim* Darlehensforderungen gegen den Staat für die keine Schuldverschreibung ausgestellt sind und nur durch Eintragung in das Staatsschuldbuch beurkundet sind

Schulden begleichen *to settle one's debts* ‖ **Schuldendienst in % der Einnahmen aus dem Export von Waren und Dienstleistungen** *debt service as a percentage of receipts from exports of goods and services* ‖ **Schuldendienstzahlungen** *debt service payments*

schuldig sprechen *to convict* ‖ im summarischen Verfahren abgeurteilt *summarily convicted* ‖ guilty [= "convicted" als Schuldspruch der Jury] *found against the accused*

Schuldner *obligor* ‖ *promisor* ‖ **Schuldnerstaat** [Schuldnerland] *debtor nation*

Schuldsaldo [der jeweilige ~] *unpaid balance* ‖ **Schuldschein** Obligation *credit document* ‖ **Schuldschein ausstellen** *to furnish* or *to give a bond* ‖ **Schuldscheine** [Bbank] *borrowers' notes* ‖ **Schuldscheine inländischer öffentlicher Stellen** [Bbank] *domestic borrowers' notes* ‖ **Schuldspruch der Geschworenen** *conviction* —> Wahrspruch ‖ **Schuldverschreibungen der Gesell-**

| Schulungsprogramm | Schwerpunkt |

schafter *company debenture* —> Anleihe ‖ **erweiterter Schuldzinsenabzug** [§ 21 a Absatz 4 EStG] *extended deduction of debt interest*

Schulungsprogramm *training program*

Schuß [Bal] *shot* ‖ **Schußeinheit** [Bal] Patrone *round of ammunition* ‖ **schußfest** [Bal] *shot-proof* ‖ *shellproof* ‖ *bullet-proof* ‖ **Schußkanal** [Bal] *track of bullet* ‖ **Schußwaffe** *firearm* [18 U.S.C.A. § 232] ‖ **tötliche Schußwaffe** *deadly weapon* ‖ **Schußwaffeneinsatz** —> Gebrauch von Schußwaffen ‖ **Schußweite** [Bal] *range [of fire]* ‖ *carry*

Schute [Mar] *lighter* ‖ *pontoon* ‖ *barge*

Schüttgut Massengut [Verp] *bulk goods*

Schutz des gewerblichen Eigentums [PatR] *Protection of Industrial Property* —> Verbandsübereinkunft zum Schutze des gewerblichen Eigentums

Schutzbefohlene Mündel *ward* ‖ *charge* ‖ **Schutzbehauptung** *evasive defence* ‖ *trumped-up allegation* ‖ *evasive answer* gilt nach Fed.R.Civil P. 37 als nicht beantwortet und erlaubt die Möglichkeit, auf Antrag durch das Gericht Ordnungsmittel (Beugemittel) zu verhängen ‖ **Schutzbestimmungen** [BetrVG] *protection* ‖ **Schutzelement** *protective element*

schützen vor sicherstellen *to ensure*

Schutzfrist *term of copyright* ‖ Patentschutz *patent coverage* ‖ **während des gesamten Zeitraums ihrer jeweiligen Schutzfrist** [PatR] *for the full period of their respective terms* ‖ **Schutzgebiet** *protectress territory* ‖ **Schutzzoll** *safeguarding duty*

Schwankungsbreite angepeilte Zielmarke *target range* M3, traditionally a main indicator of future inflation, is growing faster than its target range of 4-6% ‖ **Schwankungsintensität** [Bör] —> Volatilität

Schwarzarbeiter *moonlighter* ‖ *person doing illicit work* ‖ *employee doing work on the side* ‖ **Schwarzmarkt** *black market* ‖ **Schwarzpulver** [Bal] *black powder* ‖ **Schwarzsender** *unauthorized wireless transmission*

schwebender Fall *a case sub judice pending case*

Schwerbehinderter *disabled [person]* [USA] eine Person, die aufgrund körperlicher oder geistiger Behinderung bzw. Beschädigung nicht in der Lage ist, in eigenen Rechtsangelegenheiten [sui juris] zu handeln —> geschäftsunfähig

Schwergutladung [im Seefrachtgeschäft] *dead weight cargo* gebräuchlich ist der englische Begriff

Schwerlastgüter *heavy lifts*

Schwerpunkt [legen auf etwas] *concentration on* ‖ **Schwerpunkt der Nachfrage** liegt auf [...] *chief demands* ‖ **Schwerpunktstreik** *selective strikes* taktische Streiks in Zulieferbetrieben [Schlüsselunternehmen]

Schwerverbrechen [GB] *felony* —> Verbrechen

Schwesterfirma *associated firm* ‖ **Schwestergesellschaft** *associated company*

Schwund [Bestandsverlust] *inventory shrinkage*

Schwur *swearing*—> Eid ‖ **schwurgerichtlich verfolgbar** [Straftat] *indictable [offence]*

S.D. [Abbr] *sight draft* **Sichtwechsel**

S.D.B/L [Abbr] *sight draft, Bill of Loading attached* **Sichtwechsel und Konnossement beigefügt**

S.E. [USA] [Abbr] *South Eastern Reporter* seit 1887 (ab 1941 als Second Series: S.E. 2d) Berichterstattung über die Rechtsprechung in Virginia, Westvirginia, Nord- und Südkarolina und Georgia

SEC [Abbr] [USA] —> Securities and Exchange Commission

Second-Hand-Leasing *second hand leasing* Leasinggegenstand ist ein bereits gebrauchtes Wirtschaftsgut, das bereits Gegenstand eines Leasingvertrages mit einem anderen Leasingnehmer war

sects. ‖ **ss.** ‖ **secs** —> section :: Abschnitt ‖ Paragraph

Securities and Exchange Commisssion [USA] [Abbr] *SEC* [staatliche] Börsen- und Wertpapieraufsichtsbehörde. Sitz: Washington, gegr. nach Securities Act 1933. Zuständigkeit: Neuzulassung von Wertpapieren zum Börsenhandel, Überwachung des Börsenhandels. Börsennotierte Gesellschaften müssen bei der SEC viertel- oder ganzjährlich Unterlagen über die wirtschaftliche Lage des Unternehmens zur Prüfung einreichen, die der Öffentlichkeit zugänglich gemacht werden

Securitization *securitization* besonders bei hochverschuldeten Entwicklungsländern eine Form der Finanzierung durch Verbriefung der Kreditbeziehungen. Banken verkaufen gegen erheblichen Abschlag ihre Forderungen auf dem Sekundärmarkt, womit die abgeschriebenen Forderungen verbrieft - handelbar - werden

Seeamt [Mar] *Admiralty Court* Ausschuß der Wasser- und Seefahrtsdirektionen zur Untersuchung von Seeunfällen ‖ **Seebetriebsrat** [BetrVG 116 (1)] *fleet works council* ‖ **See- und Handelsrecht** *commercial and maritime law* —> Seerecht

Seedingware *seeding quantity* Einführung einer begrenzten Menge eines neuen Produkts auf einem Testmarkt

seelische Grausamkeit *anguish* —> psychische Grausamkeit

Seerecht *maritime law* ‖ *ocean law* ‖ **Seerechtssordnung** *ocean regime* ‖ **Seesalz** [SalzStG] *sodium chloride in the form of sea salt* ‖ **Seeschiffskaskoversicherung** [VersR] *hull insurance* ‖ **Seestraßenordnung** [Mar] *rules of the road* ‖ **Seeversicherungspolice** *Marine Insurance Policy* [Abbr] *M.I.P.*

Segment *segment*

Seite *page* —> Bogen ‖ Blatt ‖ **auf Seiten von** *in the case of*

Sekretär[in] *secretary* —> Minister

|| Schriftführer

sekundär *secondary* || **Preise am Sekundärmarkt** *prices on the secondary market* Markt für im Umlauf befindliche Wertpapiere nach Plazierung, vor allem Wertpapierbörse i.G.z. —> Primärmarkt || **sekundäre Trends** —> Trends || Flaggen und Wimpel

selbständig *independent* || [um] sich selbständig [zu] machen *[for] setting up in business* || **Selbständiger** *self-employed* || **selbständige Städte** [VwO/D] *independent town* vereinzelt Bezeichnung für Kreisstädte in Niedersachsen

Selbst[...] || **Selbstbehalt** *deductible* || [VersR] *insurer's own participation* || *insurer's retention* || **Selbstdarstellung** *to present one's interests* || *self-portrayal* || *public image promoted of o.s.* || **Selbstentscheidungsgrenze** [Ex] *discretionary credit line* || **Selbstentscheidungskreditrahmen** —> Selbstentscheidungsgrenze || **Selbstentzündung** [einer Waffe ohne Betätigung des Abzugs] [Bal] *cook-off* || **selbsterwirtschaftete Mittel** —> cash flow || **Selbstfinanzierung** *earnings retention* || *plowing back [of earnings/profits]* —> Gewinnthesaurierung || offene Selbstfinanzierung || **Selbstfinanzierungspolitik** *earnings retention policy* zielgerichtete Gestaltung von Umfang und Art der Gewinneinbehaltung || **Selbstfinanzierungsquote** *[earnings] retention rate* Verhältnis von einbehaltenem Gewinn zu Gesamtgewinn || **Selbstfinanzierungsrate** —> Selbstfinanzierungsquote || **selbstgenutzte Wohnung im eigenen Haus** [SteuerR/D] *owner-occupied residential property* —>

Kostenmiete || **selbstgewonnene Gerste** *home-grown barley* || **Selbstkosten** *prime cost* || **Selbstkostenpreis** *cost price* || **Selbstveranlagung** *tax computation* || **Selbstverwaltungskörperschaft** [VwO/D] *local [government] authority* —> Gebietskörperschaft mit dem Recht der Selbstverwaltung || **Selbstverwaltungsorgane** [ArbR] *self-governing bodies* || **Selbstverwaltungsrecht** —> regionales Selbstverwaltungsrecht

Senat [in Stadtstaaten für Landesregierung] *state government* || *state ministry* || [VwO/D Schl.-H.; HB; HH; Berlin] *senate* Kollegiales Exekutivorgan in den —> Stadtstaaten und in der Hansestadt Lübeck || **Bayerischer Senat** [VwO/Bayern] *Bavarian Senate* legislatives Organ im Freistaat Bayern

Senator [VwO/D] *senator*

Senatsdirektor *state secretary* —> Staatssekretär || **Senatskanzlei** *state chancellery* || **Senatspräsident** [eines Gerichtshofes] *presiding judge* || [Pol] *president of the senate*

Sendung Lieferung *consignment* —> Fracht || *shipment* || [Geld] *remittance* || [Paket per Post] *parcel*

Sensibilitäts-Training [PersW] *sensing session* —> T-Gruppen-Training

Sensibility Training [PersW] T-Gruppen-Training *sensibility training*

Sensitivitätsanalyse Empfindlichkeitsanalyse [InvR] *sensitivity analysis* mathematisches Optimierungsproblem, z. B. Einfluß von Änderungen bestimmter Daten bei Investitionsentscheidungen hinsichtlich der Vorteilhaftigkeit einer Investition

Serie [Prod] *run* || [Bör] *set* || **serieller Betrieb** [EDV] *serial operation* || **serieller Drucker** *character printer* || *serial printer*

Serienanlauf [Prod] start *series production* || **Serienausstattung** *standard equipment* || **Kostenrechnung für Serienfertigung** *process costing* || *process cost system* || **Seriennummer** *serial number*

Service Kundendienst *maintenance service* —> Wartung || **Service Leasing** —> Dienstleistungs-Leasing

SGE [Abbr] **strategische Geschäfts[feld]einheit** *strategic business unit* [Abbr] *SBU*

Sherman Antitrust Act [15 U.S.C.A. §§ 1-7] verbietet jede Art des —> Kartells bzw. sonstige Absprache gegen Mitbewerber insb. durch Preiskartelle oder Boykott [einschließlich Bedrohung oder Einschüchterung von potentiellen Kunden oder Arbeitnehmern eines Mitbewerbers]

Short —> ohne Deckung || **Fixen** || **Short-Leasing** [Leas] *short-term lease* Leasing mit einer durchschnittl. Vertragsdauer von fünf bis sechs Jahren

Sicherheit *confidence* —> Rechtssicherheit || [BankW] *security* || *deposit* als Sicherheit hinterlegter Gegenstand

sichern sicherstellen *to ensure* || [Daten auf Datenträger (Diskette, Festplatte)] *to save* || *backup*

sicherstellen *to ensure* || Steuern insoweit einziehen, daß dadurch sichergestellt wird, daß [...] *to collect such taxes as will ensure [...]*

Sicherung [Bal] *safety [lock]* || **Sicherungskopie** [EDV] *back-up* || **Sicherungsrecht** *security interest* [GrundstR] [USA] [U.C.C. § 1-201 (37), 9-102. Jedes Recht an beweglichen Sachen und Zubehör von Grundstücken, das einen Zahlungsanspruch oder Erfüllung einer Verbindlichkeit sichert :: *any interest in property acquired by contract for the purpose of securing payment or performance of an obligation or indemnifying against loss or liability (exists at any time)* || **besitzloses Sicherungsrecht** [USA] *trust receipt* || *letter of trust* || *letter of lien* jetzt Art. 9 Uniform Commercial Code (U.C.C. §§ 1-201(37), 9-102, security interests). Titel über Sicherungsrecht [an bewegl. Sachen]. Möglichkeit der Finanzierung eines Rechtsgeschäfts [Warenkauf], Bescheinigung für die finanzierende Bank (durch Urkunde des Importeurs), daß die im ausgehändigten Konnossement bezeichnete Ware noch nicht im Eigentum des Importeurs ist, sondern als Pfand zur Verfügung der Bank steht || **Sicherungsvereinbarung** [USA] *security agreement*

Sicht *sight* || **bei Sicht** *upon presentation* —> Scheck

Sichtbarkeit *prominence* || der Name des Autors erscheint in der üblichen Weise an deutlich sichtbarer Stelle / deutlich sichtbar *The name of the author shall appear in its customary form in due prominence on the title page*

Sichteinlagen bei Kreditinstituten *bank money* || Buchgeld || Giralgeld *demand deposits* || *sight deposits*

Sichteinlagen über die jederzeit verfügt werden kann. Sammelbegriff für alle unbefristeten, täglich fälligen Geldeinlagen bei Kreditinstituten [Banken und Sparkassen]. Abhebung ohne vorherige Kündigung jederzeit möglich, Verzinsung üblicherweise sehr gering —> Barmittel ‖ **[Erteilung eines] Sichtvermerks** *[issue of] visas* ‖ **Sichtverpackung** [Verp] *transparent package* ‖ *window package* ‖ *see-through-package* ‖ *display package* ‖ **Sichtwechsel** [Art. 2 II WechselG] *sight draft* ‖ *demand draft*

Siegel *seal* —> Firmensiegel ‖ Körperschaftssiegel ‖ **eingedrucktes Siegel** *impressed seal* ‖ **gesiegelte Urkunde** *sealed document* ‖ **mit [ihren] Siegeln versehen** *affix one's seal to s.th.* ‖ **Zu Urkund dessen haben die hierzu gehörig von ihren Regierungen befugten Bevollmächtigten dieses Übereinkommen unterzeichnet und mit ihren Siegeln versehen ::** *In witness whereof the undersigned plenipotenciaries having been duly authorized to by their governments have signed the present Convention and affixed thereto their seals*

Signalpistole [Bal] *signal pistol* ‖ *very pistol*

signifikant *significant*

Silvesteraktie [AuxT] [Bör] *New Year's Eve share* meist [in Familienbesitz befindliche] Wertpapiere [Aktien], deren Kurs zu Weihnachten und Sylvester durch Verkäufe am Aktienmarkt nach unten manipuliert wird, um dadurch eine Verringerung der Vermögensteuerlast zu erzielen :: *stock exchange market manipulation around X-mas through sale of shares in order to lower [corporate] income tax burden levied on profits* ‖ **Silvesterputz** —> Bilanzkosmetik

Simulator zur praktischen Anwendung der situativen Führungstheorie *situational leadership simulator*

sind zu [...] [als Weisung für Dritte] *shall* ‖ **die Anträge sind an [...] zu richten** *[Such] application shall be addressed to [...]*

Single [Soz] Alleinstehender *single [person]*

Sinn [einer Urkunde / eines Vertrages] *tenor* —> auslegen ‖ Willenserklärung ‖ **im Sinne des [...]** *for the purpose of*

sittenwidrig *contra bonos mores* ‖ *against good morals* —> Anstandsgefühl ‖ **sittenwidrige Gebühr[enhöhe]** *unconscionable fee* ‖ **sittenwidrige Verträge sind nichtig** *contracts contra bonos mores are void* ‖ **Sittenwidrigkeit** von Verträgen *unconscionability* [U.C.C. § 2-302 sowie Treu und Glauben U.C.C. § 1-203]

sittlich *moral* —> Reife

Situationsanalyse *commitment analysis* ‖ **Situationsanpassung des Führungsstils** [Psych/Man] *style adaptability*

Sitz *headquarters* ‖ [einer Organisation] *registered office* ‖ [eines Unternehmens] *head office* ‖ *registered office* ‖ Betriebsstätte *place of business* ‖ **Sitz der Vereinten Nationen** *headquarters of the United Nations* ‖

Sitzstaatabkommen *Headquarter Agreement* ‖ Die Rechtsstellung, Vorrechte und Immunitäten der Organisation, ihres Exekutivdirektoriums, ihres Personals und ihrer Sachverständigen sowie der Vertreter der Mitglieder werden für die Zeit, in der sie sich in der Wahrnehmung ihrer Aufgaben im Hoheitsgebiet des Vereinigten Königreichs Großbritannien und Nordirland (im folgenden Gastregierung bezeichnet) und der Organisation am 28. Mai 1969 abgeschlossene Sitzstaatabkommen geregelt :: *The status, privileges and immunities of the Organization, of the Executive Director, its staff and experts, and of the representatives of Members while in the territory of the United Kingdom of Great Britain and Northern Ireland for the purpose of exercising their functions, shall continue to be governed by the Headquarter Agreement concluded between the Government of the United Kingdom of Great Britain and Northern Ireland (hereinafter referred to as the host government) and the Organization on 28 May 1969 [...]*

Sitzung *session* ‖ *meeting* ‖ [bei Gericht] *hearing* or *sitting [of a court]*

Skala *scale* —> Maßstab ‖ Staffelung

SKE [Abbr] **Steinkohleeinheiten** *metric tons of coal equivalent* Einheit, bei der die Energie in Masse Steinkohle angegeben wird. Umrechnung nach dem spezifischen Heizwert von 29,3076 J/kg = 7000 kcal/kg [1 SKE = 29,3076 Gigajoule]

Skonto *[cash] discount* ‖ **Skontobetrag** *cash discount amount* ‖ **Skontolinie** *discount line* ‖ **Skontoprozent** *cash discount percentage*

Skrupellosigkeit —> Sittenwidrigkeit

SKU —> Stock Keeping Unit

S/N [Abbr] *shipping note* **Schiffszettel**

SNB [Abbr] *shipped not billed* versandt, jedoch noch nicht in Rechnung gestellt

So. [USA] [Abbr] *Southern Reporter* seit 1887 (ab 1941 Second Series: So. 2d) Berichterstattung über die Rechtsprechung in Florida, Alabama, Mississippi, Louisiana

so *as* ‖ ebenso wie *as ... as* ‖ so schnell wie möglich *as promptly as possible* ‖ sobald wie *on* ‖ sofern *provided that* —> Bedingung ‖ [wenn] sofern der Rat nicht etwas anderes vereinbart [...] *unless the council agrees otherwise [...]* ‖ so tun als ob *to purport*

Soffittenbeleuchtung [Tech] *strip lighting*

sofort —> unverzüglich

Solawechsel *sole bill* ‖ [U.C.C. § 3-104] [Art. 75 WG] *promissary note* "[Ort/Datum] gegen diesen Wechsel zahle ich an [Name des Remittenten] am [...] den Betrag von DM [...] [Name des Ausstellers]" —> Eigenwechsel ‖ **Solawechsel der Einfuhr- und Vorratsstellen** [Bbank] Vorratsstellenwechsel *storage agency bill* Durch Waren gedeckte und vom Bund verbürgte Wechsel zur Finanzierung der eingelagerten Überschüsse der Agrarwirtschaft. Die Bbank verwendet sie zur Geldmarktregulierung —> BALM-Wechsel

Solicitor beauftragt den Barrister *the solicitor instructs the barrister*—> [Rechts]Anwalt

Solidarbürgschaft *joint (and several) surety* ‖ *joint guarantee* ‖ **Solidarhaftung** *joint and several liability* ‖ **solidar[isch]** *solidary* ‖ *parties bind themselves both individually and as a unit (jointly)*

Solo[termin]geschäft —> Soloterminoperation ‖ **Soloterminoperation** *outright transaction* Am Terminmarkt können die Marktteilnehmer Termindevisen nur kaufen oder nur verkaufen. Beim outright (zum festen Kurs) wird (i.G.z. —> Swapgeschäft) nicht gleichzeitig ein Gegengeschäft per einer anderen - früheren / späteren - Fälligkeit abgeschlossen

Solvenz *solvency*—> Zahlungsfähigkeit

Soll [Planung] *target* —> Sollwert ‖ [Buchf] *debit* Eine Hälfte einer Verbuchung in der doppelten Buchführung. Die linke Seite von Konten. Gegenstück zu Haben :: credit ‖ **Soll und Haben** [Buchf] *credit and debit* ‖ **Sollbesteuerung** [SteuerR/D] *accrual basis* Steuerpflicht entsteht bei Ausführung des Umsatzes und nicht erst bei Vereinnahmung des Entgelts :: liability for tax arises when the turnover is realised and not when the consideration for such turnover is finally collected (as opposed to the so-called cash basis —> Istbesteuerung) ‖ **Solleinnahmen** *estimated receipts* ‖ *expected receipts* ‖

Soll[wert] [Stat] *forecast* ‖ *desired value* ‖ *reference value* ‖ *nominal level* ‖ *required value* ‖ **Sollzeit** *standard time* ‖ **Sollzinsen** *lending rates* ‖ **Sollzinsfuß für erste Adressen** [Bbank] Primarate *prime [lending] rate* —> Vorzugszinsen

Sonder[...] *special* ‖ *specialized* ‖ **Sonderausgaben** [SteuerR/D] *special expenses* ‖ **Sonderausschuß** *special committee* —> specialized committee :: Fachausschuß ‖ **Sondergerichte** *courts of particular* ‖ **Sondergesetz** *special act* ‖ **Sonderkommission** *special commission* ‖ **Sonderkredit** *special credit* ‖ garantierter Sonderkreditrahmen *special buyer credit limit* ‖ **Sonderlombardkredit** [Bbank] *special lombard loan* Zum Ausgleich übermäßiger Spannungen am Geldmarkt gewährte die Bbank ab Nov. 1973 mit Unterbrechungen Sonderkredite, deren Verzinsung zum Sonderlombardsatz täglich geändert werden konnte. Bei Kündigung [jederzeit möglich], mußte dieser am nächsten Tag abgedeckt werden ‖ **Sonderorganisation** *specialized agency* ‖ **Sonderorganisation der UNO** *specialized agency of the UN* ‖ **Sondervereinbarung** *special arrangement* ‖ **Sondervermögen** [§ 6 KAAG] —> Anteile an einem Fonds[vermögen] ‖ Investmentfonds[vermögen] ‖ **Sondervermögen des Bundes** [Bbank] *Special Funds of the Federal Government* Verwaltungsmäßig vom übrigen Bundesvermögen getrennt und mit eigenen Haushalt versehene Vermögen (Deutsche Bundespost, Deutsche Bundesbahn, ERP-Sondervermögen, Ausgleichsfonds) ‖ **Sonderziehungsrechte** [IWF] *special drawing rights* Buchkredit, den der IWF seinen Mitgliedern einräumt

sonstige

sonstige *miscellaneous* || *other* —> übrige || **sonstige Beteiligungen** [Bil] *other subsidiaries* || **sonstige Einflüsse** *other factors*

Sorgfalt *care* || **Sorgfalt in eigenen Angelegenheiten** *ordinary care about one's own affairs* || *diligentia quam in suis* || *reasonable care* || *due care* || **erforderliche** angemessene **Sorgfalt** *reasonable diligence* || **Sorgfalt muß sich nach der Gefahrenlage richten** *the care must be commensurate with the risk* || **Sorgfaltspflicht** [USA] *duty of care* || *due care* || *reasonable care* || *ordinary care* Einteilung in drei Gruppen: slight, ordinary und great care —> ORP

sorgfältig *accurately* —> gewissenhaft || werkgetreu

Sortierbegriff [EDV] absteigender Schlüssel *descending [sort] key* || aufsteigender Schlüssel *ascending key*

sortiert nach *classified*

Sortierung *classification* || nach Qualität *grading* || nach Größe *sizing* || [EDV] *sort* —> Sortierbegriff

Sortiment *assortment* || *variety* || Produktpalette *product range* || **Sortimentsbuchhandel** *retail book trade* || **Sortimentsplan** *merchandise plan*

Souverän *sovereign* —> Queen

Sovereign [GB] Goldmünze 20 Schilling

soweit *provided that* —> Bedingung || **soweit nicht anders vermerkt** *unless otherwise indicated*

sozial

sozial *social* || **soziale Abgaben** —> Sozialabgaben || **Sozialabgaben** [Bil] *social security contributions* || **Sozialadäquanz** [ArbR] *social adequacy* —> Gebot der Verhältnismäßigkeit || **Sozialarbeiter** *social worker* || *welfare worker* || **Sozialaufwand** *fringe benefits* —> Sozialleistungen || freiwillige Arbeitgeberleistungen || **Sozialbeirat** *advisory board on social matters* || **Sozialgerichte** [Jus/D] *social courts* full court status [deal with disputes about social security benefits] || **Sozialgesetzgebung** *social legislation* || **Sozialhilfe** [USA] *Social Security check* —> Übertragungen || **Sozialkosten** *employee welfare expense* || **soziale Kontrolle** *social control* || **Sozialplan** [Betr VG] *social compensation plan* || [Man/Org] *redundancy programme* Bei Ausstellung von Mitarbeitern [Entlassungen] durch Betriebsschließung [plant closure] oder neuen Arbeitsmethoden [working practice] und Fertigungsverfahren [production methods] || **Sozialpolitik** *social policy* || **Sozialprodukt der OECD-Länder nahm mit etwa 3,5% kräftiger zu als erwartet, allerdings nicht mehr ganz so stark wie im Vorjahr (+4,3%)** *real GNP growth in the OECD countries was stronger than expected at approximately 3.5%, though not as marked as in the previous year (+4.3%)* || **Sozialrentner** *annuity holder* || **Sozialstaat** *welfare state* || *caring society* || **Sozialtransfers** *social transfer payments* —> Übertragungen || **Sozialversicherung** *social insurance* —> *social security* || [GB] *National Insurance*

313

Sozialversicherungsleistungen
[ArbR] *social security benefits* ‖ *social insurance benefits* ‖ **Sozialversicherungsrente** *social security benefit* —> Rente der gesetzlichen Rentenversicherung ‖ **angewandte Sozialwissenschaften** *social engeneering* ‖ **sozialer Wohnungsbau** *low-cost housing [construction]*

Sozius *partner* —> Teilhaber ‖ Gesellschafter

Spalte *column* ‖ **Spaltensumme** *carry over [carried over]*

Spanner [coll] *peeping tom* —> Voyeur

Spar[...] *savings* ‖ **Sparbrief** [GB] *national savings security* ‖ [Bbank] *bank savings bonds* ‖ **Sparbrief eines Kleinversicherungsvereins** [InvF] *friendly society bond* ‖ **Sparbuch** *savings bank (deposit) book* ‖ [in der EDV-Bearbeitung] *passbook* ‖ **Spareinlage** [BankR] *deposit* ‖ [Bbank] *savings deposits* beurkundete Mittel, die Banken als Vermögensanlage von Nichtbanken zur Verfügung gestellt werden. Sie können nur unter Einhaltung einer dreimanatigen Kündigungsfrist abgehoben werden ‖ **Spareinlagen mit gesetzlicher / vereinbarter Kündigungsfrist** *savings deposits at statutory / at agreed notice*

Sparerfreibetrag [SteuerR] *savers' tax free amount*

Sparförderung *savings incentives*

Sparkasse *savings bank* ‖ [USA] *Savings and Loan Association* private Sparkassen im Einlagen- und Hypothekenkreditgeschäft mit bausparkassenähnlichem Charakter ‖ **Sparkasse auf Gegenseitigkeit** [mit gemeinnützigen Zielen] [USA] *mutual savings bank* Sparer tragen Gewinne und Verluste [kein Grundkapital] ‖ **private Sparkasse** *stocks savings bank* als Erwerbsgesellschaft [werden für Rechnung der Anteilseigner geführt, der Einleger übernimmt kein Risiko, erhält jedoch Zinsen auf seine Einlagen] ‖ **private Sparkassen-Einrichtung mit gemeinnützigen Zielen mit Treuhandkontenerwaltung** [GB] *trustee savings banks*

Sparpackung *economy pack* ‖ **Sparprogramm** eines Fonds [InvF] *savings scheme* ‖ [Wirtschaftsprogramm] *austerity programme* ‖ **Sparquote** *rate of saving* ‖ **Sparquote verharrte mit x% etwa auf dem Niveau des Jahres [19..]** [oder: Vorjahres] *x% rate of saving remained at about the level of 19.. [or: the previous year]*

Spartengliederung nach Abnehmergruppen [Man/Org] *client-centered organization* divisionalization in terms of type of customer

Sparverkehr *savings transactions* ‖ **Sparvertrag** *savings agreement* ‖ **Sparzins** *interest on savings* ‖ **Sparzulage** tax free *savings bonus*

später *later* ‖ *on any subsequent occasion* ‖ *subsequently* ‖ **wobei der jeweils spätere Zeitpunkt maßgebend ist** *whichever ist the later*

spätestens mit der Vollendung des 18. Lebensjahres *not later than at the age of 18*

spätester Termin *latest* start/finish date

Spatienkeil [Druck] *space band*

Spatium [Druck] *space*

Special-Leasing *special leasing* Leasinggüter- bzw. Gegenstände, die auf die besonderen Bedürfnisse des Leasingnehmers zugeschnitten oder für diesen speziell hergestellt wurden und nach Ablauf der Leasingzeit von keinem anderen mehr benutzt werden können

Spediteur *forwarding agent* [Abbr] FA —> Zollagent || *transport company* || **Übernahmebescheinigung des Spediteurs** *forwarding agent's Certificate of Receipt*

Speicherung —> Lagerung || [EDV] Sicherung

Spekulant —> Trader

Spekulationen —> Gerüchte

Spekulationsmotiv *speculative motive* —> Kassenhaltungsmotive

spekulatives Geld *hot money* —> heißes Geld

Spende *donation*

Spender [Med] *donor* || **Blutspender** *blood donor* || **Erstspender** *first-time donors* || **Organspender** *organ donor* || **Spender mit Selbstausschluß** *self-excluders*

Sperrklausel —> Fünf-Prozent-Klausel

Spesen *charges* || [PersW] *representation allowance* —> Geschäftsfreundebewirtung || **Spesenabrechnung ohne Nachweis** [PersW/SteuerR] *non-accountable expense accounts* —> Eigenbelegsabrechnung || Reisekosten || Bewirtungsaufwendungen

Spezialartikel *specialty* || **Spezialfach** *specialty* || **Spezialgebiet** —> Spezialfach || **Spezialhandel** [Bbank] *special trade*

Spezialität *specialty*

Spezial-Leasing-Gesellschaft *specialized leasing company* || **anerkannte Spezialverpackung** [Verp] *approved special package* special tried and tested package approved by German and Austrian railroads

Spezifikation [EDV] —> Pflichtenheft

pezifizierte Rechnung [Buchf] detaillierte Rechnung *specified invoice*

Spielapparate [VergnügungsStG] *gaming machines* || **amtlicher Spielausweis** [Rennw LottG] *[official] lottery voucher* || **Spielautomaten** —> Unterhaltungsapparate || **Betrieb einer öffentlichen Spielbank** *public gaming casino* || **Spielbankabgabe** [VergnügungsStG] *gaming casinos levy* || **Spielbankabgabe** wird erhoben vom täglichen Saldo aus den Einsätzen und Gewinnen der Spieler, i.d.R. 80 vII der Bruttospielerträge :: *gaming casino levy is computed on the basis of gross receipt, i.e. the daily balance of stake money and winnings, generally at a rate of 80% of receipts* || **Spielbankunternehmer** *casino operators* || **Spieleinsatz** —> Einsatz

Spielraum *scope for* || **Spielschein** [RennwLottG] [Lotterievertrag] *lottery ticket* || **Spielschulden** [§ 762 BGB unvollkommene Verbindlichkeit] *play-debt* || *debt contracted by playing*

Spitzen [...] *top* || **Spitzeneinkommen** *top income* || **Spitzenfunktionär** *top functionary* || **Spitzenkandidat** *leading candidate* || *frontrunner* || **Spitzenmanagement** [Man] *top management* || *strategic apex* || **Spitzenorganisation** *head organisation* || **Spitzenverband** *head association* || **Spitzenwert** *peak level* || *peak value*

Splitting-Verfahren [SteuerR/D] *income splitting method* || **Splitting-Verfahren für Ehegatten** *income-splitting for married couples*

Sportwettsteuer [RennwLottG] *sports betting tax* part of the Rennwett-, Lotterie- und Sportwettsteuer imposed by some Länder on sporting events, such as football-pool betting

Spotgeschäft *cash sales* besser: Kassageschäft

Spread [Bör] *spread* im Optionshandel gleichzeitiger Kauf und Verkauf einer gleichen Anzahl von Optionen, die sich durch Basispreis und/oder Verfalldatum unterscheiden || **Diagonal Spread** *diagonal spread* Zwei Positionen [Optionen] haben unterschiedliche Verfalldaten und unterschiedliche Basispreise || **horizontal spread** Optionen haben unterschiedliche Fälligkeiten || **vertical spread** Optionen unterscheiden sich in den Basispreisen

Sprecher[rolle] [Psych] [Soz] *spokesman role* || **Sprecher[in] der Geschworenen** *foreman* [*fore-matron*] —> Obmann || **Sprecher des Vorstandes** Vorsitzender des Vorstandes *chairman of the Board of Management*

Sprechstunden [BetrVG] *consultation hours* —> Einbestellung

Spruch —> Urteilsspruch

spürbar *significant* || **spürbarer Anstoß geht aus von** [...] [...] *has a notable impact* || **spürbar erhöht** *significantly increased*

SSA [Abbr] *Social Security Administration* Sozialversicherung in den USA

StA [Abbr] —> Staatsanwalt[schaft]

Staat [VwO/D] *state* —> *Land* || *nation* || Regierung *government* || *public sector* || **für jeden Unterzeichnerstaat** [...] *as to any signatory state* || **Staatenverbund** *union of states*

staatlich *national* || *public* || **staatlicher Gesundheitsdienst** [GB] *National Health Service* || **staatliche Hoheitsgewalt** *national jurisdiction* || **staatliche Klassenlotterie** [RennwLottG] *official state lottery* || **staatliche Maßnahmen** [≠ Regierungs-...] *government policies* || **staatliche Stelle** Regierungsstelle *government[al] agency* || **staatliche Treuhand[stelle]** *public trustee* || *indowed institution* —> *sole corporation / corporation sole* [GB] Sonderfall, bei der die Körperschaft nur aus einer Person besteht, z.B.: rechtsfähige Anstalten, Stiftungen; Queen gilt als 1-Mann-Körperschaft; public trustee :: staatliche Treuhandstelle (Leiter von öffentlichen Anstalten wie Uni, Krankhaus etc.) bilden eine sole corporation, die das Vermögen treuhänderisch für die Institution verwalten

Staatsangehöriger [Person] *national* [GB] *citizen* [schließt auch Commonwealth-Länder ein] —> britischer Staatsbürger ‖ **Staatsangehörigkeit** *nationality* ‖ *allegiance* —> Treueerklärung ‖ die [...] Staatsangehörigkeit erwerben *to acquire the nationality of [...]* ‖ Für den in diesem Artikel vorgesehenen Verlust der Staatsangehörigkeit bestimmen sich die Volljährigkeit, die Minderjährigkeit und die Voraussetzungen der Ermächtigung und Vertretung nach den Gesetzes derjenigen Vertragspartei, deren Staatsangehörigkeit der Betreffende besitzt *:: In as far as concerns the loss of nationality as provided for in the present article, the age or majority and minority and the conditions of capacity and representation shall be determined by the law of the contracting party whose nationality the person concerned possesses* ‖ [GB] *citizenship* British Nationality Act (1981) ersetzt das Gesetz von 1948. Drei Kategorien: (1) British citizenship (2) British Dependent Territories citizenship (für Bürger aus besonders bezeichneten Ländern (z.B. Bermuda, Hong Kong) und (3) British Overseas citizenship (untergeordnete Gruppe) ‖ **Staatsangehörigkeit durch Erwerb** *citizenship by registration* ‖ **Staatsanleihe** *government loan* von Bund, Ländern oder fremden Staaten ausgegebene Schuldverschreibungen —> Anleihe. Sonderform: Rentenanleihe ‖ **Staatsanwalt** *public prosecutor* ‖ [USA] *district attorney* ‖ *prosecuting attorney* ‖ **Staatsanwaltschaft** als Ankläger *Prosecution* ‖ Behörde *Office of the District Attorney* ‖ *Department of Public Prosecution* ‖ **Staatsausgaben** *government outlays*

Staatsbürger *citizen* ‖ [...] der Ausdruck "britischer Staatsbürger" und "Mitgliedschaft im Commonwealth" [...] gleichbedeutend sind :: *The expression "British subject" and the expression "Commonwealth citizen" shall have the same meaning* ‖ im Ausland lebender Staatsbürger *expatriate* ‖ **Staatsbürgerschaft** war früher in der DDR gebräuchlich; übliche Bezeichnung in Österreich für —> Staatsangehörigkeit

Staatseigentum Eigentum der öffentlichen Hand *public property* ‖ **Staatseinnahmen** *revenue* —> Steueraufkommen

Staatsgebiet *national territory* ‖ **Staatsgewalt** —> Widerstand gegen Vollstreckungsbeamte

Staatshandelsländer *centrally planned countries* ‖ **europäische Staatshandelsländer** *Socialist Countries of Eastern Europe*

Staatskanzlei *state chancellery* untersteht dem Ministerpräsidenten einer Landesregierung

Staatsminister [nur in Bayern für Landesminister] Der Begriff ist in anderen Bundesländern zwar üblich (z. B. R.-P.), aber nicht offiziell ‖ **Staatsministerium** [nur in Bayern für Landesministerium] *state ministry* ‖ *land ministry*

Staatsnotstand innerer ‖ nationaler

Notstand *national emergency*

Staatsoberhaupt *head of state*

Staatsregierung [nur in Bayern für Landesregierung] *state ministry* ‖ *state government*

Staatsschuld *national debt* ‖ **Staatssekretär** *state secretary* Mitglieder einer Landesregierung und ständige Vertreter des Ministers in dessen Eigenschaft als Behördenchef. In einigen Ländern können sie ihren Minister im Kabinett oder im Parlament vertreten —> [USA] Minister

Staatsverbrauch *public [sector] consumption* ‖ *government consumption* ‖ **Staatsverschuldung**- *gross public debt*

Staatszugehörigkeit eines Schiffes *nationality*

stabil *stable* ‖ **ein relativ stabiler US-Dollar** *a relatively stable US Dollar*

Stabsabteilungen [Org] *support staff* ‖ **Stabsbeziehung** [Man/Org] *staff relationship*

Stadtbezirk [VwO/D] *town district* —> borough. Dezentralisierte Verwaltungseinheit einer Großstadt, teilweise mit eigenen Volksvertretungen ‖ **Stadtbürgerschaft** [VwO/D] [HB] *city parliament* Teil der Bürgerschaft, der in der Stadt Bremen gewählt wird (oberstes Beschlußorgan) ‖ **Stadtdirektor** [VwO/D] [Ns., NRW.] *chief executive* —> Gemeindedirektor, leitender Verwaltungsbeamte einer Stadt bzw. Stellvertreter des Oberstadtdirektors ‖ [Bayern] Leiter nur

Dezernent ‖ **Stadtgemeinde** [VwO/D] *urban municipality* ‖ *city*

städtische Leihanstalt Pfandleihanstalt *municipal pawn office*

Stadtkommandanten von Berlin [VwO/D] *the three Commandants of Berlin* Nach 1945 wurde Berlin vier Sektoren unterstellt. Die Stadtkommandanten der Westalliierten waren bis 3.10.1990 [Vereinigung Deutschlands] jeweils in ihrem Sektor das oberste Entscheidungsorgan mit Vetorecht gegenüber der Landesregierung von Berlin ‖ **Stadtkreis** —> kreisfreie Städte ‖ [BW] Stadt, die für sich allein einen Kreis bildet mit Übertragung aller Aufgaben, die normalerweise dem Kreis zukommen ‖ **Stadtparlament** [Lübeck] *city parliament assembly* ‖ **Stadtpräsident** [VwO/D] Schl.-H. [Titel des Ratsvorsitzenden der kreisfreien Städte] *chairman of the town council* ‖ **Stadtrat** [VwO/Bayern; R.-P.; SL] *town council* —> Gemeinderat ‖ leitender hauptamtlicher Kommunalbeamter *head of division* ‖ **Stadtrat[smitglied]** [VwO/R.-P.; SL] gewähltes Mitglied des Rates einer Stadt —> Gemeinderat ‖ **Stadtstaat** [VwO/D] *city-state* Stadt, die gleichzeitig den Status eines Landes hat (Freie Hansestadt HB.; Freie und Hansestadt HH.; B.) Gegenüber den übrigen Ländern stark abweichende Landesverwaltung ‖ **Stadtverband Saarbrücken** [VwO/D] *Saarbrücken conurbation* ‖ *Greater Saarbrücken* ‖ oder *Saarbrücken association of municipalities* Ein Gemeindeverband, dem die Stadt Saarbrücken und umliegende Stadt- und Landgemeinden angehören ‖ **stadtverbandsangehörige Stadt** [VwO/D] *town within a conurbation* Städte, die Mitglied des Stadtverbandes Saarbrücken sind

Stadtverbandsausschuß [VwO/D] *committee of a conurbation* gewähltes Verwaltungsorgan im Stadtverband Saarbrücken (Funktion eines Kreisausschusses) || **Stadtverbandsbeigeordneter** [VwO/D] *senior executive of a conurbation* Funktion von Kreisbeigeordneten || **Stadtverbandspräsident** [VwO/D] *Commissioner* Wahlbeamte in der Funktion eines Landrats im Stadtverband Saarbrücken || **Stadtverbandstag** [VwO/D] *conurbation council* In Saarbrücken entspr. dem Kreistag der Landkreise || **Stadtverordnetenversammlung** [VwO/H.;HB] —> Gemeinderat || **Stadtverordneter** [VwO/H.; HB] —> Stadtrat || **Stadtvertretung** —> Stadtrat || **Stadtverwaltung** [VwO/D] *municipal administration* kommunale Verwaltungseinheit einer Stadt, Ämter und Einrichtungen der Stadt mit dem hauptamtlich angestellten Dienstkräften und ihrem Leiter an der Spitze

Staffelung *scale* —> Lizenzgebühren || Kreditstaffelung || Progression || Progressivverfahren

Stag [Bör] —> Konzertzeichner

Stamm[...] *regular* || **Stammaktie** *common share* || *common stock* Normaltyp der Aktie mit 1. Stimmrecht :: voting right 2. Recht auf Dividende :: right to a dividend 3. Recht auf Anteil am Liquidationserlös :: right to a share in the residual assets on liquidation [after all other claimants have been satisfied] || **Stammaktionär** *common stockholder* || **Stämme** —> Stammaktien

stammen hauptsächlich aus [Bil] *attributable primarily to* —> zuweisen

Stammkapital —> Kapital

Stammwürzgehalt [im Bier] *original wort content* —> Reinheitsgebot

Stand *Ansehen* || *Ruf* || *Erfahrung* *standing* || *state* || **Stand April** [Stat] *as at April* || **Stand am 1.1.19..** [Stat/Bil] *position as at Jan. 1, 19..* || **auf den neuesten [Sach]Stand bringen** *up-date* || *to revise* || *to inform* || **Stand der Technik** *state of the art* || **über den Stand der Technik hinausgehen** *not to form part of the state of the art* || **zum Stand der Technik gehören** *to be comprised in the state of the art*

Stand-by-Kredit [IWF] *stand-by credit* i.d.R. einjährige Kreditlinien an Mitgliedsländer, garantieren best. Ländern Ziehungsrechte über die 25%-Quote hinaus, wobei sich diese Länder im Gegenzug zur Durchführung best. wirtschaftspolit. Maßnahmen verpflichten

Standard [Man/Org] *[performance] standard*

Standard & Poor's —> Rating

standardisierte Ladung [Mar] *unitized cargo*

Standarte [Mil] *standard* || *ensign*

Standesamt *registry office* || [USA] *marriage licence bureau* || **standesamtlich heiraten** —> Trauung || **standesamtliche Trauung** *civil marriage* || *civil wedding* —> Eheschließung :: *Celebration of a marriage* || **Standesbeamter** *registrar* || [USA] *civil magistrate* || **Standesorganisation** *professional organization* || **Standesrecht** —> Grundsätze des anwaltlichen Standesrechts

Standesvereinigung   Stelle

Standesvereinigung —> Ärztekammer ‖ Anwaltsverein ‖ Standesorganisation ‖ **Ständevertretung** —> Standesorganisation

Ständige Kommission *permanent commission* ‖ *standing commission*

Standort *plant location* ‖ **standortorientiert** *geographical divisionalization* —> Spartengliederung

Stapelgelegenheit —> Lagermöglichkeiten ‖ **Stapelverarbeitung** [EDV] *batch processing*

Starkbier [SteuerR/D] *extra-strong beer*

Stärkezucker [ZuckerStG] *starch sugar*

starres Budget *fixed budget* *reflects only fixed costs including such items as depreciation, property taxes, insurance, and other overhead expenses*

Statement *statement* —> Erklärung

statisches Investitionsrechnungsverfahren [InvR] *non-discount cash flow method* Verfahren, bei dem keine Abzinsung der Zahlungsströme erfolgt, v.a. Amortisationsrechnung —> Kapitalrückflußmethode und Rentabilitätsvergleichsrechnung

statistische Erhebung [Stat] *statistical recording* ‖ **Statistisches Bundesamt** *Federal Statistical Office*

Stätte *place* ‖ **Stätte des Geschäftsbetriebs** [ständige/feste] *fixed place of business* —> Sitz ‖ **Stätte der Gewinnung** *place of exaction*

stattgeben *to allow* ‖ **einem Rechtsmittel stattgeben** *to allow an appeal* —> gewähren ‖ zulassen ‖ **stattgegeben** *granted*

statthaft —> zulässig

Statutory Instruments Act [GB] 1946 *Statutory Instruments Act* über amtl. [Rechts- und Ausführungs-] Verordnungen, die aufgrund parlamentarischer Ermächtigung erlassen werden. Statutory Instruments sind insb. nach 1939 erlassene ergänzende Durchführungsverordnungen

Stauer [Mar] *stevedore*

Stauferkaiser *Hohenstaufen Emperor*

Staumaterial [Verp] *dunnage*

Steg[einsatz] [Verp] *partition wall*

steigen *increase* ‖ *increment* ‖ **mit 2,5% relativ kräftig steigen** *to rise by a relatively high 2.5%* ‖ **um 1,3 Mrd DM auf 3,3 Mrd DM steigen** *to rise by DM 1.3 billion DM to 3.3 billion*

Steigerung *increase* ‖ **Steigerung erfahren** *to show a rising tendency* ‖ **Steigerungspreis** *escalation price*

Stelle Anlaufstelle ‖ Zentrum *centre* ‖ Organ ‖ Körperschaft *body* ‖ Zwischenraum *space* ‖ Behörde *board* ‖ Gruppe, Liste *panel* [je nach Vertragsinhalt, jedoch nicht mit "Ausschuß" zu übersetzen] ‖ **freie Stelle** [Arb] *vacant position* ‖ **freie Stellen besetzen** *to take on vacant jobs* ‖ **gemeinsame Forschungsstelle** *joint*

stellen ... **steuer**

research centre ‖ **Kontrollstelle** *board of control* ‖ **nachgeordnete Stelle** *subordinate body* ‖ **Verwaltungsstelle** *administrative centre*

stellen [Antrag] *to lodge with* ‖ *to file* [an application ‖ appeal ‖ a petition]

Stellenausschreibung [BetrVG] *notification of vacancies* ‖ **Stellenbeschreibung** [ArbR] *position charter* ‖ *job description* Funktions- und Verantwortlichkeitsbeschreibung ‖ **Stellenbezeichnung** [ArbR] *position title* —> Positionsbezeichnung ‖ **Zahl der Stellensuchenden** *the number of people seeking jobs*

Stellungnahme *opinion* ‖ *statement* —> Erklärung ‖ *return*

stellungspflichtig [Mil] *subject to call-up*

Stellvertretender Direktor [GB] *Assistant Manager* —> Handlungsbevollmächtigter ‖ *Deputy Director* ‖ [USA] *Deputy Manager* ‖ **Stellvertretender Generaldirektor** *Assistant General Manager* ‖ stellvertretender Richter *deputy judge* ‖ stellvertretender Vorsitzender *Deputy Chairman* ‖ **Stellvertretender** [Stv.] **Vorsitzender des Aufsichtsrates** *Deputy Chairman of the Supervisory Board* ‖ **Stellvertretendes** [Stv.] **Mitglied des Vorstandes** *Deputy Member of the Board of Management* ‖ **Stellvertreter** [Stv.] **Vorsitzender des Vorstandes** *Deputy Chairman of the Board of Management*

Stellvertreter *deputy* —> Vormund ‖ [Prozeß]bevollmächtigter

Stempelgebühren *stamp duties* ‖ **Stempelkarte** *time card* ‖ *clock card* ‖ **Stempeluhr** *attendance recorder* —> Zeiterfassungsgerät

Sterbegeld[er] [PersW] *death benefit* [bei Todesfall fällige Versicherungsleistung]

Steuer *tax* ‖ Gebühr *duty* ‖ eine ihrem Wesen nach ähnliche Steuer *tax of substantially similar character* ‖ **Steuer erheben** [auf] *to impose a tax* ‖ höhere Steuern höher besteuert *more burdensome taxes* ‖ zum Abzug [zu]lassen *to allow as deductions* ‖ **Steuern zahlen** [an die Steuer] *to pay taxes*

[...]steuer ‖ **Allphasen-Bruttoumsatzsteuer** *all-stage gross turnover tax* ‖ **Allphasen-Nettoumsatzsteuer** *all-stage net turnover tax* ‖ **Aufsichtsratsteuer** [BRD] *tax on director's fees*

Bagatellsteuern *trifling taxes* —> kleine Gemeindesteuern ‖ **Beförderungsteuer** [in der BRD abgeschafft] *transportation tax* ‖ **Biersteuer** *beer tax* ‖ **Börsenumsatzsteuer** *stock exchange transactions tax* ‖ **Branntweinsteuer** *spirits tax* ‖ **Brutto-Umsatzsteuer** —> kumulative Brutto-Umsatzsteuer ‖ **Bundessteuer** *Federal tax* z. B. surtax in den USA ‖ **Bürgersteuer** Kopfsteuer *poll tax*

direkte Steuer *direct tax*

Einfuhrsteuer in Helgoland *Heligoland import tax* ‖ **Einfuhrumsatzsteuer** *importation turnover tax*

[...]steuer ‖ **Einheitseinkommensteuer** [EG] *uniform income tax* ‖ **Einkommensteuer** [USA] *individual income tax* ‖ **tarifliche Einkommensteuer** *income tax according to the basic scale* ‖ **Einphasenumsatzsteuer** *sales tax* Umsatzsteuer wird nur bei einer Phase der Leistungskette erhoben ‖ **Einwohnersteuer** [SteuerR/Baden-Württemberg] *residence tax* local [poll] tax ‖ **Erbschaftsteuer** *death duties* ‖ [USA] *succession duty* ‖ *succession tax* ‖ *transfer tax* ‖ *inheritance [and gift] tax* nach dem ErbStG Erbanfallsteuer, steuerpflichtig ist also nicht der Nachlaß (dann —> Nachlaßsteuer :: estate duty). Es wird die Steuer auf das erhoben, was einer natürlichen oder juristischen Person aus dem Nachlaß des Erblassers anfällt

Feuerschutzsteuer *fire protection tax* ‖ **Fischereisteuer** *fishing tax*

Gemeindesteuer *municipal tax* ‖ **kleine Gemeindesteuern** *minor municipal taxes* ‖ *local taxes* ‖ *polling taxes* —> Bagatellsteuern ‖ **Gesellschaftsteuer** *company tax* ‖ **Gewerbesteuer** *trade tax* ‖ **Gewerbesteuer E und K** *trade tax (business profits/capital)* ‖ **Gewerbe- und Grundsteuer** *trade and real estate tax* ‖ **Gewinnsteuer** *profits tax* ‖ **Grunderwerbsteuer** *real property transfer tax* communal tax of approx. 2% levied on acquisition of landed property ‖ **Grundsteuer** *real property tax* communal tax levied on real property —> Grunderwerbsteuer ‖ **Grundsteuer B** Grundsteuer auf Grundstücke *real property tax class B*

Heizölsteuer *fuel oil tax* ‖ **Hundesteuer** *dog tax*

Jagd- und Fischereisteuer *hunting and fishing tax*

Kaffeesteuer *coffee tax* ‖ **Kapitalertragsteuer** *capital yields tax* ‖ **kleine Kapitalertragsteuer** *withholding tax* —> Quellensteuer ‖ **Kapitalverkehrsteuer** *capital transactions tax* ‖ **Kaufsteuer** *purchasing tax* ‖ **Kirchensteuer** *church tax* ‖ **Kopfsteuer** Bürgersteuer *poll tax* ‖ **Körperschaftsteuer** *corporate income tax* ‖ *corporation tax* ‖ **kumulative Brutto-Umsatzsteuer** *cumulative gross turnover tax*

Lohnsteuer *payroll tax* ‖ **Lotteriesteuer** *lottery tax*

Mehrwertsteuer [Umsatzsteuer bzw. Vorsteuer] *value-added tax* —> [USA] Verkaufsteuer ‖ **Mehrwertsteuer** *value-added tax* ‖ **Mindestkirchensteuer** *minimum church tax*

Nachlaßsteuer *estate duty* ‖ *estate tax*

Objektsteuer *tax imposed on an object* ‖ **Objekt- bzw. Sachsteuern** *trade and real estate tax* Realsteuern die auf einzelnen Vermögensgegenständen lasten. Erhebung erfolgt bei denjenigen, denen die Gegenstände zuzurechnen sind [Objektbesteuerung] —> Gewerbe- und Grundsteuer, deren Aufkommen den Gemeinden zufließen [Art. 106 Abs. 6 GG] ‖ **Ordnungsteuer** *regulative tax*

Pauschalsteuern *lump-sum taxes*

Quellensteuer *withholding tax*

...steuer	Steuerbefreiung

[...]steuer ‖ **Realsteuern** —> Objekt- bzw. Sachsteuern ‖ **Reichsverbrauchsteuern** [arch] *Reich excise tax* ‖ **Rennwett-, Lotterie- und Sportwettsteuer** *betting and lottery tax*

Salzsteuer *salt tax* ‖ **Schankerlaubnisteuer** *licencing tax [sale of intoxicants]* ‖ **Schenkungsteuer** *gift tax* ‖ **Sportwettsteuer** [Rennw-LottG] *sports betting tax* part of the Rennwett-, Lotterie- und Sportwettsteuer imposed by some Länder on sporting events, such as football-pool betting ‖ **Straßengüterverkehrsteuer** *road transport tax*

Tabaksteuer [TabakStG] *tobacco tax* ‖ **Teesteuer** *tea tax*

Übergewinnsteuer [USA] *excess profits tax* ‖ *windfall tax* ‖ **Übersteuer** [USA] *surtax* progressiv bis 88% bei Einkommen [bei Körperschaft ab $25.000,-] ‖ *excess profits tax* [I.R.C. § 531] eine nach dem Internal Revenue Code erhobene Zusatzsteuer auf von den Gesellschaften nicht ausgeschüttete Gewinne ‖ **Umsatzsteuergesetz** [Abbr] **UStG** *Turnover Tax Law*

Verbrauchsteuern *consumption tax* ‖ *excise taxes* ‖ **Vergnügungsteuer** *entertainment tax* ‖ **Verkaufsteuer** [AuxT] *sales tax* einzelstaatlich erhobene Steuer auf den Wert der verkauften Ware —> [BRD] Mehrwertsteuer [Abbr] MWSt ‖ **Verkehrsteuern** *transactions taxes* i.G.z. den Besitzsteuern keine persönliche Steuerpflicht, sondern Anknüpfung an die Vornahme eines Rechtsgeschäfts (steuerbare Vorgänge), z.B. Börsenumsatzsteuer, Wechselsteuer ‖ **Vermögensteuer** [USA] *net worth tax* ‖ *capital tax* ‖ *wealth tax* ‖ *property tax* —> Grundsteuer ‖ **Vermögenszuwachssteuer** [InvF] *capital gains tax* ‖ *capital appreciation tax* ‖ **Versicherungsteuer** *insurance tax* ‖ **Vorsteuer** *input tax*

Wechselsteuer *bills of exchange tax* ‖ **Wertzuwachssteuer** *tax on value increments*

Zuckersteuer *sugar tax* ‖ **Zündwarensteuer** *match tax* eine der Reichsverbrauchsteuern ‖ **Zusatzsteuer** *additional tax* —> Übersteuer ‖ **Zuschlagsteuer** —> Übersteuer ‖ **Zweitwohnungsteuer** *secondary home tax* wird von Fremdenverkehrsgemeinden als örtliche Aufwandsteuer nach Art. 105 IIa GG erhoben

Steuer [...] *taxable* ‖ **Steuerabgaben** fiskalische Abgabe *fiscal charges* ‖ **Steueranmeldung** *tax return* ‖ **Steueraufkommen** *internal revenue* ‖ **örtliches Steueraufkommen** *local tax receipts* ‖ **Zerlegung des Steueraufkommens** *allotment of tax revenues* —> assessment and allotment :: Festsetzung und Zerlegung ‖ **Steueraufschubplan** [InvR] *tax deferment scheme* —> top slicing :: Steuerbelastung des Anlageerfolgs ‖ **kommunale Steuerausfälle** *communal shortfalls in tax revenue*

Steuerbefreiung *allowance for tax purpose* ‖ **steuerbegünstigt** [InvF] *eligible for tax relief* ‖ **steuerbegünstigte Vermögensbildungspläne** —> Altersvorsorge ‖ **steuerbegünstigtes Leasing** [Leas] *tax lease* ‖ **Steuerbehörden** *tax authorities* ‖

Steuerdiskussion   Steuerharmonisierung

[GB] *revenue authorities* —> Finanzamt ‖ **Steuerbelastung** *payable tax* ‖ *incidence of a tax* ‖ **Steuerbelastung des Anlageerfolges** [InvF] *top slicing* Berechnungsmethode für die Steuerbelastung des Anlageerfolges aus Versicherungsfondsanteilen, die es erlaubt, durch die Wahl des Rückgabetermins die hohen Sätze der surtax und unitax ganz oder teilweise zu vermeiden ‖ **Steuerbemessungsgrundlage** *tax base* ‖ **Steuerberater** *tax consultant* ‖ **Steuerberatung** *tax consultation* ‖ **Steuerberatungsgesellschaft** *certified public accountants* ‖ **Steuerberatungsgesetz** [StBerG 1961] *Law on tax consultancy* Regelungen zur Hilfeleistung durch Beratung in Steuersachen. Befugt sind hierzu —> Steuerberater sowie z.B —> Lohnsteuerhilfevereine ‖ **Steuerbescheid** *notion of assessment* ‖ *notice of assessment* ‖ *[...] wird durch [Steuer]Bescheid festgesetzt [...] is determined by notice of assessment* ‖ **Die festgesetzten Beträge werden für das laufende Jahr nicht geändert** *The assessment shall not be altered for the current year* ‖ **Steuerbevollmächtigter** *agent in tax matters*

Steuerdiskussion [öffentliche ~] *public tax discussion*

Steuereinnahmen *tax inflows* ‖ **Steuerentlastung** *tax relief* ‖ **Steuerentlastungsgesetz** [BRD] [1984] *Tax Relief Law* ‖ **Steuererhöhung** *tax increase* ‖ **Steuererklärung** *tax declaration* ‖ für die Einkommensteuer *tax return* ‖ **Steuererklärungspflicht** *obligation to file tax returns* —> Mitwirkungspflicht ‖ **Steuererlaß** *tax remission* ‖ **Steuererleichterung** *tax concession* ‖ *tax relief* ‖ **Steuerermäßigung** *tax reduction* ‖ *reduction for tax purposes* ‖ **Steuerersparnis** [strafbewehrt] *fiscal evasion* ‖ *avoidance of taxes* [sofern zulässig, ansonsten] —> Steuerhinterziehung

Steuerfahndung *tax investigation service* ‖ **Steuerfestsetzung unter dem Vorbehalt der späteren Nachprüfung** *tax assessment subject to subsequent re-examination* ‖ **Steuerflucht** *flight from taxation* ‖ **Steuerfreibetrag** [GB] *personal allowance* —> Steuergutschrift ‖ **Steuerfreiheit** *tax exemption* ‖ *exemption from taxes* ‖ [für Diplomaten] *immunity from taxes*

Steuergesetzgebung [USA] *Internal Revenue Code* [Title 26, U.S. Code und Durchführungsverordnung Treasury Regulations and Revenue Rulings] bundesrechtliche Vorschriften über die Erhebung von Einkommen-, Grund-, Stempel-, Schenkungs-, Verbrauchssteuern, etc. Verwaltung dieser Steuern erfolgt durch den Internal Revenue Service [außer für Alkohol-, Tabak-, Feuerwaffen, Sprengstoff- und Wettsteuern] ‖ **Steuergutschrift** *tax credit* Anrechnung, wenn zuviel bezahlt wurde ‖ Bei der Dividendenzahlung entspricht die Einbehaltung von 25% der Bardividende (für die Kapitalertragsteuer) der Vorauszahlung auf die Einkommensteuer, die bei der Einkommensteuererklärung wieder erstattet wird

Steuerharmonisierung in den Mitgliedstaaten *tax harmonisation within the European Community* ‖ **Steuerhinterzieher** [coll] *tax dodger* [USA I.R.C. § 7201] —> Steuerstraftat ‖ Steuerhinterziehung ‖

Steuerhinterziehung [USA I.R.C. § 7201] *defraudation of the revenue* ‖ *tax fraud* ‖ *tax evasion* Unterscheidung nach civil und criminal fraud. Beim civil tax fraud kann die IRS [Internal Revenue Service ǀ Steueraufsicht] bis zu 50% des nicht versteuerten Betrages als Geldstrafe verhängen. Für criminal tax fraud wird zudem Freiheitsstrafe verwirkt. In beiden Fällen gilt bloße Fahrlässigkeit als nicht ausreichender Rechtsgrund für die Erfüllung des Straftatbestandes —> Steuerstraftat

Steuerjahre *taxable years*

Steuerkompetenz des Reichs *fiscal jurisdiction of the Reich* ‖ **Steuerkraft** *taxable capacity*

Steuerlast —> Steuerbelastung

steuerlich *taxable* ‖ *fiscal* ‖ *for tax purposes* ‖ [...] **die nicht gleichwertig steuerlich sind** die nicht im gleichen Maß steuerlich sind *[...] who do not bear fiscal charges of equal incidence* —> steuerlich ‖ **vom Einkommen steuerlich absetzbar** *to be allowed from income* ‖ **steuerlich nicht absetzbar** [InvF] *non-qualifying* z.B. Einmalpolicen (Lebensversicherungspolicen), bei der die Prämienzahlungen für den Versicherungsnehmer nicht steuerlich absetzbar sind ‖ **steuerliche Abschreibung** —> Abschreibung ‖ **steuerliche Behandlung** *tax treatment* ‖ **Rechtsgeschäfte innerhalb der steuerlichen Freigrenze** *tax exempt transactions* ‖ **steuerliche Möglichkeiten** *tax benefits* ‖ **steuerlich veranlagen** —> veranlagen ‖ **steuerliche Verteilungsmöglichkeiten nach EStG** *taking advantage of Section 6 a of the Federal German Income Tax Law (EStG) [...]*

Steuermeßbetrag *multiplier* —> Hebesätze ‖ **einheitlicher Steuermeßbetrag** *uniform basic tax* ‖ [BRD] Bei der Berechnung der Gewerbesteuer nach dem Gewerbeertrag ist von einem Steuermeßbetrag auszugehen. Dieser ist durch Anwendung eines Hundertsatzes von regelmäßig 5 vH (Steuermeßzahl) auf den Gewerbeertrag zu ermitteln :: *Computation of trade tax on business profits proceeds from the basic tax which is obtained by multiplying the amount of business profits by a fixed percentage [usually 5 per cent]* ‖ **Steuermeßzahl** Steuermeßbetrag *basic tax* ‖ *basic federal rate*

Steuernachforderungen und Steuererstattungen [Verzinsung von ~] *interest chargeable or payable on tax demands and refunds* ‖ **Steuernachlaß** *tax abatement*

Steueroase z.B. Bahamas *tax heaven*

Steuerpflicht —> Sollbesteuerung ‖ **Steuerschuld** ‖ **beschränkt Steuerpflichtige** *non-resident* Personen, die im Inland [der BRD] weder einen Wohnsitz noch ihren gewöhnlichen Aufenthalt haben :: *a person who has neither his/her domicile nor his/her customary place of abode within the territory of the Federal Republic* ‖ **säumiger Steuerpflichtiger** *tax payer in arrears* ‖ **Steuerprüfung** —> Betriebsprüfung

volkswirtschaftliche Steuerquote *taxation ratio* total tax revenue as a percentage of nominal GNM :: Steuereinnahmen insgesamt in vH des nominalen Bruttosozialprodukts

Steuerrechtssprechung ist Aufgabe der Finanzgerichtsbarkeit *jurisdiction in tax matters is vested in the fiscal courts* || **Steuerrückstellungen** *tax provisions*

Steuersachen [Anwalt für ~] *tax attorney* || **Hilfeleistung in Steuersachen** *assistance in tax matters* —> Lohnsteuerhilfeverein :: societies formed for the purpose to give assistance to their members concerning wages tax || **Steuersatz** *tax rate* || **begünstigter Steuersatz für Lebensversicherungsgesellschaften** [InvF] *life assurance company rate* || **gleichbleibender Steuersatz** [SteuerR] *flat rate tax* || **Grenzsteuersätze** *marginal tax rates* || **Steuersäumniszuschlag** *tax penalty* wird erhoben bei Nichteinhaltung von Steuerterminen || **Steuerschuld** *accrued taxes* —> Sollbesteuerung || **Steuerschuldner** —> Zollbeteiligter || **Steuerschuldrecht** *legal provisions on tax liability* || **die zu Jahresbeginn [Jahr] in Kraft getretene Steuersenkung** *tax reduction effective from the beginning of [year]* || **nach der Steuerreform erreichte Steuersenkung** *reductions contained in the German tax reform* || **Steuerstempler** *authorised tax franking machine* Frankiermaschine zur Stempelung von Wechselsteuermarken. Wertkarten können wie die Marken selbst bei jedem Postamt bezogen werden || **Steuerstraftat** Steuerhinterziehung *tax fraud* || *tax evasion* [BRD] i.S.d. § 370 AO als vorsätzliche Steuerverkürzung und Steuerordnungswidrigkeit nach § 377 AO || **Steuersubjekt** *taxable subject*

Steuertermin *tax filing date* || *tax payment date*

Steuerveranlagung *tax assessment* || **Steuervergünstigung** *tax relief* || *reliefs for tax purposes* || **Steuerverteilung** *apportionment of taxes*

Steuerzeichen [Wertzeichen auf Tabakpackungen] *tax band*

stichhaltig *substantial*

Stichtag *target date* || [der Eintragung] *record date* —> Bewertungsstichtag || Einreichungsfrist || Vorlagefrist || **Bewertungsstichtag** [InvF] *valuation day* || **Fertigstellungstermin** *finish date* || **Stichtag für die Kreditinanspruchnahme** [letzter Termin] *loan availability date*

Stiefkind [ZivR] *step-child*

Stiftung *endowment* || *indowed institution* || **Stiftungsgelder** *endowments*

still *dormant* —> Gesellschafter || *hidden* || *secret* || **stille Gesellschaft** *sleeping partnership* eigentlich keine Gesellschaft, sondern eine Beteiligung; Mitglied ist der sleeping oder dormant partner —> Kommanditgesellschaft [KG] || **stille Mitgliedschaft** *implicit partnership* || **stille Reserven** *secret reserves* || *hidden reserves* —> Rücklagen || Wertberichtigung || **stille Rücklagen** [Bil] *hidden reserves* Durch Unterbewertung von Aktiva oder Nichtaktivierung aktivierungsfähiger Wirtschaftsgüter bzw. Überbewertung von Passiva entstandene Reserven, die nicht aus der Bilanz ersichtlich sind. [BRD] bis 1965 bedeutendes Instrument der Dividendenpolitik. Übermäßige Bildung solcher Reserven ist nach dem Prinzip der Bilanzwahrheit ein aktien-

Stillegung | **Strafanstalt**

rechtlicher Verstoß [Gewinn ist für die Aktionäre effektiv nicht zu ermitteln]. Regelung in USA u.a. durch GAAP ‖ **stille Selbstfinanzierung** [BRD] *hidden earnings retention* ‖ *secret earnings retention* aus der Bilanz ersichtlich in Form von Rücklagen und eventuellem Gewinnvortrag

Stillegung [Betrieb] *closure* ‖ *shutdown* ‖ [Auto] *lay-up*

stiller Teilhaber *sleeping partner* ‖ *dormant partner*

Stillhalteabkommen *moratorium* ‖ *standstill agreement*

stillschweigend *tacit* ‖ *implicit* —> verlängern ‖ **stillschweigendes Angebot** —> Angebot ‖ **stillschweigende Bedingungen** *implied terms* ‖ **stillschweigende Gründung einer Personengesellschaft** *implicit foundation of a partnership* ‖ **stillschweigende Vereinbarung** *implicit agreement* ‖ **unter der stillschweigenden Voraussetzung, daß** [...] *with the implicit understanding that [...]*

Stimme *vote* ‖ **Stimme abgeben** *to cast a vote* ‖ **eine [ablehnende] Stimme abgeben** gegen [die Vorlage] stimmen *to cast a [negative] vote*

stimmen —> abstimmen ‖ bewilligen ‖ **dagegen stimmen** *to cast a [negative] vote*

Stimmrecht *voting power* ‖ *voting right* —> Stammaktien ‖ **stimmrechtslose Vorzugsaktien** *non-voting preferred stock* —> Vorzugsaktien ‖

Stimmzettel *ballot paper*

Stock *Aktien* Grundkapital einer Gesellschaft oder Teile daraus ‖ **Stockdividende** Zusatzaktien *stock dividend* Anstelle der Barausschüttung einer Dividende werden zusätzliche Aktien ausgegeben. In der BRD nur nach vorheriger Dividendenausschüttung durch Ausgabe von Gratisaktion zulässig —> Gratisaktien ‖ Aktiensplit ‖ **Stock Keeping Unit** *Stock Keeping Unit* Ausdruck im Handel für die Zusammenfassung der Abteilungs-, Warengruppen- und Artikelnummer innerhalb einer einzigen Nummer

stocken [Konjunktur] *to slacken*

stofflich *substantial*

Stornierung [Buchf] *cancellation* ‖ **Stornierungskosten** *cancellation charge*

Storno —> Stornierung

Strafanstalt —> Haftanstalt ‖ **Strafaufschub** [§§ 455 ff. StPO] *respite temporary suspension of the execution of a sentence* ‖ **Strafe absitzen** [coll] —> Freiheitsstrafe verbüßen ‖ **Straffälliger** —> Straftäter ‖ **Strafgericht** [Jus/D] *criminal court* —> Strafkammer [am Landgericht] ‖ **Strafkammer** [Jus/D] *criminal court* Große [3 judges and 3 lay jurors] bzw. Kleine [1 judge and 2 lay jurors] Strafkammer am Landgericht [regional court with original and appellate jurisdiction in civil and criminal cases]. Die Große Strafkammer entscheidet über Berufungen gegen Urteile des Schöffengerichts und im ersten Rechtszug über Verbrechen, die außerhalb der Zuständigkeit der Amtsgerichte bzw. der Oberlandesgerichte liegen. Die Kleine Strafkammer entscheidet über Berufungen gegen Urteile des Einzelrichters am Amtsgericht —> oberstes (erstinstanzliches) Zivilgericht :: High Court of Justice ‖ **Strafkolonie** [USA] *penal colony* usually a so-called act of transportation of a criminal from his own country to another for a determined period as a species of punishment —> Ausweisung ‖ **Strafmaß** *sentence* ‖ **Strafmaß verhängen** [Urteil] *to pass a sentence [upon a prisoner]* ‖ **Strafprozeßordnung** Rules *Code of Criminal Procedure* ‖ **Strafrecht** *criminal law* ‖ **strafrechtlicher Verfolgung** anhängiges Strafverfahren *on a criminal charge* ‖ **Strafsache** *criminal case* ‖ *crown case* ‖ **Straftat** *offence* ‖ **Straftat, deren Bestrafung durch summarisches Urteil eines Friedensrichters** erfolgen kann [nicht schwurgerichtlich verfolgbar] *summary offence* ‖ **Straftäter** [StrafR] *offender* ‖ **jugendlicher Straftäter** *juvenile offender* —> Jugendlicher ‖ Heranwachsender ‖ **nicht vorbestrafter Straftäter** Ersttäter *first offender* ‖ **Strafurteil** *sentence*

Straight Bonds traditionelle Schuldverschreibungen als normale (festverzinsliche) Anleihe gegenüber variabel verzinsl. Anleihen —>droplock bonds gleichbleibende Nominalverzinsung. Werden an deutschen Börsen auf DM-Basis notiert —> Zerobonds

Strandgut *jetsam* goods thrown voluntarily overboard in order to lighten the ship —>Treibgut

Straßengüterverkehrsteuer [Steuer-R/D] *road transport tax*

Strategiefindung kleinerer Unternehmen *entrepreneurial mode* ‖ **Strategiefindung durch aktive Planung** *planning mode* ‖ **Strategiefindung durch Anpassung** [Man] *adaptive mode* ‖ **Strategiehierarchie** *hierarchy of strategies*

strategisch [Mil] *strategic* ‖ **strategische Geschäfts[feld]einheit** [Abbr] **SGE** :: *SBU strategic business unit* ‖ **strategische Planung** Unternehmenspolitik *strategic planning*

streichen *to delete* ‖ **den Satz streichen** *the sentence be deleted* ‖ [Text] **gestrichen** *del.* ‖ *deleted*

Streik als letztes Mittel der Arbeitskampfmaßnahmen [Art. 9 GG] *strike is legitimate, but only as ultima ratio [final resort]* ‖ **Vollstreiks** *all-out strikes* form of lawful strikes **wilde Streiks** [Spontanstreiks] *wildcat striking*

Streikgeld *strike pay* —> Streikparagraph ‖ **Streikhäufigkeit** *strike incidence* ‖ **Streikkasse** *strike fund* ‖ **Streikparagraph** [ArbR] *strike clause* Insbesondere in der Presse geprägte Bezeichnung für § 116 Arbeitsförderungsgesetz. Änderung 1986 auf Betreiben der Arbeitgeberseite, die verhindern wollte, daß die Gewerkschaften sich allzu leicht für Streikmaßnahmen entscheiden, da das Arbeitsamt u. a. Kurzarbeitergeld auszahlt, wenn [Groß-]Betriebe wegen Punktstreiks in Zulieferbetrieben teilweise nicht weiterarbeiten können. Die Gewerkschaften wurden beschuldigt, dieses Kurzarbeitergeld als Ersatzstreikkasse zu mißbrauchen. Die Arbeitgeberseite wiederum reagierte in diesen Fällen mit der —> kalten Aussperrung :: *lockout by stealth* ‖ **Streikrecht** [ArbR] Art. 9 GG *right to strike* —> Aussperrung :: *lock-out*

Streitfall *issue* ‖ **Streitfragen** *issues in dispute*

Streitigkeit entscheiden —> Beschluß fassen ‖ **Streitigkeiten** *dispute*

Streitrisiko *risk of disputes* ‖ *action* ‖ **Streitsache** *issue* ‖ **Streitwert** [28 U.S.C.A. §§ 1332 f] *amount involved in the litigation* ‖ *jurisdictional amount* ‖ *amount in controversy* [BRD] Grundsätzlich freies Ermessen [§ 3 ZPO]. Bei verwaltungs- bzw. finanzgerichtlichen Streitigkeiten jedoch sog. Regelstreitwert von (DM 6000,-). Geldhöhe bestimmt sich nach Höhe des Anspruchs bzw. bei Herausgabeansprüchen nach Verkehrswert, bei Mietsachen nach Mietzins, bei Arbeitsstreitigkeiten höchstens nach dem Vierteljahresentgeld, etc. —> Diversity of Citizenship-Regel

Streubesitz *widely held stock* Aktien einer —> Publikumsgesellschaft, die von einer Vielzahl von Aktionären gehalten werden

Streuung *dispersion* —> Differenzierung ‖ *spreading* —> Aktiensplit ‖ Spread ‖ Portfolio ‖ Differenzierung *diversification*‖ [Bör] *placing* —> Unterbringung ‖ **breite Streuung** *wide distribution* ‖ **Streuung nach Gebieten** *diversification in sectors*

Strichcode [Verp] *bar code* —> EAN code

striktes Kostenmanagement *strict cost management*

strittige Punkte —> Streitfragen

Strukturmaßnahmen *measures improving [...] structure*

Stückelung *denomination* —> gestückelt

Stückgut [USA] *breakbulk cargo* ‖ **Stückgutladung** [allgemeine Ladung im Unterschied zu Bulk-Cargo im Schiffsfrachtverkehr] *general cargo* ‖ **Stückkosten** *unit cost* ‖ **Stückpreis** *unit price* ‖ **stückweise** *in parcels*

stufenweise *gradually* —> gestaffelt

Stundenplan *time schedule* ‖ **Stundenproduktivität** *output per hour*

Stundung *letter of license* —> Zahlungsaufschub ‖ Stillhalteabkommen

stürzen [Verp] *overturn* ‖ *turn upside down* ‖ [Aufschrift] **Nicht stürzen!** *This side up!*

stützen *to sustain*

sub judice [lat.] —> schwebender Fall

sub poena duces tecum —> Zeugenvorladung mit der Auflage, Beweismaterial beizubringen

Substanzverzehr —> Abschreibung für Substanzverringerung ‖ **Substanzwert** *assets value* —> Vermögenswert

Substitutionserzeugnisse [SteuerR] *substitute products*

Subunternehmer *sub-contractor* —> Vertrag zwischen einem Generalunternehmer [...]

Suche *search* —> Recherche ‖ Durchsuchung ‖ Leibesvisitation

Summand [Math] *term of a sum*

summarisch [StrafR] *summary without a jury* [jurisdiction of a justice of the peace to convict an offender himself instead of committing him for trial by a jury ‖ **summarische Strafsachen** [nicht: Massenverfahren] —> Schnellverfahren *summary criminal cases* ‖ **im summarischen Verfahren abgeurteilt** *summarily convicted*

Summe *sum* ‖ **Summe 1** [Stat] *Total 1* ‖ **wenn die zu leistende Summe eingegangen ist** *until the sum due has been received* ‖ **Summenbilanz** —> Rohbilanz

summieren *to sum up*

Superbenzin [SteuerR/D] *super motor fuel* ‖ *four-star motor fuel*

Superintendent [Kirche] *superintendent*

Superquote [EG] *super quota* Milchgarantiemengenabgabe, die der Landwirt bei Überschreitung der Milch-Gesamtquote zu entrichten hat

Surrogat *substitute*

suspendierende Wirkung [ArbR] *suspensory effect* —> Abwehraussperrung

S.W. [USA] [Abbr] *South Western Reporter* seit 1886 (ab 1928 als Second Series: S.W. 2d) Berichterstattung über die Rechtsprechung in Kentucky, Tennessee, Arkansas, Missouri, Texas

Swap[geschäft] [Bör] *swap* Kombination aus —> Kassageschäft und —> Termingeschäft im internationalen Devisenhandel. Liegt Terminkurs höher als Kassakurs, wird der Swapsatz [Differenz zwischen Tages (=Kassa)-Kurs und Terminkurs] als Report :: premium oder Agio [Kurs]Aufschlag bezeichnet. Liegt der Terminkurs unter dem Kassakurs, dann Deport :: discount (Disagio). Zur Ausschaltung dieses Kursrisikos vereinbart man mit der Bank eine Kurssicherung (Umwechseln der Devisen in DM bzw. DM in Devisen per Termin, d.h. für den Tag der Fälligkeit). Die Höhe des Swapsatzes richtet sich nach dem Zinsgefälle zwischen den beiden betroffenen Währungen ‖ **attraktive Swapbedingungen** *attractive terms and conditions for swaps*

S.W.I.F.T. [Abbr] *Society for Worldwide Interbank Financial Telecommunication* EDV-Verbundnetz, bei dem mittels S.W.I.F.T.-Code (computergerechte Kundenadressen) Zahlungsaufträge zwischen den USA und Westeuropa auf kürzestem Weg an den Empfänger geleitet werden

Switch-Geschäft *switch transaction* [heute aufgrund multilateraler Abwicklung des Zahlungsverkehrs fast unbedeutendes] Außenhandelsgeschäft, das [buchungstechnisch] über ein Drittland abgewickelt wird. Dreieckskompensation, bei der eine Firma Anlagen in ein Schwellenland liefert, das Waren aus eigener Produktion in ein drittes Land exportiert, von wo aus die Firma dann per Devisen oder Rohstoffen bezahlt wird

symmetrisches Dreieck [Chartanalyse] *symmetrical triangle* —> Formationen

Sympathiestreik [ArbR] *sympathy strikes* ‖ *sympathetic strike* ‖ *boycott* —> Sherman Antitrust Act

Syndikat

Syndikat *single selling agency* z.B.: Verkaufs- oder Einkaufssyndikate [z.B. Rheinisch-westfälisches Syndikat mit zentralem Konzernverkauf etc.] ‖ **Syndikate** Konsortium *consortium*

Synergie-Effekte *synergy effects* Effekt von gemeinsam erarbeiteten Gruppenlösungen gegenüber Einzellösungen. Ziel der Synergie-Planung ist eine verbesserte Ausnutzung gegebener Verhältnisse und Stärken, z.B. Einpassung von Know-How in bestehende oder neue Anwendungsgebiete

System *system* ‖ **Schreibsystem** [EDV] *displaywriter system* ‖ **zentrales System** *host system* ‖ **Systemanwendung** *system application* ‖ **Systemberater** *systems engineer* ‖ **Systemberatung** *systems consultation* ‖ **Systemkomponente** *system component* ‖ **Systemkonfiguration** *system configuration* ‖ **Systemstatus** *system state* ‖ *system status* ‖ **verfügbare Systemzeit** [EDV] *available time* Zeit, in der das [Datenrechen-]system verfügbar ist ‖ **nicht verfügbare Systemzeit** *unavailable time*

SZR [IWF] **Sonderziehungsrecht** *SDR* *special drawing rights* entsprechen dem Gegenwert eines Währungskorbs aus den wichtigsten Handelswährungen und sind reines Buchgeld. Können als Zahlungsmittel zwischen einzelnen Notenbanken oder mit dem IWF verwendet werden

T-Gruppen-Training [PersW] *sensibility training*

Tabaksteuer [TabakStG] *tobacco tax* Wird entrichtet durch Verwenden von —> Steuerzeichen [i.d.R. nicht durch Zahlung des Steuerbetrages], d.h. durch Anbringen und Entwerten der Zeichen an —> Kleinverkaufspackungen. Hersteller und Importeure beziehen Steuerzeichen von best. Zollstellen :: Tax is paid by means of tax bands [and not by regular payment of tax], i.e. by attaching the cancelled tax bands to the retail packages. Producers and importers purchase tax bands from the prescribed customs offices

Tabelle *table* || *schedule*

Tabularersitzung —> Buchersitzung

Taft-Hartely Act [USA] löste 1947 den Wagner Act ab, als Ausgleich zu den dort vereinbarten Verpflichtungen der Arbeitgeber gegenüber den Gewerkschaften. Unter anderem wurde der closed shop :: [negative] Koalitionsfreiheit abgeschafft, d.h. die Pflicht des Arbeitnehmers, vor Einstellung einer Gewerkschaft beizutreten [jetzt open shop]. Ferner wurde den Gewerkschaften größere Tarifautonomie eingeräumt; Redefreiheit sowie Schiedsverfahren

Tag *day* —> Stichtag || Termin || [VölkR] **am 30. Tag nach Annahme der Änderung** *on the 30th day following the day on which amendments have been accepted* || **Tag des Inkrafttretens** [VölkR] *effective date* || **vom heutigen Tag[e] an** *from the date thereof*

Tagebau [USA] *strip mining* || **Tagebuch** [Buchf] *journal* —> Journal

Tagesdatum [Buchf] *accounting date* || **berechnet auf der Basis von Tagesdurchschnitten** [Bbank] *based on daily averages* || **Tagesgeld** *on-call credit* || [Bbank] *day-to-day money* Kredit, der ohne Kündigung nach einem Tag zurückgezahlt werden muß —> Tagesgeldsatz || tägliches Geld || **Tagesgeldsatz** [Bbank] *day-to-day money rate* Zinssatz für einen Kredit, der ohne Kündigung nach einem Tag zurückgezahlt werden muß || **zum Tageskurs** *at value* || **Tagesordnung** *agenda* || [Abbr] **TO** || **erster (1.) Punkt der TO** *the first item on the agenda* || **auf der Tagesordnung stehen** *to be on the agenda* || **Tagespreis** *current price* || **Tagesverlust an der Börse** *loss on one day on the bourse* [stock exchange]

tageweise Verzinsung *continuous compounding* || *continuous interest*

täglich *daily* —> Datum || Daten || Durchschnitt || **tägliches Geld** Call-Geld *call money* gängigste Form des Handels mit Zentralbankguthaben am Geldmarkt. Handel von täglichem Geld auf Abruf stellt Notenbankgeld bis auf weiteres zur Verfügung, wobei der Marktpartner berechtigt ist, in den frühen Morgenstunden bzw. noch am gleichen Tag bis 11 Uhr zu kündigen. Sonderform: Ultimogeld

Tagung *session* || **Die Elfte Tagung der Haager Konferenz für [...]** *The 11th session of the Hague Conference on [...]*

taktisch [Mil] *strategic*

Talfahrt —> Konjunkturtief

332

Talon

Talon Erneuerungsschein *talon* ‖ *renewal coupon* Beim Kupon (Bogen) der Abschnitt, der nach Abtrennung aller Kupons zum Bezug eines neuen Bogens berechtigt —> Bogen

Talsohle —> Konjunkturtief

tallieren [Mar] *tally* ‖ **Tallymann** [Mar] *tally clerk*

Tankerunfall z.B.: Ölkatastrophe [Mar] *accidental spill*

Tankstellensektor [Bil/BP] *retail sector*

Tanzlustbarkeiten Tanzveranstaltungen [VergnügungsStG] *dances*

Tara [Verp] Leergewicht *dead weight* ‖ *tara* Gewicht der Verpackung. Differenz zw. Brutto- und Nettogewicht einer Ladung im Gütertransport

Tarif *scale* —> Tariferhebung ‖ Steuer ‖ Gebühr ‖ **gradlinig-progressiver Tarif** [SteuerR] *linear-progressive schedule* ‖ **Tarifabschluß** —> Tarifvertrag ‖ **Tarifbelastung** [SteuerR] *standard tax* ‖ **Tarifbelastung** *corporate income tax on earnings retention* die auf die Gewinneinbehaltung erhobene Körperschaftsteuer —> Ausschüttungsbelastung ‖ Entlastungsmethoden ‖ **Tarifbestimmung[en]** *tariff regulation* —> tax bracket ‖ **Tarif[erhebung]** Abgabe *charge* ‖ **Tarifgrundlage** *tariff basis*

Tarifierung *classification*

Tarifkommission [GewerkW] *joint negotiating committee* ‖ **Große Tarifkommission** mehrere Berufsgewerk- schaften treten gemeinsam in Verhandlung mit der Unternehmensleitung *full negotiating committee* ‖ *joint negotiating council* ‖ **tarifliche Einkommensteuer** *income tax according to the basic scale* ‖ **Tariflöhne** [ArbR] Ecklöhne *basic wages* ‖ *reference wages* ‖ **Tarifnummer** [ZollW] *tariff heading* ‖ **Tarifvertrag** *collective agreement* ‖ *wage agreement* ‖ *tariff agreement* ‖ *industrial agreement*

Tastenbefehl [EDV] *command*

Tat —> Tun ‖ Straftat

Täter —> Straftäter ‖ **mutmaßlicher Täter** *alledged offender*

Tatfragen [StrafR] *points of fact* ‖ **Tathergang** *the circumstances of the offence*

Tätigkeit —> [Rechts]Handlung ‖ Handeln ‖ Beruf ‖ Urkunde ‖ *activity* ‖ **Art der Tätigkeit** *kind of activity* ‖ **Tätigkeiten ausüben** *to carry out activities* ‖ **auf einer erfinderischen Tätigkeit beruhen** [PatR] *involving an inventive step* —> Stand der Technik ‖ **Tätigkeits-Pfeil-Netz** *critical path method* [Abbr] *CMP[-method]* Critical path is the longest path of the PERT network. It is called critical path as, if any activity along the path is delayed, the entire programme will be delayed correspondingly —> PERT ‖ Methode des kritischen Wegs

tätliche Beleidigung tätlicher Angriff [StrafR/USA] *battery* [unmittelbar, schädigende Körperverletzung]

Tatsache *fact* ‖ **Tatsachendarle-**

| tatsächliche Gewalt | Tendenz |

gung des zu übernehmenden Risikos [VersR] *representation* [detaillierte Beschreibung im Versicherungsvertrag] || [bei falschen Angaben] *misrepresentation* falsche Darstellung von Tatsachen bezüglich des zu übernehmenden Risikos durch den Versicherungsnehmer gegenüber dem Versicherungsgeber

tatsächliche Gewalt über eine Sache *actual control over s.th.* || **tatsächlicher Wohnsitz** *residence*

Tatverdächtiger *suspect*

tauglich *qualified* || **tauglich für Problemfälle** *good problem solver*

Tauschgeschäft [ZollW] || **Tauschhandel** *barter deal* Form des Kompensationsgeschäfts durch Tausch Ware gegen Ware aufgrund eines Vertrages ohne Austausch von Geldströmen [heute eher bedeutungslos]

technisches Wissen *know-how*

Technostruktur [Man/Org] *technostructure* Erstellung von Systemen zur Planungs- und Arbeitskontrolle

Teesteuer [SteuerR/D] *tea tax*

Teil *segment* || *constituent unit* || *part* || *component* || *element* || *piece* —> Element || [Materialien] *material[s]* || [Ersatzteil] *spare part* || *replacement part* || **alle oder ein Teil des Patents** *all or any part of the patents* || **Teil eines Vertrages** Partei —> einerseits || **teilbar** *divisible* || **teilbares Akkreditiv** *divisible credit* || **Teilbereich** *element* || *sector* || **Teilbetriebsergebnis** [Bil] *operating result before provisions and extraor-*

dinary items || **Teilhaber** *partner* || [GmbH&Co. KG] *Co-owner* || **stiller Teilhaber** *dormant partner* || *sleeping partner* || **Teilmärkte** —> Marktsegment || **am Rechtsverkehr teilnehmen** *to participate in the process of law* to be involved in [...] —> § 104 BGB || **an einer Sitzung teilnehmen** *to attend a meeting* || **Teilnehmer** *member* || **Teilnehmerland** *participating country* || **Teilstreiks** Punktstreik *selective strikes* || **teilvergütet** *[payment] on account* || **Teilversammlung** [BetrVG] *sectional meeting* || **Teilvorausfestsetzungsbescheinigung** [ZollW] *additional advance fixing certificate* || **teilweise** *partial* || **teilweise zurückgezahlt** —> teilvergütet || **Teilwert** *going-concern value* || **Teilwertabschreibung** *write-down to the going value* || *write-off to the going value* Teilwert ist der Betrag, den ein Erwerber des ganzes Betriebs i.R.d. Gesamtkaufpreises für das einzelne Wirtschaftsgut ansetzen würde; dabei ist davon auszugehen, daß der Erwerbes den Betrieb fortführt [§ 6 (1) EStG]. Die Teilwertabschreibung ist eine außerplanmäßige Abschreibung zur Reduzierung eines höheren Buchwerts auf diesen Betrag —> Barwert || **Teil-Wiedereinfuhr** [ZollW] *split-reimportation* || **Teilzahlung** *hire purchase* —> [Leas] Mietkauf i.G.z. in full :: volle [geschuldete] Leistung *[payment] on account* || **Teilzahlungskredit** *deferred credit* || **Teilzahlungsplan** *installment plan* || **Teilzahlungsschulden** *hire purchase debts* || **Teilziel** *goal* —> Unternehmensziel

Tendenz —> Trend || Entwicklung || **[vermehrte] Tendenz zu** *affinity for*

Tendenzbetriebe [Betr VG] *ideological establishments* || **Tendenzunternehmen** [Man/Org/ArbR] *company organisations which are influential in shaping public opinion* e.g. media, charitable and church organisations and political bodies. The co-determination Act finds no application in these companies —> Mitbestimmungsgesetz

Tenor —> Urteilsspruch

Term-Leasing [Leas] *term lease*

Termin [Anhörung] *hearing* —> Vorlagefrist || **Termin für die Abgabe der Steuererklärung** —> Steuertermin || **Termin der Einlassung** persönliches Erscheinen *notice of appearance* [given by defendant to a plaintiff that he appears in the action]

Termineinlagen [BankW] *time deposit[s]* || *term deposits* || **Termingeld** *term deposit* || **Termingelder von 4 Jahren und darüber** *time deposits and funds borrowed for 4 years and over* || **Termingeldmarkt** *forward market for loans* Ausleihungen, deren Befristung mehr als 29 Tage beträgt [Zweimonats-, Dreimonats-, Halbjahres und Jahresgelder sowie Ultimogelder, sofern Laufzeit größer 29 Tage]. Fälligkeitstermin ist (gegenüber Tagesgeld) bekannt, längerfristige Disposition dadurch möglich || **Termingeschäfte** *futures* || **Termingeschäft in Finanzinstrumenten** [Bör] *financial futures* erstmals Mai 1972 in den USA, steigende Bedeutung aufgrund schwer kalkulierbarer Zins- und Währungsschwankungen auf intern. Finanzmärkten. Ziel entweder Gewinnerzielung durch Spekulation oder Risikoausgleich. Ort, genauer Liefertermin, Kontraktmenge und Warengattung sind standardisiert. Gegenstand sind Aktien, Optionen, Indices, Devisen, Edelmetalle etc., Kontrakte werden i.G.z. herkömml. Terminkontrakt nicht tatsächl. erfüllt, sondern durch Gegengeschäft vor Fälligkeit glattgestellt (durch Verkauf erworbener Kontrakte oder Rückkauf leerverkaufter Kontrakte. In [BRD] an der Deutschen Terminbörse seit Ende 1990 Handel auf eine fiktive 6%ige Bundesanleihe und Futurehandel auf den DAX || **Terminkontrakt auf Währungen** [Bör] *currency futures* —> Futures || **Termin[sach]bearbeiter** *expediter*

Terms of Trade *terms of trade* —> reales Austauschverhältnis

territoriale Anwendungsklausel Geltungsbereichsklausel *territorial application clause*

tertiäre Trends [Bör] —> kurzfristige Trends

Testament [§§ 1937 ff BGB] *will* || *last will and testament* || **sein Testament machen** —> testieren || **Nachtrag zu einem Testament** [USA] *codicil* (privatschriftlicher) Nachtrag zu einer letztwilligen Verfügung, die Teile des Testaments erweitert, ändert oder außer kraft setzt —> Kodizill || **Nichtigkeit eines Testaments** *invalidity of a testament* || **Testament rechtsgültig errichten** *to execute a will* || **Testament widerrufen** *to revoke a will* || **testamentarisch gestellter Vormund** *testamentory guardian* || **testamentarisch vermachen** *to leave by will* || **Testamentseröffnung** *opening and reading of a will* || **Testamentsvollstrecker einer Partei** *personal representative* includes *executor* vom Erblasser/Testator eingesetzter Nachlaßverwalter

testieren *to make one's will*

Testierfähigkeit [ErbR] *testamentory capacity* Form der allgemeinen Geschäftsfähigkeit [§§ 2229 f BGB]

Teuerung betrug durchschnittlich knapp 5% *prices climbed by just under 5%*

Textilien *textiles*

Theorie des offenen Systems [Org] *open system theory*

Therapie *[medical] treatment*

Thesaurierung von Gewinnen *profit retention* || *earnings retention financing with* [or: by/out of] *retained earnings* Gewinnthesaurierung —> Selbstfinanzierung || Gewinnakkumulation || **Thesaurierungspolitik** —> Selbstfinanzierungspolitik

Thüringen [BLand/D] *Thuringia*

Tiefsee [...] [Mar] *abyssal* || **Tiefseeboden** *abyssal floor* || **Tiefsee-Ebene** [Mar] *abyssal plain*

Tiger[-Fonds] *tigers* Fonds an den Börsenmärkten in Südostasien, insbesondere spekulative Börsenplätze: Hongkong, Südkorea, Taiwan, Singapur und Malaysia

tilgen *to amortize*

Tilgung *repayment* || *redemptions* || **Tilgung von Lombardkrediten** *repayment of lombard loans* || **tilgungsfreie Zeit** *grace period* —> Stillhalteabkommen || **Tilgungskredit** [BankW] *amortization loan* || **Tilgungsleistungen** *loan redemptions*

Timesheet [Mar] *timesheet*

TIR —> *Carnet TIR* Internationales Zollpapier (Internationaler Warentransport mit Straßenfahrzeugen = Transport international de marchandises par vehicules routiers). Geltung für Warentransporte über eine bzw. mehrere Grenzen, wobei Waren ohne Umladung von einer Abgangszollstelle eines Teilnehmerlandes bis zu einer Bestimmungszollstelle eines anderen bzw. desselben Teilnehmerlandes in Straßenfahrzeugen bzw. Behältern befördert werden, sofern (zumindest auf einem Teil der Strecke) der Transport im Straßenverkehr erfolgt || **TIR-Tafel** [ZollW] *TIR plate*

Titel *title* || **Namen und Titel** *names and styles*

TLI [EuroM] —> *transferable loan instruments*

T.L.R. *Times Law Report* anerkannte Berichterstattung in der "Times", einen Tag nach Verkündung eines Urteils

Tochterfirma *subsidiary firm* || **Tochtergesellschaft** *subsidiary [company]* Eine Tochtergesellschaft wird von der Muttergesellschaft kontrolliert :: *a subsidiary is controlled by its parent company*

Tod *death* || **gewaltsamer Tod** *violent death* —> Obduktion || **unnatürlicher Tod** *unnatural death* —> Obduktion || **Todesfallurkunde** —> Leichenschein || **Todeskandidat** zum Tode Verurteilter *dead man* [coll/Gefängnis] to be on death row :: in der Todeszelle sitzen || **Todesstrafe** *capital sentence* || *capital* or *supreme punishment* || *punishment by death* for capital crime

Todesursachen —> Obduktion ‖ Untersuchungsgericht für Todesursachen

Tombstone [Bör] Nach Plazierung einer Emission oder eines Kredits veröffentlichte Anzeigen in der einschlägigen Fachpresse mit Einzelheiten über Verzinsung, Laufzeit, Bankenkonsortium, etc.

Top-loading [Mar] Ware muß für den Transport im Schiffsraum obenauf geladen werden ‖ **Topmanagement** [Man] *top management* ‖ *strategic apex*

Torrens title system Eintragungssystem in das Grundstücksregister nach Sir Richard Torrens (1814-1884), dem Reformer des australischen Grundstücksrechts —> Eintragungssystem ‖ Grundstücksregister

tot *dead* —> leer ‖ Fehl[...] ‖ Hinterblienene ‖ Sterbe[...] ‖ Tod[...]

Totalisator [RennwLottG] *totalisator* on horse-races

tötlich [z.B. Giftgas] *deleterious*

Toto —> Fußballtoto

Totschlag [StrafR] *manslaughter* ‖ **des Totschlags überführt werden** *to be convicted of manslaughter*

Totschläger [Hartgummi-]Knüppel *life preserver* ‖ *blackjack*

Tötung *murder* [BRD] [§§ 211 ff. StGB] Unterschieden werden Mord, Totschlag, Tötung auf Verlangen, —> Kindes-Tötung, fahrlässige Tötung —> Völkermord. Mörder ist, wer einen Menschen tötet und dabei hinsichtlich Tatmotiv, Tatausführung oder Tatzweck besonders verwerflich handelt [Mordlust, Befriedigung des Geschlechtstriebs, Lustmord, Habgier, Rachsucht, heimtükisch, grausam, mit gemeingefährlichen Mitteln [Brandstiftung], zur Ermöglichung oder Verdeckung einer Straftat]. Totschlag ist ebenfalls die vorsätzliche Tötung eines Menschen durch eine Person, die jedoch nicht Mörder i.S.d. Gesetzes ist. [USA] Model Penal Code, § 210,2] Unterscheidung nach *murder in the first degree* [vorsätzliche, besonders aus verwerflichen Motiven begangene Tötung, z.B. heimtükisch :: *lying in wait*]. Alle übrigen Motive werden unter *murder in the second degree* zusammengefaßt [in einigen Einzelstaaten gibt es auch *murder in the third degree*] ‖ **Tötung eines Menschen** *homicide* ‖ **fahrlässige Tötung** *negligent homicide* ‖ **fahrlässige Tötung im Straßenverkehr** *vehicular homicide* ‖ **Kindestötung** *feticide* ‖ **Tötung aus Notwehr** *homicide by necessity* ‖ **Tötung mit Rechtfertigungsgrund** [Notwehr] *excusable homicide* ‖ **rechtmäßige Tötung eines Menschen** [z.B. Todesschuß zur Vereitlung einer Straftat] *justifiable homicide* ‖ **vorsätzliche Tötung** [ohne Rechtfertigungsgrund] *felonious homicide*

Tourist *tourist* —> Fremdenverkehr ‖ **Touristikbilanz** *balance of foreign tourism*

Tower *control tower*

TPND *theft, pilferage, non-delivery* Diebstahl, Plünderung, Abhandenkommen

Trachten Bestreben *endeavour*

Trader [Bör] Spekulant *trader* Trader versuchen, durch richtige Einschätzung zukünftiger Preisentwicklungen sowie durch geringe Höhe der Einschußzah-

Trading

lung [margin] unter Eingang offener Risikopositionen rasche Kursgewinne zu realisieren —> Hedger

Trading [kurzfristiger] spekulativer An- und Verkauf von Wertpapieren

tragen *to sustain*

Tragen [die hier zum ~ kommen] [hierbei] eine Rolle spielen *to play a role here*

Trainee *trainee* Auszubildender, Praktikant, besonders Hochschulabgänger

Training on / off the Job —> Fortbildung ‖ **Trainingsprogramm** *training program*

Tranche *tranche* Teilbetrag einer Wertpapieremission ‖ Teilabschnitte einer Anleihe —> Kredittranche

Transaktionen [Bbank] *transactions* ‖ **transaktionsbedingt** *due to transactions* ‖ **Transaktionsmotiv** *transaction motive*—> Kassenhaltungsmotiv ‖ **Transaktionsnummer** [EDV] Btx-Sicherungscode *transaction number*

Transfer agents [BankW/USA] üblicherweise Banken bzw. Treuhandgesellschaften, die in bei Aktienübertragungen die Umschreibung im stockholders' ledger vornehmen und häufig auch die Auszahlung der Dividenden an die Aktionäre übernehmen —> Aktienbuch

transferable loan certificate [EuroM] *TLC* Als übertragbares Kreditinstrument eine Neuentwicklung im klassischen Eurokonsortialkredit. Ausgestaltungsform der transferable loan facilities. Zweck: den Eurokredit durch günstiger Konditionen "handelbarer" (= Übertragung von Darle-

Tratte

henstellen) zu gestalten [verbesserte Marktaufnahmefähigkeit], als es mit den bisherigen Dokumentationsformen für Unterbeteiligungen an Eurokrediten möglich war ‖ **transferable loan instrument** [EuroM] *TLI* Übertragbare Kreditfazilität. Ausgestaltungsform der transferable loan facilities [verbriefter handelbarer Darlehensteil] mit Wertpapiercharakter. Verbriefen einen durch Abtretung übertragbaren Kreditanspruch des Gläubigers

Transferzahlungen *transfer payments* —> Übertragungen

Transitwaren [ZollW] *transit goods*

Transportschäden [VersR] *damage in transit*

Trassant [WechselR] *payer* Aussteller eines gezogenen Wechsels

Trassat Bezogener *payor* ‖ *drawee*

Trassierung *drawing of a bill of exchange*

Tratte *bill of exchange* [§ 1 WechselG/gezogener Wechsel] three party instrument in which a first party [drawer] draws an order for the payment of a sum on a second party [drawee/bank] for payment to a third party [payee] at a definite future time :: Orderpapier i.d.R. als Tratte [oder eigener Wechsel, Solawechsel] mit der Anweisung des Ausstellers, daß jemand (der Bezogene) eine bestimmte Geldsumme an einen Dritten (Remittent oder an Order) zahlt ‖ **Trattenziehung beim Akkreditiv** *authority to purchase (letter of authority)* :: Trattenziehungsvorschlag auf Dokumentenbasis ohne Einlösungsverpflichtung [kein Akkreditiv] ‖ bei order to purchase Trattenankaufskredit auf CLC-Basis

Traubenmost *grape must* —> Frucht || **Traubenschaumwein** [Winz] *sparkling wine of grapes*

trauen [EheR] *to join in matrimony*

Trauschein —> Heiratsurkunde

Trauung [§ 15 EheG] —> Eheschließung || **kirchliche Trauung** *church marriage* || **standesamtliche Trauung** *civil marriage*

Trauzeuge *witness to a wedding*

Treibgut *flotsam* Goods [not deliberately thrown overboard] which float on the sea when a ship is sunk —> Strandgut

Treibstoff [SteuerR/D] *motor fuels*

Trend —> Wirtschaftsentwicklung || [Bör/Chartanalyse] *trends* —> primäre || sekundäre || **kurzfristige Trends** [Bör] *minor trends* || *tertiary trends* kleine, mehrwöchige Schwankungen innerhalb eines Trendkanals || **langfristige Trendlinie** [Bör / Chartanalyse] —> primäre Trends || **mittelfristige Trends** [Bör] —> sekundäre Trends || **primäre Trends** [Bör / Chartanalyse] langfristige Trendlinie *major trends* || *primary trends* grundlegende, mehrjährige Trends || **sekundäre Trends** [Bör] mittelfristige Trends *intermediate trends* || *secondary trends* mehr monatige Schwankungen innerhalb eines primären Aufwärtstrends || **tertiäre Trends** [Bör] —> kurzfristige Trends || **Trendkanal** [Bör] *trend channels* || **Trendlinie** [Bör] *trend line* || **Trendumkehrformation** [Chartanalyse] —> Formationen

Trennung —> Abtrennung || **Trennung von Tisch und Bett** *separation from bed and board* || **Trennungszulage** *subsistence allowance*

Treu und Glauben [auf ~] *in the attitude of trust and confidence* im wesentlichen —> bona fide und damit equity —> Billigkeitsrecht. Overall principle governing any contractual relationship between debtor and creditor, such as the interpretation of a contract [§ 157 BGB], the performance of a contract according to local conventional usages and customary laws [§ 242 BGB]. The scope of application in German law is practically unlimited so that the principle of the parties' acting in the attitude of trust and confidence is also applied to public law, private law [e.g., labour contracts], etc.—> rechtshemmender Einwand [U.C.C. § 1-203]

Treueeid leisten *to take an oath of allegiance* [als Schwur auf die Verfassung nach US Verfassung Art. II, Sec. 1 und Art. VI] || **Treueerklärung** *confirmatin of allegiance*

Treugeber *trustor* Begründer eines trust —> settlor || trustee ist eine natürliche oder juristische Person, die in eigenem Namen für die oder den Begünstigten Vermögen treuhänderisch verwaltet || **Treugut** *trust capital* || *trust res* property of which the trust consists (real or personal) and trustee has legal title || **in Treuhand gegebener Vermögensstück** *trust of property* || **Deutsche Treuhandanstalt** *German Treuhand[anstalt]* [BRD] German government agency with main office in Berlin - from 1990 - 1994 - charged with privatising over 8,000 former East Germany`s state-owned enterprises

Treuhänder *trustee* || *fiduciary* a person who holds s.th. in trust, i.e. acts in a capacity [involving confidence] || **Bestellung eines Treuhänders** *commission of a trustee* —> treuhänderisch verwalten || **in das Ermessen des Treuhänders gelegt** *discretionary trust* || **öffentlicher Treuhänder** *public trustee* || **Verletzung der Pflicht des Treuhänders** *breach of trust*

treuhänderische Verwaltung durch einen Vermögensverwalter (Treuhänder || Fiduziar) *to hold in trust* [GB] Bestellung eines Trustee :: commission of a trustee beim Schenkungsakt oder Verfügungsakt, der als formeller Eigentümer und kraft eigenen Rechts im Interesse des Minderjährigen [cestui que trust] das Treuvermögen verwaltet || **treuhänderisches Eigentum** *fiduciary property* || **Treuhänderkuratorium** *board of trustees*

Treuhandgebiet *trust territory* || **Treuhandgesellschaft** *trust company* || **Treuhandkontenerwaltung** —> Sparkasse —> private Einrichtung || **Treuhandrat** *trusteeship council* || **Treuhandrecht** *law of trusts* || **staatliche Treuhandstelle** —> öffentlicher Treuhänder || **Treuhandverhältnis begründen** *to create* [to establish || to constitute || to declare] *a trust* || **Treuhandverhältnis, das mit der Übertragung des Treugutes begründet wurde** *simple trust* || **ausdrücklich geschaffenes Treuhandverhältnis** *expressed trust* || **vermutetes Treuhandverhältnis** *implied trust* || **Treuhandverhältnis, das dem Treuhänder besondere Pflichten auferlegt** *special trust* || **Treuhandverhältnis, das eine Bitte**

enthält *precatory trust* || **Treuhandvermögen** *trustee funds* || **Beträge aus Zweck- und Treuhandvermögen** *benefits from estates and trusts* || **Treuhandvertrag** *trust agreement*

Treuurkunde *trust document*

Tribut [GB] [arch] *gavel* Jährliche Abgaben in verschiedenen Formen :: gavel-corn || gavel-malt || oat-gavel || gavel-fodder, etc —> Abgaben || Steuern

Trinkzwecke *drinking purpose*

Trip-Leasing *trip leasing* Sonderform des LKW-Leasing, bei dem neben Fahrzeug auch der Fahrer eingeschlossen ist. Häufig nur für eine Tour vereinbart, Kosten je nach zu beförderndem Frachgut

trocken [Winz] *dry* || **trockener Wechsel** *promissary note* seltene Bezeichnung für —> Eigenwechsel || Solawechsel

Trommel [des Revolvers] [Bal] *cylinder*

Trouble-shooter-Rolle [Psych] [Soz] *disturbance handler role*

Troy ounce Masseneinheit für Edelmetalle in Feinunzen, 1 troy ounce = 31,103495 g, das Troy-Pfund ist in 12 Troy-Unzen eingeteilt mit einem Gesamtgewicht von 373,2419 g —> Feingehalt || **Troy-Pfund** —> Troy ounce || **Troy-System** Masseneinheiten, 1 troy pound = 12 troy ounces = 240 pennyweight = 5760 grain

Trunkenheit im Verkehr [USA] [Abbr] *DWI driving while intoxica-*

Truppenteil

ted || *operating a motor vehicle while under the influence of intoxicating liquor [or drugs]* [BRD § 2 StVZO, § 316 StGB] —> Blutalkohol

Truppenteil [Mil] *unit*

Trust —> Treuhand || [USA] Trust ist ein auf Marktbeherrschung gerichteter Unternehmenszusammenschluß in Form eines Konzerns oder aus Fusion hervorgegangenen Einzelunternehmens. Einzelunternehmen verlieren i.d.R. wirtschaftliche und rechtliche Selbständigkeit. Für den deutschen Begriff Konzern ist *group* die Übersetzung der Wahl

Tun oder Unterlassen Handlungen oder Unterlassungen *action or omission*

Türkenpfennig [SteuerR] [arch] *Turk Penny* —> Gemeiner Pfennig

Typus *type* —> Art || Gruppe || Kategorie || Schrifttyp

über —> Hinblick ‖ über [...] excess [...] ‖ in excess of ‖ super [...] ‖ above ‖ über dem Niveau des Jahres 19.. [Vorjahresniveau] above the level of the same period in 19..

überarbeiten to revise

Überblick overview

Überbrückungskredit interim credit ‖ tide-over credit

überdurchschnittlich stark expandieren [Bil] to expand at an above-average pace

übereinkommen to agree ‖ zu den folgenden Bestimmungen übereingekommen sein to have agreed on the following items [...] ‖ dies vorausgeschickt, haben die Vertragsparteien folgendes (im folgenden) vereinbart :: Now, therefore, the parties have agreed as follows:

Übereinkommen [mehrseitig] ‖ Abkommen [zweiseitig] agreement ‖ Übereinkommen schließen to conclude an agreement ‖ Übereinkommen über die Bekämpfung der illegalen Inbesitznahme von Flugzeugen Convention for the suppression of unlawful seizure of aircraft

Übereinkunft memorandum of agreement Meist ein Vertrag, der jedoch noch nicht abgeschlossen wurde ‖ Verbalübereinkunft zum Schutze des gewerblichen Eigentums [PatR] Agreement on Association for the Protection of Industrial Property

übereinstimmen entsprechen to correspond

Übereinstimmung [Pol] unity ‖ assent ‖ mutual assent ‖ Willensübereinstimmung consensus ad idem ‖ consent to the matter

Überfischung [Mar] devastation of fishery resources

überflüssig machen entpflichten ‖ entbinden to dispense with —> verzichten auf

überführen [Straftat] to convict ‖ to prove or find s.o. guilty

Übergabe [Wertpapier] negotiation

Übergang transfer —> übertragen ‖ Übergang von Rechten und Pflichten kraft Gesetzes assignment by operation of law —> Abtretung eines Anspruchs ‖ Übergang der wirtschaftlichen Verfügungsmacht [SteuerR] transfer of beneficial ownership ‖ Übergangs[...] interim ‖ Übergangsvorschriften transitional provisions

übergeben to forward ‖ übergeben an to refer to

übergehen auf to pass s.th. to s.o. ‖ Eigentum geht auf den Käufer über full ownership shall pass to the buyer

Übergewinnsteuer [GB/USA] excess profits tax ‖ windfall tax —> Übersteuer

überhöhter Bestand overstocking

überkauft [Bör] overbought Markt-

Überliegegeld   übertragbar

situation nach starken Wertpapierkäufen, graphische Darstellung von Höchst- bzw. Tiefstkursen. Überverkauft-/Überkauft-Indikator bei der techn. Aktienanalyse, der als Signal für Kauf- bzw. Verkaufsentscheidungen dient (Mitnahmegewinne)

Überliegegeld [Mar] *demurrage* Überliegezeit bei verzögertem Auslaufen

Überliquidität *excess liquidity* Liquidität, die das betriebsnotwendige Maß übersteigt

übermitteln *to furnish with* || *to transmit* || *to communicate* || *to return* || **wird übermittelt** wird zugestellt *will be addressed to*

Übermittlung Aushändigung *delivery* || [EDV] *transmission* —> DFÜ

Übernahme einer Vertretung aus dem Ausland Vergabe einer Auslandsvertretung *assignment to a sales representative abroad* || **Übernahmebescheinigung des Spediteurs** *forwarding agent's Certificate of Receipt* || **Übernahmegarantie[erklärung]** [Bör] *underwriting* Übernahmekonsorten verpflichten sich die Emission fest zu übernehmen und an das Publikum zu verkaufen || **Übernahmekonsortien** *underwriting groups*

übernehmen *to adopt* —> annehmen

Übernehmer —> Zessionar

Überprüfung *review*

überschlägig *rough* || Schätzwert *estimated* || *rough estimate of*

überschreiten *to be in excess of*

Überschuldung *excess of liabilities over assets* Zustand, bei dem das Vermögen nicht mehr die Schulden deckt —> Insolvenz || Zahlungsunfähigkeit

Überschuß *surplus* || *cash surplus*

überschüssig *excess [...]*

Überschußproduktion [EG] *surplus production*

übersenden *to transmit* || *to forward* || *to consign*

Übersicht Zusammenfassung *synopsis* || *outline* || *survey* || *summary* || Aufstellung *list* || *chart* || *table*

Übersiedler *newcomers from [East Germany]* —> Zustrom

überstaatlich *supra-national*

Übersteuer [USA] *surtax* progressiv bis 88% bei Einkommen [bei Körperschaft ab $25.000,-] || *excess profits tax* [I.R.C. § 531] eine nach dem Internal Revenue Code erhobene Zusatzsteuer auf von den Gesellschaften nicht ausgeschüttete Gewinne

übertarifliche Lohnbildung —> betriebliche Lohnbildung [Man/Org] *determining* or *bargaining [wages] at plant level*

Übertrag *(amount) carried over* || Vorgang *transfer* || *carry-over*

übertragbar *transferable* || *alienable* || *conveyable* || *assignable* || *negotiable* || **die Lizenz ist weiter übertragbar** [PatR] *the licence shall*

343

übertragen

be transferred or assigned

übertragen *to communicate* ‖ *to confer sth. upon s.o.* ‖ *to convey* ‖ *to assign* ‖ *to transfer* —> auflassen. Begriff des Uniform Commercial Code, der alle Handlungen umfaßt, bei denen ein Recht auf einen anderen übergeht. Generell als Rechtsakt durch die Parteien oder per Gesetz, bei dem ein Rechtstitel an einem Eigentum von einer Person auf eine andere Person übertragen wird, einschließlich der Übertragung von Rechten durch den Erblasser auf seine Erben ‖ [PatR] **Die gewährte Lizenz ist übertragen auf [...]** *The licence granted is assigned to [...]* ‖ [Befugnisse] *to delegate* ‖ [VölkR] [...] **die ihm vom Rat gemäß Art. 11 übertragen werden** *as the council may delegate to it under Art. 11* ‖ **übertragene Entscheidungsbefugnis** *delegated authority*

Übertragung *transfer* ‖ [GrundstR] *conveyance* ‖ **versuchte Übertragung** *attempted assignment* —> Forderungsübergang [USA U.C.C. § 3-202(1)] *negotiation* ‖ **Übertragung von Eigentum** *transference* —> Auflassung ‖ **Übertragung[sbilanz]** [Bbank] *transfer payments* Teil der Zahlungsbilanz und bildet mit der Handels- und Dienstleistungsbilanz die Leistungsbilanz ‖ **Übertragungen** *transfer payments* Ohne unmittelbare wirtschaftliche Gegenleistung geleistete Zahlungen der öffentlichen Hand an Privathaushalte, z.B. Arbeitslosengeld :: unemployment check oder Social Security check :: Sozialhilfe, sog. Sozialtransfers. [Bbank] eigentlich: einseitige Übertragungen syn.: unentgeltliche Übertragungen; ohne unmittelbare Gegenleistung erbrachte bzw. empfangene Güter- und Geldleistungen an das Ausland bzw. aus dem Ausland wie z.B. Entwicklungshilfe, Überweisungen von Gastarbeitern sowie Beiträge an internationale Organisationen. Darstellung erfolgt in der —> Übertragungsbilanz

übertreffen [Erwartungen ~] *to exceed [one's expectations]* ‖ **deutlich den Höchststand von [Jahr] übertreffen** *volume clearly exceeded the peak level of [year]*

Übertretung eines Gesetzes *breach of the law*

Überwachung *monitoring* ‖ [ZollW] *surveillance* ‖ [Polizei] *to keep s.o. under surveillance* ‖ *visual or electronic observation* directed at a person or place ‖ **Überwachungsamt** *supervisory board*

Überweisung *transfer* ‖ *remittance* —> Aufstellung ‖ **Überweisung von Geldern** *transfer of money* ‖ **Überweisungen ausländischer Arbeitskräfte** [Bbank] *remittances of foreign workers*

überwiegend behauptet [Bör] *most widely held* Tendenzbewertung an der Börse, bei der trotz zeitweiser Belastung im Börsengeschehen das Kursniveau weitgehend gehalten wurde

überzählig *surplus* [...] ‖ *excess* [...]

Überzahlungen —> zurückerstatten

überzeugt ‖ **in der Überzeugung** [VölkR/Präambel] *persuaded* ‖ *convinced*

Überziehungsprovision [BankW] *overdraft commission*

Überziehungszinsen *interest on overdraft*

überzogen übertrieben *exaggerated* ‖ *excessive* ‖ **überzogener Kredit[rahmen]** *overdrawn credit*

üblich *usual* —> Handelsbrauch ‖ **der übliche Geschäftssitz** *the usual place of business*

übrige *other* —> sonstige ‖ **übrige sonstige betriebliche Aufwendungen** [Bil] *remaining misc[ellaneous] operational expenditures* ‖ **übrige Verbindlichkeiten** [Bil] *other liabilities*

Übung [Uni] —> Lehrveranstaltung

U.C.C. [USA] [Abbr] *Uniform Commercial Code* **Handelsgesetzbuch**

Ultra-Vires-Theorie *the doctrine of ultra vires* An act [of a corporation] is ultra vires = beyond the scope of the powers [of a corporation], Überschreitung der Rechtsbefugnisse [der in der Satzung der Handelsgesellschaft festgelegten Geschäftszwecke]. Zur Vermeidung solcher Rechtsverletzungen (ggf. Nichtigkeit oder Anfechtung des Rechtsgeschäfts und eventuell [von Staats wegen] Löschung der Erlaubnis zur Betreibung einer Gesellschaft) wird dieser Geschäftszweck und Geschäftsführungsbefugnis (Haftungsproblem) extrem weit gefaßt. [GB] Durch Rechtsangleichung in der EG [European Communities Act, 1972] ist Ultra-Vires-Geschäft gegenüber einem gutgläubigen Dritten gültig, sofern ein director diesem Rechtsgeschäft zugestimmt hat. [USA] Unwirksamkeit gegenüber Dritten in engen Grenzen. [a contract is deemed to be "ultra virus the directors" or "intra virus the director"]

um mehr als 1 Prozentpunkt steigen [Bil] *to increase by over 1 percentage point*

Umbildung *reconstruction* ‖ *converting* ‖ *transforming* ‖ *reorganization*

Umfang *size* ‖ *extent* —> Rahmen ‖ *dimensions* ‖ *volume* ‖ *extension* ‖ *range* ‖ [VersR] Deckung *coverage*

umfassen *to comprise* ‖ *to include* ‖ *to embrace* ‖ abdecken *to cover* ‖ [Begriffsdefinition] *to denote* —> bestimmen

umfassend *full* ‖ **umfassende** [eingehende] **Erörterung** *full discussion*

Umfeld *background* ‖ **wirtschaftliches Umfeld** [Rahmenbedingungen] *economic background* ‖ *macro-economic setting* —> weltwirtschaftlich

umgekehrtes Dreieck [Bör/Chartanalyse] *broadening top* Umkehrformation, gilt als Signal für starke Kurseinbrüche —> Formationen ‖ **umgekehrt war die Situation bei** *the reverse was true of*

umgelegte Sozialkosten [nicht~] *unabsorbed burden welfare expense*

Umhüllung [Verp] *cover* ‖ **erste Umhüllung** [Verp] *first wrapper*

Umkehrformation *head and shoulders top* Top mit zwei etwa gleichhohen Schultern im gleichen Abstand zum Kopf mit einer waagerecht verlaufenden Nackenlinie, die von den beiden Tiefpunkten gebildet wird, die sich zwischen Kopf und beiden Schultern befindet. An dieser Formation ist abzulesen, daß die Kurse sich nach unten bewegen

Umladehafen [ZollW] *port of transshipment*

Umladung [ZollW] *transshipment* || **ohne Umladung des Inhalts** [ZollW] *without immediate reloading*

Umlage der Gemeinkosten *apportionment of indirect cost* || *overhead distribution* || **Umlageverbot** [BetrVG] *prohibition of employee's contributions*

Umlauf *circulation* || [Bbank] *outstanding* || **Umlauf an Bankschuldverschreibungen** [Bbank] *bank bonds outstanding* || **Umlauffonds** *revolving fund* || **Umlaufkapital** *floating capital* || **Umlaufmarkt** *secondary market* —> Sekundärmarkt || **Umlaufrenditen** *bond yields* || **Umlaufrendite (ingesamt Monatsdurchschnitte)** [Bör] *yields on all bonds outstanding (monthly averages)* || **Umlaufsrendite öffentlicher Anleihen** *current yield on public sector bonds* || **Umlaufvermögen** *current assets* || *floating assets*

Umlegung *re-allocation of communal property* —> Flurbereinigung

Umrechnung *conversion* || **Umrechnung der Preise** *price conversion* || **Umrechnungsfaktor** *conversion factor* || **Umrechnungskurs** *exchange value* || **Umrechnungstabelle** *conversion table* || **Umrechnungswert** —> Umrechnungskurs

Umsatz *sales* || Bruttoeinkommen *gross income* || **Umsatz aus Verkäufen** *outright sales revenue* || **unbarer Umsatz** *net non-cash* || **Gesamtkosten des Umsatzes** *total cost of sales* || **Gewinn-Umsatz-Verhältnis** *P/V ratio* || *profit to volume ratio*

Umsatzanalyse *sales analysis* || **Umsatzanteil innerhalb des Konzerns** [Bil] *share in the Group's turnover* || **Umsatzbilanz** —> Rohbilanz || **Umsatzentwicklung** [Bil] *sales trend* || **Umsatzerlöse** [Bil] *sales revenue* || **Umsatz-Leasing-Geschäft** [Leas] *sales-type lease* || **Umsatzpacht** *percentage lease* || **Umsatzprovision** *turnover commission* || **Umsatzsteigerung** [Bil] *increase in turnover* || *growth in sales* || *expansion of turnover* —> Ausbau des Geschäfts || Ausweitung || *rising sales* || **Umsatzsteuergesetz** [Abbr] **UStG** [SteuerR] *Turnover Tax Law* Rechtsgrundlage für die Erhebung der Umsatzsteuer [Mehrwertsteuer]. Steuerschuldner ist der Unternehmer (wer eine gewerbliche oder berufliche Tätigkeit selbständig ausübt). Der USt unterliegen Lieferungen und sonstige Leistungen, Eigenverbrauch und Einfuhr —> Vorsteuer || **umsatzsteuerlicher Grenzausgleich** [SteuerR/D] *equalisation of turnover tax at the frontiers* || **Umsatzsteuer-Verprobung** *VAT verification* —> Verprobung || **Umsatzvorschau** *sales projection*

Umschichtung *reconstruction* || *turnover* || **Umschichtung des Eigenkapitals zwecks Sanierung** *recapitalization of equity for reorganization purposes* || **Umschichtung eines Portefeuilles** *portfolio turnover* || **Umschichtungen bei den**

Wertberichtigungen [Bil] *writing-back of provisions for bad debt reserves*

Umschlaggeschwindigkeit —> Umschlaghäufigkeit ‖ **Umschlaghäufigkeit** [MatW] *turnover ratio* Kennzahl der Warenwirtschaft zur Ermittlung, wie lange ein Artikel durchschnittlich lagert bzw. das Warenlager in einer Periode umgesetzt wird

Umschuldungen zu längeren Kreditlaufzeiten vornehmen *restructure existing loans to a longer-term basis*

Umschwung *turnover*

umsichtig *prudent* —> Sorgfalt ‖ **umsichtiger Geschäftsmann** *careful prudent man of business* —> ORP

Umsiedler —> Übersiedler

Umstände *circumstances* ‖ **mildernde Umstände** *extenuating circumstances* ‖ [...] **ein Bündel positiver Begleitumstände, wie z. B.** [...] *a number of influences including [...]* ‖ **Umstände der Straftat** —> Tathergang ‖ **wenn es die Umstände gestatten** *where circumstances permit*

Umstellung *modification* ‖ [Bil] *recapitalization*

Umstürzen *turnover* —> stürzen

Umtausch [Buchf] *exchange* ‖ Ersatz *replacement* —> Umrechnung

Umwandlung von Bankforderungen in Beteiligungsverkauf / in Exportverpflichtungen [Schuldenkrise Entwicklungsländer] *debt for equity* —> Securitization ‖ **Umwandlung in Verkauf** [VertR] *conversion to sale* Umwandlung eines Mietvertrags in ein Verkaufsabkommen ‖ **Umwandlungsmöglichkeit** [InvF] *conversion facility* Umtauschmöglichkeit [sofern von der Investmentgesellschaft vorgesehen]. Tausch kann anzahlmäßig und zeitlich begrenzt sein. Ferner Möglichkeit des Tausches in eine Richtung (Aktienfondsanteile in Rentenfondsanteile, wobei der höhere Ausgabeaufschlag bereits bezahlt wurde) oder in beide Richtungen (Ausgleich der Differenz)

Umweltagentur [Europäische ~] [EU] *European Environment Agency* Sitz: Kopenhagen ‖ **Umweltschutzinvestitionen der Industrie** *pollution control investment by industry* ‖ **Umweltschutzpapier** —> Recycling-Papier ‖ **Umweltverschmutzung** *[environmental] pollution*

umziehen *to move* —> Wohnsitzverlegung

unabänderliches Urteil *res judicata* formelle Rechtskraft eines Urteils ist erreicht, wenn das Urteil nicht mehr angefochten werden kann

unabdingbar *imperative* ‖ *essential*

unabhängige Leasing-Gesellschaft [Leas] *independent leasing company* ‖ **unabhängige Wählervereinigungen** [WahlR/D] *independent electoral associations*

Unabhängigkeit der Richter des Richterstandes *independence of judiciary*

unauffälliger Befund *uncontributory findings*

unausgenutzt *unused* —> offen

unbare Dividende *non-cash dividend* ‖ **unbare Umsätze** *net non-cash*

unbebautes Grundstück *vacant property* vacant plot of land ‖ building land

unbefristet in kraft *to remain in force for an unlimited time* ‖ **unbefristeter Kredit** *perpetual credit*

unbehebbar *irrecoverable*

unbelastet [Grundstück] *unencumbered*

unbeschadet der Ansprüche/Rechte *without prejudice to the claims*

unbeschränktes Eigentum *full title* —> Volleigentum [= fee simple ‖ [GB] freehold ‖ **unbeschränkter Eigentümer** *freeholder* Inhaber eines unbeschränkten [auf Lebenszeit oder darüber hinaus durch Vererbung gültigen] Besitztitels an einer Sache mit unbeschränktem Herrschaftsrecht **unbeschränktes Grundeigentum** fee oder fee simple üblicherweise Grundbesitz, generell jede Sache, über die eine Person auf unbestimmte Zeit Herrschaftsrecht ausübt [der insbesondere vererbbar ist] ‖ **unbeschränktes Grundstückseigentumsrecht** *fee simple absolute* fee simple absolute is an estate limited absolutely to a man and his heirs and assigns forever without limitation or condition. An absolute or fee-simple estate is one in which the owner is entitled to the entire property with unconditional power of disposition during his life, and descending to his heirs and legal representatives upon his death intestate :: ein zeitlich unbefristet und unbeschränkt ausschließliches Eigentumsrecht. Der Berechtigte hat bei absolute oder fee-simple estate das volle Eigentumsrecht zu Lebenszeiten, das [bei nicht testamentarisch geregelter Erbfolge] auf die Erben und Rechtsnachfolger übergeht ‖ **unbeschränkter Grundstückeigentümer** *owner in fee simple* ‖ **unbeschränkte und gemeinschuldnerische Haftung** [der Gesellschafter] *jointly and severally liable*

unbesoldet *unpaid*

unbestätigtes Akkreditiv *unconfirmed credit*

unbestimmt —> Zeit[punkt]

unbezahlt *unpaid* ‖ **unbezahlte Freizeit** *time off without pay*

Underwriter [Bör] *underwriter* übernehmen Verpflichtungen zur Übernahme von neu aufgelegten Schuldverschreibungen, falls diese nicht vollständig untergebracht werden konnten

unehelich erklären [per Gericht] [GB] *to bastardize* "bastard" ist in USA selten gebraucht, dort "illegimate child" ‖ **unehelich geboren** —> Kind ‖ **uneheliche Geburt** *bastardy* Heute nicht mehr übliches Verfahren ist die Unehelichkeitserklärung ‖ **[Verfahren zur] Unehelichkeitserklärung** *bastardy procedure*

uneinbringlich —> Forderung ‖ **uneinbringliche Schulden** zweifelhafte Forderung *bad debts*

Uneinbringlichkeit (der Forderung) *irrecoverability*

uneingeschränkter Bestätigungsvermerk [Bil] *unqualified audit certificate* —> Bestätigungsvermerk

uneinstimmig [if they] *fail to agree* falls keine Einigung erzielt wird

unentgeltlich *without return* —> kostenlos

unerlaubtes Entfernen vom Unfallort —> Fahrerflucht

unerwartete Gewinne *windfalls profits*

unerwünschtes Ereignis [Med] *adverse reaction* || *adverse experience* —> Nebenwirkungen

unfähig *to be incapable to perform legal acts* || **Unfähigkeit** *disqualification* || **Unfähigkeit zur Bekleidung eines öffentlichen Amtes** *disqualification for public office* || **Unfähigkeit, zum rechtlichen Handeln** (z. B. Minderjährige; Geisteskranke; Kranke) *incapacity*

Unfallversicherung mit Prämienrückgewähr [VersR] *accident insurance incorporating a noclaims bonus*

unfertige Erzeugnisse [Bil] *work in progress*

ungeachtet *notwithstanding*

ungebrochener Fracht —> Verkehr

ungebührlich *unduly* —> sittenwidrig

ungedeckter Scheck *rubber check* [coll/USA] cheque returned by drawee bank due to insufficient funds in drawer's account —> Ausstellung ungedeckter Schecks

Ungeld [arch] [Getränkesteuer/D] *beverage tax* tax on wine beer and mead

ungenützte Kapazitäten *idle capacity*

ungestört *peaceably* || *quiet*

Uniform Commercial Code Handelsgesetzbuch [Abbr] *U.C.C.* [USA] Von den Commissioners on Uniform State Laws ausgearbeitetes "Mustergesetz" über Handelsussancen, dessen Vorschriften von allen Einzelstaaten (außer Louisiana) angenommen wurden; governing commercial transactions such as sales of goods [Warenkauf], commercial paper [Wertpapierrecht], bank deposits and collections [Bankeinlagen und Bankinkasso], letters of credit [Akkreditiv], bulk transfers [Geschäftsübertragungen], warehouse receipts [Lagerschein], bills of loading [Frachtbriefe/Ladeschein], investment securities, and secured transactions [Anlagepapiere, Schuldverschreibungen, Aktien, etc.]. Durch den U.C.C wurden diverse Uniform Laws aufgehoben

Universalbanken *universal banks* —> banking firms :: Kreditinstitute

Universitäts- und Hochschulrekrutierung [PersW] *college recruitment*

unkündbar *not subject to denunciation*

unmittelbar *directly* —> direkt

Unmündigkeit *tutelage* —> Vormund

unparteiisch *equitable*

unrichtige Darstellung *misrepresentation* —> Tatsachen ‖ falsche Rechtsbelehrung

unscharf [Photo] *blurred* ‖ [Munition] *unprimed* ‖ *unarmed* —> entschärfen ‖ **unscharfe Menge** [Stat] *fuzzy set*

untauglich (machen ‖ erklären) *to disable* —> geschäftsunfähig ‖ **Untauglichkeit** [Versuch] *impossible attempt* ‖ [Person] *incompetent* ‖ *incapable* ‖ [Mil] *ineligible* —> [Aus-]musterung ‖ *unqualified* ‖ [Gegenstand] *useless* ‖ *unserviceable* ‖ *worthless* —> Unfähigkeit

unten [aufgeführt/bezeichnet] [kurz genannt in Verträgen] *herein[after referred to as]* —> nachstehend

unter *under* —> Voraussetzung ‖ **unter der Bedingung, daß** *on the agreement* ‖ **unter Hinweis** [VölkR/Präambel] *recalling* ‖ **unter der Voraussetzung, daß** *provided that* —> Bedingung

Unterausschuß Eisen und Stahl *Subcommittee on Iron and Steel* ‖ **Unterausschuß Kohlenhandel** *Coal Trade Subcommittee* ‖ **Unterausschuß Mittelamerikahandel** [USA] *Central American Trade Subcommittee*

Unterbevollmächtigter *sub-agent* agent allgemein: Bevollmächtigter ‖ Vertreter [des Vermögens] ‖ Vermittler ‖ **Unterbilanz** *capital impairment* Zustand, bei dem das Grundkapital durch Verluste oder Ausschüttungen angegriffen wird —> Ausschüttungssperren ‖ **unterbrechen** [Strafvollzug] *temporarily suspended* ‖ **unterbreiten** *to present* ‖ [Vorhaben] *to propose* —> Vorschlag ‖ **unterbreiten** *to initiate* ‖ **Vorschläge können von jedem Mitgliedstaat unterbreitet werden** *proposals may be initiated by any State [...]* ‖ **unterbringen** [z.B. in eine Heilanstalt] *to commit [to]* ‖ **Unterbringung** [Bör] *placing* —> Streuung ‖ **Unterbringung inländischer Aktien** [Bör] *placing of domestic shares*

untere *lower* ‖ **unteres Management** *lower management*

Unterfangen Bestreben *endeavour*

untergäriges Bier [BierSt/D] *bottom-fermented beer* ‖ **untergegangene Waren** [ZollW] *lost goods* ‖ **untergeordnet** *collateral* [z.B. Bestimmung im Vertrag] —> Kreditsicherheit ‖ *subsidiary* ‖ *under another's control* ‖ *of secondary importance* ‖ [Position ‖ Stellung] *subordinate [position]*

Unterhalt [ZivR] *maintenance* ‖ **Unterhaltsberechtigter** —> Angehöriger ‖ **Unterhaltspflicht der Ehegatten** [BRD] [§§ 1360 ff. sowie §§ 1601 ff. BGB] *obligation to support spouse and children* ‖ **Unterhaltsrückstände** [USA] *support arrears* ‖ [GB] *maintenance arrears* ‖ **Unterhaltssachen** *affiliation cases* [GB] [eines nichtehelichen Kindes] ‖ **Unterhaltszahlung** [USA] *spousal support* non-support constitutes ground of divorce :: Weigerung bzw. Nichtleistung ist Ehescheidungsgrund [BRD] —> Un-

Unterkommission   **Unternehmen**

terhaltspflicht ‖ **Unterhaltszuschuß** *subsistence allowance* ‖ **Unterhaltung** [Lager] —> Bestand ‖ [Tech] *maintenance* —> Wartung ‖ **Unterhaltung von Bankkonten** *maintenance of bank accounts* ‖ **Unterhaltungsapparate** [VergnügungsStG] *amusing machines*

Unterkommission *sub-commission* ‖ **Unterkonto** *subaccount*

Unterlagen *information* ‖ Urkunde[n] *documents* ‖ **unterlassen** versäumen *to fail* ‖ **Unterlassen** *omission* ‖ *act of forbearance* ‖ **Tun oder Unterlassen** *act or omission* ‖ **Unterlassung** *omission*‖ [zivilrechtlich] *forbearance* ‖ [vertraglich vereinbart] (i.S.e. Unterlassungsversprechens) *negative covenant* —> Nebenabrede ‖ Versäumnis *default* ‖ **Unterlassung der Mitwirkung[shandlung]** [USA] *failure to co-operate* ‖ **Unterlieferant** —> Zulieferer ‖ **unterliegen** bedürfen *to be subject to* ‖ **dieses Übereinkommen bedarf der Genehmigung** [VölkR] *this agreement shall be subject to approval*

Unternehmen [wirtschaftlich, rechtliche Aspekte] *enterprise* ‖ *business organizations* ‖ *company* —> Handelsgesellschaft ‖ **Unternehmensatmosphäre** —> Betriebsklima ‖ **Unternehmensberater** [Man] *consultants* ‖ **Unternehmensbereich** [Bil] *corporate sector* ‖ **Unternehmens[teil]bereich** *shop* ‖ **Unternehmen, mit denen ein Beteiligungsverhältnis besteht** [Bil] *affiliated companies* ‖ **Unternehmensformen** *forms of business* ‖ **Unternehmensführung** *control [of the company]* ‖

Unternehmensgliederung *organization form* ‖ *organisation pattern* ‖ *organisation structure* ‖ **Unternehmensgröße** *organizational size* ‖ **Unternehmensklima** —> Betriebsklima ‖ **Unternehmenskultur** *organizational culture* ‖ **Unternehmensleitung** —> Unternehmensführung ‖ **Unternehmensmoral** [Man/Org] *organizational morale* ‖ **Unternehmensnorm** *organizational norm* ‖ **Unternehmensordnung** *management organization* ‖ **Unternehmenspolitik** *business policy* ‖ strategische Planung *strategic planning* ‖ **Unternehmenspraxis** [Komm] *human relations* ‖ **Unternehmensspitze** [Man/Org] *strategic apex* ‖ **Unternehmensspitze** —> Führungsstab ‖ **Unternehmensstrategie** *corporate strategy* staatliche und gesellschaftliche Rahmenbedingungen ‖ **Unternehmensteilbereichsstrategie** *functional area strategy* ‖ **Unternehmensübernahmen und -fusionen** *company mergers and acquisitions* ‖ **Unternehmenswerthaltung** *organizational value* ‖ **Unternehmensziel** *management objective* ‖ *goals of the firm* ‖ *objectives [...]* ‖ **Unternehmenszusammenschlüsse** [lose Absprachen zwischen zwei oder mehr Unternehmen bis hin zur Fusion] ‖ I. e. S. versch. Formen der Verschmelzung *merger* ‖ *consolidation* ‖ *amalgamation* [USA] Verbot im Sherman Antitrust Act [15 USCA §§ 1-7 und Clayton Act 15 USCA §§ 12-17] der *combination* in restraint of trade als wettbewerbsbeschränkender Zusammenschluß. Für "Konzern" ist *Group* die Übersetzung der Wahl ‖ **Unternehmenszweck** *organizational purpose* ‖ **unternehmerisch at company (board) level**

351

Unternehmerrisiko *business hazard* ‖ **Unternehmerrolle** [Psych] [Soz] *entrepreneurial role* ‖ **Unternehmung** —> Unternehmen

unterrichten *to disclose to*—> offenlegen [PatR] ‖ **Unterrichtungs- und Erörterungspflicht des Arbeitgebers** [BetrVG] *employer's obligation to inform and discuss*

Untersagung *prohibition* ‖ **Unterscheidung** *discrimination* ‖ **Unterscheidungsmerkmal** *discriminative feature* ‖ **Unterschied** *difference* ‖ **Unterschlagung** *embezzlement* —> Geldunterschlagung ‖ Unterschlagung im Amt *peculation* ‖ *misappropriation of public funds* ‖ Unterschlagung von Briefen *interception* ‖ von Urkunden *suppression* ‖ Unterschlagung von Nahrungs- und Genußmitteln in geringer Menge zum alsbaldigen Verzehr *theft of victuals* [StGB § 5, heute aufgehoben] theft or embezzlement of vicutals in small quantities [...] ‖ **bei deren Unterschreitung** *below which* ‖ **Unterschrift setzen unter** *to append the signature to* ‖ **Unterschriften und Siegeln** *hands and seals* ‖ **die Vertragsparteien haben dieses Schriftstück mit ihren Unterschriften und ihren Siegeln versehen** :: *the parties have herunto set their respective hands and seals* ‖ **unterstehen** *to be subordinate to s.o.* ‖ *to be in charge of* ‖ berichten an [...] report to ‖ **unterstellen** Anschuldigung ‖ böswillig *to impute s.th. to s.o.* ‖ *insinuate* ‖ *suggest* ‖ annehmen *assume* ‖ *presume* ‖ davon ausgehen *to submit* ‖ [StrafR] **wir unterstellen, daß die Anklage nicht bewiesen ist** *we submit that the charge is not pro-*

ved —> unterstehen ‖ **unterstellte Kosten** *imputed cost* ‖ **Unterstützung** *assistance* —> Hilfe ‖ *support* ‖ **jegliche Unterstützung geben** zuteil werden lassen *to give all assistance in one's power* ‖ **Unterstützungskasse** *relief fund* rechtsfähige Versorgungseinrichtung, die auf ihre Leistungen keinen Rechtsanspruch gewährt [§ 1[4] Betriebsrentengesetz] ‖ **untersuchen** *to examine* ‖ **Untersuchende** [Med] *observer* ‖ *EX examiner* ‖ **Untersucher** [Med] *observer* ‖ **Untersuchung** [Med] *scrutiny* ‖ *examination* ‖ *review* ‖ *inspection* ‖ Ermittlungen *inquiry* ‖ **Untersuchungsergebnisse** [Med] Befund *findings* ‖ **Untersuchungsgericht für Todesursachen** *Coroners' Courts* [since 12th cent.] concerned with matters such as treasure trove, but, principally with inquests which may necessitate a jury of seven to eleven, whose verdict is recorded in an inquisition. Jurisdiction: deaths of persons dying within the coroners' districts [reasonable cause for suspecting a violent or otherwise unnatural death, or a sudden death from causes unknown] —> Obduktion ‖ **Untersuchungshaft** [period of] *remand* —> Habeas Corpus ‖ *pre-trial detention* ‖ *custody* ‖ **Untersuchungskommission** *commission of inquiry*

Untertasse [Bör] *rounding bottom* [Chartanalyse] Kurse befinden sich auf einer leicht nach gewölbten Linie in Form einer Untertasse. Kommt nur bei billigen Aktien vor (anders bei teuren, dort rounding top) ‖ **untertauchen** *to disappear* ‖ *to go into hiding* ‖ *to go underground* —> sich entfernen von

Unterunternehmer *sub-contractor*

untervermieten *sublet* ‖ **Untervermietung** [MietR/Leas/USA] *sublease*

unterwerfen [Bestimmungen] *to require* ‖ *to accord with* ‖ [VölkR] Anwendung kann den Bestimmungen unterworfen werden [...] *an application may be required to accord with the provisions*

unterzeichnen —> Unterschrift **Unterzeichner** *signatory* meist Regierung oder Staat —> Unterzeichnete ‖ **Unterzeichnete** [natürliche Personen] *undersigned* —> Unterzeichner ‖ **Unterzeichnung** [VölkR] *signature* ‖ bei [der] Unterzeichnung des [...] *on signature of the agreement* ‖ zur Unterzeichnung **aufllegen** [...] *shall be open to the signatory states*

ununterbrochen *in a row*

unverändert bleiben [Betrag] *to remain unchanged (at DM [...])*

unverbleit —> bleifrei

unvereinbar mit *inconsistent with* ‖ *incompatible*

unverfallbare Pensionsanwartschaft *vested pension right* —> Unverfallbarkeit ‖ **Unverfallbarkeit** *vesting* Beim Versorgungsanspruch behält der Arbeitnehmer bei Beendigung des Arbeitsverhältnisses unter bestimmten Voraussetzungen vor Eintritt des Versorgungsfalls seine Versorgungsansprüche. Nach § 1 Abs. 1 BetriebsrentenG werden Vorsorgungsanwartschaften bei Vollendung des 35. Lebensjahrs unverfallbar, wenn zu diesem Zeitpunkt entweder die Versorgungszusage mindestens 10 Jahre bestanden hat oder der Beginn der Betriebszugehörigkeit mindestens 12 Jahre zurückliegt und die Versorgungszusage mindestens 3 Jahre bestanden hat

unvergällter Alkohol [SteuerR] *undenatured alcohol*

unverheiratete Frau *feme sole*

unverzüglich *promptly* ‖ *forthwith* ‖ alle Rechte fallen unverzüglich zurück an [...] *all rights shall forthwith revert to [...]*

unvollkommene Verbindlichkeit —> Spielschulden

Unze —> Troy ounce

unzurechnungsfähig —> geisteskrank ‖ **Unzurechnungsfähigkeit** *insanity* ‖ *unsoundness of mind* —> geisteskrank

upgrade —> Erneuerung von Maschinen

Urabstimmung [ArbR] *pre-strike ballot* —> Arbeitskampfrecht ‖ **zweite Urabstimmung** *second strike ballot* Bei mehrheitlicher Annahme des sogenannten letzten Angebots der Arbeitgeber in der Tarifkommission, wird in einer zweiten Urabstimmung (geheime Wahl) entschieden, ob der Streik fortgesetzt oder abgebrochen wird. Für die Beendigung müssen mindestens 25% der an der Urabstimmung teilnehmenden Arbeitnehmer stimmen (in GB einfache Mehrheit erforderlich)

Urheberrecht *copyright* ‖ *intellectual property* —> Copyright-Vermerk ‖ Impressumseite

Urkunde *record* —> Archiv || Register || Grundbuch || *instrument* || aus der das Eigentum an Immobiliarvermögen hervorgeht *muniment* || *title* || *indenture* i.w.S. Wertpapier, d.h. Urkunde, die die Emissionsbedingungen, Zinszahlung, Fälligkeit etc. einer —> Schuldverschreibung [Anleihe] aufweist. Vertragsparteien treten in gegenseitiges Schuldverhältnis, i.G.z einseitig verpflichtender Vertrag || **Urkunde ausfertigen** —> Ausfertigung || **Parteiverlangen auf Beibringung von Urkunden** [USA] *document request* || **Beitrittsurkunde** [VölkR] *instrument of accession* || **Urkunde über das Eigentumsrecht an Grundbesitz** vom Verkäufer beizubringen *root of title* || **Genehmigungsurkunde** [VölkR] *instrument of approval* || **vorliegende Urkunde** *by these presents* [im Vertragstext besser] diese [...] || **Urkundenvorlage** *discovery* || *presentation* [of documents] || *production* [of documents] || **urkundlich** *documentary* || **urkundlichen Nachweis liefern über** *to furnish documentary evidence* || **Urkundsbeamte** [der Geschäftsstelle des Gerichts] [GB] *clerk of the justice* || *registrar [of the court]* in einzelnen Staaten Bezeichnung für den Urkundsbeamten im Bereich der Grundstücksurkunden] *recorder* || *register* [officer authorized by law to keep a [public] record called a registry or register] || *registrant*

Urlaubsgeld [ArbR] *vacation pay*

Urproduktion Bodennutzung *primary production* volkswirtschaftliche Bezeichnung für die Nutzung des Bodens [Nutzung der Erdoberfläche als organisch mitwirkendem Produktionsfaktor (Landwirtschaft, Forstwirtschaft, Gartenbau, Fi-

scherei)] und durch den Abbau von Bodensubstanzen (Bergbau, Erdölförderung)

Ursache *cause*

ursächlich *causal*

Urschrift *original* || *single copy* —> Ausfertigung

Ursprungsdomizil —> Wohnsitz bei Geburt || **Ursprungsdaten** nicht bearbeitete Daten *source data* || *raw data* || **Ursprungskosten** *original costs* ursprüngliche Anschaffungs- und Herstellungskosten || **Ursprungsregeln** *origin rules* || **Ursprungswohnsitz** *domicile of origin*

Urteil *judgement* || **Urteil und Urteilsbegründung** *to deliver judgement* || *to give / to pronounce judgement* || **Urteilsfähigkeit besitzen** *a person having discretion* Urteilskraft —> Ermessen || **Urteilsformel** —> Urteilsspruch || **Urteilskopf** *rubrum* || *title of an action* || *caption* [Fed.R.Civil P.10(a)] introductory part of any legal instrument (pleading, motion, etc.) which indicates names of the parties, name of the court, docket or file number, title of action, etc. || **Urteilskraft** —> Ermessensspielraum || **Urteilsspruch** Tenor *judgement* [formal declaration of legal consequences of guilt to accused] || [ZivR] *decision* || *award* || *finding* || **Urteil wird aufgehoben und an die untere Instanz zurückverwiesen** *judgement reversed and remanded* || **Urteil auf Zahlung von Geld** [USA] *money judgement*

U.S. [Abbr] *United States of America* Vereinigte Staaten von Amerika || *United States* || *United States Re-*

Usancen

ports || **US-Dollar, der als wichtigste Fakturierungswährung auf den Weltrohstoffmärkten dient** *US dollar, which is the most important invoicing currency on global commodity markets*

Usancen *conventional usages*

U-Schatz [Bbank] unverzinsliche Schatzanweisung *non-interest bearing Treasury Bond* Kurzfristige Schuldverschreibungen der öffentl. Hand mit Laufzeiten von 1 bis 3 Jahren. Sie werden - ebenso wie die Finanzierungsschätze des Bundes - als Abzinsungsgeschäft ausgegeben und daher als "unverzinslich" bezeichnet

U.S.D.C. [Abbr] *United States District Court*

User [EDV] *user*

USP [Abbr] *United States Pharmacopoeia* **Arzneibuch der Vereinigten Staaten**

UStG [SteuerR/D] **Umsatzsteuergesetz** *Turnover Tax Law*

UTM *unitary taxation [method]*
—> Einheitlichkeit der Besteuerung

v. / vs. *versus* —> gegen

Valuta Währung *currency* ‖ **Valutakredit** *exchange credit* ‖ **Valutawert** *value* ‖ Gelder *monies* ‖ *foreign exchange* ‖ Devisenkurs *rate of exchange* ‖ **Valutaguthaben** *foreign currency balance*

valutieren Rechnungen *future aging* ‖ **valutierter offener Betrag** *dated amount due*

variables Budget *variable budget* ‖ **variabel verzinsliche Anleihen** —> Anleihen

Varianz [Stat] Abweichung *variance*

Variationsbreite des Führungsstils *style range* —> LEAD

Vaterschaftsausschluß *paternity exclusion* ‖ **Vaterschaftsnachweis** *paternity exclusion test*

Verabreichung [Med] Gabe *administration* —> Dosierung

verabschieden [Übereinkunft] *to adopt* —> annehmen ‖ [Entwurf] *to approve the draft*

Veränderung *modification* ‖ **Veränderungen in v. H.** (Grafikerläuterung) *changes in percent* ‖ **[jahresdurchschnittliche] Veränderungsraten** [Stat] *annual average percentage changes*

verankern —> Gesetzeskraft verleihen

veranlagen [SteuerR/D] *to assess* ‖ *to fix* or *decide the amount of a tax* ‖

veranlagte Einkommensteuer *assessed income tax* ‖ **nicht veranlagte Steuern vom Ertrag** [SteuerR/D] *non-assessed income taxes on earnings*

Veranlagung [SteuerR/D] Festsetzung der Vorauszahlung *assessment* —> Steuerbelastung ‖ **Veranlagung zur Vermögensteuer** [SteuerR] *net worth method* Methode der Steueraufsicht zur Veranlagung eines seinen Buchführungspflichten nicht nachkommenden Steuerpflichtigen —> Vermögenssteuer ‖ **Veranlagungsverfahren** [SteuerR/D] *assessment procedure* ‖ **Veranlagungszeitraum** [SteuerR/D] *assessment [tax] period*

veranlassen *to cause* ‖ Vorkehrungen treffen *to arrange for* ‖ **die Veröffentlichung veranlassen** [wird meist nicht übersetzt] *to arrange for the publication*

Veranstalter *organiser*

Verantwortlichkeit *responsibility* ‖ *accountability* ‖ **Verantwortlichkeit für Aufgaben** [die nicht delegiert werden] *reserved responsibility* ‖ **Verantwortlichkeit für Unternehmenshauptziele** *critical responsibility*

verantwortungsorientiertes Rechnungswesen *responsibility accounting*

verarbeitendes Gewerbe *manufacturing industry*

Verarbeiter [ZollW] *processor*

Verarbeitung [von] *working up [of]* ‖ **Verarbeitung und Bearbeitung** *processing* ‖ **Verarbeitungserzeugnisse** [ZollW] *processed products*

Veräußerer bei Grundstück —> Liegenschaftsverkäufer

veräußern *to sell* ‖ verfügen über *to dispose of* —> Eigentum

Verband *association* ‖ [Mil] *unit* ‖ **Verband der Einkäufer** *Purchasing Officers' Association* ‖ **Verbände der freien Wohlfahrtspflege** *voluntary welfare organisations* ‖ **Verbandsgemeinde** [VwO/D] *joint commune* ‖ *Association of communes* In RLP Bezeichnung von Gemeinden, der mehrere benachbarte kreisangehörige Ortsgemeinden angehören —> Samtgemeinde ‖ **Verbandsgeschäftsführer** *Managing Director* ‖ **Verbandsübereinkunft zum Schutze des gewerblichen Eigentums** *International Convention for the Protection of Industrial Property* erstmals in Paris, 20. März 1883, mehrfach rev. PVÜ verpflichtet ca. 90 Vertragsparteien zu gegenseitigem wirksamen Schutz gegen unlauteren Wettbewerb, d.h. gegen jede Wettbewerbshandlung, die den anständigen Gepflogenheiten im Gewerbe zuwiderläuft. Nebenabkommen sind das Madrider Abkommen v. 14.04.1891 über die intern. Registrierung von Marken sowie Madrider Abkommen v. 14.04.1891 über die Unterdrückung falscher oder irreführender Herkunftsangaben auf Waren, ebenfalls mehrfach revidiert

Verbesserung der Angebotsbedingungen *improvement of the supply-side conditions*

verbilligte Ausgabe *cheap edition* —> Billigdruck

verbindlich [rechtsgültig] *authentic* ‖ bindend *binding* —> Gewährleistungsversprechen ‖ **verbindliche Zusage** *letter of preparedness* [im Exportgeschäft] —> Absichtserklärung [letter of intent]

Verbindlichkeiten aus Bürgschaften [Bil] *liabilities arising from guarantees* ‖ **Verbindlichkeiten aus dem Nachlaß** [ErbStG] *deductible debts of an estate* ‖ **Verbindlichkeiten aus der Annahme gezogener Wechsel und der Aufstellung eigener Wechsel** [Bil] *liabilities from the acceptance of bills drawn and the issue of new bills* ‖ **Verbindlichkeiten aus der Begebung und Übertragung von Wechseln** [Bil] *liabilities on bills negotiated and transferred* ‖ **Verbindlichkeiten aus Gewährleistungsverträgen** [Bil] *liabilities arising from warranty agreements* ‖ **Verbindlichkeiten aus Lieferungen und Leistungen** [Bil] *accounts payable for goods and services* ‖ **Verbindlichkeiten aus Schuldverschreibungen** [durch eine gesiegelte Schuldurkunde eine Verpflichtung eingehen] *bonds outstanding* ‖ **Verbindlichkeiten aus Steuern** [Bil] *other liabilities for taxes*

ausstehende Verbindlichkeiten [Buchf] *accounts payable* Forderungen eines Lieferanten an ein Unternehmen für gelieferte Waren oder geleistete Dienste [accounts payable are] outstanding amounts owed by the company to its suppliers for products sold or services rendered —> Außenstände ‖ **befristete Verbindlichkeiten** [Bil] *time liabilities*

Verbindlichkeiten

Verbindlichkeiten mit Laufzeit oder Kündigungsfrist von mindestens einem Monat || [Bbank] *term liabilities*

Verbindlichkeiten gegenüber Kreditinstituten [Bil] *liabilities towards banks* || **Verbindlichkeiten gegenüber Kreditinstituten und anderen Gläubigern** [Bil] *liabilities to banks and other creditors* || *liabilities to banks and other customers* || **Verbindlichkeiten gegenüber Kunden** [Bil] *liabilities to customers* || **Verbindlichkeiten gegenüber Unternehmen, mit denen ein Beteiligungsverhältnis besteht** [Bil] Verbindlichkeiten gegenüber Unternehmen im Konzern *liabilities towards companies in which [we] hold an interest* || **Verbindlichkeiten gegenüber verbundenen Unternehmen** [Bil] *liabilities towards Group companies*

Verbindlichkeiten im Rahmen der sozialen Sicherheit [Bil] *liabilities for social security*

Verbindung *link* || *link-up* —> Beziehung || **in Verbindung bringen mit** *to link [up] with* || *to combine with* || *to suspect a connection with* || **Verbindungen ["nach oben"] haben** *connection power* || **durch Verbindung oder Vermischung und als Erzeugnis einer Sache erwerben** *to acquire property by accretion* || **Verbindungsausschuß** *liaison committee* || **[Rolle des] Verbindungsmannes** [Psych] [Soz] *liaison role*

verbleiben *to remain* || **das Recht verbleibt beim Inhaber** *rights are reserved by the proprietor* || **verblei-**

Verbreitung

bender Fehlbetrag [Bil] *remaining deficit*

verbleites Benzin [SteuerR/D] *leaded petrol*

Verbot *prohibition*

Verbrauch *consumption* || **Eigenverbrauch** [SteuerR] *application to personal use* —> betriebsfremde Nutzung || **realer privater Verbrauch** *real private consumption* || **Verbraucher** *consumer* || **Verbraucherkredit** *consumer credit* || **Verbraucherland** [≠ "Staat"] *consuming country* || **Verbraucherpreise** *consumer prices*

Verbrauchsteuer [SteuerR] *consumption tax* || *excise taxes* || **Verbrauchsteuerabteilung** —> Zoll- und Verbrauchsteuerabteilung

Verbrechen *felony* || *misdemeanor* || *crime* misdemeanor und crime sind im wesentlichen synonyme Begriffe. Crime wird zur Unterscheidung von schwerwiegenderen Straftatbeständen verwendet. Felony hingegen bezeichnet in den meisten Staaten schwere Straftatbestände, die nach 18 U.S.C.A. § 1 mit Freiheitsstrafe von über einem Jahr bzw. der Todesstrafe zu belegen sind. Felony [GB/Schwerverbrechen] ist dem Strafmaß nach in [drei] Gruppen unterteilt [class A, B, C, etc.]

verbrecherisch *criminal* || *felonious*

Verbreitung *distribution* || **ein Werk über eine Buchgemeinschaft verbreiten** *to distribute a work by a book club*

verbringen [in] [z.B. in eine Heilanstalt einweisen ‖ in einer Heilanstalt unterbringen] *to commit [to]* ‖ einführen ‖ importieren *to introduce* ‖ **Ware auf den Markt der Gemeinschaft verbringen** [ZollW] *to introduce a product into Community commerce*

verbuchen *to enter [a business transaction] into the books* —> Aufwand ‖ Gutschrift

verbunden [darauf] bezogen *related* ‖ *connected* ‖ **"verbundene Unternehmen"** finanziell mit einem anderen Unternehmen verbunden *financially connected*

Verbundenheit *solidarity*

verbürgt —> Echtheit ‖ **von verbürgter Echtheit** *of established authenticity*

Verdacht *suspicion* ‖ **unter dem Verdacht stehen** *to be suspect of [a crime]* ‖ **unter dem dringenden Verdacht verhaftet** *arrested on strong suspicion of* ‖ **Verdachtsgrund** *cause of suspicion*

Verdächtiger mutmaßlicher Täter *alledged offender* ‖ *suspect*

verdeckte Gewinnausschüttung —> Gewinnausschüttung

verdienen erreichen *to gain* —> Einkünfte ‖ Bedeutung

Verdienst *income* —> Einkünfte

Verdienstausfall [BetrVG] *loss of remuneration*

Verdrängung privater Kreditnehmer vom Kapitalmarkt durch den Staat —> *crowding out*

aktive Veredelung [ZollW] *inward processing procedure* ‖ **passive Veredelung** [ZollW] *outward processing procedure* Bestimmungen über die Veredelung §§ 4-53 ZG, §§ 114 f. AZO, Durchführungsbestimmungen VSF Z 1501-1701. Für die Wiedereinfuhr nach passiver —> Lohnveredelung gelten Sonderbestimmungen nach § 33 b AWV

vereidigt *under oath* [Person, insbesondere Zeuge vor Gericht] —> beeidet

Vereidigung von Zeugen *swearing in* administration of an oath as to a trial witness —> Beeidigung

Verein *club* ‖ *association* ‖ *society* —> Wohlfahrtspflege ‖ Buchhandel ‖ Lohnsteuerhilfeverein ‖ Gegenseitigkeit

vereinbar mit *consistent with* ‖ *compatible with* ‖ **Änderungsvorschläge, die mit diesem Übereinkommen vereinbar sind** *proposed amendments which are consistent with this agreement*

vereinbaren [Treffen] *to arrange [a meeting]* ‖ *to settle* ‖ *to agree to do s.th.* ‖ **vereinbart** *agreed upon* —> festgelegt ‖ **vereinbarte Erklärung** —> gemeinsame Erklärung

Vereinbarung *memorandum of agreement* ‖ Absprache *understanding* ‖ **bis zur Vereinbarung entsprechender Vertragsklauseln** *to be subject to mutual agreement* ‖ **Vereinbarung der Geschäftsführung** *permanent management ar-*

rangement

vereinfachen und vereinheitlichen *simplify and unify* ‖ **vereinfachte Fassung** [ZollW] *simplified wording*

vereinheitlichen *to unify* ‖ **vereinheitlicht** *unitized*

Vereinheitlichung *unification* —> Standard

vereinigen *to unify*

Vereinigtes Königreich gegen Meyers *Regina vs. Meyers* —> gegen

Vereinigung *unification* ‖ *society* —> Verein

vereintes Deutschland [seit Oktober 1990] *united Germany*

Vererbung [Abstammung in absteigender Linie] *descent* —> Blutsverwandtschaft

Verfahren *proceedings* ‖ [in einem anhängigen Strafverfahren] *on a criminal charge* —> Verbrechen ‖ **Verfahren der Dividendenzahlung** [BRD / § 174 AktienG Gewinnverwendungsbeschluß] *dividend payment procedure* HV beschließt [jährlich] den an die Aktionäre auszuschüttenden Betrag [Bindung an festgestellten Jahresabschluß]. Die Auszahlung der Dividende erfolgt durch Einlösung der Dividendenscheine. [USA] üblicherweise vierteljährliche Dividendenzahlungen. Verfahren: 1. declaration date :: Board of directors erklärt eine Dividende. 2. record date :: Stichtag für die Feststellung der dividendenberechtigten Aktionäre, d.h. die am Stichtag im Aktienbuch der Gesellschaft eingetragenen Aktionäre :: *stockholders of record*. 3. payment date :: Tag der Auszahlung der Dividende. Die Auszahlung erfolgt über Zusendung eines Dividendenschecks :: *dividend check* durch die Gesellschaft oder ihren *transfer agent* ‖ **Verfahrensausschuß** *procedural committee* ‖ **Verfahrensregeln** —> Geschäftsordnung ‖ **im Verfahrenszuge** *due course at the right and proper time*

verfallbare Pensionsanwartschaft *non-vested pension right* —> Unverfallbarkeit

Verfalldatum [Verp] *Exp* ‖ *Expiry* —> Ablaufdatum ‖ [GB] *verwendbar bis best before*

verfallen *verwirken to forfeit* ‖ **die Kaution verfällt** *the security shall be forfeited*

verfassungsmäßige Behörden *constituted authorities* ‖ **verfassungsrechtliche Verfahren** *constitutional procedures* ‖ **die nach Maßgabe ihrer verfassungsrechtlichen Verfahren für angemessen erachtet werden* :: *in accordance with their constitutional procedures that may be appropriate*

Verflüssigung *liquidation* Umwandlung von Vermögenswerten in Geld —> Liquidierbarkeit

Verfolgung [Ereignisse] *persuit* ‖ [StrafR] *prosecution* ‖ [gerichtlich] *to institute legal proceedings against s.o.* ‖ **außer Verfolgung setzen** [Angeklagten] *to discharge the accused* ‖ **Verfolgungsrecht** *right of persuing title*

Verfrachter [Mar] *carrier* ‖ [ZollW] Warenführer

verfügbar *available* —> zugänglich ‖ **verfügbares Einkommen der privaten Haushalte** *disposable income of private households*

verfügen über *to dispose of* ‖ *to have* or *to gain access to* ‖ in Besitz gelangen *to place in possession* ‖ [bei Immobilien letztwillig über etwas verfügen] [ErbR] *to devise* ‖ **über einen einwandfreien Rechtstitel verfügen** *to have a good title*

Verfügung [amtlich] *order* ‖ *decree* ‖ [letztwillig] *will* ‖ Ausübung von Herrschaftsrechten *disposal* ‖ Anweisung *instruction* ‖ **definitive Verfügung** *final order* ‖ **zur Verfügung stehen** *at disposal* ‖ **zur Verfügung stellen** übermitteln *to furnish with* ‖ **verfügungsberechtigt** [PatR] *registered* —> Inhaber ‖ *authorized to dispose* ‖ **Verfügungsfähigkeit** *the capacity to make a binding disposition of one's property* ‖ **Verfügungsgewalt** *disposal* ‖ *control* ‖ *possession* ‖ **in jds. Verfügungsgewalt sein** *to be in s.o.'s power of possession* ‖ **Verfügungsrecht** *right of disposal* ‖ **Verfügungsverbote** [USA] *restraining notices* ‖ **Verfügungsvertrag** *conveyance* z. B. Forderungsabtretung ‖ Vermögensübertragung. Contract hingegen ist ein Verpflichtungsvertrag

Vergällen *processing* ‖ **vergällen** [Alkohol, etc.] *to denature* ‖ **vergällt mit anderen Stoffen** [Alkohol, etc.] *denatured with other substances*

Vergangenheitsprinzip [Man] *principle of carry-over* early characteristics of organization tend to persist in later organizational forms :: Organisationsformen neigen dazu, ihre ursprünglichen Charakteristiken beizubehalten

vergeben Auftrag erteilen *to commission an order*

Vergiftungszentrum *poison control center*

Vergleich Einigung *conciliation* ‖ [mit Gläubigern] *composition* ‖ [außergerichtlich] *settlement (out of court)* ‖ [gütlich] *amicable arrangement* ‖ **Vergleich zu Vorjahreszeiträumen** [Stat] Längsschnitt-Vergleiche *comparability with previous years* ‖ **Vergleichs** [...] —> treuhänderisch *fiducial* ‖ **Vergleichskomitee** [BetrVG] *conciliation committee* ‖ **Vergleichskommission** *conciliation commission* ‖ **Vergleichsverfahren** *conciliation procedure* ‖ [im Konkurs] *composition* or *settlement proceedings*

Vergnügen *entertainment* ‖ *amusement* ‖ *pleasure* —> Tanzlustbarkeiten ‖ **Vergnügungsteuer** [SteuerR/D] *entertainment tax*

Vergünstigung *benefit* ‖ **Anspruch auf alle Vergünstigungen haben** *to be entitled to the benefit of* ‖ **Vergünstigungen** *facilities*

vergüten [zurück]erstatten *to reimburse*

Vergütung Dienstbezüge *emoluments* ‖ [PersW] *compensation* —> Einkünfte

Verhaftung *arrest* —> Festnahme einer Person ‖ Inhaftierung

nach verhaltenem Beginn [Bör] *after a sluggish start*

Verhaltensgitter [Psych/Man] GRID-Muster *managerial grid* entwickelt von R. Blake und J.S. Mouton. Eine Kombination von zwei Führungsstilen, deren Zweck in der Erreichung des Zieles im Quadranten 9.9 des Gitters ist [Führungsverhalten], d. h. hohe Arbeitsleistung von begeisterten Mitarbeitern und gemeinsame Zielverfolgung. Das Gitter wird aufgrund der zugrundeliegenden idealtypischen Vorstellung von Führungsverhalten kritisiert

Verhältnis des ausgewiesenen Kapitals zum gezeichneten Kapital —> Bilanzkurs ‖ **Verhältnis von Dividende zu Börsenkurs** —> Dividendenrendite ‖ **Verhältnis Eigenkapital-Fremdkapital** —> Leverage-Effekt ‖ **Verhältnis von Gewinn zu Eigenkapital** —> Eigenkapitalrendite ‖ Kurs-Gewinn-Verhältnis ‖ KGV ‖ **Verhältnis von einbehaltenem Gewinn zu Gesamtgewinn** —> Selbstfinanzierungsquote ‖ **Verhältnis von Gewinn zu Umsatz** —> Gewinn-Umsatz-Verhältnis ‖ **Verhältnis der kurzfristigen Aktiven zu den kurzfristigen Passiven** *working capital ratio* ‖ **Verhältnis von Nettoumsatz zu Betriebskapital** *working capital turnover* ‖ **Verhältnis von Umlaufvermögen zu kurzfristigen Verbindlichkeiten** —> Liquidität 2. Grades ‖ **Verhältnis von Zahlungsmitteln zu kurzfristigen Verbindlichkeiten** —> Liquidität 1. Grades

verhältnismäßig im Einklang stehen mit ‖ entsprechend ‖ angemessen ‖ *commensurate* —> Sorgfalt ‖ Gebot der Verhältnismäßigkeit

Verhältniszahlen *ratios* betriebswirtschaftliche Schlüsselzahlen. i.w.S. key numbers [absolute Zahlen, z. B. Umsatz, Vorräte etc. und Verhältniszahlen] —> Verhältnis

verhandeln gegen *to try a person* ‖ **gegen jemanden wegen Mordes verhandeln** *to try a person for murder* —> Tötung ‖ **über eine Rechtssache vor Gericht verhandeln** *to try a case to a jury*

Verhandlung *negotiation* ‖ **an einer Verhandlung teilnehmen** [Richter, Anwalt etc.] *to try a case* ‖ **Verhandlungsausschuß** —> Verhandlungskommission ‖ **Verhandlungskommission** *negotiating committee* Commission composed of representatives of the unions and employers to settle industrial disputes ‖ **Verhandlungstermin** *date of hearing* ‖ [StrafR] *date of trial*

verheiratete Frau *feme covert*

Verhinderung *prevention* ‖ *suppression* repression :: Bekämpfung ‖ Nichterscheinen *inability to attend* ‖ *to be prevented*

verholen [Mar] *to haul off* ‖ *to tow* —> Liegeplatz wechseln

Verhör —> Zeugenvernehmung ‖ Beweisfragen ‖ Kreuzverhör

Verjährbarkeit [§ 194 BGB] *limitation* —> Verjährung

verjähren | Verlader

verjähren *to be barred by [the statute of] limitation* ‖ *to bar* ‖ **Ansprüche verjähren mit einer bestimmten Frist** *claims are barred by a limitation* ‖ **verjährt** *barred* —> *statute-barred*

Verjährung *limitation* ‖ **Verjährungsfrist** *period of limitation* ‖ *term of limitation* —> **gesiegelter Vertrag** ‖ **Verjährungsgesetz** *statute of limitation*

Verkauf *sales* ‖ [Buchf] *outright forward transaction outright sale* direct sale to customer :: echter Verkauf, i.G.z. Umwandlung oder Vermietung ‖ **auf den Verkauf von [...] entfallen 60% der Gesamtumsätze** [Bil] *[...] sales account for 60% of the total* ‖ werden erzielt mit [dem Absatz von [...] —> entsprechen ‖ **Verkauf einer Option** [Bör] *writing* ‖ **Verkäufe auf Ziel** *charge sales* ‖ **Verkauf gegen Zahlungsziel** *sale on credit*

verkaufen verfügen über *to dispose of* ‖ *to sell* ‖ **(nur) nach Gewinn verkaufen** *to sell to advantage*

Verkäufer *sellor* von mobilem/persönlichem Eigentum [persönliche Vermögensgegenstände des beweglichen Vermögens]

Verkaufsabrechnung *sales accounting* ‖ **Verkaufsanalyse** Verkaufsstatistik *sales analysis* ‖ **Verkaufsauftrag** [Bör] *offer* ‖ **Verkaufsbetrag** *amount of the sale* ‖ **Verkaufsbezirk** *territory* ‖ **Verkaufseinrichtung** *sales outlet* ‖ **Verkaufserlös** *proceeds of sale* ‖ **Verkaufserwartung** *sales expectancy* ‖ **Verkaufsförderung** *sales promotion* ‖

Verkaufsförderungs-Leasing *sales-aid leasing* absatzorientiertes Leasing ‖ **Verkaufspreis** *selling price* ‖ **Verkaufspreis abzüglich direkte Verkaufskosten** *net realizable value* ‖ **Verkaufsstelle** *site* ‖ **optikerfremde Verkaufsstelle** *non-optical site* ‖ **Verkaufsteuer** [AuxT] *sales tax* einzelstaatlich erhobene Steuer auf den Wert der verkauften Ware —> [BRD] *value-added tax* —> Mehrwertsteuer ‖ **Verkaufsunterstützung** *sales support* ‖ **Verkaufsvorschau** *sales forecast* ‖ *sales projection*

Verkehr [Straße] *traffic* ‖ [Beförderung] *transport* ‖ **Kühlverkehr** [Transp] *refrigeration traffic* ‖ **Verkehr mit ungebrochener Fracht** [ZollW] *through traffic* ‖ **allgemeine Verkehrsanschauung** *general custom* [nach § 157 BGB bei Auslegung von Verträgen und nach Treu und Glauben entsprechend § 242 BGB zu berücksichtigen, jedoch keine Rechtsnorm] —> [Abbr] *f.a.c.a.c.* ‖ **Verkehrsausschuß** *transport committee* ‖ Binnenverkehrsausschuß *Committee on Inland Transport* ‖ **Verkehrssitte** *conventional usages* ‖ *local customary laws* ‖ **Verkehrsteuern** [SteuerR] *transactions taxes* i.G.z. den Besitzsteuern keine persönliche Steuerpflicht, sondern Anknüpfung an die Vornahme eines Rechtsgeschäfts (steuerbare Vorgänge), z.B. Börsenumsatzsteuer, Wechselsteuer ‖ **Verkehrswert** *value in use*

verklagen *to sue* ‖ *to commence and carry out legal action against [...]*

Verlader packt Container, Empfänger entlädt [Abbr] *FCL f.d. FCL* ‖

full container load for delivery FCL

Verladetag *loading date*

Verlagerungen von Bundesmitteln gemäß § 17 BBankG [Bbank] *shifts of Federal balances under section 17 of the Bundesbank Act*

Verlängerung *increase* —> Bilanzverlängerung || *renewal* || **Verlängerung oder Ablösung** *renewal or replacement* || **Verlängerung der Patentschutzfrist beantragen** *to apply for extension of a patent* || **Verlängerungsgebühren** *renewal fees* || **Verlängerungsprotokoll** *protocol of extension*

sich verlangsamen [Konjunktur] *to slacken*

verläßlich hinreichend *good*

Verlauf *course* || **im weiteren Verlauf** *subsequently* || [Med] *in the course of treatment*

Verlautbarung [Pressemitteilung] *press release*

Verleger *publisher* —> publishing house :: Verlag

Verletzung [Eingriff in ein Recht] *infringement* || **Verletzung der Gefühle des Opfers** [StrafR/USA] *infliction of emotional distress* || **Verletzung der körperlichen Unversehrtheit einer Person** [StrafR/USA] *tort to person*

Verleumdung *diffamation* || üble Nachrede *slander* —> Beleidigung

Verlosung Auslobung [USA] *bank night* Form einer [Lotterie-]Verlosung eines best. Geldbetrages [auch Eintrittskarte] in einem Theater

Verlust *loss* —> Ausfall || Schaden || Untergang || **Verluste aus dem Abgang von Gegenständen des Anlagevermögens** [Bil] *losses incurred in connection with the disposal of assets* || **Verlust von Eigentum** oder Rechten als Folge bestimmten Tuns oder Unterlassens *forfeiture*—> Vertragsstrafe || **Verlust durch Feindeinwirkung** [PatR] Patentlizenz durch Feindseligkeiten nicht nutzen können *loss by reason of hostility* || **Verlustbeteiligung** *retained percentage of loss* || **Verlustrücktrag** [SteuerR] *loss carryback* || **Verlustübernahme** —> Aufwendungen aus Verlustübernahme || **Verlustzeit** [Produktion] *manufacturing delays*

vermachen [testamentarisch] *to leave by will* *bequeath by will*

Vermächtnis [ErbR] *bequest* Als Erwerb von Todes wegen gelten u.a. der Erwerb durch Vermächtnis und vermächtnisähnliche Erwerbe :: The term "transfer by reason of death" refers to transfer by bequest or similar means || **Vermächtnisnehmer** *devisee* bei unbeweglichen Sachen [eines Grundstücks] || **Vermächtnisnehmer** *legatee* [einer beweglichen Sache]

vermieten *to hold under a lease* || mieten *to hire out* to procure or to grant the use of a thing for a stipulated payment [bei beweglichen Sachen]

Vermietungen *rentals* Produkte, die einem Kunden nicht verkauft, sondern

Vermischtes   Verpackung

gegen eine best. Gebühr auf best. Zeit zur Verfügung gestellt werden || **Erträge aus Vermietungen und Verpachtungen** [SteuerR] *rental income*

Vermischtes [Presse] *miscellaneous*

Vermittler *commercial broker* —> broker || **Vermittlertätigkeit** —> Vermittlung

Vermittlung *negotiation* || *help* —> Gute Dienste || *procurement* || *[voluntary] mediation* || *agency* —> Stellvertretung || Beschaffung *supply[ing]* || *intervention* || [Arbeitsplatz] *placement* || Eingreifen *intercession* || [zur] Beilegung [von Streitigkeiten] *settlement* || von Wissen *imparting of knowledge*

Vermögen *estate* || *personal estate* || Reichtum *wealth* || **Beträge aus Zweck- und Treuhandvermögen** *benefits from estates and trusts* || **in Treuhand gegebenes Vermögen[sstück]** *trust of property* || **Vermögensabgabe** [SteuerR/D] *property levy* || **Vermögensbildungsgesetz** [SteuerR/D seit 1987] *Capital Formation Law* Förderung der Vermögensbildung seitens des Arbeitgebers durch vermögenswirksame Leistungen (Sparbeiträge nach dem Spar-Prämiengesetz (außer Kraft), Wohnungsbau-Prämien nach dem Wohungsbau-Prämiengesetz, Kapitalbeteiligungen etc.). Wealth formation by employees subsidized through monthly paid portion by employer and fiscal grants and tax privileges under the employee's saving scheme || **Vermögensstreuung** *assets allocation* || **Vermögensteuer** [SteuerR/USA] *net worth tax* || *capital tax* || *wealth tax* || *property tax* —> Grundsteuer ||

Vermögensteuer auf Betriebsvermögen *net worth tax burden on business assets* —> Veranlagung zur Vermögensteuer :: net worth method || **Vermögensübertragung** *transfer of property* || **Vermögensverwalter** —> Haus- und Vermögensverwalter || **Vermögensverwaltung** *portfolio management* kundenorientierte Aufteilung eines Wertpapiervermögens || **Vermögenswerte** *property assets* || **Vermögenszuwachs** Wertzuwachs *capital gain* —> realisierter Kursgewinn || **Vermögenszuwachssteuer** [laufende Besitzsteuer] *capital appreciation tax* || [InvF] *capital gains tax* Steuer auf "Spekulationsgewinne" —> realisierter Kursgewinn

veröffentlichen *to publish* || **veröffentlicht** [it has just been] *gazetted* bei Gesetzen in [GB] schlägt der Clerk of the Parliament :: Kanzleidirektor des Parlaments an das Bekanntmachungsbrett :: noticing board an, daß die Zustimmung der Krone :: Royal Consent vorliegt, d.h. das Gesetz ist gültig. Publikation in der London Gazette. In der [BRD] nur "veröffentlicht"

Veröffentlichung *publication* || **Veröffentlichung in Buchform** *volume publication* || **Veröffentlichung in Fortsetzungen** *serial publication*

Verordnungen *regulations* || [SteuerR/D] *ordinance* || **Verordnungen erlassen** *to prescribe regulations* || **Verordnungen, Richtlinien und Entscheidungen erlassen** *to adopt regulations and directives and to make decisions*

Verpackung [Verp] *packaging* to

365

pack a product [e.g., into a folding box] ‖ **Verpackungsbetrieb** —> Lohnabpack- und Verpackungsbetrieb ‖ **Verpackungsvorschrift** [Verp] [company] *packaging specification* detailed description of the type of product as far as materials are concerned [liquid to be packaged into a vial/bottle/can, etc.] as well as the type of [auxiliary] packaging material to be used for packaging [folding carton :: Faltschachtel /partition walls :: Stegeinsätze, etc.] ‖ **Verpackungs- und Kennzeichnungsverordnung** [USA] *Fair Packaging and Labeling Act*

Verpachtung *demise* ‖ *lease*

verpflichten zu *to require* ‖ **sich verpflichten, etwas sachgemäß und pfleglich zu behandeln** *to agree to take good care of s.th.* ‖ [VölkR] Dieser Artikel ist nicht so auszulegen, als verpflichte er einen Vertragsstaat, [...] *No provision of this article shall be construed to require any state to [...]*

Verpflichtung *commitment* ‖ *obligation* ‖ **Verpflichtung eingehen** durch eine gesiegelte Schuldurkunde *to enter into a bond* ‖ **Verträge und Verpflichtungen** [Bil] *contracts and liabilities* ‖ **Verpflichtungen aus [...]** [Bil] *obligations arising from* ‖ **Verpflichtungen für Jubiläumsgratifikationen** [Bil] *obligation for jubilee bonuses* ‖ **Verpflichtungsanzeige und Zusatzvertrag** [Ex] *commitment notice and supplementary agreement* Formalität im Exportförderprogramm von Eximbank ‖ **Verpflichtungserklärung** [ZollW] *bond* ‖ **Verpflichtungsermächtigungen** *appropriations for commitment* ‖ *commitment appropriations*

‖ **Verpflichtungsfähigkeit** *the capacity to make a binding disposition or binding promises to others*

Verprobung [Buchf] *verification* Finanzämter überprüfen die Richtigkeit der Buchhaltungsergebnisse z.B. bei Außenprüfungen nach bestimmten Verprobungsmethoden (Wareneinsatzberechnung, Vermögenszuwachsrechnung (zur Gewinnverprobung) oder Rohgewinnaufschlagsprobe —> Umsatzsteuer-Verprobung

verrechnete Gemeinkosten *applied cost* ‖ *indirect cost* ‖ *burden absorbed*

Verrechnungskonto *compensating account* ‖ **Verrechnungskredit** *offset credit* ‖ **Verrechnungspreise** Einheitspreis *price standard* ‖ **innerbetriebliche Verrechnungspreise** *intracompany pricing* ‖ zwischen Schwesterngesellschaften innerhalb einer Gruppe [Konzern] über Waren- und Dienstleistungen *intercompany transfer pricing* ‖ *intercompany billing price* —> Fremdvergleich ‖ arm's length principle ‖ **Verrechnungssatzbasis für Gemeinkosten** *burden base* ‖ **Verrechnungsscheck** [GB] *not negotiable cheque* general crossing of a cheque [USA] *crossed check* is done by drawing two transverse lines across the face of the cheque [with or without adding the words & Co or not negotiable between the lines]. The effect of crossing is to make a cheque payable only to a collecting banker, i.e. it precludes the paying banker from paying cash money for the cheque across the counter. —> Account payee [only] :: zahlbar Konto [Name] wird üblicherweise im gleichen Sinn anerkannt. [Art. 38 f. ScheckG] Dem Zweck nach gleich wie ein —> gekreuz-

Verrichtungsgehilfen   **verschieben**

---

ter Scheck der vom Bezogenen nur an eine andere Bank oder einen Kunden des Bezogenen bezahlt werden darf. Einlösung erfolgt nur als Gutschrift auf ein anderes Bankkonto, Barauszahlung ist nicht statthaft. "Gekreuzt" wird mit zwei gleichlaufenden Strichen auf der Vorderseite [mit Zusatz Nur zur Verrechnung]. Zweck ist Vermeidung von Fälschungen, da jederzeit festgestellt werden kann, wem der Betrag gutgeschrieben wurde || **Verrechnungsstelle** —> Kassenverein

Verrichtungsgehilfen [§ 831 BGB] *servant* —> Abhängigkeitsverhältnis des Verrichtungsgehilfen

verringern *to reduce* || *to mitigate* —> Abstand || Rückstand || **abnehmende Restsumme[n]** der jeweilige Schuldsaldo *diminishing balance* || **sich verringern** *to decline* || **sich um [...] auf [...] verringern** *decline by [...] to (a total of) [...]*

versagen [PatR] [Anmeldung || application] *to refuse*

Versagen des Anmeldatums aus formalen Gründen [PatR] *to deny the date of filing on formal grounds* || **Versagen einer Patentanmeldung** *denial* || **Versagung eines Patents** [PatR] *withholding of a patent* Patent wird nicht anerkannt und nicht angenommen

versammeln —> einberufen

Versammlung *meeting* || *assembly* || **außerordentliche Versammlung einberufen** *to convene an extraordinary meeting* || **beratende Versammlung** *consultative assembly* || **Versammlung der Kon-**

kursgläubiger [GB] *meeting of creditors* Bankruptcy Act 1914 und [USA] Bankruptcy Act § 314 || **Versammlung der Vertragsparteien** *assembly of parties* || **Generalversammlung** *general assembly* || **Jahreshauptversammlung** *general annual meeting* || **Vollversammlung** *plenary assembly*

Versand *consignment* || *shipment* || **Versandanzeige** *shipping notice* || *advice note* || **Versandauftrag** *shipping order* || **Versandkarton** [Verp] *grouping box* || **Versandkosten** *shipping cost* || *shipment cost* || *distribution costs* || **Versandpapiere** [ZollW] *transit documents* || **Versandschein** *transit bond-note*

versandt, jedoch [noch] nicht in Rechnung gestellt [Buchf/Abbr] **SNB** *shipped not billed* goods that are already on their way to the customer, but which have not yet been invoiced

Versandverfahren [ZollW] *transit operation* —> Anmeldung || **Versandzeichen** [ZollW] *shipping mark*

versäumen *to fail*

Versäumnis *default* || **Versäumnisurteil** *judgement by default* Urteil im Zivilprozeß, wenn die gegenerische Partei trotz ordnungsgemäßer Ladung zum Termin ausbleibt

verschicken *to consign*

Verschiebebahnhof —> Rangierbahnhof

verschieben —> aufschieben

367

Verschiedenes *miscellaneous*

Verschlag [Verp] *crate*

verschlechtern [deutlich ‖ spürbar] *to deteriorate* [noticeably]

Verschleiß Materialermüdung *fatigue of material*

Verschluß *seal* —> Zollverschluß

Verschlüsselung [ZollW] *coding*

Verschlußsache *classified matter*

verschlußsicher *suitable for sealing* ‖ [ZollW] *secured by customs sealing* ‖ **Verschlußverletzung** [ZollW] *breaking of seals*

Verschmelzung durch Übernahme *acquisition by merger* —> Merger

Verschmutzung *pollution* —> Umweltverschmutzung

verschreibungspflichtig *on medical prescription only*

Verschulden aufgrund von Fahrlässigkeit oder auf Vorsatz beruhend *guilty state of mind* —> Fahrlässigkeit ‖ **Verschuldensfähigkeit** [StrafR] *liability for culpable negligence of one's duties*

verschuldet *indebted*

Verschuldung gegenüber dem IWF *debt to the IWF* ‖ **Verschuldungsrisiko** —> Kapitalstrukturrisiko

Verschweigen *concealment*

Versendungsland [ZollW] *country of consignment*

Verseuchung *contamination* —> Umweltverschmutzung

Versicherer Versicherung[sgesellschaft] *insurance company* ‖ Garantiegeber *insurer* ‖ Lebensversicherung *assurer* ‖ Seeverkehr *underwriter*

versichern *to insure* ‖ behaupten *to assert* ‖ *to declare* ‖ der Lizenzgeber versichert, ... *the licensor represents and warrants*

Versicherter Garantienehmer *insured* ‖ [Lebensversicherung] *assured*

Versicherung [eidesstattlich] [§§ 294, 377 III ZPO ‖ §§ 26 II 1, 45 II 1 StPO] *affidavit* eidesstattliche Erklärung besonders im Zivilprozeß zur Glaubhaftmachung der Richtigkeit einer Erklärung (jedoch nicht zum Beweis) ‖ Antwort in Form einer eidesstattlichen Versicherung *to answer an affidavit* ‖ eine eidesstattliche Versicherung einreichen [abgeben] *to file an affidavit* ‖ eidesstattliche Erklärung über alle im Besitz der Gegenpartei befindlichen Unterlagen *affidavit of documents* ‖ **Versicherung an Eides Statt** [früher: Offenbarungs(eid)versicherung] *affirmation in lieu of oath*

Versicherung *insurance* ‖ **Versicherung auf Erleben** (und Todesfall) *endowment assurance [policy]* ‖ **Versicherung des ungestörten Besitzes** *warranty of quiet enjoyment*

[...]versicherung ‖ Besitztitelversicherung *insurance of title* versichert den Käufer gegen Rechtsmängel bei Immobilienerwerb ‖ **Diebstahlversicherung** *larcency and theft insurance* ‖ **Einbruchversicherung** [VersR] *burglary insurance* ‖ **Hagelversicherung** [VersR] *insurance against damage by hail* ‖ **Lebensversicherung[sschutz]** [InvF] [VersR] *life cover*

Versicherungs[...] ‖ **versicherungsfähiger [Rechts]titel** *insurable title*

Versicherungsfonds [InvF] *investment bond* ‖ *bond fund* ‖ [Immobilien] *geared [assurance] fund* Versicherungsfonds, der auch Fremdmittel zum Kauf von Anlagewerten einsetzt —> Leverage-Effekt ‖ **gemischterVersicherungsfonds** [InvF] *balanced bond* mit Aktien, Immobilien und festverzinsl. Wertpapieren im Portefeuille —> hybrid securities :: Wandelschuldverschreibung ‖ **Versicherungsfonds ohne Fremdmittel** [InvF] *ungeared [assurance] fund* ‖ *ungeared bond* ‖ **Anteilsinhaber von Versicherungsfondsanteilen** *bond holder* ‖ **Versicherungsfondswesen** —> Kapitalanlage mit Versicherungsschutz

Versicherung[sgesellschaft] *insurance company*

Versicherungskonzern, der Versicherungsfonds auflegt [InvF] *bond group*

Versicherungspflicht *compulsory insurance*

Versicherungsmakler [VersR] *insurance broker* ‖ **versicherungsmathematische Grundsätze** *actuarial principles*

Versicherungsnehmer *named insured* —> Versicherter ‖ **Versicherungsnummer** *insurance policy number*

Versicherungsschein *insurance policy* ‖ **Versicherungssparbrief** mit oder ohne Lebensversicherungselement [InvF] *insurance bond* ‖ **Versicherungsteuer** [SteuerR/D] *insurance tax*

Versicherungsvertrag *insurance policy*

Versorgung *supply* —> Beschaffung ‖ **Versorgungsanspruch** *pension right* —> syn.: Pensionsanspruch —> Eintritt des Versorgungsfalles ‖ **Versorgungsanwartschaft** *right to future pension benefits* ‖ **Versorgungsfall** *covered event* ‖ **Eintritt des Versorgungsfalles** *occurrence of the covered event* ‖ **Versorgungswerte** [USA/Bör] *utilities* Aktien von Versorgungsbetrieben ‖ **Versorgungszusage** *pension commitment* Arbeitgeber gewährt einen Rechtsanspruch auf künftige Pensionsleistungen; muß in schriftlicher Form erfolgen und kann entweder als Einzelzusage einzelnen Arbeitnehmern oder als Gesamtzusage durch —> Pensionsplan, Betriebsvereinbarung oder Tarifvertrag allen oder einer best. Gruppe von Arbeitnehmern eines Unternehmens erteilt werden —> Aufwendungen für Altersversorgung

Versprechen *promise* ‖ **[feierliches] Versprechen unter Buch und Siegel** *solemn agreement* ‖ **Versprechen der Schadloshaltung** *indemnity* ‖ **ein vollkommen gesichertes Versprechen der Schadlos-**

haltung *a fully secured indemnity*

Versprechender *promisor*

Verstaatlichung *nationalization*

sich verständigen [auf] *to reach mutual agreement* || sich verständigen mit jdm. *to come to an agreement*

Verständigung [zu einer ~ gelangen] *on the understanding*

verstärkte **Integration** *closer integration*

Verstärkung des Lohnkostendruck *an increase in labo[u]r cost pressure*

Versteck [ZollW] *concealed space* || **baubedingtes Versteck** [ZollW] *natural hinding place* || **nachträglich eingebautes Versteck** [ZollW] *specially contrived hiding place*

vertagen —> aufschieben || **auf unbestimmte Zeit vertagen** *to adjourn to sine die*

verteidigen [vor Gericht seine Sache vertreten] *to answer a charge before a court*

Verteidigung *Council for the defence* || **[neue] Mittel der Verteidigung** *amendments of the defense* || **Verteidigungsminister** [USA] *secretary of Defense* || **Verteidigungsschrift** *defence*

Verteilung *distribution* || **quotenmäßige Verteilung** *equal distribution* z. B. Erlös [Verteilung, Ausschüttung] aus der Konkursmasse :: *distribution [division] of bankrupt's assets* —> Konkursquote || [Zuweisung] **Verteilung des Steueraufkommens** —> Finanzausgleich

Vertrag *contract* Not legally binding unless it is written. Contract is a species of an agreement that is enforceable at law || [VölkR] Vertrag ist der Oberbegriff für Übereinkünfte in wichtigen Dingen. Ansonsten ist agreement mit Übereinkunft oder Abkommen zu übersetzen || *title* || *agreement* besteht als Oberbegriff zu Contract. An agreement implies a final settlement of terms made or not made in writing. Not legally binding unless it is written || [VertR] *chapter* || **Vertrag abschließen** *to enter into a contract* || *to conclude a contract* || **Vertrag aufsetzen** *to draw up a contract* || **Vertrag erfüllen** *performance of a contract* || **nach Maßgabe dieses Vertrages** *Under the conditions provided for in this treaty* || **Vertrag für nichtig erklären** *to annul a contract* —> nichtig || **Vertrag schließen** *to conclude a contract* || **Vertrag tritt erst in Kraft, [...]** *the contract shall not be valid until [...]* || **Vertrag stillschweigend verlängern** || **einen Vertrag ohne weiteres verlängern** [d.h. ohne, daß es einer weiteren Erklärung bedarf] *to extend a contract automatically* [automatic renewal of a contract] || **Verträge und Verpflichtungen** *contracts and liabilities* || **vom Vertrag zurücktreten** *to rescind a contract* || *to cancel* || *to withdraw from*

Vertrag [...] || **Arbeitsvertrag** *contract of employment* —> Dienstverhältnis

Vertrag [...] || **Darlehensvertrag** *contract for the loan of money*

einfacher Vertrag *parol contract* || *simple contract under hand* || *informal contract* Üblicherweise verwendet für die mündliche Absprache i.G.z. schriftlichen Vereinbarung syn.: einfacher || formloser || nicht gesiegelter Vertrag [Während beim simple contract Ansprüche nach 6 Jahren verjähren, ist die Verjährungsfrist [period of limitation] beim gesiegelten Vertrag 12 Jahre || **einseitig verpflichtender Vertrag** *deed-poll* von einer Partei ausgestellte schuldrechtlich verpflichtende Urkunde, i.G.z —> indenture, vgl. Urkunde

formloser Vertrag *informal contract*

Garantievertrag *guarantee agreement* || **Gelddarlehensvertrag** *contract for the loan of money* || **Gesellschaftsvertrag** *contract of partnership* || **gesiegelter Vertrag** *contract made by deed* || *specialty contract* || *deed* beurkundeter Vertrag mit Verjährungsfrist :: period of limitation von 12 Jahren i.G.z. einfachen Vertrag ::simple contract mit Verjährungsfrist von 6 Jahren —> Urkunde

Individual-Vertrag [Leas] *custom lease*

Kollektivvertrag [Gewerk/ Österr.] syn.: Kollektivvertrag —> Tarifvertrag *collective agreement* || **Kommanditvertrag** *agreement establishing a limited partnership*—> [KG] Kommanditgesellschaft

mündlicher Vertrag *parol treaty* || *contract by parol* || *contract by word of mouth*

Vorvertrag *provisional agreement*

Warenlieferungsvertrag *contract for the supply of goods*

vertraglich vereinbart *stipulated by contract* || **vertraglich vereinbarte Zahlung** *contract payment*

Vertragsabrede [schriftliche] *covenant* —> Nebenabrede || **Vertragsaufsage** [USA] *anticipatory breach* **Vertragsausfertigung** [VertR] *to execute a contract* —> Erfüllung || Ausfertigung

Vertragsbestimmung *stipulation* || [wesentliche Bedingung] *terms and conditions* || **Nichteinhaltung von Vertragsbedingungen** *breach of condition* || **Vertragsbruch** *breach of contract* || *violation of a contract* || **erheblicher Vertragsbruch** [vertragstreue Partei kann optieren auf Rücktritt vom Vertrag oder Erhebung eines Schadensersatzanspruchs —> damages] *material breach* || **nicht erheblicher Vertragsbruch** [vertragstreue Partei hat Anspruch auf Schadensersatz] *minor breach* || **Vertragsbrüche beheben** *to rectify the violation of a contract* einen Vertragsbruch rückgängig machen

Vertragsentwurf *draft of an agreement* || **Vertragserfüllung** *performance* || [durch Entschädigung in Geld] *pecuniary compensation*

Vertragsgegenstand *subject matter [of an agreement]*

Vertragshändler [Ex] *distributor* an

Vertragsinhalt   **Vertreter**

independent merchant who buys goods from [the exporter] for his own account and re-sells them normally at a profit for the end-user

Vertragsinhalt Gegenstand des Vertrages *subject matter [of an agreement]*

Vertragspartei *party* || **Vertragsparteien** *the parties to the agreement*

Vertragsrecht *law of contracts*

Vertragsstornierung —> Rücktritt vom Vertrag

vertragstreu —> einhalten

Vertragsunterzeichnung Zeitpunkt *date of the signing of the contract* || **Vertragsurkunde** *conveyance deed* —> contract by specialty: a contract under seal [z. B. ist der gesiegelte Vertrag bei Immobilienübertragungen erforderlich]

Vertragsverletzung *breach* || *violation of a contract* || **eine Vertragsverletzung rückgängig machen** *to repair a breach*

Vertragswährung *currency of the contract* || **internationales Vertragswerk** *subject matter of an international instrument* || **Vertragswert** Kontraktwert *contract price* Vertraglich zwischen Käufer und Verkäufer vereinbarter Kaufpreis einschließlich Versicherung, Fracht und andere Kosten, die der Verkäufer für den Käufer verauslagt || **vertragswidrig** *contrary to the terms of a contract*

Vertragszusatz [zur Rahmenvereinbarung] *transaction endorsement*

Vertrag zugunsten Dritter *a third beneficiary party contract* || **Vertrag zur Vergabe einer nichtausschließlichen Lizenz** *agreement granting non-exclusive licence* || **Vertrag zur Vergabe einer nichtausschließlichen Lizenz und Zahlung von Lizenzgebühren** [PatR] *Agreement granting non-exclusive licence with royalty* || **Vertrag zwischen einem Generalunternehmer und einem Subunternehmer** *sub-contract*

vertrauend *fiducial*

Vertrauensmann *fiduciary*

vertraulich *classified* || *confidential* || **Sie können Ihre Anzeige auch unter Chiffre aufgeben, wenn Sie Vertraulichkeit wünschen** *Advertisement is also possible under a P.O.Box number - if you wish it to be confidential*

vertreiben *to sell* || [...] **herstellen und vertreiben** *to manufacture and to sell [...]*

vertreten —> Anwalt || **Staaten, die Regierungen vertreten** *on behalf of governments*

Vertreter *principal* —> Auftraggeber || **allein berechtigter Vertreter** *general agent* || *universal agent* ist befugt, informal contracts = formlose Verträge zu unterzeichnen || **diplomatischer Vertreter** *diplomatic agent* || **gesetzlicher Vertreter des Minderjährigen** *statutory agent* —> Vor-

372

mund ‖ **Vertreter der Verteidigung** *counsel for the defense*

Vertretung durch Prozeßbevollmächtigten *appearance by attorney* ‖ **in Vertretung von** im Namen von *on behalf*

Vertrieb *distribution*—> Verkauf ‖ *sales*

Vertrieblichung der kollektiven Interessenvertretung Japanisierung [Man/Org] *development of more collective bargaining at the level of the individual company*

Vertriebspartner [im —> Franchising] *franchisee* ‖ **Vertriebsplan** *marketing plan*

veruntreuen *to embezzle* —> Unterschlagung

verursachen *to cause* —> adäquate Verursachung

verurteilen zu *to condemn to* ‖ *to adjudge to* ‖ *to sentence to*

Verurteilter *convict*—> Todeskandidat

Verurteilung [im Schwurgerichtsverfahren] *conviction on indictment*

Verwahrregierung [VölkR] *depositary government*

Verwahrung [BankR] *deposit*

verwalten *to manage* ‖ *to administer*

Verwalter —> Nachlaßverwalter ‖ Testamentsvollstrecker ‖ Vermögensverwalter ‖ Verwaltungsbeamter

Verwaltungs[...] *administration* ‖ *administrative* ‖ **Verwaltungsaufwand** *administrative expenses* ‖ **Verwaltungsausschuß** [VwO/D] *administrative committee* Ausschuß in Ns., der die Beschlüsse des Rates vorbereitet bzw. über Angelegenh selbst beschließt, die nicht in die Zuständigkeit des Rates fallen. Zusammensetzung: Ratsvorsitzender, Beigeordnete und Gemeindedirektor/Oberkreisdirektor mit beratender Stimme ‖ **Verwaltungsbeamter** *administrator* ‖ **Verwaltungsbeamter in Städten** *municipal administrative officer* ‖ **Verwaltungsdirektor** *secretary* ‖ **Verwaltungsgebiet** *administrative territory* ‖ **Verwaltungsgemeinkosten** *commercial expense* ‖ **Verwaltungsgemeinschaft** [VwO/D] *federation of communes* —> Komunalverband ‖ *Association of communes* Zusammenschluß mehrerer kleiner Landgemeinden zu einem lokalen Kommunalverband ‖ **Verwaltungsgericht** [Jus/D] *Administrative Court* ‖ **Verwaltungskompetenz** [SteuerR] *administrative powers* ‖ **Verwaltungsleiter** *secretary* ‖ *head of administration* ‖ **Verwaltungsmaßnahmen** *administrative action* —> Maßnahmen ‖ **Verwaltungsorgan** Verwaltungsstelle *administrative body* ‖ **Verwaltungsrat** *Administrative Board* [USA/stock corporation ‖ GB/Public Limited Company] ‖ *governing body* sofern es sich nicht um eine Gesellschaft des Aktienrechts handelt —> Vorstand ‖ [VwO/D] *head of division* leitender hauptamtlicher Kommunalbeamter ‖ [Man/Org] *board of directors* Mittelstellung zwischen Vorstand und Aufsichtsrat, da zugleich Lei-

verweigern   verzichten

tungsgremium und Aufsichtsorgan. Daher in Anlehnung an das schweizerische Gesellschaftsrecht auch Verwaltungsrat, dessen Funktion der des b.o.d. entspricht ‖ **Verwaltungsstelle** *administrative agency* ‖ *administrative centre* ‖ [zuständige] Verwaltungsorge *[competent] administrative body* ‖ **verwaltungstechnisch** *administrative*

verweigern [PatR] —> versagen

Verweigerung [PatR] —> Versagen ‖ *refusal* —> Wehrdienstverweigerung ‖ **Verweigerung der Einwilligung zur Heirat** *a consent to marriage was refused*

verweisen auf *to refer to*

Verweisungen *terms of reference* ‖ *references* ‖ **Soweit in anderen Vorschriften auf Vorschriften verwiesen wird, die durch dieses Gesetz aufgehoben oder geändert werden, treten an ihre Stelle die entsprechenden Vorschriften oder Bezeichnungen dieses Gesetzes** *Any reference in other enactments to provisions repealed by this Act shall be construed as references to the corresponding provisions of this Act, and any expression used in other enactments and amended by this Act shall be replaced by the corresponding expressions in this Act*

verwendbar bis —> Verfalldatum

Verwerflichkeit *moral turpitude*

verwirken verfallen *to forfeit* ‖ *to loose a right by offence or crime or error or fault* ‖ **verwirkte Strafe** *penalty incurred*

Verwirkung *forfeiture*

verzeichnen *to register* ‖ **verzeichnet** *on record*

Verzeichnis *record* —> Archiv ‖ Register ‖ Grundbuch ‖ Hauptbuch ‖ Journal ‖ offene Posten ‖ *schedule* ‖ [einer Gruppe] *panel* —> Stelle ‖ **Verzeichnis der Besitzurkunden** [bei Grundstücksveräußerung] *abstract title*

Verzeihung *condonation*

Verzicht —> Gläubigerverzicht ‖ **ausdrücklich erklärter Verzicht** *express waiver* ‖ **ständiger Verzicht** *permanent waiver* ‖ **stillschweigender Verzicht** *implied waiver* ‖ **Verzicht auf Eigentum** *relinquishment* ‖ *renunciation* ‖ *abandonment* ‖ **Verzicht auf Leistungen im Fall der Berufsunfähigkeit oder Invalidität** [VersR] *waiver of premium clause* [Vereinbarung im Versicherungsvertrag, die i.d.R. nach sechs Monaten Invalidität einsetzt] ‖ **Verzicht des Beschuldigten auf sein Recht, in eigener Sache nicht auszusagen** [StrafR] *waiver of immunity*

verzichten *to waive* ‖ *to relinquish voluntarily* ‖ [Widerspruch] **auf eine Einwendung verzichten** *the defence waived an objection* ‖ **auf die Geltendmachung eines [Verfahrens-]Mangels verzichten** *to waive a defect* ‖ entpflichten ‖ entbinden *to dispense with* ‖ [VölkR] **Die vertragsschließenden Staaten erlassen keine anderen Formerfordernisse, als diejenigen, die in diesem Über-**

Verzicht   **Volksbank**

---

einkommen dargelegt wurden, jedoch ist ein Vertragsstaat nicht verpflichtet, die Beachtung aller Vorschriften, die in diesem Übereinkommen angeführt sind, vorzuschreiben :: *The Contracting States shall make no other formal requirements than those set out in this convention, but a contracting state may dispense with any of the requirements contained herein*

Verzicht[serklärung] *an act of waiving* || **waiver** freiwillige, einseitige Willenserklärung über die Absicht, ein Recht oder einen Anspruch aufzugeben; eine Rechtshandlung der Gegenpartei ist dabei nicht zwingend erforderlich. Der Terminus ist nicht synonym zu estoppel zu verwenden —> rechtshemmender Einwand || **Verzichtsurkunde** —> Verzicht[serklärung]

Verzinsung —> Effektivzins

verzögert ausgesetzt *deferred*

Verzögerung der Zahlungsausgänge *slowing down cash disbursements* —> Kassenhaltungspolitik

Verzollungsformalitäten *customs clearance formalities*

Verzug *default* || **bei Verzug** *in case of default* || **in Verzug setzen** *to put in default* **Verzug wiedergutmachen** *to cure a default* || **Verzugszinsen** *interest for default*

veterinärpolizeiliche Kontrolle [ZollW] *veterinary control* || **Veterinär- und Pflanzenschutzkontrollen** [Europäisches Inspektionsbüro für ~] [EU] *European Veterinary Inspection*

Agency Sitz: Dublin

Videospiele-Hersteller *video-game maker*

Vielfalt von Angeboten *reservoir of offers*

Viererabkommen || Viererübereinkommen *quadripartite agreement* || **Viererausschuß** *quadripartite committee* || **Vierparteienausschuß** —> Viererausschuß

Vierteljahresdurchschnitte *quarterly averages*

Visumszwang *visas are compulsory*

Vitamin B [coll] *connection power* Karriere durch die Hilfe einflußreicher oder höhergestellter Positionsinhaber

Vogtei [arch/D] *protectorate* —> Kirchenvogt || Landvogt || Reichsvogt

Volatilität [Bör] *volatility* Schwankungsbreite [der Aktienkurse]. Je höher die Volatilität ist, umso größer ist das Kursrisiko einzuschätzen. Die Schwankungsintensität ist u.a. ein Hilfsmittel zur Beurteilung von Optionen auf Anleihen und Aktien

Völkermord *genocide* || **Völkerrecht** *law of nations* || **Völkerrechtssubjekt** *subject matter of international law*

Volksbank *credit union* || **Volkseinkommen** *national income* || **[große] Volksparteien** [Pol] *mainstream parties* || **Volkstum** [Staatsangehörigkeit] *nationality* || *folklore* || **Volksvermögen** *national wealth* ||

Volksvertreter *Member of Parliament* —> Parlamentarier ‖ Abgeordneter ‖ **Volksvertretung** [des Landes Berlin] [VwO/D] Abgeordnetenhaus *House of Representatives* ‖ **Volkswirtschaft** *[national] economy* ‖ einzelne Volkswirtschaften *in some national economies* ‖ **Volkswirtschaft[slehre]** [VWL] *economics* ‖ **Volkszugehörigkeit** [Staatsangehörigkeit] *nationality* —> Volksdeutsche

voll *full* ‖ *major*

Vollamortisationsvertrag mit Kaufoption [Leas] *full payout lease with purchase option* ‖ **Vollamortisationsvertrag mit Mietverlängerungsoption** [Leas] *full payout lease with renewal option* ‖ **Mobilien-Vollamortisationsvertrag** [Leas] *full payout movable asset lease* ‖ **Vollamortisationsvertrag ohne Option** [Leas] *full payout lease without option*

Vollbier [BierStR/D] *strong beer* almost 99% of the beer brewed in Germany is strong beer, with an original wort content of 11 to 14 per cent :: Auf die Gattung Vollbier mit einem —> Stammwürzgehalt von 11-14% entfallen nahezu 99% des deutschen Bierausstoßes

Volleigentum *freehold* unbeschränktes Eigentum, d.h. privatrechtlich das unbeschränkte Herrschaftsrecht über eine Sache [§§ 903 ff. BGB] *An estate for life or in fee which must be immobile [i.e. property must be land or some interest issuing out of or annexed to land] and of indeterminate duration [at least the utmost term to which an estate can be fixed and determined]*

Vollhafter *general partner* —>

Komplementär

völlig *strict* ‖ *fully*

volljährig werden [§ 2 BGB] *attain full age* ‖ *to attain majority* Volljährigkeit wird regelmäßig mit Vollendung des 18. Lebensjahres erreicht, d.h. bereits am 18. Geburtstag. [USA] In der Mehrzahl der Staaten wird legal age und damit volle Geschäftsfähigkeit regelmäßig mit Vollendung des 18. Lebensjahres erreicht. Ausnahmen hiervon bilden bestimmte Bereiche wie Konsum von Alkohol (später) und Fahrerlaubnis (früher) ‖ **Volljähriger** *person of full age* ‖ *major person* —> Heranwachsender ‖ Jugendlicher ‖ **Volljährigkeit** [GB] *full age* Beginn der Volljährigkeit mit Vollendung des letzten Tages des 18. Lebensjahres —> Jugendlicher —> Heranwachsender

Vollmacht *power of attorney* —> Anwalt ‖ Prokura ‖ **Vollmacht ausstellen** *to execute a power of attorney* ‖ **beglaubigte Vollmacht** *authenticitated power of attorney* —> Echtheit ‖ Rechtsscheinsvollmacht ‖ **Vollmachten** *credentials* Erster Schritt bei amtlichen Verhandlungen ist die Vorlage von Vollmachten ‖ **Vollmachtenprüfungsausschuß** *credentials committee* ‖ **Vollmachtgeber** *principal* —> Mandant

voller Satz *full set*

Vollstreckung eines [...] *enforcement of [...]* ‖ **Vollstreckungsverfahren** [SteuerR] —> Erhebungs- und Vollstreckungsverfahren

Vollstreiks [Man / Org / ArbR]*all-out strikes* form of lawful strikes

Vollversammlung — voraussichtlich

Vollversammlung *plenary assembly*

vollzählige Besetzung des Gerichts —> Plenum des Gerichts

Vollzug Abschluß / Erfüllung des Kaufvertrages *completion of the purchase* || **Vollzugsausschuß** *executive committee* || **Vollzugsaussetzung** [§§ 455 ff. StPO] *respite* || **Vollzugsbeamter** [der Bundesbehörden] [USA] *US-marshal* || Polizei als Vollzugsorgan der Staatsanwaltschaft *law enforcement officer* || **Vollzugsbericht** [des Gerichtsvollziehers] *return* of a writ || **Vollzugsorgan** *law enforcement officer*

von *from* || **von da an** *thenceforward* || **von Rechts wegen** *legal*

vor *in advance of* || *before* || **vorab in Kenntnis setzen** —>Vorabinformationen geben

Vorabinformation an die SEC —> Prospekt || **Vorabinformationen geben** *to prime*

vorangehen *get on* || *get along* || *make progress* —> vorausgehen

Voranhörung [im Untersuchungsverfahren] *preliminary hearing*

Voranmeldung [UStG/D] *provisional tax return* || [PatR] *prior application*

vorantreiben —> bewerben [Produkt]

Vorarbeiten *preparations* || **Vorarbeiten laufen** *preparations are underway*

Vorarbeiter [BRD] *foreman* || *foreperson*—> Meister

Vorausfertigung der Vordrucke [ZollW] *pre-authentication of form*

vorausgehen *to precede*

vorausgesetzt, daß [...] *on the condition that [...]* || *provided that* —> Bedingung

vorausgewählter Anbieterkreis *prequalified bidders* Bei internationalen Ausschreibungen geht die Ausschreibung nur an best. Anbieter (sog. inoffizielle Tenders) bzw. an im Markt registrierte Lieferanten, d.h. ein potentieller Anbieter qualifiziert sich durch die sog. prequalification (Vorauswahl) mittels Bestätigung einer Bank, daß er die angebotenen Lieferungen und Leistungen erbringen kann bzw. für den Fall der Nichterbringung die Vertragsstrafe zahlen kann. Erst nach dieser Präqualifikation werden diese Anbieter offiziell nach Veröffentlichung der Ausschreibung zur Angebotsabgabe aufgefordert

vorausschicken —> vorausgehen

Voraussetzung erfüllen [für etwas] *to be eligible to [...]* || **unter der stillschweigenden Voraussetzung, daß [...]** *with the implicit understanding that* || **unter der Voraussetzung und im Einverständnis [...]** *with the understanding and agreement* || **Voraussetzungen** *requirement[s]* || *demand* || *needs*

voraussichtlich[e] *estimated* || **voraussichtliche finanzielle Folgen** *estimated financial implication*

377

Vorauszahlung *anticipation* ‖ **Vorzahlung** oder **Vorauszahlung** *anticipation or prepayment* ‖ **Vorauszahlung** auf etwas **leisten** *to pay a sum in advance* ‖ *prepayment* ‖ *to pay in advance and on accountance* ‖ [Buchf] *prepaid expense*

Vorbehalt *reservation* ‖ *clause* ‖ **Vorbehalt machen** / vorbringen / anbringen / geltend machen / äußern *to make a reservation* ‖ **Vorbehalt widerrufen** / zurücknehmen / fallenlassen / rückgängig machen *to withdraw a reservation* ‖ **vorbehalten** —> Copyright-Vermerk ‖ **vorbehaltlich** *restricted* ‖ **vorbehaltlich der nachstehenden Bedingungen** [Satzanfang] *subject to the conditions hereinafter named* ‖ **Vorbehaltsklausel** *proviso* —> Bedingung ‖ *escape [clause]* —> Escape-Klausel

Vorbereitungen *preparations* ‖ **in Vorbereitung** *preparations are underway* ‖ **Vorbereitung von Investitionsentscheidungen** *investment planning* ‖ **Vorbereitungsausschuß** *preparatory committee*

vorbestraft *previously convicted* ‖ *to have a police record*

vorbringen [bei Gericht] *to put forward* ‖ [Einwand] *to raise [objection]*

Vorderladerpistole [Bal] *muzzle loading pistol*

Vordruck *form* ‖ **Vordrucksatz** *multi-part form*

Vorenthalten von Tatsachen *mis-*

representation —> Tatsachen

Vorentwurf *preliminary draft* —> Entwurf

Vorfälle —> Geschäftsvorfälle

Vorgabe *premise* ‖ [EDV] *default* ‖ *standard [...]*

Vorgang [ZollW] *operation* ‖ *transaction* ‖ Ablauf *proceedings* ‖ *course (of events)* ‖ *ocurrence* ‖ *process* ‖ *activity* ‖ **Vorgangsdaten** *transaction data* ‖ **Vorgangsjournal** *transaction journal*

Vorgehen *to take actions* ‖ konzertierte Aktion ‖ einvernehmliches Vorgehen *concerted action* ‖ **durch gemeinsames Vorgehen** [VölkR] *by common action* —> Maßnahmen

vorgeleistet *executed* —> Vorleistung ‖ Gegenleistung

vorgeschrieben [wie in ... ~] *prescribed in* ‖ *corresponding to [...]*

vorgesehen *provided for* ‖ *anticipated*

Vorjahr *previous year* ‖ **wie in den Vorjahren** *as in previous years* ‖ **Vorjahresniveau** —> über

Vorkalkulation *cost estimate* ‖ **vorkalkulierte Kosten** *predetermined cost* ‖ *manufacturer's fully absorbed producer's price*

Vorkaufsrecht *right of first refusal*

Vorkehrungen treffen *to arrange for* ‖ über die innerstaatlichen

Vorkehrungen verfügen, die erforderlich sind für die Anwendung eines Inspektionssystems :: *having the national arrangement necessary to apply an inspection system*

Vorkommen *occurrence* —> Vorgang || Eintritt

vorladen *to convene* || **vorladen lassen** *to take out a writ of summons against s.o.*

Vorladung erneuern *to renew a writ*

Vorlage Urkundenvorlage *discovery* || Unterbreitung *production* [of documents] || Beweisvorlage *submission* || *original* || Unterbreitung *submission* || **bei Vorlage** *upon presentation* —> Scheck || **nach Vorlage** *after having exhibited* || [VölkR] **Die hohen vertragschließenden Parteien haben zu ihren Bevollmächtigten ernannt [...]: diese sind nach Vorlage** (Mitteilung, Austausch, Hinterlegung) **ihrer in guter und gehöriger Form befundenen Vollmachten wie folgt übereingekommen: [...]** :: *The High Contracting Parties [...] have appointed their plenipotentiaries [...] who after having exhibited* (communicated, exchanged, deposited) *their respective full powers, found to be in good and due form, have agreed as follows:* || **Vorlagefrist** [ZollW] *time limit for submission* || **Vorlagetermin** *return day* [Fed.R. Civil P. 4] [(Datum der) Rückvorlage eines Zustellungsnachweises] bei Gericht durch die mit der Übergabe eines Schriftstückes betrauten Person [Zustellungsbeamter] über den Vollzug [BRD/§§ 190-192 ZPO Zustellungsurkunde —> *false return* :: mangelhafter oder nicht ordnungsgemäßer Nachweis über die Zustellung

vorläufig *provisional* || *interim* || **vorläufige Anordnung / Verfügung** [USA] *preliminary injunction* [§§ 935, 940 ff ZPO] vorläufige Anordnung eines Gerichts zur Sicherung eines Anspruchs [nicht dessen Befriedigung]. Voraussetzung ist ein [individueller] Verfügungsanspruch [Herausgabe einer Sache] sowie Verfügungsgrund [wesentliche Erschwerung oder Vereitelung eines Zustandes]. Zuständigkeit fällt in das für die Hauptsache zuständige Gericht || **vorläufige Anwendung** *provisional operation* || **vorläufige Festnahme** [§ 127 StPO] *preventive detention* || **vorläufige Vereinbarung** *interim agreement*

vorlegen Unterlagen *produce* || beibringen *to submit* || *present* || offenlegen *disclose* || verweisen *to refer to* || **einen schriftlichen Bericht vorlegen** *to furnish a written statement* || **seinen Fall vorlegen** *to present one's case*

Vorleistung *consideration* [i.d.R. bei einfachen, nicht gesiegelten Verträgen vereinbart]. Im [VertR] ist die —> Gegenleistung gegenüber den Vertragsparteien Wirksamkeitsvoraussetzung für den formlosen schuldrechtlichen Vertrag. Erfüllung also nur einklagbar, wenn sich die Partei zuvor dazu verpflichtet hat. i.d.R. erfolgt die Consideration in Form von Geld oder Entgegenkommen. Bei einem gesiegelten Vertrag ist die Einklagbarkeit der Erfüllung auch gegeben, wenn die consideration nicht gegeben wurde. Bei der Übersetzung am besten "consideration" in Klammer hinzufügen

Vorlesung   Vorsatz

Vorlesung [Uni] —> Lehrveranstaltung

vorliegend *present* [im Vertragstext besser] **dieser** [Vertrag] ‖ **dieses** [Übereinkommen]

Vormann [Man/Org] *foreman* ‖ *foreperson* —> Vorarbeiter ‖ Meister

Vormietzeit [Leas] *interim lease term*

Vormund *guardian* —> Prozeßbevollmächtigter des Minderjährigen ‖ **testamentarisch bestellter Vormund** *testamentary guardian* ‖ **Vormundschaft** *guardianship* ‖ *tutelage* ‖ **Vormundschaft über einen Minderjährigen** *wardship of infant/minor* ‖ **jmd. unter Vormundschaft stellen** *to place under guardianship* ‖ **Vormundschaftsgericht** *Court of Guardianship* ‖ *court of Protection* ‖ [GB] [Family Division of the High Court] *Probate Court* ‖ [USA] [In einigen Einzelstaaten fällt die dem Probate Court zufallenden Aufgaben in die Zuständigkeit des Surrogate's Court] [Maryland, Pennsylvania] *Court of Probate* ‖ [New York] *Orphan's Court*

vornehmlich [arch] —> hauptsächlich

Vorpommern *West Pomerania* [BLand] Mecklenburg-Vorpommern

Vorprüfung *preliminary examination* ‖ **pharmakologische Vorprüfung** *screening*

vorrangig *major [...]* ‖ *priority [...]* ‖ *of prime importance* ‖ **vorrangiges Gläubigerrecht** *lien prior to bond* —> upset price :: geringstes Gebot ‖ **vorrangiger Konkursgläubiger** *senior creditor*

Vorrat *stock* ‖ *supplies* ‖ **Vorräte** [Bil] *stock[s]* —> Bestand ‖ **Wertberichtigung auf Vorräte** *provision for inventories*

vorrätig *in stock* ‖ **es ist vorübergehend nicht vorrätig** *it is not in stock for the moment*

Vorratsabbau *inventory cutting* ‖ **Vorratsauflösung** Lagerauflösung *inventory liquidation* ‖ **Vorratsräume** —> Lagermöglichkeiten ‖ **Vorratsstellenwechsel** —> Solawechsel der Einfuhr- und Vorratsstellen ‖ **Vorratswirtschaft** *stockpiling*

Vorrichtung *device* ‖ *appliance* ‖ *contrivance* —> erfinden ‖ [Ausrüstung] *facility* ‖ *equipment* ‖ [Befestigung] *fixture* ‖ [Spannvorrichtung] *jig* —> Einbauten

vorübergehend festhalten *temporary detention* —> vorläufige Festnahme

Vorruhestandsregelung [Man/Org/ArbR] *early retirement scheme*

Vorsatz *intent* ‖ **in dem Vorsatz** [VölkR/Präambel] *intending* ‖ *directing their efforts* ‖ **In dem Vorsatz, die stetige Besserung der Lebens- und Beschäftigungsbedingungen ihrer Völker als wesentliches Ziel anzustreben [...]** :: *Directing their efforts to the essential purpose of constantly improving the living and working conditions of their people*

vorsätzlich | Vorsitz

vorsätzlich [StrafR] *with malice aforethought* || **vorsätzliche Tötung** [ohne Rechtfertigungsgrund] *felonious homicide*

Vorschlag *proposal* || *suggestion* || *proposition* || *recommendation* || *suggested action* || **Vorschlag zur Annahme vorlegen** *to submit a proposal for acceptance* || **Vorschlag für die Verwendung des Bilanzgewinns mit Bestätigungsvermerk Wir schlagen der Hauptversammlung vor, den für das Geschäftsjahr 19.. ausgewiesenen Bilanzgewinn in Höhe von [...] Millionen DM wie folgt zu verwenden:
- Ausschüttung einer Dividende von [...] Millionen DM und zusätzlich
- Zahlung eines Bonus von [...] Millionen DM** :: *Profit Utilization Proposal and Certification We propose to the General Meeting that the balance sheet profit of DM [...] million for the financial year 19.. be utilized as follows:
- Payment of a dividend of DM [...] million and additionally
-Payment of a bonus of DM [...] million*

vorschlagen *to propose* || *to put forward* || *recommending* || [...] **kann ggf. vorschlagen** *may wish to propose* || **es wird vorgeschlagen** *we are recommending* —> **befürwortend**

Vorschlagsrecht *recommendation authority* || *right of proposal* || *right of nomination* || **betriebliches Vorschlagswesen** *suggestion system*

vorschreiben —> **entsprechen** || **bestimmen**

Vorschriften *rules* || *provisions* || *regulations* || *specifications* || **Vorschriften erlassen** *to prescribe regulations* || **Vorschriften, Gesetze und sonstige Verordnungen** *laws and regulations* || **Kannvorschrift** *discretionary regulation* || **Mußvorschriften** *obligatory regulations* || **technische Vorschriften** *technical regulation*

vorschriftsmäßig adressieren *addressed as required* —> **Anschrift** || **richten an**

Vorschußakkreditiv [Ex] *packing credits* Ein insbesondere im Rohstoffhandel mit Wolle, Kaffee, Reis, etc. üblicher Barvorschuß an den Exporteur nach Akkreditiveröffnung zur Finanzierung von Herstellung und Transport —> **red clause** || **green clause**

vorsichtig *prudent* —> **umsichtig** || **Sorgfalt**

Vorsichtsmotiv *precautionary motive* Motiv der —> **Kassenhaltung** || **Vorsichtsprinzip** *principle of conservation* Bilanzierungsgrundsatz, mit dem vor allem überhöhte Gewinnausschüttungen verhindert werden sollen, im wesentlichen: Nicht realisierte Gewinne dürfen nicht ausgewiesen werden; nicht realisierte, aber erkennbare Verluste müssen ausgewiesen werden. Aktivposten sind mit dem niedrigsten zulässigen, Passivposten (z. B. Wertberichtigungen, Rückstellungen) mit dem höchsten zulässigen Wert abzusetzen

Vorsitz *chair* || **Vorsitz einnehmen** *to take the chair* || **Vorsitz in-**

Vorsitzender   **Vorurteil**

---

nehaben *to be in the chair*

Vorsitzender *chairman* bestellen ‖ [in einem Verband] *chairman of the Board of Directors* ‖ **Vorsitzender des Aufsichtsrates** [USA] stock corporation ‖ [GB] public limited company *chairman of the Supervisory Board* ‖ **Vorsitzender einer evangelischen Synode** —> Präses ‖ **Vorsitzender der Geschäftsführung** [GmbH] *chairman of the Board of Management* ‖ **Vorsitzender des Verwaltungsrats** [USA/stock corporation] *chairman of the Administrative Board* ‖ **Gemeinschaftsvorsitzender** [VwO/ D] *chairman of an association of communes* Freistaat Bayern [Vorsitzender der Vertretung der gewählten Gemeinderäte der Mitgliedsgemeinden in der Verwaltungsgemeinde] ‖ **geschäftsführender Vorsitzender** *executive chairman* ‖ **Vorsitzender Richter** eines Court of Chancery [GB] *Chancellor*

Vorsorgeaufwendungen [SteuerR/D] *expenses of a provident nature* z.B. Versicherungsbeiträge, Bausparbeiträge ‖ **Vorsorgepauschale** [SteuerR/D] *flat-rate allowance for provident expenses*

Vorspiegelung falscher Tatsachen bei der Risikobewertung einer Versicherung in der Police [VersR] *misrepresentation*

Vorstand entlasten *to discharge directors from their responsibility* ‖ **Mitglied des Vorstands der D.B. AG** *Member of the Board of Management of Dresdner Bank AG* ‖ **Vorstandsmitglied** [BRD] *joint ma-*

naging director ‖ **Vorstandssprecher** Vorsitzender des Vorstandes *chairman of the Board of Management* ‖ **Vorstandsvorsitzender** [Man/Org] *chief officer* —> Generaldirektor ‖ nicht syn. für president zu verwenden, da Titel CEO nur unternehmensintern geführt wird

vorstehen leiten *to manage*

vorstehende Bedingungen *the preceding provisions*

Vorstellungsgespräch [PersW] *interview*

Vorsteuer *input tax* ‖ **Vorsteuerabzug** [SteuerR/D] *input tax deduction* ‖ **vorsteuerabzugsberechtigt** *permitted to deduct input tax* ‖ **Vorsteuerpauschalierung** [SteuerR/D] *blanket rate of input tax*

Vorteil *advantage* —> Ausnutzung ‖ **geldwerter Vorteil** *benefit equivalent to [a part of] a wage or salary* ‖ **Vorteilhaftigkeit** [InvR] *acceptability* Maßstab für die Beurteilung eines Investitionsvorhabens ‖ **Vorteilskriterium** [InvR] *acceptance criterion* —> Vorteilhaftigkeit

vortragen [Sachverhalt ‖ Vortrag des Sachverständigen] *to brief* ‖ *express* ‖ *utter* ‖ *report on* ‖ [Fall] *to present one's case* ‖ Saldo *to carry forward*

vorübergehend verwahrt [ZollW] *goods placed in temporary storage*

Vorumsätze [SteuerR/D] *inputs*

Vorurteil *prejudice*

382

vorverlegen [Sitzung] *to put forward*

Vorvertrag besonders bei Großprojekten *letter of understanding* ‖ *provisional agreement*

Vorwegabzug [SteuerR/D] *advance deduction* Abzug der Vorsorgeaufwendungen in der Steuererklärung

vorweggenommene Erbfolge —> Schenkung von Todes wegen

Vorwegnahme *anticipation*

vorwegnehmen *to anticipate*

Vorweisung *presentation* —> Vorlage ‖ Beibringung ‖ Gestellung

Vorzahlung oder Vorauszahlung *anticipation or prepayment*

vorzeitig in Besitz nehmen *to anticipate* ‖ **vorzeitige Pensionierung** *early retirement* Pensionierung vor dem normalen Pensionsalter [umfaßt nicht die Pensionierung wegen Invalidität] —> Vorruhestandsregelung

Vorzüge —> Vorzugsaktien

Vorzugsaktien *preferred stock* I.d.R. stimmrechtslose Aktien, die dafür bestimmte Privilegien gegenüber Stammaktien gewähren, z.B. Vorrechte bei der Gewinnverteilung. Zahlung einer festen Dividende vor den Stammaktionären evtl. mit Nachbezugsrecht (—> kumulierte Vorzugsaktien :: *cumulative preferred stock*) oder zusätzliche Beteiligung am verbleibenden Gewinn (—> partizipierende Vorzugsaktien :: *participating preferred stock*). Bevorrechtigte Befriedigung vor den Stammaktionären bei Liquidation der Unternehmung. Obwohl rechtlich Eigen-

kapital, werden sie besonders in kapitaltheoretischen Modellen i.d.R. wie Fremdkapital behandelt

Vorzugsaktionär *preferred stockholder* ‖ **Vorzugsdividende** *preferred stock dividend* ‖ **Vorzugsrecht** *preferential rights* ‖ **Vorzugszinsen** [Bbank] Primarate *prime [lending] rate* Zinssatz der US-Banken für Diskontierung erstklassiger Geldmarktpapiere (mit 90 Tagen Laufzeit), der in jedem Federal Reserve District von der Federal Reserve Bank festgesetzt wird. Nach der Prime rate richten sich die Sätze für alle anderen Arten von Krediten, daher von wesentlicher Bedeutung für die Zinsentwicklung und einer der Konjunkturindikatoren

Voyeur *voyeur* ‖ [coll] *peeping Tom*

VZ [SteuerR/Abbr] —> Veranlagungszeitraum

Wach- und Schließgesellschaft *security corps* ‖ *protection service* ‖ *security service*

wachhabender Offizier —> Offizier

wachsen *to grow* ‖ *um 7,5% wachsen to grow by 7.5%* ‖ **wachsend** *increasing* ‖ **wachsende Rolle spielen dabei [...]** *it appears that an increasing part is being played in this by the [...]*

Wachstum *growth* ‖ **Wachstum des realen Bruttosozialprodukts** *growth rate in real Gross National Product* ‖ **Abschwächung des Wirtschaftswachstums** *dampening of rates of growth* ‖ **Wachstumsaktien** *growth stock* ‖ **Wachstumsdynamik** *economic growth march* ‖ *economic dynamism* ‖ **Wachstumsgesellschaften** *growth companies* Stark expandierende Gesellschaften, deren Dividendenpolitik i.d.R. durch niedrige Ausschüttungsquoten gekennzeichnet ist ‖ **Wachstumskräfte** [Bil] *sustained expansion of business activity* ‖ **Wachstumspotential erhöhen** *to enhance growth potential* ‖ **Wachstumsrentenversicherungssparbrief** [InvF] *growth bond* Fonds ohne Ausschüttung mit garantiertem Mindestrückkaufkurs

Waffenappell *arms inspection* ‖ **Waffenbesitz** [unerlaubter ~] *[illegal] possession of firearms* ‖ **Waffenbesitzkarte** Erwerb von Schußwaffen [§ 28 WaffG] —> Waffenschein *gun licence* ‖ **Waffeneinsatz** —> Gebrauch von Schußwaffen ‖ **waffenfähig** *capable of bearing fire arms* ‖ **Waffengesetz** [USA] *Firearms Acts* ‖ *law on fire arms* ‖ **Waffenhandel**

gunrunning ‖ *arms trade* ‖ **Waffenschein** Führen von Schußwaffen [§§ 35 f WaffG] *gun licence*—> Waffenbesitzkarte ‖ **Waffenstillstand** *armistice* ‖ **Waffenübung** *military exercise*

Wahl [Tel] *call* ‖ *dialing* ‖ [Alternative] *option* ‖ [WahlR] *election* ‖ *voting* ‖ *polling* ‖ **Briefwahl** [WahlR] *postal ballot* ‖ **einstimmige Wahl** *sole vote* ‖ **geheime Wahl** *secret ballot* ‖ **gesamtdeutsche Wahlen** *all-German vote* ‖ **Zuordnung der leitenden Angestellten bei Wahlen** [BetrVG] *allocation of executive staff for elections*

Wahlanfechtung [BetrVG] *contesting of elections*

wählbar *eligible* ‖ [VölkR] **Die Bestimmungen dieses Übereinkommens hindern einen Mitgliedstaat nicht daran, den Gütern die Zollbehandlung zu gewähren, vorausgesetzt, daß dieselben Güter vom Hoheitsgebiet eines Mitgliedstaates eingeführt waren** *Nothing in this Convention shall prevent a member state from accepting as eligible for Area tariff treatment any goods imported from the territory of another member state, provided that the like goods imported from the territory of any member state are accorded the same treatment*

wählen *to elect* ‖ *to choose* ‖ *to vote for*

amtliches Wahlergebnis [WahlR] *election returns* ‖ **Wähler[...]** *electoral*‖ **unabhängige Wählervereinigungen** [WahlR/D] *independent elec-*

Wahlleiter — Waren

toral associations || **Wählerwanderung** *turnover*

Wahlleiter *returning officer* || *chief election official* || **Wahllokal** *polling station* || **Wahlmöglichkeit** *election* || *option* || *alternative* || **passives Wahlrecht** [WahlR] *right to be elected* || **Wahlschutz** [BetrVG] *protection against obstruction* || **Wahlvorstand** [BetrVG] *electoral board* || **Wahlzettel** —> Stimmzettel

wahren und festigen [VölkR] *to strengthen the safeguards*

wahrer Eigentümer *beneficial owner*

Wahrnehmung *notice* —> Zeuge || Beobachtung || **Wahrnehmung der Aufgaben** [BetrVG] *conduct of business*

Wahrscheinlichkeit *(balance of) probability* || **aufgrund der größeren Wahrscheinlichkeit** (nachweisen) [StrafR] *to show on the balance of probability*

Wahrspruch Schuldspruch der Geschworenen *verdict of guilty* || **[einstimmiger] Wahrspruch der Geschworenen** *unanimous verdict*

Währung *currency* —> Valuta || **auf Fremdwährung lautend** *denominated in foreign currencies* || **Vertragswährung** *currency of the contract*

Währungs[...] *monetary* || **Währungs- und Devisenbeschränkung** *currency and bank accounts restric-*

tions || **Währungsausschuß** *monetary committee* || **Währungsfutures** —> Terminkontrakt auf Währungen || **Währungskommissar** [USA] *Comptroller of the Currency* —> Bankenaufsichtsbehörde || **Währungsoptionsschein** [Bör] *currency warrant* —> Optionsschein || **zeitweilige Währungsschwäche** *currency was weak at times*

Wall Street Börse in der City of New York (Manhattan) sowie wichtigstes Finanzzentrum der Vereinigten Staaten. I.w.S. Bezeichnung für den Bankensektor in den USA i.G.z. Main Street (Industrie- und Handel) || **Schockwelle durch den Kurseinbruch an Wall Street** *shock wave caused by the crash on W.S.*

Wandelanleihe || **Wandelschuldverschreibungen** [Bör] *convertible bonds* Mischung aus festverzinslichem Wertpapier und Aktie, wobei dem Gläubiger zusätzlich zu den Zins- und Tilgungszahlungen ein Umtauschrecht in Aktien eingeräumt wird. Das Umtauschrecht ist untrennbar mit der Anleihe verbunden (Untergang der Anleihe bei Ausnutzung des Rechts). Heute weitgehend durch die Optionsanleihe verdrängtes Finanzierungsinstrument. Wandelschuldverschreibungen sind nur eine der möglichen Formen der *hybrid securities* und umfassen im Prinzip alle Papiere, die sowohl den Dividendenwerten als auch den festverzinslichen Wertpapieren zuzurechnen sind

Wandelung [§ 462 BGB] *redhibition* —> Minderung

Waren *merchandise* —> Handelsgut || **leicht verderbliche Waren** *perishable goods*

385

Warenauszeichnung *ticket processing* ‖ Preisauszeichnung *marking* ‖ *pricing* ‖ *price marking* ‖ **Warenbörse** *commodity exchange* ‖ **Wareneingang** *purchasing or receiving* ‖ [EDV] *receipt processing* ‖ **Wareneingangsbescheinigung** *delivery verification certificate* als Endverbleibsnachweis für die Ausfuhr von Embargowaren. Die Kontrollbehörde im Käuferland bzw. Verbraucherland [BRD: Bundesamt für gewerbliche Wirtschaft] bescheinigt den Eingang der Ware [zollamtlichen Nachweis]. Bei Auflage in der Ausfuhrgenehmigung ist der gebietsansässige Ausführer zur Vorlage der Bescheinigung verpflichtet ‖ **Warenführer** [ZollW] *carrier* ‖ [Mar] Verfrachter ‖ **Warengruppe** [ZollW] *product category* ‖ **Warenkredit** *mercantile credit* ‖ **Warenlieferungsvertrag** *contract for the supply of goods* ‖ **Warenposition** [ZollW] *item* ‖ **Warenstruktur der Ausfuhr** [Bbank] [Ex] *exports by main categories of commodities* ‖ **Warenumschlag** [MatW] *turnover of merchandise* ‖ **Warenumschlagskredit** *warehousing credit [system]* ‖ **Warenuntersuchung** [ZollW] *analysis of goods* ‖ **Warenverteil[er]zentrum** —> Auslieferungslager ‖ **Warenwechsel** diskontfähiger Handelswechsel *trade bill* ‖ **Warenzeichen** *trademarks*

Warmstart [EDV] *warm restart*

Wartefrist Karenzfrist *waiting period* [time which must elapse before a claim is paid]

Wartung[saufwand] [Buchf] *maintenance* ‖ *service* ‖ **Wartungshandbuch** *maintenance manual* ‖ **Wartungspersonal** *maintenance staff* ‖ **Wartungsunterlagen** *service documentation* ‖ **Wartungsvertrag** *maintenance agreement*

Wasserenthärtungsanlage *water-softening equipment* ‖ **Wasserwerke** *waterworks companies* ‖ **Wasserzolldienst** [ZollW/GB] *Customs Waterguard Service*

Wechselakzept —> Wechselannahme ‖ **Wechselannahme** *accepted bill of exchange* —> Bankakzept

Wechselbürgschaft *bill of suretyship* ‖ **Wechsel- und Scheckbürgschaften** *guarantees for bills and cheques*

Wechseldiskontkredite [Bbank] *bills discounted*

Wechselgläubiger *holder of a bill*

Wechselinhaber *bill holder*

Wechselkredit *drawing credit* ‖ **Wechselkursanpassung** *realignment* ‖ **wechselkursbedingte Aufwendungen** Aufwendungen aus Wechselkursschwankungen *expenditure arising from exchange rate fluctuations* ‖ **wechselkursbedingte Einflüsse** *adjusted for exchange rate induced influences* ‖ **Wechselkursschwankungen** *exchange rate fluctuations* ‖ **Wechselkursverbund** *EMS exchange rate mechanism* ‖ **DM-Interventionen anderer am Wechselkursverbund beteilgte Notenbanken** *Deutsche Mark interventions by other central banks participating in the exchange rate mechanism*

Wechselnehmer   Wein

Wechselnehmer *holder* —> Remittent

Wechselprotest *note of protest* [USA/U.C.C. § 3-507; § 3-509; § 4-210] [BRD/Art. 44 ff., 79 ff WechselG] || *notice of protest* Windprotest:: Person gegen die protestiert werden soll, ist nicht zu ermitteln || Weigerungprotest: Zahlung wird ganz oder teilweise verweigert || Platz- oder Wandprotest: Zutritt zu Wohnung oder Geschäftsräumen wird verweigert bzw. es wird niemand angetroffen || **Wechsel zu Protest gehen lassen** —> Wechselprotest

Wechselregreß —> Wechselrückgriff || notleidender Wechsel || **Wechselreiter** *bill jobber* || **Wechselreiterei** *bill jobbing* || syn.: *kite-flying* || **Wechselrückgriff** [Art. 15, 47 ff. WG] *notice of dishonor* Geltendmachung der Forderung [Rückgriff] des letzten Wechselinhabers gegenüber einem Wechselverpflichteten oder dem Wechselverband [alle Rückgriffsschuldner zusammen] bei einem —> notleidenden Wechsel

wechselseitig miteinander abwechselnd || Ersatz[...] || Stellvertreter [...] *to alternate* || **Wechselsteuer** *bills of exchange tax* || **Wechselsteuermarken** [WechselR] *bills of exchange tax stamps* tax is payable in stamps which are available at post offices. These stamps have to be affixed on the reverse side of the bill. Tax franking machines may also be used under certain conditions —> Steuerstempler || **Wechselstube** *exchange office*

Wechselverlängerung —> Allonge || **Wechselverpflichteter** —> Rückgriffschuldner

Wechselwähler [GB] *floater* || *floating voter*

wegen *owing to* || *upon and by reason of*

Wegfall [SteuerR/D] *discontinuation*

Wegwerfen von Deckslast [zur Rettung des Schiffes und der Ladung] **und Überbordspülen** *jettison and washing overboard*

Wehrauftrag [der Bundeswehr] *defense mission* || **Wehrbeauftragter** [des Bundestages] *Defence Commissioner of the German Parliament* Wird zur Ausübung der parlamentarischen Kontrolle durch den Bundestag oder des Bundestagsausschusses für Verteidigung tätig || **Wehrdienstverweigerung** *conscientious objection* || **Wehrersatzdienst** Zivildienst *alternative service*

Weichenstellungen zur Stärkung des Finanzplatzes Deutschland sind 1989 unternommen worden *further steps were taken in 1989 to strengthen Germany's role as a financial centre*

Weichverpackung [Verp] *flexible package*

Weihnachtsgeld [ArbR] 13. oder 14. Monatsgehalt *[13th or 14th month] year-end-bonus*

Weimarer Republik [1919-1933] *Weimar Republic*

Wein [Winz] *wine*—> Flaschenwein || **Weingut** *wine estate*

Weise *way* || *mode* || *manner* || auf diese Weise *thus* || kann eine Streitsache auf diese Weise nicht beigelegt werden, so ist sie auf Verlangen einer der beiden Vertragsparteien einem Schiedsgericht zu unterbreiten *if a dispute cannot thus be settled, it shall upon request of either party be submitted to an arbitral tribunal*

Weisung *instruction* || *order* || ohne Weisung einer Regierung tätig sein/handeln *to act without instructions of any government* || Weisungsbefugnis [An]weisungsbefugnis || Autorität *[command] authority* || Weisungsgebundenheit *duty to abide by instruction* || *chain of authority* || *functional* or *personal authority*

weiter *further* || *to continue to* || alle weiteren verkauften Exemplare *all copies sold thereafter* || weiterentwickelte Nationen *more advanced nations* || Weiterverkauf [ZollW] *resale*

Wellpappschachtel [Verp] *corrugated cardboard box*

Welthandel *world trade* || Welthandel auf Expansionskurs *world trade expanding*

weltliche Mitglieder des Oberhauses *temporal lords* i.e. the peers of England; strictly speaking, bishops are lords of parliament but not temporal lords [einschließlich Richter]

Weltpostverein *Universal Postal Union* [Abbr] *UPU* || Intersat Weltraumsegment *Intersat space seg-*

ment || Weltraumsonde *space probe* || Weltwährungsreserven *global money reserves* || weltweit *throughout the world* || *all over the world* || *worldwide* || Weltwirtschaft *world economy* || weltwirtschaftliches Umfeld [Bil] *global economic setting*

Wende [Pol] *change to conservative policies* Expression coined in the course of political changes in Germany initiated on 17 Sept., 1982 when Helmut Schmidt [social democrats, SPD] was replaced in government by Helmut Kohl [Christian democrats, CDU]. The chairman of the Liberal Party [F.D.P], Hans-Dietrich Genscher, entered into a new coalition with the CDU and thus paved the way for profound changes in German politics, mainly less government influence and more free initiative in the national economy together with broad tax reliefs for companies and harsh tax increases for employees. Furthermore, the term "Wende" is applied to the opening of East German borders in 1990. In a broader sense, "nach der Wende" means significant influence of the conservatives since the beginning of the eighties and the general impression of an ever deeper gap between the rich and the poor

wenn nicht näher bestimmt *except when qualified*

Werbeanzeige *gewerbliche Anzeige commercial advertising* || Werbegeschenk *give away article* || werben für —> bewerben [Produkt] || Werbeschriften —> Anzeige || Werbespot [TV; Radio] *spot announcement*

Werbung *commercial advertising* || Werbung am Verkaufsort [Abbr] *POP ad* point of sale purchase adverti-

werden   Wertpapier

sement || **Werbungskosten** *income-connected expenses*

werden [bei Absichtserklärungen/nicht bestimmten Handlungen] || **Die Vertragsparteien werden bestrebt sein [...]** [hier keinesfalls mit "sollen" übersetzen] [VölkR] *The contracting parties shall endeavour [...]*

Werk *factory* —> Fabrikationsstätte || **in seinem Werk in New York ausschließlich** *in this factory in the City of New York and in no other place or places* || **werkgetreu** *faithfully* || **die Übersetzung ist werkgetreu und sorgfältig anzufertigen** *the translation shall be made faithfully* [true to the original] *and accurately*

Werksbuchhaltung *plant accounting* || **Werkseinbau** *factory installation* || **werksintern** *intra-plant* || **Werkskalender** *plant accounting calendar* || **Werksleiter** *Plant Manager* —> Betriebsleiter :: production manager || **Werksplombe** *factory seal*

Werkstattauftrag *workshop order* || **Werkstattzeichnung** *shop drawing*

Werkstoff [Verp] *material* || **Werkvertrag** *work contract* [≠ Werks-vertrag] [BRD] § 631 BGB] [USA] [15 U.S.C.A. § 2301] Any contract entered into by a supplier with a customer to perform services such as maintenance or repair on a consumer product for a specified duration || **Werkvertrag zur Durchführung eines Bauvorhaben** *construction contract* Contract for the execution of specified works. A feature of construction contracts is that they provide in one contract for both the supply of goods and the performance of services

Wert *value* —> Anlagewert || Anteilswert || **Änderungen des DM-Wertes** [Bbank] *changes in the Deutsche Mark value* || **etwas nach dem Wert von [...] berechnen** [SteuerR/D] *to compute sth. from the value* || **Einstandwert** *item cost* || **innerer Wert einer Aktie** *intrinsic value* —> Dividendenbewertungsmodelle || **Kostenwert** *cost value* || **Nettoinventarwert** [InvF] eines Fonds *net asset value*

Wertberichtigung *valuation allowance* || *accrued depreciation* —> Abschreibung || *accumulated depreciation* || *depreciation reserve* || *allowance for depreciation* Auf der Passivseite der Bilanz ausgewiesene Korrekturposten zu Positionen der Aktivseite. Durch die Bilanzierungsform der indirekten Abschreibung kommen Wertberichtigungen zum Anlagevermögen zustande. [USA] In Bilanzen werden diese nicht auf der Passivseite, sondern auf der Aktivseite als Abzugsposten zu den jeweiligen Positionen ausgewiesen || [Buchf] *revaluation* —> valuation allowance || **Wertberichtigung auf Vorräte** *provision for inventories* || **Wertelemente** [ZollW] *elements of value* || **Wertentwicklung** [Bör] *performance*

Wertpapier *product* || [Bör] *security* || [Aktie] *share* || *stock* || **Wertpapierbestand** *[volume of] holdings of securities* || **Wertpapierdividende** unbare Dividende || Naturaldividende *non-cash dividend* Stock-

389

dividende ‖ [USA] liability dividend ‖ bond dividend ‖ scrip dividend [dividend in the form of promissory notes called scrip] ‖ **Wertpapiere in ausländischer Währung** [Bör] *stock exchange trading of securities denominated in foreign currency* ‖ **Wertpapierpensionsgeschäft** [Bbank] *securities repurchase agreements* ‖ *repurchase transaction in securities* Geschäfte, bei denen der Pensionsgeber Vermögensgegenstände wie Wechsel, Forderungen oder Wertpapiere gegen Zahlung eines Betrages auf einen Pensionsnehmer mit der Vereinbarung überträgt, daß der Pensionsnehmer verpflichtet oder auch berechtigt ist, die Vermögensgegenstände zu einem best. bzw. noch zu bestimmenden Zeitpunkt zurückzuübertragen ‖ **Wertpapiersammelbanken** *collective security-deposit banks* ‖ **Wertpapiersparen** [InvF] *equity saving* ‖ **Wertstellungstermin** *settlement day* ‖ **Wertverhältnisse vom 1.1.1969** [SteuerR/D] *assessed value as at January 1, 1969* —> Festzsetzung des Einheitswert ‖ **Wertzeichen** auf Tabakpackungen —> Steuerzeichen ‖ **wertzollbar** [ZollW] *ad valorem* ‖ **wertzollbare Waren** *ad valorem goods* ‖ **Wertzollrecht** [ZollW] *valuation legislation* ‖ **Wertzolltarif** [ZollW] *ad valorem tariff* ‖ **Wertzuwachs** Vermögenszuwachs [InvF] *capital gain* —> realisierter Kursgewinn ‖ **Wertzuwachssteuer** *tax on value increments*

wesentlich *material* ‖ *major* ‖ *substantial* ‖ **über alle wesentlichen Geschäftsvorfälle** *on all major business transactions* ‖ **[...] sind im wesentlichen** [Bil] *main elements in the item "[...]" are [...]* ‖ **im wesentlichen übereinstimmend** *in substantial agreement*

Wet-Leasing *wet lease* Brutto-Leasing-Geschäft aus dem Bereich der Flugzeugindustrie, das neben der Finanzierung auch Treibstoffversorgung und Wartung vorsieht

Wettbewerbsabsprachen Preisabsprachen *restricted trading agreements* ‖ **üblicher Wettbewerbspreis** *ordinary competitive price* ‖ **Wettbewerbsverbot** Konkurrenzverbot [§§ 60, 112, 165 HGB, § 88 AktienG, § 74 ff HGB] *restricted covenant* Beschränkung der gewerblichen Tätigkeit [z.B. eines —> Handlungsgehilfen] zugunsten anderer Unternehmen des gleichen Handelszweiges ‖ **Wettbewerbsverzerrung** *distortion of competition*

Widerklage [USA] *counterclaim*

Widerruf des Angebots *revocation of an offer*

Widerstand gegen Vollstreckungsbeamte [StrafR] *resisting a [peace] officer* in the execution of a writ or in the lawful discharge of this duty

widrigenfalls *failing which [...]*

wieder übergehen auf *to revert* —> zurückfallen

Wiederanlage von Dividenden [BRD] *dividend re-investment* Schütt-aus-Hol-zurück-Verfahren :: dividend round-tripping procedure ‖ [USA] i.R.d. dividend re-investment plans großer Gesellschaften. Eine Form der Kapitalerhöhung durch Ausschüttung einer Bardividende mit der Option an die Aktionäre, auf die Ausschüttung ganz- oder teilweise zu verzichten und in Höhe der Ausschüt-

Wiederanlaufzeit

tung weitere Aktien der Gesellschaft zu beziehen ‖ **Wiederanlagerabatt** *reinvestment discount*

Wiederanlaufzeit [EDV] *system recovery time* Zeit bis zur Wiederherstellung des gewünschten Zustandes [in der das [Datenrechen-]system nicht verfügbar ist]

wieder in das Angebot [auf]genommen werden *to restore to the market*

Wiedereinbürgerung —> Staatsbürgerschaft

wiedererlangen *to recover* —> Schadensersatzzahlungen

Wiedererlangung *recovery*

wiedergutmachen [Vertrag] *to repair a breach of contract* —> heilen

Wiederholungstäter *habitual offender*

Wiederinbesitznahme *to repossess* wieder in Besitz nehmen

Wiener Übereinkommen über diplomatische Beziehungen [18.4.1961] *Vienna Convention on Diplomatic Relations*

Wille *intention* ‖ **in dem festen Willen, [...] zu schaffen** [Präambel/VölkR] *determined to establish* ‖ **Willenseinigung** allgemein *agreement* selten als Vereinbarung gemeint ‖ **Willenserklärung** *[statement or] manifestation of intention* ‖ *declaration of intent[ion]* Übereinstimmende W., z. B. zum Abschluß eines völkerrechtlichen Vertrages ‖ **Willensmängel**

Wirkstoff

factors destroying mutual assent [z.B.: Irrtum :: mistake] —> fraud :: Fälschung ‖ **Willensübereinstimmung** *consensus ad idem* ‖ *consent to the matter*

Wimpel [Bör] —> Flaggen und Wimpel

WINGS *warrants into negotiable government securities* [EuroM] Optionsscheine auf den Kauf bzw. Verkauf von US-treasury bonds

wirken —> beeinflussen

wirksam *effective* ‖ **wirksam werden** *shall become effective* ‖ [VölkR] Der Vorschlag wird für alle Vertragsregierungen vier Monate nach dem Tag wirksam, an dem bei der Verwahrregierung die Notifikationen aller Vertragsregierungen über die Annahme vorliegen [...] *The proposal shall become effective for all contracting states four months after the date on which notification of acceptance shall have been received by the depositary governments from all the contracting governments* ‖ *to take effect* ‖ [VölkR] Die Kündigung wird ein Jahr nach ihrer Notifizierung an die Schweizer Regierung wirksam *The denunciation shall take effect one year after the notification thereof has been made to the Swiss Government* ‖ **wirksame Anwendung** *effective administration or application*

Wirkstoff [ArzneiMG] *active ingredient* alle wirksamen Bestandteile eines Arzneimittels, soweit sie Einfluß auf die Wirksamkeit nehmen. In neuerer Zeit vom BGA auch als "Arzneilich wirksame Bestandteile" bezeichnet [in Gebrauchsin-

Wirkung   wohlwollende Prüfung

formationen: Zusammensetzung] —> Hilfsstoffe :: excipients

Wirkung *force* || *effect* —> Anwendung || [Vollmacht] *authority* —> Bindungswirkung || **Wirkungen** Folgen *consequences* || **Wirkungsweise** [bei Packungsbeilagen] —> Eigenschaften

wirtschaftlich *industrial* || *economic* —> Konjunktur || **wirtschaftliche Bedingungen** *commercial conditions* || **wirtschaftlicher Eigentümer** *beneficial owner* || **wirtschaftliche Entwicklung** *economic performance* || **wirtschaftliche Grenze** *[price] ceiling* || **wirtschaftliche Lage** —> Konjunktur || **wirtschaftliche Rahmenbedingungen** *outlines* || **Wirtschaftlichkeitsrechnung** [cash flows] *incremental approach*

Wirtschaftsausschuß [BetrVG] *finance committee* || [allgemeine] **Wirtschaftsentwicklung** *general economic development* || **Wirtschaftsgüter** —> geringwertige Wirtschaftsgüter || **Wirtschaftsjahr** [BRD § 4a EStG] *fiscal year* || *the corporation's accounting year* üblicherweise entspricht das Wirtschaftsjahr dem Geschäftsjahr nach § 240 HGB, i.d.R. deckungsgleich mit dem Kalenderjahr und umfaßt 12 Monate. Der Zeitraum, für den die Ergebnisse eines Betriebes (Bilanz) regelmäßig und buchmäßig festgestellt werden. In Ausnahmefällen —> Rumpfgeschäftsjahr || **Wirtschaftskommission für Europa** *Economic Commission for Europe* [Abbr] *ECE* Teilorganisation der UNO. Erstellt auch Jahresberichte über die Ostblockländer || **Wirtschaftskräfte** [EWG-Präambel] *resources* || **Wirtschaftskredite** *loans to busi-*

ness || **Wirtschaftsprüfer** [USA] *certified public account* || [GB] *chartered account* —> Buchrevisor || **Wirtschaftsunternehmen und Privatpersonen** *enterprises and individuals* || **kräftiges Wirtschaftswachstum** *heavy economic growth* || gute Konjunkturlage *healthy economic situation* || **Wirtschaftswissenschaft** [VWL] *economics* || **Wirtschaftszweig** *industry*

Wissen —> Know-how || Stand der Technik || **wissenschaftliche Betriebsführung** *scientific management* || **Wissensvermittlung** *imparting of knowledge* || **wissentlich Geschehenlassen** —> Konnivenz

Witwenrente *amounts for death* —> Hinterbliebenenrente

W.L.R. [GB] [Abbr] *Weekly Law Reports*

W.N. [GB] [Abbr] bis 1953 Berichterstattung über die laufende Rechtsprechung in den *Weekly Notes of Cases*

Wohlfahrtspflege —> Verbände der freien Wohlfahrtspflege || **Wohlfahrtsstaat** *welfare state* || *caring society*

Wohltätigkeitstreuhandverhältnis *charitable trust*

wohlwollende Prüfung *favo[u]rable consideration* || **legen nahe / empfehlen / raten,** [...] **wohlwollend zu prüfen** *to encourage the favo[u]rable consideration of the present convention*

392

Wohneigentumsförderungsgesetz
[SteuerR/D] *Law amending tax concessions for owner-occupied property* v. 1.1.1987 regelt den Wegfall, der Besteuerung des Nutzungswerts der selbstgenutzten eigenen Wohnung

wohnen [arch] *to abide* —> Aufenthaltsort

Wohnort —> Meldebehörde ‖ Einwohner ‖ **Wohnparzellen** *residential lots* ‖ **Wohnparzellen mit einem freistehenden Einfamilienhaus** *residential lots with one detached single family dwellings* ‖ **Wohnraum** [SteuerR/D] *habitable area* ‖ **Wohnraum** —> bezugsfertig ‖ **Wohnsitz** *domicile* ‖ **Wohnsitz begründen** *to make up* [to take up] *one's abode* ‖ **Wohnsitz bei Geburt** Ursprungsdomizil *domicile of origin* ‖ **Wohnsitz der Eheleute** *matrimonial home* ‖ **Wohnsitz der Herkunft** [der tatsächliche Wohnsitz] *residence* —> Wohnsitz bei Geburt ‖ **Wohnsitz eigener Wahl** *domicile of choice* ‖ **ohne festen Wohnsitz** obdachlos *homeless* ‖ **Wohnsitzverlegung des Steuerpflichtigen ins Ausland** [SteuerR/D] *when the taxpayer moves abroad* ‖ **Wohnsitzwechsel** *change of domicile* [≠ Domizilwechsel]

Wohnungsbau [BauW] *residential construction* ‖ *housing construction* —> Kostenmiete ‖ [Bbank/Stat] *housing sector* ‖ **ohne Wohnungsbau** *outside the housing* ‖ **Wohn[ungs]baugenossenschaften** *co-operative building society* —> Kostenmiete im sozialen Wohnungsbau ‖ **Wohnungsbaugesetz** *Housing Law* —> sozialer Wohnungsbau ‖ **Wohnungsbauprämie** [SteuerR/D] *employee housing premium* ‖ **Wohnungsbau-Prämiengesetz** [SteuerR/D] *Law on Premiums for Saving for Home Ownership* ‖ **Wohnungsmiete** *gross rent* ‖ **Wohnungsnot** *acute housing shortage*

Wortlaut *text* ‖ [genauer Wortlaut] *tenor* ‖ —> Urschrift ‖ geschehen ‖ **der englische Wortlaut [ist] maßgebend** *the English text shall prevail* ‖ **[sie] übermitteln den Wortlaut** [VölkR] *[they] transmit the text*

Wucher [Zinsen] *usury* —> Sittenwidrigkeit ‖ **Kreditwucher** *usury in matters of credit* ‖ **Wuchergesetze** [USA] *usury laws* [gesetzliche] Vorschriften gegen [Kredit]Wucher

Wunsch *desire* ‖ *wish* ‖ [VölkR/Präambel] **in dem Wunsche** von dem Wunsche geleitet *expressing their wish* ‖ *expressing their wish* ‖ *desirous* ‖ [...] **hat den Wunsch, [...]** [mit den patentierten Veränderungen] **herzustellen** [PatR] *to be desirous of manufacturing [...] moved by the desire*

Würze *wort* —> Stammwürzgehalt

Yard [GB] Längeneinheit: 1 yd = 0,9144 m

Zahl[...] ‖ **Zahl der Beschäftigten stieg um [...]** *the number of employed persons rose by [...]*‖ **Zahl der Erwerbstätigen** *number of gainfully employed* ‖ **Zahl der Stellensuchenden** *the number of people seeking jobs*

zahlbar bei Abruf [Buchf] *[payable] on call* ‖ **zahlbar bei Lieferung** *payable on delivery*

zahlen *to pay* —> leisten

Zahlenlotto [RennwLottG] *numbers lottery*

Zahllast [SteuerR] *payable tax* —> Steuerbelastung

Zahlung *payment* ‖ **Zahlung aller erzielten Beträge** *payment of all sums received* ‖ **alle fälligen Zahlungen** *all payments due* ‖ **to pay any sums due** alle fälligen Beträge zahlen ‖ **Zahlung gegen Dokumentakkreditiv** *payment against letter of credit* ‖ **Zahlung nach Leistungsabschnitten** [Buchf] *progress payments* ‖ **Zahlung Zug um Zug** —> Zahlung nach Leistungsabschnitten

Zahlungs[...] ‖ **Zahlungsanweisung** *allocation* ‖ *money order* [Abbr] *M.O.* ‖ **Zahlungsaufschub** [GB] *letter of license* vertragliche Vereinbarung aller Gläubiger, die Leistung für eine bestimmte Zeit weder gerichtlich noch anders einzufordern, um damit dem Schuldner die Möglichkeit zu geben, seinen Zahlungsverpflichtungen in der Zukunft nachzukommen [Einrede]. Im wesentlichen ein befristeter pactum de non petendo ‖ **Zahlungsaufträge** zwischen den USA und Westeuropa —> S.W.I.F.T. ‖

Zahlungsausgänge *cash disbursement* ‖ **Verzögerung der Zahlungsausgänge** *slowing down cash disbursements* —> cash management

Zahlungsbefehl *default summons* ‖ **Zahlungsbereitschaft** —> Liquidität ‖ Zahlungsfähigkeit

zahlbar bei Abruf [Buchf] *[payable] on call* ‖ **zahlbar bei Lieferung** *payable on delivery*

Zahlungseingänge *cash receipts* ‖ **Zahlungseingangsbuch** *register of payments received* ‖ **Zahlungseinstellung** *cessation of payments* [§ 102 Abs. 2 Konkursordnung] Erfolgt die Zahlungseinstellung eines Unternehmers, so gilt dies insbesondere als Indiz für die Zahlungsunfähigkeit ‖ **Zahlungsermächtigungen** *payment appropriations* ‖ *payment authorizations*

Zahlungsfähigkeit *solvency*

Zahlungsgarantie *guarantee of payment*

Zahlungsmittel Bargeld oder Buchgeld bzw. die zur Verfügung über das Buchgeld verwendeten Zahlungsinstrumente (Scheck; Überweisung) *cash* —> Barmittel ‖ **gesetzliches Zahlungsmittel** *legal tender*

Zahlungsnachweis *evidence of payment*

Zahlungsort *place of payment*

Zahlungsplan *plan of reorganization* Vorlage vor Gericht bei Konkurs des Gemeinschuldners innerhalb einer best. Frist —> Konkurs

Zahlungsstockung [vorübergehende ~] *temporary illiquidity* ‖ **Zahlungsströme** [InvR] *cash flows* Die durch das Investitionsobjekt generierten Ausgaben und Einnahmen

Zahlungsunfähigkeit *inability to pay due debts* ‖ *insolvency* Dauerndes Unvermögen eines Schuldners bzw. Unternehmens, seine fälligen Verbindlichkeiten zu erfüllen —> Überschuldung

Zahlungsverkehr mit dem Ausland [Bestimmungen über den ~] *foreign exchange arrangements* ‖ **Zahlungsversprechen** *promise to pay* ‖ **Zahlungsverzug** *default in payment* ‖ **anhaltender Zahlungsverzug** *protracted default*

Zahlungsziel *term of payment* ‖ **im internationalen Handel übliche Zahlungsziele** *terms customary in international trade*

Zangenpolitik [Bbank] *pincer-like policy* kombinierter Einsatz von Offenmarkt- und Diskontpolitik

Zapping [TV] *zapping* Zappen ist eine [Konsumverweigerungs-] Strategie des Fernsehzusehers, der beim Einblenden von Werbespots mittels Fernbedienung zwischen den Kanälen hin- und herschaltet [sog. flickering]

ZB [Abbr] *zeal building* —> motivieren

Zedent [Forderungsabtretender] *assigner /-or* [§ 398 BGB, Forderungsübergang] Bei der Zession, der Abtretung einer Forderung, der bisherige Gläubiger, der durch Vertrag seine Forderung auf einen neuen Gläubiger, den —> Zessionar, überträgt

zedieren [claim] *to assign*

10-k [Bör/USA] von der SEC geforderte Jahresberichte, die bedeutend präzisere Angaben zur Offenlegung der Geschäftsentwicklung enthalten müssen als die üblicherweise an die Aktionäre einer Gesellschaft übermittelten Jahresberichte. Aktionäre können diese Berichte ebenfalls anfordern

Zehntabgaben [SteuerR/arch] *tithes*

Zeichen *note* ‖ *sign* ‖ **zunächst im Zeichen [von ...] stehen** *initially influenced by*

Zeichnung von Berlin-Darlehen *subscribing to Berlin loans* ‖ **erster Zeichnungstag für einen Fonds** [InvF] *launching date*

zeigen *to show* —> ausweisen ‖ Ausstellung

Zeit *time* ‖ **auf unbestimmte Zeit** *indefinitely* ‖ **auf unbestimmte Zeit vertagen** *to adjourn to sine die* —> aufschieben ‖ vertagen ‖ **jederzeit** *at any time* ‖ **von der Zeit an** *thenceforward* ‖ **zu gegebener Zeit** *due course at the right and proper time*

Zeitarbeit *temp[orary] work* ‖ **Zeitarbeiter** *person [temporarily] employed by an employment agency*

Zeiteinheit *unit of time* ‖ **Zeiteinteilung** *time management* ‖ **Zeiteinteilung** *managing time* ‖ **Zeiterfassungsgerät** *time and attendance terminal* —> Stempeluhr

zeitliche Begrenzung *time limit* ‖ **zeitlich unbegrenzt in kraft** —> unbefristet in kraft

Zeitliste [Mar] *Timesheet* ‖ **Zeitlöhner** [ArbR] *hourly paid worker* worker who is paid on a time-wage or time-rate basis

Zeitplan time *schedule* ‖ **Zeitplanung** *time management* —> Zeiteinteilung

Zeitpunkt *date*—> Tag ‖ Datum ‖ **ab dem Zeitpunkt des Inkrafttretens** [besser: mit dem ...] *as from the date of entry into force* ‖ **bis zu diesem Zeitpunkt** *theretofore* ‖ **Zeitpunkt der Bezahlung eines Schadensersatzanspruchs** *date of payment of claim* ‖ **Zeitpunkt der Lieferung der Güter** *date of delivery of the products* ‖ **Zeitpunkt des Versandes der Güter** *date of shipment of the goods* ‖ **wobei der jeweils spätere Zeitpunkt maßgeblich ist** *whichever date is the later* ‖ **zu einem möglichst frühen Zeitpunkt** *as quick as possible* ‖ **zu jedem späteren Zeitpunkt** *at any time thereafter*

Zeitraum *period*

Zeitungsinserat *newspaper advertisement* ‖ **Zeitungsmedien** *press*

zeitweilig aufheben *to suspend*

Zeitwert des Leasing-Gegenstandes [Leas] *fair value of the leased property* z.B. Endabrechnung nach (vorher festgelegtem) —> Restwert

zentral [...] *central*‖ *chief* ‖ **Zentralamt** *central office* ‖ **Zentralbank des Sparkassensektors** —> Girozentrale ‖ **Zentralbankeinlagen öffentlicher Haushalte** [Bbank] *central bank deposits of domestic public authorities* ‖ **Zentralbankgeldbedarf der Banken und liquiditätspolitische Maßnahmen der Bundesbank** [Bbank] *central bank money requirements of banks and liquidity policy measures by the Bundesbank* Geldvolumengröße, die von Bbank geschaffen wird zur Steuerung der Geldschöpfung durch die Banken, d.h. Einflußnahme auf den von den Banken gewährten Kreditumfang ‖ **Zentralbankguthaben** —> Absorption ‖ **Zentralbankrat** [Bbank] *Central Bank Council* Oberstes Legislativorgan der Bbank aus Mitgliedern des Direktoriums der Bbank und der Präsidenten der Landeszentralbanken. Vorsitz: Präsident der Bbank, der auch Vorsitz im Direktorium führt. Bestimmt Währungs- und Kreditpolitik der Bank sowie allg. Richtlinien für Geschäftsführung und Verwaltung. Weisungsbefugt gegenüber Direktorium und Vorständen der Landeszentralbanken. Das Direktorium ist zentrales Exekutivorgan der Bbank für Leitung und Verwaltung der Bank sowie Durchführung der Beschlüsse des Zentralbankrats ‖ **Zentralbüro** —> Zentralamt

Zentrale *centre* ‖ **zentrale Finanzgewalt** [SteuerR] *central financial authority* ‖ **Zentralisierung** [Man/Org] *centralization* ‖ **zentralistisch** *unitary* ‖ **Zentralkommission für die Rheinschiffahrt** *Central Commission for the Navigation of the Rhine* ‖ **Zentralverwaltung** *headquarters* ‖ **Zentrum** *centre* —> Stelle

Zerlegung des Steueraufkommens [SteuerR/D] *allotment of tax revenues* —> Festsetzung und Zerlegung

Zerobond —> Null-Kupon-Anleihe

Zerrüttung der Ehe [unheilbare ~] [EheR] *irretrievable breakdown of marriage* [USA] Ein sog. no-fault ground für die Ehescheidung, bei dem es nicht auf das Verschulden der Zerrüttung ankommt. Die Ehegatten sind nicht beweispflichtig. [BRD] Heute einziger Ehescheidungsgrund nach § 1565 I 1 BGB, das "Scheitern der Ehe", wenn die eheliche Lebensgemeinschaft nicht mehr besteht und eine zukünftige Beziehung der Ehegatten zueinander nicht zu erwarten ist. Das Verschuldensprinzip ist aufgehoben. Das Scheitern ist durch den Antragsteller zu beweisen

Zertifikat eines Aktienversicherungsfonds *equity bond* ‖ eines Immobilienversicherungsfonds *property bond* ‖ eines Immobilienversicherungsfonds mit garantiertem Mindestrückkaufkurs *guaranteed property bond*

Zession *assignment of proceeds* ‖ **Zessionar** [§ 398 ff BGB Forderungsabtretung] Übernehmer *transferee* ‖ Beauftragter ‖ Bevollmächtigter ‖ Rechtsnachfolger *assignee* Zessonar = derjenige, an den eine Forderung abgetreten wird —> Zedent = derjenige, der eine Forderung abtritt

Zeuge *witness* Zeugen machen Aussagen über Tatsachen, die sie wahrgenommen haben [z.B. bezeugen sie bei einer Grundstücksübereignung die Übergabe]. Generally, one who, being present, testifies to what he has seen or heard, or otherwise observed. A person who personally sees or perceives a thing or an event. ‖ **Belastungszeuge** [nicht: Zeuge der Anklage] *witness for the prosecution* ‖ **Entlastungszeuge** *witness for the defense* ‖ **sachverständige Zeuge** *expert witness* [§ 414 ZPO I § 85 StPO] ein geladener Zeuge, der Aussagen über Tatsachen macht, die er nur aufgrund besonderer Sachkunde hat wahrnehmen können (z.B. Arzt) —> *testimony* ‖ **Zeugen ablehnen** *disqualification from hearing a witness* ‖ **Verbot der Präsentation von Zeugen vom Hörensagen** [USA] *hearsay rule*

Zeugenaussage *testimony* [§§ 48-71 StPO, §§ 373 - 401 ZPO] Aussage über wahrgenommene Tatsachen. [USA] testimony und evidence sind im allgemeinen Sprachgebrauch synonym. Im wesentlichen ist testimony die von einem Zeugen [in einer Verhandlung] gemachte Aussage [üblicherweise mündlich, auch in Form von eidesstattlichen Versicherungen oder durch Verlesen von Schriftstücken], evidence bezeichnet den Beweis, der unter anderem durch diese Aussagen geführt wird ‖ **Zeugenstand** *witness box* ‖ **Zeugenverhör** *examination of the witness* ‖ **Zeugenvernehmung** *examination of the witness* ‖ durch ladende Partei *examination in chief* —> *cross-examination* :: Kreuzverhör ‖ **Zeugenvorladung mit der Auflage, Beweismaterial beizubringen** *sub poena duces tecum* [Fed. R. Crim. P. 17 / Fed.R.Civ.P. 45] [auf Antrag einer Prozeßpartei kann das Gericht die Beibringung von Büchern, Dokumenten etc. durch eine Prozeßpartei oder Dritte anordnen] —> *to subpoena* s.o.

Zeugnis *certificate* ‖ *record* —> Abitur

ziehen [Wechsel auf einen Bezogenen] *to draw a bill of exchange* is to cause it to be written and to sign it —> Wechsel ‖ Tratte ‖ *to draw* —> Gebrauch von Schußwaffen ‖ [coll] [Mil] —> Einberufung zum Wehrdienst

Ziehungsermächtigung auf Akkreditivbasis (Negotiationskredit) [Ex] *order to negotiate* —> drawing authorization bei der sich die Importbank i.d.R. im Rahmen eines —> CLC verpflichtet, vom Exporteur ausgestellte Tratten, die auf die Importbank gezogen werden, zu honorieren. Die Exportbank negoziiert diese (dokumentäre) Tratte aufgrund —> Bona-fide

Ziel end —> Zweck || *goal* || [Unternehmensziel] *management objective* || *goals of the firm* || **Gesamtziel** *key objective*

Zielfernrohr [Bal] *telescopic sight* || **Zielfernrohrgesteck** [Bal] *scope mount* || **Ziel [setzung]** *policy* —> Maßnahmen || **Zielsetzung der Organisationsgestaltung** *organisation design objective* || **Zielverständnis und Zielakzeptanz** *U/A authority* understanding and acceptance authority || **Ziel[vorgabe]** *target*

Ziffer *item* in dt. Gesetzen [ungebräuchliches] Gliederungssymbol als kleine römische Ziffer "i", "ii", etc. In der Übersetzung als solche wiederzugeben und als Bezugnahme mit "Ziffer" zu bezeichnen und mit Klammer zu versehen sofern vorgesetzt: "i)" oder "Ziffer i)"; im laufenden Text nur "i" etc.

Zigaretten *cigarettes* || **Zigarettenblättchen** [für Selbstdreher] *individual leaves* || **Zigarettenhülsen** *cigarette spills*

Zins [effektiver Jahreszins] —> APR || [**Zinssätze**] **im Jahresdurchschnitt** [**Jahr**] im Schnitt des Jahres [...] *average [interest rates] for [year]* || **Mischzinssatz** *blended rate of interest* || **Zinsanzug** [kräftiges Anziehen der Zinsen] *large rise in interest rates* || **Zinsarbitrage** *interest rate differential* || [Bbank] *interest [rate] arbitrage* Versuch der Ausnutzung der Unterschiede, die häufig zwischen den Zinssätzen verschiedener Orte, insbesondere zweier Länder, bestehen || **Zinsauftrieb** [Bbank] *large rise in interest rates* kräftiger Anstieg der Zinsen || **zins- und konjunkturbedingt** *owing to changes in interest rates and business activity*

Zinsentwicklung am Rentenmarkt *interest rate movements in the bond market* || **Zinsergebnis** [Bil] *interest* || **Zinserträge** *interest income*

Zinsfälligkeitstag *due date of interest*

Zinsgefälle *interest differential* 1. Unterschied des Zinsniveaus an verschiedenen Orten [insbes. Ländern], wobei Geld unter sonst gleichen Bedingungen an den Ort höherer Zinsen fließt. Zinsunterschied zwischen Geld- und Kapitalmarkt. I.d.R. ist der Zins auf dem Geldmarkt niedriger, die anlagebereiten Mittel werden daher dem Kapitalmarkt zuströmen || **Zinsgefälle gegenüber den Vereinigten Staaten im Zehn-Jahresbereich** [Bbank] *interest rate differential vis-à-vis the United States in the ten-year field*

Zinsmarge[n] *interest margins* [BankW] Zinsdifferenz zwischen vereinnahmten Aktivzinsen [Kunde bezahlt] und Passivzinsen [Bank bezahlt]

Zinsnachteil || diese Entwicklung wurde durch die Einebnung des

Zinsnachteils von DM-Anlagen verstärkt *this development was encouraged by the diminishing of the interest rate disadvantage of German DM bonds* ‖ **Zinsniveau** *interest level*

Zinsrückgang *decline in interest rate levels* ‖ **Zinsen gingen zurück** *interest rates went down*

Zinssatz für amerikanische Schatzwechsel *US Treasury borrowing rate* The rate of interest charged on bills of three, six, nine or twelve months currency which are issued by the U.S. Treasury for money borrowed by the Government ‖ **Zinssätze am Kapitalmarkt** [BankW] *rates in the capital market*

[kräftige] Zinssteigerungen *interest rates rose considerably*

Zinstermin —> Zinsfälligkeitstag ‖ **Zinsüberschuß steigern** *increase in interest surplus*

Zinsuntergrenze [variabler Anleihen] [Bör] *floor*

Zinsvorteil des US-Dollars *interest rate advantage of the US dollar*

Zinszahlung *payment of interest*

zivil *civil* ‖ *civilian* ‖ **Ziviles Berufungsgericht** —> Berufungsgericht ‖ **Zivildienst** Wehrersatzdienst *alternative service* ‖ **zivile Erwerbstätige** *civilian labour force* ‖ **Zivilgerichtsbarkeit** *civil jurisdiction* ‖ **Zivilgesetzbuch** *civil code* bürgerliches Gesetzbuch ‖ bürgerliches Recht ‖ Zivilrecht ‖ **Zivilprozeß** *suit* ‖ *action* ‖ **Zivilprozeßordnung** *Code of Civil Procedure (and Rules)* ‖ **Zivilrecht** *civil law private law* ‖ **zivile und strafrechtliche Immunität** [genießen] *immunity from suit and legal process* ‖ **Zivilrechtsklagen** *common pleas* ‖ **Zivilsache** [≠ Zivilfall] *civil case* ‖ **Zivil- und Handelssachen** [≠ oder!] *civil or commercial matters*

Zoll [ZollW] *customs* ‖ **Zölle** *customs duties* ‖ **Wertzoll** *customs duty ad valorem*

Zollabfertigung *clearance* ‖ **Zollabfertigung nach Aufzeichnung** *customs clearance (recorded goods)* ‖ **Zollabfertigung nach vereinfachter Zollanmeldung** *customs clearance (simplified declaration)* ‖ **Zollagent** *customs agent* —> Zollspediteur ‖ **Zollamt** *customs office* ‖ **Hauptzollamt** *main customs office* ‖ **zollamtliche Überlassung** Freigabe *release* ‖ **Zollanmeldung** *goods declaration* ‖ **Zollanschluß** *customs enclave* ‖ **Zollantrag** *customs application* ‖ **Zollaufkommen** *customs revenue* ‖ **Zollaussetzung** *suspension of customs duties*

Zollbefund *particulars of examination carried out* Angaben über das Ergebnis der zollamtlichen —> Beschau ‖ Gestellung ‖ **Zollbegleitpapiere** *customs documents accompanying the products* ‖ **Zollbegleitung** *customs escort* ‖ **Zollbehandlung** *clearance* ‖ **Zollbehandlung nach Gestellungsbefreiung** *customs treatment (presentation exempted goods)* method in which the entry of the goods in the consignee's records has effect of clearing them for home use or releasing them for the appropriate customs procedure, without any involvement of the customs authorities || **Zollbehörde** *customs office* || **Amtshandlungen der Zollbehörden** *customs operations* || **Zollbestimmungen der Zone in Anspruch nehmen** [GATT] *Zonentarif* || *Zollbehandlung einer Zone eligible for area tariff treatment* —> accepted :: gelten für || **Zollbeteiligter** *declarant* || **[SteuerR/D] Steuerschuldner bei der Einfuhr ist der Zollbeteiligte** *The liability to taxes on imports attaches to the declarant* || **Wasserzolldienst** [GB] *Customs Waterguard Service* || **Zollerträge** *customs returns* || **Zollfahnder** *customs surveillance officer* || **customs investigator** || **Zollfahndung** *customs investigation service* || **Zollfahndung[sstelle]** *customs investigation office* || **Zollfaktur** *customs invoice* || **Zollformalitäten** *Verzollungsformalitäten customs clearance formalities* || **zollfrei** [ZollW] *duty-free* || **zollfremde Hindernisse** [ZollW] *non-tariff barriers*

Zollgebiet *customs territory* || **Zollgewicht** *dutiable weight* || **Zollgrenzgebiet** *customs territory*

Zollager *Zollniederlage* [bonded] *customs warehouse* || **in ein Zollager bringen** *to place in a bonded warehouse* || **Zollehranstalt** *Customs Training College*

Zollniederlagen —> Zollager || **Zollordnung** *customs regulations* || **Zollrechtsangleichung** *approximation of customs laws*

Zollrunden —> Rollback

Zollsatz [angewandter] [ZollW] *duty applied to imports*

Zollstelle || **Durchgangszollstelle** *customs office en route* || **Durchgangszollstelle beim Ausgang** *customs office of exit en route* || **Zollspediteur** [für die Verzollung zugelassene Person] *customs agent* || **verwirkte Zollstrafe** *customs penalty incurred*

Zolltarifschema für die Einreihung der Waren in die Zolltarife *nomenclature for the classification of goods in customs tariff* || **Zollunion** *customs union* Zusammenschluß mehrerer Zollgebiete zu einem gemeinsamen zoll- und abgabenfreien Wirtschaftsgebiet gegenüber den Partnern, jedoch mit gleichem Außenzolltarif gegenüber Drittländern —> Freihandelszone

Zoll- und Verbrauchsteuerabteilung [Oberfinanzdirektion] *Customs and Excise Division* || **Zollverschluß** *customs seal* || **Bundeszollverwaltung** [ZollW/SteuerR] *Federal Customs Office* || **Zollvormerkschein** [ZollW] *customs' note* || **Durchführung der Zollvorschriften** *customs enforcement*

Zollwert *dutiable value* || *customs value* —> American Selling Price System || **Zollwertausschuß** [ZollW] *valuation committee*

Zonenrandförderungsgesetz [BRD] *Border Zone Aid Law* || **Zonentarif** [ZollW] —> Zollbehandlung

zu [diesem Vertrag] *hereto*

Zubehör *fittings* —> Einbauten ‖ *appurtenances* ‖ **Haus nebst Grund und Boden sowie zugehörige Gebäude** [= Haus nebst Zubehör] *a building and its appurtenances* ‖ [real estate] *appendage* ‖ *accessories* [personal estate] [§97 BGB] selbständige bewegliche Sachen, die nicht Bestandteil der Hauptsache sind, jedoch im wesentlichen mit ihr verbunden sind [§314 BGB]. Bei Zwangsvollstreckung wird das Zubehör ohne Rücksicht auf das Eigentum mitversteigert [§§20 II, 55 I, §55 II ZVG]. Zubehör eines Grundstücks unterliegt jedoch nicht Zwangsvollstreckung in bewegliche Sachen [§865 II ZPO]

Zubringer [Straße] *feeder road* ‖ [Bus] *feeder bus* ‖ [Tech] *feeder* ‖ *conveyor* ‖ [Informant] *informer* ‖ **Zubringerdienst** [im Containerverkehr] [Mar] *feeder service* ‖ [Verkehr] *feeder traffic*

Zuckersteuer [SteuerR] *sugar tax*

Zueignung —> rechtswidrige Zueignung

Zufallspfad [Bör] *random walk* —> Random-Walk-Hypothese

Zuflucht nehmen zu *to resort to*

Zuflüsse von Zahlungsmitteln [InvR] *cash inflows*

Zufuhr *supply*

zuführen [der gesetzliche Rücklage ~] [Bil] *allocate to statutory reserves*

Zuführung zu den Pensionsrückstellungen *transfer* or *addition* or *allocation to the pension reserve* i.H.d. Differenz zwischen dem Wert aller Pensionsverpflichtungen per Anfang und per Ende des Geschäftsjahres

zug- und reißfestes Material *strong material*

Zug- und Reißfestigkeit *mechanical strength*

Zugang *addition* [Physischer Zunahme von Anlagegegenständen] —> Zuführung ‖ Zuschreibung ∷ *appreciation* ‖ *write-up*

zugänglich machen *to disclose to* —> [PatR] offenlegen ‖ **der Öffentlichkeit zugänglich gemacht** *made available to the public*

zugelassen *permissible* ‖ *recognized* ‖ **eine** [für die Zwecke der ...] **zugelassene Sprache** *a language recognized* [for the purpose ...]

Zugeständnis [vom Kläger beantragt] *admission* —> Zulassung ‖ Aufnahme

zugestellt —> zustellen ‖ übermitteln ‖ richten an ‖ Anschrift ‖ Empfangsbestätigung

zügig *smooth* ‖ **zügig expandieren** *to expand quickly*

zugreifen auf *to turn to* to turn [increasingly] to domestic markets ∷ [vermehrt] auf heimische Märkte zurückgreifen

zugrundeliegend *underlying* —> Basis

zugunsten *for the benefit of*

zukommen —> [Recht] erwerben ‖

zukommen lassen *to forward*

zukünftig *future* ‖ *executory* —> Gegenleistung ‖ **zukünftiges Programm** *future programme*

zulassen gelten lassen *to be susceptible of [...]* —> gewerblich anwendbar ‖ aufnehmen

zulässig *permissible* ‖ **zulässiges Gesamtgewicht** *maximum permissible weight*

Zulassung [Auto] —> Erstzulassung ‖ Kraftfahrzeugzulassungsstelle ‖ *admission* —> Aufnahme ‖ Zugeständnis ‖ *approval* ‖ **Zulassung beim [...]** *bar admission* "zugelassen beim Oberlandesgericht Düsseldorf" ‖ Freigabe *clearance* ‖ [AMG] **Das [Arzneimittel] ist [nach dem alten / neuen Arzneimittelgesetz] zugelassen/registriert** *[product] is approved/registered [according to the old/new drug law]* ‖ **Das Arzneimittel unterliegt der Nachzulassung** *[product] is approved according to the old drug law and subject to re-registration according to the new drug law* [§§ 21 ff. AMG] Wird vom BGA erteilt für Arzneimittel, die von einem pharmazeutischen Unternehmer in Verkehr gebracht werden, nachdem Nachweis erbracht wurde über die Nutzen und Risiken des Arzneimittels, das einer bestimmten pharmazeutischen Qualität, medizinischen Wirksamkeit und gesundheitlicher Unbedenklichkeit entsprechen muß. Der Zulassung unterliegen nur Fertigarzneimittel i.S.d. AMG § 2 —> Registrierung ‖ AMG ‖ **Zulassungsstelle** [Auto] —> Kraftfahrzeugzulassungsstelle ‖ [§§ 36 ff. Börsengesetz] *listing committee* Kommission, die die Zulassung von Wertpapieren zum Börsenhandel genehmigt. Ernennung erfolgt auf drei Jahre durch IHK und Börsenvorstand

zuleiten *to forward* ‖ *to submit* ‖ **den Entwurf den Gesetzgebungsorganen zuleiten** *to submit the draft to the legislative bodies for further consideration*

Zulieferbetrieb *supplier* ‖ **Zulieferer** *subcontractor* ‖ *supplier*

zum [Datum] *on the date of*

zumutbare [Nach] **Frist gewähren** *to allow a reasonable time*

zunächst im Zeichen stehen *initially influenced by*

Zunahme *increase* —> Wachstum ‖ Steigerung ‖ Anstieg

Zündwarensteuer [SteuerR] *match tax* eine der Reichsverbrauchsteuern

Zuordnung zu *classification* ‖ **Zuordnung der leitenden Angestellten bei Wahlen** [BetrVG] *allocation of executive staff for elections* ‖ **Zuordnungsproblem** *assignment problem* Planerisches Problem der Zuordnung z. B. Flugpersonal zu Flugrouten

zurechenbar *allocable*

zurechnungsfähig *of sound mind* —> insanity :: Geisteskrankheit

zurren [Mar] *to lash (up)* ‖ [Mar] *to seize* ‖ —> Vorrichtung ‖ Einbauten

[zurück]erstatten *to reimburse* ‖ **überzahlte Beträge werden zurück-**

erstattet [SteuerR/D] *excess payments will be refunded*

zurückfallen wieder übergehen auf *to revert to* ‖ **an den Fiskus zurückfallen** *property that reverts to the Crown/to the state* ‖ [PatR] **Lizenz fällt an den Inhaber zurück** *The licence shall revert to the proprietor*

zurückführen aufheben *to do away with* ‖ **zurückführen auf** *to derive [from]* —> bestimmen

zurückgeben *to return* ‖ [selten für] Wiederinbesitznahme *to repossess*

zurückgehen auf fallen *to drop* ‖ *to go down* ‖ *to recede* ‖ [Bil] *to fall in volume*

zurückgesetzt [Fassade] *setback*

zurückgestellte Posten [Buchf] *deferred items* Posten, die zu einem späteren Zeitpunkt bearbeitet werden

zurückhaltend —> gedämpft

zurücknehmen [von Anteilen] *to redeem*

zurückreichen ‖ **anbei reichen wir** [Unterlagen] **zurück** *we return [...] as enclosure*

zurücktreten *to terminate* [Partei von Vertrag/withdrawal from an agreement] ‖ *to abandon [a contract]* —> Rücktritt :: cancellation —> aufgeben ‖ zurückziehen

zurückverweisen an *to remand* höheres Gericht verweist Sache an Vorinstanz zurück :: a case returned to a lower court is said to be remanded to such court —> procedendo

zurückweisen *to dismiss* ‖ **Gründe für die Zurückweisung der Berufung in der Sache Podola** *reasons for dismissing Appeal Regina v. Podola* [Regina = Queen] —> Law Reports ‖ **zurückweisen an [...]** [Gericht] *to refer to*

zurückziehen [PatR] —> Anmeldung

Zusage Versprechen *promise* ‖ **Zusagevolumen durch umfangreiche Geschäftsabschlüsse erhöhen** *substantial new business contributes to the large volume of credit commitments*

zusammenfallen *to coincide*

zusammenfassen nach einer Reihenfolge ordnen *to marshal*

Zusammenfassung *synopsis* —> Übersicht

Zusammenhang *context* ‖ **sofern sich aus dem Zusammenhang nichts anderes ergibt** *unless the context otherwise requires*

zusammenleben [EheR] gemeinsamer Wohnsitz der Ehegatten *to cohabit*

Zusammensetzung [Med] *composition* —> Beschaffenheit ‖ **Zusammensetzung eines Portefeuille** [InvF] *portfolio mix*

zusammentreten *to meet* ‖ **Die Kommission tritt in A. und B. zu-**

Zusammenveranlagung — **zustellen**

sammen *The Commission shall meet in A and B*

Zusammenveranlagung [von Ehegatten] [SteuerR/D] *joint assessment*

Zusatz *attachment* —> Additiv ‖ **Zusatzkosten** *additional costs* besser: incremental costs :: relevante Kosten ‖ **Zusatzkredit** —> Aufstockung durch Nachtragskredit

zusätzlich *additional* ‖ *weiter* *further*

Zusatzpatent *patent of addition* ‖ **Zusatzsteuer** *additional tax* —> Übersteuer ‖ **Zusatzstoff** Additiv *additive*

Zuschlagsteuer —> Übersteuer

zuschneiden auf *to adapt* —> anpassen

Zuschreibung *appreciation* ‖ *write-up* i.G.z. Abschreibung, die eine Wertminderung erfaßt, dient die Zuschreibung der buchhalterischen Erfassung von Werterhöhungen im Anlagevermögen ‖ **Zuschreibungen von Gegenständen des Anlagevermögens** [Bil] *writing up of fixed assets*

zusenden *to forward* ‖ *to send*

Zusicherung [vertragliche] *covenant* —> Nebenabrede ‖ Versprechen *promise* ‖ **Zusicherung des ungestörten Besitzes** *warranty of quiet enjoyment* ‖ **Zusicherungen** Erläuterungen zum Vertragsgegenstand *representation* durch die Parteien, bevor der Vertrag geschlossen wird. Diese Abreden sind nicht Inhalt des Vertrags und berechtigen die Parteien nicht, ihre Klage bei Vertragsbruch darauf zu stützen ‖ **direkte oder indirekte Zusicherungen** *implied or expressed warranty* ‖ **Zusicherungsabrede** *warranty* Gewährleistung [bei Rechtsmängelhaftung] Ablehnung der Erfüllung ist nicht ohne weiteres möglich, vielmehr hat der Geschädigte Anspruch auf Schadensersatz, kann jedoch bei Vertragsbruch nicht die Aufhebung des Vertrages verlangen

Zustand *situation* —> Lage

zuständige Behörden *appropriate authorities* —> competent

Zuständigkeit —> Aufgaben ‖ Einzelverantwortlichkeit ‖ Geltungsbereich ‖ Gesetz ‖ *jurisdiction* i.e.S. von sachlicher Zuständigkeit der Gerichte *competence* Kleinere Strafsachen: —> Amtsgericht (Einzelrichter). Berufung bei der Kleinen —> Strafkammer beim —> Landgericht. Größere Strafsachen: —> Schöffengericht (Berufung bei der Großen Strafkammer beim Landgericht), Große Strafkammer beim Landgericht (dort als Schwurkammer für Kapitalverbrechen zuständig). Revision gegen Urteile der Land- und —> Oberlandesgerichte gehen an den —> Bundesgerichtshof ‖ **Zuständigkeit in Ehesachen** *matrimonial jurisdiction*

zustehen —> Anspruch haben auf ‖ Anwartschaft

Zustelladresse *service address* ‖ *post office address* —> Anschrift ‖ richten an ‖ Notadresse

zustellen *to serve* ‖ **jmd. unverzüglich eine Benachrichtigung zustellen** *to serve automatically a notice*—> Empfangsbestätigung ‖ **jmd.**

404

Zustellung   Zuwendung

eine [gerichtl.] **Ladung zustellen** *to serve s.b. with a writ*

Zustellung *service* ‖ **mangelhafter oder nicht ordnungsgemäßer Nachweis über die Zustellung** *false return* [BRD §§ 166-213 ZPO] (Zustellungsnachweis) eines amtlichen Schriftstückes an eine Partei in einem Rechtsstreit [durch Zustellbeamten]. [USA] Zustellbeamter behauptet zum Schaden der betroffenen Partei eine ordnungsgemäße Zustellung, während diese nicht oder mangelhaft erfolgte. ‖ **Zustellung [gegen Empfangsbestätigung]** *recorded delivery* ‖ **Zustellungsurkunde** Vollzugsbericht des gerichtlich beauftragten Zustellers *return of a writ*

Zustimmung *approval* —> Annahme ‖ Empfang ‖ **einhellige Zustimmung** *unanimous agreement* ‖ **ohne vorherige Zustimmung** *without prior consent* ‖ **Zustimmung der Krone** [GB] *royal consent*

Zustrom von Aus- und Übersiedlern *inflow of East Germans and other ethnic Germans* —> Ostflüchtlinge deutscher Herkunft. Nach dem Bundesvertriebenengesetz sind Aussiedler deutsche Staatsangehörige oder Volkszugehörige, die vor dem 8. Mai 1945 ihren Wohnsitz in den ehemaligen deutschen Ostgebieten [ferner Albanien, Bulgarien, Lettland, Polen, Sowjetunion, etc.] hatten und diese Länder aufgrund Vertreibung verlassen mußten. Übersiedler sind Personen, die ihren Wohnsitz aus der [ehemaligen] DDR in die BRD verlegen. In Österreich ist "übersiedeln" der gängige Ausdruck für "umziehen"

zuteilen *to add* ‖ **zweckmäßig zugeteilt** *reasonably allocated* —> zuweisen ‖ zuführen ‖ bewilligen

zuträglich *salutary*

zutreffend *applicable* ‖ *correct*

zu Urkund dessen [VölkR] *in faith whereof* ‖ *in witness whereof* [Vertragsformel am Schluß des Dokuments, insbesondere VölkR] [Unterzeichnervermerk] **Zu Urkund dessen haben die Unterzeichneten, von ihren Regierungen hierzu gehörig befugten Bevollmächtigten, dieses Übereinkommen unterzeichnet und mit ihren Siegeln versehen.** *In witness thereof the undersigned [plenipotenciaries] representatives having been duly authorized thereto by their respective governments, have signed the present convention and affixed thereto their seals*

Zuwachs-Mindestreservesatz [Bbank] *reserve ratio for growth [over the average level]* ‖ *minimum reserve ratio on the increment in liabilities subject to reserve requirements* —> Mindestreservesatz

Zuwanderer *newcomers* —> Zustrom von Aus- und Übersiedlern

zuweisen *to assign* ‖ *to allocate* ‖ [Gewinne] *to attribute [profits]*

Zuweisung *allocation* ‖ *transfer*

Zuwendung *benefit* —> Unterhalt ‖ **Zuwendungsproblem** *assignment problem* Notwendigkeit der Erstellung bzw. Änderung eines wirtschaftspol. Programms bei der Analyse der wirtschaftl. Situation, d.h. welche Maßnahmen mit welcher Intensität und in welchem Zeitraum zur Erreichung der Ziele (z.B. Konjunkturpolitik und Vollbeschäftigung —>

405

Magisches Viereck) mit welchen Mitteln (z.B. Geld- und Fiskalpolitik) zu ergreifen sind

Zwang *compulsion* —> Schenkung [Auflage] ‖ **obligatorisch** ‖ *duress* Ein Willensmangel durch mistake (Irrtum) und fraud (Täuschung). Die Willenserklärung ist nach deutschem Recht dann zwar wirksam, unterliegt jedoch der Anfechtung

Zwangsgeld [BetrVG] *fines* —> Bußgeld

Zwangsliquidation *compulsory liquidation* ‖ **Zwangslizenz** [PatR] *licence of rights* ‖ *compulsory licence*

Zwangsschlichtung [Man/Org/ArbR] *binding arbitration* ‖ *compulsory arbitration* ‖ **Zwangsstrafe** nicht mehr gebräuchlicher Ausdruck i.S.d. Zwangsmittel —> Zwangsgeld ‖ Bußgeld

Zwangsversteigerung [eines Grundstücks] [USA] *judicial sale* ‖ **Zwangsvollstreckung** *execution* —> beschlagnahmen ‖ **Zwangsvollstreckungsbefehl** *warrant of attachment* ‖ **Zwangsvollstreckungsverfahren** *execution proceedings*

zwangsweise Liquidation —> Liquidation

Zweck *purpose* —> Sinn ‖ Eignung ‖ **insbesondere zum Zwecke der/des** [...] *for the purpose among others* ‖ **zu** [...] **Zwecken** *for convenience of* ‖ *to this end*

Zweckbindung [SteuerR/D] *use for specific purpose*

zweckmäßig *useful* ‖ Der LN beabsichtigt das ausschließliche Recht und die ausschließliche Lizenz für die Herstellung und den Vertrieb von [...] zu erwerben, die die in der genannten Patentanmeldung beschriebene und beanspruchte neue und zweckmäßige Verbesserung aufweisen [...] *The licensee is desirous of acquiring the sole and exclusive right and licence to manufacture and sell [...] containing the said patented new and useful improvement that is claimed or described in the said application* ‖ **zweckmäßig zugeteilt** *reasonably allocated* ‖ [...] **haben es für zweckmäßig erachtet** [...] *having considered it proper to increase the number [...]*

zwecks —> Hinblick

Zweckverband [VwO/D] *joint authority* ‖ *joint body* Rechtsfähiger Zusammenschluß von Gemeinden oder Gemeindeverbänden zur gemeinsamen Erfüllung bestimmter Aufgaben ‖ **Zweckvermögen** *special-purpose funds*

Zwei [...] *two* —> mehrere ‖ **zweiachsig** —> Kraftfahrzeug ‖ **Zweidrittelmehrheit** *two-thirds rule* ‖ **Zwei-Faktoren-Theorie** *motivation and hygiene theory* [Komm] F. Herzberg über Motivationsfaktoren bei der Arbeit ‖ **Zweifamilienhaus** *two-family house*

Zweifelsfall *in case of doubt* ‖ *if in doubt* ‖ **Zweifelsfälle** *moot points*

Zweigniederlassung *subsidiary firm* ‖ **Zweigstelle** *branch [office]* ‖ **Zweiphasen** [...] *two-phase* ‖ **zweiseitige Anzeige** [Press] *double-spread*

Zweitbegünstigter *second beneficiary* ‖ **zweite Lohnrunde** —> Lohnrunde ‖ **Zweitwohnungsteuer** [SteuerR/D] *secondary home tax* wird von Fremdenverkehrsgemeinden als örtliche Aufwandsteuer nach Art. 105 IIa GG erhoben

zwischen Eheleuten *interspousal* ‖ *between husband and wife* ‖ *inter conjuges* ‖ **zwischen** [Name der Vertragspartei] **einerseits und** [Name der Vertragspartei] **andererseits** [wird nachstehendes vereinbart] *whereas [...] of the 1st part and [...] of the 2nd part* [have agreed as follows:] —> party :: Vertragspartei ‖ **zwischen Gliedstaaten** [StaatsR/ USA] *inter-state* für Beziehungen zwischen Gliedstaaten verwendet. "national" zuweilen als Gegensatz zu "state" [=Gliedstaat] gebräuchlich, ansonsten meist entsprechend "Bundes-[...]"

Zwischen [...] *interim* ‖ **Zwischenbegehren** [Antrag vor Gericht] *interlocutory proceedings* ‖ **Zwischenbilanz** *interim balance* ‖ **Zwischenschein** *scrip* Berechtigungsschein ‖ Interimsschein als vorläufige Bescheinigung [Verbriefung] über den Besitz von Wertpapieren [Aktien] und damit Mitgliedschaft nach § 8 IV AktienG. Erteilung insbesondere wenn Einlagen nicht voll bezahlt sind, müssen auf den Namen lauten, dürfen nach § 10 III, IV AktienG nicht auf Inhaber lauten. Übertragung wie Namensaktien durch Indossament [§68 V AktienG] ‖ **zwischenstaatlich** *intergovernmental* ‖ **zwischenstaatliche Anleihe** *inter-governmental loan* ‖ **Zwischenstaatliches Komitee für Auswandung** *intergovernmental committee for European Migration* ‖ **zwischenstaatliche Organisationen** [Abbr] *IGOs intergovernmental organisations* ‖ **Zwischenstaatliche Beratende Seeschiffahrts-Organisation** *Maritime intergovernmental Consultative organization* ‖ **Zwischensumme** [Buchf] *to carry over [carried over]* ‖ **Zwischenurteil** *interlocutory judgement* Urteil in dem über einen prozessualen Zwischenstreit insbesondere über Prozeßvoraussetzungen entschieden wird [§§ 303, 280 II ZPO, § 109 VwGO, §97 FGO]. Über materiell-rechtliche Vorfragen ist ein Z. grundsätzlich nicht zulässig, eine Ausnahme bildet das Grundurteil. Ze. binden das Gericht bei späteren Entscheidungen [§ 318 ZPO]. Sie können nur dann selbständig angefochten werden (Rechtsmittel), wenn es im Gesetz ausdrücklich zugelassen ist ‖ **Zwischenverfügung** *interlocutory order*